KB110717

The Indian Way

인도의 종교와 철학의 역사

인도사상사
The Indian Way

존 M. 콜러 지음 | 허우성 옮김

운주사

책머리에

4천 년 이상 인도 아대륙의 사람들은 실재와 자아의 본성에 대한 가장 깊은 진리들을 추구했으며 인간 의식의 깊은 곳을 탐구해 왔다. 인도의 가장 탁월한 사상가들과 가장 진지한 종교적 추구자들은 완전성을 위한 모색, 다시 말하면 일상적이고 제한되고 불완전한 인간 존재를 그 잠재적인 위대함과 완전성으로 변화시킬 수 있는 길을 모색하는 작업에 몰입해 왔다. 그들의 통찰과 발견은 세계에서 가장 풍요하고 최장의 수명을 지닌 문화들 중의 하나를 형성해 왔다.

오늘날 세상 사람들이 상호 의존적인 범지구적 공동체의 일원으로 함께 안전하게 잘 살아갈 수 있게 하는 지혜, 그리고 동시에 우리 각자는 우리의 가장 충만한 인격적 성장을 성취할 수 있게 해주는 지혜를 추구하면서, 인도인의 길이 갖고 있는 심오한 통찰을 탐구하고 이해할 필요성이 그 어느 때보다 절실하다.

"내 존재의 가장 깊은 오저奧低에서 나는 무엇인가?" "나의 인간적이며 영적인 잠재력을 어떻게 실현할 수 있을까?" 이런 것들은 우리 모두의 인생에서 근본적 물음들이다. 이 물음들은 바로 지난 4천 년 동안 인도의 현자들이 숙고해 왔던 것이었으므로, 인도인의 길에 대한 이해는 우리의 자기 이해와 삶의 질을 향상시키기 위한 우리의 시도와 바로 관련이 있다.

인도 전통 내의 위대한 이념을 탐구하는 일은 정말로 신나는 지적 모험이다. 그러면서도 이는 세계 인구의 6분의 1에 가까운 사람들의 사유와 행동의 기초를 이해할 수 있게 하므로 극히 실천적 모험이기도 하다. 이보다 더 중요한 것은 이 작업이 하나의 문화적인 거울을 치켜드는 것과 같아 우리 자신, 우리의 이념과 가치를 새로운 관점에서 볼 수 있게 해주며, 따라서 우리 자신의 존재에 대한 새로운 통찰을 제공해준다는 사실이다.

이 책의 집필은 동시에 인도 전통으로부터 내가 받았던 것에 대한 감사의 마음을 표시하는 길이요, 이 전통을 더 깊이 탐구해 들어가는 길이기도 했다. 인도의 위대한 사상가들이 풍부한 철학적·종교적 전통을 통해서 들려주는 그들의 목소리는 인간 심성과 마음의 경이로운 수많은 비밀을 드러내주고, 나의 개인적인 존재를 풍요롭게 하며, 나 자신의 서양 문화를 비춰준다. 이 저서는 인도 전통에서 내가 받았던 것을 독자와 나누기 위한 것이기도 하고, 인도인의 길과 자기 발견의 과정을 탐구하는 작업에 동참하도록 독자 여러분을 초대하는 것이기도 하다. 이 책 전편을 통해서 저자 자신의 의견을 피력하기보다는 인도인의 길이 스스로 말하도록, 그 자체의 목소리가 되도록 늘 노력해 왔다.

감사의 말씀

내가 『인도사상사(*The Indian Way*)』를 집필할 때 기여했던 사람 전부를 언급하는 일은 불가능하다. 그러나 다음 사람들에게 감사의 표시를 하지 않는다면, 나는 정말로 태만한 사람이 되고 말 것이다.

내 스승들 중 러크나우(Lucknow) 대학과 하와이 대학의 삭세나(S. K. Saksena) 교수와 하와이 대학의 무어(Charles A. Moore) 교수는 저자를 인도 연구에 입문시켰고, 저자에게 그들의 지식과 지혜를 기꺼이 나눠주었으며, 또한 최고 수준의 학식과 철학적 엄밀함을 역설했다. 이나다(Kenneth Inada) 교수는 불교 철학 연구를 나에게 소개해 주었고, 불교를 서구 사상의 아시아 판으로 환원하려는 나의 모든 초기 시도에 저항했다. 베나레스 힌두 대학의 무르티(T. R. V. Murti) 교수와 비슈바 바라티 대학의 바타차르야(Kalidas Bhattacharya) 교수 두 분 모두, 그분들이 깨닫고 있는 것보다 더 많은 도움을 주었고, 처음은 1964년 '동서 철학자 대회'의 6주 동안, 다음은 내가 인도의 대학에 갔을 때였다. 아르톨라(George Artola) 교수에게는 범어 입문에 신세를 졌으며, 이 언어를 몰랐다면 인도 전통의 많은 부분이 나에게 닫힌 채로 남아 있었을 것이다.

내 친구이자 동료, 그 전에는 제자였던 슈마허(John Schumacher)는 이 책을 가능하게 했던 수많은 발견과 흥분의 많은 부분을 공유한다. 그의 우정 어린 비판과 초기 원고의 거의 전부에 대한 논평은 본

7

문을 상당히 향상시켰다. 하와이 동서문화센터의 학창시절 이래 좋은 친구인 멀호트라(Ashok Malhotra)는 인도인의 길에 대한 많은 통찰을 나누어주었다. 원고를 읽어준 것, 향상을 위한 제언들은 매우 유익했다. 35년 동안 동료로 지냈던 디완(Romesh Diwan)과의 대화는 헤아릴 수 없는 방식으로 인도에 대한 나의 이해에 영향을 주었다. 영문과의 동료인 트라센(Isadore Traschen)은 스타일과 내용 양면에 걸쳐 유익한 제언을 해주었다. 윅(David Wieck), 샌퍼드(Charles Sanford), 엘린우드(Dewitt Ellinwood), 라이트(Theodore Wright), 챠크라바르티(Alok Chakrabarti), 우팔(J. Uppal), 애플바움(David Applebaum), 이들은 한 장 또는 여러 장에 대한 그들의 의견을 나눠주었다. 파푸(Rama Rao Pappu)와 캐플런(Stephan Kaplan)은 초판에 대한 경험을 근거로 하여서 2판을 위해서 아주 귀중한 제안을 했다. 미슈라(Godabara Mishra)는 우리가 우정을 나누는 수많은 세월 사이에 인도 철학에 대한 그의 지식을 관대하게 나에게 나눠주었다.

마지막으로 원고를 비판적으로 읽어준 점에 대해서 그리고 무엇보다도 사랑과 지지를 보낸 점에 대해서 미미(Mimi)에게 특별히 감사를 표한다.

인도인의 길을 따라 이 자기 발견과 순례 여행에는 많은 학생들이 동행해 주었다. 그들은 나의 학생이자 선생님이다. 이 책은 그들에 대한 내 감사의 표시이다.

Great Neck, N. Y.에서

존 M. 콜러

The
Indian Way

The
Indian Way

연대

기원 전	사건, 인물, 텍스트
3000-1800	인더스(하라파)문명, 파키스탄과 서북인도; 이 시기 또는 전후로 리그베다 지어짐, 같은 지역에 베다 문명이 번성함.
1500-800	브라마나서와 아란야카 지어짐; 파르슈바(자이나교 티르탕카라)
800-600	도시화; 초기 우파니샤드 지음; 요가 수행됨
600-400	마하비라, 붓다, 차르바카, 초기 상키야와 요가; 마하바라타와 라마야나 구전 버전; 힌두교의 신애주의
400-200	알렉산드 침공; 찬드라굽티의 미우리야 왕조 시작; 아쇼카왕(재위, 269-232); 철학체계의 시작; 다르마, 카마와 아르타 관련 샤스트라; 바가바드기타; 대승불교
200-0	빈번한 침략; 숭가(Śuṅga) 왕조 끝남(대략 71년). 과학, 의학 발전함; 신애주의 번성

기원 후

0-200	인도 및 여타 지역 불교 전파; 용수; 교역 번성과 기술발전; 힌두교와 자이나교 남서 지역 전파; 아잔타의 초기 동굴벽화
200-800	굽타 왕조(320-540); 철학, 예술, 과학 번성; 철학체계 관련 위대한 논서; 샹카라, 가우다파다, 바수반두, 찬드라키르티, 프라바카라, 자야라시; 아랍인 신드 지역에 도착; 인도에서 이슬람 시작
1000-1500	팔라 왕조; 촐라와 팔라바스; 무슬림 통치; 시바교와 바이슈나바교의 유신론적 철학 전개; 신 니야야; 헤마찬드라, 강게사, 이븐 시나, 알 가잘리, 라마누자, 마드바, 카비르, 바차스파티 미슈라; 인도에서 불교 쇠퇴; 힌두교 신애주의

1500-1700	시크교(구루 나낙; 1449-1538); 아크바르(재위, 1556-1605); 사이크 아마드(1564-1624); 유럽의 인도 발견; 비즈냐냐 빅슈의 프라바차나, 안남바타의 타르카상그라하
1700-1900	서양세력에 의한 식민화; 람 모한 로이(1772-1833), 브라모 협회 창건자; 다야난다 사라스와티(1824-83), 아르야 사마즈 창건자; 라마크리슈나(1836-86)
1850-2000	타고르(1861-1941); 간디(1869-1948); 오로빈도 고세(1872-1950); 모함마드 이크발(1877-1938); 사르바팔리 라다크리슈난(1888-1975); 네루(1889-1964), 인도 독립 1947

일러두기

전 근대 책명의 경우, 저자가 분명한 저서나 저작을 제외하고 성전, 정전, 법전, 서사시 등은 『 』를 삭제하여 따로 표기하지 않았다.

제1장 서론

다양성, 변화, 연속성

인도에 대한 이미지들은 다양하고 서로 대조적이다. 한편으로 인도는 UN 헌장의 창안에 협력하고, 옥스포드 대학의 교수직을 보유하고, 과학이나 문학 부문에서 노벨상을 수상하며, 다국적 기업을 지휘하는 등의 현명하고 자비로운 세계 지도자들의 나라로 비친다. 네루, 간디, 라다크리슈난, 타고르, 보세, 비를라의 이름들이 쉽게 떠오른다. 또 어떤 사람들은 인도를 '요기'(요가행자)와 '파키르'라는 회교 탁발승, 반쯤 굶어죽어 가는 고행승과 벌거숭이 사두(sādhu)의 나라로 인도를 생각한다. 중세의 주도적 이미지는 엄청난 부를 보유하고 있던 이국적 땅의 이미지였다. 오늘날 많은 사람들이 인도를 빈곤에 짓눌린 10억 인구가 사는 나라로 생각하고 있다. 그러나 다른 사람들은 농업과 상업의 분야에서 검소하고 열심히 일하면서 성공한 인도인을 보게 된다. 그럼에도 이 세계의 현실을 부정하고 삶 자체로부터의 해방만을 갈망하는 몽상적인 사람들의 이미지는 뿌리 깊게 남아 있다. 그리고 예컨대 자이나교와 불교의 체계들과 같은 종교와 철학에서 인도의 위대한 인문주의적 창조물을 보는 사람들이 있는가 하면, 다른 이들은 생각할 수 있는 모든 방식으로 예배를 받고 있는 잡다한 신들의 무리만을 보고 있다. 인도사에 대해서 뭘 좀 알고 있는 사람들은 천문학, 화학, 의학, 수학 분야에서의 경이로운 업적을 자랑스럽게 지적하고, 수학에서의 혁명을 가능하게 했던 십진법과 영零이라는 것을 인도가 세계에 준 선물로 언급할 것이다.

어느 것이 진정한 인도일까? 실제로는 이 모든 이미지가, 대조되는 많은 다른 이미지와 함께 진정한 인도의 일부를 포착한다. 변화란 것이 인도를 지나쳐버렸고 수천 년 동안 불변하는 동일한 고대의 이념들에 묶여 있다고 하는 통상적이지만 잘못된 인상에도 불구하고, 사실을 말한다면 인도는 놀라운 다양성과 지속적 변화의 역사이다.

1. 다양성

인도의 다양성은 지리에서 시작한다. 다양한 지리적 조건들이 문화적 다양성에 기여한다는 점은 부인할 수 없기 때문이다. 모든 여행자가 단박에 알아차리듯이 파키스탄, 스리랑카, 방글라데시, 인도의 근대 국가 모두를 포함해 인도 아대륙은 매우 다른 기후들과 지리적 유형을 가진 나라이다. 북쪽으로는 거대한 히말라야 산맥이 이어져 있고, 그 산맥은 구름의 운동을 가로막고, 산등성이에서 시작하여 중부와 남부 인도에 걸쳐 죽 뻗어 있는 뜨겁게 작열하는 대지 위에 몬순의 비를 내리게 한다. 연안 지역을 제외한 전 인도는 생명의 물을 얻기 위해서 이 몬순 강우에 의존한다. 앗삼 지방의 북쪽에 위치한 벵골에서는 연간 강수량 1,500mm에서 5,000mm 정도의 비가 내려 풍요한 성장과 함께 연례적 홍수의 위협을 가져온다. 그러나 서쪽에서는 연간 강수량이 250mm 미만으로 광활한 지역의 사막을 형성한다. 남부는 매우 적절한 계절의 변화를 동반하는 열대성의 기후다. 그러나 북부의 겨울은 혹독하게 춥고, 여름의 기온은 흔히 섭씨 43도를 넘어간다. 인더스 강과 갠지스 강 유역은 비옥하고 상대적으로 평탄하며, 보통 관개가 잘되는 농경 지역이다. 그러나 중부평원은 구릉지이고 암석 지역인데, 여기에서는 기후가 좋을 때조차도 살아가기가 어렵다. 단일 문화 지역으로 인도 아대륙보다 더 다양한 토양과 기후를 가지고 있는 곳은 이 세계에 따로 없다고 해도 괜찮을 것이다.

다양성의 두 번째의 주요 근원은 언어이다. 왜냐하면 인도는 100개 이상의 다른 언어들의 고향이면서, 14개의 주요 언어와 상호 관련이 전혀 없는 4개의 기초적 어족을 가지고 있기 때문이다. 북쪽의 10대 주요 언어들은 모두 범어적 기초를 가지고 있다. 그것들은 드라비다어족에 속하며 산스크리트어에 기반한 언어보다 선행할 가능성이 있는 남부의 4개 주요 언어와 실질적으로 공통점이 없다. 여기에 덧붙여 고대의 중국－티베트어, 문다 언어들, 그리고 아마도 여전히 더 오래되었고 오늘날까지 계속 사용되는 문자가 없는 많은 부족 언어들도 있다. 언어와 문화는 매우 밀접하게 관련되어 있기 때문에, 북인도와 남인도가 큰 문화적 차이를 계속 나타내며, 사유와 실천의 면에서 인도인의 길에 풍부한 다양성에 기여하고 있다는 것은 놀라운 일이 아니다.

변화와 다양성의 세 번째 근원은 이주와 정복 그리고 교역에서 오는 외국의 영향이다. 인더스 강 유역에서 얻어낸 증거는 4천 년 전 인도가 이미 여러 종족 간의 만남의 장소였음을 보여준다. 이런 사실은 오늘날 인도인들 사이의 이종족異種族 혼교混交로 모든 여행자에게 나타난다. 흑인계통, 몽골인, 원시 오스트랄로이드, 고산족, 아르미아인들은 모두 4천 년 이전에 인더스 강 연안에 살고 있었다. 이 다양한 종족들이 문화적 차이점을 표출하고, 다른 이념들과 삶의 방식들이 상호 교섭하고 영향을 주어, 고대 인도를 위대한 다양성을 지닌 역동적이고 약동하는 사회로 만들었다는 것은 너무도 자연스러운 일이 아니겠는가?

그러나 인도의 다양성은 훨씬 먼 과거로 거슬러 올라간다. 고고학적 증거는 20만 년 전에 이미 인간의 정주定住가 인도 아대륙에서 있었음을 보여준다. 인도의 이런 초기 정주자들이 남긴 연장들을 보면 적어도 상당히 다른 두 개의 문화가 존재했음이 드러난다. 북부에 살았던 사람들은 연장과 무기를 위해서 돌의 박편은 쪼아 내고 그 중심부는 내버렸다. 남부에서는 불필요한 돌의 외면을 쪼아 내버림으로써 돌의 중심부는 연장이나 무기로 남겼고 박편은 내버렸다. 남부와 북부 지방 사이의 이런 커다란 문화적 차이는 오늘날까지도 내려오고 있는 전혀 다른 어족들, 그리고 이들 사이의 현저한 문화적 차이에 의해서도 충분히 증명된다.

프랑스·영국·동아프리카에서 발견되는 것과 유사하고 연대로는 기원전 3만 년경까지 거슬러 올라가는 소형 연장들은, 비슷한 시기에 사람들이 빙하기 후기의 유럽으로부터 인도 아대륙의 중서부로 이주하여 기존의 다양성을 넓혀주고 또 다른 변화를 자극했음을 시사한다.

외래문화와의 교류에서 오는 자극은 근대에 이르기까지 지속되었다. 우리 모두는 지난 200년간의 서양, 특히 영국의 영향을 잘 알고 있다. 그렇지만 유럽인들이 인도에 출현하기 700년 전, 무슬림(회교도)들이 인도 아대륙의 대부분을 지배했고, 세계의 위대한 중세 문명들 가운데 하나를 인도인 삶의 주된 흐름에 가져다주었다. 그러나 이 것들은 장구한 역사의 외래 영향 가운데 오직 두 장章에만 해당될 뿐이다.

영국인이 인도에 도달하기 2천여 년 전, 즉 기원전 6세기 말경 다리우스 1세는 인더스 강 유역을 정복하고 인도의 북서부 지역에 페르시아 문명을 가져왔다. 불과 2세기 이후 알렉산더 대왕이 페르시아를 패배시키자 희랍인이 이 지역으로 이동해 왔다. 비록 인도인이 희랍화된 것보다 희랍인이 더욱 인도화되었지만, 희랍인의 영향은 간다라 미술 양식과 주화에서 분명히 볼 수 있다.

그 이후 로마가 통일될 때, 그레코-로망의 영향이 연안 지역에서 감지되었다. 남부 인도와의 대규모 교역이 있었기 때문이다. 어떤 자료는 이집트에서만 매년 120척 이상의 선박이 인도 남부 연안으로 항해했다고 전한다. 타밀의 시인은 인도의 향미료, 보석, 비단, 면화, 향나무와 교환하기 위해서 부와 술을 가져오는 외국인의 무한한 풍요에 대해서 언급한다. 실제로 오늘날 남인도에 거주하는 기독교와 유대인들이 갖는 인도에서의 단초는 이 교역의 초기까지 거슬러 올라간다.

인도 비단이 로마까지 수출될 수 있었다는 사실은 그 이전에 중국과 인도 사이에 접촉이 있었던 결과이다. 비단 산업은 중국에서 수입된 것이었기 때문이다. 2천 년 전에 중국과의 교역은 광범위했고, 접촉과 교류의 근원이지만 흔히 간과된다. 흔히 간과되기 쉬운 것 중에 또 하나는 인도가 동인도 제도와 동남아시아에서 행사하는 광범위한 영향력이다. 이 지역은 무엇보다도 오랫동안 경제적, 문화적으로 인도 식민지와 진배없었다.

파르티아인(인도에서는 팔라비인으로 불린다)이 빠르면 기원전 2세기 페르시아를 지배하고 기원전 130년 밀린다 왕의 사후 수년 안에 북서부 인도를 다스리게 되자, 중앙아시아도 인도사에서 중요한 역할을 담당했다. 파르티아인 다음에는 인도에서 샤카로서 더 잘 알려져 있는 족속인 스키타이인이 따라오는데, 이 인종은 100여 년 동안 인도 대부분을 지배하게 되었으며, 후에 쿠샨으로 알려진 우지偶知 또는 월씨(月氏, Yueh-chi)족에 의해서 대체되었다. 가장 잘 알려진 쿠샨의 지배자는 카니슈카(Kaniṣka) 왕인데, 그는 관대한 불교의 옹호자였고 일반적으로 인도 문화, 특히 불교에 매료되었다. 샤카족은 쿠샨족에 의해서 남부와 서부로 밀려가 마침내 서부 인도에 정착하게 되었고, 오늘날 마라타족의 주된 줄기를 이루며, 인도 이념과 실천의 대부분을 수용했는데, 카스트 제도 속에 있는 그들의 지위도 수용했다.

남부에서의 무역에 의한 접촉과 북서부에서의 정복에 의한 접촉의 이런 패턴은 수 세기 동안 지속됐다. 위대한 왕국의 통치는 평균 100년을 넘지 못했고, 가끔 1세기에 서너 차례나 통치권을 바꾸기도 했다. 이슬람교가 8세기에 들어왔을 때, 그것은 해묵은 패턴을 따라서 남부는 교역을 통해서, 북부는 정복자의 칼로써 인도에 도달했다.

그러한 포괄적 정치 변화, 중대한 문화 상호 간의 접촉들, 거대한 종족적·언어적·지리적 다양성을 감안해 보면, 놀라운 일은 인도 문화가 부단히 변화했다는 사실이 아니라 변화와 놀라운 다양성에도 불구하고 그 문화가 연속성을 유지할 수 있었다는 점이다. 이 연속성은 인도인의 길의 기초를 이루는 위대한 이념들, 문화적 삶 안에 있는 위대한 이념들이 가지는 힘에 대한 증거이다.

그러나 이 이념들은 단선적이고 불변하는 단일 전형에는 결코 어울리지 않는다. 인도의 정치적·언어적·지리적·인종적 다양성은 인도 사유의 다양성에 잘 어울린다. 일부의 인도 철학자들은 유물론자이고 다른 일부는 관념론자들이며, 여기에 일원론자, 이원론자, 다원론자도 있다. 어떤 사람들은 경험지經驗知를 강조하고 또 다른 사람들은 선정禪定에서 오는 통찰을 강조한다. 아지비카(邪命外道)는 인간의 자유를 완전히 부인하고 전적으로 결정된 우주의 본성을 강조하지만, 요가의 주창자는 자연의 결정적 영향력에서 자신을 해방시킬 수 있다는 가능성을 강조했다. 그리고 위대한 성자들은 지식을 자아실현의 수단으로 보지만, 회의론자들은 다른 철학자들이 가정하는 인식의 방식을 거부하고 모든 지식의 가능성에 대해 의문을 제기했다.

일부의 철학자는 실재는 개별적인 것으로 구성되어 있으며, 각각이 그 자체로 완전하며, 그 존재는 다른 것에 의존하지 않는다고 주장했다. 그러나 다른 사람들은 실재를 존재의 모든 측면과 순간이 다른 모든 측면 또는 순간과 상호 연결되어 있는 이음새 없는 그물이라고 생각하고, 정신적이든 물질적이든 개개의 사물이나 과정의 독립성을 부정했다. 유물론자들은 물질적 세계를 강조하고 지각할 수 있는 것만을 실재하는 것으로 인정한다. 이들 중 많은 사람은 인생의 순간순간 최대량의 쾌락을 얻어내는 방식으로 인생을 살아가라고 고취한다. 동시에 물질적 실재가 속박의 형식임을 확신하는 고행자들은 보다 고상하고 비물질적인 삶의 방식을 성취하기 위해서 쾌락과 세계와의 접촉을 피했었다.

종교적 사유도 마찬가지로 다양하다. 자이나교와 불교와 같은 종교는 심지어 무신론적이기조차 하다. 그러나 비슈누교와 시바교는 유신론적이다. 어떤 힌두교도(힌두)는 하나의 지존의 신을 섬기지만, 다른 힌두교도는 다수의 신을 섬긴다. 자이나교도는 육신과 유리된 정신적 자아, 죽음의 순간에 해탈할 수 있는 자아의 존재를 믿지만, 불교도는 그런 생각을 거부한다. 어떤 힌두교도들에게는 신애(信愛, devotion)가* 구원의 길이고, 다른 이들에게는 지식이나 행위가 필수적 수단이다. 그리고 상세한 점을 고찰할 경우, 차이점들의 목록은 끝없이 계속될 수 있다. 인도 문화보다 이 세상에서 더 다양하고 더 다원적인 문화는 없을 것이다. 어떤 단일의 이미지나 설명으로는 4천 년의 인도 사상사가 보유하는 풍부한 다양성을 포착할 수 없을 것이다.

현대 인도의 다양성에 대한 느낌, 그리고 그것이 과거와도 관련이 있다는 점은 다음에 말할 짤막한 두 이야기로 알 수 있을 것이다. 하나는 북부 인도 도시인 가족을 다루고, 다른 하나는 인도 남부에 사는 농촌 가족을 다룬다.**

프리트야(Prithya)는 48세의 대학 졸업자이면서, 라즈라는 이름의 23세 아들과 락쉬라는 이름의 21세 딸의 어머니이다. 그녀는 뉴델리 교외에서 홀로된 친정어머니, 자녀들, 남편과 함께 아담한 저택에서

---

* 〔역주〕bhakti의 역어로서 신애를 사용한다.

** 이 두 사례는 실제 사건과 활동을 드러내고 실재 인물의 경험에 근거한 것이지만 각색했다.

산다. 프리트야는 뉴델리 소재의 하이테크 회사에서 컴퓨터 프로그래머로서 일하고, 남편 마누는 항공 회사에서 기술자로서 일한다. 사회적으로 경제적으로 이들은 인도에서 성장하고 있는 상위 중산계급에 속하고 인도 1인당 평균 소득의 40배 이상의 소득이 있다. 라즈는 여전히 미혼인데 앞으로 수년은 결혼에 관심이 없을 것이고, 겨우 3년 전에 시작했지만 아주 성공한 새로운 회사에서 웹 기반 소프트웨어를 디자인하고 있는데, 부모님 두 분의 소득보다 더 많이 번다. 락쉬는 남편감을 찾으려는 부모님의 노력을 거부하며 뉴델리 소재의 대학원에 진학하여, 부모님과 계속 살면서 친구와의 만남을 즐길 것인가, 아니면 미국으로 가서 더 많은 고용 기회와 더 흥분되는 삶을 찾을 수 있을까, 이 양자 사이에서 결정해야 한다.

프리트야는 친정어머니, 숙모 그리고 두 친구와 함께 일주간의 바라나시 순례여행에서 이제 막 돌아왔다. 바라나시는 인도에서 가장 거룩한 도시, 3천 년간 가장 거룩한 순례지의 하나였다. 그녀는 80명의 순례자들의 흥분을 묘사한다. 그들은 고급 관광버스에 올라탔는데, 한 자리도 빈자리가 없었다. 버스 안의 대형 스피커는 성가를 끊임없이 틀어댔고, 때때로 버스 안에 있는 하나의 대형 스크린과 세 개의 소형 스크린에 종교 비디오를 보여주었다고 한다. 이 순례자들 모두에게 이번 기회는 다르샤나(darśana)—신을 봄 그리고 신이 보신 존재를 봄—를 위한 놀라운 좋은 기회였다. 이 다르샤나는 힌두교 종교 생활의 중심이다. 프리트야는 그녀가 수천 명의 다른 사람들과 함께 성스러운 갠지스 강에서 목욕할 때 그녀에게 밀려오는 정화와 성화에서 오는 강력한 감정을 기억하며 말한다. 그리고 그녀는 거룩한 도시 바라나시 안에 있는 수십 개의 사원의 성스러운 중심 가르바 그리하(Garbha Grha)에 임재하신 신성한 존재와의 감격적 만남, 황홀한 기대감으로 그녀를 떨게 만들었던 그 만남을 가족들에게 들려준다. 그리고 그녀가 가장 성스러운 바라나시에서 마지막 심호흡을 하는 특권을 누리기 위해서 인도 전역에서 몰려와 행복해하는 수천 명의 노인들을 목격한 것을 말하자, 친정어머니는 염주를 굴리면서 동의하듯 머리를 끄덕이고, 만족스럽게 숨을 내쉬었다. 옆에서 듣고 있던 남편 마누는 수십 년 전 자신의 순례여행을 기억하고는, 가족에게 갠지스강과 바라나시는 실제로 거룩한 시바 신을 체현하고 있고, 우주의 영적 중심지라는 사실을 상기시킨다. 우주의 모든 영적 힘이 그곳에 집중되어 있으므로, 죽으려고 그곳에 오는 모든 순례자는 이것이 그들의 마지막 죽음일 것, 길고 긴 윤회전생의 긴 사이클로부터 해방될 것, 그래서 최후의 해방인 목샤가 주는 믿기 어려운 환희를 마침내 경험할 수 있을 것이라는 확신을 갖게 된다.

하지만 라즈와 락쉬는 안절부절못한다. 라즈는 종교란 결국 노년과 죽음에 대한 공포에 근거를 두고 있는 미신의 다발에 불과하다고 여긴다. 그는 부모님을 존경하므로 그들의 기분을 상하게 하고 싶지는 않지만, 그들의 신앙을 공유할 수 없다고 느낀다. 차라리 지금 10분 거리에 있는 구르가온의 메트로폴리탄 몰로 가서 인도판 스타벅스인 바리스타 커피점에서 친구와 함께 커피를 마시거나 맥도날드에서 먹으면서, 다음 보너스를 타면 오토바이, 스포츠 카, 스포츠 유틸리티 자동차 중에서 어떤 것을 살지에 대해서 상의하고 싶은 것이다.

락쉬는 부모님의 신앙을 받아들일지에 대해서 분명하지가 않지만, 이 순간은 몰에서 친구와 함께 있는 것이 낫겠다고 여긴다. 아니면 서양식 상점에서 물건을 사고 그다음 새로 개봉된 발리우드 영화를 볼 수 있을 것이다. 락쉬나 라즈 어느 누구도 집안 사당에서 진행되는 일상의 예배에 부모와 함께 참석하지 않는다. 이 사당은 부엌 옆의 작은 방인데 여러 상과 거룩한 그림들로 차 있어서 실제로 소규모 사원과 같다. 마누와 프리트야 부부는 매일 아침 목욕하고 새 옷으로 갈아입고서, 몇 분 동안 자신들을 정화하는 요가 운동과 명상을 한다. 그리고 나서 사당에 들어가 종을 울려서 신을 깨우고, 작은 사원의 문을 연 다음 크리슈나신의 동상銅像을 꺼내서 그분을 특별한 손님으로 모신다. 동상을 관욕灌浴하고 말린 다음, 신상에 백단향과 장미향수, 꿀, 우유를 바르고 고운 옷과 아름다운 보석으로 단장시킨 다음 특별 의자에 앉힌다. 부부는 노래와 이야기로써 그의 놀라운 업적을 칭송하고, 여러 가지 꽃, 과일, 음식을 바친다. 그리고 그들은 때때로 특별한 소원과 함께 칭송과 감사의 말씀을 드린 다음, 주님에게 편히 쉬시라고 하면서, 그를 그의 자리에 다시 모시고, 그 동상을 작은 사원으로 돌려보낸다.

이제 우리는 농촌의 달리트(전에는 불촉천민으로 불렸다) 가족에게 가보자. 이 가족은 인도 남부 타밀 나두(Tamil Nadu) 주에 있는 마두라이 동쪽 96킬로미터 지점에 위치한 칸야카(Kanyaka)의 작은 마을에서 살고 있다. 38세의 야다브(Yadav)는 아내 아라티, 세 딸, 두 아들, 그의 부모님, 형제 둘 그리고 그들의 아내들, 삼형제의 일곱 아이들과 함께 마노로카 길의 남쪽에 있는 진흙 초가집에 살고 있다. 이 길에는 다른 18세대의 달리트 가족도 살고 있다. 이 길을 두고 한 쪽에는 진흙 초가집의 달리트, 또 다른 낮은 카스트 가족들, 무슬림 세 가족이 살고(이 세 그룹이 합해서 전형적 칸야카 농촌 마을 1천4백여 주민 중 40%를 이루고 있다) 이 길의 다른 쪽에는 중·상층 카스트 가족이 살고 있다. 이 농부 카스트는 열 개의 씨족으로 구성되어 있는데, 서로 긴밀하게 협조하고 마을에서 제일 좋은 지역에 집단적으로 살며 상대적으로 넓고 유지가 잘 된 벽돌집에 거주한다. 마을 인구의 20%를 점하지만 토지의 90%를 차지한, 칸야카 지역에서 가장 부유하고 강력한 주민들이다.

대다수의 탈리트 가족과 마찬가지로, 야다브와 그의 아내 아라티는, 야다브의 형제들과 그 아내들과 함께 농부 카스트들의 농토에서 일을 하는데, 제대로 돈을 받는 것은 없고 때로는 급료 대부분을 이 마을의 중요한 두 가지 환금작물인 쌀이나 사탕수수로 받곤 한다. 그러나 야다브와 형제들은 자신들의 처지가 향상될 것이라고 희망한다. 그것은 주로 이들이 거의 10년 전에 가입한 강력한 카스트 연합회 때문인데, 이 조직은 최근 선거에서 상당한 영향력을 발휘했고 그 결과로 아동을 위한 학교, 지역 기업을 통한 저리의 융자, 티루벨라 소재의 인근 지역 센터에서의 새로운 일자리, 그리고 최근에는 급료 중 현금 비율의 확대를 보장받았다.

현재 야다브 가족의 모든 여자 아이들은 학교를 가지만, 1세대 전에는 마을 소녀들의 30%만이 2년 이상 학교에 다닐 수 있었다. 겨우 2년 전에 이들은 목욕과 빨래를 할 수 있게 마을의 물탱크를 이용할 권리를 얻어서, 10분 거리에 있는 '자신들의' 지역 샘물에 가지 않아도 되었다. 그리고 그들은 자신들의 작은 무루간 사원에 가기를 더 좋아하지만, 상층 카스트 계급이 사용하는 농촌 마을 시바난드 사원의 출입이 금지된 것은 아니다. 야다브의 부친 무니스는 아들들의 카스트 관련 정치 활동이, 자신들의 권력과 권위에 도전을 받고 있는 상층 카스트 마을 사람들의 반발을 사서 직업을 잃거나 가족에게 위협이 되지 않을지에 대해서 여전히 염려한다. 그러나 아들들은 오늘날 하층계급이 아무런 권리도 없고 부유한 상층계급 사람들이 마음대로 할 수 있었던 예전과 같이 나쁜 날은 아니라고 말하면서 부친을 안심시킨다. 그들은 부친에게 말한다. "보십시오. 우리의 정치 활동은 우리의 임금을 올리고 채소를 재배하기 위한 작은 땅을 얻었고, 아이들을 위해 학교를 열었고, 우리 중 몇 명이 마을 밖에서 좋은 직업을 얻을 수 있도록 하는 데 성공했습니다."

지난 4월 '겨울' 추수기가 끝나자, 야다브와 아라티, 그리고 그의 동생 발루와 그의 처 상기트, 그리고 아래 세대에서 가장 나이 많은 세 아이를 데리고 마두라이(Madurai)에 있는 거대한 미나크시(Mīnākṣī) 여신의 사원으로 순례여행을 떠났다. 그때 지역 달리트 연합회의 지도자와 다른 회원 40명도 동행했다. 이틀에 걸친 흥분된 준비를 서둘러 마친 다음 그들은 마침내 화요일 아침 100킬로미터 정도의 여행을 떠난다. 가장 먼저 다르샤나(darśana)를 위해 작은 무라간 사원에 첫 번째로 들르고, 3일간의 여행을 하는 동안 보호와 축복을 내려주시기를 비나야카(Vināyaka: 시바와 파르바티 사이에서 태어난 코끼리 두상의 아들) 신에게 간구했다. 그들은 이차 도로와 마을 오솔길을 따라서 걸으면서 신을 찬양하는 노래를 함께 부르고, 고대의 가수와 이야기꾼들이 유명하게 만든 남신들과 여신들의 놀라운 행위에 대해서 담소했다. 정오가 되자 그들은 나무숲 그늘에서 먹고 쉬게 되었는데, 그동안 미나크시 여신의 위대한 사원의 모습에 대한 자신들의 비전 그리고 그 거룩한 장소를 순례하면 어떤 이익을 얻을지에 대해서 생각을 주고받았다. 이 작은 그룹은 쉬며 기운을 차리고 마음은 즐거운 기대로 차게 되자 카라이쿠디(Karaikudi)라는 사원 마을을 향해서 길을 떠났다. 그곳에서 그들은 꽃·과일·약초·고약·향수·여러 음식을 공물로 바친 다음, 사원의 사제들이 시바 신에게 바치는 저녁 푸자(예배의식)에 참례하고 이 성지에서의 다르샤나(darśana)를 기뻐했다. 그들은 첫날 밤 이 사원 경내에서 묵으면서 다른 순례자와 함께 식사하고 담소를 나누었는데, 이들 중 세 사람은 남인도에 있는 사원이나 티르타(tīrthas: 거룩한 강을 건넘, 거룩한 저수지, 거룩한 대양) 중에서 가장 거룩하고 성스러운 장소로 가는 6개월 순례의 마지막 단계에 와 있었다고 하며, 보고 들었던 것 중에서 영감을 줄 만한 얘기를 들려주었다.

둘째 날 그들은 새벽에 기상하고, 사원을 세 번 돌고 아침 푸자에 새로운 공물을 바친 다음, 무루간(Murugan)과 그의 형 비나야카에게 소원을 빌었다. 그리고 시바강가(Shivaganga) 지역 중심지에 있는 거대한 시바 사원을 향하여 출발했다. 그곳에서 두 번째 밤을 지냈다.

마두라이에 있는 미나크시 사원의 참배객

제1장

둘째 날의 저녁은 여러 면에서 첫째 날 저녁과 비슷했지만, 이곳은 다른 도시의 다른 사원이고 시바 신을 상징하는 아름다운 검은 석조의 링감 그리고 파르바티와 비나야카의 아름다운 조각상을 모시고 있는 사원이어서, 모든 사람이 제각기 전혀 다르게 경험하는 것 같았고, 첫날 밤 사원에서의 경험보다 훨씬 대단하고 신나는 경험이었을 것이다.

그들은 셋째 날 아침에 아침 푸자와 축복 이후에 출발했는데, 순례단의 많은 사람들은 신의 임재하심의 느낌에 너무 취하여 목소리는 감격에 젖었고, 걸음걸이는 휘청거리고, 여러 모습으로 나타나시는 시바 신에 대한 고대 찬송가를 부르면서 마두라이로 가는 길을 재촉한다. 이제 위대한 미나크시 여신과 남편 신 순다레슈와라(Sundareśvaras) 모습으로 나타난 시바 신을 알현하러 가는 길이다.

적어도 지난 2천 년간 유명했던 사원 도시 마두라이의 사원 경내에서 그들은 사흘간 머물게 되는데, 그곳에서 인도 전역에서 온 수천 명의 다른 순례자를 만난다. 첫날의 대부분은 높은 사대문(gopura)을 경외심으로 바라본다. 이 사대문은 하늘을 향하여 솟구쳐 있으며 거기에는 눈부시게 채색된 조각과 부조가 있는데, 이것들은 남신, 여신, 신성한 존재들, 성자, 성인, 악마에 대한 놀라운 이야기를 묘사한다. 그들은 이 대문들을 바라보면서, 안내원들이 사대문의 극장에서 들려주는 이야기를 듣는다. 그들은 무루간 주님과 특별한 관계에 있으므로 악마 수라만(Sūraman)과의 전투 드라마에 특별하게 열광한다. 악마 수라만은 예전에 자신이 보여주었던 고행의 대가로 신에게서 받은 선물 덕분에, 무라간이 그의 다섯 머리를 자를 때마다 새로운 머리 다섯이 생겨난다. 하지만 무라간은 결국 수라만을 패배시키는데, 이는 악을 파괴하고 신자를 위해로부터 지켜주는 주님의 힘을 상징적으로 표현한다. 수라만은 패배하자 공작으로 변신하여, 무라간의 전용 탈것(乘物)이 된다. 그다음 제신들이 어떻게 무라간을 위대한 신 인드라의 딸인 테바야나이(Tēvayānai)와 결혼시키는지에 대한 이야기 역시 아주 특별하다. 왜냐하면 자신들의 마을 사원에도 테바야나이 여신상이 있고, 매년 특별한 축제를 열어서 테바야나이 여신이 무루간 주님과 결혼하는 것을 재현하기 때문이다.

둘째 날, 연속적인 다르샤나와 쉬지 않고 푸자를 드린 결과로 순례자들의 마음은 신에 대한 믿음과 사랑〔信愛〕의 감정으로 가득차서, 마두라이의 최대 계절 축제인 치탈라이 축제를 준비하고 있었다. 미나크시 여신이 팔방의 영주를 정복하고 그로 인해 우주의 신성한 질서를 다시 수립한 것의 재현과 시바 순다레슈와라와의 결혼 축하, 세계의 중심에 이 신성한 부부의 주권을 확립한 것, 이것들을 사람들은 믿을 수 없을 정도의 흥분과 함께 축하한다. 최고로 잘 차려입은 수만 명의 인파는 미나크시 여신을 격려하고, 그녀의 승리를 환호하고, 결혼을 축하하면서, 사원을 빙 둘러싸고 있는 거리들을 가득 메운 채, 가마에 태워진 여신상이 결혼 행렬이 끝날 때 외부의 길로부터 사원으로 돌아가기 전에 한 번이라도 보고 싶어 한다. 우주의 신성함을 축하하는 이 즐거운 축하 모임에서의 특별한 음식, 노래와 춤을 보고, 순례자들은 실제로 그들이 신들의 파티에 참석했다고 확신하다.

결혼 축제와 밤새 진행되는 행렬 다음에 밝아오는 날은 특별하다. 시바 신과 미나크시 여신의 결혼식에 참석하기 위해서 비슈누 신의 특별한 현현인 알라가르(Alagar) 주님이 그의 사원인 알라가르 코일(Alagar Koil)을 떠나서 여러 날을 여행하여 마침내 오늘 도착하기 때문이다. 하지만 항상 그렇듯이 그는 하루 늦게 도착했다. 하지만 이것은 별로 문제가 되지 않는 듯 사람들은 커다란 박수, 노래, 춤으로써 그를 환영하고, 수천 명의 사람들이 마두라이 외곽에서부터 그의 행렬에 가담하여 그와 함께 미나크시 사원의 대문까지 간다. 시바·비슈누·미나크시 여신까지 모두 세 신들에 대해서 이 거룩한 장소에서 특별 다르샤나를 가질 수 있는 특권은 이 순례자들의 삶에서 잊을 수 없는 사건으로 기억될 것이다.

다음날 아침 순례자들은 다르샤나와 푸자를 드리고 집으로의 안전 여행을 위해서 비나야카 주님의 축복을 구한 다음, 집으로 여행을 떠나기 전에 그들이 선택한 신 무루간 사원에서 특별히 한 번 멈춘다. 이 지점에서 여행 가이드는 그들에게 무루간이 고행의 삶을 선택한 것, 그리고 고행이 그에게 준 특별한 힘에 대한 이야기를 들려주어서 고행의 힘에 대해서 순례자들에게 깊은 인상을 심어준다. 무루간과 형 비나야카는 시바와 파르바티 신의 자녀인데, 부모신은 세계를 먼저 도는 사람에게 상을 주겠다고 약속했다. 무루간은 힘을 다해 재빨리 출발했지만, 비나야카는 생각을 좀 한 다음 그의 부모님을 한 바퀴 돌고는 부모님이 그의 전체 세계이니 자신이 시합을 이겼고, 상을 받아야 한다고 선언했다. 그런데 좀 있다가 무루간이 세계 여행을 다 마친 다음 돌아와 보니 부모님이 비나야카에게 상을 주어버렸다는 것을 알고는, 부모님이 형을 편애한다는 점이 너무 속상해서 고행자가 되었고, 막대한 힘을 얻었다. 모든 종류의 악을 이길 수 있는 힘도 얻었다.

달리트 순례자들은 자신들의 발자취를 따라 집으로 돌아가 자신들의 놀라운 경험을 마을의 다른 사람들과 공유하고, 자신들과 아이들의 운명을 개선하기 위해 카스트 연합회를 통해 더 열심히 일하고 삶을 풍요롭게 할 더 많은 기회를 잡을 수 있도록 모든 사람에게 자극을 주었다.

2. 중심적 이념들

이 두 가족과 그들의 경험은 서로 다르지만, 그들은 적어도 세 가지를 공유한다. 겉으로 보기에 무한 가지 현현의 바탕에 있는 통일에 대한 느낌, 인생을 변화시킬 수 있는 박티(bhakti)의 힘에 대한 느낌, 그리고 순례의 중요성에 대한 느낌도 공유한다. 박티는 '서로 나누다'라는 어근에서 온 것인데, 이는 만물을 신과 공유한다는 의미에서 신애信愛의 의미를 드러낸다. 하지만 우리가 인도사의 특성을 이루는 다양성과 변화를 깊이 들여다보면, 인도 사상과 문화에 지속적 영향력을 행사해 왔고 인도의 중심적 길로 간주될 수 있는 일정한 주요 이념들과 태도들이 존재한다는 것을 알 수 있다. 그 길은 본질적으로 자유의 길, 고苦와 파편화된 존재에 대한 속박으로부터의 해탈의 길이다.

인도의 위대한 현자들과 철학자들은 실재의 가장 깊은 단계를 이해하고 영적 완성에 대한 인간의 깊은 욕구를 충족시키기 위해, 인간 경험의 폭과 깊이를 탐구하고 연구하는 데 헌신했다. 그들은 사유, 감정, 상상력, 행위에 대한 인간의 능력 그리고 인간성을 형성하는 일에 창조적으로 개입할 수 있는 인간의 능력에 대해서 깊은 감명을 받으며, 가장 깊은 단계에 있는 실재의 역동적 에너지와, 인간 존재의 토대를 이어주는 연결고리를 추구했다. 비록 이 추구에서 생겨난 지혜는 단일 공식으로 간단히 축약될 수 없다고 해도, 우주의 근본적 활력(Brahman)과 인간 존재의 영적 에너지(Ātman)는 하나이고 동일하다는 우파니샤드 현자들의 통찰은 인도 사유에 기초적인 것이다.

가장 위대했던 인도의 현자들에 따르면, 우리는 우리 존재의 가장 깊은 단계에 도달하게 되면 우주 자체를 창조하고 체계화하는 바로 그 에너지와 힘에 동참하게 된다. 실재의 궁극적 에너지와 힘에 참여함으로써 우리의 피상적이고, 고통받고, 제한받는 존재를 자유롭고 무한한 존재로 전환하는 일이 가능한데, 그 존재 안의 삶은 가장 깊고 가장 심오한 단계로, 고로부터 전적으로 자유로운 단계로 경험된다. 이 영적 변화는 오랜 세월 동안 인도인 대부분에게 인생의 궁극목적이 되어 왔다.

궁극 실재에 참여한다는 기초적 비전과 인간 존재의 영적 변화라는 목적은 대부분의 인도 철학과 종교 사상을 인도해 왔고 인도인의 길을 형성해 왔다. 우리가 인도인의 심성을 이해할 수 있게 되려면 이 길의 기원과 발전을 탐색하고, 그 전제와 함축을 검토해야 한다. 비록 이 탐색과 검토를 위해서 이 책 전체가 필요하겠지만, 출발점에서 인도인의 길의 핵심적 면모들을 확인하고 간략히 기술해 보는 일은 유익할 것이다.

앞서 이미 지적한 대로, 기초를 이루는 비전들은 존재의 근본적 통일에 대한 비전과 일상적인 인간 존재의 특성을 이루는 한계와 고苦로부터의 완전한 자유에 대한 비전이다. 그러나 이 두 비전은 많은 관련 이념들에 의해 비춰진, 밝게 빛나는 은하와 같다. 후속 장에서 보다 깊이 탐색하기 전에, 여기서 이 이념들 중 더 중요한 것들을 확인하고 간단히 설명하겠다.

1) 실재 이념들

존재에 대한 궁극적 통찰은 ①분할되지 않는 완전성, ②실재의 단계들, ③존재의 규범적 차원, ④궁극 실재의 무제한성, ⑤존재의 심오성, ⑥궁극 실재의 제한된 상징으로서의 남녀 제신, 그리고 ⑦지식의 평범한 수단들의 한계라는 이념들을 포함한다.

분할되지 않는 완전성

구별되고 개별적인 사물과 과정의 세계는 미분적이고 무제약적인 실재의 보다 근본적 단계의 현현顯現으로 보인다. 때때로 무제약적(asaṁskṛta) 실재 또는 불이적(不二的, advaita) 실재로 지칭되고, 실재의 궁극 차원을 구성하는 이런 분할되지 않는 완전성은 브라만·아트만·불성·여여성(如如性, Thusness)·푸루샤·지바·주님 등의 여러 이름으로도 불린다. 이런 비전에서 특히 중요한 것은 궁극 실재가 분리된 실재로서 평범한 사건과 사물에서 떨어진 것이 아니라, 평범한 존재의 내적 존재나 바탕으로 여겨진다는 점이다. 분할되지 않는 완전성에 대한 비전은, 처음에는 베다와 우파니샤드에서 발전된 것이지만, 힌두교뿐 아니라 불교, 자이나교, 요가 체계를 포함한 전통 전체에 영향을 주었다. 앞으로 나오는 각 장은 펼쳐지는 이 비전에 대한 우리의 이해에 무엇인가를 기여할 것이다.

실재의 단계들

존재의 전체성 안에는 실재의 여러 단계 또는 존재의 여러 질서가 있는데, 이것들은 무존재에서 시작하여 시공에 의해서 제한받는 경험적 존재에 이르기까지, 자각의 조건들에 의해서만 제한받는 의식, 일체의 조건과 한계도 넘어가는 불가설의 단계까지 걸쳐 있다. 실재의 단계가 깊으면 깊을수록, 그것은 존재의 진리 안에 보다 충분히 참여하게 되고 그 가치는 더욱 커진다. 우파니샤드의 가르침에 대해서 검토하게 되면(제4장), 이 단계들이 애초 어떻게 생각되었고, 단계라는 이념이 해탈의 추구와 어떻게 관계되는가를 밝혀줄 것이다.

존재의 규범적 차원

다른 모든 단계들의 바탕이 되는 실재의 가장 깊은 단계는 규범적이다. 그것은 존재의 중심에서 유래하는 당위, 삶을 위한 당위를 제시한다. 올바른 삶의 규범은 인간의 이성으로부터 도출되거나 외부에서 삶에 부과된 것이 아니라, 인간 존재 구조의 불가결한 부분이다. 인간의 이성이 참되며 올바른 삶의 규범들을 해석하고 적용한다는 점은 사실이다. 그러나 이 규범들의 토대는 이성보다 훨씬 깊은 곳에 있고, 가장 깊은 단계에 있는 실재의 본성 자체와 표현에서 나온다. 바로 이 때문에 인도에서는 일반적으로 인간 존재의 내적 규범들에 충실한 사람들은 믿기 어려울 정도의 힘을 가지게 된다고 인정된다. 즉 시타가 라마에게 충실했다면, 진리의 행위는 그녀에게 불을 이기는 힘을 주고 활활 타오르는 불꽃 안에서도 상처 없이 걸을 수 있게 해준다. 3장에서 우리는 리타(ṛta, 天則)의 개념에서 실재의 규범적 성격이라는 이 이념의 근원을 탐색할 것이며, 5장에서는 어떻게 실재의 규범적 차원이 다르마, 즉 올바른 삶을 위한 규칙들의 바탕이 되는가를 살펴볼 것이다.

궁극 실재의 무제한성

가장 깊은 단계에서 존재는 무제한적이다. 거기에는 어떤 한계도 없고 모든 가능성이 상대방을 배제하거나 훼손하지 않고 공존할 수 있다. 이 단계에서 대립물들은 상대방을 배제하는 것이 아니라 상보성 가운데서 상호 공존하며 상대방을 풍요롭게 한다. 이것은 어떤 종류의 거창한 종합, 이를테면 헤겔적 종합이나 아니면 다른 식의 종합으로 생각될 수 없다. 종합이란 가능성들을 한정하고 제한하는 과정이기 때문이다. 시간은 무한하고 공간도 무한하다. 남녀 제신들의 숫자도 무한하다. 이렇게 무한한 것은 한없이 계속된다. 무한한 자유와 풍요를 가진 완전히 무제한적인 우주에서, 동시에 발생하고 공존하는 차이점 모두를 가진 채로 대립물들이 공존한다는 이념을, 인도 신화는 특별히 축하한다. 자이나교의 논리로부터 보편적 자비라는 불교적 이상에 이르기까지 여러 곳에서 우리는 존재의 무제한성이라는 이념을 만나게 될 것이다. 그런데 그것은 10장과 11장의 특별한 초점이 될 것이며, 거기서 신애信愛의 종교를 탐구하게 된다.

존재의 심오성

궁극적 단계에서 실재의 깊이와 심오성은 이성이 그것들을 완전히 파악할 수는 없도록 되었다. 인간 이성은 경험적 세계에 대한 탐구를 인도하기 위한 경이로운 능력이며, 우리의 실천적·이론적 활동을 위해서 지극히 유용한 것으로 판명되었다. 그러나 인도인 대다수가 이성적 분석과 논의를 즐기면서도, 이성이 차별화와 비교를 통해서 작동하고 있으므로 일체의 분리와 차이를 초월하는 실재의 가장 깊은 차원들을 파악할 수는 없다는 점에 일반적으로 동의한다. 실재의 심오성에 대한 이런 감지感知는 인도 신비주의의 기초가 되고, 거의 대부분의 체계 안에서 이런저런 형식으로 만나게 되는 선정禪定과 직접적 통찰에 대한 강조를 장려하고 있다. 요가를 다루는 8장에서는 실재의 진정한 본성에 대한 직접적 통찰을 방해하는 것을 제거하는 수단으로 선정의 훈련에 대해서 철학적으로 탐구할 것이다.

힘의 상징으로서의 남녀 제신

실재의 궁극적 단계는 분할되지 않으므로 베다 시절부터 현재에 이르기까지, 인도의 남녀 제신은 궁극 실재 자체보다는 그 실재의 상징들로 보통 이해된다. 궁극자는 어떤 모습도 이름도 가지지 않는다. 이름이나 확인될 수 있는 특성을 가질 수 있는 것은 궁극자가 아니다. 상징으로서의 남녀 제신들은 그들이 상징하는 보다 높은 실재들 안에 부분적으로 참여하고, 자신들을 넘어서서 저 실재의 충만을 가리키고 있다. 아무리 상징이 많아도 궁극자의 충만을 고갈시킬 수 없으므로, 신들의 숫자에 제한이 없다. 이런 이유로 힌두교도는 수백만의 신들이 존재한다거나, 오직 하나의 신만이 존재한다거나, 또는 신이 존재하지 않는다고 단숨에 말할 수 있게 된다. 왜냐하면 마지막 두 주장은 모든 신들은 하나의 궁극 실재를 상징화한다는 점, 하나의 상징으로는 이 실재를 전체로 포착할 수 없다는 점을 각각 뜻하고 있기 때문이다. 그러나 하나의 신(deity)이 궁극 실재가 아니라는 말은 그것이 비실재/허상虛像이라는 것은 아니다. 반대로 상징으로서의 그 신은 실재의 보다 깊은 단계에 참여하고 있으므로, 그 신의 실재성은 우리 평범한 존재의 실재성보다 크다. 실재의 이 깊은 단계의 힘은 사랑 안에서 그리고 제의적 행위를 통해서 그 신과 하나가 됨으로써,

인생의 영적 변화를 결과로 가져오는 일을 돕기 위해서 사용될 수 있다. 힌두교의 유신론과 신애 사상의 기초를 이루는 것은 신에 대한 바로 이런 이해이다. 10장과 11장은 힌두교 내의 남녀 제신들의 기능을 검토할 것이다.

지식의 평범한 수단들의 한계

지식의 평범한 수단들이 실재의 심오하고 미분의 궁극자를 꿰뚫을 수 없으므로, 지식의 비범한 수단의 발전이 크게 강조되어 왔다. 정신 집중과 선정을 통해서 가장 심오한 단계에 있는 실재의 참된 본성에 대한 통찰이 가능하게 된다. 감각적이고 개념적인 여과를 통해서 매개된 지식의 한계는 초경험적이고 초이성적인 통찰을 통해서 직접적이고 무매개적인 지식에서 극복된다. 자이나교·불교·우파니샤드는 모두 평범한 지식의 한계를 강조한다.

2) 절충주의와 관용

인도인들은 실재에 대한 일곱 개의 근본적 이념을 하나의 성운처럼 발전시켰고, 이 성운의 영향은 오랜 세월에 걸쳐 인도 사유의 특성인 절충주의적·관용적 태도에서 부분적이나마 드러난다.

절충주의적 경향

어떤 사물에 대해서도 우리의 묘사, 공식, 상징으로는 그 사물에 대한 전체 진리를 적절히 전달할 수 없다. 존재의 원초적인 완전성이 가지는 깊이와 심오성으로 인해, 개개의 관점은 실재의 부분적 시각만을 전달할 뿐, 어떤 것도 완전한 통찰은 제공하지는 못한다. 서로 다른 부분적 비전, 심지어 상충하는 비전들은 상대를 보완하는 것으로, 실재의 보다 완전한 이해를 위해서 뭔가를 기여하는 것으로 간주된다. 따라서 실재의 궁극적 단계를 관통하고, 실재와의 합일을 경험하려는 온갖 수단이 반드시 동원되어야 하며, 인도 사상가들은 새로운 관점과 새로운 입장을 선뜻 수용하려는 태도를 보이고 있다. 그렇다고 예전의 입장과 관점이 내버려진 것은 아니다. 새로운 것은 옛것에 그저 보태진 것이며, 자기가 가지고 있는 지식에 또 다른 차원을 제공한다. 새로운 차원은 옛것을 덜 우세한 것으로 또는 덜 중요한 것으로 만들 수는 있다. 그러나 그것은 옛것을 거부하라고 요구하지는 않는다. 내 친구 중 한 사람은 인도 이념들의 전통적인 창고를, 매년 어떤 것을 집어넣으며 한 번도 청소한 적이 없었던 4천 년 묵은 다락방에 비유한 적이 있다.

관용

인도인들은 최고의 진리가 너무 심오하여 어떤 사람이 이를 독점적으로 파악할 수 없다고 확신했다. 이런 확신은 절충주의적 태도의 기초가 되면서 동시에 믿음의 영역에서 보이는 일반적 관용정신의 기초가 된다. 이단이란 실제로 불가능하다. 왜냐하면 어떤 믿음을 절대적으로 참이라고 할 수 없다면, 다른 믿음들을 절대적으로 거짓이라고 선언할 수도 없을 것이기 때문이다. 한 집안에서 할아버지는 가나파티를, 삼촌은 비슈누를, 어머니는 크리슈나를 섬기고, 아들은 무신론자가 될 수 있다. 이들 모두에게 데비(Devī) 여신의 신전과 연관된 사제인 아버지는 화를 내지 않을 것이다. 아마 어떤 다른 문화도 저렇게 많은 관용을 허용하거나 심지어 장려하지는 못할 것이다. 광신

주의는 적어도 20세기 이전에는 상대적으로 드문 현상이었다. 그렇지만 믿음의 면에서 보이는 이런 극단적 관용은 행위 면에서의 불관용과 거의 짝을 이루고 있다는 점을 지적해야 할 것이다. 행위의 규준을 따르지 못하는 것은 가족이나 카스트, 또는 마을에서 용인되지 않았다.

3) 자유의 이념들

우리가 영적 변화와 자유에 대한 비전으로 옮아가게 되면, 인도인의 길에 기초적인 또 다른 한 그룹의 이념들을 발견한다. 여기에는 ①업의 속박과 해탈, 그 방법으로 ②고행주의, ③요가, ④제의, ⑤신애, ⑥진실된 행위(다르마), 그리고 ⑦변화시키는 기술들의 초이성주의, 이 일곱 개의 이념이 포함된다.

자유라는 목적은 존재의 분할되지 않는 완전성의 본성을 이해하는 데에서 생겨난다. 인간 존재는 궁극 실재에 근거하고 있고 궁극적으로는 그것과 하나이기 때문에, 인간 자아의 경이로운 완벽에 대한 깊은 느낌이 존재한다. 이 느낌은 평범한 존재를 그 모습 그대로는 불완전하고 제한된 속박의 형식으로 간주하고 있으며, 따라서 그 속박으로부터의 해탈의 추구를 삶의 가장 근본적 목적으로 본다.

업의 속박

우리가 일상적으로 살아가는, 상대적으로 피상적 단계에서는 궁극 실재가 오직 파편화되고 제한된 모습으로서만 경험된다. 존재의 파편화되고 부분적인 모습은 실제로 속박의 모습으로서, 실재의 가장 심오한 차원에서 흘러나오는 삶의 충만된 힘이나 에너지로의 접근을 제한한다. 궁극 실재의 힘은 속박 안에서 업으로 경험되는데, 이 업은 과정들과 사건들을 연결해 주는 행위를 통해서 생성되고 방출된 에너지 유형들이다. 고와 행복, 반복된 생사를 가능하게 하는 것은 바로 이 연결이다. 업의 연결 고리들과 조건들을 제거함으로써만 우리는 존재의 한계에서 자유로워질 수 있다. 이런 한계는 반복되는 고와 죽음의 사이클 안에서 가장 생생하게 경험된다. 그렇지만 존재를 보다 깊은 단계로 옮겨 놓을 때만 업은 극복할 수 있다. 이 깊은 단계에서 궁극적 에너지는 파편화되고 제한된 것으로 경험되는 것이 아니라, 분할되지 않는 실재의 가장 깊은 단계에서 전일적이고 완벽한 표현으로 경험된다. 그러나 어떻게 이 일이 가능할까? 업의 굴레는 어떻게 제거될 수 있는가?

인도의 거의 모든 종교·철학 사상가들이 이 질문을 다뤄왔다. 이 책의 거의 모든 장들이 이 질문에 대한 다양한 반응들의 일정 부분을 드러낼 것이다. 여기에는 오직 지식만이 업을 정복할 것이며, 일체의 행위가 반드시 그쳐야 한다는 자이나교의 대답으로부터, 결과에 대한 무집착의 행위에 의해서만 업이 극복된다는 바가바드기타의 대답까지 포함된다. 12장과 13장에서는 속박의 문제가 어떻게 체계적 철학의 중심이 되는가를 살펴볼 것이다.

고행

어느 사회든 삶에 영감을 불어 넣어주는 영웅상에 구현되어 있는 문화적 이상들이 있다. 인도에서는 베다 시대에서 오늘에 이르기까지 가장 영향력 있는 영웅상은 영적 완성을 위해서 세상을 포기한 고행자이다. 고행의 프로그램은 고행의 실천을 통해서 물리적·정신적 굴레를 '태워버리는 것'이다. 고행과 선정 기술들의 조합을 통해서 영적 힘들을 발전시키면서, 고행자는 천국과 지옥, 남녀 제신도 넘어가는 실재의 가장 깊은 단계들의 신비로운 곳으로 곧장 들어갈 수 있다. 궁극 실재와 하나되는 경험 가운데서 고행하는 영웅은 원만한 진리와 지복至福을 발견한다. 생사, 고락, 선악, 이 모든 것들은 뒤로 밀리고, 결국 얕은 단계에서 경험된 불완전한 존재의 제한된 형상形象으로만 보이기 때문이다. 고행자는 실재의 가장 깊은 단계와의 일치를 경험하며 완벽한 자유를 발견한다. 생사, 고락, 선악, 이 모든 것들을 뒤로 남겨두게 되는데, 이것들은 결국 피상적 단계에서 경험된 불완전한 존재의 한정된 형상으로만 보이기 때문이다. 고행자는 실재의 가장 깊은 단계과의 일치를 경험하며 완벽한 자유를 발견한다. 그것은 이 우주 안의 어떤 힘으로도 묶어 두거나 제한할 수 없는 자유이다. 이 사람은 영웅 중의 영웅이며 정복자 중의 정복자이다. 어떤 다른 정복도 고와 속박을 정복하는 것과 비교될 수 없기 때문이다. 이 정복자들—마하비라, 붓다, 마하트마 간디, 그리고 수없이 많은 '포기자들'—은 옛날 옛적부터 인도인의 상상력을 사로잡고 영적 진보의 길을 보여주었던 위대한 영웅들이다. 6장에서 볼 것이지만 자이나교에서는 고행자의 이상이 그 논리적 극단까지 나아간 나머지, 고행자는 완벽한 순결과 완전한 해탈을 성취하기 위해서 죽음에 이르는 성스러운 단식을 하게 된다.

요가

고행자의 이상은 비록 본질적으로 다르긴 하지만 이미 기원전 6세기 이전에 요가행자(요기)의 이상과 결부하게 되었다. 요가의 이념은 본질적으로, 존재의 저급한 단계에서 경험하는 에너지와 힘을, 더 높은 단계로 건너가는 수단이 되도록 사용하고 발전시키는 것이다. 두 개의 기초적 가정은 ①저급한 단계에서 경험된 에너지들은 최고 단계의 핵심을 구성하는 에너지와 다르지 않으며, 매우 제한되고 파편화된 방식으로 수용되고 경험된 것에 불과하다는 점, ②자기 훈련과 제어를 통해서 이 에너지들과 힘들이 자아를 조명해 주고 만유의 바탕인 궁극 실재의 완전성을 드러낼 수 있다는 점이다. 이런 가정이 8장에서 실재의 최고 단계에 도달하는 데 필요한 제어와 조명을 성취하기 위해서 고안된 8개의 요가 기술의 용어로, 그리고 요가 철학과의 관련 하에서 논의될 것이다.

신애(信愛, 신에 대한 사랑)

종교 사상에서 커다란 영향력을 행사한 또 다른 영웅상은 성자(사두, sādhu) 상이었다. 이 성자는 개인적 경건과 신에 대한 열렬한 사랑으로써 실재의 내적 비밀과 힘에 접근할 수 있다. 중세 인도에서 힌두교의 발전과 확산 그리고 수피 이슬람교의 매력은 주로 신에 취한 사람들의 영향력 때문이었다. 이들은 법열法悅의 시·찬가·신애적 실천을 통해서 그리고 애정 깊은 헌신의 황홀을 통해서 실재의 궁극적 단계로 나아가는 길을 보여주었다. 바가바드기타, 신애의 힌두교, 이슬람교를 다루는 장들은 모두 신애의 길이 가진 성격의 일부를 드러내고 있다.

제의

제의적 행위는 3천여 년 이전의 리그베다 시대 이래 창조적 과정 안으로 들어가는 길로 그리고 궁극 실재의 창조적 에너지의 근원으로 돌아가는 중요한 길의 하나로 간주되어 왔다. 제의는 궁극적 근원에서 분리되어 살아가는 인생의 한계와 분열상을 넘어 실재의 창조적 중심에서 발견되는 충만성으로 건너가기 위한 수단이다. 제의적 행위의 형식들과 인도 문화에서 그것들이 차지하는 상대적 중요성은 시대에 따라서 변천되었다. 그러나 실재의 가장 심오한 단계에서 완전성을 회복하고, 거기에로의 참여를 촉진하는 길로서의 제의를 통해서 우리의 존재를 그 근원으로 복귀시킨다는 핵심적 이념은 그대로 지속되어 왔다. 2장과 3장은 제의적 행위를 통한 생명의 유지와 갱생更生이라는 베다의 길을 검토할 것이다.

진실된 행위 또는 다르마

우리가 앞에서 지적한 대로, 실재는 본래 규범적인 것으로 여겨졌다. 각 존재자(a being) 또는 사건은 그 존재(existence) 그리고 그 존재를 표현하는 행위 규칙을 부여받게 된다. 베다에서 존재자의 존재 그 자체의 일부로서의 행위에 대한 이런 진리는 리타(ṛta)개념으로 나타난다. 리타는 율동적 질서 부여의 일종으로서, 모든 사물을 그들 자신의 자리에서 지켜 주고 그들의 내적 본성에 따라서 작동하게 한다. 베다 시대 이후 존재의 이 규범적 차원은 다르마(法)로 나타났으며, 다르마는 개별적 존재자들과 우주 전체를 지탱하고 유지하는 내적 본성의 규칙이다. 사람은 이런 내적 규칙에 충실함으로써 존재의 보다 더 내밀한 바탕을 실현하고, 존재의 보다 깊은 심오한 방식에로의 변화를 촉진하는 존재의 풍요와 힘을 경험하게 된다. 진리와 진실된 삶이 갖는 힘의 이념은 다야난다와 간디와 같은 사람들의 노력을 통해서 근대적 의식의 전면에 나타나 개혁의 기초가 되었다. 그렇지만 그것은 1천 년 동안 중요한 이념이었고, 인도인의 도덕에 든든한 기초를 부여해 왔다. 5장은 다르마 개념에 초점을 맞추고 있다.

변화시키는 기술技術들의 초이성주의

이러한 모든 기술은 영적 변화의 수단으로서 단순한 합리적 이해를 초월한다. 그것들은 가능한 다양한 모든 인간적 힘을 활용하며, 그 힘들을 강력한 레이저 광선처럼 하나의 협동적 활동 에너지로 통합시켜서 목표물을 향해 곧장 날아가게 한다. 이 기술들은 자아를 존재의 궁극적 바탕으로 간주하고, 자아로 하여금 궁극 실재의 분할되지 않는 완전성 안에 있는 근원으로 복귀할 수 있도록 해준다. 그것은 니르바나, 목샤, 카이발야, 합일로 일컬어질 수도 있으나, 근저에 있는 것은, 그 가장 기본적인 단계에서 완전하게 살아가는 인생의 행복과 자유다.

3. 전형들과 과정들

이렇게 상호 관련된 열네 개의 이념과 수반된 두 개의 태도가 어떤 의미로 종교적 · 철학적 사유에서 인도인의 길의 기초를 구성하는가? 그것들이 수세기에 걸쳐 항구적인 인도적 비전이 갖는 불변의 실체였다는 의미에서 그런 것은 분명 아니다. 왜냐하면 그런 불변의 비전은 존재하지 않았고, 이 이념들은 그것들 자체에서 수세기에 걸쳐 지속적 수정을 겪었기 때문이다. 지난 3천 년을 통해서 중요한 이념이면서 변화 없이 견디어 냈던 것은 하나도 없을 것이다. 그리고 이 이념들과 태도들이 그 형식과 표현이 끊임없이 변화하는 것이라 할지라도, 항상 모든 사람을 인도하는 삶의 비전을 고수해 왔다는 뜻은 아니다. 인도 사상은 항상 다원론적이었다. 유물론자, 숙명론자, 회의론자도 언제나 존재했다. 실재를 가장 근본적 단계에서는 분할되지 않는 완전성으로 보려는 널리 확산된 경향이 있었다. 그렇지만 어떤 사상가에게는 실재가 극단적으로 그 핵심에 이르기까지 다원론적이었고, 다른 사상가에게는 분할되지 않는 완전성이 물질이나 마음이라는 실재가 아닌, 오로지 영적 실재에만 속하는 것으로 간주되었다. 고전적인 철학적 비전들 사이에서도 실재의 본성, 영적 변화를 가져오기 위해서 선호하는 방법에 대해서 만장일치는 전혀 없다.

우리는 이 책을 시작할 때 인도 문화의 출발 이래 그 특성을 이루어왔던 거대한 다양성과 지속적 변화를 실제로 지적한 바 있다. 변화와 다양성이라는 지속적 전형에 비춰보면, 사유와 행위에서 오직 독점적으로 그리고 고유하게 인도적인 단 하나의 불변의 길이 존재한다고 주장하는 것은 매우 무모하고 현명하지 못한 처사다. 그런 주장은 풍부하고 변해 가는 다양성을 가진 인도를 간단한 단일 공식으로 환원시켜버리려는 암묵적 시도를 표출하는 셈이다. 이 공식으로는 인도 사유의 위대한 전통을 이루고 있는 이념들―변화하고 생동하는 이념들―의 저 넓은 폭에 대해서 거의 아무 것도 드러낼 수 없다. 베다 사유, 자이나교, 불교와 힌두교는 분명 다른 사유 방식이며 유사점만 아니라 차이점의 면에서도 이해되어야 한다. 우리는 인도 사유의 충분한 다양성과 복잡성을 그 다양한 표현에서 검토해봄으로써, 수천 년 동안 발전해 온 여러 비전과 길 사이의 중요한 차이점에도 불구하고 존재해 왔던 기초적 이념들과 태도를, 즉 우리가 의미 있게 인도인의 길로 명명할 수 있는 전형, 지속성을 지닌 하나의 거대한 전형을 형성하는 일을 위해서 수렴되었던 기초적 이념들과 태도를 확인하는 일이 가능하게 될 것이다.

인도인의 길만이 갖는 독점성을 주장할 수 없다는 사실도 지적돼야 한다. 인도인의 길을 구성하는 종교적·철학적 사유의 기초적 면모들은 중요한 관점에서 희랍인의 길이나 중국인의 길과 유사한 것으로 보인다. 그렇지만 그 면모들이 인도인의 길을 구성한다는 주장은 여전히 성립할 것이다. 이 길이 인도 고유의 것이 아니라 오직 인도에 기초적인 것이라는 점만을 우리는 주장하기 때문이다.

이러한 기초적 이념들이 모든 사상가나 모든 시대에 발견될 수 있다는 주장도 틀렸다. 이 이념들 중 어떤 것들은 특정 시기에 지극히 중요했으나, 앞으로 나아가면서 어떤 꼴을 부여한 후 거의 눈에 띄지 않은 채로 사라져 갔다. 실재의 규범적 본성을 의미하는 리타라는 이념은 거의 당연한 것으로 수용될 만큼 강력한 베다의 이념이었다. 이 이념이 강력한 나머지 다르마와 카르마라는 쌍둥이 개념 안에 살아남았다. 하지만 리타라는 용어 자체는 철학적·종교적 술어에서 자취를 감추었다. 한 시대에 사유, 느낌, 행위의 지배적 방식에 기여했던 이념, 따라서 다음 시대의 사유에 영향을 주고 그 사유를 형성했던 이념은 지적해 둘 만한 가치가 있다. 때로 이념들의 영향은 그것들이 발전되어 나왔던 특정 종교적·철학적 체계를 훨씬 능가한다. 예를 들면 자이나교도의 실제 숫자는 전체 인구에 비하면 항상 상대적으로 적었으나, 불상해(아힘사ahiṁsā)라는 이념은 대부분의 다른 사유 체계에서 도덕의 기초 원리가 되었고, 고행에 대한 그들의 강조는 인도의 모든 종교에서 영향력을 행사해 왔던 해탈을 위한 한 가지 기술을 비춰주었다.

인도 사유의 기초를 이루는 통일성과 명백한 다양성, 이 둘을 정당하게 다루기 위해서 우리는 인도 사유의 주요 발전을 연대기적으로 다룰 것이지만 동시에 시간의 인위적 범주를 만들지는 않을 것이다. 예컨대 자이나교가 2천5백 년의 계속된 역사를 가지고 있다고 해도, 그 역사 안에서의 다양한 발전은 모두 자이나교의 근본적 이념을 탐구하는 하나의 장章에서 고찰된다.

이러한 접근법이 독자로 하여금 개개의 주요 체계 또는 발전을 그 자체의 용어로서 이해하도록 해주고, 동시에 인도인의 길에 그 길의 색깔, 향미, 느낌을 부여해 왔던 커다란 전형을 드러냈으면 하고 저자는 바란다. 그 과정에서 인도인의 가치와 사유가 가지고 있는 기초적이고 주요한 특성들이 모두 해명될 것이다.

더 읽을거리

인도에 대한 수많은 저서가 있어서 몇 권만을 고르기는 어렵다. 각 장의 말미에 있는 '더 읽을거리'는 중요도, 가독성, 구입 가능이라는 기준에 따라서 작성됐다. 제안된 대부분의 저서는 미국에서 출판된 페이퍼 판으로 구입할 수 있다. 이 분야의 전문서적들은 주제의 상급 학생들이 자신의 분야에서 주요 문헌을 이미 알고 있을 것이라는 가정 하에 포함하지 않았다.

Basham A. L., *The Wonder That Was India : A Survey of the History and Culture of the Indian Sub-Continent Before the Coming of the Muslims*, London : Sidgwick & Jackson, 1967. 인도 문화에 대한 탁월한 입문서.

_____, *A Cultural History of India*, A. L. Basham(ed.), Oxford : Clarendon Press, 1975. 저명한 학자들이 쓴 논문 모음집.

Dasgupta, Surendranath, and Surama Dasgupta, *A History of Indian Philosophy*, 5 vols., Cambridge : University Press, 1922. 여전히 가장 광범위한 인도 철학사 최고의 책.

De Bary, William Theodore · Ainslie Thomas Embree · Amy Vladeck, *A Guide to Oriental Classics*, New York : Columbia University Press, 1989. 가장 중요한 아시아 문헌에 대한 아주 유용한 안내서.

Embree, Ainslie Thomas · Stephen N. Hay and William Theodore De Bary, *Sources of Indian Tradition*, 2 vols., *Introduction to Oriental Civilizations*, New York : Columbia University Press, 1988. 여러 가지 관점에서 모은 탁월한 자료선집.

Ganguly, Sumit, and Neil DeVotta(eds.), *Understanding Contemporary India*, Boulder and London : Lynne Rienner Pusblishers, 2003. 현대 인도가 당면

한 문제와 도전에 대한 탁월한 안내서로서 역사적 맥락을 제공하는 장을 포함한다.

Klostermaier, Klaus K., *A Survey of Hinduism*, 2nd ed., Albany : State University of New York, 1994. 구입할 수 있는 책 중에 아마도 힌두교에 대한 최고의 개설서.

Koller, John M., *Asian Philosophies*, 4th ed., Upper Saddle River, N. J. : Prentice Hall, 2002. 제1부는 인도 주요 철학 전통에 대한 좋은 입문이다.

Koller, John M. and Patricia Joyce Koller, *A Sourcebook in Asian Philosophy*. New York : Macmillan, 1991. 인도 철학 연구에 필요한 300쪽 이상의 자료를 포함한다.

Thapar, Romila, *Early India : From the Origins to AD 1300*, Berkeley, Calif. : University of California Press, 2003. 저자는 인도사 분야에서 가장 탁월한 사학자로서 초기 인도사에 대한 저자의 필생의 역작.

Wolpert, Stanley A., *A New History of India*, 7th ed., New York : Oxford University Press, 2003. 인도사의 초기부터 21세기까지를 다룬 최신 역사서. 읽기에도 좋다.

제2장 '인도인 길'의 뿌리들

인더스와 베다의 시초들

호머 훨씬 이전에 아마도 이집트의 투탄카멘의 통치 이전에, 인도에 있는 베다 시인들과 성견자聖見者들은 존재의 경이를 선포하고 그 신비를 탐색하기 위해서 환희의 찬가를 짓고 불렀다. 리그베다로 알려진 이 1만 개가 넘는 '지혜의 찬가' 집성은 그 이후의 인도 사상과 실천의 면에서 최고最古의 것이며 가장 중요한 문헌적 자료이다. 이 찬가-시들은 인간 본성에 대한 섬세한 이해를 드러내고, 인생을 변화시키는 힘들을 꿰뚫어보는 통찰이며 인간 지혜에 대한 놀랄 만한 증언이다. 그것들은 커다란 일련의 종교적 제의(religious rituals)의 실천에도 핵심이었는데, 이 제의 중의 일부는 오늘날의 힌두교도들도 수행한다.

4, 5천 년 전에 인더스 계곡에 번성했던 인더스(때로는 하라파) 문명에 대한 고고학적 기록은 후대의 인도 문명을 위해서 또 다른 중요한 자료에 대한 증거를 제공한다. 그 유적이 1922년에 비로소 발견된 이

위대한 문명에 대한 지식의 대부분은 추측에 근거한다. 하지만 문화적·기술적 세련의 면에서는 이집트와 메소포타미아의 초기 문명에 비교될 만했으며, 크기의 면에서는 좀 더 컸다. 불행하게도 오늘날까지 전해져 왔던 유일한 글은 문장紋章 위에 새겨진 아직 미해독의 상형문자이다. 기록된 문서가 없어서 인도 문명에 대한 우리의 지식은 유적을 기초로 해서 구성될 수밖에 없다. 그러나 고고학적으로 재구성해보면 인더스 문명의 문화적 전통들은 인도 전통의 후기 발전에 크게 공헌했음을 시사한다.

인더스 문명과 리그베다 중에서 어느 편이 먼저 왔을까? 이 문제에 대해서 학자들은 확신이 없다. 고대 인도 사유의 기원에 대해서 지난 1세기 동안 적어도 30년 전까지 학자들 사이에서 주도적 이론은, 후기 인도 사유의 기원에는 강력하지만 분리된 두 개의 자료가 있었다는 것이다. 한편으로는 독자의 문화를 가진 다양한 선주민족先住民族이 있고, 여기에 섬세한 인도 문명을 낳은 사람들이 포함되었다는 것인데, 이 점이 중요하다. 다른 한편으로 아주 인상적인 리그베다를 지은 산스크리트를 말하는 사람들이 존재했다. 리그베다 문헌은 같은 지역 곧 편잡의 땅, 이른바 '다섯 개의 강'에서 기원전 1,500년경에 살았던 자신들의 삶에 대해서 수없이 많이 언급한다. 이 이론에 따르면 산스크리트어를 말하는 사람들은 산스크리트어와 밀접하게 연관되어 있는 것처럼 보이는 언어를 말하는 유럽의 아리아인들과 구별하기 위해 인도 아리아인이라고 불리는 경우가 종종 있었다. 이들이 히말라야 산맥의 북쪽과 동쪽 어딘가에 위치한 고향에서 이주하여 북서쪽 산길을 지나 인더스 계곡으로 들어왔다는 것이다. 일부의 역사가들에 따르면, 정복자로서 왔다는 이 인도 아리아인들은 아대륙에 존재했던 다른 문화를 지배하고 영향을 주었으며, 적어도 기원전 7세기까지는 아대륙의 거의 모든 지역(오늘날 인도, 파키스탄, 방글라데시라는 정치적 실체가 차지하는 지역을 포함한다)이 그들의 통제와 영향권에 들어갔다.

하지만 오늘날에는 증거 불충분으로 베다 사람이 인더스 문명을 정복하고 파괴했다고 믿는 사람은 실제로 아무도 없다. 오늘날 일부의 학자는 베다인이 보다 더 큰 인도 유럽인 집단으로부터 별개의 그룹으로 분리해나갔다고 여전히 믿지만, 많은 학자들은 이런 이주설을 뒷받침할 만한 어떤 고고학적 또는 언어학적 증거가 없다고 하면서, 베다인들은 아마도 인도에 토착적으로 존재했고 인더스 문명기 또는 아마 그 이전부터 다른 토착인들과 교류하고 있었을 것이라고 추측한다. 그러나 에드윈 브리안트가 베다 문화 기원을 둘러싼 논쟁에 대한 포괄적 개관에서 관찰하고 있듯이, "현재 존재하는 증거와는 전적으로 다른 새로운 증거나 방법이 존재하지 않는 한, 인도 유럽어를 말한다는 사람들의 고향 이론들은 소수의 학자들조차도 결코 확신시킬 수 없을 것이다."[*] 다행하게도 베다와 인더스 문화들과 그것들이 후대의 인도 사유에 기여한 바를 이해하기 위해서 베다의 고향이라는 문제가 풀려야 한다는 것은 아니다.

이 장에서는 베다적 견해들이 지배하기 이전의 인도 사유와 문화에 대해서 감을 잡으려고, 우리는 인더스 문명의 주요 모습을 간략하

---

[*] Edwin Bryant, *The Quest for the Origins of Vedic Culture : The Indo-Aryan Migration Debate*, Oxford and New York : Oxford University Press, 2001, p.10.

게 검토할 것이다. 다음은 베다에 초점을 맞추어 베다 인생관의 중심적인 특징을 확인하고자 할 것이다.

1. 인더스 문명

인더스 또는 하라파 문명은 기원전 3천 년 경 인더스 강 유역에서 시작되었다. 동으로 델리까지, 북으로 히말라야 산맥, 남으로 거의 뭄바이에 이르기까지 그 문명은 매우 빠르게 확산됐는데, 기원전 2천 년까지는 현재 인도 크기의 3분의 1보다 더 넓은 지역을 차지하게 되었다. 그리하여 그것은 이집트와 메소포타미아라는 위대한 초기 문명들보다는 더 광대한 문명이었으며, 이 문명들과 광범위하게 교역했다.

기원전 1,600년경까지 인더스 문명은 심각하게 쇠퇴한 것처럼 보인다. 이 쇠퇴의 원인은 알려져 있지 않지만, 현재의 추정은 다음과 같다. 즉 지진과 홍수 그리고 삼림 파괴와 지나친 방목을 초래한 환경의 피폐화, 이것들이 복합적으로 작용해서 인더스인을 고향에서 몰아냈을지도 모른다는 것이다. 그들이 동쪽과 남쪽으로 퍼져나가면서 다른 문화들과 결합하게 되고, 자신들의 독특한 성격을 많이 상실했을 것으로 보인다. 인더스인과 베다인 사이의 만남과 관계에 대한 자세한 점은 알려져 있지 않다. 그러나 인더스 문명의 범위와 성취를 감안해 보면, 인더스인들이 발전 도상에 있었던 베다 문화에 상당한 영향을 끼쳤다고 가정하는 것이 아마 안전할 것이다. 이 가정은 기원전 10세기부터 기원전 6세기까지 베다 전통 자체 내에서 진행되었던

변화에 의해서 더욱 강화된다.(4장 참조)

다른 한편 우리는 기원전 1천 년까지 베다의 전통이 인도에 상당한 정도로 수립되어 있었다는 점을 알고 있고, 인더스인이 다른 문화 집단들과 함께 인생에 대한 베다인의 방식에 크게 영향을 받고 그 안으로 흡수되어 버렸다고 상정해도 좋을 것이다. 기원전 4세기까지는 거의 인도 아대륙 전체가 베다 문화를 대표하는 마우리아 왕조 왕들의 통치 하에 놓이게 되었기 때문이다.

하라파(Harappa)와 모헨조다로(Mohenjodaro)라는 두 개의 도시 중심지는 인더스 문명의 성취와 복잡성의 일단을 드러내준다. 모헨조다로는 인구 4만에서 10만 정도의 대도시였다. 도로는 잘 계획된 장방형의 격자 모습으로 뻗어 있었다. 하수도는 복개되어 있었으며, 정교한 상수도와 하수 처리 시스템을 덮기 위해서 사기 타일이 사용되었다. 이 도시들의 전체적 조직과 거대한 곡물 저장고, 정교한 목욕 시설을 고려해 보면, 우리는 인더스인들이 섬세한 정치 제도, 기획과 행정의 효율적 부서와 복잡한 사회 조직을 가지고 있었다는 점을 믿을 만한 증거를 갖게 된다.

인더스의 인공물들은 무게와 길이 측량의 정확한 제도를 보여주고 있으며, 수학적 조합의 효율적 이진법과 십진법 체계들을 사용한다. 다양한 장난감, 놀이들, 아마 세계에서 가장 오래된 체스게임으로 보이는 것이 아이들을 즐겁게 해주었고, 놀이를 위해서 여유를 가졌던 문화가 있었음을 시사해준다. 메소포타미아에서 인더스 문장紋章이 발견되는 것으로 보아 다른 문명들과의 교역도 있었다. 길가메시 서사시에 나오는 딜문(Dilmun)이라는 낙원의 땅이 바로 인더스 문명의 인도였다고 주장하는 학자들도 있다.

인간의 본성과 종교적 수행에 대한 인더스인의 생각과 그들의 철학적 비전, 그리고 행위를 지도했던 규범에 대해서 우리가 묻는다고 해도 해답을 발견할 수 없다는 점이 실망스럽다. 고고학적 발견물들은 선진적인 사회적·종교적 사유나 실천과 결부되어, 비슷하게 선진적이었던 물질문명이 있었음을 암시한다. 그러나 우리는 아마 인더스의 철학적·종교적 사상에 대해서는 무지에 빠질 운명인 것 같다. 왜냐하면 유일하게 남아 있는 기록들은 이미 발견된 수백 개의 문장紋章 위에 있는 상형문자이기 때문이다. 여태까지 이 언어를 해독하기 위해서 여러 번의 시도가 있었지만, 그 어느 것도 결정적인 것은 없었다. 그러나 이런 해독의 시도가 성공한다고 해도 배울 것이 거의 없을 것이다. 번역하고 해석할 만한 경전이 아무 것도 남아 있지 않기 때문이다. 그러므로 우리는 고고학적 기록으로부터 이렇게 아주 주목할 만한 문명의 성격을 재구성할 수밖에 없다.

다행스럽게도 존 마셜 경(Sir John Marshall)이 최초로 모헨조다로를 탐색한 이후 80년 동안 지금까지 확인된 바 있는 3백여 개의 장소와 그 주변에서 수많은 단서가 발견됐다. 그런데 이것들 중 많은 부분이 아직 주의 깊게 조사되지 않았다. 심지어 자그마한 마을과 촌락 안에서도 발견되는 제의식을 위한 정교한 건물들은 종교가 이 문명에서 중심 역할을 담당했음을 보여준다. 발견된 가면들과 뿔 달린 머리 장식물들은 사제 제도가 존재했음을 시사한다. 매장埋葬은 아주 정성스럽게 진행되었던 것으로 보인다. 이는 내생에 대한 신앙을 암시하고, 매장을 위해서는 조심스러운 제의적 준비가 필수적이었다. 임신과 수유를 강조하는 여성상은 모신 숭배를 가리킨다. 종교적 정화에 대한 관심은 주목할 만한 목욕 시설을 보면 알 수 있다. 특히 수컷 동물

모헨조다로의 대욕장(출처: wikipedia)

에서 볼 수 있는 생명력과 정력이 강조되고 있다. 모신을 아주 중요하게 여기고 동시에 수소와 다른 수컷 동물이 널리 유행했다는 점은 번식력에 대한 종교적 관심을 시사하고 있다.

몇몇 유사성을 보게 되면 후기 발전에 끼친 인더스의 영향력을 짐작할 수 있다. 예를 들면 요가는 인더스인이 수행했던 것 같다. 여러 개의 문장이 친숙한 요가 자세를 취하는 사람의 모습을 보여주고 있기 때문이다. 모신들의 조상彫像들이 발견된 것을 보면, 우주적 창조력의 여성적 형상形象인 여신들을 후기 힌두교가 강조한 것은, 그 기원을 초기 문명에서 찾을 수 있을는지도 모른다. 시바(Śiva)나 힌두교의 '동물 신'인 파슈파티(Paśupati)와 같은 신들도 인더스 문화에 그 기원을 가지고 있었던 것 같다. 동물들이 둘러싼 왕의 존재 같은 모습을 보여주고 있는 여러 개의 문장이 있기 때문이다.

인더스 사상과 그 문화가 찬란했음을 상정하고 그것이 그 이후의 인도 문화에 상당한 영향력을 미쳤다는 점을 감안한다고 해도, 인도 아대륙 전체가 베다 영향 아래로 서서히 들어오게 되었다는 점은 변하지 않는 사실이다. 마우리아 왕조(기원전 4세기)까지는 베다의 영향이 실제로 아대륙 전체를 포함하는 하나의 거대한 정치 왕국을 형성하게 되었다. 이렇게 점점 세련되고 섬세해진 인도 문명의 종교적·철학적 토대는 베다였다. 후기 전통이 베다를 사상과 문화의 주 근원으로 찬사를 보냈음을 인정하며, 이제 베다의 여러 이미지와 개념, 상징에로 주의를 돌리자.

인더스와 베다 문화 비교표

인더스	베다
고고학적 유적으로 알려짐	종교 경전으로 알려짐
언어 미상	산스크리트어
알려진 경전 없음(오직 紋章)	수많은 경전(베다)
도회적, 도시와 교역	목가적, 농촌과 가축
순수와 정력精力에 대한 종교적 강조	제의에 중심을 둔 종교
황소와 다른 수컷 짐승이 중요	암소가 중요
종교적 이미지에 대한 예배	신성한 것은 이미지를 통해 숭배되지 않음
인더스 강 계곡(편잡)에 위치	인더스 강 계곡(편잡)에 위치

2. 베다

리그베다는 언제 지어졌을까? 그 시기에 대해서 상당한 의견의 불일치가 있다. 많은 서양 학자들은 기원전 1900년에서 1500년 사이를 말하는 반면, 인도 전통 자체 그리고 많은 현대 인도 학자들에 따르면, 그보다 1천 년 정도 빠른 시기에, 심지어 기원전 3천 년 이전에 지어졌을 것이라고 한다. 만일 후자의 주장이 옳다면, 리그베다는 기원전 3천 년에서 1700년 사이 거대한 인더스 강 유역의 평원과 계곡에서 번성했던 인더스 문명과 동시대가 된다. 이 지역은 리그베다 안에서 그리고 수천 년 동안 펀잡 곧 '다섯 개의 땅'으로 알려져 왔다. 리그베다가 기원전 1900년까지 또는 그 이후까지 지어지지 않았다고 한다면, 그 시기는 위대한 인도 문명의 쇠퇴기에 근접해 온다. 어느 경우든 인도 사유와 문화가 가진 베다 뿌리는 3천 년 이상을 거슬러 올라간다.

베다는 무엇인가? 베다적 삶에 있어서 베다의 역할은 무엇이었던가? 베다가 사용되었던 제의의 중요성은 무엇인가? 그토록 자주 언급되는 남녀 제신의 의미는 무엇인가? 그 많은 신들의 너머에는 어떤 실재가 존재하는가? 인간의 삶은 보이지 않는 실재와 어떻게 연결되는가? 이런 질문들은 우리가 주요 텍스트를 분석해서 베다 사유를 이해하고 베다의 사람들이 자신들과 세계를 어떻게 이해했는지를 파악하려고 할 때, 우리를 안내하게 된다.

전통적 이해에 따르면 베다는 지혜의 시구들이다. 신성한 의식문집儀式文集으로 염송되고 찬송讚誦되고 영창될 때, 그것들은 인간의 공동체로 하여금 창조적 지혜 안에 동참하게 해주고, 사람들은 그 지혜를 사용하여 신성한 실재가 가진 에너지에 참여함으로써 되살아나고 완성된다. 이런 참여가 없다면 인생은 천박하고 쪼개진 것으로 경험되고, 사람은 혼돈에 빠지고 소외되었다고 느낀다. 그러나 사람이 이 에너지에 참여하게 되고 지혜의 거룩한 소리에 동참하게 될 때, 인생은 충족되고 완전하게 되는 법이다. 리그베다의 위대한 현자이며 시인(seer-poets)의 한 사람인 디르그하타마스(Dīrghatamas)는 이 생각을 다음과 같이 아름답게 표현한다.

> 나는 내가 누구인지 모른다
> 나는 홀로 방황했네. 번민의 마음으로
> 그때에 말씀 – 각성(바츠)이 온다
> 신의 규범의 첫 아들
> 그 일부를 나는 받아들이네
>
> — 1.164.37*

비록 디르그하타마스는 그의 시구가 지닌 진동하는 생명력 안에 표현된 진리를 '보았던' 자로 여겨지고 있긴 하지만, 자신을 포함한 다른 어떤 베다의 현자–시인도 베다의 작가로서 여겨지지 않는다. '베다란 무엇인가? 누가 그 작가인가?'라는 질문들에 대해서 인도 전통은, 베다는 존재의 신성한 진리 이외의 다른 아무 것도 아니며 이 지혜는 작가가 없다고 선언함으로써 대답한다.

---

* 이 장에서의 모든 참조는 별도의 언급이 없는 한 리그베다를 가리킨다. 번역은 저자의 것이다.

전통이 베다에는 작가가 없다고 선포한다고 해서, 베다 시인들의 재능이 이 시구들을 지었음을 부인하는 것은 아니다. 오히려 그 전통은 그것들이 표현하는 지혜가 참된 존재의 깊은 곳에서 영원히 솟아나온다는 점을 역설한다. 이 지혜의 영원한 소리들은 존재의 신성함에 마음을 열고 있는 모든 이의 심정에서 들린다. 그 소리들은 인간의 창조물도 아니고 누군가의 독점적 소유물도 아니요, 존재 자체의 저 깊은 곳에서 솟아나오는 지혜의 소리들이다.

베다는 인생의 지혜로서 인간의 존재를 완성시켜주는 신성한 존재에 대한 지식이다. 이 지혜는 위대한 인격, '리시(ṛṣi)'라는 현자들의 심성 가운데서 발견된다. 현자들의 체험이 그들을 존재의 정수로 인도하고 그들의 영적 삶을 살찌우고 있다. 이 지혜는 인간 경험 중 가능한 가장 깊고 가장 심오한 것을 통해서 얻어지는 것이니, 인간성 자체만큼이나 멀리 확장된다. 오늘날 우리가 인간성의 깊디깊은 곳에 도달할 때 그 지혜를 들을 수 있는 것처럼 최초의 인간들도 그 지혜를 들었다. 베다가 무시간적이라고, 곧 영원한 동시에 현대적이라고 말하는 이유는 바로 이런 관점에서이다.

비록 베다가 원리적으로 무시간적이며 무저자일지라도, 전통은 리그베다(Ṛg Veda), 사마베다(Sāma Veda), 야주르베다(Yajur Veda), 아타르바베다(Atharva Veda)로 알려져 있는 '4베다'에 특별한 지위를 부여한다. 최초의 집성, 곧 리그베다는 현자와 성인의 심오한 영적 경험의 표현을 시적 형식으로 담고 있다. 이 시구들은 신성한 제식 문집으로 사람들의 신념과 정서 체계에 통합되었다. 결과적으로 아마도 기원전 1500년경 대략 1만 개의 운문들이 리그베다(지혜 시구)로 알려진 하나의 컬렉션으로 수집되었다. 이어서 대부분 리그베다의 시구를 포함하는 노래들의 컬렉션인 사마베다가 신성한 의식儀式 안에서 사용되기 위해서 성립되었다. 야주르베다는 제식의 제문과 찬가의 컬렉션으로 리그베다로부터 많은 시구를 받아들이고 있다. 그 이후 상당히 다른 성격의 것이며, 리그베다에 일차적으로 근거하고 있지 않은 지혜 경전의 다른 컬렉션이 모여 아타르바베다를 형성하게 되었다.

이 '지혜 컬렉션' 또는 베다들은 네 가지의 불가결한 부분을 지닌다. ① 찬가(Mantra saṃhitā, 本集) ② 제의용 위주의 주석들(Brāhmanas, 梵書 또는 祭儀書)로 찬가의 제의적 사용을 위한 설명과 의미를 제공한다. ③ 제의적이며 신학적인 사변들(Āraṇyakas, 森林書), 이것은 제의들의 상징과 이미지에 대한 보다 심원한 진리를 설명한다. ④ 우파니샤드(Upaniṣads, 奧義書)는 정신집중의 노력과 선정, 그리고 철학적 반성을 통해서 영적 존재의 위대한 신비에 접근하는 것이다. 이 네 부분 전부, 즉 만트라, 브라마나, 아란야카, 우파니샤드는 모두 신성한 지혜라는 의미에서 베다이다. 그것들은 모두 슈루티(śruti, 들은 것, 天啓)인데, 현자들의 심정 안에서, 그리고 현자들이 자신들의 심정으로부터 말하는 것을 듣는 청자의 심정 안에서 들은 것이다. 그러나 우리는 오직 최초의 컬렉션, 즉 만트라 컬렉션만을 베다로 지칭하고, 다른 부분을 별개의 텍스트로 다루는 일반적인 관행을 따를 것이다. 베다 찬가들을 이해하는 일에 도움이 된다면, 브라마나와 아란야카로부터의 설명도 언급될 것이다. 우파니샤드는 4장에서 따로 고찰될 것이다.

일차적 지혜 컬렉션인 리그베다의 시구들은 창조의 에너지와 함께 진동한다. 모든 멜로디와 마찬가지로 그 시구들은 관련된 개념적인 의미를 시사할 수 있는 것보다 훨씬 더 많은 것을 전달하고 창조한다. 그것들의 선율적이고 리드미컬한 진동은 우주를 창조하는 에너지의 반향과 공명한다. 이 창조에 참여하면서 현자들은 활기로 가득찬, 동일한 세계 창조 에너지를 향해 인간의 심정과 마음, 그리고 느낌을, 열어줄 수 있는 힘을 지니고 있는 말·리듬·멜로디를 찾아냈다. 희생축의(yajña)의 제식문집을 통해서, 이 진언(眞言, 만트라)의 소리·멜로디·리듬은 베다인들을 우주적 창조의 과정, 특히 자기 창조와 공동체 창조의 과정 안으로 참여할 수 있게 허락했다.

전례典禮는 노래와 찬가들의 환희에 찬 멜로디를 제의적 재창조와 신성화의 상징적 행동에 결합시켰다. 실재에 대한 비전, 창조의 진동하는 소리, 인간 참여의 리듬은 모두 제식적 행위에서 결합되었다. 우리는 베다의 제식적 성격을 강조하지 않을 수 없다. 이 시구들은 낭독하고 찬송하고 외워야 하는 것이지 그저 읽기 위한 것이 아니었다. 낭독된 시구는 읽힌 시구보다 훨씬 깊이 우리에게 영향을 준다는 것, 그리고 노래 부른 서사시가 읽히거나 낭독된 서사시로는 접근할 수 없는 아름다움과 힘을 지니고 있음을 우리 모두는 알고 있다. 이와 유사하게, 원초적 창조와 신성화를 제식적으로 재현하는 행위 안에서 느낌과 이해를 하나로 만드는 사고와 행위의 전례적 결합은 우리 자신의 창조에 스스로 참여함으로써, 평범한 행동과 말을 가진 존재를 훨씬 넘어서 우리 존재를 변화시킬 수 있는 힘을 가지고 있다.

베다의 송구들이 형식면에서는 시적이고 기능면에서는 전례적이라는 사실은, 그것들을 엄격히 합리적 형식이나 문자적 의미로 환원하려는 시도에 대해서 경고한다. 이런 신성한 지혜는 단순한 이지적 지식을 훨씬 초월하는 것이다. 그것은 위대한 현자들의 심정에서 들리고 느껴진 지혜이며 그들이 시와 노래로 표현한 것으로, 모든 사람이 우주적 창조에 참여할 때 그 사람들의 심정에 울려 퍼져 그들 자신의 존재가 가진 위대함, 신비로움, 환희를 그들에게 일깨워줄 것이다.

시인-현자들이 그들의 심정 안에서 귀를 기울여 들었던 것을 표현해야 하는 언어는 평범한 언어, 즉 평범하고 가시적인 세계를 다루기 위해서 생겨난 일상어였다. 그러나 그들은 시적, 음악적, 비유적, 그리고 매우 상징적인 새로운 방식으로 이 언어를 사용하여 듣는 사람을, 인간이 되는 창조적 프로세스의 중심으로 데려갈 수 있는 소리의 수단을 만들었다.

베다의 평범한 세계관도 현자들의 비범한 비전도 충분히 공유하지 못한 우리로서 이 언어를 이해하고 그 언어의 힘을 느끼기는 매우 어려울 것이다. 우리는 베다의 신화와 상징이 그 자체의 논리를 갖고 있다는 점을 계속 기억해둬야 한다. 우리가 단선적이고 합리적인 사고의 논리로써 그것에 접근하거나 그것들을 개념적으로 동등한 것 안으로 밀어 넣으려 하면 명쾌함과 정확성을 얻게 되겠지만 엄청난 대가를 치르게 된다. 최초의 진실성과 풍요는 상실되고 그와 함께 이 시구들은 인생을 변화할 만한 힘도 상실하게 된다.

이는 베다가 비이성적이라거나 비이성적으로 접근되어야 한다는 것을 의미하지는 않는다. 절대로 그렇지 않다. 이러한 시구들이 가진 의미는 여러 방식으로, 단계를 달리하면서 이해하도록 해야 한다. 그런데 우리는 중심적 상징과 신화의 개념적 의미를 발견한 뒤에는 공감을 가지고 텍스트 정신에 들어가서 그 목소리를 듣도록 노력해야 한다. 베다에는 내적 경험과 상상이 아주 아름답고 강력하게 표출되어 있는데, 우리는 어렵긴 하지만 그런 경험과 상상 안으로 들어가기를 노력해야 한다. 이 거룩한 시구들은 인도인의 길에 영속적 모습을 주었기 때문이다.

현대적 성질

다행스럽게 베다의 모든 시구가 우리에게 멀리 떨어져 있는 것은 아니다. 어떤 것들은 보다 온전하게 창조적으로 삶 안에 들어가려는 현대의 세계적 추구와 곧바로 관련이 있는 것으로 보인다. 베다가 오늘날 인도인의 길에 여전히 관련성을 가지는 하나의 이유는 다음과 같은 점이다. 즉 고대의 현자들은 시간과 장소에 관계없이 모든 인간이 대답하려고 추구했던 기초적 물음에 대해서 반응했다는 점이다. 이 점이 시구들 중 어떤 것들을 거의 현대적인 것으로 만들어버리는 일종의 무시간성을 베다에 부여한다. 다음과 같은 시구들이 이런 무시간성을 시사한다.

우리 모두는 지성과 사랑, 건강과 부, 설득력 있는 말과 행복한 나날들을 간절히 소망하는 것이 아닌가? 다음 시구는 그릿짜마다(Gṛtsamada)가 인드라 신에게 바친 것이었다는 점만을 제외하면, 시대를 초월한 보편적인 인간의 탄원으로 여겨질 수도 있다.

> 오, 인드라 신이여! 보물 중의 최상급을 우리에게 허락하소서
> 착한 마음과 행복한 사랑
> 늘어나는 부와 건강한 몸을
> 설득력 있는 말과 행복한 인생을
>
> — 2.21.6.6

다음 시구에 보이는, 신랑이 신부에게 주는 그토록 아름답게 표현된 인간 사랑이 가지는 심오함과 유순함은 3천 년 전에 그랬던 것처럼 오늘날의 결혼식에도 적합하다.

> 나는 노래, 그대는 시구
> 나는 하늘, 그대는 땅
> 우리 둘은 여기 함께 살아갈 것이오
> 아이들의 부모가 되어
>
> — 아타르바베다, 14.2.71

다음 시구에서 시인은 만유 공동체 내부에서의 우정을 강조하는데, 이 구절은 현대 생태학적 인식의 영감으로서, 또 새로운 생태·윤리 시스템의 기본 원칙으로서 충분히 도움이 될 수 있다.

> 오 위대한 일자—者여, 저를 위대하게 하소서
> 모든 존재가 저를 친구로 보도록
> 제가 모든 존재를 친구로 보게 하소서
> 우리 모두가 서로를 친구로 보게 하소서
>
> — 야주르베다, 36.18

존재의 기원을 탐구하는 다음 시구는 우리 존재의 존재론적 뿌리를 찾으려는 현대의 관심사에 대해서 우리에게 말해준다.

> 그때 거기에는 존재도 비존재도 없었다

공기로 찬 공간도 저편의 하늘도 없었다

무엇이 만물을 감쌌을까? (만물은) 누구의 보호 아래 있는가?

— 10.129

존재의 다수성은 보다 깊은 통일의 표현이라는 통찰, 만물이 그들의 근원 안에서 통일되었다는 통찰, 많은 위대한 철학자들에게 발견되는 이 통찰은 하나의 기초적 직관으로 현대 과학에서 많은 작업을 인도해 주며, 다음과 같은 리그베다의 시구에 시적으로 표현되었다.

하나인 그것을, 현자들은 많은 이름으로 부르네

그들은 그것을 인드라, 미트라, 바루나로

아그니 또는 하늘의 태양-새로

— 1.164.46

그들의 말로써 현명한 시인들은 일자를 여러 형상으로

빚어내네. 아그니, 야마, 또는 마타리슈반으로

— 10.114.5

그러나 또 다른 리그베다 찬가에 따르면, 시인-현자는 심오하고 영적 일에 관심을 가지고 있지만, 보통의 인간들이 부, 성공, 힘을 추구하며 밟아가는 여러 가지 평범한 길에 대해서도 날카로운 평가를 내리고 있다.

인간들의 길이 많기도 하네

우리의 생각은 여러 길로 날아간다

수레장이는 사고事故 나기를 바라고

의사는 다친 사람을

승려는 부유한 보시자를

인더스 강이여 흘러라. 인드라 신을 위해서 흘러라

…(중략)…

날이면 날마다 대장장이는 구하네

금을 많이 가진 고객을

…(중략)…

나는 가수, 아빠는 의사

엄마는 맷돌로 밀가루를 갈고

우리 생각은 모두 이익을 위하네

우리가 암소처럼 터벅터벅 걷는 동안

인더스 강이여 흘러라, 인드라 신을 위해서 흘러라

…(중략)…

말은 빠른 전차를 원하고

연예인은 좋은 웃음을

자지는 거웃 있는 구멍을

그리고 개구리는 고여 있는 연못을

인더스 강이여 흘러라, 인드라 신을 위해서 흘러라

— 9.112.1~4

제2장

3. 남녀 제신

앞에 나온 여러 시구가 공통의 관심사와 관점을 시사한다고 해도, 리그베다의 대부분은 우리에게 멀어 보인다. 예를 들면 텍스트를 읽을 때 제일 먼저 우리 눈에 띄는 것은 대부분의 찬가가 남녀 제신에게 헌정된다는 것이다. 이 사실은 많은 해석가로 하여금 베다란 본래 예배나 희생 제의를 위한 텍스트, 그 안에서 조력과 보호를 얻기 위해서 신들이 호출되는 텍스트로 생각하게끔 만들었다. 어떤 사람들은 남녀 제신이 신인동형론적 존재로서 천계天界로 올려졌다가 인간이 특정한 제의적 마법을 행하면 천계로부터 인간을 위해서 관여하는 존재에 불과하다고 잘못 해석했다. 이런 해석이 진리의 일면을 담고 있는 것도 사실이지만, 이것은 남녀 제신이 존재의 근본적 힘의 상징들이라는 보다 깊은 의미를 드러내지는 못한다.

인드라(Indra), 아그니(Agni), 소마(Soma), 수르야(Sūrya), 우샤스(Uṣas)와 사비트리(Savitṛ), 바루나(Varuṇa), 비슈누(Vishnu), 바츠(Vāc) 등의 수많은 베다 신의 이름이 혀를 타고 굴러 나와 힘과 경이에 대한 신비로운 느낌을 자아내고 있다. 이 신들은 누구인가? 그들의 기능은 무엇인가? 왜 그들이 베다인에게 그토록 중요했던가?

신을 의미하는 단어가 중요한 단서를 제공한다. 데바(Deva)는 '빛남'이나 '상서祥瑞로움'을 의미한다. 신들의 정체는 바로 이것이다. 그들은 생명을 창조하고 파괴하며, 존재의 밀물과 썰물을 조절하는 상서로운 힘이다. 말, 의식, 생명, 바람, 불, 물—이것들은 존재의 맥박을 조절하는 위대한 힘들, 베다에서 신으로 인격화되고 상징화되고 찬미되는 위대한 힘들 중의 일부이다. 현자들이 인정하고 찬미하는 신의 범위는 그들이 느끼고 인정했던 상서로운 힘의 범위이다. 다양한 데바들의 의미와 중요성은, 베다의 생활에서 느껴지는 이런 다양한 힘들의 의미와 중요성에 대해 많은 것을 알려준다.

강조되는 것은 남녀 각각의 신이 상징하는 힘이기 때문에 신들의 개인적 성격은 보통 무시된다. 대부분의 신에게는 중요한 전기적 자료로 아무 것도 주어지지 않는다. 그들의 기원에 대해서 전혀 아무 것도, 그들의 인격에 대해서는 거의 아무 것도 드러나 있지 않다. 신의 가계니 신들 사이의 힘의 계층이니 하는 것은 아무 의미가 없다. 그들에게 인격이 결여되어 있음에도 베다의 신들은 추상적이지 않다. 왜냐하면 그들이 상징적으로 표현하는 힘들은 사람들 개개인이 직접 경험하는 것이고, 남녀 제신은 직접 경험 안에 살고 있기 때문이다.

주요 신 몇몇에 대해서 간략히 검토하는 일은 남녀 제신에 대한 베다의 개념을 더 잘 이해하는 데에 도움이 될 것이다. 예를 들면 아그니(Agni)는 불의 신이고 베다 종교에서 중심적인 거대한 불의 제의의 주님이시다. 아그니라는 말은 불을 의미하는데, 이는 베다 사람들이 불을 놀랍고 엄청난 힘으로 보았음을 말해준다. 그것은 번개가 되어서 하늘과 땅을 관통하고 그것들을 하나의 우주로 모은다. 통제 불가능이면 집을 파괴하고 삼림, 동물, 인간을 불태운다. 그러나 일반 가정의 화로에서 불은 날고기와 채소를 인간을 위한 음식으로 변화시키고, 생명을 위한 에너지를 제공한다. 이것이 바로 아그니가 상징하는 불의 고유한 힘이다.

불의 힘이 가장 엄청나고 신비로워 보이는 곳은 희생축의의 제의에서이다. 과일과 고기 같은 제물들은 제의를 통해서 새로운 존재의 에너지와 생명으로 변화한다. 리그베다에서 불이 가지는 이런 경이로운 힘은 의식意識 안에서는 상징적으로 나타나고, 말과 행동 안에서는 불의 신인 아그니로 표현된다. 아그니는 리그베다 시구의 거의 3분의 1 정도에서 언급된다. 이 사실은 변화시키는 행위자로서의 불, 이 불의 힘이 가지는 중요성에 대해서 베다인들이 잘 자각하고 있음을 보여준다.

소마(Soma, 神酒의 신)는 황홀과 조명의 상징, 의식意識적인 삶의 최고 표현이다. 소마는 소마 식물의 황금빛 주스와 이것을 마심으로써 성취되는 특수 의식의 광휘로움, 이 둘을 상징하면서 리그베다에서 그에게 봉헌된 책 한 권을 가질 만한 영광을 누리고 있다. 소마는 의식적인 삶 가운데 최상급의 상태에 대한 인격화된 상징으로, 우주의 강력한 주主이고 새벽의 빛을 일으키고 바람을 흔들어 움직이게 하며 강물을 흐르게 할 뿐만 아니라 눈부신 태양을 빛나게 한다. 소마는 처음에는 생명수 한 방울을 상징하지만 존재의 충만으로 확장되고, 결코 끝나지 않는, 순수하며 환희에 찬 존재의 신이다. "우리는 소마를 마셨고 불멸이 되었다. 우리는 빛을 얻었으며 신들을 찾았다"고 시인은 노래하면서(8.48.3), 소마의 신성한 현존을 통해서 의식이 경험하는 깊이, 폭, 광대무변, 힘을 찬미한다.

우주의 강력한 신 인드라는 많은 면에서 베다의 여러 신 가운데서 가장 이해하기 쉽다. 인간과 가장 많이 닮았기 때문이다. 그는 위해로부터 사람들을 보호하고 그들에게 대적을 이길 수 있는 힘을 준다. 이 강력한 영웅은 번개 신으로서 적을 치고 원수를 정복하고 생명의 물을 흐르게 하고 존재의 출현을 위한 길을 열어두는 한편, 혼돈과 비존재의 힘을 극복한다. 특히 대적에게 저항하고 가족과 공동체를 보호하는 데 필요한 인간의 용기와 힘은, 우주 안에서 위대하고 상서로운 힘으로 인정된다. 인드라는 이런 힘의 상징으로서 리그베다에서 가장 자주 언급되는 신이다.

의식意識과 말의 여신 바츠(Vāc, 언어의 여신)는 비슷하게 이해될 수 있다. 인간의 말이 가진 힘은 경외롭다. 그것으로 세계가 변화되고 사람이 죽고 살기 때문이다. 인간 경험과 상상력의 깊디깊은 곳에서 이 힘이 경험되면, 그것은 자신의 상징적 표현을 요구하는 바로 그 힘이다. 현자들의 대응은 이런 위대한 힘을 바츠, 곧 말과 의식의 여신으로 상징화하는 것이었다.

우샤스(Uṣas, 曉紅의 여신), 새벽, 하늘의 딸, 빛의 여인 그리고 태양의 신부 우샤스에 바쳐진 찬가는 암흑에서 빛의 출현에 대한 예기豫期와 환희를 나타낸다. 암흑은 미현현된 존재의 길고 긴 밤을 상징하고, 우샤스는 미현현의 가능성인 깊은 암흑으로부터 존재가 출현하는 것을 상징적으로 표시한다. 새벽은 수르야(Sūrya, 태양신)라는 인류의 기원인 태양과 재결합하고 싶어 하는 인류의 희망을 대변한다. 왜냐하면 새벽의 빛은 태양의 출현과 결부되고, 이 태양은 사비트리(Savitṛ) 곧 모든 생명의 생성자이기 때문이다. 새벽과 희망의 상징이 인격화되면 단순히 우주적 사건이나 인간의 태도가 아니라 한 분의 여신이 되시니, 시인은 다음과 같이 노래한다. "고귀한 태생의 여인이시여, 모든 빛나는 분의 경배를 받는 하늘의 따님이시여. 당신의 풍요와 축복을 우리에게 허락하소서. 우리를 지금부터 영원토록 보호해 주소서."(7.77.6)

아버지 하늘(Dyaus Pitṛ, 天神)과 어머니 땅(Pṛthivi, 대지의 여신)으로 상징되는 천지의 힘은 존재의 온갖 에너지와 기운을 포괄하므로, 만신전의 수장이라는 특별한 지위를 향유한다. 그러나 우주적 에너지에 리듬을 가져다주고 혼돈에 질서를 부여하고 무질서와 파괴로부터 창조를 성취하며, 그럼으로써 천지의 힘을 조정하는 신성한 질서 부여는 훨씬 중요하고 상서로운 힘이다. 존재에 질서를 부여하고 리듬을 지키는 신성한 리타는, 한편에서는 천지, 다른 한편에서는 구체적으로 현현된 존재와 생명의 세계(즉 인간, 동식물의 세계), 이 두 세계를 매개하는 영역의 신 바루나에 의해서 지켜지고 보호받고 있다.

루드라(Rudra, 폭풍우 신), 미트라(Mitra), 사라슈와티(Saraśvatī), 아슈빈 쌍신(Aśvins), 마루트(Maruts) 신군神群 등의 신들은 베다의 경험에서 특별히 중요한 존재가 가진 상징화되고 인격화된 힘들이다. 찬가에서 찬양되는 만물의 창조주 비슈바카르만(Viśvakarman, 造一體者)과 거룩한 힘의 신 브라마나스파티(Brahmaṇaspati, 祇禱主)는 찬가들에서 신들로 불리지만 사뭇 다른 신들이다. 그들은 상징적이고 인격적이기보다는 개념적이고 사변적인 신으로 보인다. 리그베다의 후기에 등장하는 그들은 아마도 남녀 제신이 표시하는 힘 배후의 힘을 확인하려는 사변적 노력의 결과일 것이다. 이 사실이 그들의 추상적·비인격적 성격을 설명할 수 있을 것이다.

우리는 이렇게 리그베다 안의 중요한 몇몇 신에 대해서 간략하게 일별했다. 그래서 우리는 인간이 경험한 가장 근본적인 우주적·인간적 힘들과 우리 인간이 친밀한 관계를 가질 수 있다는 가능성을 그 신들이 나타내고 있음을 알 수 있게 되었다. 베다인들은 보다 깊은 우주적·인간적 힘들을 인격적인 것으로 상징화함으로써 그 힘들과 관계를 맺을 수 있었고, 그럼으로써 심오한 인간적·우주적 차원을 그들의 평범한 삶 안에 들어오게 하였다.

우리는 남녀 제신을 존재와 인생의 가장 근본적 힘들의 상징으로 이해함으로써 그들을 단순히 신인동형론적 존재로 보는 대신에, 그들을 통해서 그들이 상징하는 힘들, 인간으로서 만나게 되는 힘들까지 볼 수 있다. 말과 의식이나 불과 빛은 베다인에게 그랬던 것처럼 오늘날에도 참으로 경이롭고 신비롭고 경외로운 존재이다. 다만 우리가 경이감과 신비감, 그리고 우리 존재를 형성하는 경이로운 힘을 즐기고 그것들을 상징화하는 우리 능력의 일부를 상실했다는 점이 다를 뿐이다.

4. 남녀 제신을 초월하여

존재 안에 들어있는 다양한 힘을 상징적으로 표현하는 베다의 남녀 제신이 우주의 창조주로 간주된 적은 한 번도 없다. 그들은 주님으로, 감독으로, 공예인으로, 기술자로, 건축가 등으로 활동하면서, 존재의 다양한 과정들을 만들고, 그 과정들에 형상과 질서를 부여한다. 그러나 기독교 창세기의 하느님과는 달리 그들이 무에서 유를 창조했다고 여겨진 적은 없다. 실제로 우주 외부에 존재한다는 창조주라는 개념은 리그베다에서는 발견되지 않는다. 우주의 질료와 지성은, 비록 그것들이 통상 경험되는 명백한 형상보다는 깊은 단계이긴 하지만, 우주 안에 영원히 내포되어 있다. 가장 깊은 단계에서는 우주의 지성과 질료는 분리되거나 구별되는 것이 아니라 모든 존재의 통일되고 원초적인 기반을 구성하고 있다.

현자들에게는 우주를 인도하는 중심적인 지성적 질서가 존재한다는 사실은 분명했다. 이런 질서는 물리적 규칙성 안에 존재하긴 해도 훨씬 깊이 들어간다. 왜냐하면 그것은 바로 우주의 심장으로부터 바로 흘러나와 미학적·도덕적·정신적 행위들 그리고 종교적 행위까지 포함하는 이 모든 행위를 위한 규범을 제공하고 있기 때문이다. 리타로 알려져 있는 것이 바로 이런 중심적이고 규범적인 리듬이고 제신, 그중에서도 특히 바루나가 지키고 보호해야 할 것이었다.

리타(ṛta, 天則)는 우주의 근본적 에너지들의 리듬이면서 그것들에 구조를 부여하는 것으로 남녀 제신보다 더 근본적이다. 남녀 제신은 인간 존재나 존재의 다른 형상들과 마찬가지로 존재의 근본적 규범과 리듬에 종속된다. 현자들은 이를 분명히 인정했다. 그리고 그들은 제의가 스스로 목표로 삼았던 신성한 규범(Divine Norm, ṛta)의 작동에 조응하는 일에 성공한다면, 신들이 이 과정을 도울 수도 방해할 수도 없으며, 소원했던 결과가 반드시 보장된다고 주장했다.

현자들은 리타를 존재의 역동적 측면이 갖는 근본적 규범과 리듬으로 인정하면서, 신들을 초월하는 존재의 생성 원리도 추구했다. 리그베다의 나머지 대부분보다도 분명히 후기에 속하는 것으로 보이는 제10권의 「우주개벽宇宙開闢의 찬가」 끝에서 두 번째 시구에는, 신들이 존재의 맨 첫 순간에 서 있거나 궁극적 바탕이 되는 것이 아니라 나중에 전개된 것으로 명백히 언급되었다. "누가 진정으로 아는가? 그것(이 창조물)이 언제 탄생했는지, 어디로부터 그것이 나온 것인지를 누가 말할 수 있는가? 신들은 이 세계의 창조물보다 뒤에 온 것이다. ……"(10.129.6)

리그베다 제1권에 나타나는 디르그하타마스의 비전은 존재의 많은 힘들과 측면들의 기초가 되는 하나의 통일을 보고 있다. 그는 "일자인 그것을 현자들은 여러 이름으로 부른다. ……"(1.64.46)는 것을 확인한다. 그러나 이 통일은 존재가 갖는 복수의 형상들과 힘들을 통해서 표현된다. 따라서 "지혜로운 시인들은 말로써 일자를, 아그니, 야마 또는 마타리슈반과 같은 형상들로 변화시킨다."(10.114.5)

존재의 유일한 원천, 신들의 영역을 넘어서는 원초적인 원리를 찾아내려는 사변적 사고의 예증들은, 리그베다의 초기 부분에서도 발견된다. '8.58.2'을 지은 시인은 다음과 같이 노래한다.

> 불은 하나뿐이나 많은 형상으로 탄다
> 태양은 하나뿐이나 전 우주를 비춘다
> 만물을 밝혀주는 새벽은 하나뿐이다
> 진실로 일자는 이 세계 전체가 되었도다

'3.55'의 22개 시구 하나하나의 끝에 나오는 후렴은 여러 신의 업적을 찬미하면서, 신들의 기초를 이루는 통일을 단언한다. "위대하도다. 신들의 유일한 신성이여."

베다의 현자들은 다양한 신들을 동일한 내재적 궁극 실재의 다른 측면이나 차원으로 인정함으로써, 제신들이 바탕에서는 하나라는 원리로 상호 동일시할 수 있게 되었다. 하나의 신을 다른 신과 동일시하는 것, 만신을 상호(Viśvedevāḥ) 동일시하는 것이 신들의 복수성과 베다 이래 현재에 이르기까지 자신이 가장 좋아하는 신 이외의 다른 신에게도 가졌던 관용적 태도의 기초가 되어 왔다.

'신들이 궁극 존재가 아니다'라고 인정하는 것은 가끔 일종의 종교적 무신론으로 이끌었다. 이 무신론에서는 비인격적이지만 여전히 영적 궁극 실재의 편을 들어, 신들이 버려지거나 무시되고 불교나 자이나교에서처럼 부정되기도 했다. 베단타와 특정한 종류의 요가는 이런 경향의 좋은 예증이다. 칼리, 시바, 비슈누의 귀의자들 사이에서도 이 신들은 궁극 실재가 아니라 궁극자의 인격화된 상징으로 간주되었다. 이것은 마치 유대인, 기독교인 또는 회교도가, 신은 궁극 실재가 아니라 오히려 궁극자의 상징이라고 말하는 것과 같다. 한 상징은 그것이 상징하는 실재에 참여하는 정도만큼 그 상징, 이를테면 비슈누(또는 신)는 궁극자인 것이다. 그러나 그런 상징적으로 표현된 실재가 상징(비슈누)을 넘어가는 정도만큼, 비슈누(또는 신)는 궁극 이하인 것이다.

5. 존재

남녀 제신이 존재의 궁극적 형상形象들이 아니기 때문에, 우리는 제신을 초월하는 존재의 바탕을 확인하려는 베다적 노력을 탐구해야 한다. 존재의 근원은 무엇인가? 어떻게 이 근원에서 존재가 생성했는가? 이 두 질문이 리그베다의 시인과 현자들의 커다란 관심사였다. 존재의 기원에 대한 유명한 찬가(「우주개벽의 찬가」)에서, 시인은 원초적인 것을 찾고 있다고 선언하면서 시작한다. 그는 말하기를, "태초에 존재(sat)도 비존재(asat)도 없었다."(10.129) 그는 네 번째 시구에서 "현자들이 지혜로써 그들의 심정 안에서 찾을 때, 존재와 비존재 사이의 친연親緣을 발견했다"고 한다. "지혜로써 그들의 심정 안에서" 찾는다는 사실은, 그들이 이것을 평범한 합리적 지식이 아니라

보다 깊은 직관적 지혜, 존재에 대한 가장 심오한 경험에서 생기는 지혜로 이해하고 있었음을 보여준다.

1) 인드라가 브리트라(Vṛtra)를 정복하다

수많은 베다 찬가의 배후에는 존재의 근원을 이해하려는 관심이 있다. 보다 덜 자의식적인 베다의 초기 부분에는, 비존재에서 생겨나는 존재에 관한 신화적 설명 안에 존재의 기원에 관한 '여러 설명'이 보인다. 그중에서 인드라의 브리트라 정복에 관한 신화는 빛과 자유의 세력과 암흑과 속박의 세력 간의 전투를 언급함으로써, 존재가 비존재로부터 생성되는 것을 설명한다. 이것은 분명 과학적 설명으로 의도된 것은 아니다. 그리고 만일 우리가 이런 신화적 설명의 의미를 이해하려면 반드시 이 '설명'이 담겨 있는 신화의 이미지와 상징을 이해해야 한다.

이 신화의 '구도'는 간단하다. 이 세상이 생겨나기 전에 빛과 자유의 세력인 아디트야(Ādityas) 신군神群과 속박과 암흑의 세력인 다나바(Dānavas) 신군 사이에 엄청난 투쟁이 발생했다. 애초에 다나바 신군이 이기고 있었고, 성공적으로 생명수를 잘 가두고 있었다. 그러자 바루나와 다른 제신이 이끌고 있던 아디트야 신군이 천지양신天地兩神에게 구원을 요청했다. 이들의 요청을 받고 원초적인 두 신은 힘을 합해 강력한 새로운 신을 만들어내었다. 그렇게 해서 태어난 것이 소마를 마시고 천둥 번개를 휘두르는 인드라였다. 모든 신들의 힘으로 인드라는 강성하게 되고, 강력한 소마를 잔뜩 들이마신 뒤 아디트야 신군을 이끌어 거대한 브리트라, 암흑과 비존재 세력들의 지도자인 용龍 브리트라를 살해함으로써 승리했다. 인드라는 이 용의 통배를 갈라서 7개의 임신 중인 우주의 물길을 텄으며, 이 물길들이 태양을 낳고 대지를 가득 채우는 수만 가지 모습의 생명을 창조했다.

이것은 간단하나마 베다 안에 보이는 창조에 관한 최고最古의 설명이다. 이 사건은 리그베다 안에 확고하게 자리를 잡은 것이며, 그 이후의 시기를 통해서 내내 다양한 형식으로 반복해서 얘기되었던 사건이었다. 인드라-브리트라 신화는 우리에게 초기 인도 사유의 근본적 면모로 들어갈 수 있는 입구를 제공한다. 왜냐하면 그것은 발전해가는 전통 안에서 지속적으로 중요했던 세 가지 베다의 테마들을 들려주기 때문이다. 첫째, 생명이란 존재(아디트야 신군)와 비존재(다나바 신군)라는 서로 친연된 세력 사이의 지속적 투쟁에서 얻어진 승리의 열매라는 점이 드러났다. 둘째, 그것은 생명의 여러 조건을 확보하는 일에 제신의 역할을 강조한다. 제신들이 존재에 내재하는 보다 깊은 힘을 상징하고 있기 때문이다. 셋째, 그것은 비존재에 대한 승리를 성취하고, 우주에 질서를 확립함에 있어서 제의(ritual action)의 힘을 극적으로 표현한다. 인드라의 정복 행위는 본래 하나의 희생축의이기 때문이다.

암흑과 속박 세력의 지도자 브리트라는 비존재(asat)를 상징한다. 인드라는 존재(sat)의 힘과 창조적 행위를 상징한다. 인드라가 브리트라를 정복하고 그의 복부에 갇혀 있던 생명수를 방출할 수 있다는 점은 행위의 창조적 효력을 보이고 있다. 그 까닭은 이것이 태양과 모든 생명 형상을 창조했던 행위이기 때문이다. 생명의 근원이 용의 동굴 같은 구덩이에 갇혀 있던 상태로 이미 그곳에 있었으므로, 이는 분명 비존재로부터의 창조는 아니다. 더욱이 그 얘기는 존재(아디트야 신군)와 비존재가 투쟁에 휘말려 있었고, 인드라가 등장하기 전까

지는 비존재의 세력들이 이기려는 것처럼 보였다는 점을 우리에게
말한다. 그렇게 해서 존재(existence)와 비존재(non-existence)는 명백
히 투쟁하고 있지만, 그것들이 유(being)와 무(non-being)처럼 서로
대립하고 있지 않음은 분명하다. 그렇다면 인드라와 브리트라로 상
징되는 존재와 비존재의 관계는 무엇인가?

브리트라는 생명수를 가두고 있다. 이것이 그의 주요 기능이며 그
가 극복되어야 하는 주요 이유이다. 이 이야기가 우리에게 말하는 바
는, 비존재는 존재의 완전 부정이 아니라 존재의 바탕이라는 점이다.
존재는 구조가 지워진 것, 한정된 것, 움직이는 것이다. 그것과 대조
적으로 비존재란 구조를 갖지 않는 것, 무한정의 것, 부동의 것이다.
인드라의 행위가 생명수의 물길을 터주었을 때 그것은 브리트라에서
흘러나온다. 그것은 마치 구멍 하나가 땅속으로 뚫렸을 때 물이 위로
솟아오르다가 땅에서 흐르는 것과 마찬가지이다. 진정 브리트라가 상
징적으로 드러내는 것은 존재의 바탕과 잠재력이다. 그는 모든 생명
의 가능성을 속에 담고 있기 때문이다. 이 텍스트가 존재는 비존재로
부터 나온다고 말했을 때 그 비존재는 만물의 바탕과 잠재력이라는
의미에서의 비존재이지, 지금 언급되는 유(being)의 부정은 아니다.
어두운 동굴 안에 아직 되지 않은 것(not-yet-become)의 존재 가능성
을 가두어 둔 브리트라는, 인드라가 브리트라 속에 갇혀 있던 생명 에
너지를 풀어놓자, 인드라의 영웅적 창조 행위를 통해서 정복된다.

이런 식으로 본다면 아디트야 신군과 다나바 신군 사이의 전투는
존재의 비활성 잠재력과 역동적 변화 행위 사이의 투쟁인데, 이 변화
행위가 그 잠재력을 실현시키고 거기에 구조를 부여한다. 존재는 그
자체의 바탕이며 잠재력인 비존재에서 나온다. 고대 중국 성인 노자

가 무(non-being)가 유(being)의 어머니이고, 유는 만물의 근원이라고 말하는 것처럼,[*] 리그베다는 우리에게 비존재(asat)가 존재(sat)의 바탕이라면, 존재는 구조를 가진 것, 분별되는 것, 활동적인 것의 근원이라고 말한다.

2) 창조 행위

비존재 – 존재가 결여됐다는 의미에서가 아니라 실제적 구조와 분화 이전에 '존재할 수 있다(being-able-to-exist)'는 의미에서의 비존재 – 가 어떻게 실제적 사물들의 근원이 될 수 있는가를 우리는 살펴보았다. 이제 우리는 어떻게 비존재에서 존재가 생성하는가 하는 물음으로 옮겨갈 필요가 있다. 우리가 따라가고 있는 얘기에서, 인드라의 창조 행위는 비존재의 어두운 동굴에 갇혀 있는 존재의 에너지를 해방시키기 위해서 브리트라를 꿰뚫는 일이었음이 분명하다. 그러나 물론 인드라의 행위는 단순히 칼을 쥐고 신화적인 것이든 실제적인 것이든 동물을 살해하는 것이 아니다. 그것은 지즉행(知卽行, knowing-acting), 즉 존재의 가능성, 그러나 갇혀진 가능성의 살가죽을 꿰뚫고 그 가능성을 실제적 존재의 영역 안으로 풀어주는 지즉행이다.

　그 얘기는 요점을 나름의 방식대로 풀어간다. 이런 경이로운 생명 부여 행위를 위해서 조심스러운 준비가 필요하다. 우선 갇혀진 가능성의 심장까지 효과적으로 도달해서 그 가능성을 풀어줄 수 있는 무기가 조심스레 제작돼야 한다. 제신 중 대목이자 기술자, 영리하고 강력한 타바스트리(Tavaṣṭr)는 인드라를 위해서 번쩍이는 에너지를 가

---

[*] 〔역주〕 노자, 도덕경 1장의 "無名天地之始 有名萬物之母"를 가리키는 듯하다.

진 벼락을 만든다. 이 벼락은 유효적절한 무기였다. 왜냐하면 그것은 보다 높은 세계에서 방출되지만 이 평범한 세계로 건너와 번쩍이는 에너지로써 그 세계를 관통하기 때문이다.

이 경이로운 무기를 가지고도 결과가 완전히 보장된 것은 아니었다. 텍스트는 우리에게 다음과 같이 전한다. 인드라는 출전하기 전, 모든 신의 힘을 받았으므로 인드라의 힘은 모든 신의 힘이었다. 그러나 이것만으로 여전히 충분치 못했다. 그래서 인드라는 소마 신주, 생명 자체의 주스를 거대한 잔으로 여러 번 들이켜 자신을 강성하게 했다. 사람들이 비존재의 속박에 갇혀 있는 가능성으로부터 자신들을 지속적으로 재-창조하려고 시도할 때 직면하게 되는 어려움에 대한 그들의 자각을 현자들은 표현하고 있다. 다시 말하면, 현자들이 옛 우주적 신화를 단순히 반복한다고 생각해서는 안 된다. 사고와 행위를 통해서 인간 존재가 어떻게 창조되고 유지되느냐 하는 질문에 대한 그들의 명백한 관심은, 인드라와 브리트라 사이의 전투가 비유적이라는 점과 인드라가 성공적으로 휘두른 벼락은 일정한 종류의 창조적 인간 행위를 상징한다는 점을 시사한다. 야즈냐, 즉 희생축의적 제의의 본성과 기능을 고찰할 때, 우리는 정말로 인간의 사고와 행위를 통한 존재의 창조나 유지가 리그베다의 중심적 관심사임을 알게 될 것이다. 지금으로서는 리그베다의 사람은 존재를 철저하게 우연적인 것으로 알았다는 점을 지적해 두자. 세계-내의-자아(self-in-the-world)의 지속적 존재를 보증해주는 신이나 형이상학적 원리가 존재하지 않기 때문이었다. 부단한 에너지 재충전과 재창조 없이는 존재의 현순간이 다음 순간에는 되살아나지 않을 것이고, 비존재들의 어두운 동굴 속으로 사라져버릴 것이다.

현자들이 목격했던 바는 깊은 암흑에서 현실적인 존재의 등장, 즉 구조를 갖춘 사건과 사물들의 등장이었다. 이 어두운 깊은 곳이 무엇인가는 알려지지 않았다. 바로 그 때문에 그것들이 어두운 곳으로 간주된다. 그러나 그것들로부터 생각, 행위, 사물, 사건으로 이뤄진 세계 전체가 나온다. 우리는 베다인 자신들이 계절과 계절, 날에서 날, 순간에서 순간으로의 생성을 직면하는 과정에서 경험했던 경외나 기쁨의 일부를 상실했다. 하지만 경험되는 자아-세계(self-world)가 어떻게 생겨나는가는 베다인이나 오늘날의 사람 모두에게 경이로운 신비이다. 우리 자신의 생성과 세계의 생성에 주의를 기울이면, 베다의 현자들이 그랬던 것처럼, 우리는 소망·행위·느낌·생각이 이런 생성 과정에 어떤 방식으로든 창조적으로 관여하고 있음을 자각한다. 이 행위들을 통해서 우리의 세계와 이 세계 내의 우리 자아가 어떻게든 존재하게 된다. 이런 방식으로 인간들은 어둡고 깊은 동굴을 뚫어 에너지와 생명체를 해방시키고 세계에 구조를 부여해서 세계를 살려낸다.

우리는 이제 아디트야 신군과 다나바 신군의 얘기를 창조 신화라고 볼 수 있게 되었다. 그것은 단순히 외부 세계의 시초를 기술하고 설명한다는 의미에서만 아니라, 모든 인간이 그들 자신의 존재를 낳고 한 순간에서 다음 순간으로 그 존재를 유지하기 위한 노력의 일부로서, 그들이 참여해야 할 창조 행위를 상징한다는 보다 깊은 의미에서 창조 신화이다. 대부분의 우리는 이 점을 이해하기 어려울 것이다. 우리는 자신의 존재와 외계의 존재의 객관적 소여성(objective givenness)을 가정하는 경향이 있기 때문이다. 우리는 외계, 즉 공간과 시간 안에 있는 대상과 사건의 세계가 우리의 존재와 경험으로부터 상당히 독립되어 존재한다고 가정한다. 우리 자신의 존재도 역시 주어진 것, 기성의 것이며, 외계로부터 독립된 것처럼 보인다. 그러나 우리에게 너무나 명백한 사실이므로 보통 알아차리지도 못하는 이러한 가정들을 베다인들은 갖고 있지 않았다. 왜냐하면 그들에게는, 보기·듣기·느끼기·생각하기 그리고 인간 경험의 기초를 구성하는 행위가, 자아와 세계가 생겨나는 방식이었다. 그런데 자아와 세계는 경험에서 서로 다른 개별적 실재들이 아니라 자아·세계라는 하나의 통일체로서 주어진다.

자아·세계 창조에 대한 베다적 견해를 이해하는 데에 두 가지 길이 있다. 첫째는 보다 어려운 길이다. 이것은 개념과 이론을 탈락시켜 우리에게 경험의 직접성만을 남겨두는 일이다. 경험의 직접성 안에는 독립적 자아나 세계는 전혀 없고 부단히 변화하는 풍부한 사건들이 있다. 이 세계, 즉 직접적 경험의 세계는 계속 창조되고 뒤로 처진다(파괴된다). 이 세계는 동시에 자아인데, 자아 역시 계속 창조되고 파괴된다. 직접적 경험의 관점에서 보면, 자아·세계의 부단한 창조와 생각·행위·느낌·소망을 통해서 이 창조를 지휘하는 능력은 모두 놀랍고 엄청나다.

우리 자신의 인생과 우리의 세계를 통상적으로 바라보는 이론과 개념의 구조물을 제거하는 일이 매우 어려우니, 두 번째는 보다 쉬운 접근법으로 경험의 지멸止滅을 상상함으로써 우리의 세계를 형성하는 과정에서 경험의 역할을 강조하는 일이다. 만일 우리가 날 때부터 어떤 감각적 입력도 불가능한 환경, 아무 것도 만지거나 듣거나 느끼거나 냄새를 맡거나 또는 맛볼 수 없는 환경에 놓인다면(운동감을 포함하는 일체의 내적 감각도 제거하라), 일체의 이미지, 생각, 느낌도 없게 될 것이다. 우리에게는 아무런 세계도 없을 것이다. 그렇다면 도대체 어떤 의미에서 우리 자아가 존재할까? 아무 경험도 없는 그런 환경 안에 어떤 자아가 있다고 말하는 것은 전혀 이치에 닿지 않는다.

그러나 만약 서서히 그리고 점진적으로 경험할 수 있는 능력이 약간의 빛이나 소리로 자극을 받는다면, 자아·세계는 존재하게 되지만 처음에는 자아와 세계로 분리되지 않는 채로 있을 것이다. 경험이 보다 추상적이고 반성적으로 되면 자아와 세계의 정신적 구조물은 서로 구별되고 분리될 수 있게 되며, 시간이 더 지나가면 우리는 세계에 대한 우리의 일상적인 가정이 가지고 있는 익숙한 방식에 따라서 이런 구조물을 배열하는 일조차 배울 수 있다.

이 사고 실험으로 우리는 자아와 세계에 관한 우리의 자각이 경험을 통해서 생성된다는 것을 알 수 있다. 경험의 내면적 관점에서 보면, 경험이 자아·세계를 창조한다. 우리 중 누구든 가질 수 있는 유일한 자아와 세계는 우리가 자각하는 세계이며, 그런 자각은 경험을 통해서 오기 때문에 우리는 자아·세계의 창조를 가장 경이롭고 중요한 행위로 간주하는 베다적 관점을 제대로 평가할 수 있다.

인드라가 브리트라를 이긴 것은 존재가 비존재에 갇혀진 가능성으로부터 창조될 수 있음을 말한다. 인간 존재는 단박 전면적으로 주어지는 것이 아니라 부단히 창조되고 파괴된다. 비존재로부터의 운동은 존재에서 비존재에 이르는 역방향의 운동이 그러하듯, 생명이 있는 한 결코 끝나지 않는다. 인간에 대한 최고의 도전은 존재의 힘과 영광에 가장 완전히 참여하는 지속적 자아·세계를 효과적으로 창조할 수 있는 수단을 만들고 활용하는 일이다. 이 도전에 응전하는 일이 베다 현자들의 중심적 관심사이며, 이 수단의 중심적 상징이 야즈냐, 즉 희생축의적 제의이다.

요약

3천여 년 전에 인도에서 베다적 사유와 실천이 발전되었다고 해도 그것이 원시적인 것으로 간주돼서는 안 된다는 점을 지적하기 위해서, 우리는 인도의 베다 시대에 선행하는 인더스 문명에 관한 약술로 이 장을 시작했다. 베다 문명에 선행하는 인더스 문명이 복잡하고 정교하며, 3만 명 이상의 주민을 보유한 홀륭히 계획된 도시와 광범위한 산업, 외국과의 교역, 분명히 잘 집행되는 효율적 중앙행정기구를 가졌음을 우리는 알았다. 인더스인의 종교와 철학에 대해서는 거의 알려진 것이 없지만, 예술품과 인공물을 보면 그들이 매우 발전된 문화를 누렸음을 짐작할 수 있다. 이 문화는 그것을 계승하는 베나석 사유와 실천의 발전에 영향을 주고, 그 이후에 일어난 모든 인도 문화에 자취를 남겼을 것이라는 점은 거의 틀림없다. 요가와 금욕 훈련의 기원들, 그리고 후기의 수많은 남녀 제신의 기원은 아마도 인더스인의 사유와 실천에서 발견될 수 있다.

베다 시대에 관한 우리의 지식은 베다에서 현자와 시인들이 베다인의 삶을 지배하고 있었던 희생축의에 사용하기 위해서 지은 찬가들과 제문들의 집성집인 베다에서 조금씩 모아온 것이다. 위대한 현자들이 영적 체험을 통해서 실재 내부의 핵심으로 갔을 때, 자신들의 심정 안에서 귀 기울여 들었던 지혜의 표현이 바로 이 시구들이었다고 전통은 간주한다. 신성한 제식에서 그 시구들이 낭독되고 찬송되고 외워지면 그것들은 공동체 전체가 창조적 지혜를 공유할 수 있도록 했으며, 그 지혜로 모든 사람은 궁극 실재의 에너지에 참여함으로써 되살아나고 완성될 수 있었다.

베다 시구들의 대다수는 불, 말, 의식, 태양, 바람 등의 존재가 갖는 위대한 힘들을 상징하는 남녀 제신 중 이런저런 신에게 바쳐진 것이다. 그러나 이 신들은 우주의 궁극적 창조주나 관제사管制士는 아니다. 창조와 관제는 존재와 비존재의 한계를 넘어서는 보다 근원적인 힘에서 나온다. 다음 장에서 보게 되겠지만, 「우주개벽의 찬가」에서 현자는 존재와 비존재가 어떤 선행의 실재, 즉 모든 언어와 생각을 초월하는 실재이면서 '그것(That)' 또는 '저 일자(That One)'로 일컬어지는 실재 안에 기원을 두고 있다는 점을 언급함으로써 시작한다.

인드라가 브리트라를 물리쳤다는 이야기는 생명이 존재와 비존재의 세력들 사이의 부단한 투쟁에서 승리한 결과임을 시사한다. 이 투쟁이란 실재의 기초를 이루는 바탕이 현실적 존재로 힘 있게 형성되는 것을 허락하는 투쟁이다. 그렇지만 그것은 단박에 그리고 영원히 얻어지는 승리는 아니다. 존재란 근본적으로 우연이다. 따라서 그것을 되살리려는 부단한 노력으로 유지하지 않는 한, 존재는 비존재로 추락할 부단한 위험에 직면하고 있다. 베다의 현자들은 인간의 삶을 위한 이 비전이 갖는 함축을 바라보면서, 인간에게 최대의 도전이란 순간순간 그들 자신의 인간성을 유지하고 되살릴 수 있는 수단을, 비존재에 의해서 삼켜질 위험에 직면하는 자아·세계를 재창조하려는 부단한 노력에 효과가 있는 수단을 발견하는 일로 이해했다. 다음 장에서는 우리는 생각, 소망, 느낌, 행위가 희생축의(yajña) 안에 제의적으로 통합되었을 때, 어떻게 그것들이 이런 놀라운 위업을 달성하는 것으로 간주되었던가를 살펴볼 것이다.

████████████

더 읽을거리

Bryant, Edwin, *The Quest for the Origins of Vedic Culture : The Indo-Aryan Migration Debate*, Oxford·New York, 2001. 인더스·베다 문명과 관련된 중심 이슈와 이론을 다루는 최고의 개략서이며 탁월한 참고문헌을 가지고 있다.

Fairservis, Walter A., *The Roots of Ancient India : The Archaeology of Early Indian Civilization*, Chicago : University of Chicago Press, 1975. 인더스 문명에 대한 균형 잡힌 서술.

Kak, Subhash, *The Wishing Tree : The Presence and Promise of India*, New Delhi : Munshiram Manoharlal Publishers Pvt. Ltd., 2001. 저자는 리그베다가 인더스 문명의 시초까지 거슬러 올라갈 수 있다고 확신하면서 베다와 인더스 문화 안에 있는 인도 문명의 토대를 잘 논의하고 있다.

Kenoyer, Jonathan M., *Ancient Cities of the Indus Valley Civilization*, Karachi : Oxford University Press American Institute of Pakistan Studies, 1998. 인더스 문명 발견에 대한 탁월한 최신 개관.

O'Flaherty, Wendy Doniger(ed. and trans)., *The Rig Veda : An Anthology*, New York : Penguin Books, 1981. 리그베다의 1천 개 이상(대략 리그베다 전체의 10%)의 시구에 대한 탁월한 번역.

Thapar, Romila, *Cultural Pasts : Essays in Early Indian History*, New Delhi and New York : Oxford University Press, 2000. 인도사 최고의 대가 중에 한 사람이 쓴 것으로 인도 문명의 토대에 대해서 필생을 기울여온 연구의 요약.

www.harapa.com 인더스 문명을 탐색할 수 있는 위대한 사이트. 놀랄 만한 사진도 있다.

제2장

제3장 베다에서의 창조와 축의

1. 존재의 기원

「우주개벽의 찬가」에서 현자는 존재와 비존재보다 선행하는 것을 찾으면서, 그분(He)만이 최고천最高天에서 저 실재를 알 수 있을 것이라는 진술과, 혹시 그분마저도 알 수 없을지도 모른다는 진술로 결론을 내리고 있다. 다른 찬가에서는 존재와 비존재 사이의 구별을 넘어서는 존재는 단순히 저것(That)이나 저 일자(That One)로 불리고 있다. 양자의 대립이 전면적이지 않기 때문에, 비로소 비존재로부터 존재가 출현할 수 있는 것으로 보였다. 그것들의 대립 자체는, 그것들이 선행하는 실재가 분할된 결과임을 시사하고 있다. 과일 한 알이 두 개의 반쪽으로 쪼개질 수 있듯이, 하나의 원초적인 실재가 존재와 비존재라는 두 개의 대립되는 부분으로 쪼개질 수 있을 것이다. 쪼개진 과일 두 쪽이 선행하는 완전성을 시사하듯이, 그것들 사이의 대립은 이전의 통일을 가리키고 있다. 저 일자로서 구해야 할 것은 바로 이런 분할되지 않는 완전성이다. 그것이 모든 존재와 비존재의 바탕이기 때문이다.

존재와 비존재의 차별화는 개념적 사고와 언어의 경계를 표시하기 때문에, 이런 선행하는 실재는 개념적 술어로 생각하거나 말할 수 없다는 것이 문제이다. 개념적 사고는 존재하는 것과 존재하지 않는 것 사이의 절대적 차이에 근거한다. 그러나 실재가 갖는 선행하는 분할되지 않는 완전성 대한 비전이 부정하는 것은 바로 이 차이의 절대성이다. 결과적으로 분할되지 않는 실재에 관한 추구는 순전히 개념적인 것일 수 없다. 개념적 사고는 존재와 비존재라는 한계를 넘어설 수 없지만, 저것(That)은 그런 한계들 바깥에 위치하기 때문이다.

여기에 그 전체를 번역하는데, 「우주개벽의 찬가」에는 존재와 비존재를 넘어서서 그것들을 통일하는 바탕인 선행하는 실재로 나아가려는 현자의 노력이 드러나 있다. 전편을 통해서 현자는 '있음'과 '없음'의 제한적 한계 안에서 노력하도록 강요당한다. 현자는 이 한계들을 넘어서는 어떤 것에 대해서도 말할 수 없다. 하지만 그의 말은 그것들을 넘어서는 곳을 분명 지칭하고 있으며, 언어의 한계 그리고 말할 수 있는 것의 저 편에 존재하는 것의 깊이, 양자 모두를 시사하고 있다.

「우주개벽의 찬가(Hymn of Origins)」

1
태초에 존재도 없고 비존재도 없었다

공계空界도 없었으며 그 위의 하늘도 없었다

무엇으로 덮여 있었을까? 어디에? 누구의 비호 아래에?

깊어서 깊이를 헤아릴 수 없는 물이 있었을까?

2

그때에 죽음도 불사도 없었다

밤과 낮의 표지도 없었다

저 일자는 자체의 충동에 의해 바람 없이 호흡했다

저것 이외에 아무 것도 존재하지 않았다

3

암흑은 암흑으로 덮여 있었다

이 일체는 표지 없는 에너지(水波)일 뿐

저 일자, 공허에 뒤덮여 있으면서

열의 힘에 의해서 현현하네

4

태초에 사랑(kāma)이 존재했는데

이것은 사고력(마음)의 시원적 종자였다

현자들은 지혜로써 심정 안에서 구하면서

존재와 비존재의 친연親緣을 찾았다

5

그들은 승척繩尺으로 분할되어 있었다

하방下方은 무엇이며 상방上方은 무엇인가?

사정자(射精者: 능동적 남성력)도 있고 능력자(본능: 여성력)도 있다

본능(자존력)은 아래에서, 전방 운동(허용력: 남성력)은 위에서

6

누가 바르게 알까? 누가 여기에서 선언할 수 있을까?

이 창조물은 어디에서 생기는가? 어디로부터 오는가?

제신들은 이 세계라는 창조물보다 뒤에 온다

그렇다면 세계가 어디서 일어났는가를 누가 알까?

7

이 창조물이 생겨 나온 그것

그것이 함께 묶어 두었든지 않았든지

최고천에 있으며 창조를 감시하는 자

오직 그만이 실로 안다―혹시 그도 모를 것이다*

― 리그베다, 10.129**

이 찬가는 인드라와 브리트라의 신화를 다루고 있는 찬가들보다 상당히 후기의 것이다. 그것은 존재의 기원을 비존재 안에서 설명하

---

* 〔역주〕 쓰지 나오시로(辻直四郎) 역, 『リグ ヴェーダ 讚歌』, 암파서점, 1985(제 15쇄)를 참조.

** 이 장의 모든 인용은 달리 명시되지 않는 한 리그베다에서 저자가 번역한 것이다.

려는 여러 시도를 숙지하고 있음을 표현하지만, 이런 관심사를 초월하여 절대적인 원초적 존재에 도달하려고 한다. 만일 존재와 비존재가 서로 대립한다면, 거기에는 반드시 이런 대립되는 한 쌍(존재와 비존재)의 근원이며 바탕인 선행하는 실재가 존재해야 한다. 현자는 개념과 이론이 여기에서는 부적절하다는 점을 인정이라도 하는 것처럼, 여러 가능성을 질문하며 진행한다. 존재와 비존재 저 너머에서 탐색하고 천지를 넘어가려고 원하면서, 어떻게 존재가 물로써 덮여 있는지, 그리고 그것을 어떻게 더 큰 힘이 보호하고 있는지 하는 질문들은 그리 깊이 들어간 것이 아니다. 죽음을 불사로부터, 밤을 낮으로부터, 호흡을 호흡하는 자로부터 분리해 내는 이원성을 넘어가려는 시도 가운데, 어떤 긍정적 언명이나 부정적 언명도 할 수 없다는 점이 알려졌다. 만일 원초적인 실재가 인정되자면, 그것은 우선 존재와 비존재라는 이원성의 틀 안에 나타나야 한다. 분할되지 않는 실재는 존재하는 사물들의 외부에서 또는 떨어져서 발견될 수는 없다.

그러나 만약 마음이 원초적 실재를 측량할 수 없다면, 실재를 분할하고 분리하는 마음보다 선행하는 것은 그 실재에 도달할 수 있을 것이다. 모아서 완전케 하는 행위인 사랑(kāma) 안에 존재와 비존재의 뿌리가 발견될 수 있다고 현자들은 말한다. 제5의 시구에서 현자들은 "사정자도 있고 능력자도 있다", "본능은 아래에서, 전방 운동은 위에서"라는 사랑의 이미지를 사용해서 세계 만물을 탄생시키기 위해서 존재와 비존재가 서로 결합한다는 점을 시사한다. 그러나 사랑마저도 현현된 존재를 만들어내는 창조 행위를 넘어서지 않는다. 여기에서 불가해의 삶의 신비를 만나게 되는데, 심지어 "최고천에 있으며 창조를 감시하는 자"도 통찰할 수 없는 신비이다. 우리가 우리 자신과 우리의 세계를 부단히 재창조하려는 프로젝트에 종사하면서, 반드시 이런 신비에 대해서 열려 있으며 거기에 참여해야 한다는 것을 은연중에 시사한다.

인간들이 어떻게 이런 창조적 신비에 자신을 열어둘 수 있고 그 힘을 통해서 그들의 존재를 창조하고 변화하고 유지할 수 있을까? 존재와 비존재에 선행하는 것은 원초적인 근원이다. 우리가 생명 창조의 에너지를 얻기 위해서 이 근원으로 어떻게 복귀할 수 있을까? 이런 중심적 관심사에 대한 베다의 응답은 한마디로 요약될 수 있다. 그것은 야즈냐, 즉 희생축의이다.

2. 희생축의 犧牲祝儀

야즈냐(yajña)의 포괄적 중요성은 베다의 송구들을 쭉 훑어보거나 브라마나 문헌을 본 사람이면 누구에게나 분명하다. 물을 것도 없이, 그것이 베다 경전과 베다적 삶의 지배적 이미지다. '지배적 이미지'란, 인간의 경험을 형성하는 밑바탕에 있는 태도, 생각, 규범의 구체화를 의미하며, 그 구체화에 특정한 구조와 의미를 부여하고 이를 통해 인간의 지식과 행동의 기초를 제공한다. 비유로 말하자면 현대 과학의 지배적 이미지는 계측計測이라고 말할 수 있다. 모든 관찰과 설명은 반드시 계측에 근거해야 하고 그것을 가리켜야 한다. 베다적 세계관에서 일체의 사건과 행위는 야즈냐에 근거하며 그것을 가리키고 있다.

1) 축의로서의 야즈냐

야즈냐는 보통 희생(sacrifice)로 해석되어 왔다. 이것은 아주 불운한 일이다. 희생이란 용어는 처음부터 잘못된 이미지와 연상을 함축하기 때문이다. 야즈냐는 분명 축의인데, 그것을 희생으로 여겨 주목한다면 이 사실은 쉽사리 간과될 수 있다. 이 단어를 '희생축의'(sacrificial celebration)로 번역하는 편이 나을 것이다. 이 표현은 야즈냐의 희생적 면모와 축의적 면모를 모두 담고 있다. 축의적 면모를 이토록 역설하는 이유는 리그베다 전체가 본래 축의의 노래 모음이기 때문이다. 축하를 받고 있는 것은 다양한 힘, 변화, 신비를 수반하는 존재 자체이다. 대부분의 찬가는 존재가 가진 힘의 상징에 해당되는 남녀 제신에게 바쳐진 것들이다. 찬가讚歌들은 신들이 상징하는 힘을 경축하며 이런 힘에 인간이 참여할 수 있는 길을 연다.

축의의 정신과 존재의 신성한 힘에 참여하는 환희심은 수많은 시구를 통해서 빛나고 있다. 야즈냐의 중심인 아그니(火神)는 '환희의 사제'와 '청춘의 열락으로 축복받은 자' 그리고 '일체 재보의 주님'으로 묘사된다.

> 야즈냐에서 기도하는 공동체는 아그니를 섬긴다
> 모든 환희의 사제, 청춘으로 축복받은 이
> 그, 제물 바치는 시간에는 신들에게로 가는 불굴의 사자인 그
> 그는 일체 재보의 주님이시다
>
> — 리그베다, 7.10.5

제물은 아그니에게 바쳐지고, 그가 흠향歆享하고 변화시키는 것이

므로, 그는 '일체 재보의 주'로 여겨져야 하고 이 제물은 하나의 축의로 보여야 한다.

야주르베다에서는 야즈냐의 주인 아그니에게 다음과 같은 송구가 바쳐진다.

> 당신은 신성한 신주神酒이시오. 제가 당신의 거룩한 신주를 흠향할까요
> 당신은 위대이시오. 제가 당신의 위대에 참례할까요
> 당신은 힘이시오. 제게 당신의 힘을 나누어주소서
> 당신은 재보이십니다. 제가 당신의 재보를 좀 갖게 해주소서
> — 야주르베다, 3.9.20

야즈냐의 봉행을 설명하는 샤타파타 범서(Śatapatha Brāhmaṇa)에서, 우리는 환희와 은총의 근원으로 지칭되는 야즈냐의 주님을 발견한다.

> 당신, 오 아그니시여. 당신은 정의롭고, 진실하고, 강력하며, 가장 경이로우신 분이십니다. 당신은 만물에 나타나십니다. 오 아그니여, 당신은 무소부재이십니다. 사람들이 은총과 환희의 면에서 당신을 최고로 칩니다. 은총과 환희는 의심 없이 야즈냐 안에 있기 때문입니다. 하늘이시며, 지배자이시고, 신이신 당신을 우리 인간들은 노래로써 강림케 합니다.
> — 샤타파타 범서, 8.3.1.34

리그베다의 매혹적 모습 가운데 하나는 여러 시구를 조명하는 자기의식이다. 환희가 표현되었을 뿐 아니라 현자 겸 시인들은 야즈냐에서 환희가 중심을 이룬다는 자각을 표현하고 있었다. 예를 들면 10.100.6에 "우리의 야즈냐가 준비되고, 여기 모여든 모든 사람을 즐겁게 할 수 있도록 하소서. 우리는 자유와 완벽한 환희를 위해서 기도합니다"라는 시구가 있기 때문이다.

10.68절의 첫 구절은 야즈냐가 심정의 기쁨과 환의를 축하하고 표현한다는 생각을 특히 아름다운 방법으로 드러내고 있다.

> 수면을 스치며 감시하는 새처럼
> 천둥 치는 구름의 큰 벽력처럼
> 산에서 솟아나는 즐거운 시냇물처럼
> 우리의 (야즈냐) 찬송들이 지혜의 주님께 들리게 하소서!
>
> — 리그베다, 10.68

2) 야즈냐의 경험적 뿌리들

야즈냐는 존재가 가진 힘을 경축하는 것으로서 원초적인 인간 경험에 깊이 뿌리를 내리고 있다. 사람이 평범한 경험의 대상을 넘어가서 경험하는 행위 자체로—주·객관을 분리하기보다는 오히려 양자를 결합시키는 행위 자체로—직접 들어갈 수 있을 때, 그 순간에 '세계-안의-인간 존재'를 창조할 수 있는 신기한 힘을 흘끗 보고 느낄 수 있을 것이다. 바로 여기에서 창조력은 수고 없이 주어진 경이로운 선물로 찾아오는 생명의 아름다움과 기쁨을 자각하는 맥락에서, 실제로는 생명이라는 축복을 자각하는 맥락에서 경험된다. 비록 그 경험이 축하받을 만한 것이라고 해도, 진실을 말한다면 그 경험은 그것 지체로 경축이다. 이런 자각 안에서 살아간다는 것이 생명의 최고의 경축이다.

존재의 선물을 그 모든 풍요와 신비와 더불어 향유하는 것은 동시에 평범한 인간 존재의 심각한 한계를 드러내는 경축의 행위이기도 하다. 자신의 존재의 바탕으로부터 분리된 자아가 경험한 인간 행위자는 존재를 창조할 수 없다. 인간의 지혜는 존재의 신비를 깊이 헤아릴 수 없고, 인간의 선성善性은 개인적 존재에게 필요한 공동체를 창조할 수 없으며, 인간의 언어는 이 존재의 깊이를 파악할 수도 측량할 수도 없다. 다행스럽게도 존재에 대해서 경험된 충만과 에너지가, 동시에 경험되는 존재의 한계성이 가지는 굴레를 부수려는 인간의 노력에 바탕과 에너지를 공급한다.

야즈냐란 아주 깊은 곳과 충만에 대해서 느끼는 원초적인 인간 경험에 대한 반응이면서 동시에 존재의 한계에 대한 인정으로 간주될 수 있다. 야즈냐는 경험한 힘과 기쁨에 대한 응답이라는 점에서 경축하는 것이고, 유한성의 초월에 대한 필요성에 응답한다는 점에서는 희생적이다. 그러나 그것은 다른 한편을 배제하는 것은 결코 아니다. 인간 존재의 한계를 경험하게 되면 인간 존재는 무엇인가 다르다는 것과, 우리가 실재의 다른 특징과는 다르며 존재가 가진 힘 자체와는 동일하지 않다는 것을 알 수 있다. 우리가 생겨난 것을 자각하게 되면, 우리는 생겨나온 그 바탕의 충만감을 상실했다는 느낌을 갖게 된다. 우리 존재의 기원으로부터의 이 분리의 감각은 근원으로 돌아가서 다시 완전해지고 싶은 충동의 근저에 있으며, 축하 의식을 통해 존재의 더 높은 힘인 신들과의 관계와 교분을 쌓으려는 충동의 근저에 있다.

3) 완전하게 되기

야즈냐에 참례함은 근원으로 복귀하는 길이며 이미 파열된 것을 완전하게 만드는 길이다. 보통 말하는 야즈냐는 신의 실재와 우주, 그리고 인간의 존재를 존재의 원초적 통일과 유사한 관계 안으로 집결시키는 것이다. 생성의 바탕으로 가는 이 복귀는 우주적·신성한 영역 안에서 나타난 존재의 힘들을 공유함으로써 인간 존재의 충만을 회복하는 일이다. 그리하여 야즈냐는 존재가 최초의 근원으로 복귀하는 것이고, 이런 복귀를 통해서 존재 에너지의 갱생, 재창조, 존재의 충만을 경험한다. 야즈냐는 한편으로는 인간 존재와 다른 한편으로는 신성한·자연적 존재 사이의 감응을 즐기는 것이며, 이 감응으로부터 새로운 존재를 창조해내는 것이다. 이런 희생축의를 통해서 공동체의 새로운 관계가 확립되며, 자연·인간·신들을 관통하는 신성한 힘이 이 세 가지 존재 표현을 결합할 수 있게 된다. 베다의 현자들에 따르면 이 감응을 성취하고 존재의 힘을 성취하는 일은 생명을 유지하고 되살아나게 하는 필수 조건이었다.

샤타파타 범서는 존재를 위해서 야즈냐의 필요성을 강조한다. "야즈냐에 참례하도록 허락받지 못하는 피조물들은 무로 돌아갈 것이다." 저자는 이런 이유로 인간의 야즈냐가 모든 존재에게 확대돼야 한다고 계속해서 설명한다. "따라서 제관들은 망하지 않는 모든 자를 야즈냐 안으로 수용한다.―인간, 동물, 신과 새, 나무와 식물, 그리고 존재하는 것이 모두 포함된다. 그리하여 우주 전체가 희생축의(yajña)에 참례한다." 그런 다음 저자는 이것이 처음에는 존재를 창조하고 되살리는 공동의 감응 잔치였다고 설명하고, 비록 제신과 조상들이 예전과는 달리 오늘날에는 보이지 않는다고 해도 이것은 오늘날도 여전히 진리라는 점을 지적한다.

지금까지 검토해 왔던 야즈냐의 여러 모습을 모아서 우리는 다음과 같이 말할 수 있다. 그것은 ① 존재가 성취한 힘에 대한 축하, ② 생성의 바탕으로 복귀하면서 존재가 되살아남이며, ③ 현 존재의 충만을 제사지내고(offering) 거기에서 나오는 새 존재의 창조이다. 야즈냐는 단순히 이익과 축복을 그 보수로 기대하며 신들에게 희생제물을 바치는 일이 아님이 분명하다. 오히려 그것은 참여 행위, 그것을 통해서 인간이 세계에서 자신들의 존재를 창조하고 유지해 가는 참여 행위이다.

위대한 디르그하타마스가 "야즈냐는 세계의 중심이다"라고 말한 것은 놀랄 일이 아니다. 수레바퀴가 그 축 위에서 돌아가듯 세계는 야즈냐 위에서 돌아가기 때문이다. 현자들은 존재의 근본적 과정에 대한 깊어지는 통찰로써 축의적 참여와 제물을 바침으로써 존재를 창조하고 충전시키는 하나의 전형典型을 인지하게 되었다. 이 전형은 원형적 야즈냐인데, 이 전형이 희생축의의 제의를 통해서 상징적으로 재창조되면, 만유를 창조하는 원초적인 야즈냐에 인간이 참여함으로써 인간 자신들의 존재를 다시 살리고 재창조하는 일을 인간에게 허락해 준다.

존재하는 모든 것은 야즈냐에서 그 기원을 갖는다. 10.130이 보여주는 이미지에서 우주의 창조는 베 짜기에 비유된다. 제의는 실가닥이고 찬가는 베틀이며 제관들은 베 짜는 사람이다. 야즈냐는 우주의 옷감이 짜여지는 베틀이다. 또 다른 경전은 야즈냐를 나무에 비유한다. 그 나무의 꼭대기는 최고천最高天에 이르고 그 중간은 공계를 가득 채우며 뿌리는 지구의 기반이다. 그래서 희생축의라는 창조 행위

로 삼계三界를 합하는 것이다.(샤타파타 범서, 3.7.1.4)

리그베다의 초기 경전(1.91.20)에, 제물을 바치면 우리에게 상으로 주어지는 특별히 귀한 것들의 목록이 있다. 거기에 젖소·날쌘 말·가정에 합당한 아들·일·집회·공의회 그리고 아버지의 영광인 아들 등이 포함되었다. 다른 초기의 시구에서 현자는 불멸이 야즈냐의 힘으로써 성취된다고 선언한다.

야즈냐의 힘으로 최고천에 뿌리를 두고
천칙(리타ṛta) 안에 확립된 신성한 규범(ṛta)에 의해서
우리 가멸의 조상은 불멸의 지위를 얻었다
제천諸天들을 견고하게 지탱하는 저 높은 영역에서

— 리그베다, 5.15.2

상당히 후기에 속하는 샤타파타 범서는 우주의 창조적 충동인 브라마(Brahmā)가 다음과 같이 말한 것으로 묘사한다. "자신을 생명에게, 모든 생명을 나에게 바칠 수 있게 하소서. 자신을 모든 생명에게, 모든 생명을 자신에게 제물로 바쳐서, 그는 위대, 자기 광채, 권위를 얻었다."(13.7.1.1.1) 이것은 야즈냐가 존재의 근본적 근원과의 접촉을 통해서, 존재를 다시 살리는 길이라는 사실을 말해주는 얼마나 놀라운 방식인가! 사물뿐 아니라 존재의 창조적 충동 자체도 야즈냐에서 오는 것이다.

3. 원인(原人, Puruṣa: Cosmic Person)의 희생축의

비록 「원인의 찬가」(10.90)가 상대적으로 후기에 리그베다에 첨가된 부분으로 의심받고 있다고 해도, 초기 사상의 상당히 많은 부분을 요약하고 있어서, 희생축의의 본성과 기능을 이해하려는 시도에 큰 도움이 된다.

평범한 존재들이 참여하는 원초적인, 세계를 창조하는 야즈냐의 상징적 원형을 가리키는 이 「원인의 찬가」는, 야즈냐가 지존의 힘이란 점 그리고 만유가 이 힘을 통해서 생성된다는 점을 단언한다. 그것은 또한 인간적·우주적·신적 실재들의 기초적 통일을 확인한다. 보이는 모든 것은 동일한 최초의 실재로부터, 이 찬가에서는 원인으로 상징화되는 실재로부터 출현한 것으로 보이기 때문이다. 인간성은 실재의 가장 기본적인 단계에 뿌리를 두고 있으며, 야즈냐에의 참여를 통해 우리는 모든 존재의 근저에 있는 통일에 참여하고, 그로 인해 궁극자와 우리 주변에 있는 세계의 요소들과의 연결을 새롭게 한다.

이 찬가에서 실재는 거대한 인간으로 간주되며, 만유는 이 원인의 지체들이다. 이 찬가는 그가 천두千頭·천안·천족을 가졌다는 점을 지적하여 이 원인의 위대함을 강조한다. 그는 인격이다. 하지만 분명하게 지극히 비범한 인격이다. 다음 행은 비록 그가 세계를 뒤덮고 있다고 해도, 가능한 모든 방식으로 이 대지보다 더 위대하다고 말한다("十指의 높이로 솟아 있다").

현자들이 우주를 하나의 인격으로 보면서, ①그들이 주로 인간적 생성과, 그것과 우주적 생성 사이의 관계에 대해서 관심을 쏟고 있다는 점, ②인간 존재를 가장 기초적이고 가장 심오한 방식의 존재로 간주했다는 점을 드러내고 있다.

1
푸루샤는 천두
천안 천족을 가진다
그는 모든 방면에서 대지를 덮고
그것보다 십지十指의 높이로 솟아 있다

2
푸루샤는 진실로 일체 만유이다
과거에 있었던 것, 미래에 있을 것
불사계不死界의 주이며
식물에 의해서 성장하는 것(생물계, 인간)도 초월한다

다음 두 시구는 우리가 경험할 수 있는 이 만유의 경이로운 힘과 위대함이 저 위대한 원인을 다 드러내는 것이 아니라고 우리에게 말한다. 그것들은 진실로 그의 존재의 작은 일부만을 이룰 뿐이다. 원인의 4분의 3은 이런 평범한 세계를 초월하는 반면, 그의 4분의 1만으로도 전체 존재를 이루고 있다.

3
그의 위대함과 강대함이 이와 같다
이것보다 푸루샤는 더욱 위대하다

일체 만물은 그의 4분의 1로서
4분의 3은 천계에 있으면서 불사이다

4
푸루샤의 4분의 3은 상방으로 상승한다
그의 4분의 1은 여기(하계)에 다시 태어난다
(이 4분의 1에서) 그는 모든 방향으로 전진하며
생물과 무생물로 들어갔다

여기에서 현자들은 실재에는 여러 단계가 있고, 존재의 경험적이
고 나타난 형상들은 오직 최초의 단계일 뿐, 다른 단계들('천계에서의
불사')에 비하면 피상적이고 천박한 단계에 불과함을 역설한다. 그러
나 이 단계들은 완전히 분리되거나 떨어진 것이 아니다. 대지 위에
나타난 모든 형상의 존재들로 구성된 4분의 1은 비록 가장 위대한 부
분은 아니라고 해도 이 위대한 원인의 일부임에는 틀림없다.

다섯 번째 시구는 이행 단계의 것이다. 즉 만유의 바탕으로서의 이
런 위대한 원인의 이미지로부터, 희생축의에서 그의 존재의 충만을
제물로 바치는 원인의 이미지로 바뀌고 있다. 여기에서 현자들은 오
로지 야즈냐를 통해서만 존재가 창조되고 다시 살아날 수 있다는 확
신을 드러낸다. 심지어 원인조차 야즈냐 안에서 자신을 바쳐야만 자
신으로부터 이 세계를 창조할 수 있다.

5
푸루샤에서 비라즈(Virāj), 빛나는 자가 태어났다

그리고 비라즈에서 푸루샤가 태어났다

그는 태어나자마자

지계地界의 전후방으로 확장된다

6절과 7절이 드러내듯, 존재의 보다 깊은 힘들을 상징하는 신들은 원인을 그들의 제물로 사용하며 세계-창조의 야즈냐를 봉행한다. 계절들이 다양한 요소를 이루고 있다. 이것이 그 안에 모든 다른 요소들이 참여하게 되는 우주적 축의이기 때문이다. 신성한 풀에 생명의 즙을 흩뿌리는 일은 존재의 모든 다양한 잠재적 형상들에게 원인이 가지고 있는 생명력을 사용할 수 있도록 하며, 그 형상들이 비존재의 굴레를 부수고 구조를 갖춘 현실적 존재들로 출현하는 데 필요한 에너지를 준다.

6

푸루샤를 제물로서

제신들이 희생축의를 봉행할 때

봄은 그 액상 상태의 버터

여름은 땔나무이며, 가을은 공물이다

7

이 희생적 원인, 태초에 태어난 자를

신들은 신성한 풀에 뿌린다

그와 함께 제신들은 희생축의를 봉행한다

현자들과 천계의 존재자들이 그런 것처럼

현자는 야즈냐가 아주 먼 옛날 이런 우주적 존재의 시초에 단 한 번 있었던 세계 창조의 제의라고 우리가 생각하기를 원치 않는다. 이 현자는 신들만이 이런 경이로운 야즈냐에 참여한 것이 아니라, 천계의 존재들과 위대한 인간인 현자들도 참여했다고 지적한다. 암시적으로 모든 인간은 반드시 야즈냐에 참여해야 하며, 그로 인해 존재와 생명이 기운을 얻을 것이요, 그렇지 않으면 그들은 인간성을 상실하게 될 것이다.

존재하는 모든 형상은 원초적인 희생축의에 바탕을 두고 있으며 거기서 생겨난다. 여덟 번째 송구는 곤충, 새, 가축과 야생동물의 기원이 야즈냐에 의해 창조된 생명 에너지('버터에 섞인 우유')* 안에 있다고 선언한다.

8
완벽하게 봉행된 희생축의로부터
버터와 섞인 우유가 모인다
여기에서 공비空飛의 것(새)
삼림과 마을의 짐승도

인간 의식意識의 부호와 상징들도 존재의 다른 형상들이 그러하듯 당연히 야즈냐에 뿌리를 내리고 있으며 야즈냐로 기운이 충전되는 것이다. 야즈냐를 통해서 인간의 의식은 원초적인 실재에 대한 의

---

* 〔역주〕 버터의 용액에 산유酸乳를 첨가한 것. 여기에서는 최고의 물질(원질). 위의 책, 321면 참조.

　　　　　　　　　　　　　　　　　　　　　　제3장

식으로 들어가며, 찬가, 노래, 제문, 행위의 구조를 만들어, 이 실재의 에너지가 존재를 다시 살리는 데 활용될 수 있게 된다. 아홉 번째 시구는 노래와 운율들, 야즈냐의 제문들 자체가 야즈냐로부터 태어났다고 우리에게 말한다. 다른 말로 하면 희생축의는 존재의 최초의 에너지인 것이다. 그것에 선행하는 것은 아무 것도 없기 때문이다. 야즈냐의 기원은 야즈냐 그 자체 외에는 있을 수 없다.

9
이 최초의 희생축의로부터
찬가와 노래가 생긴다
운율도 거기서 생긴다
희생축의의 제문도 거기서 생긴다

아홉 번째 시구에서 현자는 오늘날 사람들이 참여하는 야즈냐가 원인에게 바치는 최초의 야즈냐와 상징적으로 동일하며, 이것이 동일한 제식들을 채용한다는 점을 우리에게 확신시킨다.

제11시구에서 제14시구까지 원인과 인간 사회, 원인과 자연계 사이의 몇몇 일치를 제시한다. 이 일치는 사회 계급, 자연계의 여러 면모, 심지어 신들 사이의 상호 연관성을 확립한다. 이 영역들 사이에 질서와 관계는 만유를 생성해내는 근원, 즉 원초적인 원인 안에 확립된 것으로 간주된다. 이 시구들은 만유의 통일에 대한 강한 느낌을 드러낸다.

11

그들이 푸루샤를 분할했을 때

몇 부분으로 분할했을까?

그의 입은 그들이 무엇이라고 불렀는가? 그의 팔들은?

그의 다리는 무엇으로 불렀는가? 그의 발들은?

12

그의 입은 제사 계급

양 팔은 크샤트리야

다리는 생산자들(바이샤)

발은 노예 계급(수드라)

13

달은 그의 의意에서 생겨났고

해는 눈에서 생겨나고

인드라와 아그니는 입에서 나왔으며

바람은 호흡에서 태어났다

14

배꼽에서 공계空界가 생겨나고

머리에서 천계가 나타나고

양 족에서 지계地界, 귀에서 방처方處가

그리하여 그들은(제신) 모든 세계를 형성했다

제15시구는 야즈냐의 내면적 구조와 관계가 있다. 제의의 구조는 일곱 음악 악보로 '둘러싸여져 있고' 곧 '꼴을 갖추고' 있다. 만일 우리가 제화祭火를 둘러싸는 일곱 목편木片을 일곱 악보의 소리로, 땔감 21편을 일곱 음계의 다른 배열로 해석한다면, 열다섯 번째 시구는 야즈냐의 창조 행위를 위한 음악의 상징적 중요성을 드러내는 것으로 볼 수 있다.

15
파리디(제화를 둘러싸고 있는 목편)는 일곱이다
21편의 땔나무가 있다
신들에 제의를 봉행하고
푸루샤를 희생수犧牲獸로 묶을 때

마지막 열여섯 번째 시구는 야즈냐가 만유의 원초적인 바탕 에너지이니, 그에 선행하는 것은 아무 것도 없다는 점을 강조한다. 존재의 궁극적 힘을 대표하는 신들이 야즈냐를 야즈냐 자체에게 바치고 있는데, 애초에는 야즈냐 이외에 다른 아무 것도 없기 때문이다. 희생축의는 만유의 바탕이며 에너지이다.

16
신들은 희생축의에 희생축의를 바친다
이것들이 최초의 궤범이 되는 거룩한 제의들이다
이 힘들은 천계까지 도달한다
여기에 태고의 신들, 천계의 존재들이 살고 있다

4. 야즈냐의 의도성

희생축의는 결코 맹목적·기계적 제의와 같은 것은 아니다. 반대로 그것은 동시에 지知와 행行인데, 이 지행은 인격적 삶의 가장 깊은 방식을 존재 자체의 원초적인 에너지와 바탕에 결합시켜 인간 존재를 유지하고 변화하며 창조하는 것이다. 그것은 심정과 마음을 결합하는 지의 형식이며, 느낌·의지·행위의 위력을 통해서 인간에게 지성을 알려주는 지의 형식이다. 베다인에게 지와 행은 서로 떨어진 것이 아니었다. 베다가 한결같이 요구한 것은 알기 위해서 행위해야 하고 행위하기 위해서 알아야 한다는 점과, 지와 행 없이 우리들 자신과 우리 세계를 지속시킬 도리가 전혀 없다는 것이다. 야즈냐가 상징하는 지행은 인생과 세계에 필수적인 것으로 간주되었다.

희생축의는 베다적 지와 행(acting-knowing) 중* 최상의 것이었다. 왜냐하면 그것은 제신으로부터 인간에게 도달하고 있으며, 생명과 에너지를 존재의 원초적인 근원으로부터 평범한 세계에 있는 현현된 모습들로 인도하기 때문이다. 야즈냐가 창조한 변화의 힘을 지닌 통로가 없다면 우리와 우리 세계는 존재의 충전력을 활용할 수 없을 것이며, 브리트라라는 비존재의 용이 우리를 삼켜버릴 것이다. 저 통로는 존재의 현현되고 현실화된 모습들을 제물로 바쳐 확립되는 것이며, 그리하여 그것들은 존재가 바탕을 두고 있는 원초적 에너지를 통해서 다음 순간에 재확립될 수 있다. 낡은 것, 이 순간까지 존재해 왔던 모든 것의 정점은 반드시 희생돼야 한다. 다른 말로 하면 다시 살

---

* 〔역주〕 바로 위 문장의 내용에 따라 지와 행의 순서로 번역했다.

아나기 위해서는 근본으로 복귀해야 한다. 그러나 이 복귀는 동시에 이런 제물에 의존하여 확립되거나 창조되는 새로운 존재의 시초이다. 야즈냐의 축의적 측면은 이런 새로운 존재에 뿌리를 두는데, 그것이 존재의 에너지와 환희를 표현하기 때문이다.

인간의 의도성은 효과적인 희생축의의 관건이다. 제일 먼저 지적해야 할 요점은 너무 분명하여 쉽사리 간과할 수 있다. 즉 야즈냐가 찬가 없이 불가능하다는 점이 바로 그것이다. 그러나 찬가는 인간의 창조 행위를 나타낸다. 찬가는 인간 의식과 의도를 축하하는 동시에 그것들을 제물로 바치기 때문이다. 야즈냐 찬가는 진실로 존재의 의도적 창조이며, 제식적 지행의 수단을 통해서 존재의 원초적인 에너지라는 근본적인 심연에 도달한다. 이 창조는 우리가 지식과 행위를 통해서 세계 속으로 도달할 때, 그리고 이런 지행의 환경에서 유희·공부·교수·베다적 송구에 대한 명상을 통해서 우리 자신을 창조하고 유지할 때, 우리가 관여하게 되는 존재의 의도적 창조와 유사하다.

우리의 생물학적 존재는 쉼 없이 자기를 바치지 않고도 지속할 수 있다고 해도, 우리의 인간 고유의 삶은 지속할 수 없다. 테니스를 할 때, 우리는 가진 것 중 최선의 것을 주어야 한다. 우리의 테니스 경기라는 존재가 최선의 충만한 표현을 주기를 망설이고, 또한 그 일에 실패한다면 그 존재를 죽도록 내버려두는 것이다. 반면 최선의 것을 바치는 것, 우리의 모든 에너지와 자원을 동원하여 경기하는 일은 이러한 힘과 능력을 효과적으로 축하하는 일이다(그리고 모든 운동선수는 '최선을 다했다'는 것에서 오는 환희를 알고 있다). 동시에 존재가 가진 최선의 것과 가장 충만한 것을 바치는 일은 이러한 힘과 능력을 되살리고 키우는 하나의 효율적인 방법으로 경험된다.

사람들이 존재의 충만 앞에서 머뭇거리면 자신들의 존재를 상실하게 되고 죽어갈 것이 분명하다. 암세포가 성장하여 육신을 서서히 침범하면 사망이 확실해지는 것처럼 말이다. 반면 매 순간 우리 존재의 충만을 제물로 바치고 축하하는 일은 다음 순간에 우리 존재를 창조하는 일이다. 예를 들면 사랑 안에서 자신을 타인에게 바치는 정도만큼 우리는 사랑 안에서 진실로 성장한다. 우리가 망설이면 사랑은 죽는다. 사랑이 없다면 우리 고유의 인성과 함께 우리는 죽어간다.

말 의식(Speech-Consciousness)

야즈냐의 의도성을 올바로 평가하기 위해서, 우리는 말의 본성과 위상, 그것이 근거하는 의식을 반드시 탐구해야 한다. 바츠(Vāc)라는 것은 '말'을 의미하는 베다적 용어로서, 말과 말이 근거하는 의식을 함께 지칭한다. 바츠는 우리가 보통 생각하는 말이 아니라 단순한 단어들을 넘어서 말하기와 듣기를 가능하게 하는 의식까지 나아가 기초를 이루는 말-의식을 지칭한다. 이 말-의식은 발견과 계시를 가능하게 하는데, 말을 통해서 의식이 실재를 발견하고 드러내기 때문이다. 이런 심오하고 경이로운 힘 때문에 말-의식은 신의 지위까지 오르며 위대한 여신 바츠에 의해서 상징적으로 표현된다.

바츠는 구별되지만 분할할 수 없는 두 차원을 지닌다. 첫째, 그것은 존재하는 모든 것의 내적 존재를 구성하고, 존재하지 않는 것을 존재로 변화시키는 힘을 제공하는 것은 광채나 의식이다. 둘째, 그것은 말이면서 귀에 들리고 말해지고, 우리 주변 세계를 이루는 사건들과 대상들로 여겨지는 소리들과 형체들의 실재를 창조한다.

만유는 근저에 있는 의식으로서의 바츠에 근거한다. 찬가들은 이런 근저적 의식에 이르는 통로가 됨으로써 존재의 근본적 창조 운동에 제의적 참여를 위한 효과적인 방도로서의 야즈냐를 충전한다.

현자들은 자신들의 자기-세계(self-world)가 부단히 변동하고 있음과 계속 생성하고 소멸한다는 것을 깨닫고 있었다. 이런 각성은 자아와 세계가 생성될 때에는 거기에서 나오고, 존재를 그치게 되면 그 안으로 복귀하는 바탕을 간접적으로 드러낸다. 더욱이 이 존재-각성(existence-awareness)은 우연적이며 상처받을 수 있는 것으로 경험된다. 존재의 지속성을 보장해 주는 것은 아무 것도 없다. 경험은 생성과 소멸만을, 즉 계속 변하는 자기-세계만을 드러낼 뿐이다. 오직 의식의 행위만이 경험된 자기-세계가 비존재의 암흑으로 복귀하는 것을 막아준다.

자기-세계를 존재 안에 유지하는 것은 바로 인간의 행위이고, 지속된 자기-세계의 존재를 가져오는 것은 인간의 행위 중에서도 특히 말-의식의 행위라는 점이 현자들에게 보다 명확하게 되자, 그들은 말소리(speech sounds)에 표현된 의식의 힘을 강조하게 되었다. 가장 강력하면서도 가장 아름다운 말소리는 상징과 소리의 의도적 활용을 통해서 새로운 자기-세계들을 창조해 내는 저들 시인 겸 현자의 말이었다. 현자의 말이 지닌 이 힘은 제신과 공유하는 것으로 간주되었다. 그리하여 찬가들이 염송되고 찬송되고 영창되면 그 찬가들은 제신으로 향하는 길이 되며, 제신과 함께 존재의 신성한 힘을 공유하는 길이 된다.

말은 그 근원인 의식과 마찬가지로 물리적 영역과 정신적 영역에 참여한다. 말-의식 가운데 가장 근본적 방식은 기도이다. 기도로서의 말은 육신과 영 사이를 매개하고 그것들을 그 최초의 통일로 복귀시킨다.

디르그하타마스는 다음과 같은 물음으로 말-의식의 기원을 탐구한다. "말 가운데 최고천은 무엇인가? 그는 다음 시구에서 기도를 말-의식의 기원으로 확인하면서, "기도는 말이 거하는 최고천"(1.164.35)이라고 말한다. 그는 여기에서 의식意識이란 우주의 다양한 힘과의 감응에서 생겨난다는 것을 인정한다. 리그베다 안에서 기도의 일차적 기능은 감응과 공동체를 확립하는 것이기 때문이다. 이 단서의 도움을 받아, 우리는 다음과 같은 사실을 알 수 있다. 즉 말-의식의 경이로운 힘은 우리를 다른 사람이나 다른 실재와 결합하게 하는 힘이고, 이 감응을 통해서 우리 존재의 활력을 다시 살리는 실재의 내부구조에 도달하게 하는 힘이라는 사실이다. 우리는 말-의식을 통해서만 우리 자신의 심성에, 다른 사람의 심성, 그리고 실재의 한복판에 도달할 수 있다.

베다 시대에 말이란 의식의 소리로 간주되었고, 그것이 뿌리를 내리고 있는 의식에서 뚜렷이 분리돼서는 안 될 것으로 여겨졌다. 말-의식에 중요성이 부여되었던 것은 사물이 인간 의식 안으로 떠오르는 방식과 사물들이 세계 안에 생성하는 방식 사이에 평행 현상이 인정되었던 탓으로 보인다. 세계는 그것이 알려지는 만큼 존재한다. 세계가 우리에게 나타나는 것, 또는 그것이 우리 자신의 자각 안에 생기는 것은 의식 때문에 가능하다. 그러나 세계가 의식을 통해서 우리 지식 안에 생기듯, 세계는 모종의 원초적 지성이나 원초적 의식을 통해서 존재하게 된다. 세계가 의식 안에 그 기원을 갖고 있거나 그 안에 바탕을 두고 있으니, 의식을 통해서 세계를 알 수 있게 되는 법이다. 디르그하타마스가 말한다. "그녀(바츠)로부터 대양이 흘러나온다. 그녀를 통해서 공간의 네 영역들이 존재한다. 그녀로부터 베다의 바탕(akṣara)이 흘러나온다. 그녀 위에 전체 우주가 서 있다"라고.(1.164.42)

그러나 세 시구 다음에, 그는 말-의식이 모습들로 나타난 경우에만 평범한 사람에게 알려진다는 점을 상기시켜 준다. 가장 깊은 단계는 현자 겸 불멸의 인간을 제외한 모든 이에게 감춰져 있다. "바츠는 네 부분으로 나누어져 있다. 현자(이면서 불멸의) 바라문들은 그 전체를 안다. 평범한 가멸자들은 숨겨진 세 부분을 얻을 수 없다. 그들은 오직 네 번째만을 말한다." 비록 존재가 의식 안에 근거하고 있으므로 이 의식이 알려질 수 있다고 해도, 이 의식은 평범한 의식도 아니며 평범한 의식을 통해서 알려질 수 있는 것도 아니다. 여하튼 (사람이) 만유의 바탕이 되는 원초적 의식을 공유하기 위해서 의식의 가장 깊은 단계들이 갖고 있는 깊이가 헤아려져야 한다.

인간이 원초적 의식에 참여한다는 사실은 존재의 다양한 형상들이 모두 같은 의식에 뿌리내리고 있다는 점을 드러낸다. 따라서 말-의식은 그 가장 깊은 모습에서 존재 자체의 근원, 즉 중심과 동일시된다. 말-의식의 여신 데비에게 바쳐진 찬가에서 말-의식이 여신 자신을 위해서 말할 수 있도록 허용되는데, 그 찬가는 흥미롭고 매력적인 방식으로 다음과 같은 견해를 표출한다.

「데비 찬가(Devī Sūkta)」
(의식과 말의 여신 찬가)

1

나(바츠)는 루드라 신군神群과 바수 신군과 함께 움직인다
아디트야 신군과 일체一切 신군과 함께
나는 미트라와 바루나 양신을 지지하고
인드라, 아그니, 아슈빈 쌍신雙神을

2

나는 커가는 소마를 지지한다
트바스트리를, 또 푸샨(道祖神)과 바가(행운의 신)를
나는 희생에 충실한 자에게 재화를 주고
제물을 바치며 소마를 짜는 사람들에게도

3

나는 통치하는 여왕이며 재보를 모으는 자이다
현명하고, 희생을 바쳐야 할 자 중에 제일인자이다
신들은 나를 모든 장소에 배분하고
나는 많은 집안에 들어가며 수많은 형상을 취한다

4

보는(식별하는) 자, 호흡하는 자, 말을 듣는 자
그는 나에게서만 식물을 얻는다

나를 알아보지 못해도 그들은 내 안에 거한다
들으시오, 아는 자여. 나는 진실을 말하리니

5

제신과 인간에게 환희를 주는 이 말을 말하는 것은 바로 나다
내가 총애하는 자에게 위력을 준다
나는 그를 신으로 만든다
완벽한 제의자로, 현자로

6

나는 루드라(暴風雨神)의 강력한 활을 뽑고
저 화살은 지혜의 적들을 관통할 것이다
나는 인간들에게 투쟁을 일으킨다
나는 천지에 삼투滲透한다

7

세계의 첨단에서 나는 아비(父)를 낳는다
내 기원은 물 가운데, 깊은 바다이다
거기서 나는 일체 세계를 통해서 확장된다
그러나 나는 내 이마로써 천계에 닿는다

8

나는 마치 바람처럼 강력하게 호흡한다
일체 세계를 파악하면서

나의 힘은 너무나 강력하고 놀랍다

나는 천지들을 넘어선다

— 리그베다, 10.125

　인격화된 말-의식이 말하듯이, 그녀는 자신이 제신과 함께 움직이고 그 신들에게 기운을 주고 그들을 지탱한다는 점을 드러내고 있다. 존재의 경이롭고 신비스러운 힘들, 신들로서 인격화된 힘들은 말-의식에 근거하고 있으며 말-의식에 의해서 스스로를 지탱한다. 그녀는 자신을 '존재의 여왕'과 '지혜와 재보로 가득찬' 존재로 묘사하며, 무소부재하다고 지적한다. "많은 집안에 들어가며 수많은 형상을 취한다"는 말은 의식이 만물에 내재하며, 내재하는 사물의 형상을 취한다는 것으로 이해될 수 있다.

　네 번째 시구는 인간 존재란 원초적 말-의식에 바탕을 둔다는 점을 명백히 확인한다. 인간의 생명을 유지하며 살찌우는 것은 바로 이런 원초적 에너지이다. 나머지 시구들은 이 의식이 인간에게만 한정되거나 국한되지 않는다는 점을 분명히 밝히고 있다. 만물, 힘, 행위는 모두 이런 원초적 의식에 바탕을 두고 있다. 이런 원초적 말-의식 에너지는 우주의 아버지보다 선행하고, 최초의 에너지-질료, 거기에서 만물이 생겨나며 그 안에 바탕을 두는 그런 질료이다. 그러나 이런 원초적 말-의식이라는 에너지는 존재하는 사물들에 한정되지 않는다. 데비 여신이 말하듯이 "나는 천지들을 넘어선다"고 하기 때문이다.

　말-의식의 근본적 본성과 힘에 대한 이 비전을 받아들이면, 베다의 현자들이 이러한 존재의 원초적이며 궁극적인 심현처에 이르는 통로를 창조할 수 있었다고 생각한 것은 놀랄 일이 아니다. 제식적 말과 행위는 비록 인간 의식을 통해서 표현되지만, 궁극적으로는 만유가 공유하는 원초적 의식에 바탕을 두고 있다.

이 베다의 비전 속에서 사물이나 과정에는 자연스러운 빛이 있음을 우리가 인식하는 것이 중요하다. 그것들은 앎의 과정을 통해 인간의 지성에 의해 비춰지기를 기다릴 만큼 어둡고 어리석지 않다. 오히려 모든 존재는 우리 자신의 인간 존재가 의식에 의해 자연스럽게 비춰지는 것과 마찬가지로 원초적 의식에 뿌리를 두고 자연스럽게 비춰지고 있다. 나중에 인도 사상이 강조하듯이 앎의 과제는 존재의 이 고유한 빛을 밝히는 것이다. 진리는 존재에 내재한다. 안다는 것은 우리 자신의 눈가리개를 제거하는 것, 이 진리와 빛이 우리 자신의 의식을 통해 빛나도록 허락하는 것의 문제일 뿐이다.

사물 안에 있는 고유의 의식과 빛나는 본성을 드러냄으로서의 지는, 우선적·필수적 조건의 하나로서 우리 자신의 존재가 갖고 있는 의식과 그 빛나는 본성을 드러낼 것을 요청한다. 이 드러냄은 인간 존재의 모든 측면에 관계되는 행위-느낌-소망-지의 문제이다. 야즈냐는 이런 종류의 총체적 지라는 수단, 존재의 모든 면모와 힘을 제식적 행위에 참례시키는 지라는 수단을 표시한다. 희생축의라는 제의적 지와 행을 통해서 평범한 존재의 한계들이 드러나고, 만물의 바탕이 되는 힘, 존재의 보다 원초적인 힘 안에 인간 존재를 정초定礎 짓는 일이 경험된다. 베다가 말하듯이 야즈냐는 인간으로 하여금 신들의 경지로 들어가게 해준다.

인간 존재는 만물이 근거하는 바로 그 원초적 의식-존재에 근거를 두고 있다. 하지만 이 뿌리를 경험하는 일이 우리를 인간 아닌 다른 존재로 변화시키는 것은 아니다. 이제 우리의 인간성이 있는 그대로 경이로운 것으로 인정된다고 하더라도, 우리는 인간으로서 남아 있다. 이 경험을 통해서 우리는 보다 온전하고 보다 충만하게 살아갈 수 있다. 제의가 끝났을 때 제관이 말하듯, "오 아그니 신이여, 저는 서약했습니다. 저는 제 서약을 지켰습니다. 저는 다시 한 번 인간이 됩니다. …… 저는 다시 신들의 세계에서 인간의 세계로 하강합니다."(샤타파타 범서, 1.1.1.4~7)

5. 리타(Ṛta, 天則), 존재의 근본법칙

우리는 야즈냐가 인간 존재를 만유의 바탕이 되는 보다 깊은 힘에 그 존재를 열어서 자연과 제신과의 감응을 확립함으로써, 그 인간 존재를 유지하며 다시 살릴 수 있는 제1의 유효 수단이 되는 과정을 보았다. 이 시점에서 제기돼야 할 문제는 무엇이 야즈냐를 작동시키는가 하는 것이다. 이러한 제의가 어떻게 나타난 존재를 유지하고 갱생시키는 데에 필요한 보다 깊은 창조 에너지를 열어줄까?

그 대답은 야즈냐가 리타로 인해 작동한다는 것이다. 야즈냐는 리타에 제의적으로 상응한다. 리타는 존재의 원초적 바탕으로부터 현현된 세계를 낳으며, 그것을 질서 속에 확립시키는 존재의 원초적 리듬이다.

리타에 해당하는 정확한 영어 번역어는 없다. 그것은 리듬, 규범, 질서, 에너지, 그리고 잘 형성된 것에 대해서 우리가 갖고 있는 이념들의 여러 측면을 결합한다. 그것은 존재의 모든 형상을 안내하고, 그것들에게 에너지와 존재를 부여하는 것으로 간주된다. 리그베다에 따르면 주야의 리듬, 계절의 연속, 탄생, 성장, 소멸, 재생이라는 주기들은 리타에서 나온다. 그것으로 인해 비가 오고 바람이 불고, 식물은 자라며 동물은 새끼를 낳는다. 모든 운동과 변화의 역동적 원리인 그녀(사랑스러운 리타)로부터 존재의 다양한 리듬이 흘러나온다. 우주적 단계에서 존재의 출현, 해체, 재출현을 지휘하고, 개개의 사물과 사건에 그 자체의 구조와 본성을 부여하는 것이 바로 리타이다. 리타는 우주의 기초적 질서 부여의 원리이면서, 무엇이든 훌륭히 질서 잡힌 것의 바탕이다. 그것 없이는 존재 대신 단지 혼돈만이 있을 것이다. 또는 사회적 관점에서 보면 인간 공동체 대신에 무도덕과 무질서만 있게 될 것이다.

리타는 실재의 가장 깊은 단계에서 비로소 충분히 나타나고 작동하는 것으로 간주된다. 그러나 보다 천박하고 현현의 차원에서는 부분적으로만 나타나 작동한다. 「원인의 찬가」와 말-의식의 여신에 관한 「데비 찬가」에서 지적된 대로, 실재는 여러 부분이나 단계로 분할된 것으로 보인다. 가장 깊은 단계에 해당하는 4분의 3은 숨겨져 있어서 나타나지 않는다. 나타난 단계, 즉 평범한 방식으로 경험되고 기술되는 부분은 실재의 오직 적은 부분, 4분의 1에 불과하다. 이중적 실재에 대한 이 비전은 베다적 존재관에 스며들어 있다. '이 세상(aihika)'은 자주 '저 세상(āmuṣmika)'과 대조되고 있으며, '저 세상'은 전자의 근원으로 더 깊은 실재로 여겨지고 있다. 이런 평범하고 경험적인 세계에서의 사물과 사건은, 그것들이 리타를 구현한 정도만큼 존재하고 작동한다. 그리고 정확히 그 정도만큼, 그것들은 실재 또는 존재(sat)를 보유한다. '이 세상'에 속하는 것은 리타를 부분적으로

만 구현하고 있으며, '저 세상'은 리타를 충분히 보유한다. 궁극적으로 리타는 만유의 존재와 작동을 위해서 기초를 제공한다. 그리고 이 세상은 리타의 지원을 받는 정도만큼 지속적으로 존재할 수 있을 뿐이다. 리타는 미현현된 실재의 보다 깊은 단계에서만 완전하게 작동한다.

'이 세상'과 '저 세상'을 다른 두 실재로 생각해서는 안 된다. 수면 위의 파도와 거품이 보다 깊고 기초적인 고요함을 지닌 동일한 실재의 일부인 것처럼, 저 두 세계는 동일한 실재의 다른 단계일 뿐이다. 후기 인도 사유에 나타나는 비유를 사용한다면, 그것은 내릴 비에게 필요한 수분을 증발을 통해서 공급하는 대양과 호수와 같은 것이다. 대양, 호수, 시냇물은 비와 같지는 않다. 그러나 그것들은 서로 다르지도 않다. 근원이 되는 그것들이 없다면 비는 내리지 않는다. 유사하게 이런 평범하고 현현된 존재는 리타의 작동을 통해서 보다 깊은 미현현의 존재에 뿌리를 내리고 있다.

야즈냐는 리타, 즉 존재의 근원적 규범에 대한 제의적 상응물이다. 그것은 인간들에게 그들의 평범하고 화현된 존재를 미화현된 궁극 실재의 보다 깊은 힘으로 향하는 길을 제공하고, 그렇게 함으로써 평범한 존재를 보다 심오하고 비범한 어떤 것으로 변화시킨다. 이 사실이 왜 희생제의가 지-행이라는 베다의 중심적 방식을 이루는지, 그리고 베다의 현자들이 왜 이런 평범한 세계와 신성한 실재라는 비범한 세계 사이의 상응을 찾는 일에 그토록 몰입했는지를 설명해 준다. 이렇게 발견된 각각의 상응은 존재의 근본적 규범을 꿰뚫어보는 일에, 그 규범을 보다 충만하게 구현하는 일에 필요한 제의적 힘을 보태준다. 이 사실은 또한 신들이 왜 궁극적으로 중요하지 않은가도 설명해 준다. 왜냐하면 리타에 대한 상응을 성취함으로써 그 에너지와 질서를 개발할 수 있게 해주는 것은 바로 제의의 지와 행이기 때문이다. 신들은 보다 깊은 에너지와 질서를 상징하고 있을 뿐이다. 신들은 그것들을 창조하지도 통제하지도 못한다. 그래서 현자들이 실재의 가장 근본적 단계를 추구하려고 할 때, 그들이 결과적으로 제신들을 넘어서서 위대한 창조력(브라만Brahman), 즉 모든 다른 힘을 도출할 수 있는 창조력에 집중한 일이 그리 놀랄 일은 아니다. 우파니샤드에 중심이 되는 이런 발전은 4장에서 탐구될 것이다.

산스크리트어의 중요성

리그베다 시대 이후 산스크리트어는 인도 문화에서 아주 특별한 자리를 차지해 왔다. 삼스크리타(saṃskṛta)라는 단어의 의미는 '잘 만들어졌다'인데, 이 언어가 너무나 잘 만들어져서 그 공식이 실재 자체에 완벽하게 잘 들어맞는다는 베다식 이해를 가리킨다. 바로 그 때문에 올바른 말들이 제의적으로 올바르게 사용된다면, 그 제의는 의도했던 목적을 효과적으로 달성할 수 있게끔 우주를 변화시킬 수 있는 힘을 가진다. 이런 이해는 제의에서 사제들이 사용하는 산스크리트어에 특별하고 거룩한 의미를 부여한다. 이를 부연해서 말한다면, 사제들은 이 제의 언어의 제1차적 사용자이고 보호자이므로 사제들의 위상과 권위를 고양한다. 오늘날도 사제들은 그 위상과 권위를 향유한다.

사제들은 고대 인도 사회에서 선생이기도 했고 문화 유지에 책임을 지고 있었으므로, 사제들의 권위와 제의적 산스크리트어의 신성한 성격은 인생의 모든 면과 산스크리트어의 사용 일체에 들어갔으며, 산스크리트어에 탁월한 학습의 언어로서 특권적인 지위를 부여했다. 적어도 3천 년 동안 산스크리트어가 인도 문화의 대표 언어(the language)였다. 이는 중세 유럽의 라틴어가 차지하는 위상과 다소 유사하다. 오늘날에도 인도 문화, 종교, 철학을 진정으로 이해하기를 원한다면 산스크리트어를 반드시 배워야 한다.

요약

베다의 현자들은 존재의 가시적 형상들 아래에, '있다'와 '없다'라는 논리를 넘어서 생명이 갖는 존재와 에너지의 궁극적 바탕인 분리되지 않는 완전성이 있음을 확신했다. 「우주개벽의 찬가」는 현자들이 이런 궁극 실재, 이름 지을 수 없는 '저것'을 논리와 언어의 도달 거리를 넘어서 추구했음을 보여준다. 그러나 존재의 바탕과 에너지로서 이런 불가명不可名의 분리되지 않는 완전성은 만유의 창조와 갱생의 관건이다. 사람들이 어떻게 자신의 존재를 유지하고 다시 살아남도록 이 실재의 신성한 힘을 자신들을 위해서 활용할 수 있을까? 이것이 베다 현자들의 중심 문제였다. 그들의 대답은 한마디로 '야즈냐를 통해서'였다.

야즈냐는 존재의 신비스러운 힘과 환희를 축하하는 일이요, 동시에 존재를 다시 살리기 위해서 이 존재의 충만이라는 희생제물을 최초의 근원에 바치는 희생제의의 일이다. 현자들은 존재의 근본적 과정을 꿰뚫어 보고, 이 과정에 축하 겸 참여를 통해서 존재를 창조하고 충전시킨다는 하나의 전형을 인정했다. 이 전우주는, 원초적 인격

(원인)이 자신의 존재를 축하하고 갱생을 위해서 자신의 존재를 자신에게 바쳤을 때의 야즈냐의 결과로 보여지고 있었다.

「원인에 대한 찬가」는 우주가 어떻게 이런 원초적 야즈냐, 곧 인간들이 그들의 존재를 재창조하고 유지하기 위해서 반드시 참여해야 하는 야즈냐의 원형에서 출현하는가를 보여주었다. 사람은 각자 개인적 제물 공헌과 축복이라는 야즈냐를 통해서 자신의 존재의 뿌리가 되는 보다 깊은 힘에 자신의 존재를 열어야 한다. 이것이 자연과 제신과의 감응을 확립하며, 우리의 생명을 시시각각 갱신하는 효과적인 수단이다.

야즈냐의 유효성은 야즈냐가 리타―존재의 원초적 리듬과 바탕으로부터 현현된 세계를 출현시키고, 그 세계에 질서를 부여하는 리타―에 참여한다는 사실에서 나온다. 야즈냐는 리타에 대한 제의적 상응물로서 인간들에게 궁극 실재의 힘과 존재에 참여할 수 있는 길, 따라서 그들 자신의 지속적 갱생을 공유하는 길을 제공한다.

더 읽을거리

de Nicholas, Antonio T., *Four Dimensional Man : Meditations Through the Ṛg Veda*, Stony Brook, NY : Nicholas Hays, 1976. 베다 현자들의 의도성에 대한 흥미로운 탐색.

Johnson, Willard L,. *Poetry and Speculation of the Ṛg Veda*, Berkeley : University of California Press, 1980. 리그베다 운문에서 이해하기 어려운 수수께끼가 갖는 기능을 분석하며 베다적 의식意識을 탐색한다. 도전적인 책이다.

Myers, Michael W., *Let the Cow Wander : Modeling the Metaphors in Veda and Vedānta*, Honolulu : University of Hawai'i Press, 1995. 베다와 우파니샤드 안에 있는 핵심 비유에 대한 흥미로운 검토.

O'Flaherty, Wendy Doniger(ed. and trans.), *The Rig Veda : An Anthology*, New York : Penguin Books, 1981. 리그베다의 핵심 운문에 대한 아주 훌륭한 번역.

Panikkar, Raimundo(ed. and trans.), *The Vedic Experience : Mantramañjarī : An Anthology of the Vedas for Modern Man and Contemporary Celebration*, Berkeley : University of California Press, 1977. 베다 사상의 보고. 유용한 서문과 주석이 있다.

Griffith, Ralph T. H., *Hymns of the Ṛg Veda*, New Delhi : Munshiram Manoharlal Publishers, 1987. 리그베다의 전역으로 오래된 것이지만 완전한 번역이다.

제4장 **해탈의 진리**

우파니샤드

나를 비실재에서 실재로 인도해 주시오!
나를 어둠에서 빛으로 인도해 주시오!
나를 죽음에서 불사로 인도해 주시오!

이 말은 사제가 사만(Sāman)의 입문 찬송을 부르는 동안 야즈냐의 후원자가 염송하는 말이다. 브리하드아란야카(Bṛhadāraṇyaka) 우파니샤드의 이 부분을 지은 저자가 지적하듯이, 비실재는 죽음이고 실재는 불사이다. 심지어 어둠이 죽음이고 빛이 불사이듯이. 다른 말로 하면 후원자는 "나를 불사로 만들어주시오"(1.3.28)라고 말한다.

불사에의 추구, 이것은 우파니샤드의 중심 테마의 하나인데, 초기 베다 문헌에서는 보이지 않던 새로운 것이다. 베다의 최초기 부분인 리그베다의 운문과 베다의 최후 부분을 이루고 있는 우파니샤드는 1천 년 정도 떨어진 것인데, 세계관에서 극적 변화가 일어난다. 하지만 양자 사이에는 중요한 연속도 있다.

우파니샤드 사상가들은 예전의 베다 사상가처럼 모든 것을 함께 이어주는 연결 고리를 찾으려고 했다. 제의의 유효성이 주요 관심사였던 베다 사상가들에게는 한편으로는 인간의 세계·제의의 세계, 다른 한편으로는 신성한 힘이 작동하는 우주적 세계 사이의 연결을 아는 것이 특별히 중요했다. 이 지식이 있어야만 이 세계의 연결성이 가지는 패턴을 따를 수 있고, 제의는 이 패턴을 따를 경우에만 자신들의 이름으로 공물을 바치는 사람들에게 이익을 준다는 목적을 달성할 수 있었다. 우파니샤드에서 사물 간에 연결을 아는 것이 역시 중요했지만, 불사를 성취하기 위해서 알아야 하는 연결은 이제 인간과 우주의 궁극적 존재론적 실재 사이의 연결이었다. 사람의 여러 측면이 궁극적 자아(아트만Āman)에 연결되듯이, 우주의 여러 측면은 브라만으로 불리는 바탕을 이루는 실재로서 확인되었다. 이런 지식은 삶을 재사再死의 사이클(윤회)로부터 해방시킬 수 있고, 불사를 성취하게 할 수 있을 정도로 강력한 지식으로서, 우파니샤드에서는 궁극적으로 아트만과 브라만 사이의 연결에 대한 지식이다.

이런 연결에 대한 추구를 포함하는 텍스트가 우파니샤드로 불리는 것은 놀랄 일이 아니다. 우파니샤드(upaniṣad)라는 말이 '연결'을 의미하기 때문이다. 우파니샤드가 처음부터 비밀의 가르침으로 간주되었다는 것도 놀랄 일이 아니다. 이런 연결은 미묘하고, 깊고, 숨겨져 있어서, 우파니샤드라는 말의 두 번째 의미 곧 '비밀'을 발생시키기 때문이다. 우파니샤드라는 말이 갖는 이 두 가지 의미에 근거하여, 후대 전통에서는 우파니샤드라는 말이, "이 비밀의 가르침을 듣기 위해서 스승 가까이 앉는다"(ni ṣad '앉다', upa '가까이')는 의미로 종종 이해되어 왔다.

우파니샤드의 현자들은 초기 베다 시대의 제의주의적 전통에서 벗어나 자아와 실재의 본성에 대해서 근본적 재고에 몰두하는데, 이것은 인도와 인도 너머까지 종교, 철학, 인생의 길에 깊은 영향을 줄 운명에 있었다. 그들의 발견은 근본적이고 깊어서 오로지 자격 있는 학습자에게만 나눠줄 수 있었다. 따라서 비밀 지식 체계를 만들었다. 찬도갸(*Chāndogya*) 우파니샤드에 따르면, 제신들의 왕 인드라조차도 그의 스승 프라자파티와 101년을 살면서 훈련을 받고, 그런 다음에 비로소 프라자파티는 인드라가 자아에 대한 최고의 진리를 받을 준비가 되었다고 생각했다.

이 숲속 가르침들의 최초의 집성집들, 브리하드아란야카(*Bṛhadāraṇyaka*), 찬도갸(*Chāndogya*), 아이타레야(*Aitareya*), 타이티리야(*Taittirīya*), 케나(*Kena*), 카타(*Kaṭha*), 카우시타키(*Kauṣitākī*), 프라슈나(*Praśna*), 문다카(*Muṇḍaka*), 만두캬(*Māṇḍūkya*), 슈베타스바타라(*Śetāśvatara*), 이샤(*Īśa*) 우파니샤드는 아마 기원전 800년에서 기원전 500년 사이에 지어졌을 것이며, 거의 모든 인도 주요 사상가들이 주석을 붙였다. 우파니샤드의 대부분은 아란야카(奧義書)의 일부이고 베다에 부가된 브라마나(梵書)에 속해 있으며, 이는 베다 전통 내의 성전의 연속성을 드러내고 있다.

불사를 얻어야 한다는 우파니샤드의 중심적 관심사는 다음 세 질문 안에 반영되었다. 내 존재의 가장 깊은 곳에서 나는 누구인가? 만유의 궁극적 기초는 무엇인가? 그리고 나의 가장 깊은 자아와 궁극실재 사이의 관계는 무엇인가? 우파니샤드에 있는 명상과 사변의 결론을 좀 간단히 말한다면, 자신의 존재의 가장 깊은 곳에서 모든 사람이 우주의 궁극적 힘·실재와 동일하다는 것이었다고 우리는 말할 수 있다. 이것이 "나는 브라만이다"와 "당신은 그것(범)이다"라는 위대한 말씀 속에 표현되었다.

우리는 이 가르침들을 검토하기 전에 베다로부터 우파니샤드로 가는 이행을 살펴볼 것이다. 생사가 단 한 번의 사건이 아니라는 점, 삶의 바퀴가 한 번 돌 때마다 사람에게 새로운 생과 또 다른 죽음을 가져다준다는 점, 이것이 이 이행의 중심이었다. 사람은 어떻게 이런 반복된 죽음의 끝없어 보이는 윤회에서 자유로울 수 있는가? 성자로 하여금 죽음을 넘어서는 힘(브라만)과 생사의 바퀴(삼사라)에서 독립적 자아(아트만)를 추구하도록 자극했던 것은 바로 이런 절박한 질문이었다.

베다와 우파니샤드 세계관 비교

베다 세계관	우파니샤드 세계관
이 세상에 초점	다른 (영적) 세상에 초점
일차적 가치 : 덕, 성공, 쾌락	일차적 가치 : 해탈(목샤)
완성에로의 열쇠 : 제의	완성에로의 열쇠 : 지식
공동체 강조	구도자 개인 강조
기도가 중요	명상(요가) 중요
삼사라(재생의 바퀴)에 대한 언급 없음	삼사라가 근본적 문제로 간주됨
카르마 중요하지 않음	카르마 지극히 중요함
텍스트 : 베다, 브라마나, 아란야카	텍스트 : 우파니샤드
존재의 복수성이 강조됨	존재의 일치가 강조됨
자아는 심신을 지칭	자아는 브라만인 아트만을 지칭
미맘사 철학의 지지를 받음	베단타 철학의 지지를 받음

이 장의 전반부에서 우리는 재사再死의 이념과 반복되는 죽음의 바퀴에 종속되지 않는 자아에 대한 추구, 이 둘을 검토해볼 것이다. 그런 다음 우리는 브라만과 아트만의 개념들과 이것들 사이에 있는 동일성의 발견을 탐구할 것인데, 그 동일성이 우파니샤드의 중심적인 가르침이다.

1. 베다에서 우파니샤드로의 이행

우파니샤드가 베다로부터의 중요한 이탈을 드러내고 있지만 베다에서 브라마나, 아란야카, 우파니샤드로의 이행은 점진적이었으며 확실한 연속성이 유지되었다. '베다의 마지막'(베단타)이라는 이름은 우파니샤드가 베다의 결론 부분이며 종전의 모든 경전의 진리에 대해서 최고이고 가장 심오한 선언으로 널리 인정받고 있음을 가리킨다. 우파니샤드를 종전의 성전과 분리하는 것은 그것이 해탈의 수단으로 지식을 강조한다는 점이다. 야즈냐라는 제의는 사람을 오직 조선祖先의 영역까지만 데려다주는 것으로 간주되었다. 그것을 넘어서 불멸을 획득하기 위해서 명상적 지식이 필수적이다. 그러나 구원의 길이 제의에서 지식으로의 이행은, 야즈냐가 내면화의 과정을 통해서 명상적 지혜로 서서히 변화함에 따른 것이다.

브리하드아란야카 우파니샤드(야주르베다에 속하는 샤타파타 범서의 일부)는 제의가 어떻게 명상적 지식으로 바뀌는가를 보여준다. 그것은 거대한 말의 희생제의를 묘사하면서 시작한다. 그런 다음 이 묘사는 단순히 말뿐 아니라 전 세계를 희생으로 바치는 이 제의를 실제로 내적 명상적 행위로 해석하는 데까지 나가고 있다. 세계의 포기라는 이런 희생제의적 행위에 의해서 개인은 지상의 권위보다는 영적 독자성을 획득한다.

찬도갸 우파니샤드에서도 명상은 제의를 지식으로 변화시키는 방법이었다. 사마베다에 속하는 찬도갸 범서의 일부인 이 경전은 찬도갸라는 음송자吟誦者의 이름을 딴 것이다. 음송자의 이름을 따르는 경전에 퍽 어울리게, 이 우파니샤드는 제식적 송誦의 본유적 소리, 모든 찬가를 시작하는 소리, 즉 옴(AUṀ)에 대한 명상에서 시작한다. 이 소리는 모든 소리의 본질과 동일시되며 모든 지혜, 생명의 숨, 태양, 우주 전체를 감싸고 있다. 현자는 세계 전체와 자아 전체가 옴이라는 성음聖音 안에 바탕을 두고 있다고 기술하며, 옴이라는 음절이 진정 이 세계 전체라고 선언한다. 더욱이 "이것을 아는 자는 만물을 안다. 따라서 사람은 이것을 명상해야 한다. '나는 만물'이라는 것을."(찬도갸 우파니샤드, 2.21.4)

찬도갸 우파니샤드의 3장에서 희생축의는 인간의 한평생을 상징적으로 표현한 것으로 나타난다. 최초의 24년은 아침 제물이고, 다음 24년은 정오의 제물이며, 마지막 48년은 세 번째 제물이다. 허기·갈증·무쾌락은 최초의 의례이고, 먹기·마시기·즐기기는 우유 헌공이며, 먹기·웃기·성적 행위는 찬송과 염송을 구성한다. 고행·보시·정의로움·비폭력·진실은 사제에게 바치는 시물施物이다.(3.16, 17) 7장에 이르게 되면 야즈냐의 내면화와 그 변화는 자아(아트만)가 궁극 실재와 동일시되는 데까지, 그리고 경험적 자아를 포함한 만유의 바탕과 동일시되는 데까지 나아간다. 이제 구도자에게 다음과 같이 충고할 수 있었다. 즉 자아를 발견하는 자는 일체 세계들을 획득하며 불멸을 포함한 모든 것에 대한 욕망을 충족시킨다.(8.12.6) 나중에 보게 될 것이지만(본서 146쪽 이하), 이런 해탈의 지식에 대한 관건은 의식의 과정과 내용으로 이루어지는 일상적인 자아와, 그런 과정과 내용의 궁극적 바탕인 자아(아트만) 사이의 구별이다.

1) 재사再死

베다적 사유에서 우파니샤드적 사유로의 이행을 이해하기 위해서, 그리고 예배와 외면적 제의가 왜 그 내면화와 지식으로서의 명상적 표현으로 전환하는가를 이해하기 위해서, 우리는 ①죽음과 고에 대해서 달라지는 개념과 그와 관련된 구원에 관한 개념, ②카르마, 다르마, 브라만의 강조로 나아갔던 리타라는 이념에서의 변화에 각각 유의해야 할 것이다. 이 변화는 아마도 기원전 1,800년 이전 최초의 리그베다 운문이 만들어진 때부터 기원전 600년경 초기 우파니샤드의 완성까지 이어지는 상대적으로 장구한 세월에 걸쳐 일어났으며, 베다, 브라마나, 아란야카, 우파니샤드를 통해서 추적될 수 있다.

 이 무렵 베다인은 인더스에서 갠지스 평원으로 옮겨갔고 정치적 통제를 획득하며 그들의 문화를 확립했다. 베다인은 방목과 원시농업 경제를 수반한 반半유목 농경사회로부터 보다 복잡한 형태의 생산과 교역, 상업과 문화의 중심지를 지닌 점진적으로 덜 유동적인 사회로, 그리고 복잡하고 값비싼 제의와 함께 사제들이 지배하는 사회로 점차 이행해 갔다. 이 때문에 인생·구원·실재에 대해서 변화하는 이념들의 기초를 이루는 반성이 촉진되었을 것이며, 삶과 구원에 대해서 대안이 될 만한 길을 모색하던 사람에게는 숲속 은둔처가 매력적인 피난처로 보였을 것이다.

브라마나 시대(기원전 1,000년?) 이래 계속하여 재사再死의 개념이 지배하고, 인생을 차츰 불행과 불완전의 각도에서 보게 되었는데, 이것은 인생의 행복과 충만을 강조하는 베다의 태도와는 다른 이탈이었다. 이 무렵 베다의 사유 안에서 왜 재사에 대한 강조가 발생하게 됐는지는 분명하지 않으나, 반복되는 죽음이 주는 고통에서의 해탈을 삶의 궁극적 목표로 수용한 것은 다른 토착 문화─아마 인더스 문화─의 영향력이 점점 증가했기 때문이었을 가능성이 높다.

우파니샤드 시기에 이르게 되면 금생과 내생에서의 삶은 일시적인 것으로 여겨졌다. 태어난 존재라면 죽음은 누구에게나 확실한 일이었다. 고와 죽음은 이제 비정상으로 보였지만, (이를테면 무명 속에서) 살아가는 인생에서는 불가피한 것이었다. 그런 인생은 비정상이므로, 올바른 길이 찾아지기만 하면─매우 비범한 길이어야 하겠지만─그것은 제거될 수 있다. 재생과 재사의 부단한 윤회가 상징적으로 표현하는 끝없는 고에 대한 이 전망은, 점점 더 많은 은둔자와 스승으로 하여금 해탈의 길을 추구하도록 자극했다.

이 장에서 우리의 초점이 우파니샤드의 가르침에 있다고 해도, 붓다·마하비라·코살라 그리고 이 시기 또는 약간 후기(기원전7세기에서 5세기)에 출현했던 다른 종파의 지도자들로 하여금 해탈로 안내하는 고유한 삶의 길을 찾도록 자극한 것은 고와 반복된 죽음이라는 동일한 문제가 안고 있는 절박성 바로 그것이었다. 불교도·자이나교도·사명외도는 베다의 제의 전통 전체를 거부했으나 우파니샤드 현자들 대부분은 그러지 않았다. 실제로 이 세상에서 자신을 창조하고 유지하는 길로서의 제의 행위를 용인한 것은 우파니샤드의 특징인 지식의 길을 먼저 예비한 것이었다.

2) 리타(Rta)에서 브라만(梵)까지

제의의 길은 근본적 리듬이며 규범인 리타에 뿌리를 두고 있고, 리타로 통제되는 존재에 대한 비전 안에 근거한다는 점을 상기할 필요가 있다. 리그베다에서 리타는 다른 종류들의 존재를 통합하며 그들의 존재와 작동의 기초 자체를 구성한다. 만유가 이런 신성한 에너지에 뿌리를 두고 있으며, 그 에너지로 제어되고 있기 때문이다. 제식적 찬가·기도·제물은 만유를 제어하는 에너지를 축하하고 그것을 불러내며, 존재의 규범적 기초에 해당하는 리듬적 에너지 안에 모든 존재가 참여하도록 허락해 준다. 리타는 우주 안의 만물을 제어했다. 그것은 힘 중의 힘이며 신마저도 초월했다. 운율 있는 찬가와 기도, 그리고 야즈냐를 구성하는, 정성들여 제어된 제물 바치기와 예배 행위는, 리타의 심장까지 관통해서 이런 궁극적 힘을 공유하는 것으로 여겨졌다. 결과적으로 신성한 주문呪文과 행위로써 제의를 주관하는 사제는 야즈냐의 힘을 통해서 우주를 제어하는 자로 간주되었다.

초기 베다 시기에는 야즈냐의 유효성이 의심받지 않았으며, 제의의 질서를 강조해서 개인적이고 우주적인 삶의 질서가 보증될 수 있었다. 궁극 실재의 제어적이고 규제적인 면모는 적당하게 강조되었다. 그러나 기도의 힘과 사제의 힘이 강조되자 리타가 가진 힘의 차원도 강조되었다. 처음에 이 차원은 거룩한 힘의 주主인 브라마나스파티(Brāhmaṇaspati)로 인정되었다. 후에 존재의 궁극적 바탕이 존재나 비존재보다 존재론적으로 우선하게 될 때—"그때(시초에) 존재도 무존재도 없었을 때"—그 바탕은 단순히 브라만('위대한 창조력')으로 불리게 되었다.

리타에서 강조해야 할 차원은 힘만이 아니었다. 반복된 죽음의 이념이 수용되자 한 생과 다른 생 사이의 연결을 이해하는 것이 중요하게 되었다. 결과적으로 만유의 상호 연관성의 기초를 제공하는 인과적 측면인 카르마에 특별한 주의가 집중되었다. 리타의 규범적이고 규제적인 기능은 중요한 것으로 남았다. 그러나 리타가 점차 사회적·도덕적 면으로 생각되면서, 의무 수행을 통해서 세계를 유지해야 한다는 개인과 집단의 책무를 강조하게 되자 이 도덕적 측면은 다르마로 간주되었다.

리타의 다양한 모습과 기능을 구별하는 일이 우파니샤드의 현자로 하여금 고와 반복된 죽음이라는 문제의 해결책으로 브라만의 실현에 집중할 수 있도록 해주었다. 모든 힘의 근원이 되는 그 힘을 사람이 어떻게든 획득할 수 있다면, 어떤 다른 힘도 삶을 제어할 수 없고 죽음은 패배될 것이기 때문이다. 그리하여 존재의 기초적 바탕이자 힘인 브라만에 대한 추구는 중요한 우파니샤드의 탐색이 되었다.(그러나 이 탐색이 이제 내면화되고 명상에 의해서 수행된다고 하더라도, 그 탐색은 여전히 야즈냐의 일종으로 흔히 생각되었다.)

우파니샤드의 궁극 자아(아트만)에 대한 또 다른 모색의 뿌리 역시 제의적 전통과 재사再死라는 문제의 등장에 두고 있다. 반복되는 죽음을 앞에 두고, 반복되는 생사에 빠지는 개인적 자아의 성격을 결정해야 하는 과업이 긴박해졌다. 그리고 한 생과 다른 생의 연결을 발견하는 일도 중요해졌다. 어떤 에너지와 과정이 금생의 행위를 내생으로 바꾸는가? 이것이 문제였다.

이 문제를 생각하는 데에 사용된 통상적 이미지는 식물과 그 씨앗의 이미지다. 씨앗에서 자라나오는 식물이 성장하면 죽기 전에 껍질로 싸여 있는 씨앗에 그 에너지를 농축하고 저장하게 되며, 그런 다음 그 자신의 씨앗으로부터 다시 태어난다. 이와 유사한 방식으로, 자그마한 씨앗과 같은 내적 자아가 반드시 있어서 농축된 생명력을 육신의 죽음을 넘어 새 생명으로 운반한다고 생각되었다. 내적 자아 또는 중심 자아라는 이 이념은 오직 불변자만이 불멸일 수 있다는 다른 요청과 더불어 본질적으로 불변하는 내적 자아(아트만)의 추구로 이끌어주었다.

3) 자아에 대한 이념들

현자들은 불멸을 얻기 위해서 삼사라(saṁsāra, 반복되는 생사의 바퀴)의 손아귀를 반드시 부숴야 한다는 점을 인정했다. 이것은 다시 말하자면 이 생에서 저 생으로 유전하는 내적 자아에 대한 지식과, 이 자아가 윤회의 바퀴에서 해탈할 수 있는 방법에 대한 지식을 요구했다. 우리는 여기에서 "죽음에서 살아남고, 삼사라에서 해탈할 수 있는 자아란 무엇인가?"라는 우파니샤드의 중심적 물음에 직면하게 된다.

　이 물음 배후에 있는 관심은 자아의 본성을 탐구할 수 있는 동인을 제공하고, 이 탐구를 제한하는 중요한 기준을 정했다. 자아는 미세해야 한다. 그것은 육신과 마음이 죽은 다음에도 살아남아야 하며, 이 둘보다 더 미세해야 하기 때문이다. 더욱이 그것은 반드시 여러 형상, 면모, 크기를 취할 수 있어야 한다. 재생은 신, 인간 또는 동물로도 태어날 수 있기 때문이다. 어떤 종류의 실재가 이 요구 조건들에 적합할까? 가장 가능성 있는 후보들은 물, 호흡, 불, 지식이다. 이것들은 각각 인간 생명에 불가결한 것이며, 영속적이며, 그리고 삼사라 이념이 필요로 하는 수많은 형상을 취할 수 있을 정도로 충분히 미세하다. 이것들 모두가 자아의 본성에 관한 다른 이론의 기초가 되었다는 점은 놀랄 일이 아니다.

자아는 물

물로서의 자아 이론은 물이 생명에 필수적이며 그것이 삼사라 이론이 요구하는 다양한 형상을 취할 수 있을 정도로 충분히 미세하다—액체에서 고체로 다시 '에테르'(증발의 경우)로 상태를 바꾸므로—는 관찰에 근거한 것으로 보인다. 전통도 이를 인가한다. 그것은 보다 오래된 이론에 근거하고 있기 때문이다. 이 이론에 따르면 떠나가는 혼백은 달이라는 통로를 통해서 천계로 올라간다. 고대에서 달은 생명수로 가득찬 거대한 물사발로 보였다. 달이 그 가장자리를 기울이면 물이 쏟아져 나와 비로 하강하며 지상에 생명을 가져온다. 자아에 관한 물 이론의 지지자들은 이런 옛 이미지를 사용하면서 사람이 죽어 화장터 다비의 불 위에 놓이게 되면, 생명의 수분은 증발하여 연기의 형태로 달을 향해 하늘로 솟아오른다고 상상했다. 거기서 그것은 집적되어 다시 살아난 생명을 주기 위해서 지상으로 정기적으로 되돌아온다. 그러나 생사윤회에서 해탈을 얻을 만한 유자격자들은 달의 문이 열려 있으니 그곳을 통과하여 천계의 보상을 얻을 수 있다.

자아는 호흡

호흡 이론은 모든 피조물이 호흡을 가지고 있다는 관찰과 함께 시작된다. 이 호흡은 세상 모든 곳에 편재해 있는 바람의 형상을 취한다고 여겨지며, 지극히 미세해 숨을 쉬는 자의 형상을 취할 수 있다. 사람은 호흡이 없으면 죽으므로 호흡이 생명의 기반으로 여겨질 수 있었다. 그리하여 내적 자아는 호흡과 동일시되었다. 그것은 한 육신을 떠나면 다른 육신으로 들어갈 수 있으며 거기에 생명을 가져다준다.

찬도갸의 제4장에서 성자 라이크바는 자나슈루티 왕에게 호흡 이론을 간명하게 제시한다. "바람은 만물을 함께 모읍니다. 불이 꺼지면 그것은 바람 안에 들어갑니다. 태양이 지면 바람 안에 들어가며, 달이 지면 바람 안에 들어갑니다. 물이 마르게 되면 바람 안에 들어갑니다. 이 모든 것이 바람 안에 모여듭니다. 이런 식으로 바람은 (우주적 영역을 차지하는) 신들과 함께합니다. 자아에 대해서 말씀드려 보면, 호흡은 만물을 함께 모으는 것입니다. 사람이 잘 때 말은 호흡 안으로 들어가고, 시각은 호흡 안으로 들어가고, 청각은 호흡 안으로 들어가며, 마음도 호흡 안으로 들어갑니다. 이 모든 것이 호흡 안으로 모여듭니다."(4.3.1~3) 호흡이 죽어가는 사람을 떠나면, 그것은 모든 생명 기능을 함께 가지고 가며 모든 곳에 있는 바람 안에 있는 집으로 그 사람을 데려간다고 여긴다.

자아는 불

자아에 관한 세 번째 이론은 그 미세한 본질을 불로 본다. 이것은 의심의 여지없이 제화祭火의 이념, 즉 천계의 신들에게 제물을 날라다주며 음식 제물을 야즈냐가 약속한 새 생명으로 바꾼다는 제화의 이념과 연결된 것이다. 이 이론은 또 생명이 육신을 떠날 때 육신이 차가워진다는 관찰과도 연결되었다. 불에서 오는 열은 음식물을 소화시키고 음식을 요리하고 달걀을 부화시키며 식물을 성장하게 하는 일에 필요한 것이다. 덧붙이자면 열은 섹스의 생성 행위를 그 절정에 도달하게 한다. 매우 오래된 한 이념에 따르면, 불은 태양과 일치하고 태양빛은 육신의 동맥과 정맥과 상호 작용하면서 태양의 생명열을 받아들이고 되돌려준다. 태양 안에서 황금 이빨을 가진 사람이 처음에는 아그니로 보였다. 그러나 이제 재사再死의 이념과 함께 그는 므리트유(Mrtyu)라는 사신死神으로 보인다. 이 신은 사람을 생사의 부단한 윤회의 바퀴에 묶어두기 위해서 태양의 빛살을 사용한다. 불 이론은 해탈의 길을 제공한다. 왜냐하면 해탈의 지식을 가지고 있는 사람이면 사신도 저지할 수 없는 불멸에 이르는 문이 태양 안에 있기 때문이다.

불·호흡·물―자아에 관한 이 이론들 모두는 생명의 기원과 변화의 힘이라는 오랜 이념들에 의거한다. 그래서 비록 그것들이 지금 새로운 방식으로 활용된다고 해도, 그 배후에는 전통의 무게가 존재한다. 더욱이 그것들은 모두 자아를 자연적 요소들과 동일시함으로써 자아를 브라만, 즉 우주의 궁극 실재와의 최종적인 동일시를 위한 길을 예비해 놓았다.

자아는 지식

하지만 아트만이라는 이념을 가능하게 한 것은 지식으로서의 자아 이념이었다. 다른 이념들이 가지고 있는 난점들 중에는 다음과 같은 것이 있다. 즉 그것들이 재사를 설명할 수 있었다고 해도 삼사라에서의 해탈의 문제에 대한 만족스러운 해결책을 제공하지 못했다. 물·호흡·불과 동일시된 자아들은 아주 미세하다고 해도 불가피하게 반복되는 생사에 종속되며 부단히 변해 왔다. 불멸은 이것을 넘어서는 어떤 것, 어떤 불변의 것을 요구했다. 지식은 오랫동안 불가괴不可壞의 것으로 여겨졌으며 영원한 야즈냐 자체가 일종의 지식으로, 그것도 최고의 지식으로 여겨졌다. 지식이 지자知者의 형상을 취할 수 있다고 해도, 그리고 그 지식이 인격적 형상 안에서 죽기도 하고 재생할 수 있다고 해도, 그것은 자체의 본성상 불가괴이므로 내적 자아를 위한 이상적 후보의 하나가 되었다.

해탈의 길은 자아를 지식과 동일시함으로써 자연히 제의 위의 지식(knowledge over ritual action)을 강조했으며, 그리하여 지식의 길(way of knowledge)이 탄생되었다. 호흡·물·불로서의 자아 이념들은 가장 깊은 자아를 존재의 궁극적 힘·바탕과 동일시할 수 있는 길을 이미 마련해 두었으므로, 지식이라는 본성을 갖는 자아를 브라만과 동일한 것으로 간주할 수가 있었다. 지식의 힘은 모든 힘 중에서 가장 위대한 것이기 때문이다.

2. 브라만을 모색함

자아와 실재에 대해서 베다적 이념들로부터 우파니샤드적 이념에로의 이행을 검토했으므로, 우리는 이제 우파니샤드 안에 있는 브라만과 아트만의 본성에 대한 개별 가르침으로 나갈 준비가 되었다. 그러나 불변의 궁극 실재와 불가멸의 자아를 위한 모색을 고려하기 전에 우파니샤드 텍스트에 대해서 주의 한마디를 해두고 싶다.

다양한 우파니샤드는 전체적으로 보아서 하나의 일관된 비전을 가지고 있지 않다. 더구나 각각의 우파니샤드에는 많은 다른, 때로는 모순되는 견해가 포함되어 있다. 서로 다른 현자와 스승들은 제각기 해탈의 길을 추구하고, 아트만과 브라만에 대해서 명상하고 성찰하면서 그들 자신의 경험에 대해서도 성찰했던 것이다. 학생들은 이들의 성찰을 공유하였고 그 결과가 우파니샤드로 집성되었다. 그것은 기원에 있어서 커다란 다양성을 반영한다.

이 장에서 우리의 목표는 수세기를 통해서 강조되었던 이념, 그 이후의 이념과 태도에 중대한 영향력을 행사했던 지배적 이념을 제시하는 일이지, 우파니샤드적 이념에 대해서 백과사전을 편찬하는 일은 아니다. 인도에서 이 가르침들은 현명하고 거룩한 사람들의 경험에 대한 보고서로서 항상 수용되었다. 오직 최근에야 그것들이 과학을 통해서 검증할 수 있는 이론으로, 또는 철학적 논변을 통해서 정당화되어야 할 것으로 이해(또는 오해)되었다.

우파니샤드가 해탈을 위한 영적 모색을 기록하고 있다고 해도, 그것이 부·명성·권세를 거부하지 않는다는 점을 지적하는 일도 중요하다. 실제로 현자들은 이것들도 추구한다. 다만 그들은 부·명성·권세가 궁극적으로 완성과 불멸에의 소망을 충족시킬 수 없다는 점을 인정한다. 저명한 현자였던 야즈냐발크야(Yājñavalkya)가 자나카(Janaka) 왕의 궁전에 가서 '부와 지혜 중 어느 것을 위해서 왔는가?'라는 질문을 받았을 때, 그는 "둘 모두를 위해서입니다. 폐하!"라고 대답했다. 타이티리야 우파니샤드는 스승의 기도로 시작하는데, 이 지혜의 스승이 세속적 물건의 중요성도 이해하고 있었음을 분명히 보여준다. "나에게 음식, 마실 것, 옷, 가축을 점점 더 많이 가져다주시오. 자기 훈련이 되어 있고 평화로우며 잘 준비된 학생들, 신성한 진리를 갖춘 학생들, 이들이 사방에서 나에게 오도록 해주소서. 내가 유명하도록 해주시며, 대부호보다 더욱 저명하게 해주소서!"(1.4)

같은 우파니샤드는 사회적이고 도덕적인 행위의 중요성을 나타낸다. 신성한 지식을 갖춘 학생이 구루의 댁을 떠나 집으로 돌아갈 때

다음과 같은 충고를 듣는다. "진리를 말하라. 덕을 닦아라. 공부를 계속하고, 번영을 추구하고, 자식을 낳고, 종교 활동을 하라. 양친, 스승님, 손님을 신처럼 대접하라. 덕을 사랑하고 흠 없는 행동만을 하라."(1.11.1~6, 축약) 우연히도 이와 같은 초시간적 충고가 요즘도 가끔 학생들이 대학을 졸업할 때 주어진다. 인도의 영성을 극단적 고행의 모습으로 제시하는 스테레오 타입이 존재하므로, 우파니샤드에서 영적 완성이 정상적인 육신적·정신적·사회적 행위와 쾌락을 금욕적으로 거부하라고 요구하지 않는다는 점을 지적하는 일은 매우 중요하다. 모든 물질적·영적 세계들은 현자들이 향유할 수 있었다.

1) 실재에 대한 여섯 개의 질문

프라슈나 우파니샤드는 브라만에 대한 우파니샤드 모색의 전형을 보여준다. 그것은 "브라만에게 헌신하고 브라만에 몰두하여 최고의 브라만을 찾고 있는" 여섯 청년을 거명함으로써 시작한다. 그들은 땔나무를 손에 들고 만사를 설명해 줄 것을 기대하며 존자尊者 피파라다(Pippalāda)에게 나아갔다. 피파라다의 응답은 다음과 같았다. "신앙, 고행, 순결 안에서 1년 더 나와 함께 살자. 그다음 너희들이 원하는 것이면 뭐든 물어라. 만일 우리가 아는 것이면 너희에게 뭐든지 가르쳐 줄 것이다." 1년 이후 그들은 앞으로 나가서 질문했다.

카반디는 존재하는 모든 피조물의 근원을 알고 싶어 했다. 피파라다는 창조주이신 프라자파티가 고행을 통해서 물질과 생명력의 원소적 형상들을 산출했다고 설명했다. 그것들의 상호 작용을 통해서 현재 존재의 모든 형상들이 생산되었다. 물질의 힘을 제일 중요한 것으로 여기며, 그것을 제의와 경건함으로써 구하려는 사람들은 조선祖先

의 길을 따른다. 비록 그들이 조선의 세계에서 큰 보상을 얻을 수 있다고 해도, 재생과 재사에 떨어진다. "그러나 고행, 청정, 신념, 지식으로써 자아를 추구하는 자는 원초적 생명력의 (상징적) 기반인 태양에 도달한다. 그것은 최종 목표이고, 끝나지 않고, 무외無畏의 것이며, 거기에 도달하면 후퇴가 없다. 그것이 (삼사라의) 지멸止滅이다."(1.12)

바르가바는 무슨 힘들이 이 세계를 지탱하고 비추는가, 그것들 가운데 가장 위대한 힘은 어떤 것인가를 알고 싶어 했다. 피파라다는 이 세계의 만물을 지탱하는 일차적 요소로서 바람·물·흙·불을 확인하고, 만물을 비추는 힘으로서 귀·눈·마음·말을 확인했다. 그러나 이것들 어떤 것보다 위대한 것은 원초적 생명력(프라나prāṇa)이며, 이것이 없다면 다른 것들을 지탱하거나 비춰줄 수 없을 것으로 피파라다는 설명했다.

카우살야는 이 대답을 듣고, 생명력의 근원과 그 근원이 육신이나 자아와 결합하는 과정에 대해서 보충하여 질의했다. 피파라다는 이것이 심오한 물음임을 인정하면서도, 카우살야가 고도의 자격을 갖추었고 브라만에 귀의했으므로 이 물음에 대답했다. 생명력은 아트만에서 생겨났으며, 이전의 모든 행위가 결정한 능력에 따라서 육신으로 들어온다. 심정 안에 거주하는 아트만은 심신의 모든 필수 기능들로, 그리고 이 존재를 지탱하는 바람·불·흙·태양이라는 외적 요소들로 나타난다.

다음으로 가르갸가 각성의식(waking consciousness)과 수면의식(sleeping consciousness)이 어떻게 생기며, 어디에 근거하는가를 물었다. 피파라다는 제의의 이미지를 사용하고, 생명력을 모든 종교 행위의 기초가 되는 신성한 가화家火에 비유하면서, 의식은 아트만에 근거한다고 대답한다. 이 의식은 점진적으로 감각과 지각의 여러 기관 안으로 퍼져 들어갔으며, 이 기관들은 외적 대상을 이루는 물질력보다 미세한 형상들이다. 각성의 경험 안에서 의식은 눈·귀·코·혀·피부·마음을 통해서 외부에 도달하게 되며, 공기·불·물·흙과 에테르와의 관계를 재확립한다. 잠을 잘 때 의식은 감각기관을 통해서 외부 세계에 확산되지 않고, 그 자신을 더 큰 힘 안으로 집중시킨다. 이 힘으로 말미암아 이전에 경험되었던 것이면 무엇이든 다시 경험할 수 있으며, 감각의 매개 없이 새로운 경험을 직접 할 수 있다. 마지막으로 숙면 상태(deep sleep)에서 의식은 철저히 집중되고 충분히 비춰진다. 여기 순수 자아에는 경험도 꿈도 전혀 없다. 최고 자아의 총체적 지복이 있을 뿐이다. "지성적 자아·생명력·존재의 구성요소·모든 신, 이 모든 것들의 바탕을 이루는 저 불가멸의 자아를 아는 자는 전지全知가 된다. 내 제자여, 그리고 그는 만유 안으로 들어간다"라고 피파라다는 결론을 내렸다.

피파라다는 여기까지의 가르침을 통해서 제의의 이미지를 흔쾌히 사용하며, 종종 종교적 언어로 설명해 왔다. 그러나 그는 제의의 길에 가치를 두면서도 오직 지식을 통해서만 삼사라에서 해탈할 수 있다는 점을 분명히 했다. 사탸카마(Satyakāma)가 피파라다에게 다음 질문을 던진 것은 피파라다로 하여금 제의의 길과 지식의 길에 있는 상대적 장점에 대해서 분명한 입장을 취하게 하고, 양자 사이의 관계가 무엇인지를 드러내게 하기 위해서였을 것이다. "생의 최후까지 성음聖音, 옴(A-U-M)을 명상한 자는 무엇을 얻습니까?" 피파라다의 대답은 우파니샤드에서 제의가 어떻게 내면화되며 지식의 길로 변화되었는가를 보여준다. 찬가들은 더 이상 제의적 제공으로 여겨지지 않으며, 브라만에게 명상적 주의를 집중시키는 수단이 된다. 그는 사탸카마에게 말했다. "옴이라는 소리는 낮은 형상과 높은 형상을 모두 지닌 브라만이다." 그는 계속해서 사람이 아(A) 소리만 명상하면, 그에게 인간으로 신속하게 재생하고 이 세상에서의 위대함이 보증될 것이라고 설명했다. 아우(AU)라는 두 개의 소리를 명상하면 찬가들은 그를 범계와 인간계 사이에 있는 중간계로 인도한다. 그러나 최고의 인격을 명상하기 위해서 옴(A-U-M̐)이라는 세 가지 소리 모두를 사용한다면, 명상가는 최고의 인생보다 더욱 고귀한 인격이 육신 안에 거주함을 알게 될 것이다. 이렇게 찬가들은 우리를 더 이상의 회귀가 없는 범계梵界로 인도한다. "이런 식으로 현자는 옴이라는 소리만을 지지물로 삼으며, 평온·불로不老·불사·무외無畏와 지존의 존재를 성취한다."

마지막 물음은 수케샤(Sukeśa)의 것인데, 그는 16지체肢體를 가진 저 인격이 누군지를 알고 싶어 했다. 이 물음은 당시 유행했던 가르침을 가리키는 것으로, 개인적 자아가 보편적 자아로부터 분리되어 나오는 방식과 이 세상에 그것이 확립되는 방식에 관한 것이다. 피파라다는 생명이 처음 보편적 자아로부터 창조되었다고 설명했다. 이 원초적 생명에서 개인의 나머지 열다섯 부분이 나왔다. 신념·에테르·공기·빛·물·흙·감각기관·마음·식물食物이 그런 것들이다. 식물에서 기운·고행·찬가·행위·세계가 나왔다. 세계 안에서 이름들과 개별자들이 확립되었다. 이 존재의 개별적 면모들이 보편적 자아로부터 분리된 것, 그것들이 재결합하여 개인적 인격을 형성하는 것, 이 둘이 이 세상에서 인간 생명을 가능하게 한다.

해탈은 그 역의 과정, 이 분리된 부분들이 그것들이 생겨났던 보편적 자아 안으로 다시 합일하는 과정이다. 여기서 피파라다는 복수의 시냇물의 이미지를 사용한다. 이 모든 시냇물들은 동일한 물에서 나와 땅에 떨어질 때는 다른 형상들로 다른 장소에 떨어지지만, 거대한 대양에서 다시 결합한다. "바다를 향해 흘러가는 강물들은 대양에 도달하면 사라지고, 그들의 개별성은 없어져 그저 '대양'으로 불린다. 바로 그처럼 보편적 인격을 지향하며, 16지체 안에서 확립된 현자는 저 인격에 도달하면 모든 개별성을 상실하게 되어 그 인격(The Person)으로 불린다. 저 일자(That One)는 부분도 없고 불멸이다."(6.5) 개인의 인격은 분할되지 않는 보편 자아에서 나오는 것이므로, '근원'에로의 복귀에서 생기는 개별성의 상실을 끔찍하게 여기거나 두려워할 일은 아니다. 대신 그것은 환희에 찬 귀향이자 원초적 위대함에로의 복귀이며, 이 돌아옴은 개별적 존재들과 성질들의 말로써는 이해될 수 없다.

2) 궁극적 바탕으로서의 브라만

만유의 궁극적 바탕으로서의 브라만에 대한 모색 그리고 브라만과 개인적 존재의 궁극적 바탕인 아트만과의 최종적 동일시는, 브리하드아란야카 우파니샤드의 제3장 8절에 있는 야즈냐발크야와 가르기(Gārgī) 사이의 논쟁에서도 분명히 제시되었다. 이 논쟁은 왕이 주최하는 시합에서 일어난다. 비데하의 자나카 왕은 거대한 야즈냐의 축제를 벌였다. 왕국의 방방곡곡에서 온 사제와 현자들이 참석하게 되자, 늘 영지靈知에 관심이 있던 자나카 왕은 모여든 현자들 가운데 최고의 현자를 찾아내려는 경연을 선포했다. 그는 양쪽 뿔에다 금화 10

량씩을 매단 소 천 마리를 상금으로 내걸고 회중들에게 다음과 같이 선언했다. "존경하는 바라문들이여, 당신들 가운데 최고의 현자라고 자부하는 사람이 있으면 소를 가져가시오." 아무도 감히 암소를 자기 것으로 선언하는 자가 없자, 야즈냐발크야는 제자인 사마슈라바스에게 소를 가져가도록 명했다. 이런 대담무쌍한 행위에 극도로 화가 난 다른 사제들은 소와 금을 가져갈 야즈냐발크야의 권리에 대해서 재빨리 도전했다. 그들은 차례차례로 짜낼 수 있는 가장 난해한 문제들을 그에게 던졌다. 그러나 야즈냐발크야는 회중 전체를 만족시킬 만하게 모든 문제에 대답하면서 그 도전에 맞설 수 있었다.

마지막으로 고명하신 여성 가르기 바차크나비(Gārgī Vācaknavī)가 도전하며 두 가지 질문을 묻겠노라고 회중들에게 말했다. 만약 야즈냐발크야가 이 두 질문에 대답한다면, 그를 패배시킬 수 없다는 것과 그는 암소들과 금을 가져도 된다는 것을 인정할 수밖에 없을 것이다. 첫 질문은 만물과 모든 시간의 토대에 관한 것이다. 베틀 위의 날줄과 씨줄에 걸려 있는 (짠) 피륙 이미지를 사용하며 그녀가 물었다. "하늘과 땅 사이에 있는 것, 하늘 위 땅 아래 있는 것, 과거·현재·미래라는 것, 날줄과 씨줄과 같이 짜진 것은 무엇을 가로지르는가?" 야즈냐발크야는 대답했다. "공간이 존재의 기반이다. 만물은 공간 안에 있기 때문이다. 공간을 가로질러 날줄과 씨줄처럼 짜여진 것이 있다."

다음 질문은 더욱 어려웠다. 실상 가르기는 야즈냐발크야를 위해서 덫을 쳐 두었다. 공간을 비롯한 만물이 근거하는 궁극 실재인 브라만을 기술하라고 하면서 그녀가 물었다. "공간은 무엇을 가로질러 날줄과 씨줄처럼 짠 것일까?" 만약 이것을 알 수 없다고 하면, 그는 지식이 없는 자로 판정될 것임을 그녀는 알았다. 반면 그가 다른 어떤 것을 존재의 바탕으로 확인한다면 그는 무한소급을, 또 하나의 단위를 첨가해 나가는 단순한 산술적 과정을 통해서 새로운 바탕이 언제나 상정될 수 있는 무한소급을 열어두는 셈이 된다. 그렇게 되면 그는 브라만이 궁극적이 아니라고 주장한 것이 되니 무지를 드러내게 될 것이었다. 그의 딜레마는 만일 브라만이 궁극적이라면 그 자체가 바탕일 것이라는 사실에서 발생한다. "그것이 어디에 근거하는가?" 하는 질문은 또 하나의 바탕을 설정함으로써 대답될 수 있는 것이 아니다. 그러면 브라만이 그 자체를 포함한 만유의 바탕이 되는 궁극 실재라는 사실을 부정하게 될 것이기 때문이다.

야즈냐발크야는 이 두 대안 사이에서 다른 길을 찾았다. 모든 존재와 시간의 저장고인 공간은 어떤 무엇에 근거를 두고 있긴 하다. 그러나 어떤 특정한 종류의 존재 안에 근거를 두는 것은 아니다. 야즈냐발크야는 말했다. "저 바탕은 불가멸(akṣara)로 불린다. 그것은 거칠지도 미세하지도 않고, 짧지도 길지도 않고, 빛나는 것도 점액질도 아니고, 그림자도 암흑도 없고, 공기도 공간도 없고, 만질 수 없고, 냄새도 없고, 맛도 없고, 눈·귀·목소리도 없고, 마음과 광휘도 없고, 생명력과 입도 없고, 헤아릴 수 없으며, 내외도 없다. 그것은 먹지도 않고 먹히지도 않는다." 야즈냐발크야는 여기에서 브라만이 개별적 성격을 가질 수 있다는 점은 부인하면서도 만유의 바탕을 이루는 존재임을 단언한다.

그렇게 한 다음, 그는 우주의 바탕인 불가멸의 브라만을 인격적 존재의 바탕인 불가멸의 자아(아트만)와 동일시한다. "진정으로 말한다. 가르기여, 불멸자(브라만)는 보이지 않지만 보는 자이다. 들리지는 않아도 듣는 자이다. 생각되지는 않아도 생각하는 자이다. 이것 외에 청자는 없으며, 이것 외에 생각하는 자는 없다. 오, 가르기여! 이 불멸자(브라만)를 가로질러 날줄과 씨줄처럼 짜여진 공간이 있다."

가르기는 그의 대답의 심오성을 인정하고 회중을 둘러보며 말한다. "존경하는 바라문들이여, 당신들은 인사를 하고 이 자리를 뜨는 것만으로도 다행으로 여겨야 할 것이오. 당신네들 중 그 누구도 브라만에 관한 토론에서 그를 패배시킬 수는 없을 것이오."

브라만은 궁극적인 것이므로 다른 무엇으로 환원될 수 없다. 다른 모든 것이 브라만에서 나오기 때문이다. 그것은 적절히 기술될 수도 없다. 아무리 기술한다고 해도 그 기술은 경험과 세계의 특정 모습들에서 온 것이고, 그것들은 존재의 분할되지 않는 궁극적 바탕을 부분적으로만 그리고 쪼개진 방식으로만 대변하기 때문이다. 케나 우파니샤드에 나오는 한 학생은 이를 이해하고, 그의 스승에게 "사람이 어떻게 브라만을 가르칠 수 있겠습니까?" 하고 물었다. "눈이 가 닿지 않고, 말이 닿지 않으며, 마음이 가지 않는 그런 것을 어떻게 사람이 가르치는지를 우리는 모르겠습니다."(1.3) 스승은 그의 이해를 칭찬하고, 진정 그것은 이미 알려진 것과도 다르지만 알려지지 않은 것도 초월한다고 말했다. 그것은 평범한 의미의 지식은 아니다. 그러나 그것이 만유의 바탕, 우리 존재의 바탕이므로, 우리는 우리의 평범한 행위와 존재 안에서 아무리 희미하고 부분적이라고 해도 직접 그것을 경험한다. 그가 설명한 대로, 브라만은 언어로 표현되는 것이 아니라 오히려 언어를 가능하게 하는 힘이고, 마음이 생각할 수 있는 대상이 아니라 마음이 생각할 수 있게 하는 힘이고, 눈에 보이는 것이 아니라 눈이 볼 수 있게 하는 힘이고, 들리는 것이 아니라 들을 수 있게 하는 힘이며, 호흡하는 것이 아니라 오히려 우리로 하여금 호흡할 수 있게 하는 힘이다.

그런 다음 스승은 그 학생에게 합리적 이해를 넘어서라고 도전적으로 말했다. "만일 네가 브라만을 잘 이해했다고 생각한다면, 그것이 너 자신(의 바탕)을 지칭하든 신들(의 바탕)을 지칭하든 너는 그것을 오직 조금만 알고 있다."(2.1) 선정을 통해서 얻은 통찰과 직접적이고 직관적인 지식에 기초를 둔 듯, 그 학생은 돌아와 이렇게 말했다. "생각해 보니 그것을 안 것 같습니다. 왜냐하면 제가 그것을 잘 안다고도, 알지 못한다고도 생각하지 않기 때문입니다." 비록 브라만 지식이 평범한 지식과는 아주 다르지만, 그것을 여전히 지식의 일종으로, 평범한 지식보다 훨씬 귀중한 지식으로 학생이 인정한 사실을 스승은 칭찬하며 응대했다. "그것을 모른다고 하는 자, 그 누구에게나 그것은 알려져 있다. 그것을 안다고 하는 자는 그것을 알지 못한다. 그것을 이해하는 자는 이해하지 못하며, 이해하지 못하는 자는 그것을 이해한다."(2.3)

실재의 분할되지 않는 바탕으로서의 브라만이 개념화되거나 기술될 수 없다고 해도, 그것은 여전히 자아를 통해서 직접 알려질 수는 있다. 인격적 존재의 바탕이 되는 내적 자아가 브라만과 동일하기 때문이다.—바로 이것이 우파니샤드의 위대한 비밀이다. 산딜야(Śandilya)의 위대한 가르침이 선포하는 대로, 브라만은 만유의 근원이고 지탱하는 힘과 생명이며, 심정 안의 자아이다. 첫째, 산딜야는 브라만에 대해 말한다. "진실로 이르노니, 이 세계 전체는 브라만이고, 여기에서 세계가 나오고, 그것 없이는 세계는 해체될 것이며, 그것에 의해서 세계는 숨을 쉰다." 그런 다음 그는 자아를 기술한다.

"이것은 심정 속의 나 자신이며, 쌀 한 톨보다, 보리 씨앗보다, 겨자 씨앗보다, 수수 씨앗보다도, 수수 씨앗의 눈보다 작다. 이것은 심정 안의 내 자아인데, 지구보다, 공계空界보다, 하늘보다, 이 세계들보다 더 크다." 자아가 한 개인 안에 있지만 동시에 개인적 존재를 초월한 다는 점을 지적한 다음, 그는 자아와 브라만의 동일성을 명백히 단언 한다. "모든 행위, 모든 욕망, 모든 냄새, 모든 맛, 이 세상 전체를 포함하며, 말도 없고, 관심도 없는 것, 이것이 심정 속에 있는 나 자신의 자아이다. 이것이 브라만이다. 여기를 떠나가면(죽으면) 나는 그분에 게로 들어간다. 이를 믿는 자는 더 이상의 의심이 없을 것이다."(찬도 갸, 3.14)

3. 아트만의 모색

아트만과 브라만의 동일시는 자아에 관한 심오한 발견 없이는 불가 능했을 것이다. 자아에 관한 물음들, 누가 괴로워하는가? 누가 재생 하고 재사에 종속되는가? 누가 삼사라에서 해방되는가?라는 물음들, 이런 것들은 인격적 존재의 궁극적 바탕을 발견하려는 다양한 시도 를 자극했다.

1) 프라자파티에게 간 인드라
자아에 관한 표준들은 프라자파티(Prajāpati, 창조주)가 신과 악마에게 들려주는 우화 속에서 간결하게 제시되었다. "사악에서, 노사에서, 슬픔과 기아, 갈증에서 자유로운 자, 그의 욕망이 참인 자, 그의 의도가 참인 자—그를 찾아야 한다. 그를 알고 싶어 해야 한다. 이 자아를 발견하고 아는 자는 일체의 세계와 욕망을 획득한다."(찬도갸 우파니샤드, 8.7~12)

신들과 악마들은 이 가르침을 듣고서 일체의 세계와 욕망을 얻을 수 있는 자아를 추구하기로 결심했다. 손에 섶나무를 든 제신의 사자使者인 인드라와 악마의 대표인 비로자나(毗盧遮那, Vairocana)는 프라자파티에게 가서 제자로 받아줄 것을 청했다. 신성한 지식을 구하는 학생으로서의 수도 생활을 32년 동안 하며 그들의 진지함을 보여주었을 때, 그는 어떤 지식을 구하는가 하고 그들에게 물었다. 노사로부터 자유로운 자아, 실재에 참여하는 자아, 모든 욕망을 충족시키는 자아를 알고 싶다는 말을 듣자, 그는 그들에게 다른 사람의 눈동자나 거울 안에 나타나는 이미지를 들여다보라고 한 다음, 그들이 자아에 대해서 모르는 것이 있다면 무엇이든 보고하도록 지시했다. (거울 안에서) 자기 자신들이 너무 선명하게 보여 손톱들과 머리카락들조차 똑똑히 보인다고 제자들이 말하자, 그는 머리를 잘 빗고 옷을 단장한 다음 다시 한 번 거울 안의 자신들을 보라고 말했다. 그렇게 하자 제자들은 이제야 "잘 장식하고, 가장 좋은 옷을 입고, 말쑥하게 차려입은 자신들"을 보았다고 스승에게 말했다. 그는 말했다. "저것이 바로 자아이다." "저것이 불멸이고, 공포가 없는 자며, 저것이 브라만이다."

그들이 이 가르침에 아주 기뻐하고 만족하며 떠나가는 것을 보았을 때, 프라자파티는 말했다. "그들은 자아에 대한 지식도 없이 떠났다. 누구든지 그런 가르침을 따르는 자는 신이든 악마든 멸망하고 말 것이다." 비로자나는 돌아가서 악마들에게, 자아가 이 육신이며 이 육신의 자아를 섬김으로써 이승이나 저승에서 최선의 것을 얻게 될 것이라고 가르쳤다. 이 육신의 자아를 만족시키는 데서 얻는 저 행복은 진실로 악마들의 가르침이라고 프라자파티는 관찰했다.

그러나 인드라는 자아가 육신의 자아와 동일하다면 자아는 육신이 변할 때마다 변할 것임을 깨달았다. 더구나 육신이 멸망하면 자아도 멸망할 것이다. 이는 추구하고 있었던 불멸의 자아가 될 수 없음을 인드라는 알았다. 그래서 그는 더 배우기 위해서 프라자파티에게로 돌아왔다. 또다시 32년간의 수행 생활 뒤에 프라자파티는 그에게 말했다. "꿈속에서 행복하게 노니는 자가 불멸자이며, 무유공포자이다. 그것이 브라만이다."(8.10.1)

인드라는 다시 한 번 이와 같은 프라자파티의 가르침에 불만을 느끼고 되돌아와, 꿈속의 자아는 수없이 많은 불쾌한 경험에 빠지기도 하고 꿈의 세계에서도 죽어야 한다는 점에 대해서 항변했다. 프라자파티는 이것이 최고의 가르침이 아니라는 점에 동의하며, 만일 또 한 번 32년 동안의 수도 생활을 보낸다면 자아에 대해서 좀 더 지도해 주겠다고 인드라에게 말했다.

여기까지의 가르침은 자아란 외적 대상이나 의식상의 내적 대상(꿈의 대상)과는 동일시될 수 없다는 점을 인드라에게 시사했다. 이제 다시 32년 후 프라자파티는 참된 자아란 꿈 없는 잠 속(숙면 상태)에서 발견된다고 말한다. "사람이 잠을 푹 자고 안정되고 고요해서 꿈을 전혀 모른다면, 그것이 자아이다. 그것이 불멸자이고 무유공포자이다. 그것이 브라만이다."(8.11.1)

인드라는 신들에게 돌아가기 전에 이 가르침에도 심각한 문제가 있음을 발견했다. "분명히 말하지만 숙면 상태의 이 자아는 자신이나 자신의 주변 대상에 대해서 각성하지 못한다. 그것은 마치 그가 절멸된 것과 같다. 이런 가르침에서 좋은 것을 찾지 못하겠다." 프라자파티는 인드라의 이 평가에 동의하고, 그가 제자로 5년 더 공부하면 자아에 관한 최종의 가르침을 보여주겠다고 인드라에게 말한다.

101년 동안 제자로서 엄혹한 수도 생활을 보내며 자신을 준비하고 자아에 관한 저급한 가르침들에 대해서 성찰한 다음, 인드라는 이제 최고의 가르침을 위한 준비가 되어 있었다. "오 위대한 자여!" 하고 프라자파티는 말한다. "이 육신은 진정 가멸적이다. 그것은 죽음이 정복할 것이다. 그러나 그것은 육신 없고, 죽음 없는 자아를 지탱하고 있다. 실상 육화된 자아는 쾌와 아픔이 다스리며, 쾌와 아픔에서 자유가 없다. 바람, 구름, 천둥, 번개는 육신이 없다. 이제 이것들이 저편의 공간에서 일어나 최고의 형상을 취할 때 그것들이 그것 자체의 형상으로 출현하는 것처럼, 이런 고요한 자아도 그것이 이 육신으로부터 일어나 최고의 빛에 도달할 때면 그 자체의 형상으로 나타난다. 그 자아가 지존의 인격이다."(8.12.2)

가르침은 다음과 같은 충고로 결론을 내린다. 마치 범계梵界에 거주하는 신들이 저 자아에 대해서 명상하면 일체의 세계와 욕망을 제어하는 것처럼, 육신과 의식에서 독립되어 있는 영적 인격으로서의 자아를 자각하면 그 사람은 일체의 세계와 욕망을 획득한다.

이 설명 전체는 다음과 같은 중요한 몇 가지 태도에 있어서 하나의 전형을 보여준다. ①신성한 지식보다 더 중요한 것은 없다. 그것은 불멸과 사후의 지속적 지복뿐 아니라 이 세상에서 행복의 관건이기 때문이다. ②신성한 진리는 이론적이라기보다는 실천적이다. 그것은 인간 경험 안에서 실현되어야 하므로 헌신적이고 훈련된 삶에 의한 조심스러운 준비가 필요하다. ③이 지식은 성취하기가 지극히 어렵다. 제신의 왕인 인드라조차 자아에 관한 최고의 가르침을 파악하기 위해서 101년 동안의 수도 생활과 공부가 필요했다. ④이 지식은 인격적이고 체험적이므로, 영적 스승과 가이드인 구루가 필수적이다. ⑤자아 지식은 점수적漸修的으로 얻어진다. 설사 육신의 자아가 아트만의 존재에 참여한다고 하더라도, 그것이 불완전하게 참여한다는 점을 인드라는 우선 이해해야만 했다. 자아는 육신 이상의 것이다. 그것은 동시에 정신적이기 때문이다. 그러나 정신적 자아, 즉 프라자파티가 몽면의 자아와 동일시한 자아, 이것 역시 불완전하다. 사람은 외부 대상과 내부 대상에 대한 자각이 없는 숙면 상태에서도 계속 존재하기 때문이다.

프라자파티는 자아가 보다 깊은 단계에서 반드시 의식 자체의 기초를 이루며 의식을 가능하게 하는 힘으로 생각되어야 한다는 점을 시사한다. 그러나 인드라는 대상에 대한 자각이 유일하게 가능한 의식이라고 잘못 상정했으므로, 자아가 어떻게 주관성의 궁극적 바탕이 될 수 있는지를 이해하지 못한다. 인드라는 객관적 의식 저 너머에서 자아를 실현한다는 것은 죽음과 다름없다는 점을 불평한다. 두 경우 모두 일체의 의식이 상실되고 말았다고 그는 항의한다. 이해의 최종적 단계에서, 최고 자아의 '형상'은 어떤 형상, 육신적 형상으로든 정신적 형상으로든 심지어 의식 자체의 형상으로도 환원될 수 없다는 것을 인드라는 아마 자각했을 것이다. 그 아트만은 그 자신의 형상을 가진다. 그것은 무아의 자아(self-less Self)다.

2) 순수주관으로서의 자아

이 우파니샤드(찬도갸)의 같은 장에는 의식을 넘어가는 자아에 관한 설명은 전혀 없지만, 브리하드아란야카 우파니샤드 2장의 네 번째 부분에서 야즈냐발크야는 이 이념을 아내인 마이트레이에게 설명해 준다. '숲속에 머무는 자'라는 세 번째 단계로 들어가는 준비 과정으로, 그가 최종적으로 해결해야 할 문제가 있다고 그녀에게 말하며 그녀 몫의 부와 재산을 양도했다. 마이트레이는 남편이 보다 위대한 영적 보물을 구해서, 이들 저열한 물질적인 것을 포기했음을 알고 물었다. "지구상의 모든 부가 저를 불멸로 만들어줍니까?" "아니오"라고 야즈냐발크야는 대답했다. "부는 당신을 부자처럼 살아가게 할 것이오만 결코 불멸을 가져다줄 수는 없을 것이오." 마이트레이는 부가 아니라 불멸에 관심이 있다고 말한 뒤 불멸로 나아가는 길에 대해서 알고 있는 것이면 무엇이든 말해달라고 요구했다.

야즈냐발크야는 부드럽게 말했다. "사랑하는 아내여. 그대는 나에게 언제나 사랑스러웠소. 이제 그대는 귀한 말을 하고 있소. 와 앉으시오. 그러면 그것을 그대에게 설명해 주리다." 그런 다음 그는 자아가 모든 가치와 값어치의 기초라고 설명했다. 남편·아내·아들·부·사회 계급·세계·신들·존재 자체, "이것들 모두는 그것들 자체 때문이 아니라 자아 때문에 귀중한 것이오. 마이트레이여, 진실로 보아야 하고, 들어야 하고, 성찰하며 명상해야 할 것은 바로 자아라오. 자아를 보고, 듣고, 생각하고, 이해하면 만물이 알려진다오."

존재하는 모든 것은 아트만 안에 그 기초를 가진다는 점을 강조하기 위해서, 야즈냐발크야는 존재의 다양한 형상들은 자아와는 다르지 않다는 점과 신들이 자아와는 다르다고 생각하는 사람들을 신들조차 무시한다는 점을 계속하여 말했다. "이와 같은 바라문, 크샤트리아, 세계, 신, 존재자, 만물이 전부 이 자아라오." 그런 다음 비록 자아가 만유의 기초이긴 해도 미묘해서 평범한 방식으로 파악될 수 없으며, 오직 비범한 지식만이 자아에 도달할 수 있다는 점을 예시하기 위해서 그는 몇 가지 예증을 들고 있다. "물속에 던져진 소금 한 덩이는 녹아버려 거머쥘 수 없지만, 어디를 맛보아도 물을 짜게 만들듯이, **그렇게 이 위대한 존재(아트만)는 다른 곳이 아니라 오직 지식에만 있소. 사람은 다양한 요소들에서 일어나면서도 그것들 안으로 사라진다오. 그가 죽어 떠나갈 때 더 이상의 지식은 없을 것이오.**"(강조-원저자)

마이트레이는 불멸에 관한 이 설명을 듣자 혼란에 빠졌다. 처음에 그녀는 자아가 지식이라는 말을 들었으며, 그다음에는 자아가 실현되면 더 이상의 지식은 없을 것이라는 말을 들었다. 자아실현에 관한 야즈냐발크야의 설명은 마치 자아절멸처럼 들렸다. "이것이 어떻게 가능하겠습니까?" 하고 그녀는 물었다.

야즈냐발크야는 지식이 이원론적인 것으로, 주관과 객관의 상호작용의 결과로 상정될 때에만 이 가르침은 혼란스럽다고 대답했다. 그러나 자아 지식(Self-knowledge)의 경우에는 자아가 만물이므로 별도로 알아야 할 대상이 없다. 따라서 일상적·이원론적 의미의 지식은 여기에서는 불가능하다. 자아는 순수지식의 본성을 지니므로, 자아를 둘러싼 혼란과 무명이 제거되면 자아는 그 자신의 광휘 속에서 우뚝 서 있게 된다.

야즈냐발크야가 실재의 비이원론적 성격과 궁극 실재의 자기 조명적 성질에 대해서 이렇게 역설하는 것은 인도 전통 전체에서 기초적인 것이고 중요한 것이므로, 그의 설명은 충분히 인용할 가치가 있다.

"이를테면 이원성 같은 것이 있다고 해봅시다. 그럴 때는 한편은 다른 편을 냄새 맡고, 한편은 다른 편을 보게 되며, 한편은 다른 편을 듣게 되고, 한편은 다른 편에게 말을 걸고, 한편은 다른 편에 대해서 생각하게 되며, 한편은 다른 편을 이해하게 될 것이오. 그런데 만물이 참으로 자아가 되는 경우, 무엇에 의해서 누구에 의해서 사람이 냄새 맡고, 무엇에 의해서 누구에 의해서 사람이 듣게 되고, 무엇에 의해서 누구에게 사람이 말을 걸며, 무엇에 의해서 누구에 대해서 사람이 이해하게 될까요? 무엇에 의해서 사람은 그것으로 모든 것이 알려지는 바로 그것을 알아야 하는가요? 나의 사랑이여, 무엇에 의해서 사람은 지자知者를 알 수 있을까요?"(2.4)

야즈냐발크야는 여기에서 순수지성으로서의 자아와 세계의 바탕과의 일치를 확언한다. 그것들은 동일하므로 아트만이 브라만을 아는 일에는 문제가 있을 리 없다. 이 범아(梵我, Ātman-Brahman)는 순수지성의 본성을 지니게 되며, 범아의 충만과 순수가 실현되면 그때에는 만물이 즉시 그리고 자발적으로 아트만 자신의 빛에 의해서 조명된다. 알려져야 할 대상도 없고 지식을 구하는 별도의 주관도 없다. 이 단계에서, 즉 분할되지 않는 실재의 단계에서 이원론적 지식은 아무 의미가 없다. 여기에서 말하는 도전은 하나의 새로운 실재를 발견하는 것이 아니라, 만유의 바탕이지만 무명으로 은폐되고 상실됐던 실재를 회복하는 일이다.

4. 탓 트밤 아시(Tat Tvam Asi)

인격적 존재의 바탕과 외적 존재의 바탕과의 일치, 이것은 웃다라카 (Uddālaka)가 그의 아들 스베타케투(Śvetaketu)에게 교시한 가르침, 우파니샤드의 가장 유명한 가르침에서 드러났다. 그것은 탓 트밤 아시 (tat='저것': 브라만, tvam='당신': 내적 자아 또는 아트만 자아, asi='이다')라는 가르침이다. 아들이 구루 아래에서 12년 정도의 베다 공부를 마치고 돌아와 학문에 대해서 자랑스러워하고 교만에 빠졌을 때, 이 가르침은 시작되었다. "스베타케투, 네가 그렇게 유식한 체하고 자만하고 있으니, 네가 다음과 같은 가르침을, 즉 들리지 않던 것을 들리게 하고 생각되지 않던 것을 생각되게 하며 이해되지 않던 것이 이해되게 하는 가르침을 이미 청했을 것으로 나는 짐작해"라고 아버지는 말했다. 스베타케투가 그것을 모른다는 점을 인정하며 어떻게 그런 가르침이 가능할까 하고 되물었을 때 웃다라카는 대답했다. "사랑하는 아들아, 흙 한 덩이를 알면 흙으로 만들어진 만물을 알 수 있듯이 다양한 구별들은 오직 말(言)에서 나온다. 그리고 여러 변형조차 모두 흙일 따름이다. 이것이 진리이다." 그는 금과 철로 만들어진 다른 예증들을 제시하며, 이 모든 경우에 그것들을 만들고 있는 금이나 철을 알면 그것들이 금이나 철이라는 범위 내에서 사람은 이 모든 것을 안다는 점을 지적했다.

이런 예시들은 그 정신에서 모든 물질적 존재에 대한 근대의 물리적 설명과 흡사하다. 이 설명은 100여 개 정도의 기본 요소들과 그것들의 조합의 법칙들을 알면 물질계 전체의 구성을 안다고 단언한다. 물론 웃다라카의 주된 관심이 물리적 우주에 있는 것은 아니다. 그는 만유 아래 하나의 통일된 바탕을 찾고 있다. 웃다라카는 전체 세계를 이루는 존재의 수만 가지 형상이 그 바탕과 기원에 있어서 통일되었다고 설명한다. 열과 물의 현신現身들, 음식 에너지의 현신들, 그리고 형태와 형상에 의한 결과적 차별화를 통해서 이런 최초의 브라만이 개별적 존재들의 집합으로 출현한다. 그러나 현자는 이 존재의 다른 형상들 전부가 동일한 브라만을 그 궁극적 바탕으로 가진다는 점을 알고 있다. 그것들은 이런 브라만에서 생겨나고, 그 개별적 존재들이 종말을 맞이하면 그에게로 복귀한다.

웃다라카는 스베타케투에게 말했다. "사람이 (죽어) 이 세상을 떠나갈 때 말은 마음으로, 마음은 생명력으로 들어가며, 생명력은 열기로, 열기는 최고의 신성한 위력(브라만)으로 들어간다. 만유의 바탕인 그것을 이 세계 전체는 그 자체의 자아로 가진다. 그것이 참이며, 그것이 자아이다. 그대가 그것이다(Tat Tvam Asi). 스베타케투여!"(찬도 갸 우파니샤드, 6.8.6~7)

웃다라카는 스베타케투에게 스베타케투의 내적 자아 안에서 그 자신이 만유의 궁극적 존재와 하나라는 것을 여덟 번이나 반복한다. 그가 일치 공식을 반복하는 처음 세 차례는 브라만이 만유의 기초적 통일을 구성하는 방식을 보여주는 여러 우화를 서두로 삼고 있다. 꿀벌이 수집하는 모든 꿀을 하나의 꿀 안에 모으듯이, 모든 강물이 하나의 거대한 대양 안으로 합쳐지듯이, 그리고 거대한 나무의 모든 부분이 하나의 생명체로 결합하듯이, 그렇게 존재의 모든 형상이 그것들의 존재 바탕으로서의 브라만 안으로 결합한다.

그다음 두 개의 우화는 궁극적 힘으로서의 브라만이 눈에는 보이지 않지만 참(眞)임을 예시한다. 물속에 녹아버린 소금이 보이지 않지만 물 모든 곳에 퍼져 있듯이, 거대한 보리수나무의 생명이 씨앗의 불가시의 핵 안에 들어 있듯이, 그렇게 모든 존재에 존재하고 모든 존재의 원천인 브라만은 지각할 수 없다.

일치 공식을 여섯 번째 반복하기 전에 웃다라카는 스승 없이 브라만을 구하는 것은 눈 가리고 돌아다니는 것과 같다는 점을 시사한다. 그러나 좋은 스승은 눈가리개를 제거하며 아트만 실현이라는 목표에 도달할 수 있도록 도와준다.

일곱 번째 반복으로 가기 전 스베타케투는 현자에게 죽음이란 브라만 안으로 서서히 흡수되는 것이라는 충고를 듣게 된다. 마지막으로 그가 만유의 바탕과 동일하다고 아홉 번째로 듣기 전, 그는 진실 수행이 가장 위대한 자아 보호책이며 속박으로부터 최종의 해탈을 얻기 위한 최선의 지침임을 듣는다.

1) 실재의 다섯 단계들

우파니샤드의 성자들은 존재의 가장 심오한 단계를 추구하지만, 저급한 단계들을 단순한 현상이라든가 망상의 존재로 물리치지는 않는다. 대신 그들은 실재의 몇 가지 단계를 인정하는데, 그 단계들은 항구성에 따라서 그리고 결과를 산출할 수 있는 힘에 따라서 구별된 것이다. 실재의 단계들을 구별하려는 경향성을 가장 선명히 보여주는 예증의 하나는 타이티리야 우파니샤드(2장)에 나타나는데, 거기에서 자아를 포괄하는 실재의 다섯 단계가 확인된다.

가장 저급한 단계에서 자아는 물질적이며 식물(食物, annam)과 동일시된다. 다음 단계에서는 자아는 생명(prāṇa)과 동일시된다. "생명을 이루고 있는 자아는 식물의 본질로 이루어져 있는 것(puṣuṣo annamrasamayaḥ)*과 다르지만 그 안에 있다." 경전은 여전히 한 단계 높은 실재를 확인하며, 나아가 다음과 같이 말한다. "마음으로 이루어진 자아(ātmā manomayaḥ, 인간이 다른 동물과 공유하는 기초적 형태의 자각)는 생명의 본질을 구성하는 것과 다르지만 그 안에 있다." 다음 실재의 네 번째 단계가 인정된다. 의식과 존재의 보다 깊은 근원이 여기 있다. 이 자아는 이해의 성질을 가진다고 한다(ātmā vijñānamayaḥ). 마지막으로, 자아는 실재의 다섯 번째, 궁극적 단계로서의 환희로 확인된다(ātmā ānandamayaḥ). 환희(ānanda) 또는 지복은 만유의 뿌리나 근원으로, 상급의 의식과 저급한 의식의 토대로, 그리고 생명과 물질의 토대로 간주된다.(361쪽 참조)

이 가르침에 따르면, 생명의 환희와 구원의 지복은 존재 자체의 핵심에서 비롯된다. 이것은 물론 경전이 브라만이라는 지복을 평범한 지복과 비교하며 말하는 것이지만 평범한 환희나 지복은 아니다. "훌륭한 교육을 받고, 행동에는 민첩하고, 부동不動의 마음과 강건한 육신을 가진 젊은이를 예로 들어보자. 이 젊은이를 위해서 만약 이 대지 전체를 부로 가득 채운다면, 그것은 지복의 한 단위가 될 것이다." 그런 다음, 신성한 존재들과 신들이 가진 지복과 연속적으로 비교해 가는 측도 안에서, 아트만이라는 지복은 최초의 지복의 한 단위에 비하면 10의 10승배보다 더 큰 것으로 선언되었다.(타이티리야 우파니샤드, 2장)

이번에는 브라만에 관한 유사한 가르침이 3장에서 바루나와 그

---

* 〔역주〕 Swami Gambhirananda(trans.), 『여덟 개의 우파니샤드(*Eight Upani-sads*)』 vol.1, Calcutta : Advaita Ashrama, 1977(4판), p.286 참조.

의 아들 브리구 사이의 대화에 나타난다. 브리구가 부친에게 접근하여 브라만에 대한 가르침을 요청하자, 바루나는 물질·생명·감각·이해·언어의 본질을 설명하며 존재의 다양한 형상들이 어떻게 이 요소들로 구성되는가를 설명한다. 그런 다음 그는 "진실로 이 존재들이 거기서 생겨나고 그것에 의해서 살아가고 죽을 때 그곳으로 돌아가는 그것, 그것을 브라만으로 알기를 노력하라"고 말하며, 브라만이 만유의 기원, 버팀목, 회귀점임을 강조한다.

바루나는 브라만의 모든 단계를 물질·생명·저급한 자각·고차원의 의식으로 마지막에는 지복으로 기술하면서, 이제 그는 아들에게 브라만에 대한 보다 깊은 이해를 위해서 엄격한 금욕 생활을 행할 것을 가르치고 있다. "브리구는 금욕 생활을 행한 다음 브라만이 지복이라는 점을 깨닫게 되었다. 진정 존재들(beings)이란 지복에서 생겨나고 지복으로 살아가며, 그들이 (이 존재를) 떠나갈 때 지복으로 들어가기 때문이다."

실재의 최고 단계를 브라만의 지복으로 보는 이 가르침이 저급한 여러 단계의 거부로 오해받지 않기 위해서, 바루나는 곧장 최저 단계의 실재의 중요성을 강조하며 다음과 같이 말한다. "물질에 대해서 나쁘게 말하지 마라. 그것이 규칙이 되어야 한다. 생명은 진정으로 물질이다. 육신은 물질적 음식을 먹는 자이며 생명은 육신 안에서 확립된다."

2) 존재의 통일성

우파니샤드에서 식별되는 실재의 여러 단계가 통일된 유기적 전체 안에서의 구별이라는 점을 인정하는 일은 중요하다. 그것들은 분리된 실재들이 아니다. 만유의 순수 바탕으로 브라만은 모든 가능한 기술을 초월한다고 말해진다. 샤칼야(Śakalya)가 "그대가 알고 있는 브라만이란 무엇인가? 그대 자아의 기초는 무엇인가?" 하고 물었을 때, 야즈냐발크야는 대답한다. "아트만은 오직 네티 네티(neti neti, 이것도 저것도 아님)로서만 기술될 수 있다. 그것은 파악할 수 없고, 붙잡을 수 없으며, 무엇으로 환원할 수 없기 때문이다."(브리하드아란야카 우파니샤드, 3.9.26) 그러나 아트만이 세계에서 분리되어 존재한다고 하거나, 존재의 단순 부정을 의미하는 것으로 여기면 안 된다. 자나카 왕의 궁전에서 바라문 회중들과 벌인 토론의 결론에서 야즈냐발크야는 이 점을 강조한다. "인간이 죽음으로 인해 잘려 넘겨졌을 때, 무엇으로부터 그 사람은 생겨 나오는가?" 하고 묻는다. 그 자신의 물음에 대답하며, 그는 "지식이자 환희인 브라만이야말로 – 이 브라만을 알아서 굳건히 서 있는 관대한 증여자의 뿌리이며 지고의 피난처이다"라고 선언한다.(브리하드아란야카 우파니샤드, 3.9.28)

브라만이 기술 불가능하다면, 그것이 '존재(sat)·의식(cit)·환희(ānanda)'라고도 기술하지 말아야 할지 모른다. 그러나 우파니샤드는 이와 같은 배제의 논리로써 브라만에 대한 탐구에 접근하지 않는다. 대신 다른 기술과 견해 사이의 상호 보완성을 인정하며, 다른 관점과 다른 기준은 다른 비전과 다른 주장을 낳는다는 점을 강조한다. 존재의 바탕이 모든 현현에 선행하는 그것 자체로, 무성격의 그것 자체로 언급되면, 그것은 니르구나(nirguṇa, 무성질의 브라만)로 일컬어지며, 모든 기술은 네티라는 공식으로 부정된다. 이 바탕이 존재들을 낳은 창조적 틀이나 자궁으로 보이면, 히란야가르바(Hiraṇyagarbha, 黃金胎)로 불린다. 인격적 성질의 면에서 보면, 브라만은 이슈와라(Iśvara),

즉 주님으로, 지고의 지혜, 환희, 창조성을 구현하는 주님이 된다. 그런데 또 다른 관점에서 보면, 세계 자체가 브라만이다. 만 가지 존재의 형상들이 모두 이 근원에서 이것이 가진 창조력을 통해서 생겨 나오기 때문이다. 이런 식으로 본다면 브라만은 비라즈(Virāj), 생명 세계(life-world)가 된다.

브라만을 히란야가르바라는 존재의 황금태와 생명 세계 전체라는 비라즈와 동일시하는 일은 우파니샤드적 개념을 궁극 실재에 관한 베다적 이념과 연결해 주며, 따라서 그 개념이 겪어온 주목할 만한 변화에도 불구하고 연속성을 제공해준다. 히란야가르바와 비라즈의 동일시는 참으로 이행기적인 것이므로, 무성질의 순수바탕으로서의 브라만(nirguṇa Brahman)이라는 이념과 주主로 인격화되었던 유성질의 브라만(사구나 브라만saguṇa Brahman)의 이념이 일단 확립되면 별다른 의미를 갖지 못한다. 물론 비라즈 또는 히란야가르바로 여겨지는 브라만이 의미를 상실하는 이유 중의 하나는, 존재의 창조적 기틀로서의 브라만과 모든 현현된 존재들의 바탕으로서의 브라만이라는 이념이 우주의 주로서의 사구나 브라만의 이념 안에 통합되었기 때문이다. 온전히 미현현이며 전적으로 무성격의 브라만 자체는 앞으로 전진해 가는 전통에서 큰 중요성을 지닌 철학적 이념이 되겠지만, 종교적·사회적 삶에 가장 깊이 영향을 준 것은 바로 사구나 브라만의 개념, 특별히 존재의 주主로 생각된 브라만의 개념이다.

3) 신으로서의 브라만

우리는 니르구나 브라만(nirguṇa Brahman)과 사구나 브라만 사이의 구별을 지나치게 엄격히 긋지 않도록 조심해야 한다. 이들은 두 개의 개별적 실재가 아니기 때문이다. 그것들은 다르지만 배타적이 아닌 두 관점에서 본 동일한 실재이다. 유추해 보면 니르구나 브라만은 동요되지 않는 바탕 상태의 에너지로, 사구나 브라만은 운동 속의 에너지로, 즉 우주의 창조력으로 생각할 수 있다. 이 이념은 춤추는 시바신이라는 상징(490쪽 그림 참조) 안에 아름답게 표현되었다. 여기에서 춤의 신 시바는 브라만의 에너지를 그의 창조적 춤의 역동적 움직임을 통해서 존재의 다양한 형상으로 변화시키고 있다. 주님의 얼굴은 니르구나 브라만의 순수하며 정열 없는 얼굴을 보여주는데, 번쩍이고 율동적인 그의 팔다리 운동은 저 브라만을 이 세상 안에서 현현된 존재의 움직이는 에너지로 변환시키는 것을 보여준다.

간디가 가장 좋아했던 이샤 우파니샤드는 브라만과 최고의 주님(이샤) 안의 세계, 이 양자의 통일에 대한 고전적 발언의 사례이다. 이 우파니샤드를 이루는 18개의 짧은 시구의 첫 구절에서 시인은, "이 모든 것, 이 변화하는 세계 안에서 움직이고 변화하는 것이면 무엇이든 주가 감싸고 있다"라고 선언한다. 그는 이 실재를 그 미현현된 바탕과 이 세상에서의 현현된 존재의 양면으로 기술하며 계속 말한다. "분할되지 않아서 부동이면서, 그것은 마음보다 더 빠르다. 그것은, 감각들을 항상 넘어서 있어서 감각들은 거기에 결코 도달할 수 없다. 그것은 움직이면서 움직이지 않는다. 비록 멀리 있으면서 가까이 있다. 만물 안에 있으면서, 외부에도 있다."

다음 두 시구에서 시인은 최고의 주 안에 통일되어 있는 만유에 대한 비전을 제시하고 있는데, 최고의 주는 만인 안에 있는 자아이기도 하다. "그 자신의 자아 안에서 일체의 존재를, 일체의 존재 안에서 자신의 자아를 보는 자는 바로 이 견해로 인해 그 무엇에게도 패배하지 않는다. 진실로 아는 자에게는 모든 존재가 그 자신의 자아와 하나가 되어버렸다. 이 하나됨을 본 자에게 어떻게 슬픔이나 미망이 올 수 있겠는가?"

"미현현된 실재만을 예배하는 자는 암흑 속에 들어가지만, 오직 현현된 실재만을 예배하는 자는 더욱 커다란 흑암 속으로 들어간다." 반면에 "이 둘을 하나의 통일체로 아는 자는 무명이 가져다준 죽음을 건너가게 되며, 지식을 통해서 영생을 얻게 된다."

우리는 이샤와 슈베타스바타라 우파니샤드에서 처음으로 제대로 전개된 유신론을 만난다. 초기의 몇몇 우파니샤드에서 힌트와 암시가 있긴 했지만, 그것들은 대부분 만유의 바탕을 이루는 비유신론적 힘에 대한 탐구와 관계가 있다. 그것이 아니면 신들에 관한 그들의 관념은 여전히 베다적이었다. 이샤와 슈베타스바타라 우파니샤드 이후 인도에서 발달되고 바가바드기타에 웅변적으로 표현된 유신론은 베다 신들을 통합한 결과가 아니다. 2장에서 지적한 대로 베다의 신들은 상징화된 존재의 힘들이었다. 그것들은 만물에 앞서 존재하는 것으로 또는 존재의 창조주로 여겨진 것이 아니었다. 오히려 그들은 보다 심오한 힘, 야즈냐의 기초를 이루는 힘, 야즈냐를 생명의 변화와 제어의 효과적 수단으로 만드는 힘, 그러한 힘의 현신現身들로 보였다. 이러한 힘, 즉 리타로 알려진 우주의 운율 있는 규범은 신들보다 우월한 존재로 간주되었다. 우주의 기초를 이루는 이 힘의 충만성을 찾고 이해하려는 노력이 우파니샤드의 현자들을 만유의 기초적 바탕으로서의 브라만의 이념으로 이끌게 되자, 후기 리그베다 시대에 이미 제의와 리타에 종속되어버렸던 해묵은 남녀 제신은 낡아빠지게 되고 무시無視의 죽음을 당하게 되었다.

그러나 생각해낼 수 있는 최대의 실재에 인간적 특성을 부여하려는 인간의 성향과, 신앙과 신애를 통해서 존재의 바탕과 연결되려는 인간의 필요 때문에 브라만으로 불리는 새롭게 발견된 궁극적 위력을 인격화하고 상징하는 새로운 신들이 태어났다. 그리고 이 브라만은 내적 자아와 일치하므로, 이 새로운 신들은 그들의 거주처를 실재의 최고천에 두면서 동시에 인간의 심정에도 거주하는 것으로 여겨졌다.

해묵은 베다 신들이 브라만의 여러 모습으로 변화된 것은 브리하드아란야카 안에 샤칼랴와 야즈냐발크야 사이의 대화에서 언뜻 보인다. "신들은 몇이나 존재합니까?" 하고 샤칼야는 묻는다. "만신에게 봉헌된 찬가들에서 불린 신들의 숫자만큼, 즉 303과 3003의 신이 있다."라고 야즈냐발크야는 대답한다. "신들이 몇이나 존재합니까?"라는 질문을 다시 받자, 야즈냐발크야는 그 숫자를 33으로 줄이고, 다음에는 6으로 3으로 2로 하나 반으로, 마침내 1로 줄여나갔다. 3003이 어떻게 1이 될 수 있는가를 설명해달라는 요구를 받자, 야즈냐발크야는 큰 숫자란 단지 일자가 다양하게 차별화된 힘들을 표시하는 것으로 설명한다. 저 하나의 신은 무엇인가 하고 묻자, 야즈냐발크야는 대답한다. "이 현신現身된 힘들이 현신하는 저 하나의 신은 브라만인데, 사람들은 그것을 '저것'이라고 부른다."

해묵은 신들을 브라만의 다른 모습이나 기능과 일치시켰으므로, 브라만 자체를 신으로 간주하는 일이 가능하게 되었다. 브라만은 궁극적 힘과 실재이므로, 신으로 인격화될 때 그것은 지고의 신, 이샤나 이슈와라가 된다. 그러나 이슈와라가 오직 현신된 브라만의 부분적 모습일 따름이므로 브라만에 대한 어떤 특정한 인격적 상징도 결코 배타적 신으로 간주되지는 않았다. 결과적으로 유대교, 기독교, 이슬람교 전통에서 이해되었던 일신론은 인도에서는 발전되지 않았다. 사람이 다르면 주님을 달리 본다. 수세기에 걸쳐 인도에서 상상력을 사로잡고 신앙과 신애의 삶을 지배해 왔던 인격적 브라만의 수많은 상징 가운데 오직 몇몇만을 거명해 본다면, 어떤 이는 시바를, 어떤 사람은 비슈누를, 또 다른 이들은 칼리나 크리슈나를 주님으로 보았다.

요약

우파니샤드는 존재의 영적 기반을 추구하려는 인간의 노력이 보여준 탁월한 증거이다. 사람들 각자 안에 있는 내적 자아가 모든 존재의 궁극적 바탕과 동일하다는 발견을 통해서, 우파니샤드는 제의의 길로부터 지식의 길로 이행했다. 우파니샤드의 현자들은 삼사라로 알려진 끝없는 생사윤회를 극복하기 위한 모색에서, 지속적으로 변화하는 이 존재의 과정들과 힘들 아래에 기초가 되는 영원한 실재를 추구했다. 베다의 신들은 존재가 가진 변화시키는 힘을 상징적으로 표현한 것이다. 성자들은 물었다. "그 신들보다 더욱 깊고 더욱 심오한 것, 모든 변화에 대해서 부동不動하는 존재는 무엇인가? 진정 변화의 근원은 무엇인가?" 이 물음은 신들이 궁극적으로 절대적으로 참이지는 못한 것으로 보였다는 점을 드러내며, 이제 그 신들을 서로 동일시하고, 존재의 보다 깊은 바탕의 상징적 현신으로 간주할 수 있게 해주었다. 이 과정은 리그베다에서, 특히 후기의 부분에서 이미 시작

됐으며, 이 부분은 「우주개벽의 찬가」(10.129), 프라자파티를 유일한 창조주와 만신의 육화로 확인한 일(10.121), 그리고 만유의 통일적 근원으로서의 '조일체자(造一切者, Viśvakarman)'라는 추상적 원리를 구성한 일을 담고 있다.

인도인들이 제신과 제의의 배후에 있는 실재와 힘을 강조하게 되면서, 제신에 중심을 두는 제식적 행위로부터 제의를 내면화하며 제신의 배후에 있는 힘(브라만)에 대한 명상에 집중하는 지식의 길로 점진적으로 전환하게 된다. 브라만은 만유의 궁극적 바탕이고 근원이고 버팀목이며 만물의 회귀점이다. 그러나 그것은 존재의 온갖 형상에 선행하여 어떤 다른 것으로 환원될 수도 없고, 어떤 다른 것을 빌려 적절히 정의할 수 없으므로 어떤 평범한 방식으로 알려질 수도 없다.

다행스럽게도 우파니샤드의 두 번째 위대한 발견은 브라만을 인식하는 문제에 대해서 해결책을 제공해준다. 성자들은 불멸의, 불사의 자아를 구하면서 내적 자아에 관한 불, 물, 호흡이라는 해묵은 이념들이 부적절하다는 사실을 알아냈다. 그런데 그들은 암중모색하다가 자아가 궁극적으로 의식의 바탕이라는 사실을 발견했다. 브라만이 순수지성으로 생각되므로, 의식의 바탕으로서의 내적 자아라는 이념은 세 번째로 위대한 발견, 즉 자아와 브라만과의 일치를 가능케 했다. 이 일치의 발견과 함께 죽음과 재사再死로부터의 해탈의 길이 확립됐다. 죽음의 아귀를 넘어가 있는 궁극 실재가 자신의 자아만큼이나 가까이 있기 때문이다. 범아(梵我, Ātman-Brahman)는 순수지성이므로, 지식의 길은 최초의 불변의 자아를 회복하는 길로 보였다.

끝으로 기원전 400년경 위대한 우파니샤드의 시대가 끝나갈 무렵,

미현신未現身의 니르구나 브라만과 현신된 사구나 브라만은 구별되었다. 존재의 궁극적 바탕과 힘으로서의 브라만 이념이 등장하면서 베다의 신들이 쇠퇴하자 이 구별은 우주의 최고 주主라는 개념을 가능케 했다. 이것이 지식의 길을 보완하는, 신앙과 신애의 길의 발전을 위해서 문을 열어두었다. 이 발전은 나중 기타와 신애의 길에 관한 장들 안에서 탐구될 것이다.

Brown, W. Norman, *Man in the Universe : Some Continuities in Indian Thought*, Berkeley : University of California Press, 1966. 이 책은 베다와 우파니샤드에서부터 나온 네 개의 이념에 초점을 맞춘 인도 사상 입문서이며, 초보 학생들도 그 사상을 이해할 수 있게 했다.

Edgerton, Franklin, *The Beginnings of Indian Philosophy : Selections From the Rig Veda, Atharva Veda, Upaniṣads, and Mahabharata*, Cambridge : Harvard University Press, 1965. 이 저서는 초기 인도 사상에 대한 이 위대한 학자가 필생에 걸쳐 벌여온 작업의 요약이다. 베다와 우파니샤드의 탁월한 번역을 담고 있다.

Olivelle, Patrick(trans.), *Upaniṣads*, The World's Classics, Oxford and New York : Oxford University Press, 1996. 주요 우파니샤드에 대한 탁월하고 새로운 번역이며, 유용한 주와 도입부가 있다.

Radhakrishnan, Sarvapalli, *The Principal Upaniṣads*, Muirhead Library of Philosophy, London : George Allen & Unwin, 1953. New York : Humanities Press, 1969. 주요 우파니샤드들의 범어 원문과 영역이 실려 있다. 유용하지만 아드바이타 성향의 도입부를 포함한다.

제5장 **자아와 사회**
삶의 규범들

리그베다가 지어진 1천 년 정도 뒤, 대략 기원전 500년 전 무렵 우파니샤드가 나타났다. 그 사이에 일어난 베다 세계관의 변화는 인도 사회에 심대한 영향을 주었다. 세상 속의 삶을 재사再死와 재생의 굴레 곧 삼사라에의 속박으로 보는 새로운 관점은, 앞 장에서 살핀 대로, 이 세상의 삶으로부터의 해방, 곧 목샤라는 새로운 이상을 가져왔다. 해탈의 추구, 고행주의, 내버림, 신애를 수반하는 이 새로운 삶의 방식은 오랫동안 확립되어온 베다의 가치와 삶의 방식에 심각한 위협으로 간주되었다. 베다의 사제와 학자들은 여러 가지 창조적 방식으로 이 도전에 응했는데, 그것이 2천5백 년 전 형태를 갖추기 시작한 초기 고전적 힌두교로 이해되는 것의 토대를 제공한 것 같다. 이 창조적 반응의 가장 중요한 모습의 하나는 덕, 성공, 쾌락의 세 가지 근본적 인간의 목적(puruṣārtha)이라는 해묵은 틀 안에 목샤라는 새로운 목적을 포함하고 인생의 4단계(아슈라마āśrama) 이론을 고안하는 것이었다. 이 4단계의 첫 두 단계는 덕, 성공, 쾌락이라는 해묵은 세 가지 가치(trivarga)를 위한 것이고, 마지막 두 단계는 새로운 목적인 목샤를 위한 것이다.

우리는 이 장에서 베다 가치를 검토하고, 인도 사회의 고전적 태도와 가치로 이끌어가는 '선한 삶'이라는 개념에서 일어난 변화를 추적할 것이다. 다음과 같은 질문들이 특별히 중요하다. 인생의 근본적 목적은 무엇인가? 무엇이 행위의 올바름을 규정하는가? 사회는 어떻게 조직되어야 하는가? 개인적 삶의 이상적 조직은 무엇인가? 종교적 제의와 성례는 어떤 위상을 가졌는가? 어떤 종류의 정치가 지배했는가?

1. 베다의 가치들

3장에서 우리는 희생축의의 제의가 어떻게 베다인의 삶을 지배했던가를 보았다. 존재 자체가 야즈냐에 의존한 것으로 보였으므로 거룩한 제의보다 더욱 가치 있거나 신성한 것은 아무것도 없었다. 그러나 베다인은 지극히 실제적이었으며 존재를 추상적으로 보지 않았다. 제신에 대한 탄원과 제식적 제물 헌공에 수반되는 기도는 베다인이 존재를 구제적이고 상세한 구성요소들의 면에서 파악했음을 분명히 보여준다. 기도와 제물을 통해서 요청되고 추구된 것은 가문에 영광을 가져다줄 순종적이고 모범이 되는 자식을 비롯하여, 건강·장수·명성·부·기운·전쟁에서의 용기·지성·덕성·설득력 있는 말, 사랑으로 가득한 가정, 풍년, 가축의 증식 등이었다.

베다인은 아주 종교적이어서 희생축의라는 가내 제의와 공공 제의를, 생명을 다시 살리고 인생의 목적을 달성하기 위해서 필요한 것으로 간주했다. 하지만 그들의 관심사는 무척 현세적이었다. 인생에 대한 그들의 태도는 긍정적이었다. 인생이란 최대한 살만한 가치가 있으며 축제의 음악과 춤으로 즐겁게 축하할 만한 것이었다. 부와 쾌락은 비록 언제나 도덕의 요구에 부합해야 하지만 전심전력으로 추구해야 할 것이었다. 인간 공동체와 사회가 최고의 가치를 지녔다.

리그베다에서 불멸이나 육신에서의 해방이 추구되지 않았던 점을 지적하는 일은 중요하다. 대신 우리는 "1백세까지 살게 해주소서"(리그베다, 7.66.16)라는 탄원을 발견한다. 비록 죽음에 이르면 떠나는 사람들은 보통 천계의 보상을 받으러 떠날 것으로 예상되었지만, 다음 생에 대한 추측이나 강조는 거의 없었다. 베다인은 인생을 물질적 방식과 영적 방식으로 나눠서 대립시키지 않았다. 인생의 모든 모습이 신성하며, 부의 획득·성적 쾌락·제신의 경배를 겨냥하는 행위들은 도덕적 규범으로 지배받는 한 모두 합법적이었다. 영적 자아와 영적 세계를 앞세워 육신과 이 세상을 평가절하하는 후기의 태도는 리그베다에서는 전혀 보이지 않았다.

출가 승단 생활이나 고행은 인생에서 최상의 길로 예찬을 받지 못했다. 사회생활과 공공업무에의 참여는 만인에게 기대되던 바였다. 부모는 공회의 지도자가 될 수 있는 자식을 얻기 위해서 기도했다. 개인과 사회가 서로 대립되는 것으로 여겨지지 않았다. 존재의 개인적·사회적 차원들이 통합된 가족은 인간 존재의 기본 단위로 여겨졌다. 공동체는 베다인들 사이에 높이 평가되었으며, 만유의 상호 의존성은 삶의 축복을 타인과 공유하는 기초로 보였다. 돌아가신 조상·

제신·정령·동물에게 제의 음식을 바치는 것은 관행이었으며, 나눠 먹지 않는 일은 죄로 저주받았다. 리그베다의 마지막 시구는 인간 공동체의 목적을 아름답게 표현한 것이다.

> 너희들의 의향을 하나되게 하라
> 너희들의 심정을 합하라
> 너희들의 마음을 일치하게 하며
> 만물과 화평하며 너희도 평화하라
>
> ―「화합을 위한 노래」, 리그베다, 10.191.4

베다의 도덕은 만유를 규제하는 규범인 리타에 뿌리를 두었다. 이런 규범에 일치하여 살아가는 것은 충만하고 풍요로운 삶으로 향하는 길로 간주되었다. "리타를 따라 살아가는 자에게 미풍이 달콤하게 분다. 강물이 그에게 감미롭게 흐른다."(리그베다, 1.90.6) 리타에 일치하는 행위는 정당하고, 반대되는 것은 틀렸다. 한 행동이 리타에 일치하는지를 어떻게 결정하는가 하는 문제에 대해서는 미리 준비된 대답이 있었다. 가족 안의 연장자, 승려, 왕과 대신, 촌락 공회, 이들은 모두 전통에 매우 크게 의존하며, 리타의 요구 조건에 대한 필수적 해석을 제공할 수 있었다. 덧붙여 리타가 존재의 충만과 조화를 위한 기초를 제공하는 것으로 생각되었으므로, 가족과 사회생활에서 평화와 조화는 리타의 중요한 지표였다.

리타를 떠받들고 유지하는 일이 언제나 쉬운 것은 아니다. 그것은 가끔 노력을 필요로 한다. 사악에 대해서는 반드시 저항해야 하며 행악자는 처벌받아야 한다. 베다의 전사들은 리타의 수호자로 불렸는

데, 이는 정의와 올바름을 위해서 싸우는 것은 용인된 관행이었음을 시사한다. 그 모델이 인드라이며, 그는 리타의 적수, 만유를 속박하고 있던 저 무시무시한 브리트라와의 전투를 통해서 괴멸시킴으로써 리타를 떠받들고 있다.

리타를 따르면 우리는 사탸(satya), 즉 진실한 존재 안에서 확립되고, 보다 충만하고 보다 조화로운 존재를 성취하며, 존재의 근본적 에너지와 리듬에 깊이 감응한다. 존재의 근본적 운동에 일치하는 것은 베다의 중요한 덕목이었다. 야주르베다는 말한다. "헌신을 통해서 사람은 봉헌을 얻는다. 봉헌을 통해서 은혜가 얻어지고, 은혜에 의해서 신앙을, 신앙에 의해서 사람은 진실한 존재(true existence, satya)를 얻는다."(19.30)

기초적·종교적·도덕적 가치에서 사회 조직의 물음으로 돌아가면, 촌락이 사회의 기초단위이며 많은 숫자의 촌락을 한 왕이 지배했던 것으로 보인다. 사회를 사제 계급(brāhmaṇas)·지배자와 수호자(kṣatriyas)·생산자와 상인(vaiśyas, 민중)의 세 부분으로 계층화한 것은, 비록 이 계급들이 당시 폐쇄적이었다는 사실에 대한 증거는 되지 않는다고 해도 초기 베다 사회에서 이미 유효했던 것으로 생각된다. 후기 베다 시대에 이르러 「원인의 찬가」가 입증하는 대로 네 번째 계급인 수드라(śūdra), 즉 노예 계급도 인정되었는데, 거기에서 원인原人의 발이 노예 계급의 상징적 기원으로 간주된다. 아마 베다인들이 점점 우세하게 되고 다른 계급들이 베다 사회로 흡수됨에 따라서 계급 간의 분리, 특히 수드라와 다른 세 계급 간의 분리가 베다 전통과 가치를 보호하기 위한 방책으로 굳어지기 시작했을 것이다.

2. 고전적 가치들

4장에서 살펴본 대로, 최초의 우파니샤드 시기(기원전 700년?)에 이르게 되면 인생에 대한 초기 베다의 낙관주의와 삶의 긍정은 고와 속박에 대한 몰두로 바뀌었다. 영적 자아와 영적 세계를 지지하고 육신적 자아와 물질적 세계를 경시하는 경향이 강해졌다. 부, 쾌락, 도덕은 인생에서 여전히 중요한 목적이었지만, 그것들은 이제 목샤(mokṣa), 즉 물질, 육신, 마음의 속박으로부터의 해탈, 자유라는 목적에 종속하게 되었다. 영적 자각의 방식으로서의 지식이 이제 궁극적 선, 목샤로 향하는 관건으로 여겨졌다. 제의는 여전히 중요한 것으로 예찬받았으나 지식에 분명히 종속되었다. 추구됐던 지식은 결코 죽지 않고 태어나지 않는 실재를 실현할 수 있는 지식이었다. 그렇게 해야만, 사람을 한 번의 죽음이 아니라 수많은 죽음에 빠트리는, 반복된 생사윤회인 삼사라(saṁsāra)가 중지될 수 있기 때문이다.

해탈이라는 목적과 그에 수반되는 고행주의·내버림·채식주의를 강조한 것은 베다 사회에서 최고 가치였던 이 세상에서의 삶을 평가 절하하게 했다. 해탈의 추구자가 되기 위해서 점점 더 많은 사람이 가정과 사회의 다른 기본 조직을 내버린다면 그것들은 어떻게 되겠는가? 사회의 가치와 제도의 보호자였던 베다의 사제와 학자들은 이런 새로운 도전—그들이 믿어왔고 그들의 생계를 위해서 의존해 왔던 가치와 제도에 대한 도전—에 대해서 어떻게 대처할 수 있었을까? 이런 도전에 응하기 위해서 그들이 창안했던 새로운 가치와 제도는 지난 2천5백 년 동안 인도인의 삶을 안내해 왔던 주요 사회적 이념과 가치를 인도에 부여했다.

인도 사회는 물론 결코 정체적이지 않았다. 새로운 이념들, 가치, 관행이 출현하고, 옛것이 수정되면서, 인도 사회는 부단히 변화했다. 그러나 이 변화의 대부분은 2천5백 년 이상 견디어 온 일반적으로 공인된 테두리 안에서 일어났다. 따라서 이 테두리 안에서 발생했던 부단한 변화라는 역사적 사실을 부정함 없이, 거의 25세기 동안 견디어 오면서 기본 테두리가 되어 왔던 이념과 가치를 제시할 수 있다. 삼사라와 카르마(karma)라는 이념, 다르마(dharma)와 목샤(mokṣa)라는 목적, 사회를 계급(바르나와 자티)으로 조직하는 일, 인생을 4단계(āśrama)로 나누는 이상적 조직, 이런 것들이 삶에 대한 인도인의 지속적인 길에 많은 것을 기여해 왔다. 지난 25세기 또는 그 이상의 기간 동안 제의 행위·신앙과 신애·요가·고행·도덕·지식과 같은 것들이 인간의 상황에 대처하며 해탈을 추구하는 주된 방식들이 되어 왔던 것은 바로 이런 테두리 내에서였다.

1) 카르마(karma, 업)

한 개인에 있어서 현재의 행위가 미래의 삶을 결정한다는 카르마 원리는 인도인의 도덕성과 해탈 추구의 기초를 이루며, 그것들에 기운을 준다. 카르마는 말 그대로는 '행위'이다. 그러나 카르마는 행위들 사이에 그리고 사건들 사이에 존재하는 상호 연관성의 원리로서 보다 깊은 의미를 지니면서, 일체의 행위―그것이 물리적·정신적·도덕적 행위든, 선하거나 악한 행위든, 큰 행위이거나 아주 미묘해서 눈에 보이지 않는 행위든―가 그 결과를 낳을 것임을 보증해준다. 종전에 행했던 행위의 결과가 아니라면 어떤 것도 현재의 사태를 결정할 것이 없으며, 현재의 행위를 제외한다면 어떤 것도 미래의 사태를 결정할 수 없을 것이다. 우연이나 신이 개입할 여지가 없다. 모든 것이 가차없이 카르마의 법칙에 의해서 결정된다. 인간 행위의 영역에서 카르마는 원인과 결과의 도덕법칙이 된다. 브리하드아란야카 우파니샤드가 말하듯이, "선한 행위로 사람은 선해지고, 나쁜 행위로 사람은 나빠진다."(4.4.5)

카르마는 도덕적 결정론의 원리로서 "그대는 심은 대로 거둘 것이오"라고 말한다. 그러나 카르마는 거의 보편적으로 자유의 원리로도 해석된다. 인간 개개인은 자신의 과거 행위를 조건으로 삼아 형성되었다고 하더라도, 미래에 자신의 인생을 결정할 수 있도록 현재 자유롭게 행위할 수 있기 때문이다. 오직 두 개의 상대적으로 덜 중요한 학파, 즉 아지비카와 차르바카(Cārvākans, 順世派)만이 카르마를 온전하게 숙명론적 방식으로 해석했다. 그들은 한 인간의 평생은 미리 결정되어 있으니, 그가 도모할 만한 어떤 일도 이미 인생에 발생했던 일에 아무 차이도 만들 수 없었을 것으로 결론 내리고 있다. 다른 모든 인도 학파는 행위와 사고(지식)의 사려 깊은 선택이 한 인생의 여정에 영향을 줄 수 있다는 가능성을 인정했다.

자유와 결정론의 문제로 씨름해본 적이 있었던 사상가라면 누구든 잘 알고 있겠지만, 물론 여기에 하나의 역설이 존재한다. 한 인간이 자유롭게 행한 행위가 미래의 사건을 결정지을 만한 힘을 갖지 못한다면 자유란 의미가 없다. 만일 다이어트와 운동 계획을 따르는 것이 미래의 건강 상태를 결정할 수 없다면, 그렇게 해야 할 이유가 전혀 없을 것이며 행위의 자유에 대해서 말하는 것도 무의미할 것이다. 반면 자유를 위해서 필수적 기초로서 받아들인 결정론이 절대적이라면, 도대체 어디에 선택과 자유가 들어갈 수 있는가를 알기 어렵다. 대부분의 인도 사상가는 비록 인간의 존재가 환경·상황·과거의 행위를 조건으로 삼아 결정되었다고 하더라도, 이 조건들이 절대적이 아니라는 결론을 내리고 있다. 선택 자체가 새로운 결정력을 상황 안으로 던져 넣을 수 있으므로, 인간들에게 그들 자신의 삶에 대해서 일정한 정도의 통제와 책임감을 줄 수 있다.

대부분의 인도인들은 전생의 사건들이 그들의 태생을 결정했다는 점을 인정했다. 그렇지만 그들이 그들 자신의 의지와 노력을 통해서 내생의 탄생 조건뿐 아니라 금생의 길에 영향을 미친다는 점을 수용했다는 것도 우리는 염두에 둬야 한다. 그리하여 아지비카와 차르바카를 제외하면, 모든 사람은 착한 행동과 올바른 지식이 속박으로부터 해탈의 상태로 자신의 조건을 변화시키는 일에 효과가 있다는 점에 동의했다.

반복된 생사윤회에 사람을 묶어 두는 것이 카르마이니, 해탈을 성취하자면 더 이상 업의 힘을 축적하지 말며 이미 축적된 모든 업의 힘을 '불태울 수 있는' 길이 발견되어야 할 것이다. 자이나교도·불교도·힌두교도의 길은 모두, 더 이상 업의 힘을 축적하지 않는 삶의 방식에 의해서만 삼사라에의 속박을 단절할 수 있다는 점에 동의한다. 그들은 또한 행위의 방식들 중에 무취착과 무집착의 방식만이 업의 법칙에서 자유롭다는 데에 동의하며, 해탈의 주요 수단으로 무집착과 무취착을 가르치고 있다. 물론 그들은 무취착과 무집착을 달성할 수 있는 방식에 대해서는 동의하지 않으며, 행위·지식·신앙의 상대적 중요성에 대해서 견해를 달리한다.

카르마를 보편적으로 수용하는 일과 삼사라의 속박을 부수자는 주요 관심사는 사회적 구조와 개인적 행동을 규제하는 규범들이 다음 두 가지 목적에 기여할 필요가 있음을 뜻한다. 첫째, 그 규범들은 응당 일관되고 훌륭히 질서 잡힌 사회를 제공하고, 개인적이고 일상적인 생물학적·심리적·사회적 욕구들을 충족시킬 수 있어야 한다. 그러나 둘째, 이 규범들은 반드시 저 욕구들을 초월해 그것들이 영혼에 부과하는 속박에서의 자유를 성취하는 길을 제공해야 한다. 이런 이중적 요구는 사회 조직과 인간 행위를 인도하는 인간의 목적들(puruṣārthas), 바르나(varṇas), 아슈라마(āśramas)라는 세 쌍의 기초적 규범들 안에 제각기 잘 드러나 있다.

2) 사회적 이상들

푸루샤아르타(puruṣārtha), 즉 인간의 기초적 목적이라는 이념은 인생에서 무엇이 합법적으로 추구될 수 있는가를 개인에게 일러주며, 다른 목적들 사이에 우선권을 정립해 준다. 처음 세 개의 푸루샤아르타는 인간의 에너지를 다음 세 가지 인생 목적, 즉 ①도덕적 정당성(dharma), ②인생의 여러 재화(artha: 돈, 명성, 권력 등), ③쾌락(kāma)이라는 평범하고 보편적이며 합법적인 인생 목적으로 인도한다. 그러나 다른 것들을 압도하는 네 번째 목적은 목샤, 즉 해탈이다. 목샤를 최고의 목적으로 용인하는 일은 다른 목적들을 합법적인 것으로 허용하면서도 영적 해탈의 요구에 종속시키는 결과를 가져왔다.

인생의 단계(아슈라마āśrama)라는 이념은 모든 인간들이 공유하는 여러 필요와 목적을 만족시키는 일에 일생의 특정 부분을 바치는 것이다. 두 번째 단계는 가장기家長期의 단계로 모든 사회에 공통된다. 인생의 여러 재화를 축적하고 향유하는 일은(도덕의 요구들에 따라야 한다는 것은 말할 것도 없지만) 바로 이 단계에서 이루어지며, 이 단계는 인생에서의 처음 세 가지 목적이 실현되는 장소이다. 첫 단계인 학생기는 가장기만이 아니라 그다음에 오는 두 단계들, 임서기林棲期와 유행기遊行期를 위한 준비 기간이다. 임서기에 처한 사람은 육신과 마음 그리고 사회가 필요로 하는 저급한 욕구를 영적으로 벗어나는 일에 필요한 준비와 훈련을 위해서 시간과 에너지를 바치고 있다. 네 번째 단계에서는 목샤가 인생의 유일한 주요 관심사이므로, 일체의 집착이 포기된다. 아슈라마 체계는 분명 해탈을 목표로 삼는 행위의 압도적 중요성을 상정하고 있으며, 이 목적에 헌신하도록 일생의 반 이상을 할당한다.

사회의 욕구와 개인의 자격 요건에 따라서 사람들을 네 개의 공인된 계급으로 계층화하는 일은 반드시 다른 목적을 목샤의 목적에 종속시키는 것을 의미하지는 않는다. 그러나 브라만과 산야신(포기자) 계급을 왕과 대신(크샤트리야)보다 우월한 계급으로 간주하는 사회의 지배적 태도는 해탈의 목적에 부여된 우월성을 분명히 보여준다. 이것은 수드라(노동자) 태생을 바이샤(생산자 계급) 태생보다 영적으로 열등한 것으로 간주하는 태도에서 드러난다. 그리고 오직 브라만·크샤트리야·바이샤 계급만이 '두 번 태어난' 족속이라고 여기는 광범위하게 확산된 이념 안에 드러난, 고통스럽지만 명백한 태도에서도 드러난다. 이것이 의미하는 바는 수드라가 생물학적으로는 태어났으나 영적으로는 태어나지 못했기 때문에, 그들이 영적으로 자격이 없으며 해탈의 가능성에서 더욱 멀리 떨어져 있다는 것, 그리고 바로 이런 이유로 이른바 상위 3계급이 가진 종교적 특권과 많은 기회가 수드라에게는 부정된다는 것이다. 찬달라(caṇḍālas), 곧 불가촉천민은 철저하게 제외되었다.

푸루샤아르타, 바르나, 아슈라마가 인도 사회에 삶의 영속적 규칙을 제공해 왔으므로, 우리는 지금 이런 이념 하나하나를 매우 상세하게 검토해 볼 것이다. 물론 모든 사회에서 사람들이 마땅히 해야 한다고 생각하는 일과 그들이 실제로 하는 일 사이에는 간극이 있게 마련이다. 인도도 예외는 아니다. 그리고 다음 논의는 역사적·사회적 관행에 대한 묘사로 간주되어서는 안 된다. 우리는 인도에서 인생을 지도해 온 기초적·규범적 이념들에 초점을 둘 것이다. 궁극적으로 역사적 관행을 이해 가능하게 만든 것은 관련된 여러 물질적·사회적 세력들에 대한 이해와 더불어 바로 이러한 이념들 때문이어서다.

3. 사람의 목적들

푸루샤아르타(puruṣārtha)는 말 그대로는 '사람의 목적'이라는 뜻이다. 고전 인도의 비전에 따르면 모든 사람은 네 개의 합법적·기초적 목적을 가진다. 이것들 중 처음 세 가지는 도덕·삶의 재화·쾌락으로 이미 베다 시대에 인정되었다. 네 번째 목적인 해탈은 2천5백여 년 전, 그 이전에 나온 세 가지 가치에 부가된 것이다. 이 네 가지 목적은 우파니샤드 이래 인도인의 가치의 기초가 되어 왔다. 그것들은 도덕적·사회적 가치에 관한 위대한 경전들(Dharma Śāstra, 법경)에서 논의되었으며, 정치와 권력에 관한 카우틸야의 저서 『아르타 샤스타라(Artha Śāstra, 實利論)』에서 그리고 인도의 백과사전적 서사시인 마하바라타에서도 논의되었다. 도덕적·사회적 삶에 관심을 갖고 있는 모든 문헌이 실제로 이 네 목적을 인생의 근본적 규범으로 받아들인다.

이 목적들을 다 함께 묶어서 생각해 보면, 이것들은 선한 인생을 규정하고 남녀 각자에게 목적으로 삼아도 괜찮은 일과 그래서는 안 되는 것을 일러준다.

다르마(DHARMA): 법

전통적으로 다르마는 처음으로 설명해야 할 것이었다. 그것이 아르타, 카마보다는 더 근본적인 것이며 그것들에게 규율을 제공하기 때문이다. 다르마에 대한 만족스러운 간단한 번역어는 없다. 가장 넓은 의미에서는 그것은 무엇을 하는 것이 옳은가 하는 것이다. 외국인들은 인더스 강 연안에 살았던 사람들을 힌두교도로, 이들의 주요 종교를 힌두교로 불렀다. 그러나 힌두교도들 자신이 힌두교를 실천하고 있다고 말한 것은 아니다. 그들은 단순히 영원한 다르마를 따를 뿐이었다. 그러므로 '힌두교'는 각자가 훌륭히 그리고 충만하게 살아가기 위해서 반드시 따라야 하는 영원한 다르마와 동의어이다. 다르마가 인생의 특정한 요구 조건들을 가리키며, 보다 제한적으로 사용되면 종교적 제의, 정의와 도덕에서 오는 책무, 심지어 개인적 청결과 음식 준비의 규칙도 지칭한다. 법적 의미로 사용되면 그것은 사회를 지배하면서 모든 시민에게 사회적 삶을 다스리는 규칙들을 일러주는 법과 전통을 가리킨다. 이것은 도덕적 의미와 깊이 연결되어 있으며, 그 도덕적 의미는 개인을 위해서 개인적·사회적 도덕의 책무를 처방해 준다.

마나바 다르마 샤스트라(Mānava Dharma Śāstra)는 아마도 서기 기원 시작 직전에 지어져서, 몇 세기에 걸쳐 많은 저자들이 집대성한 작품임이 거의 확실하며 다르마에 관한 가장 중요한 단일 논서이다.

힌두교도 가족(저자의 사진)

마나바는 '마누의 것'을 의미하고 곧 저자를 가리킨다. '다르마'는 아주 복잡한 단어이지만 그 핵심에서는 의義의 길을 지칭하는데, 고대 인도에서는 '영원한 다르마'로 불리는 종교와 동의어였다. '샤스트라'는 가르침 또는 논서의 의미이다. 그래서 우리는 제목을 '의의 길에 대한 마누의 논서'로 번역할 수 있다. 같은 논서는 종종 마누 스미르티(Manu Smṛti)로 불리기도 하는데, 종종 '마누의 법전'으로 번역된다. 웬디 도니거(Wendy Doniger)와 브라이언 스미스(Brian K. Smith)는 자신들의 탁월한 번역 서문에서, 이 논서가 인도를 이해하는 데 중요하다는 점을 분명히 밝혔다. "힌두교도의 가정생활·심리학·신체 개념·섹스·인간과 동물의 관계·금전과 물질적 소유물에 대한 태도·정치·법·카스트·정화淨化와 오염·제의·사회 습속과 이상·세상 포기와 세속적 목표, 오늘날 이런 주제들에 대해서 연구하는 자들은 마누를 무시해서는 안 된다."*

마누 자신은 서문에서, 자신의 가르침은 다르마 전체 그리고 과거 행위의 결과가 갖는 덕과 악, 네 계급을 위한 행동의 영원한 규칙을 설명한다고 말한다.(1.107) 그는 2장에서 "증오도 정염도 없는 학식 있는 사람, 선한 사람들이 한결같이 따르고 동의한 다르마를 배워라"(2.1)고 말한다. 그리고 이 다르마가 무엇인지는 베다, 전통, 선한 사람들의 행동, 그리고 자기만족에서 알 수 있다고 그는 말한다.(1.12)

다르마는 보통 사회 안에서의 지위와 인생의 단계가 갖는 요구 조건에 따라서 분류된다. 이 요구 조건들은 개인의 특정한 다르마를 결정하는 시간·장소·정황이라는 주요 요소들을 나타내기 때문이다. 그리하여 바르나 다르마는 사람의 계급과 사회적 지위에 따르는 의무를 지칭한다. 예를 들면 바라문의 일차적 의무는 공부, 교수, 제의 집행이라는 점을 규정한다. 아슈라마 다르마(āśrama dharma)는 인생의 특정한 단계에 따라오는 의무를 지칭한다. 예를 들면 가주기 단계는 결혼과 가족 봉양을 요구하고, 직업에 따라서 사회에 꼭 필요한 물품을 생산하여 필요한 사람에게 공급하며, 촌락과 왕국의 사회적·정치적 필요에 봉사할 것을 요구한다.

그리고 사회 계급이나 인생 단계에 상관없이 각 개인에게 적용되는 보편적 다르마가 있다. 인간이라는 이유 하나만으로 각자의 행위가 충족시켜야 하는 요구 조건이 존재한다. 예를 들면 진실을 말하기·불필요한 상해를 타인에게 주지 않기·타인의 직업을 존경하기·

---

* Wendy Doniger and Brian K. Smith(trans.), *The Laws of Manu*, Penguin Classics, London and New York : Penguin, 1991, p.xvii.

속이지 않기 등이 모든 인간이 공유하는 공통 다르마이다. 특수 상황에 따라서 정해지므로 사전에 미리 규정할 수 없는 다르마에 대해서도 경전들은 언급한다. 그러나 특수한 경우나 예견할 수 없는 상황에서 행위가 가져야 할 특정한 요구 조건을 결정하기 위한 규칙은 고차원적 다르마와 가치가 언제나 지배한다는 것이다. 불상해不傷害와 자비는 상충하는 도덕적 의무를 판정하는 일에 사용되어야 할 기초적 도덕 원리이다. 결코 영적 진보에 해가 되는 일을 해서는 안 된다.

다르마에는 이렇게 여러 의미가 있지만, 그것들은 공통 요소를 가지고 있다. '다르마'라는 말은 'dhṛ'라는 동사 어근에서 나오며, 그것은 '지탱한다' 또는 '유지한다'라는 의미를 지닌다. 다르마의 여러 의미는 모두 개인·가족·사회적 계급·전체 사회를 유지하고 지탱하기 위해서 반드시 해야 할 일을 가리키고 있다. 규칙적으로 해야 할 일이 행위 규칙을 이루고 있으므로 여러 다르마는 간단히 말하면 수많은 행위 규칙들인데, 이 규칙들은 인생의 단계·사회계층·왕 되기·인간 되기 등에 적용된다.

다르마에 적합한 영어 번역어는 찾기가 어렵다. 이유의 하나는 인도 사회의 사유와 관행이 희랍-유럽 사회의 그것과 퍽 다르기 때문이다. 서양에서 인간 행동을 위한 규범은 보통 인간의 욕구와 소망으로부터 합리적으로 도출된 것이었다. '인간은 만물의 척도'라는 프로타고라스의 격률과, 인간됨이라는 것이 다른 무엇보다도 이성적인 데에 있다는 아리스토텔레스의 확신은, 인간의 목적을 촉진하기 위한 합리적인 설계의 관점에서 행동 규범을 생각하도록 촉구했다. 이와 반대로 인도에서 인간 존재는 인간 존재의 바탕과 잣대를 이루는 보다 깊은 실재의 현현과 표현으로 여겨지고 있다. 우주의 근본적 규범(리타)은, 보다 깊은 이 실재가 그 중심적 존재 안에서 질서 있게 통과하는 항로를 표시한다. 도덕적·사회적 규칙은 이런 최고 규범의 부분적 표현이지 인간 이성의 독자적 합의가 아니다. 신·인간·자연이라는 세 가지 종류의 존재의 집합으로(마지막 둘은 전자에 의해서 창조된다) 우주를 생각하는 서구의 전형적 개념과는 달리, 인도는 모든 실재를 존재와 기능에 있어서 하나로 보려는 경향을 가지고 있었다. 우주가 보여주는 다양성은 단지 기초를 이루는 하나의 궁극 실재의 다른 표현에 불과하며, 이 실재는 그 가장 깊은 중심에 있어서 평범한 경험과 이성에는 숨겨져 있다.

실재에 관한 이런 통일적 개념 안에서, 인생의 여러 규범은 궁극 실재의 질서에 참여한다. 가장 깊은 실재의 질서는 근본적 규범이며, 개인적 존재들을 위한 규범은 그 개인적 존재들이 궁극 실재에 참여하는 정도만큼 그들의 존재 자체에 의해서 주어진다. 다음 사항은 다르마의 정확한 이해를 위해서 지극히 중요하다. 즉 개인이 중심적 궁극 실재—그 개인은 이것의 현현 또는 현신現身이다—에 참여하게 되면, 개인의 존재 자체에 의해서 개인의 다르마가 주어진다. 다르마는 어떤 목적들이 성취될 수 있도록 개인의 존재에 부가된 어떤 것이 아니다.

제의 행위가 지배하던 베다 시대에서 보다 높은 미현현된 실재(거기에서 이 세계가 도출되어 나오지만)가 가진 리타와 세계와의 관계를 수립하는 것은 야즈냐로 간주되었다. 다르마(야즈냐 다르마)로 불리는 야즈냐의 효과가 이 세계의 질서와 기능을 유지했다. 야즈냐는 진정 이 세계를 지탱하고 유지하는 길로 바로 이 순간까지 계속 여겨져 왔다. 수세기를 통해서 자기 자신의 다르마를 수행하는 일이 야즈냐의 일종으로 간주되었으며, 야즈냐는 사람이 반드시 수행해야 할 다르마로 보였다. 그러나 야즈냐가 존재를 유지하기 위한 유일한 길이 아니라 여러 길 가운데 하나의 길이 되어버리자, 다르마와 카르마라는 이념이 차차 리타 개념을 대체하기 시작했으며, 리타는 초기 우파니샤드 시기 이후에는 자주 사용되지 않게 되었다.

그러나 기초적 이념은 지속되었다. 왜냐하면 카르마는 사건들의 전체적 상호 연관성을 지칭하는 것이며, 다르마는 이런 상호 연관된 실재의 규범적 측면들을 지칭하기 때문이다. 이미 지적한 대로 카르마 법칙은 세계의 모든 사건의 연결성을 보장해 준다. 그러나 카르마는 사건들을 규제하지는 못한다. 사건의 관계에 질서를 부여하는 것이나 관계를 규제하는 것은 다르마에 의해서 가능해진다. 베다적 견해에서는 야즈냐가 우주의 여러 기능을 규제했다. 그와 마찬가지로 사람들이 나중에 사회적 행위에 주목하게 되자 다르마가 인간관계의 규제자로 간주되었다. 다르마라는 용어가 근본적으로 다른 어떤 것을 의미하게 되지는 않았다. 그것은 특별히 사회적 의미에서 본 세계의 부가적 모습, 그 세계의 상세한 모습까지 지칭하도록 확장되었을 뿐이었다.

보다 깊은 실재에 대한 비전—즉 평범한 세계에 존재와 규제를 제공하는 비전—은 적어도 다르마 샤스트라와 사회적 다르마에 대한 다른 저작들이 편집되던 시기까지 인도 사유를 줄곧 지배해 왔다. 이 후기에 관심이 개인과 다른 개인과의 관계에 보다 날카롭게 집중되어 있다는 사실이, 평범한 세계에 존재와 규제를 제공하는 비전을 모호하게 하는 것을 허용해서는 안 된다. 관심이 한 개인에게 옮겨졌을 때 그 개인은 모든 실재의 소우주로 간주되었기 때문이다.

다르마는 인간의 삶에 드러난 우주적 리타의 표현이고, 그것은 개인적 실재와 더 높은 실재와의 일치를 제공한다. 이것이 다르마에 대한 최고의 권위가, 베다를 알고 있고 다르마 안에서 확립된 인물로 일반인에게 널리 인정받는 이유이다. 이것은 물론 베다의 인식, 즉 현자들이 이 세계의 근원인 보다 깊은 실재를 통찰할 수 있었고, 그 실재 안에서 진리나 법칙을 식별할 수 있었다는 베다의 인식을 계승한 것이다. 여기서 말하는 진리나 법칙은 물론 만유를 지배하고 존재들의 다양한 단계를 유지하고 사물 사이의 가장 깊은 관계를 제공한다. 다르마의 이런 보편적 측면은 그 개념이 보다 더 큰 사회적 의미를 얻었을 때에도 상실되지 않았다. 모든 평범한 인간의 다르마는 보편 다르마의 일면일 따름이므로, 그것 자체로 정당화되지 않으며 오직 보편 다르마의 작동 안에서만, 즉 리그베다의 리타 안에서만 정당화되기 때문이다.

자신의 다르마를 수행한다는 것은 실재에 부합해서 움직이는 것을 의미한다. 실재에는 여러 단계가 있으니 다르마 단계들 사이에서도 구별이 있어야 한다. 높은 단계의 다르마는 높은 단계의 실재, 즉 낮은 단계의 실재가 도출되는 높은 단계의 실재와 일치함을 의미한다. 낮은 단계의 다르마는 평범한 경험 안에서 저급하게 현현된 실재와 일치함을 의미한다. 높은 단계의 다르마로서 목샤 다르마는 높은 단계의 무차별의 실재와의 조화를 나타내며, 그 실재는 그 개인의 근원이면서 동시에 그 개인의 내면적 존재이기도 하다. 낮은 단계의 다르마들은 현현된 실재의 여러 모습(특히 사회적 모습) 간의 조화를 나타낸다. 그러나 모든 존재는 높은 단계의 무차별의 실재 안에 그 근원과 내면적 존재를 갖게 되므로, 바르나와 아슈라마라는 사회적 다르마들과 목샤라는 사회 외적 다르마 사이에 아무 갈등도 존재하지 않

는다.[*]

아르타(ARTHA)

인생의 두 번째 목적인 아르타는 인생의 여러 수단이나 재화를 지칭
한다. 돈·음식·거주처·의복·소유물·명성·권력, 이것들 모두가 아
르타의 형태이다. 사회적 인정과 영향력과 더불어 그것들은 완전한
사회적 존재를 위해서 필요한 것으로 여겨진다. 아르타에 관한 카우
틸야(Kauṭilya)의 유명한 저작은 왕의 대신大臣의 관점을 대변한다. 왕
에게는 권력과 영향력이 가장 중요한 아르타이다. 카우틸야의 작품
은 왕이 권력을 획득하고 유지하는 다양한 방도를 다룬다. 저 위대
한 마우리야 왕조의 챤드라굽타, 즉 기원전 324년부터 301년 사이에
북부 인도 전역을 통일하고 지배했던 마가다 왕, 이 왕의 영리한 보
좌관은 현실정책의 대가였다. 비록 카우틸야 이후 수세기 동안 지속
적으로 부가와 수정이 가해졌을 것으로 보이지만, 『아르타 샤스트라
(實利論)』의 핵심 부분은 그가 지었을 것이다. 이 성전은 적어도 1천
년 이후에 마키야벨리의 『군주론』에 나타나는 것과 같은 책략들, 즉
권력을 획득하고 사용하며 유지하기 위한 동일한 종류의 책략에 대
한 실용적 분석을 제시한다. 『아르타 샤스트라』의 시작 부분에서 정
치권력을 지배하는 일반 법칙을 인정하고 있는데, 그에 따르면 권력
은 확립된 도덕 법칙에 부합해서 사용되어야 한다. 즉 정치권력의 발
전과 사용은 정확하게 '물고기의 법칙'을 제거하기 위한 것이었는데,

---

[*] J. M. Koller, "Dharma: An Expression of Universal Order," *Philosophy East and West*, April 19, 1972, Vol. 22, no. 22, 131-144.

이 법칙에서는 힘이 선악을 결정하며, '큰 놈이 작은 놈을 먹어치우고 있다.'

생산자와 상인에게는 돈과 재산이 아르타의 주요 형태이다. 비록 부를 획득하고 유지하는 일에만 바쳐진 경전은 하나도 없지만, 이런 종류의 지혜가 인도에 결핍되었던 적은 한 번도 없었다. 다른 세계가 인도인은 일부러 가난을 인생의 길로 선택해 왔다고 본다면, 이는 역사적으로 사실이 아니다. 인도의 민간 지혜를 반영하는 우화와 얘기의 형식을 빌리고 있는 지혜 모음집인 판차탄트라는 이렇게 말한다. "부(아르타)의 냄새는 피조물의 굳은 것도 일깨우기에 충분하고, 부의 향유는 더욱더 그렇다. 부는 지속적인 생기·자신감·권력을 준다. 가난은 죽음보다 못한 저주이다. 부가 없는 덕성은 하찮것없다. 돈의 부족은 모든 악의 뿌리이다."**

부가 없으면 사제는 지지 기반이 없고 제의가 봉행될 수 없고 사회는 유지될 수 없으므로, 아르타는 다르마의 필요조건으로 간주되었으며, 인생에서 모든 다른 목적을 위한 기초로 흔히 묘사되었다. 마하바라타는 말한다. "여기에서 다르마로 간주되는 것은 오로지 부(아르타)에 의지한다. 다른 사람의 부를 뺏는 자는 그의 다르마를 뺏는 것과 같다. 가난이란 죄다. 모든 종교적 행위·모든 쾌락·천계 자체가 부에서 흘러나오므로, 모든 종류의 복덕 있는 행위도 거대한 부에서 흘러나온다. 코끼리가 코끼리를 몰아오는 것처럼 부가 부의 축적을 가져온다. 종교적 행위·쾌락·열락·용기·가치·학문, 이것들 모두가

** A. W. Ryder(trans.), 『판차탄트라(*The Pañcatantra*)』, Chicago : University of Chicago Press, 1925, p.210.

부에서 나온다. 부에서 공덕이 늘어난다. 부가 없는 자는 이 세상도 저 세상도 갖지 못한다."(마하바라타, 12.8.11) 물론 어떤 아르타라도 다르마를 어겨가면서까지 추구되어서는 안 된다는 점이 전제되었다.

카마(KĀMA)

인생의 세 번째 목표인 카마는 두 가지 의미를 가진다. 카마는 협의로 성적 욕망이나 성적 사랑을 가리키며, 이것은 사랑의 신 카마로 상징된다. 보다 덜 알려진 경전들과 더불어 바츠야나의 『카마수트라』는 이런 의미의 카마에 바쳐진 경전이며, 가능한 한 최대의 성적 쾌락을 얻는 방법에 대한 지침을 제공한다. 그것은 성행위의 준비·성적 체위·사랑의 묘약·아내를 얻는 법·아내가 행동해야 하는 법에 관한 충고를 담고 있다. 그리고 어떤 장은 첩妾에 대한 장이며, 또 다른 장은 다른 사람에게 어떻게 자신이 매력적으로 보일 수 있는가를 다루고 있다.

바츠야야나(Vātsyāyana)는 기원후 3세기에 『카마수트라(Kāma-sūtra)』를 지었던 것 같다. 하지만 그가 이 경전을 시작하면서 말했듯이, 사랑론은 인도에서 긴 역사를 갖는다. 그는 자신의 책보다 최소한 1천 년 전에 나왔던 작품들을 참고로 했다. 다르마·아르타·카마에 대한 글들은 인류가 시작한 이래로 존재했다는 그의 말은 그대로 받아들일 수는 없다고 해도, 이 세 개의 목적이 인간에게 근본적으로 중요한 것이어서 사람들이 항상 말해 왔고 그것들에 대해서 글을 써 왔다는 사실을 비유적으로 표현한 것으로는 이해할 수 있을 것이다.

쾌락이라는 의미의 카마는 베다 시대 이래로 인생의 가장 근본적 가치의 하나로서 인정받아 왔다. 바츠야야나는 『카마수트라』의 제1

권에서 초기 베다 시절 이래 존재해 온 인간의 기본적 세 가지 목적인 다르마·아르타·카마 사이에 발생할 수 있는 갈등에 대해서 언급하면서, 셋 중에서 다르마가 가장 중요하고, 그다음이 아르타로서 카마에 앞선다고 말한다. 저자는 책을 시작하면서 카마에 대한 고전적 정의를 내리고 있다. "넓게 말한다면, 카마는 여러 감각이 그 적합한 대상들과 만나는 것에서 생긴다. 하지만 의식적 자아의 안내를 받은 심정과 마음의 통제 아래에 있어야 한다." 저자는 카마의 좁은 의미이면서 카마의 기초적 형식이라고 부른 성적 쾌락을 다음과 같이 정의한다. 그것은 "열매는 맺는 감각 대상들에 대한 직접 경험이고, 특히 촉감에서 오는 성적 흥분의 감각적 쾌락에 의해서 번져 나간다."(1.2) 저자는『카마수트라』에서 이 두 개의 의미를 결합하고, 좋은 섹스를 갖는 일을 특별히 강조하면서 잘 살아가는 일에 대해서 텍스트를 지은 것이다.

당시 세상을 버린 자들과 종교적 경건주의자들은 쾌락 획득에 관한 학문을 배우는 것을 여러 가지로 반대했던 것으로 보인다. 이에 대해서 바츠야야나는 쾌락을 얻는 방법을 아는 것은 인생에서 합법적이고도 중요한 목표라고 대답한다. 그는 "쾌락은 음식과 같이 육신을 유지하는 수단이고, 다르마와 아르타를 성취하려는 노력에 대한 보답"이라고 말하고, 다음과 같이 이어간다. "남성은 다르마와 아르타에 바치는 시간을 방해하지 않는 범위 내에서『카마수트라』와 부속 학문에 대해서 배워야 한다. 여성은 한창 때의 나이에 도달하기 전에 이 학문을 배워야 하고, 남편이 원한다면 시집가고 난 다음에도 이 학문을 배워야 한다."(1.3, 도니가(Doniger)와 카카르(Kakar)를 따름)*

사람들은 그의 충고에 주의를 기울였던 것 같다. 전통적으로 성적 활동은 합법적일 뿐만 아니라 인생에서 중요하고 가치 있는 활동 및 목적으로 간주되었고, 대중적 문헌에서는 솔직하고 존중하는 태도로 다뤄져 왔기 때문이다. 인간의 성적 활동의 가치와 중요성을 일반적으로 받아들이지 않았다면 인도의 위대한 에로틱한 시, 노래, 조각은 수용되지 않았을 것이고, 종교적 헌신의 중요한 도구나 표현이 되지 못했을 것이다.

카마는 기초적 인간의 목적으로서, 성적 쾌락이라는 협소한 의미를 넘어가 명성·부·권력의 향유를 비롯하여 쾌락의 온갖 형태를 포함한다. 다시 말하면 인도인이란 일편단심으로 종교적 구원만을 추구하며, 즐거움과 웃음을 위한 여지는 전혀 갖지 못했을 것으로 그려내는 근대의 스테레오 타입은 우리에게 잘못된 그림을 그려준다. 전통에서도 그리고 현재에도 그러하지만, 얘기·놀이·게임·축제·음악과 웃음, 그리고 재미로 가득한 잔치는 대부분의 사람들이 높이 예찬하고 있다. 인생에서 공인된 기본 목적의 하나로서 카마는 쾌락에 대한 인간의 욕구를 합법화한다. 카마는 인생에 다양한 재화들이 필요할 뿐 아니라, 그것들이 인간 본성의 충족을 위한 하나의 길로서 향유되어야 한다는 점을 인정한다. 그렇지만 아르타의 경우와 마찬가지로 다르마에 부합되는 카마를 목표로 하는 행위만이 허용된다. 다른 생명체나 사람들의 아픔과 희생을 대가로 하는 쾌락은 허용되지 않는다.

---

* Vātsāyana, Wendy Doniger and Sudhir Kakar(trans.), *Kāmasūtra*, New York : Oxford University Press, 2003, p.13.

목샤(Mokṣa)

우파니샤드 시대부터 목샤라는 새로운 목적이 다른 세 가지 목적보다 부각되었다. 궁극적으로 다르마·아르타·카마는 남녀 각자가 삼사라의 속박을 부수려고 할 때 반드시 그 개인을 도와야 한다. 사람들은 생물적·사회적 동물 이상의 존재로 상정된다. 사람들은 그들존재의 핵심에서 만유를 생성해 내는 원초적 에너지나 원초적 존재와 일치하는 것으로 보였다. 목샤의 목적은 존재의 이러한 깊은 단계를 실현하며, 궁극 실재와 자신의 일치에 대한 충만한 각성 안에서살아가는 것이다. 저급하면서도 보다 분명하게 현현된 존재의 단계들과 동일시되는 것은 반드시 초월해야 하는데, 그 단계들이 불완전하여 통일과 충만으로 향한 깊은 소망을 결코 만족시킬 수 없기 때문이다.

인간 존재의 다 단계의 성격에 대한 가장 명백하고 영향력 있는 선언 중에 하나는, 타이티리야 우파니샤드(2.1~5)에 있다. 거기에서 사람은 실재의 다섯 층으로 이루어져 있다. ①'음식'으로 불리는 생명 없는 물질은 가장 표피적인 것이고 가장 천박한 층이다. '떠난 사람'이란 말이 죽은 사람을 지칭하는지 아니면 그의 사체를 지칭하는지에 대해서 명료하지 않았다는 점에서도 분명한 것처럼, 이는 가장 저급한 단계이다. ②인생의 다음 층은 생명이다. 살아 있는 물질은 높은 단계의 실재이기 때문이다. ③그러나 사람은 단순히 살아 있는 육신이기만 한 것은 아니다. 사람은 느끼고 지각할 수 있어서 실재의 세 번째 단계를 드러내기 때문이다. ④네 번째 층은 지성으로 구성되었다. 사고와 의지는 보다 더 높은 실재를 이루기 때문이다. ⑤얘기는 여기에서 끝나지 않는다. 왜냐하면 지성보다 더한층 높은 단계의 실재가 있으며, 여기에 모든 다른 단계들의 통합된 기능이 의존하기 때문이다. 이런 가장 내밀한 층은 실재의 궁극적 단계로 간주되며, 다른 단계들을 지탱하고 있지만 그것들에서 독립되어 있다.(본서 〈요가에 의한 다층적 자아 관통〉이라는 그림을 보라. 361쪽) 비록 그것이 궁극자여서 말로 기술할 수는 없다고 해도, 무한 지복으로 이뤄진다고 한다. 무한의 지복은 인간이 상상할 수 있는 것 중 가장 심오한 단계이기 때문이다.

목샤라는 목적은 존재의 가장 심오한 단계를 실현하기 위해서 자아의 저급한 단계의 전면적 동일시로부터 자신을 차츰 자유롭게 하자는 것이다. 이런 가장 깊은 단계에서 자아는 궁극 실재와 일치하므로, 일단 이 일치가 실현되면 거기에는 자아를 패배시키거나 파괴할 수 있는 것은 아무 것도 없다. 그리하여 여기에서 우리는 삼사라에 종지부를 찍고 죽음을 극복한다.

사람은 물론 존재의 다섯 층 전부로 구성되었다. 그러므로 저급한 단계들이 인간 존재의 현실적 차원을 이루고 있다는 점을 부정한다면 이는 오류이며, 자아를 저급한 단계들과만 동일시하는 일이 오류인 것과 마찬가지이다. 아르타나 카마라는 목적이 합법적인 것으로 여겨지는 이유는 자아의 저급한 단계들이 인간 존재의 중요한 기능적 차원들로 인정되기 때문이다. 바로 이런 이유로 다르마는 각자가 내면화하는 규제적 원리로서 인정받는다. 다르마의 원리는 인간 존재의 저급한 차원들이 가지고 있는 욕구들의 충족만이 아니라 보다 높은 자아의 욕구 충족을 위해서 저 저급한 욕구들의 초월을 지도하는 일에 활용된다.

인간 존재의 완성은 개인적 존재와 만유를 생성해 내는 원초적 창조적 에너지와의 궁극적 일치를 실현하는 일이다. 존재의 근원에서 분리되었다는 각성이 충만으로 향한 종교적 추구를 위한 동기를 부여한다. 존재의 저급한 형상들과의 전면적 동일시에서 자유로워지면 이런 깊은 일치를 자각할 수 있게 되므로, 그 자유가 인생의 궁극적 목적이 된다.

인간의 기초적 목적들이라는 개념과 그 목적들의 성취를 돕기 위한 아슈라마, 즉 인생 단계의 제도화, 이 둘은 생물학적·경제적·사회적 욕구들이 합법적인 것이며, 그것들이 먼저 충족되고 난 다음에 비로소 초월해야 한다는 점을 인정한다. 그러나 인간 존재의 보다 깊은 본성 덕분에, 자유와 충만으로 향한 갈구는 생의 저급한 욕구들을 추구한다고 하여 충족될 수 없다는 사실도 인정한다. 그 욕구들을 충족시킨다고 해도 더 많은 대상에 대한 갈구를 증대시킬 뿐이다. 욕망의 대상을 획득하여 만족을 얻으려는 것은 불 위에 기름을 부어서 불을 끄려고 하는 것과 같다.

목샤의 우선성

명성, 재산, 권력, 쾌락은 천박하기도 하고 재빨리 사라지는 것이므로, 충만과 불멸에 대한 인간적 소망을 충족시킬 수 없다는 인도인의 태도는 나치케타스가 간결하고 분명히 표현했다. 나치케타스의 얘기는 부친이 바치는 제물이 적다고 비판한 탓에, 부친이 저주하고 지옥으로 보내버린 바라문의 아들 나치케타스와 죽음의 화신 야마(Yama) 신과의 만남에 대한 것이다. 그가 저승에 도착했을 때 야마는 부재중이었다. 그런데 그의 하인들은 다르마가 손님에게 베풀라고 요청하는 음식과 물을 제공하지 않았다. 이 실수에 대한 보상으로 야마는 나치케타스에게 세 가지 소원을 들어준다고 했다. 첫째, 나치케타스는 부친의 제물을 비판하여 자신을 저주할 정도까지 화나게 만들었던 일에 대해서 부친이 자신을 용서할 수 있게 해 달라고 청했다. 두 번째, 천계에서 불사를 성취할 수 있는 불의 제의가 지닌 비밀을 요구했다. 이 간청들이 충족되자 나치케타스는 목샤를 성취한 사람에게 사후에 무슨 일이 일어나는지를 물었다.

그러자 야마는 이제 '이 지식은 가장 난해한 것'이라고 변명하며 거절하려고 했다. "다른 소원을 선택하시오. 1백 년의 수명을 지닌 아들과 손자·수많은 가축·말·코끼리·금·광활한 땅을 택하시오. 원하는 만큼의 수명을 청하시오. 이러한 종류의 소원을 원하시면 부와 장수를 택하시오. 그대는 이런 광대한 대지 위에서 번성할 것이며 나는 그대를 모든 욕망의 향유자로 만들어줄 것이오. 이 세상의 가멸자가 얻기 힘든 이 모든 욕망을 가질 수 있을 것이오. 평범한 인간은 구할 수 없는 전차와 악기를 갖추고 있는 고귀한 하녀들을 허락해 줄 것이오."(카타 우파니샤드, 1.1.23~25)

나치케타스는 욕망의 대상은 재빨리 사라져 가서, 결코 영생에 대한 소망을 충족시키지 못함을 아는 사람의 지혜로써 응답했다. "야마 신이여, 이것들은 모두 재빨리 사라져 가는 것입니다. 욕망의 대상들은 감각기관의 활기를 소모합니다. 모든 생은 짧습니다. 죽음이시여, 시간의 전차는 당신의 것입니다. 노래와 춤은 당신의 것입니다. 인간은 부에 만족할 수 없습니다. 우리가 당신을 보았는데 어떻게 부를 즐길 수 있겠습니까? 지구상의 어떤 가멸자가 썩지 않을 불멸을 언뜻 보았는데 사랑과 미의 쾌락을 안다고 해서 이 연장된 인생을 즐거워하겠습니까?"(1.1.26~28)

나치케타스를 만류할 수 없었던 야마는 약속을 지키기 위해서 죽음조차 손댈 수 없는 자아의 본성과 이 자아를 실현할 수 있는 방도에 대해서 가르쳐주었다. 이런 내적 자아는 다음과 같이 묘사되었다. "소리도, 접촉도, 형상도, 맛도, 냄새도 없고, 시작도 끝도 없고, 영원하고 썩지 않는 것이며, 위대하고 불변한 존재를 초월하는 것이다. 저러한 자아를 아는 것이 죽음의 아가리에서 사람을 자유롭게 해준다." 그러나 그 길은 쉽지 않다. "그 길은 면도날처럼 날카로워, 건너기 어렵고 밟기 어려운 길이라고 현자들은 말했다."(1.3.14, 15)

우리는 이제 비록 다르마·아르타·카마라는 목적들이 합법적이라고 해도, 왜 그것들이 목샤라는 목적에 종속하는지를 알게 되었다. 궁극 실재와의 일치를 실현하려는 우리의 노력을 지도하는 것은 목샤라는 목적이다. 그러나 목샤는 다른 목적들을 물리치지는 않는다. 목샤는 진정 완전한 자유와 충만의 성취를 위한 준비로서 이 목적들을 달성하기를 요청한다. 힌두 전통은 목샤와 다른 세 개의 목적 사이에 충돌이 일어난다고 보지 않는다. 왜냐하면 존재의 다른 단계들이 분리된 실재가 아니라 분리되지 않는 완전한 궁극 실재가 집행하는 질서 부여의 현현들로 보이기 때문이다. 비록 다른 목적들이 현현된 실재의 다른 단계들에 적합하다고 해도, 이 사실이 이것들 사이에 대립을 만들지는 않는다. 이 단계들 자체가 궁극 실재의 질서 잡힌 통일의 일부이기 때문이다. 세속적 존재와 영적 존재와의 사이에 구별이 뚜렷해질 때에도, 이 구별을 상이하고 대립적인 두 개의 실재로 상정하기보다는 동일한 실재의 상·하위 단계로 보려는 경향이 있다.

인생의 여러 목적 사이의 관계는, 인생의 다른 시기에 있는 사람들에게 어울리는 다른 목적과 비교될 수 있다. 모든 사회에서 아이들은 장난감을 가지고 놀아야 할 필요가 있고, 젊은이는 섹스를 바라고, 어른은 권력과 명성을 원하며, 노인은 지혜와 구원을 추구한다. 어른들이 장난감과 섹스에 대한 미성숙한 욕구에서 벗어나듯이 성숙한 사람은 명성과 권력에 대한 욕구에서 벗어난다. 아르타와 카마는 일정한 지점까지는 생의 합법적 목적들이다. 사람이 그 지점에까지 성장하면 이 목적들은 적절히 목샤라는 목적에 길을 양보하게 되며, 오직 목샤만이 인간의 보다 깊은 열망을 충족시킬 수 있다.

4. 사회 계급들

카스트는 인도와 가장 흔히 결부되는 현상일 것이다. 수년 동안 나는 학생들에게 '인도'라는 말을 했을 때 마음에 떠오르는 네 가지 단어를 적어보라고 요구했다. 거의 모든 리스트에 '카스트'라는 단어가 등장할 뿐 아니라, 바로 그다음 단어보다 두 배 이상 자주 등장했다. 사람마다 카스트라는 용어를 좀 다르게 이해한다고 해도, 거의 모든 사람은 그것을 제한된 사회적 유동성으로 이해했다. '카스트(caste)'는 'casta'라는 용어의 영어 번역인데, 이 'casta'는 포르투칼인이 '태생'을 의미하는 자티(jāti)를 번역할 때 사용했던 용어였다. 실상 자티 또는 '태생'은 인도에서 수천 년 동안 사회 계급화의 지배적 기초가 되어 왔다. 그러나 그것은 바르나(varṇa: 계급, 말 그대로는 '색깔')로 불리는 계급화의 또 다른 기초에 근거한다. 사회 계급과 지위에 따라서 한 개인에게 적용되는 의무와 규칙을 이해하기 위해서 우리는 바르나와 자티의 두 이념을 검토해 보아야 한다.

「원인의 찬가」(리그베다, 10.90)는 네 계급을 전 세계가 도출되어 나오는 원초적 제의에서 생겨 나온 것으로 제시한다. 이를 보면 네 가지 사회적 계급(varṇas)이라는 이상은 베다 시대 후기에 이미 확립되었음을 알 수 있다. 바라문·크샤트리야·바이샤라는 세 개의 기능적 계급들은 베다 역사의 초기에 확립되었으며, 리그베다의 초기 부분에서 당연한 것으로 여겨졌다. 네 번째 계급인 수드라는 아리아인에게 정복당하고 그 사회에 흡수된 다른 민족들의 수용을 나타낼 수 있다. 우파니샤드 시대에 이르러 네 개의 바르나는 인도 사회의 확립된 모습으로 분명히 수용되었다.

전통적으로 해석되듯이 바라문의 기원은 원인의 입에서, 크샤트리야는 팔에서, 바이샤는 다리에서, 수드라는 발에서 생겨났다고 선포하는 베다의 송구는 바르나의 세 가지 중요한 면모를 확립한다. 첫째, 그것은 인간의 창조나 습속이 아니라 신이 명령한 제도이며, 따라서 세속적 이유로 변경할 수 없다는 것이다. 둘째, 계급화의 기초는 사람의 본성이다. 입의 본성은 발의 본성과 다르며, 입에서 생겨 나온 바라문의 본성은 발에서 생겨난 수드라의 본성과는 다를 것이다. 세 번째, 다른 계급들의 기능은 그들이 생겨 나온 원인의 부분에 따라서 주어진다. 그래서 바라문은 사제이고 스승이었다. 사람은 입으로 염송하고 찬송하기 때문이다. 크샤트리야는 지배하고 보호한다. 사람은 팔로 방어하고 행정하기 때문이다. 바이샤는 생산하고 상품을 교역하는데, 다리로 가축을 길들이고, 농토를 갈고, 소출을 운반하기 때문이다. 수드라가 다른 세 계급에 봉사하는 것은 발이 몸통의 나머지 부분에 봉사하는 것과 마찬가지다.

마누는 만유의 기원을 설명하고 세계의 번성을 위해서 신이 네 계급을 배치하였다는 점을 설명한 다음, 신이 각 계급에게 할당한 주요 의무에 대해서 다음과 같이 간결하게 언명한다.

> 주님은 바라문에게 학습과 교수를 할당하고,* 자신과 타인을 위해서 희생 제의를 행하는 일을, 그리고 보시와 보시 받는 일을 할당했다. 크샤트리야에게 인민을 보호하고, 보시·야즈냐를 행하고 학습하며, 감각적 쾌락을 금하도록 명했다. 바이샤는 가축을 길들이고 토지를 경작하고 상업·금대업金貸業·시여·야즈냐를 행하고** 학습을 해야 했다. 주님이 수드라에게 명했던 유일한 소임은 다른 세 계급에게 유순하게 봉사하는 일이었다.
>
> — 마누 법전 10권

세계의 번영을 위해 네 계급이 확립되었다는 마누 법전과 여타 경전의 선언을 통해 우리는 사회적 기능을 성공시키는 데 필요한 활동을 보장한다는 근본적인 이론적 근거를 짐작할 수 있다. 문화를 보존하고 새롭게 하며 그것을 청년의 심정과 마음 안에 부추기는 일은 바라문의 기능이고, 적들에 대항하여 안전을 제공하고 법과 질서를 유지하는 일은 크샤트리야의 기능이고, 상품을 생산하고 교역하는 일은 바이샤의 기능이며, 비천한 노동을 제공하는 일은 수드라의 기능이었다. 이 모든 필수적 기능은 제각기 그들에게 내린 다르마였다.

마누의 전통은 각 계급이 각자의 의무에 매달려 있어야 하며 다른

---

* 〔역주〕베다의 학습과 교수를 말한다.
** 〔역주〕자신을 위한 야즈냐를 말한다.

제5장

계급의 의무들을 강제로 빼앗아서는 안 된다고 역설하고 있다. 이것이 시사하는 바는 남녀 모두의 본성에 가장 적합한 일을 수행할 때에 그 개인의 완성이 향상될 것이라는 점인데, 이것이 바로 두 번째 기초적 정당화가 된다.

인도 사회는 언제나 개인들 간의 내재적 차별을 상정해 왔으며, 결과적으로 다른 요구 조건과 다른 특권이 적절하다는 점을 인정해 왔다. 바르나는 사회 질서에 최대한의 공헌을 할 수 있도록 개인들의 본성과 자격 요건에 따라서 개인을 집단화하는 방식인데, 그럼으로써 그 개인들은 사회 질서에 최대한으로 기여하고, 동시에 충만과 자유를 위한 그들의 전망을 더 밝혀준다. 기타에서 크리슈나가 아르주나에게 말하듯이, "하기 손쉬운 다른 사람의 의무보다 비록 완수하기가 어려워도 자기 자신의 다르마가 더 낫다. 자신의 다르마를 완수해 나가다 죽는 편이 더 낫다. 다른 이의 다르마를 수용하는 것은 커다란 위험으로 가득차 있다.(3. 35)"

이상적으로 보아 개인의 본성과 자격 요건에 따라서 계급화하는 일이 사회의 네 가지 종류의 필요한 기능들을 완수할 만한 충분한 숫자의 사람들을 공급할 것으로 보인다. 그렇지만 언제나 그렇게 작동해 오지 않았다는 점은 인정되었다. 예를 들면 마누는 "만일 바라문이 그의 적합한 직업을 따라서 살 수 없다면 크샤트리야들의 규칙에 따라서 살아도 괜찮다. 그들이 그다음의 지위이기 때문이다. 그가 만일 이 두 가지 어느 편으로도 자신을 유지할 수 없다면 어떻게 될까라고 질문한다면, 그것에 대한 대답은 그가 바이샤의 인생 방식을 수용해도 괜찮을 것이라는 점이다."(10.80) 마누는 "수드라가 두 번 태어난 사람들(再生族)에 대한 봉사직을 찾을 수가 없어 아들들과 아내를 굶겨 죽일 위험에 봉착한다면 수공예(바이샤의 직종)로 자신을 유지해 나갈 수 있다"(10.100)는 것도 허용한다.

직업이 자티(jāti) 계급화의 대다수를 결정한다. 영국의 인구 조사자들이가 열거한 거의 3천 개 정도의 자티 중 2천 개 이상의 자티는 모두 직업적 구분을 나타내고 있다. 자티 제도의 기원에 관한 많은 이론 가운데 어떤 것도 신성한 기원을 제시하는 것은 없다. 극히 영향력 있는 이론(마하바라타와 마누가 제시한 것인데)은 자티를 계급들 간의 혼결혼混結婚에서 생성된 것으로 보고 있다. 다른 이론은 자티를 개별적 직업 제도에 따른 계급화가 나중에 바르나 제도로 흡수된 것으로 보고 있다. 자티의 기원에 관한 진실이 뭐든지 간에, 자티는 적어도 마하바라타 시대 이래로 바르나 제도와 긴밀히 관련되어 왔으며, 자티 의무는 바르나 다르마의 신성하고 불가침적인 성격을 물려받았다.

실제로 태생이 사람의 계급과 직업을 결정할 것이라는 점은 놀랄 일이 아니다. 사람의 본성과 자격을 결정하기 위한 독자적이고 객관적인 기준이 결여된 곳이라면 태생이 그 기준이 될 것이기 때문이다. 거의 대부분의 경우 이것이 아마도 꽤 잘 작동할 것이다. 왜냐하면 유전과 환경은 보통 복합적으로 작용하여 그 부모들의 특성과 자격 요건을 가지게 될 사람을 만들어낼 것이기 때문이다. 그렇지만 이것이 언제나 작동하는 것은 아니다. 그러므로 태생을 유일한 기준으로 사용한다는 것은 어떤 개인들을 제대로 준비도 갖추지 않은 채로 억압받을 수 있는 상황 안에 처넣는 불행한 결과를 낳는다. 자격 요건에 따라서 계급이 형성된다는 이상과 태생에 따라서 계급이 형성된다는 관행 사이에 인지되는 갈등은, 태생으로 보면 그들이 특정한 바르나에 속하지만 행위로 말미암아 다른 바르나에 속하게 됐다는 사람들에 관한 많은 얘기에서 나타난다. 이 얘기들 중에 하나가 찬도 갸 우파니샤드(4.4.1~5)에 나오는 것으로, 사탸카마 자발라(Satyakāma Jābāla)라는 이름을 가진 소년에 관한 것이다.

사탸카마(眞愛)는 구루 아래에서 공부하기 위해서 숲으로 가기를 원했다. 이런 관행은 오직 바라문 계급의 일원에게만 허용되는 것이 어서, 그는 자기 태생의 자세한 점을 알기 위해서 어머니께로 갔다. 매우 곤혹스럽게도 아버지가 누군지 모른다는 말을 들었다. 물론 이 것은 그가 바라문(또는 어떤 다른) 계급이 가지는 특권 중 어느 하나도 누릴 자격이 없음을 의미하는 것이었다. 그러나 무슨 수를 써서라도 해보려고 결심하고 이 젊은이는 숲속으로 갔다. 손에 땔감을 들고 소 년은 스승에게 나아갔다. 그의 가족과 태생에 대해서 질문을 받자, 소 년은 그의 부친이 어떤 계급에 속했는지를 모른다는 점, 어머니가 젊 었을 때 많이 떠돌아다녀 아버지가 누구인지를 모른다는 점을 시인 했다. 스승은 소년의 태생이 이 계급의 특권을 그에게 허락하지 않는 다는 이유를 들어 그를 거부하지 않았다. 이 상황에서 그런 당혹스러 운 진실을 말하는 사람이면 태생과는 관계없이 누구든 분명 바라문 일 것이라고 말하면서 그를 받아들였다.

이 이야기는 다른 많은 이야기와 마찬가지로 사회 계급의 의도된 기초가 개인의 자격임을 명확히 보여준다. 그러나 그것은 태생에 의 해서 개인의 계급을 결정하는 일이 사회적으로 공인된 관행이었다 는 점도 분명히 보여준다. 비록 언제나 예외는 있겠지만 태생이 사회 안에서 한 사람의 계급과 지위를 점차 크게 결정하게 되고, 결혼·직 업·제의·음식·다른 자티들과의 관계에 관한 여러 인생 규칙의 일차적 초점이 되었다. 그러나 대부분의 자티가 전통적 바르나 항목 아래에 분류되었으므로, 동일한 바르나에 속하는 수백 개의 자티들은 독특한 자티 의무와 특권뿐 아니라 공통의 바르나 의무와 특권도 가질 것이다.

서양인은 인도인 공동체가 태생에 따른 사회 계급화를 쉽사리 수용하는 것을 보고 종종 놀란다. 만인의 평등에 대한 가정, 상층으로 향한 유동성에 대한 강조, 계급 없는 사회에 대한 이상 때문에, 우리는 인도인의 가정들, 즉 사람이란 실상 불평등하다는 것, 사회적 계급이란 이 차이점들을 수용하기 위해서 고안된 것이라는 점, 한 사람의 태생은 전생에서의 행위(카르마)에 의해서 결정된 것, 따라서 '얻어진 것'이라는 인도인이 갖고 있는 가정들을 알아차리지 못할 수도 있다.

비록 이런 가정들이 사회 조직에 대해서 서구인들이 가진 이상들의 기초가 되는 가정들과는 퍽 다르지만, 그렇다고 해서 그것들이 자동적으로 틀린 것이라고 할 수는 없다. 그것들이 틀렸음을 보이기 위해서 인간과 사회의 본성의 기초를 이루는 견해가 잘못임을 밝히는 것이 필요하며, 이 도전은 19~20세기의 수많은 인도인 개혁자들이 시도했던 도전이었고 성공의 정도는 각기 달랐다.

인도 사회의 구성에 관한 어떤 논의도 아웃카스트, 즉 불가촉천민에 대한 언급이 없다면 불완전할 것이다. 불가촉천민들은 사회 바깥으로 쫓겨난 것인데, 보통 사회의 확립된 다르마에 대한 범법 행위 때문이며 통상적인 사회적 특권이나 혜택 중 어느 것도 향유할 수 없었다. 불가촉천민의 자식들은 자동적으로 불가촉천민이다. 그래서 그들의 숫자는 증가하고 지극히 큰 규모의 소외 계층으로 전락했는데, 독립 당시 인구의 25%를 점했다. 마하트마 간디는 그들의 곤경에 직접적 주의를 기울이고, 그들을 하리잔, 즉 '신의 아들'로 부르는 등 사회 안으로 다시 영입하기 위해서 많은 일을 했다. 그들의 상황은 자주 남북전쟁 이전 미국 흑인의 상황과 비교되었다. 양쪽 모두 권리나 특권은 가진 것 없이 다른 모든 사람을 위해서 일하고 봉사하도록 되어 있었기 때문이다.

차별을 금지하는 법률에도 불구하고 관행상 여전히 상당한 정도의 차별이 있지만, 지난 50년간 불가촉천민의 낙인을 제거하고 이전의 불가촉천민을 위한 경제·사회적 기회를 제공하는 일에서 그리고 그들에게 사회 내에서 그들의 지위를 차지하도록 허락하는 일에서 많은 진보가 있었다. 여러 문제 중에 하나는 그들이 바르나들 중 어디에도 속해 있지 않으므로 힌두교도의 사회 틀 안으로 끼워 맞추기가 어렵다는 것이다. 결과적으로 불교는 한 번도 카스트 제도를 받아들인 적이 없었으므로, 이전의 많은 불가촉천민이 최근에 불교도가 되어버렸다. 그보다 더 중요해 보이는 것은, 최근에 과거 불가촉천민으로 불리던 사람들이 보통 자신들을 달리트("피억압인들")로 부르면서 스스로를 정치적으로 조직하고 상당한 권리와 기회를 얻었다는 것이다.

5. 인생의 제 단계

사회 전체의 안전, 복지와 진보를 향상시키려는 의도를 지닌 바르나와는 달리, 아슈라마(āśrama)라는 인생의 단계들의 조직은 인생의 기초적 목적들을 점진적으로 획득하는 일에서 개인을 돕기 위해서 고안된 것이다. 이상적으로는, 모든 재생족 남성(수드라·달리트·여성은 제외된다)의 삶은 대략 동일한 길이의 네 단계로 나누어진다. 학생기 (brahmacarya)는 베다를 공부하고 다르마의 요구 조건들을 학습하며, 교역이나 직업을 배우는 기회를 제공한다. 가장기(家長期, gṛhastha) 는 젊은 성인이 결혼하고 가족을 돌보며 사회가 요구하는 여러 재화 와 서비스를 생산한다(이 단계의 의무는 평생을 통해서 여성과 수드라에게 적용된다). 사람의 사회적 책무가 충족되고 자식들이 성장하여 결혼 하게 되면, 그는 임서기(林棲期, vānaprastha)의 활동을 시작한다. 점차 그는 사회에서 물러나 자신을 다르마 안에 확립시키고 무집착의 태 도를 성취하려는 일에 몰입한다. 마침내 사람은 산야신(saṇnyāsin)이 되어 오직 목샤를 획득하는 일에만 관심을 가진다(편력행기遍歷行期, saṇnyāsa).

아슈라마(āśrama)라는 용어가 파생되어 나온 'śram'이라는 어근은 '스스로 노력한다'는 뜻이다. 파생적으로 그것은 노력의 행위와 그 노 력이 발생되는 장소 양자 모두를 의미하며, 어떤 특정한 목표를 성취 하려는 노력이 집중되는 인생의 단계라는 의미를 우리에게 준다. 물 론 목표란 인생의 네 가지 기초적 목적들이다. 그리고 아슈라마는 잘 살아가기 위한 훈련과 노력의 단계들이다. 첫 두 단계는 이 세상 안 에서 잘 살아가는 것이고, 마지막 두 단계는 이 평범한 세계를 벗어 나 자유 안에서 잘 살아가기를 목표로 한다.

학생기

다르마가 사람의 일평생을 다스리기 때문에, 그것이 첫 단계의 특별 한 초점이라는 점은 적절해 보인다. 아이가 인생의 초기 단계에서 다르마의 요구 조건을 배우며, 나머지 인생 내내 그 다르마를 지속적으로 수행하는 일을 가능케 해줄 만한 적절한 태도와 성격을 발전시키지 않는 한, 다른 어떤 목적도 성취할 수 없기 때문이다.

학생기는 어린 소년이 스승의 댁에서 공부하기 위해서 부모의 집을 떠날 때에 시작된다. 우파나야나(upanayana, 入法式 또는 入門式)로 불리는 중요하고도 신성한 의례가 이 소년을 이 단계로 입문시켜, 그가 영적인 의미에서 재생족으로 탄생했음을 표시한다. 스승은 소년에게 아버지와 같으며, 이 둘 사이의 친밀한 관계는 고전 문학이나 민간 설화에 흔히 등장하는 테마이다. 베다를 공부하고 다르마의 요구 조건을 학습하는 것이 가장 중요한 과목이다. 그러나 음악·궁술·과학·약학 그리고 실제적인 기술과 수공예도 함께 가르쳤다. 이런 교육 제도는 인도 문화의 종교적·철학적 기초를 새롭게 하고 각 세대에게 전수를 가능케 했고, 전통의 지속성을 촉진하며 공동체의 삶을 안내하기 위한 이념들과 가치들의 강력한 중심을 제공한다.

가장기

소년이 하는 공부의 완성은 거룩한 복귀 의례(또는 귀가식samāvartana)로 축복을 받는다. 그는 이제 인생의 가장기에 들어갈 수 있는 준비가 된 것이다. 모든 인도 문헌은 이 시기의 인생이 갖는 중심적 중요성을 인정한다. 사회 전체가 가장이 제공하는 재화와 서비스에 의존하고 있기 때문이다. 결혼과 가정은 큰 환희와 안전의 근원이기도 하지만 신성한 의무이기도 하다. 수많은 중요한 의례가 오직 가장과 그의 아내에 의해서만 봉행될 수 있다. 자식들은 커다란 축복이었다. 그들이 가계뿐 아니라 신성한 의례의 연속성을 보장해 주기 때문이다.

이 단계의 중요성을 제대로 평가하기 위해서 우리는 인생에 대한 인도인의 태도를 고찰해야 한다. 이 세상에서의 삶은 모든 생명체를 괴롭히고 있는 생사윤회로부터의 해탈을 얻는 경이로운 기회로 여겨진다. 이 기회는 귀중한 선물로 찾아와 개인을 기증자의 빚에 맡긴다. 신들에게 빚을 지게 되는 것은 그들이 이 세상에서 생명의 선물을 제공하기 때문이다. 부모와 조상들은 가족 안에서 개인의 탄생을 가능하게 하므로 그들에 대해서 우리는 큰 빚을 진다. 세 번째 빚은 현자와 스승이 주는 선물에 의해서 발생하게 되며, 그들은 '알만할 가치가 있는 것'을 보전하고 가르침으로써 재생, 즉 문화와 영의 세계로의 탄생을 마련해 준다. 현자와 스승에 대한 빚은 가주기의 단계에서는 베다를 공부하면 갚아지고, 부모와 조상에 대한 빚은 자식들을 가짐으로써, 신들에 대한 빚은 제물과 봉사奉祀로써 갚아지며, 이 단계는 모든 세 가지 빚을 동시에 갚을 수 있는 유일한 단계이다.

남편과 아내의 중요한 의무들의 일부를 지적하기 전에, 비록 첫째 아내가 아기를 갖지 못할 때에 두 번째 아내가 허용된다고 해도, 결혼이란 보통 일부일처제라는 점을 우리는 언급해야만 한다. 이혼은 상층 세 계급에서는 불가능하다. 혼인성사婚姻聖事는 취소할 수 없는 유대를 창조하기 때문이다. 홀아비는 혹시 몰라도 과부의 재혼은 허용되지 않는다. 그렇지만 남편의 장례 시 화장용 장작더미 안으로 과부가 자발적으로 자기를 소신燒身하는 사티(sāti, 德)의 관행은 초기 경전들에 언급되어 있지 않다. 그것은 다르마가 명命하지 않았던 후대의 관행이다.

인도 사회에서 여성들이 갖고 있는 지위가 서구의 기준에서 보면 결코 선망의 대상이 될 순 없다. 그렇지만 그들은 가정에서 높은 존경을 받았고, 흔히 여왕처럼 가정을 다스리기도 했고, 지갑을 통제하고 가정 내의 모든 결정을 내렸다. 마누마저도 "자녀들, 종교 의례의 적법한 수행, 충실한 봉사, 결혼 생활의 최대의 행복, 그리고 조상들과 자신에 대한 천계의 지복은 오로지 자신의 아내에 달려 있다"고 선언한다.(9.25~39) 마누는 아내의 의무 안에 남편에게 봉사하기·그의 돈을 모으고 지출하기·만사를 청정하게 유지하기·종교적 의례 봉행·음식 준비·가정 돌보기를 포함시키고 있다.(9.10~13)

여성들의 의존성과 순종은 젊은 신부가 통상 부모의 집을 떠나 남편의 집으로 시집간다는 사실에 의해서 뚜렷이 부각된다. 여기에서 그녀는 남편뿐 아니라 시어머니에게도 온전하게 순종하였다. 물론 그녀의 아들이 신부를 집으로 데리고 들어와 그녀가 가정을 지배할 날이 올 것이었다. 그러나 이런 경우에도 그녀는 남편과 아들에게 의존한다.

남편은 처를 보호하며 필요한 물건을 제공해야 하고, 아들의 교육과 딸의 결혼을 돌보아야 하고, 매일 조석으로 종교적 의례를 봉행하고 베다를 공부하며, 직업에 따라서 아르타를 비축하고 지출해야 한다. 야즈냐발크야는 이 의무들을 다음과 같은 선언으로 요약한다. "학습·종교적 수행·연령·가족 관계·부, 이런 것들로 인해, 그리고 언급된 순서대로 남자는 사회에서 존경받는 것이다. 만일 이것들을 풍부하게 소유한다면 이런 것들을 이용하여 수드라라 할지라도 노년에 존경받을 만하다."(야즈냐발크야 법전, 1.97 이하)

남편은 처를 자신의 반쪽으로 알아 여신처럼 모시고, 그녀를 가장 좋은 친구로 돌보라고, 그리고 그녀가 다르마·아르타·카마, 심지어 목샤의 원천이라는 점을 명심하라고 충고 받고 있다. 그리고 "분노

안에서도 결코 남편은 아내에게 어떤 불쾌한 일도 해서는 안 된다. 행복·환희·덕이 모두 그녀에게 의존하고 있기 때문이다." 남편과 처는 함께 가정을 돌보며 기도와 공물을 바쳐야 한다. "아이, 가정에서 살아가는 결혼한 딸, 나이 드신 친척, 임신한 여인, 환자, 소녀, 손님, 하인을 모두 반드시 충분히 먹이고 난 다음, 남편과 처가 나머지를 먹어야 한다."(야즈냐발크야 법전, 1.97 이하)

숲속에 거주하는 사람들

가주기의 의무들이 완수되면 사람은 세 번째 단계, 임서기의 단계로 나아갈 수 있다. "가장은 그의 피부에 주름살이 생기고 머리가 세고 아들의 아들을 보게 되면 숲으로 떠나가도 괜찮다"고 마누는 말한다. 사회적 다르마를 완수한 후 그 자신을 다르마 안에 확립시키고 이 세상만사에 대한 무집착의 태도를 얻으려고 추구할 즈음, 그는 만약 아내가 원한다면 그녀와 함께 집과 마을을 떠나 의식을 치르고 경전을 연구하는 데 주의를 기울일 수 있다. 사회적 삶으로부터의 '은퇴' 시기는 목샤를 획득하는 데 필요한 자기 통제와 영적 힘의 성취를 겨냥하는 고행의 시기이다. 숲속에 거하는 이런 사람들은 거의 만인으로부터 공경과 존경을 받으며, 가끔 그들의 지혜로운 상담을 구해 방문하는 사람들이 있으므로, 여전히 사회 구조의 핵심적 부분을 구성한다.

산야사(Saṅnyāsa)

네 번째 단계인 산야신(saṅnyāsin, 포기자 또는 편력행자) 단계는 세속적 대상과 욕망을 완전히 포기하는 단계이다. 마누의 말에 따르면 "그는 해탈을 얻기 위해서 동무도 없이 언제나 홀로 유랑해야 한다. 그는 불火도 주처도 없어야 한다. 만물에 무관심해야 하고, 확고한 목적을 지녀야 하며, 브라만에 대해서 명상하고 집중해야 한다."(마누 법전 6권) 그의 포기가 너무나 완벽해서 그는 보통 이미 죽어버린 사람으로 여겨진다. 실제로 그의 생물학적 인생이 끝날 때 일상적 장례식과 화장은 수행되지 않는다. 대신, 그가 이 단계에 접어들면서 개인적·사회적 죽음이 일찌감치 일어났다는 사실을 인정하여 특별한 사마디(samādhi) 의례가 베풀어진다.

6. 정치적 통치

지금까지 인생의 네 가지 목적과, 계급과 인생의 여러 단계라는 제도가 지도하고 규제하는 사회적 삶에 우리는 초점을 맞추었다. 이제 우리는 인도 사회가 어떻게 통치되고 다스려졌는지, 그리고 그 사실이 어떻게 개인과 공동체에 영향을 미쳤는지 하는 질문들에 관심을 돌려보자. 최근 선거 민주주의가 출현하기 전까지 인도 전역을 통해서 왕위와 촌락 공의회가 복합적으로 정치적 통치의 핵심을 구성해 왔던 것으로 보인다. 역사의 대부분을 통틀어 인도는 단일 왕조나 행정조직 아래 통일되었던 것이 아니라 권력과 통제를 위해서 수시로 경쟁하는 수많은 왕국들로 구성되어 있었다. 이 전형에서 벗어나는 눈에 띄는 예외들이 마우리아 왕조와 굽타 왕조, 무갈인과 영국인에 의한 외국의 통치 아래 발생했다.

최초의 통일은 마우리아 인이 성취했는데, 이 민족은 챤드라굽타 대왕(Candragupta, 기원전 324~301년 재위) 치하에서 인도 아대륙의 북부 전역을 통일했고, 아쇼카 왕 통치(기원전 269~232년) 아래에서 통치 영역을 아대륙의 남단을 제외한 전 지역까지 확장했다. 모든 종교, 특히 불교를 고취시켰던 아쇼카 왕의 통치 이후 왕국은 분열되기 시작했다. 인도 아대륙의 보다 더 큰 지역이 다시 하나의 통치 아래에 들어가게 된 것은 굽타(Gupta) 왕조 시대(320~550년)였다. 비록 인도사가 후에 비범한 통치자인 하르샤 바르다나(Harsha Vardhana, 606~647년 재위) 치하에서 번영을 향유한 예외가 있었다고 해도, 이 위대한 굽타 왕조의 몰락과 함께 인도사에 나타나는 영광의 시기는 서서히 종말을 고하게 된다. 하르샤 바르다나는 9~10세기 무슬림의 정복까지 지속되었던 힌두교의 위대한 부흥을 촉진시킨 사람이었다. 이후 1천 년 동안 인도는 외국 통치의 지배 아래 들어가게 되는데, 처음에는 무슬림에 의한 통치, 나중에는 영국인에 의한 통치였다. 이들은 정치적으로 분리된 아대륙에 대한 지배를 비교적 손쉽게 확장해 갔으며, 흔히 한 왕조를 다른 왕조에 대항하여 조작하고 이용했다.

왕들 사이의 권력투쟁이 민중의 삶에 영향을 미쳤을 것이라는 점은 의심의 여지가 없다. 전쟁이 길어지면 수많은 크샤트리야가 죽고, 징세에 대한 왕의 요구가 심대한 빈곤을 초래했기 때문이다. 회교도와 영국인이라는 두 외국인 집단이 인도의 종교와 문화에 심각한 위협을 보이게 되자, 이들의 침략에 대항하기에 역부족인 정치적·군사적 무능력도 민중들에게 측량할 수 없는 고통의 결과를 자아냈다. 반면 흔히 발생했던 군사적·정치적 정복, 심지어 외국의 통치가 대다수 민중들의 가치, 라이프 스타일, 태도들에 상대적으로 거의 영향을 미치지 않았다는 점은 놀랄만한 일이다.

정치 행위와 정부 내의 변화들에 대해서 인도 문화가 보인 상대적 둔감함은 이 문화가 가진 종교적 기초와 정부 기능에 대한 일반적인 개념과 연결된다. 세속적·종교적 문제들 사이, 영적 권력과 세속적 권력 사이에 어떤 날카로운 선도 그어지지 않았다. 만인을 위한 인생의 궁극적 목표는 사회 외적인 것으로, 인생의 사회적·정치적 영역에서의 초탈을 요구하며 정부의 업무들을 이런 종교적 관심사에 종속시켰다. 게다가 지배 계급인 크샤트리야는 바라문 계급보다 낮은 것으로 여겨졌다. 이는 정치적 영역이 종교적 영역에 종속하게 된 것에 대해서 또 다른 명백한 기초를 제공했다. 이렇게 정치적 일이 종교적 일에 종속된 것은 인도에서의 사제-왕(priest-king)의 부재를 설명해 줄 것이다.

정치적 통치가 종교적 관심사들에 종속적일 뿐 아니라, 정부의 적절한 기능은 질서를 유지하며 외부의(인근의 나라들로부터의) 위협에 대항하여 안보를 제공하는 것이었다. 정부는 보통 개인이나 공동체의 생활을 통제하려 하지 않는다. 왕의 의무(다르마)는 다르마의 수행을 보증하여 질서를 유지하는 것이었다. 다르마는 왕이 입법한 것이 아니라 계급, 인생의 제 단계, 도덕의 요구에서 생겨 나온 것이므로, 인간 행위의 규제에 개인적으로 집단적으로 실패하여 만사가 무너져 내리지 않는 한, 정부는 사회의 내부적 작동과는 아무런 관계가 없다. 다르마의 기반이 종교적인 것이므로 왕의 제1차적 의무는 민중이 의무를 완수하도록 고취하려는 종교 지도자들을 실제로 도와주는 일이었다. 동시에 사제들은 왕이 그의 직분의 요구 조건을 충족시키는 일에서 왕을 도와주고 있었다. 이들 사이의 동반자 의식은 보통 원활하게 잘 작동되었다. 그 부분적 이유는 왕이 부·군력·명성을 가졌으

며, 사제들은 지위와 존경을 가졌기 때문이었을 것이다. 여하튼 정부
는 일반적으로 보수적 세력으로 생각되었다. 정부는 또 개인과 집단
이 자기 규제를 통해서 만들고 유지하고 있던 기존의 사회 질서를 지
탱하기 위해서 작동했으므로, 촌락과 가계는 세금을 바치는 한 자동
적으로 작동할 수 있도록 허락받았다.

7. 성사적聖事的 의례들[*]

인도 가치들의 기초를 이루는 태도와 이념을 유지하는 일에 있어서,
정부의 일보다 각 개인의 인생에서 중대한 사건들을 거룩하게 만들
어 주는 제의가 훨씬 중요했다. 그리흐야 수트라(Gṛhya Sūtra, 가정 제식
祭式에 관한 경전)와 카우타마 다르마 샤스트라(Gautama Dharma Śāstra,
카우타마 법경法經)와 같은 권위 있는 경전들은 40개에서 48개에 달하
는 삼스카라(saṁskāra, 정법淨法), 즉 의식儀式을 기록하는데, 의식이란
삶을 정화하고 신성하게 만드는 것이다. 인생의 커다란 순간마다 지
내는 신성한 제의들, 세대와 세대를 걸쳐서 이 지역과 저 지역에 걸
쳐서 거의 동일한 제문과 의식문, 동작을 사용하는 이 제의들에 의해
서 치러지는 입문과 축복의 광범위한 관행은 인도사에서 응집력 있
고 안정적인 힘들 중 하나가 되었다. 다음의 의식들은 가장 중요하며

---

[*] 〔역주〕 여기에서 등장하는 각 의식의 이름에 대해서는 다카사키 지키도(高崎
直道)가 엮은 『佛敎·インド思想辭典』(春秋社, 1987)에서 「제의 – 의례」 항목
130~132면을 참조했다.

정기적으로 수행되는 신성한 통과의례의 일부이며, 중요한 바르나와 아슈라마 다르마이다.

개인의 인생에 최초의 의식은 가르바다나(garbhādhāna, 受胎儀式)이다. 이것은 결혼의 절정에 행해지는 것으로, 생명의 선물을 축하하며 자식을 가져야 하는 책무를 강조하고 새로운 인간의 수태를 신성하게 만들고 있다.

잉태의 셋째 달에 '남아 만들기' 의식(生男式, 품사바나pumsavana)이 수행되며, 태아를 거룩하게 하고 남아 상속자를 통한 가계의 지속을 강조한다.

탄생하면 부친은 유아에게 손을 대고 냄새를 맡고 그 귀에 대고 주문을 외고 지성과 장수를 기도하며, 그에게 꿀과 버터를 먹인 다음 수유를 위해서 어머니에게 건네준다. 생탄식生誕式으로 이렇게 거룩하게 한 다음, 탯줄은 절단되며 유아는 별개의 인격으로 삶을 시작할 준비를 갖추게 된다.

탄생 이후 열홀이나 열 이튿날 이름이 지어진다. 이름은 다양한 방식으로 사람의 행위를 결정한다고 여겨지므로, 이름이 거룩한 제의에 의해서 거룩하게 되는 일은 중요하다(命名式).

넷째 달, 자연과의 일체 접촉과 관계를 거룩하게 만들기 위해서 모든 위대한 자연력들의 상징적 구현인 태양에게 아이는 의례적으로 바쳐진다(初遊式).

여섯째 달 부근에 '밥 먹기' 의식(食初式)이 행해진다. 이 의식의 가장 눈에 띄는 표식은 밥(또는 다른 음식)이며, 아이는 최초의 단단한 음식으로 이것을 먹는다. 먹기가 이 제의를 통해서 거룩한 행위가 된다.

첫해와 셋째 해 사이 적당한 때 '삭발식'이 준수되며, 삶에 있어서의 훈련, 수련의 중요성이 강조된다. 다르마를 위해서 삭발하지만 이는 자신의 심신 훈련과 규제의 필요를 상징한다.

가장 중요하고 근엄한 의식 중 하나는 '입문식'(우파나야나upana-yana)이다. 청년기의 초기 또는 약간 전에 이른바 상위 계급의 남자는 새로운 삶, 단순히 자연적 삶에 반대되는 영적 삶 안으로 입문한다. 이것은 자각적인 종교적 행위의 첫 단계를 시작하는 것이며, 재생(한번은 생물학적인 것, 이번에는 영적인 것)을 표식하는 신성한 끈의 걸침으로써 축복된다. 이 제의는 가족 전체에게 깊은 인상을 주고 소년에게는 두려운 것이며, 신성한 끈의 상징으로 자신과 사회 전체를 위해서 영적 정진을 하라는 책무를 그에게 맡긴다.

사비트리(sāvitṛ, 거룩한 말씀들) 제의는 입문식의 결론 부분에서 보통 행해지는 것으로, 인생 자체를 신싱하게 만드는 신성한 말씀의 위력을 강조한다.

인생의 첫 단계와 둘째 단계 사이에 있는 신성한 중간 지점은 '귀가식(samāvartana)'에 의해서 의례적으로 축하된다. 이 의식은 학습의 신성함과 가족생활의 책임을 떠맡을 수 있는 자격 요건을 강조한다.

두 번째 단계에서의 인생인 가장기 단계는 찬란한 결혼식(vivāha)과 더불어 신성한 여행을 출발하는 것이다. 신부에게 이 의식은 영적 삶으로의 우파나야나 입문식이 되므로 이중적 의미를 지닌다. 신부와 신랑은 평생 동안 사랑하고 아이를 가질 것, 규정된 제의들을 봉행할 것, 아궁이의 신성한 불꽃을 계속해서 지필 것, 가정에 속하는 모든 다르마를 완수할 것을 함께 서약한다.

최후의 의례인 안트예스티(antyeṣṭī, 장례식)는 사망했을 때 베풀어지는 것으로, 이 지상의 여정에 종지부를 의미하며 조선祖先과 그 너머 세계로의 여정을 신성하게 한다.

신성한 의식들의 형식과 스타일이 시간과 장소에 따라서 약간 달라지지만 놀랄만한 연속성이 있다. 오늘날 염송되는 만트라(주문)는 2천5백 년 전에 사용되었던 것과 동일하며 그 대부분은 베다에서 온 것이다. 인생의 중요한 각 순간의 신성함을 동일하게 인정하고 있고, 의식적儀式的으로 표식된 삶의 단계들에 의해서 부과된 의무를 여전히 강조한다. 권리와 자유보다 의무, 책무, 빚을 강조하는 인생의 성사적聖事的 특성은 개인의 태도와 기대를 형성하며, 인도 사회에서 오랜 세월에 걸쳐 그 독특한 특성을 부여해 온 지배적인 힘이었다.

요약

베다 시대로부터 다르마에 대한 위대한 경전들의 형성기 겸 고전의 시기, 그리고 현재에 이르기까지, 두 개의 주요 지속적 테마는 희생 축의(야즈냐)와 리타/다르마라는 테마들이다. 야즈냐는 계속 일차적 책무와 기회로 남아 있다. 그것 없이는 인간 생활도 우주도 올바르게 작동할 수 없기 때문에 야즈냐는 하나의 책무이다. 하지만 야즈냐를 통해서 인간적·우주적 충만이 가능하기 때문에 그것은 동시에 경이로운 기회이기도 하다. 야즈냐의 형식이 시대가 흐름에 따라서 외부적 행위에 몰두하는 제의로부터, 제관의 상징과 의도로 지배되던 제의로 변화했다. 하지만 자신을 포함하여 인생에서 귀한 모든 것을 존재의 근본적이고 창조적인 힘들에 제의적으로 바치는 일은 여전히 갱생의 귀중한 길로 여겨지고 있다. 오늘날 인도에서 인생은 여전히 생명의 희생축의로 생각된다. 실제로 자신의 다르마를 수행함은 보통 야즈냐로 간주된다.

수천 년 동안 인도 사유와 관행을 지배해 왔던 다르마에 대한 강조는 리타에 대한 베다적 비전에 근거한다. 리타란 존재하는 만유의 활동이 지켜야 할 내면적 법칙과 요구 조건을 결정하는 실재의 규범적 행로이며, 실재의 중심에 위치한다. 리타 개념은 점차 카르마와 다르마라는 양 개념으로 교체되었다. 모든 행위 간의 상호 연관성의 법칙인 카르마는 인간의 속박과 자유의 기초를 제공한다. 중심적 실재의 규범적 면모인 다르마는 각 생명체의 내적 존재에 부합하는 인생의 규제를 위한 기초가 된다. 궁극적으로 다르마는 개인과 존재의 근원 사이에 차별이 없는 단계, 즉 존재의 최고 단계까지 개인의 삶 전체를 고양시켜, 행위의 모든 결정적인 영향(카르마)으로부터 자유를 제공한다. 바르나와 아슈라마 다르마들이 각 개인을 도와 성취하려고 의도한 바는 바로 이런 삶의 단계, 즉 목샤이다.

개인의 평생 책무와 일상적인 의무를 결정하는 인생의 일차적 규칙들은 사회 계급과 인생 제 단계의 요구 조건이었다. 그 개인의 전체 삶을 지배하는 것으로서 이 다르마들의 목표는 도덕, 삶의 수단들(부·권력·명성 등), 쾌락, 해탈이라는 네 가지 커다란 인생 목적의 획득을 촉진하는 것이었다. 봉사·제공祭供·보시와 같은 종교적 의무와, 진실을 말하기·타인을 해치는 것을 피하기·정직·타인을 공정하게 다루기와 같은 도덕적 의무 그리고 왕에 대한 납세·촌락 공의회의 결정 과정에 참여하기·자식 교육시키기와 같은 사회적 의무 사이에 첨예한 구별은 만들어지지 않았다. 인생의 네 가지 합법적 목적의 획득을 겨냥한 인생의 모든 요구 조건은 종교적 특성을 지녔으며, 그 요구 조건들을 충족시키면 종교의 수행과 사회적 의무의 완수를 이룬다.

목샤, 즉 생사윤회에서의 해탈을 성취하기 위한 관심은 우파니샤드 이래 지고의 것이 되었다. 그 이전 시기인 베다 시대에서 선한 삶은 장수·부·가족·명예 등의 일차적 목적들로 가득 채워진 이 세상에서의 충만한 삶을 살기 위해서 필요한 요구 조건들로 규정되었다. 금생에서의 삶이 그런 것처럼 내생에서의 삶도 죽음으로 종지부를 찍을 것이라는 이념의 발전과 함께 비로소 이 세상에서 가능한 한 최고로 충만하게 사는 일로부터, 모든 사람을 위협하는 부단한 생사윤회로부터의 해탈을 얻는 곳으로 강조점이 변화하기 시작했다. 사람들이 이와 같이 다른 것을 강조하게 되자 목샤는 인생의 압도적 목적이 되었으며, 기원전 800년에서 기원전 200년 사이에 인생의 네 가지 목적이라는 용어로 틀이 잡힌 바르나와 아슈라마라는 고전적 제도는 발전되었다. 이 시기에 확립된 규범적 전형들은 지속적으로 사회를 형성하며 바로 현재에 이르기까지 개인을 지도해 왔다.

더 읽을거리

Doniger, Wendy and Brian K. Smith(trans.), *The Laws of Manu*, Penguin Classics, London and New York : Penguin, 1991. 다르마 샤스트라(dharma śāstras) 중 가장 중요한 것, 탁월한 새 번역에 훌륭한 안내 에세이도 포함된다.

Mittal, Mukta(ed.), *Women in India : Today and Tomorrow*, New Delhi : Anmol Publications, 1995. 인도 여성이 직면하는 도전에 초점을 맞춘 논문 모음집.

Narayan, R. K., *The Mahabharata : A Shortened Modern Prose Version of the Indian Epic*, Chicago: University of Chicago Press, 2000. 한 권의 책 안에 이 대서사를 읽기 쉽게 재구성했다.

Olivelle, Patrik(ed. and trans.), *The Dharmasūtras : The Law Codes of Āpastamba, Gautama, Baudhayānā, and Vaṣiṣtha*, Oxford University Press, 1999. 다르마 관련 4개의 가장 중요한 고전에 대한 새롭고 탁월한 번역.

Olivelle, Patrik(trans.), *Pañcatantra : The Book of India's Folk Wisdom. World's Classics*, New York: Oxford University Press, 1997. 인도에서 가장 끈질긴 민간 지혜를 담은 경이로운 자료집.

Prabhu, Pandharinath Hari, *Hindu Social Organization : A Study in the Socio-psychological and Ideological Foundations*, Bombay : Popular Prakashan, 1963. 힌두교의 사회적 관행과 기초적 이념을 제시함에 있어서 가장 훌륭한 연구 중에 하나다.

Srinivas, M. N., *Village, Caste, Gender and Method : Essays in Indian Social Anthropology*, Delhi : Oxford University Press, 1996. 인도 사회에 대한 훌륭한 최신 분석, 특히 인도 농촌에 집중한다.

van Buitenen, J. A. B.(ed. and trans.), *The Mahabharata*, vols 1-3, Chicago : University of Chicago Press, 1973~1978. 첫 세 권은 인도의 이 위대한 서사시 *Mahābhārata*의 첫 6책에 대한 탁월한 번역을 포함한다. 이 첫 6책의 번역은 반 부이턴의 때 이른 죽음 이전에 마쳤다. 고 반 부이턴 교수의 제자들과 동료들은 빠른 시일 안에 번역을 완성하여 영역 중에서는 최고의 번역으로 만들 계획이다.

Vātsyāyana, *Kāmasūtra*, Wendy Doniger and Kakar(eds. and trans.), Oxford World Classics, New York : Oxford University Press, 2003. 사랑에 대한 고전이고 탁월한 새 번역으로서 아주 훌륭한 서문도 있다.

Wiser, Charlotte Viall, *Four Families of Karimpur*, Foreign and Comparative Studies : South Asian Series, Syracuse, N. Y.: Maxwell School of Citizenship and Public Affairs, Syracuse University, 1978. 이 책은 인도 북부 농촌의 네 가족을 내부에서 관찰한 것을 제공한다.

Wiser, William Henricks · Charlotte Viall Wiser · Susan Snow Wadley, *Behind Mud Walls : Seventy-Five Years in a North Indian Village*, Berkeley : University of California Press, 2000. 전형적인 촌락 무대에서 인도 사회의 작동을, 그리고 지난 75년 동안 인도 농촌에 일어난 변화를 볼 수 있게 해주는 현대의 고전이다.

제6장 **자이나교의 비전**

1955년 8월이었다. 인도의 마하라슈트라 주洲 쿤타라기리라는 거룩한 언덕 위에, 샨티사가라(Śāntisāgara, 평화의 바다)라 불리는 노인이 제의적 죽음의 단식을 했다. 그는 공의파空衣派 자이나 공동체의 아차르야(ācārya, 영적 스승)이다. 탁발승으로서 35년을 보낸 그는, 이제 거의 2천5백 년 전에 위대한 성자 마하비라(大雄)가 규정해 두었던 거룩한 방법으로 가멸적 최후를 얻고 있다. 샨티사가라는 1920년 이래 아무 것도, 심지어 허리에 걸치는 간단한 옷 한 벌조차 소유하고 있지 않았다. 그는 맨발로 인도를 종횡으로 유랑했으며, 음식공양은 하루 한 번만 받았다. 발우 대신에 오직 자신의 맨손을 사용했다. 낮에는 거의 말이 없었고 해가 지고 난 다음이면 전혀 말을 하지 않았다. 8월 14로부터 9월 7일까지 그는 물만 받아 마셨다. 도움 없이 물을 마실 수 없게 되자 그것마저도 그만두었다. 마침내 9월 18일 이른 아침, 완전히 깨어 있는 채 자이나교의 기도를 찬송하며 그는 죽어갔다.

그의 삶과 죽음의 방식이 가지고 있는 거룩함과 범절範節은 널리 알려졌으며, 인도 전역을 통해서 자이나교도들의 존경을 받았다.[*]

샨티사가라는 왜 이런 극단적 형태의 고행을 선택했는가? 그는 왜 4백만의 자이나교도뿐 아니라 인도의 살아 있는 수백만의 인도인 사이에서도 그의 고행의 삶과 죽음에 이르는 제의적 단식이 그렇게 널리 존경을 받았던가? 이런 물음들에 대답하기 위해서 우리는 삶에 대한 자이나교의 비전을 탐구해야 한다. 수천 년 동안 이런 식으로 인간의 굴레를 정복해 온 자이나교 성자들의 모범을 샨티사가라는 그저 따랐을 뿐이기 때문이다.

1. 개관

자이나교도(자이나)는 말 그대로 지나(Jina, 영적 승자勝者)의 추종자이다. 그가 고통의 바다를 건너는 길을 보여주므로, 때로 '여울을 만드는 자(티르탕카라Tīrthaṅkara)'로도 불리었다. 그러나 지나들은 신성한 육화肉化도 아니며 어떤 종교의 개창자開創者도 아니었다. 그들은 해방의 영원한 길을 따라갈 수 있을 정도로 자신들을 충분히 정화할 능력을 가진 평범한 사람이다. 그들이 신이나 신인神人이라기보다 스승과 포교자이긴 하지만 비범한 순결, 지혜, 가르침 때문에 공동체에

---

[*] Padmanabh S. Jaini, 『정화의길(The Path of Purification)』, Berkeley : University of California Press, 1979, p.1.

서 높이 공경을 받았으며 전지全知와 완벽한 인간 존재로서 존경받았다. 그리하여 우리가 살고 있는 겁劫의 최후의 지나였던 마하비라의 최근 2천5백 주년 기념행사는 거대한 축제로서 경축되었으며, 그의 조상彫像과 영정은 높이 공경되었다. 경전들은 다른 모든 티르탕카라들처럼 마하비라도 역시 평범한 인간 존재이며 인간의 부모에서 태어났다고 힘껏 주장한다. 그렇지만 전설이 만들어져 그를 하나의 초인간으로 그리기도 하며, 재가在家 공동체는 자주 그를 하나의 신으로 공경한다. 이는 인도의 다른 비범했던 인물들을 포함하여 붓다에 대해서도 잘 알려진 얘기다. 그것은 무지나 위선의 표시가 아니라 그 길을 보여준 위대한 사람에 대해서 강하고 따뜻하게 느꼈던, 공경과 높은 평가의 투사물이다.

자이나교란 업의 물질(karmic matter)의 속박에서 지바(jīva), 즉 영혼(명아命我)을 해방시키려고 만들어진 자비의 길, 고행적 자기 억제의 길이다. 여기에 어떤 창조주도 창조라는 최초의 행위도 인정받지 못한다. 존재는 시작도 끝도 없으며 해탈의 영원한 길은 오직 인간의 노력을 통해서만 가능하다. 마하비라처럼 다른 지나들도 모범과 가르침을 통해서 길을 보여주었다.

자이나교도는 우주를 생명으로 박동하는 거대한 유기체로 간주한다. 수십억 개의 지바라는 영혼이 우주에 편만해 있다. 어떤 영혼들은 인간들의 육신, 제신들, 동식물에 갇혀 있다. 다른 영혼들은 공기, 땅, 불이라는 육신에 사로잡혀 있다. 그러나 모든 영혼들은 원래 청정하며 전지全知가 가능하다. 이 사실은 해탈이 모두에게 가능하다는 것을 의미한다. 이 지바들은 언제나 물질 가운데 깊이 갇혀 있으나 원래 청정한 것이므로, 오염시키고 방해하는 업의 물질의 흐름을 견제하고 이미 현존하는 업의 축적을 소진할 수 있는 사람은 생사윤회와, 부수적 고통에 인간을 동여매는 속박으로부터 해탈을 성취할 수 있다.

전 우주에 편만해 있는 업의 물질이 행위하기·말하기·생각하기(身口意)라는 경로를 통해서 인간에게 들어오면 속박이 일어난다. 이 업의 물질은 영혼의 청정을 오염시키고 에너지를 제한하며 그 지식을 은폐한다. 모든 행위는 물리적인 것이든 정신적인 것이든 일정한 종류의 업의 물질을 끌어들인다. 그러나 욕망이나 증오로 부추겨진 행위와 다른 유정有情들을 해치려는 행위가 가장 사악한 행위로서, 오염시키고 가로막는 최대량의 업을 끌어들인다. 영혼의 지복을 더럽히는 최초의 오염 때문에, 사람이 끌어온 업의 물질은 영혼에 '달라붙는다.' 이는 마치 먼지가 아름다운 보석에 달라붙어 그 순수함과 광채를 가리는 것과 유사하다.

해탈은 영혼의 본성에 대한 지식을 요구하며, 지식은 다음과 같은 것들, 즉 ①지나의 가르침에 대한 신앙, ②어떠한 욕망이나 증오의 흔적도 없으며, 다른 유정들에게 아무런 해를 끼치지 않는 행위들, ③ 이미 축적된 업의 물질을 태우려고 의도된 고행의 수련, ④궁극적으로 일체 행위의 철저한 지멸을 통해서 얻어진다. 해탈은 인간을 위한 것이 아니라 영혼을 위한 것이라는 점이 반드시 지적되어야 한다. 인격은 궁극적으로 보면 영혼에 방해물이므로 반드시 없애야 하는 것이었다.

우리는 이 장에서 자이나교에 대한 초기의 역사적 맥락을 검토하며 속박과 해탈에 관한 지배적 이념들을 탐구해볼 것이다. 파르슈바(Parśva)와 마하비라의 시대에 지적 풍토를 구성했던 지배적 이념들은 무엇이었는가? 초기 자이나교도의 길은 2천5백 년 전 서로 경합을 벌였던 다른 영향력 있었던 길들과 어떻게 달랐는가? 수세기 동안 자이나교도의 길을 유지해 왔던 속박과 해탈에 대한 자이나교 관념들의 주요 면모들은 무엇이었는가? 그리고 마지막으로 자이나교는 발전하던 힌두교의 길에 어떤 방식으로 기여했는가?

2. 역사적 맥락

자이나교의 시초는 고대라는 저 희미한 곳에서 잃어버렸다. 아마 아리아인의 도래와 베다 시대에 선행하던 토착적 인도 문화에 그 뿌리를 두고 있었을 것이다. 스물네 번째이면서 현 주기 안의 최후의 티르탕카라(Tīrthaṅkara)인 마하비라(Mahāvīra, 大雄)는 기원전 6세기에 살았던 것으로 추정된다. 반면 그의 바로 선배였던 파르슈바는 자이나교의 전통에 따르면 기원전 9세기 중반에 살았다. 그러나 이 전통이 주장하듯, 22조祖의 티르탕카라들이 선행했다는 것은 역사적 연구의 범위를 훨씬 넘어간다.

마하비라와 붓다의 시대, 그리고 그 이전의 수세기 동안 지적 흥분으로 가득 찼으며, 기원전 5세기까지는 자이나교·불교·힌두교라는 위대하고 영속적 길들의 출현으로 그 절정에 도달했던 것은 분명하다. 브라마나스와 아란야카(기원전 1000~700년)는 야즈냐 길에 대항하여 일어난 일련의 새로운 도전에 대한 보수적 반응으로 볼 수 있을 것이다. 그러나 설사 브라마나스와 아란야카에서 몇몇 새로운 이념이 발견된다고 하더라도, 전체적 기조는 보수 반동이라고 할 것까지는 없지만 보수적이긴 했다. 그리하여 당시 확실하게 현존하고 있었던 지적 흥분을 감지하기가 어려웠을 것이다. 그렇지만 우파니샤드(기원전 800~500년)는 별개의 문제다. 여기에 위대한 토론이 있었으며 왕과 왕자에게서 지혜를 구하는 바라문들이 있었는데, 이런 상황은 베다 전통이 다른 이념과 실천에 의해서 심각하게 도전을 받지 않았더라면 일어날 것 같지 않은 상황이었다.

기원전 6세기에서 기원전 5세기 사이에 격렬했던 종교적·철학적 다원주의를 보여주는 가장 인상적 증거 중 하나는, 최고最古의 불교 경전의 하나인 장부長部 경전의 한 구절, 즉 베다 외부에 있는 이념들과 실천들을 주창하는 육사六師의 견해들을 기술하는 구절에 나타난

마하비라, 기원전 6세기 자이나교의 정복자(출처: wikipedia)

다. 유명한 지혜 추구자였던 아자타샤트루 왕은, 그가 자문을 구했던 유명한 여러 스승의 가르침을 붓다에게 기술한다. 그의 설명에 따르면, 이 스승들은 모두 그들이 주창하는 포기의 길을 따라가면 세속의 살림에 이익이 있을 것이라는 점을 그에게 보여주지 못했다.

최초의 스승인 카사파(Kassapa)는 도덕적 행위와 비도덕적 행위 사이의 구분은 근거가 없다고 했으며, 그 이유로 모든 것이 전적으로 결정되어 있어서 사람은 행위에 대해서 아무런 제어를 갖고 있지 못하기 때문이라고 가르쳤다. 두 번째 선생인 고샬라(Gośala)는 마하비라와 붓다와 동시대인이었고, 아지비카(Ājīvika, 邪命外道)의 지도자였다. 이 학파는 그 당시에도 중요했고 이미 오랫동안 확립되어 있었던 분파였는데, 그의 사후 거의 2천 년 동안 유지되어 갔다. 고샬라는 카사파에 동의하며, 만사가 미리 결정되어 있으므로 고행과 덕성은 전혀 효험이 없다고 주장했다. "숙성되지 않은 업을 숙성하게 하거나 이미 숙성된 업을 소진할 수 있는 덕스러운 행위·청정·서약·고행의 문제는 전혀 있을 수 없다. 그것이 불가능하기 때문이다. 생사윤회는 말(斗)로 헤아리는 것이며, 그 기쁨과 고통, 그 약정된 끝을 가지고 있다. 그것은 증가될 수도 감소될 수도 없으며 과다도 결핍도 없다."

세 번째 선생인 아지타 케사캄발라(Ajita Kesakambala)는 유물론을 선포하여 종교적 수행의 효험과 사후 생명의 가능성을 부정했다. "보시를 설교하는 사람들은 바보이고, 영적 생명의 존재를 주장하는 사람들은 헛된 낭설과 거짓말을 떠벌리는 것이다. 육체가 죽으면 바보든 현자든 양자 모두 마찬가지로 끊어지고 멸망한다. 그들은 죽음 후 살아남을 수 없다." 이 주장들은 11세기 마드바(Madhva)가 인도 철학자들의 견해를 요약할 때 순세파順世派의 것으로 치부했던 가르침과 같아 보이며, 인생에 관한 이런 세속적이고 물질적인 견해의 초기 형태를 잘 대변한다.

네 번째 선생인 카차야나(Kacchāyana)는 존재에 관한 후기 바이쉐시카(Vaiśeṣhika, 勝論)가 주장하는 원자론의 기반이 될 만한 원자론적 교리를 가르쳤다. 일곱 개의 제각기 영원하고 불변인 원자들, 단순하여 무엇에 의해서 만들어진 것이 아닌 원자들이 만유의 기초를 구성한다. 지·수·화·풍·쾌·고·생명이라는 미세한 물질들은 만유를 짓는 기초적 벽돌이다.

다섯 번째 선생은 나타풋타(Nātaputta)이며, 바로 마하비라 자신이라는 점에 일반적으로 의견 일치를 보고 있다. 그는 다음과 같이 가르쳤다. "속박에서 자유로운 사람(nirgrantha, 尼乾陀)은 네 겹으로 자기가 제어된 사람이다. 그는 악에 대해서 제어하며 살아가고, 모든 악을 깨끗이 청소했으며, 그는 한쪽으로 가둬버린 악에 대한 지식을 풍부히 지닌 채로 살아간다."

장부 경전의 이 부분에서 여섯 번째이자 마지막으로 언급된 선생은 산자야 벨라티풋타(Sañjaya Belaṭṭhiputta)라는 이름의 회의론자이며 다음과 같이 말했다. "만일 당신이 다른 세계의 존재 여부에 대해서 물을 때, 그것이 있다고 생각한다면 나는 있다고 대답할 것이다. 그러나 내가 그렇게 말하는 것은 아니다. 나는 그것이 그렇다고 말하지도 않는다. 그것이 그렇지 않다고 말하는 것도 아니다. 그것이 그것과 다르다고 말하지도 않고, 그것과 다르지 않다고 말하는 것도 아니다." 이런 회의적 견해들을 구현하고 밀고 나간 어떤 학파나 분파의 존재와 관련해서 아무런 증거도 없다. 그러나 산자야의 입장은 실재에 대해서 주어진 이론이 참인지 거짓인지를 밝혀줄 수 있는 가능성에 대해서 심각한 질문이 제기되었음을 시사한다. 이 입장은 상당히 섬세한 인식론적 문제들에 대한 관심이 있었고, 오랫동안 확립되었던 관점들에 대해서 진행중인 논쟁이 있었음을 시사한다.

당대의 유명한 선생들 사이에서 있었던 다양한 견해들의 존재는 거대한 지적 흥분의 시기를 보여준다. 더구나 왕이 능동적으로 스승을 찾아 나섰다는 사실은 이런 종류의 종교적·철학적 탐색을 고취시키는 사회·정치적 분위기를 말해준다. 나아가 다양한 경쟁적 견해들에 대한 아자타샤트루 왕의 간결하고 명료한 요약은, 그의 왕궁 전체가 이 모색에 연루되어 있었다는 것, 이 모색이 왕궁의 시간과 에너지의 상당 부분을 차지했다는 것, 이 왕이 민중들이 따를 만한 모범을 보이고 있다는 것도 나타낸다.

불행하게도, 인생과 실재에 관한 이러한 다른 견해들의 기원·발전·논의를 한자리에 모으고 평가하기 위해서 우리가 돌아갈 만한 그 당시의 문헌이 남아 있지 않다. 장부 경전이나 자이나교의 저작들과 같은 후기의 작품들에 포함되어 있는 정보와 언급들은 분명 자신의 체계를 편들고 있는 편견이 있는 것이어서, 이 초기의 견해들이 가지고 있었던 풍부함과 복잡성을 암시하고 있을 따름이다.

신뢰할 만한 역사적 기록들의 결핍에도 불구하고, 인도인의 길에 결정적 형태를 부여하고 있던 흐름들은 기원전 800년과 기원전 500년 사이에 이미 그 완전한 힘을 행사하고 있었던 것으로 보인다. 자이나교도, 사명외도, 불교도의 강력한 운동들이 당대의 포괄적 철학들과 함께 대두되고 있었을 뿐 아니라, 바가바드기타가 힌두교에게 유산으로 물려주었던 지식·제의·신애信愛의 길들 사이의 거대한 종합 역시, 의심의 여지없이 바로 이 시대에 시작했다. 우리는 기타를 자이나교·불교·요가 이후에 논의하기로 결정했는데, 이유는 기타의 문헌 자체가 다른 체계의 시작보다 후기에 나타난 것 같고, 기타는 힌두교 전통 내의 후기 신애 사상으로 안내하는 가치 있는 입문이 되기 때문이다. 그러나 기타가 가지고 있는 비전은 텍스트보다는 꽤 이른 시기의 것일 가능성이 높아, 심지어 초기 우파니샤드까지 거슬러 올라갈 수도 있을 것이다.

마하비라는 사명외도의 고샬라, 붓다와 동시대인으로서, 오래 전부터 확립되어 있었던 고행적 수행의 길과 인생에 관한 정교한 교리의 상속자였다고 상정해도 괜찮을 것이다. 자나카, 아자타샤트루, 아스밥티 카이케야와 프라바하나 자이발리와 같은 우파니샤드에 등장하는 크샤트리야 계급의 사람들이 영적 문제의 권위로 그려져 있다는 사실과, 또한 그들이 비밀의 지혜를 바라문에게 전수하는 것으로 보이는 사실은 마하비라, 고샬라, 붓다가 속해 있었던 옛 사문(Śramana) 전통이 우파니샤드 가르침의 전개에 중요한 영향을 미쳤다는 점을 강력하게 시사한다. 실상 브리하드아란야카 우파니샤드에서 프라바하나는 매우 존경받고 있는 바라문이지만, 학생의 신분으로 온 고타마 아루니에게 이와 같은 새로운 가르침의 비非바라문적 기원을 직접 거론하면서 다음과 같이 말한다. "진실로 말하자면, 이 지식은 전에 어떤 바라문의 소유로 된 적이 결코 없었다. 그러나 나는 그것을 너에게 말해준다. 신성한 지식을 구하는 학생으로 온 자를 누가 거절할 수 있겠는가?"(6.2.8)

사문 전통은 아리아인이 아닌 초기의 토착인에서 시작했을 것이다. 사실, 자이나교도의 길을 인더스인의 문화와 동일시하고 싶은 강한 충동이 없는 것도 아니다. 티르탕카라와 결부되어 있는 동물 부적은 인더스의 문장에 그려진 것들을 상기시키기 때문이다. 자이나교도의 요가 수련은 몇몇 인더스의 문장 위에 각인되어 있는 가부좌 형의 모습을 떠오르게 하며, 자이나교의 옛 조각상들은 인더스 유역에서 발견된 나형裸型의 테라코타 모형을 많이 닮았다. 비록 마하비라와 파르슈바가 모두 인더스 계곡이 아니라 갠지스 강 유역에 살았을 것으로 추정된다고 하더라도, 그들의 선구자들은 인더스 유역에 살다가 동쪽으로 이주했을 수도 있다. 만일 이것이 사실이라면 우파니샤드에 반영되었던 베다의 길에 있어서의 변화는 적어도 부분적으로는 고대 자이나교도와 사명외도와의 접촉에 의해서 발생한 것으로 볼 수도 있다. 이 두 길은 삼사라의 굴레를 만유의 윤회적 성격이 갖는 하나의 자연적 구성요소로 보았을 것이다.

1) 마하비라(MAHĀVĪRA)

비록 마하비라에 앞서 23조祖의 티르탕카라들이 있었다고 하더라도, 그는 현 연기年紀의 스승이다. 그의 개인적 생애에 대해서는 거의 알려진 것이 없다. 그 이유는 전기적 사실 중 중요하다고 여겨졌던 것들이 오직 그의 수행과 가르침 그리고 삼사라의 속박을 극복하고 다른 사람들이 따라가야 할 길을 제시하는 가운데 거둔 그의 업적 위주였기 때문이다. 자이나교의 전통은 중요한 자이나교도의 태도와 가르침을 예시하기 위해서 온갖 종류의 성취와 업적으로 그의 전기를 장식하고 있으나 이러한 설명 대부분은 사실이 아니라 전설이다. 그의 개인적 삶의 윤곽은 다음과 같은 것으로 보인다. 그는 쿤다그라마(현대의 파트나Patna)에서 기원전 599년에 태어났다. 나이 28세에 부모가 죽자, 그는 파르슈바의 추종자들에 가담했으며, 그 후 12년 동안 엄격한 수도 생활을 보냈다. 13년째 그는 전지(kevala)에 도달했고 지나와 티르탕카라로 인정받았다.

그다음 30년 동안 그는 가르침과 모범을 통해서 공동체를 이끌었고, 주변에 수많은 출가승, 비구니, 신심 깊은 평신도를 모았다. 전통에 따르면, 첫 제자 중에 하나인 인드라부티(Indrabhuti)가 스승의 말씀을 자이나교 경전을 구성하는 앙가(Aṅga)로 수집하고 편집했다. 전통에 따르면, 마하비라가 입적할 무렵 그의 추종자는 1만 4천의 비구, 3만 6천의 비구니, 15만 9천의 우바새, 31만 8천의 우바이를 포함했다. 많은 비자이나교 학자들은 이 숫자가 크게 과장된 것으로 생각하고 있지만 실제로 상당히 정확한 추정일 수 있다. 왜냐하면 마하비라가 일단 티르탕카라로 인정되자 파르슈바 추종자의 대부분을 물려받았을 것이기 때문이다. 큰 규모의 여성 추종자들에 대해서는 다음과 같은 설명이 가능했다. 우선, 출가한 수많은 자이나교 승려가 된 남자들의 아내들이 교단에 가담했을 것이다. 여성 친척들, 특히 과부가 된 자매·이모·고모 등이 자이나교 공동체를 어려운 과부 생활로부터 도피할 수 있는 고마운 피난처로 여겼을 것이다. 다른 많은 수도원 교단들과는 달리 백의파 자이교도들은 여성을 종교 공동체 일원으로 환영했다.

2) 자이나교 경전들

인드라부티가 편찬한 앙가들(Aṅgas)이 자이나교 경전의 핵심을 구성한다. 마하비라의 서거와 5세기의 발라비(Valabhi)의 공회 사이의 1천년 동안 수집되고 저술되고 편찬된 정전正典의 경전들이 모두 45권 정도에 달한다. 11권의 앙가, 즉 '지체肢體'가 기초적인 것들이다. 이것들 중 처음 두 책, 즉 삶에 대한 규칙을 상세히 말하는『행위의 경』과 자이나교의 가르침에 반대하는 '이단의' 견해를 검토하는『비판의 경』이 특히 중요하다.

부가적인 정전적 저작들은 12권의 우파앙가(Upāṅga, '이차적 지체들')를 포함하고 있으며 재가 신도들에게 설해진 설화식의 교훈을 담고 있다. 6권은 출가 승단과 재가 공동체를 위한 자이나교의 수행법을 자세히 설명해 둔 교단적 규칙을 담고 있고, 4권의 집성들은 불살생·자제·고행이라는 실천을 주로 다루고 있는 기초적 가르침을 모은 것이다. 10권의 짤막한 '잡서'들은 제의를 묘사하고 있고 거룩한 죽음(산티사가라의 것과 같은)을 준비하기 위한 찬가를 제공하고 있으며,『축복의 서』와『탐구의 입문』이라는 증보 두 권은 모두 나머지 정전의 자료를 요약해 둔 것이다.

이 정전들에 덧붙여 수많은 주석과 철학적 저술이 있는데, 그 중에는 우마스바티(Umāsvāti, 2세기), 바드라바후(Bhadrabāhu, 5세기), 싯다세나(Siddhasena, 5세기), 지나바드라(Jinabhadra, 6세기), 하리바드라(Haribhadra, 7세기), 지나세나(Jinasena, 8세기), 헤마찬드라(Hemachandra, 12세기)의 저술들이 포함되어 있다. 성전들은 신의 계시가 아니라 깨달은 자들의 가르침을 구현한다. 따라서 지나들의 가르침을 해석하고 발전시키며 적용해야 하는 일이 자이나교도 공동체에서는 언제나 중요한 일이었다. 지나들의 전기를 편찬하는 일, 선행의 도덕적 기초와 출가승의 훈련 체계를 발전시키는 일, 천문학과 우주론을 통해서 존재의 본성을 연구하는 일, 그리고 논리학·심리학·인식론·형이상학의 연구를 발전시키는 일들을 위해서 커다란 노력이 경주되었다. 자이나교도들은 그들의 정직과 도덕적 올곧음뿐 아니라 학식 덕분에 언제나 인도의 다른 분파와 전통에게 존경받을 만한 충분한 이유가 있었다. 게다가 그들은 재가 신도를 교육하고 종교적·철학적 발전과 표현을 위한 수단을 제공하는 일에서 인상적인 서사시와 전설 그리고 지극히 효과적인 신애의 시를 산출했다.

3) 역사적 연속과 분파

'시간의 진보'에 대한 생각에 익숙한 서구인에게, 신념과 실천에 있어서 세대와 세대 간의 신속한 변화에 익숙한 서구인에게 참으로 놀라운 것은 25세기에 걸쳐 유지되어 온 자이나교도의 기초적 이념들과 수행의 연속성이다.

그렇지만 마하비라의 입적 직후 하나의 중요한 분열이 발생하여, 자이나 공동체는 두 개의 주요 분파로 나누어졌고 이것들이 오늘날 자이나교를 포괄한다. 샨티사가라가 속해 있던 공의파(空衣派, Digambara)는 완전 나체를 역설한다. 허리에 두르는 간단한 옷에 대한 매달림도 격정을 만들어내는 집착의 형태라고 한다. 이는 백의파(白衣派, Śvetāmbara)를 나체로 지내지 못하게 하는 수치심에서 분명히 그 증거가 드러난다. 그러나 백의파는 옷이 있거나 없거나 그런 외면적 표지들은 거의 의미가 없고, 해탈에 필요한 내면적 성취에 대해서 아무 것도 증명하지 못한다고 항의한다. 백의파는 마하비라 자신의 나체주의를 벌거숭이로 지낼 수도 있다는 하나의 대안을 제시하는 것으로 보며, 진정한 수도적 포기의 조건에 필수적인 것으로 보지 않는다. 이 논쟁을 해결하려는 논의들은 아무런 성공을 거두지 못했으며, 오늘날까지 나체 수행이 이 두 개의 분파를 나누고 있는 주요 쟁점이다.

이 두 파는 교리상으로는 거의 전적으로 일치한다. 이런 사실에 영향을 미치는 것은 아니지만 다른 차이점들도 존재한다. 나체주의 다음으로 중요한 쟁점은, 여성이 승단 생활에 들어올 수 있도록 허용해야 하는가 하는 문제이다. 백의파는 여성도 티르탕카라가 될 수 있고, 비구니로서 승원 생활이 허용되어야 한다고 믿고 있다. 공의파는 여성이 오직 남성으로 재생한 후 비로소 티르탕카라가 될 수 있으므로, 승원 생활이 허용되어서는 안 된다는 입장을 견지한다. 물론 탁발승 생활을 위해서는 완전한 나체 상태가 필요하다는 공의파의 강조 자체가 여성의 수용에 하나의 장애가 된다. 왜냐하면 인도는 종교적 삶을 살아가는 남성에게 나체주의를 승인해 왔다고 하더라도, 종교상의 이유에서라도 여성의 나체를 승인한 적은 결코 없었기 때문이다. 예를 들면 백의파 비구들이 나체를 선택할 수 있으나 비구니들은 그렇지 못하다.

지나의 상징 제시에 관한 관행, 마하비라의 삶에 관한 설명, 정전적 경전의 집성도 이들을 두 파로 분할하고 있으나, 이것들이 여성과 나체주의를 둘러싼 차이점의 경우와는 달리 속박과 해탈에 관한 기초 교리의 합의에는 영향을 미치지 않는다. 이제 교리들로 가보자.

3. 속박

자아, 물질, 지식, 도덕에 대한 자이나교도의 견해들을 탐구하지 않고 속박과 해탈의 이념을 이해하기는 불가능하다. 그러나 이 견해들은 철학적으로 중요하고 그것들 자체로 흥미가 있고, 속박의 사실과 해탈의 가능성을 지적으로 설명하는 정도만큼 자이나교도 공동체에게 생명과 의미를 부여한다. 자이나교의 길을 이해해야 한다면 우리가 우선 바로 평가해야 할 것은 인간의 속박이라는 경험이다.

우물 속의 사내

우물 속의 사내에 대한 우화만큼 인간이 처한 곤경에 관한 자이나교의 생각을 잘 드러내는 좋은 그림은 아마 없을 것이다. 비록 여기에서 우리는 위대한 7세기의 자이나교도 저자였던 하리바드라의 얘기를 따라가겠지만, 업의 속박에 초점을 맞추고 있는 이 얘기는 자이나교 고유의 것은 아니다. 그는 우리에게 가난으로 심하게 찌든 한 사내에 대해서 얘기한다. 그는 다른 땅에 가서 새로운 삶을 찾기로 결심했다. 며칠이 흐른 후 그는 빽빽하게 우거진 숲속에서 길을 잃었다. 그는 배고프고 목마르며 사나운 짐승으로 둘러싸이고 가파른 길에 엎어졌는데, 미친 코끼리가 코를 치켜세우고 힝힝 울면서 그를 향해 곧바로 돌진해 오는 것을 보았다. 바로 그 순간에 무시무시하고 사악한 악녀들이 미친 듯이 웃고 날카로운 칼날을 휘두르며 앞에 나타났다. 공포로 벌벌 떨면서 그는 도망갈 길을 찾았다. 거대한 보리수 나뭇가지가 그를 향하여 동쪽으로 뻗친 것을 보고, 그는 그 피난처의 방향으로 울퉁불퉁한 땅을 가로질러 달려가 도착했으나 그만 기가 꺾였다. 왜냐하면 그것은 너무나 높아 새들조차도 그 위로 날아올라갈 수 없을 정도였으며, 그 거대한 나무둥치는 올라갈 수조차 없었기 때문이었다.

마지막으로 주위를 살펴보니 가까이 잡초에 덮여 있는 해묵은 우물이 있었다. 죽을까 봐 놀란 그는 단 한순간만이라도 생명을 연장해 보고자 어두운 구덩이 안으로 뛰어 들어갔고, 몸을 지탱하기 위해서 벽에서 자라나온 갈대 덤불을 붙잡았다. 그런데 그가 이 갈대에 매달려 있으면서 발아래에 무시무시한 뱀을 보았는데, 그가 떨어지는 소리로 잔뜩 독이 올라 있었다. 그리고 바로 그 바닥에는 거대한 코끼리의 코처럼 두꺼운 검정색 전갈이 쉬잇, 쉬잇 소리를 내며 입을 쫙 벌리고 무시무시한 빨간색 눈으로 그를 쏘아보고 있었다. 혼비백산한 그 사내는 생각했다. '내 목숨은 이 갈대가 견디는 만큼만 계속되겠구나.'

그런데 그가 치켜 올려다 보니 거기에는 커다란 흰 쥐와 검은 쥐 두 마리가 갈대 덤불의 뿌리를 갉아먹고 있었다. 그러는 동안 성난 코끼리는 우물에 가로지르고 있는 거대한 보리수나무를 맹렬히 공격하고, 육중한 대가리로 나무둥치를 강하게 연타하여 벌떼로 들끓고 있는 벌집을 뜯어내 버렸다. 성난 벌들이 방어할 수 없는 저 가여운 나그네를 쏘아대고 있는 사이에 한 방울의 꿀이 우연히 그의 머리 위에 떨어져 얼굴을 타고 내려와 입술에 닿으면서 그에게 찰나의 감미로움을 주었다. 달콤한 꿀 한 방울을 더 먹고 싶은 갈망에 사로잡혀, 그는 전갈, 코끼리, 뱀, 쥐, 벌, 우물 자체를 망각했다.

하리바드라는 이 우화를 아주 힘 있고 명료하게 해석한다. 여행하는 사내는 영혼, 즉 생명의 원리(命我, jīva)이며 그의 유랑은 생명의 원리가 거주하게 되는 네 가지 존재 유형을 거치게 되는데, 신적·인간적인 것·동물적인 것·동물보다 저급한 것 이렇게 넷이다. 사나운 코끼리는 죽음이며, 사악한 악녀들은 늙음이다. 보리수는 구원을 상징한다. 코끼리라는 죽음이 도달할 수 없는 저 바깥에 있기 때문이다. 그러나 감각에 애착하는 사람이라면 그 누구도 이 피난처에 도달할 수 없다. 우물은 인간의 삶 자체이며, 뱀들은 정염들인데 이것들이 인간을 미치게 하고 혼돈에 빠지게 하여 그가 해야 할 바를 알지 못하게 막아버리기 때문이다. 갈대 덤불은 개인에게 할당된 인생의 수명, 즉 영혼이 이 형상으로 육화되어 있는 기간이다. 생쥐들은 인생을 지탱하는 것을 파괴하는 주週와 달이며, 쏘아대는 벌들은 기쁨의 매 순간을 파괴하며 사람을 괴롭히는 수많은 번뇌이다. 우물 바닥에 있는 끔찍한 전갈은 지옥이며, 이것이 감각적 쾌락에 뇌살당하는 인간을 사로잡아 1천 배 이상으로 고통을 준다. 꿀 몇 방울은 인간을 끔찍한 고통에 묶어두는 인생의 쾌락이다. 하리바드라는 "현자라면 어떻게 그런 위험과 고苦 안에서 쾌락을 원할 수 있겠는가?" 하고 결론을 맺고 있다.

1) 속박의 원인들

우리 인생을 이끄는 것은 아픔과 고에 대한 혐오, 그리고 쾌락에 대한 욕망인데, 이와 같은 혐오와 욕망이 무명無明에 기초한다는 점이 하리바드라에게 분명하다. 그런데 이 무명의 근원은 무엇인가? 우리가 어떻게 이토록 무지하고 낭비적이고 파괴적인 삶에 갇히게 되었는가? 말 못할 고통 안에서 그리고 영원처럼 보이는 이런 고뇌를 연장시키는 반복된 생사 안에서, 그 모습을 드러내는 인간의 속박은 누가 또는 무엇이 지었는가? 자이나교도의 대답은 우리가 처해 있는 상태에 대한 책임과 해방에 대한 희망을 전적으로 우리 자신 안에 두고 있다. 몸(身)·입(口)·뜻(意)을 통해서 우리 자신의 속박을 영속화하는 것은 바로 우리 자신이다.

존재가 갖고 있는 현재의 각 순간은 우리 과거의 행위로 '얻어진'

것이며, 미래의 삶 하나하나는 우리의 현재의 삶으로 '얻어질' 것이다. 가령 내가 내생에 보다 덜 행운의 상황에서, 보다 덜 유능한 사람의 형상으로 태어나거나 혹은 동식물이나 심지어 그것보다 더 저급한 단순한 유기체로, 육신이라고는 단지 공기·불·물을 가지고, 촉감만을 가지고 있는 유기체로 태어난다고 해보자. 이렇게 태어나는 것은 남을 해하는 행위와 부정직한 행위로 표현되는 자신의 탐진치가 이와 같은 강화된 속박을 받을 만하기 때문에 그런 것이다. 속박을 가져온 것은 바로 우리 자신이 저지른 신구의身口意의 행위이다.

부도덕한 행위가 어떻게 속박을 초래하며 도덕적 행위가 어떻게 해탈을 가져오는지 이해하기 위해서, 우리는 실재에 관한 자이나교의 비전을 탐구해야 한다. 자이나교도에 따르면 실재는 자기 자신의 독특한 성질들과 양상들을 지니고 있는 근본적으로 다른 두 종류의 실체로 구성되어 있다. 두 종류의 실체 곧 여러 영혼과 물질적 원자들은 시공의 맥락에서 움직이며, 그 운동들은 시공의 맥락을 통해서 우리 주변 세계를 이루고 있는 사물들을 창조하고 파괴한다.

영혼(지바)의 본질은 생명이며 그 주요 특성들은 지식, 지복, 에너지이다. 영혼이 가장 순수한 상태, 즉 물질과 결부되어 있지 않은 상태에 있다면 지식은 완전지完全知이며, 지복은 순수하고 그 에너지는 무한하다. 그러나 영혼을 육화하는 물질은 영혼의 지복을 오염시키고 지식을 가로막고 에너지를 제한한다. 이런 이유로 물질은 영혼을 동여매는 족쇄로 보인다.

물질을 가리키는 용어인 푸드갈라(pudgala)는 '함께 온다'는 의미의 품(puṁ)과 '흩어진다'라는 의미의 갈라(gala)에서 파생된 것으로, 원자의 집합으로 형성되고 해체로 파괴되는 물질에 대한 자이나교의 생각을 드러낸다. 불가시이고 불가분리의 이 원자들은 무한히 존재하며, 각 원자는 성질들을 소유한다. 이 성질들은 존재하는 사물을 구성하기 위해서 원자들이 결합할 때 시각·미각·후각을 가능하게 해준다. 물질들의 이 원자들이 모여 경험으로 지각할 수 있는 대상이 형성된다. 가장 중요한 것은 경험을 가능케 해주는 영혼이라는 미세한 육신을 형성하는 감관·마음·말도 역시 원자들로 이뤄져 있다는 점이다. 감관·마음·의지적 기관을 구성하는 물질은 특별히 미세하고 섬세한 것(세계의 물리적 대상들을 이루고 있는 거친 물질과 대조한다면)으로 생각되며 업의 물질로 불린다.

업을 물질적 힘으로 보는 이 견해는 업을 오직 심리적이거나 형이상학적인 힘으로만 간주하는 인도의 다른 견해들로부터 자이나교도들의 견해를 구별해 낸다. 자이나교도들이 업의 도덕적·심리적·형이상학적 차원을 부정하는 것은 아니다. 그러나 그들은 제1차적 차원이 미세한 물질적 힘의 차원이라는 점을 역설한다. 그래서 자이나교도들은 다른 인도 사상가들과 함께 미래 존재의 결정 요인으로 업의 이념을 공유하고 있으며, 개개의 행위가 미래 시점에서 존재의 결정 요인으로 자신을 필연적으로 표현하게 되는 잠재력을 남긴다는 점에 동의한다. 그들 역시 이 잠재적 업의 세력을 씨앗에 견주는 일반적 유추를 인정한다. 이 씨앗은 적당한 조건만 충족되면 성장하고 그 자신의 본성에 따라서 열매를 맺을 것이다. 여기에 있는 함축은, 사람은 제각기의 모든 행위의 결과를 보상이나 보복의 형태로, 지금이 아니라면 미래 언젠가는 거둘 것이라는 점이다. 이것이 거의 모든 인도 사상가가 이해했던 업의 냉혹한 철칙인 것이다.

업에 관하여 자이나교도들이 갖고 있는 견해의 독창성은 삶의 이런 법칙이 가지고 있는 물질적 토대를 역설한다는 점에 있다. 그들에 따르면, 우주는 업의 물질이라는 미세하고 보이지도 않고 상호 구별될 수 없는 미립자들로 가득차 있으며, 이것들은 육화된 영혼들에 이끌릴 때까지 부유한다. 어떤 면에서는 업에 대한 그들의 견해는 대기에 관한 우리 견해와 유사하다. 대기는 분간할 수 없는 공기 입자들로 편만하고 있으며, 입자들이 모여 바람으로 움직이게 될 때에만 우리는 대기를 느낄 수 있다.

자이나교도들이 육화肉化를 업의 결과로 본다는 점을 이해하는 일은 중요하다. 육체·감관·마음·지성·의지적 기관이 모두 업의 물질로 구성되어 있으므로 영혼 자체의 일부가 아니다. 오히려 그것들은 영혼의 자연적 성질들에 속해 있는 완전지를 은폐하고 순수지복을 오염시키고 에너지를 제한한다. 그리하여 영혼이 가진 성질들의 표현을 한정하는 속박이 된다.

우리는 감관과 마음을 세계로 향해 열린 창이거나 지식으로 향해 있는 길로 생각하려는 경향이 있다. 하지만 자이나교도들의 관점에서 보면 그것들은 실제로 눈가리개이고 여과기로서, 영혼의 자연적 광휘를 은폐한다. 참된 지식은 감관이나 마음이 아니라 영혼의 내재적 광휘에서 얻어진다. 현자와 무지한 자의 차이는 현자의 마음이 무지한 자의 마음보다 영혼의 자연적 지식을 적게 차단하는 데에 있다. 일반적이고 대중적인 유추는 다음과 같이 시사한다. 안개와 구름이 걷히면 태양빛이 전체 세계를 비추듯이, 업의 장애물들이 영혼에서 제거되면 그 자연적 완전지가 만물을 드러낼 것이다.

그런데 만일 영혼이 내재적으로 청정하고 전지적全知的이라면 왜 물질로 육화되며, 따라서 반복되는 생사의 속박에 종속될까? 자이나교도들은 이 질문에 대해서 사실상 대답을 갖고 있지 못하다. 그들은 그것을 이런 방식으로 보고 있지 않기 때문이다. 그들에게 육화는 시발점이고 우리 자신이 처해 있는 조건인 셈이다. 우리들 중 그 누구도 완전과 자유에 대한 경험이 없으며, 전지의 경험도 없다. 금이 언제나 원광 안에 있듯이 영혼도 언제나 육화되어 있었다는 가정이 여기에 깔려 있는 것이다. 이 유추는 한 걸음 더 나아갈 수 있다. 제련의 과정을 통해서 금이 원광에서 분리될 수 있듯이, 영혼은 청정화의 과정을 통해서 업에서 해방될 수 있다. 금이나 영혼의 본성은 모두 원광이나 업과의 결부로 바뀌지는 않기 때문이다. 열과 철이라는 후기의 유추는 유사한 지적을 한다. 열이 철과 결합하면 철의 본성을 변화시킴 없이 부드럽게 하고 그 힘을 제거할 수 있듯이, 업은 영혼과 결합하여 그 본성을 변화시킴 없이 그 지복을 오염시키고 지식을 은폐하고 에너지를 제한할 수 있다.

자이나교도들에게 중요한 것은 업의 속박이 가진 기원이 아니라 그 제거이다. 이 속박이 제거되면 영혼에 내재하는 완전성이 실현된다. 물론 속박은 인간의 조건을 훨씬 뛰어넘어가, 생명의 거대한 공동체를 이루고 있는 동물의 육신, 식물의 육신, 불의 육신, 물·공기의 육신들 안에 갇혀 있는 셀 수 없이 많은 수십억 개의 영혼에까지 확장된다. 그러나 인간의 육화만이 특별나다. 그것이 해탈을 성취하기 위한 경이로운 기회를 나타내고 있기 때문이다. 오직 인간의 행위만이 해탈을 결과로 가지고 올 수 있다. 결과적으로 자이나교도들은 모든 다른 인도 사상가들과 마찬가지로 인간의 삶을 귀중한 선물로 간주한다. 그렇지만 이 선물은 그것을 잘 활용해야 한다는 책임감을 수반한다. 해탈을 위한 투쟁에서 형세를 일변시키는 일에는 신의 은총이나 초인간적 도움이 없기 때문이다. 단지 인간의 노력만이 고뇌의 주기를 멈추게 할 수 있다. 따라서 인간은 자유로 향한 길을 그려내기 위해서는 속박의 힘들과 작용을 이해하는 데까지 나아가야 한다. 업의 속박이 작동하는 방식에 관한 정교한 이론들이 전개되었고 업의 과정이 매우 자세히 기술되었다. 속박의 과정을 이해하는 일이 속박의 제거를 위한 첫걸음이기 때문이다.

우리가 지적했던 대로 육화는 영혼의 내재적 지복을 오염시키는 시작 없는 과정이다. 이런 최초의 오염 때문에 신구의로 구성되어 있는 도수로導水路를 따라서 육신을 통해서 흘러나가는 영혼의 자연적 에너지는 가로막히고, 영혼의 주위에 에너지 장을 형성하게 되며 우주에 편만하여 자유로이 부유하는 입자들을 끌어당긴다. 영혼이 욕망이나 증오의 격정으로 감염되면, 마치 먼지가 축축한 보석에 달라붙듯이 이 입자들이 영혼에 착 달라붙어 그 자연스러운 광휘를 가로막는다. 인간의 모든 행위는 업의 이런 새로운 집적에 의해서 속박당한 채로 어느 정도의 부가적 업의 물질을 축적하는 것이다. 욕망이나 증오에 의해서 야기된 행동과 다른 유정들을 해치는 행동은 오염시키고 가로막는 업의 최대량을 끌어들인다. 이와 같은 바퀴가 부수기에 가장 어렵다. 왜냐하면 최초의 더러움이 영혼에 부가적 더러움을 야기하는 행위로 우리를 이끌고, 그 행위는 또다시 업을 생산하는 행위로 나아가며, 그것은 한 단계 더 깊이 영혼의 지식을 가로막고 에너지를 제한하며 영혼의 순수를 오염시키기 때문이다. 그것은 마치 이글거리는 불꽃이 연소를 통해서 그 자신의 연료를 더 끌어들여 그 연료가 연소 과정을 통해서 부단히 소진되면서도, 이 연소 과정이 연료 공급을 지속적으로 보충해서 불을 계속 지피는 것과 같다.

진실로 자이나교도들의 통상적 가정에 따르면 개개의 영혼은 수없이 많은 생을 살아왔는데, 그동안 이런저런 때에 신과 인간의 육신들로부터, 식물들의 육신과 그보다 더 저급한 것들의 육신에 이르기까지 온갖 종류의 육신을 점유해 온 것이다. 업의 바퀴를 부수기란 이토록 어려운 것이다.

2) 업(카르마)의 종류들

비록 우주에 편만해 있는 미세한 업의 입자들이 자유의 상태에서는 서로 구별할 수 없다고 하더라도, 그것들이 영혼으로 이끌리게 되면 그것들을 끌어들인 행위의 성격을 취하며, 업을 산출하는 행위와 행위가 사람에게 가져올 결과에 따라서 여러 가지 종류의 업을 분류할 수 있게 된다.

최악의 업은 무명과 다른 사람을 해치려는 욕망에서 생겨 나온 행위에 의해서 영혼에 달라붙는 업이다. 이 업들은 파괴적인 것으로, 자신의 본성에 대한 영혼의 통찰을 파괴하고 자신과 물질적 세계에 대한 억견을 창출하며 욕망과 혐오라는 격정들을 야기하기 때문이다. 탐욕·부정직·자만으로 표현되는 욕망과, 증오와 분노로 표현되는 혐오는 청정행을 파괴하고 더 질긴 업의 얽힘으로 이끌어준다.

파괴적 업들은 영혼의 순수를 오염시키고 그 에너지를 제한하고 지식을 은폐하므로, 영혼을 둘러싸게 될 다양한 이차적 업들의 유입을 허용하게 되며 부가적 속박을 산출한다. 이 이차적 업들은 욕망과 혐오의 길을 따라서 행위들을 지도하도록 도와주는 쾌와 불쾌의 느낌을 만들어내고, 한 영혼의 특정한 탄생을 결정하고(즉 식물이나 인간으로, 또는 남자나 여자로, 흑인이나 백인 중 어떻게 태어날 것인가를 결정하고), 특정한 육화의 수명을 정하며, 그 육화 내에서 영적 삶의 자질을 진작할 수도 있고 방해할 수도 있는 특정한 환경을 결정한다.

모든 업의 속박은 속박을 산출하는 행위들이 얻어낸 것이라는 주요 핵심을 제대로 평가하기 위해서 업을 상세하게 분류할 필요는 없을 것이다. 더구나 끌어들인 업의 개별적 특성과 결과는 그 업을 끌어들인 행위에 의해서 결정된다. 예를 들면 만약 어떤 행위가 질투심 때문에 어떤 사람에게 정보를 주지 않고 손에 움켜쥐고 있다면, 그때 끌어들인 업은 결과적으로 자신의 지식의 상실이나 은폐를 초래하는 속박의 형태를 취하게 될 것이다. 또는 만일 탐욕의 형태를 빌린 욕망이 도둑질로 이끈다면, 그때 끌어들인 업은 결국 자신의 소유물의 상실을 초래하는 속박의 형태를 취할 것이다.

끌어들인 업이 사람을 동여맬 시간의 길이는 행위 자체의 성격과 함께 그 행위를 일으켰던 격정의 강렬함에 따라서 결정된다. 예를 들면 만약 이웃을 돕는 행위가 아주 미세하더라도 그 아내에 대한 육욕에 의해서 움직여진 것이라고 해보자. 그 육욕의 강렬함은 육욕이 초래하는 업에 의해서 묶여 있게 되는 시간의 길이를 결정할 것이다. 물론 그 업이 충분한 결과를 생산했다면, '익은 과일처럼' 그 사람에게서 떨어져 나가 자유롭고 무차별적 상태로 복귀할 것이다. 그 상태에서 그 업은 다른 영혼, 또는 동일한 영혼이라도 다른 시기에 이끌릴 수 있도록 대기 상태로 있을 것이다.

아직 모든 결과를 산출하지 않은 업들은 영혼에 계속 달라붙어 있으면서 물질적 육신 안에 미세한 육신을 형성한다. 업으로 결정된 수명이 다하면 영혼은 물질적 육신을 떠나게 되고, 사용되지 않은 업력들은 육화되어 축적된 업에 어울리는 다른 물질적 육신으로 다시 태어난다. 식물의 영혼과 사람의 영혼 사이에 차이가 없다. 있다면 그것은 오직 영혼을 둘러싸고 있는 업의 육신들과 거친 육신들 사이에 있을 뿐이다. 바로 그 때문에 자이나교도들은 모든 살아 있는 것들을 한 가족의 일부로 인정하고, 가장 단순한 생명체에 가해진 상해조차도 자신의 형제자매에게 가해진 것으로 여긴다.

이는 해탈이라는 목표가 자이나교의 길을 지배하는 이유이기도 하다. 왜냐하면 업의 속박은 인간이 가진 상대적으로 유쾌하고 축복된 삶만이 아니라 저급한 생명의 형태로 육화되어 형언할 수 없이 비참한 삶도 포함하기 때문이다. 자이나교의 가르침에 따르면, 개개의 영혼은 수만 개의 육화 상태를 통과한다는 것을 기억해 둘 필요가 있다. 여기에는 불·광물·공기의 육신들로부터 식물·동물·인간·제신의 육신까지 포함된다. 이런 다양한 화신들 안에서 경험된 영혼의 강렬한 고통은 젊은 왕자 므리가풋트라의 웅변에서 간절히 드러나 있다. 이 웅변에서 그는 고통의 굴레를 끊기 위해서 집을 떠나 종교 생활을 시작할 수 있도록 허락해 달라고 부모에게 간청했다. 이 웅변으로부터 몇몇 짤막한 발췌는 개념적 기술보다도 훨씬 효과적으로 핵심을 잘 밝혀줄 것이다.

> 곤봉과 칼날들, 말뚝(화형柱)과 갈고리 달린 철퇴로부터, 부서진 사지 때문에 나는 가엽게도 수도 없이 많은 경우 고통을 당했지.
> 날카로운 면도칼, 칼, 창에 의해서 나는 수많은 경우에 끌려가 갇히고, 살가죽이 벗겨졌다.
> 덫과 함정에 갇힌 가여운 사슴처럼 나는 자주 갇히고 묶이고 심

지어 죽음조차 당했네.

불쌍한 물고기로서 나는 낚시와 그물에 잡혀 비늘이 벗겨지고, 문질러서 벗겨지고, 쪼개지고 내장을 뽑혀, 수백만 번 죽음을 당했네…….

나무로 태어나서 나는 쓰러지고 껍질이 벗겨지고 도끼와 끌로 베이고 수만 번 베어져 널빤지가 되었지.

철이 되어서는 나는 망치와 부젓가락에 수만 번 당했지, 두들겨 맞고, 또 맞고, 쪼개지고, 줄질 당했지…….

공포 속에 언제나 떨고, 항시 통증과 고 안에서, 나는 고문당하는 듯한 슬픔과 고뇌를 느꼈지…….

— 웃타라드야야나 수트라, 19.61~74

4. 해탈의 길

므리가풋트라처럼 업의 속박에서 오는 여러 고를 느끼던 사람에게 속박의 종지부를 찍을 수 있는 수단에 대한 탐구는 삶의 모든 행위에 기운을 줄 수 있는 실존적 강렬함을 갖게 된다. 샨티사가라와 같이 어떤 사람은 가족·집·세속적 소유물을 버리고, 죽음에 이르는 거룩한 단식을 통해서 육신마저 버릴 것이다. 모든 자이나교의 탁발승과 재가 신도는 죽음에 이르기까지의 극단적 단식으로 나아가지는 않겠지만, 해탈을 위한 추구를 삶의 중심적 초점으로 삼을 것이고, 네 가지 종류의 자제들, 즉 육신·감각·말·마음의 자제들을 시도할 것이며, 업의 유입을 막기 위해서 불살생·불투도·불사음·진실어·무소유의 오대서(五大誓, pañcamahāvrata)를 행할 것이다. 덧붙여 모든 자이나교도들은 이미 축적된 업을 불태우기 위해서 다양한 고행을 행할 것이다. 자이나교는 본래 청정행과 고행을 통해서 해탈로 나아가는 모색이기 때문이다.

해탈의 길 연변에 늘어서 있는 정화의 14단계가 속박에서 완전지와 해탈에 이르는 개인적 진보를 표시해 준다. 이 단계들은 깊은 신信·정지正智·청정행의 복합에 의해서 성취된다. 이 세 가지는 미망·억견·격정이 야기한 파괴적 업의 유입을 멈추게 할 수 있는 자이나교 수행의 '삼보三寶'이다. 자이나교도들이 어떤 구원의 신도, 신의 은총도 인정하고 있지 않다는 점을 기억하라. 단지 인간의 이해와 행위만이 업의 속박에 의한 고통을 막을 수 있다. 이 이유로 자이나교도들은 지식의 본성과 행위의 규범에 특별한 주의를 기울여왔다. 그러나 개인은 해탈의 모색에서 아주 혼자인 것은 아니다. 자이나교의 재가와 출가의 공동체, 티르탕카라의 모범과 가르침이 모든 신실한 자이나교도들의 노력을 지탱하고 양육해준다.

신앙(信)은 전통적으로 삼보 가운데 첫째가는 보물로 여겨져 왔다. 신앙의 자각은 인생에 더 이상의 속박으로부터 결정적으로 개인을 돌려세워 해탈로 향하게 하는 순간을 이루기 때문이다. 그렇지만 우리는 신앙의 성격과 필요성을 제대로 평가하기 위해서 지식에 관한 자이나교의 견해를 먼저 고찰할 것이다.

1) 지식

파괴적 업 가운데 가장 악질적인 것들이 무명과 타인을 해치려는 욕망에서 생겨 나온 행위들에 의해서 일어남을 보았다. 무명은 자신의 본성에 대한 영혼의 통찰력을 파괴하고, 영혼 자체와 세계에 대한 억견을 낳는 업을 생산한다. 영혼이 보유한 최초의 오염이 야기한 이 무명은 영혼의 완전지를 은폐하며 영혼의 지식을 위해서 영혼을 지각, 이성, 다른 사람의 권위에 의존하게 만든다. 그러나 이런 종류의 지식들은 지극히 제한되어 있어서 드러내기보다는 오히려 은폐하는 것이 더 많다. 더욱 나쁜 것은 이러한 종류의 지식들의 한계가 인지되지 않고, 이렇게 생성된 지식 주장들이 자아나 세계에 관한 진리로 여겨지면 심각한 오류와 자기기만이 일어난다.

자이나교의 형이상학에 따르면, 실재는 수많은 물질적 실체들(非命, 비영혼)과 영적 실체들(命我, 영혼)로 구성되어 있으며, 각 실체는 무한수의 성질의 장소이다. 무한수의 실체들이 존재하고 각 실체는 무한수의 성질을 지니고 있을 뿐 아니라 각 성질은 무한수의 양태를 취할 수 있다. 우리의 일상적(非全知的) 지식은 분명히 이런 복합적 실재를 파악할 수 없다. 일상적 지식은 공간·시간·빛 등의 조건뿐 아니라 인식자 자신이 수용한 관점에 의해서도 제한을 받기 때문이다. 실재가 가지는 풍부하고 복잡한 성격과 일상적 지식의 상대적이고 한정된 성격을 인정하며, 자이나교도들은 존재의 다면성 즉 부정주의(不定主義, anekānta)라는 개념을 발전시켰다. 우리의 일상적 지식은 우리에게 한 번에 오로지 실재의 한 측면에 대한 접근만을 허용할 뿐이며, 결과적으로 무엇이 진실한가에 대한 주장을 펴는 일에서 보통 우리는 코끼리를 앞에 두고 있는 다섯 맹인을 닮아 있다.

자이나교도의 민간에 유포되어 있는 얘기에 이런 것이 있다. 어느 날 왕은 궁전에 커다란 코끼리를 묶어 세워두고 다섯 맹인을 불러들인 다음, 여기에 묶여 있는 것이 무엇인가 하고 물었다. 한 사람씩 코끼리를 만진 다음, 그들은 자신들의 지각에 근거해서 이것이 무엇인지 알아내었다고 대답했다. 코끼리의 코를 만졌던 첫째 사나이는 그것이 거대한 뱀이라고 대답했다. 꼬리를 만져보았던 둘째 사람은 새끼(繩)라고 대답했고, 셋째는 다리를 만지면서 그것이 나무둥치라고 대답했다. 넷째는 귀를 만져보고는 체질하는 체라고 대답했으며, 다섯째는 한쪽 배를 만진 다음 벽이라고 선언했다. 제각기 자기의 주장이 옳고, 문제의 대상을 진실로 묘사했다고 주장한 탓에 격렬한 논쟁에 빠지게 되었다. 제각기 다른 이는 틀렸고 바보라고 했다.

맹인들처럼 우리도 역시 자신의 관점에서 얻을 수 있는 것만을 사용한다. 그런데 이 관점은 사회·문화적 조건 형성·특정한 장소·시간·빛·희망·공포에 의해서 결정되는 것이요, 우리 자신의 감각적 수용기관과 지력의 한계에 종속되는 것이다. 이 얘기의 교훈은 명백하다. 우리가 실재에 대해서 주장하는 어떤 지식도 한정되어 있고 부분적이며, 그것이 진리 전체로 오해되어서는 안 된다는 것이다. 진실로 어떤 주장도 무조건적으로 옳을 수는 없다. 평범한 인간 지식에 기초를 두고 있는 주장과 부정은 기껏해야 조건적으로만 진실하다. 즉 오직 이미 상정된 관점들의 조건과 한계의 면에서만 진실하다. 예를 들면 맹인이 보다 신중하게 "여기 서서 내 손으로 대상을 만져보니, 체질하는 체처럼 느껴진다오. 그것은 아마 체질하는 체일 듯싶소"라고 말했어야 하는 것처럼, 우리의 지식 주장은 오직 조건적으로만 언명되어야 한다는 것이다.

조건적 언명의 논리를 분석하여, 자이나교도는 어떤 특정한 대상에 대한 진리 주장을 하기 위한 칠구표시법(七句表示法, saptabhangī)을 창안했다. 예를 들면 어떤 냄비에 담긴 물의 온도에 대해서 다음과 같은 주장들이 가능하다. ①(추운 곳에서 온 사람에게는) 그것은 따뜻할 것이다. ②그것은 따뜻하지 않을 것이다(매우 따뜻한 방에서 온 사람에게는 그것은 찬 것처럼 느껴질 것이다). ③그것은 조건에 따라서 따뜻하기도 하고 따뜻하지 않기도 하다. ④모든 조건에서 독립하면, 그것은 기술 불가능하다(모든 지식은 어떤 조건에 의거하고 있기 때문이다). ⑤그 자체로는 기술 불가능하지만, 물은 어떤 조건에 따라서는 따뜻할 것이다(①과 ④의 결합). ⑥그 자체로는 기술 불가능하지만, 어떤 조건에 따라서는 따뜻하지 않을 것이다(②와 ④의 결합). ⑦그 자체로는 기술 불가능하지만 어떤 조건에 따라서는 따뜻하고 따뜻하지 않을 수 있다(③과 ④의 결합).

마지막 세 언명들이 모두 '그 자체로는 기술 불가능하다'라는 주장으로 시작된 이유는, 알려지고 기술된 모든 실체는 무한수의 성질을 지니며 각 성질은 모두 무한수의 양태를 지니고 있기 때문이다. 비록 지식이 이 성질들과 양태들의 일부를 드러낸다고 하더라도, 그것들 모두를 드러낼 수는 없다. 그리하여 실재에 대한 우리의 기술은 오직 부분적이다. 실체 자체는 그것의 무한수의 성질과 양태와 함께 결코 전면적으로 알려지거나 기술될 수 없다.

조건적 언명의 칠구표시법은 우리 지식의 부분적이고 불완전한 성격을 인정하도록 우리에게 강요한다. 이것은 격정을 정복하는 일에 매우 중요한 첫 단계이다. 왜냐하면 욕망·증오·자만·분노·탐욕은 독단적으로 진리 전체로 상정된 사물들에 대한 단편적이고 일방적인 이해로부터 싹터 나오기 때문이다. '완전한 그림'을 보게 될 경우, 우리의 분노·질투·자만·탐욕이 부적절했다는 것을 우리는 몇 번이나 당혹스럽게 깨달았던가? 돈에 대한 탐욕은 거기에 수반되는 사악이 인정되면 사라지게 될 것이다. 우리가 타인의 놀라운 성질과 업적을 제대로 평가하게 되면 과도한 자만은 겸손에게 그 자리를 양보할 것이다. 우리가 다른 대상이나 상황 또는 사람이 우리에게 위협이 아니라는 점을 자각하게 되면, 분노와 증오는 사라진다. 우리가 이 격정들을 일으키는 지식이 단편적이라는 점을 올바르게 평가하는 정도만큼, 우리는 자제하도록 권유받고 마침내 이해력이 커진다.

깨달음의 비전

평범한 지식의 단편적 성격에 대한 이해는 자이나교도로 하여금 티르탕카라들의 지식에 대해서 보다 더 크게 감사하게 하고, 그들의 가르침에 대한 신앙을 부추기고, 유사한 완전지·청정·지복을 얻으려는 희망에서 그들의 삶을 본받으려는 노력을 촉구한다. 참된 통찰과 지식을 향한 부수적 갈망은 자유로 향한 영혼의 자연스러운 경향성을 움직이고, 그 완전지의 회복을 향해 에너지를 인도하며, 속박에서 빠져나오는 단초를 이루는 통찰의 순간적 번쩍임(samyak darśana, 眞의 통찰)을 가능하게 한다.

은폐하는 거대한 업 덩이들이 일시적으로 억제되는 것을 통해서 영혼이 그 자신의 진정한 본성을 얼핏 볼 때, 첫 단계는 시작된다. ─ 이것이 신앙을 통해서 얻어진 깨달음이다.

신앙을 통해서 존재의 진정한 본성을 통찰하고 싶은 갈망은 가르침에 대해서 사람을 더욱 개방시키고, 감수성을 예민하게 해줘서 성전과 스승뿐 아니라 평범한 (여태까지는 의미가 없었던) 경험으로부터, 그리고 가장 극적으로는 지나로부터 배울 수 있도록 해준다. 이 가르침을 받아들이면 오염시키고 은폐하는 업의 현존과 그 근원 모두를 인정하는 일에 필요한 에너지가 방출된다. 이런 인정은 한 걸음 더 나아가 정력적 행위들로 인도하며, 이러한 행위는 영혼을 인질로 잡고 있는 업의 물질의 강도와 그 기간을 감소시킨다. 그리하여 영혼으로 하여금 잠시만이라도 그 자신의 청정한 상태를 흘낏 보게 하고, 실재 그 자체에 대한 (완전지자가 그것을 보는 것처럼) 비전을 갖도록 허용해 주는 급상승된 에너지를 방출해준다.

비록 이 각성의 경험이 해탈로 가는 여정에서 첫 단계에 불과하다고 하더라도, 목샤의 영원한 획득을 제외하고는 가장 중요한 의미를 지니는 성취이다. 속박을 극복하고 최종적인 해탈을 보증해주는 곳으로 영혼의 에너지를 이끌어주는 것이 바로 이 통찰의 순간적 번쩍임과 청정의 성취이다. 그리하여 영혼의 이런 순간적 조명은 매우 중요한 전환점이 된다. 영혼과 만물의 진정한 본성에 대한 이 최초의 통찰이, 업력의 제거가 아니라 업력의 억제에 의해서 성취되므로 잠정적인 것에 불과할 수 있다. 하지만 과소평가해서는 안 된다. 그것은 해탈을 위한 노력에 필요한 충동과 에너지를 방출해 주기 때문이다.

가장 중요한 것은 영혼의 진정한 본성에 대한 이런 순간적 비전이 영혼을 육신과 그 행위들과 동일시하기를 그치게 하며, 유일하게 청정하고 적절한 영혼의 행위는 지식의 행위라는 자각을 영혼에 가져온다는 점이다. 이 자각은 내적 평화를 가져오며, 이 평화는 깨닫지 못한 사람이 갖는 업의 존재에 대한 집착의 특징을 이루는 분노·증오·자만·기만·탐욕에로의 경향을 극복하는 일에 필요한 청정한 행위를 촉진한다.

통찰의 이 번쩍임은 영혼들의 범汎공동체를 드러내고, 모든 유정들에 대한 강력한 형제애를 일으키기도 한다. 이를테면 사람과 양배

추의 커다란 차이점은 성질의 차원과 업의 과정의 차원에 있지, 영혼의 차원에 있는 것이 아니다. 영혼의 차원에서는 완전지에 대한 가능성이 모든 존재들 안에 내재한다. 이 자각은 청정한 자비를 일으키며, 이 자비는 어떤 존재라도 해치기를 회피하려는 충동, 보다 적극적으로는 모든 존재들을 도와 해탈에 이르게 하려는 충동, 그런 충동 안에 자신을 표현한다.

불행하게도 이런 최초 조명의 성취는 오직 일시적일 뿐이다. 업들이 아직 영원히 제거된 것이 아니라 단지 순간적으로 억제되고 있을 뿐이기 때문이다. 그것들이 다시 고개를 쳐들면 영혼은 종전의 억견들과 속박을 야기하는 격정 안으로 퇴전退轉하게 된다. 그러나 영혼이 일단 자신에 대한 진정한 비전을 가져본 적이 있다면, 최종적 해탈은 보장된다. 업들을 제거하기 위한 막대한 노력에 필요한 에너지들이 이미 방출되었고, 개인의 행위를 속박이 아니라 해탈로 인도하는 신앙이 깨어났기 때문이다.

2) 신앙

통찰의 순간적 불빛 안에서 깨어난 신앙이란 인생과 해탈에 대한 긍정적 태도로 이루어진다. 신앙은 자신의 진정한 본성에 대한 영혼의 순간적 통찰에 뿌리를 두고 있고, 마하비라나 파르슈바와 같은 지나들이나 다른 도통한 자이나교의 스승들이 가르쳐준 지식에서 자양분을 얻는다. 신앙은 지나의 가르침들에 대한 회의주의를 비판적이지만 적극적인 인생관으로 대체한다. 이 인생관은 이러한 가르침의 진리를 긍정하고, 행동 동기의 근원으로서의 획득과 이익에 대한 욕망을 제거해 버린다. 일상적 종류의 사악에 대한 혐오와 고통에 대한 혐오는 속박을 야기하는 것만을 불쾌한 것으로 여기는, 보다 깊은 감정으로 대체된다. 신앙은 남녀 제신에 대한 예배가 근거하는 잘못된 신념으로부터, 희생제의와 기도와 같은 미신적 종교 실천으로부터 사람을 해방시켜 주고 잘못된 스승과 교리들을 인지하도록 해준다. 적극적으로 말한다면, 신앙은 진실한 최초의 통찰을 획득한 사람을 움직여 자이나교 교단을 보호하게 하고 자이나교의 신념과 수행 안에서 안전을 느끼도록 해주며, 자이나교의 가르침을 조명하고 그 가르침의 모범이 될 수 있도록 해주고, 궁극적으로는 가능한 모든 방식으로 지나의 모범을 따를 수 있도록 해준다.

비록 신앙이 자이나교의 길에 불가결하다고 해도 경전이나 사람에 대한 맹목적 신앙은 아니라는 점을 강조해야 한다. 신앙의 토대는 영혼의 진정한 본성을 통찰하는 데에서 오는 순간적 불빛에 대한 경험이며, 이 경험은 인생에 대해서 적극적 태도를 소개해 주고 해탈을 위해서 행동하도록 부추긴다.

신앙에 대한 이해는 경험과 이성으로 해명되고 조심스럽게 검증되어야 한다. 해탈의 수단으로 자이나교만큼 철학적 비전과 논증을 더 강조한 종교는 없었다. 그리고 어떤 다른 종교도 해탈의 수단으로 자이나교만큼 개인적 노력과 올바른 행위를 강조하지는 않았다. 왜냐하면 신앙이 인생을 위한 방향을 제공하고 업의 축적을 멈추는 데 필요한 영혼의 에너지를 방출하기는 하지만, 도덕적 고행이라는 막대한 인간의 노력만이 속박을 제거할 수 있기 때문이다.

3) 행위

최초 통찰의 번쩍임에 의해서 생성된 신앙과 지식은 사람을 영적 어둠과 억견(첫 번째 단계)에서 해탈의 네 번째 단계로 이끌어주는데, 이 단계에서는 새로운 비전이 현재 가지고 있는 견해의 잘못과 이 견해에서 나오는 행위의 해로움을 드러낸다. 그러나 아직 통제 아래 두지 못한 격정은 이 새로운 비전을 금방 가려버리며, 그 사람은 해묵은 길 안으로 다시 떨어져 버릴 것이다(두 번째 단계). 그렇지만 최초의 깨달음이 영혼의 에너지를 해탈로 안내할 것이니, 이 두 번째 단계는 최초의 미망보다 훨씬 바람직하다. 왜냐하면 그것이 신앙과 지식 사이에서 동요하는 노력들을 통해서 최초의 비전에 대한 통찰에로의 복귀를 가능하게 하기 때문이다(세 번째 단계).

비록 신앙과 지식이 길을 준비하고 필수적인 방향제시를 제공한다고 하더라도, 업의 속박을 일으키는 격정의 중단을 가져오고, 5단계·6단계·7단계로 표시된 해탈을 향한 진보를 획득하는 것은 올바르고 청정한 행위이다. 이러한 이해는 세계에서 아마 유일한 것일 수도 있는 도덕적 원리와 실천에 대한 자이나교의 공약으로 귀결되었다. 자이나교도 사업가의 정직은 세상이 알아주는 것일 뿐 아니라, 자이나교도 공동체 전체의 높은 도덕적 기준들은 인도인 전부와 인도 아대륙 이외의 많은 사람을 감화시키고 그들에게 영향을 미쳤다.

아힘사, 즉 불상해不傷害는 자이나교 도덕의 기초이다. 왜냐하면 선악, 올바름이나 그름에 관한 일체의 물음은 문제가 되는 신·구·의가 일체의 생명 형태를 해치는가 여부의 물음으로 결국 귀착되기 때문이다. 그리하여 영혼의 진정한 본성에 대한 최초의 통찰을 성취함에 있어서, 자이나교도가 해야 할 도덕 행위의 오대서五大誓 중 최초의 것은 살아 있는 것을 해치지 말라는 서약이며, 불상해는 자이나교도가 살아가는 인생의 가장 중대한 규칙이다.

비록 불교도와 힌두교도도 불상해의 원리를 인생의 근본적 규칙으로 인정한다고 해도, 자이나교도는 이 원리를 가장 완전하게 발전시켰고 가장 엄격하게 적용해 왔다. '불상해'라는 용어는 부정적인 것이지만, 그 원리는 아주 긍정적인 것이고 모든 살아 있는 유기체 사이의 공동체를 인정하는 철학에 뿌리를 두고 있고, 사랑을 이 공동체의 전 구성원 사이에 있는 관계의 토대로 제시한다. 불상해에 대한 금령은 (지금은 돼지나 암소로 재생하게 된) 자신의 할머니를 먹고 있는 것이 아닐까 하는 공포와는 아무 관계가 없다. 오히려 그 금령은 모든 생명은 하나이며, 다른 것을 해치는 것은 모든 신성함의 기초가 되는 생명 공동체를 파괴하는 일이라는 자각을 구체화하는 것이다.

아힘사는 행위와 의도를 포괄한다. 상해는 의도적으로든 또는 부주의나 태만에 의해서든 자만·탐욕·편견·욕망에서 나온 행동으로써 다른 생명 유기체들을 해치는 것으로 정의된다. 그러나 물리적 행위가 자행되지 않았다고 해도, 다른 것을 해치려는 그 의도 자체가 이미 해치는 것으로 간주된다. 분노·자만·증오·탐욕·부정직에 근거하는 일체의 행위는 폭력의 형태로 간주되며 반드시 부정되고 내버려져야 하는 것이다. 물론 우주 전체가 살아 있는 것이므로, 사람이 행위를 하는 한에 있어서 온갖 생명체의 해치기를 완전히 피하기란 불가능하다. 그러나 해치는 행위의 정도와 범위는 크게 감소시킬 수 있으며 보다 더 큰 고통을 받을 수 있는 고등 생명체는 특별한 배려와 친절로써 다뤄질 수 있다.

육식은 동물들의 살상을 요구하므로 자이나교도들은 엄격한 채식주의자들이다. 실상 그들은 육식을 허용하는 불교도들을 혹독히 비판한다. 불교도들은 음식을 위해 동물을 죽이는 것이 금지되었으며,

특히 그들 자신의 음식을 위해서 살해된 동물의 고기를 먹는 것이 금지되었다. 하지만 불교도들이 어떤 고기라도 먹는다면, 도살자가 진죄의 책임을 부분적으로 면할 수 없게 될 것이라고 자이나교도들은 지적한다. 만일 그들이 고기를 일절 금한다면 도살자는 동물 살해를 그만둘 것이다. 유사한 맥락에서 자이나교도들은 동물의 희생제물을 바치는 힌두교의 관행을 비판하고 있으며, 종교라는 이름으로 수행되었다고 해서 동물 살해의 잘못이 경감되는 것은 아니라고 지적한다.

모든 자이나교도는 일체의 유정有情들을 해치지 않겠다는 서약을 한다. 그러나 출가 승단은 이 서약을 재가 신도들보다 더욱더 극단까지 밀고 간다. 출가나 재가의 두 그룹들이 모두 사냥·고기잡이·전쟁·마약이나 알코올을 취급하는 직업, 특히 상해하는 직업과 행위가 금지된다. 또한 승려들은 땅속의 생명체를 해치지 않기 위해서 땅을 파지 않는다. 그들은 물속의 생명체를 해치지 않기 위해서 수영하기와 목욕하기 또는 빗속에서 걷기를 피한다. 불속의 생명체를 해치지 않도록 불을 켜거나 끄지 않는다. 공기 속의 생명체를 해치지 않기 위해서 갑작스러운 운동을 하지 않는다. 길가에 자라고 있는 식물을 해치지 않기 위해서 걸을 때에도 극도로 조심한다. 그들은 보통 작은 생명들이 밟히지 않도록 옆으로 치우기 위해서 앞길을 쓸고 간다. 그리고 공중에 있는 생명체를 들이마셔 파괴하지 않도록 코를 헝겊으로 가리고 있다.

자이나교도는 술과 꿀도 역시 피하는데 그것들이 문자 그대로 생명체로 박신거리고 있다고 여기기 때문이다. 무화과와 자그마한 씨앗을 갖고 있는 다른 과일들과 달콤하고 끈적끈적한 조직을 가지고 있는 식물들은 수백만의 생명체들의 집합소로 여겨져 먹으면 안 된다. 의심의 여지없이 채식주의의 폭넓은 실천과 보다 광범위한 인도인 공동체에서 술에 대한 일반적 혐오는, 자이나교도가 불상해를 중심적 도덕 덕목의 지위로 격상시킨 것이 큰 이유일 것이다.

두 번째의 서약은 진실(satya)의 서약이다. 이 서약은 말이란 항시 생명의 거대한 공동체의 복리가 증진되는 방향으로 사용되도록 힘써 배려해야 함을 요구한다. 진실의 서약은 불살생의 서약과 긴밀한 관계가 있다. 결과적으로 해치는 말은 피해야 한다는 것이 아힘사의 규칙이기 때문이다. 거짓말은 일반적으로 해로운 행위로 이끌어가는 것으로 여겨진다. 그러나 의도적으로 거짓말을 하여 생명을 해치는 행위를 막는 것이라면 이는 허용된다. 예를 들면 어떤 사냥꾼이 죽이고 싶은 동물의 위치를 물어 왔을 때, 당신이 거짓말을 하여 그를 반대 방향으로 보낸다면 이 행위는 진실을 말하여 그 동물의 살생에 기여하는 것보다 더 바람직한 것이고 진실의 서약이 요구하는 것이다.

진실은 모든 업무와 전문적 행위에서 완전한 정직을 요구하며, 자이나교도 사업가의 심사숙고한 행동을 고취하여 거의 만인의 존경을 얻게 해주었다. 불친절·거침·난폭함·험담하기·약속 어기기·중상, 심지어 게으른 한담을 통해서 다른 사람을 해칠지도 모를 언어 행위조차도 진실의 서약으로 금지되는 것이다.

세 번째 서약 불투도(不偸盜, asteya)는 다른 사람에게 속해 있는 것을 취하는 행위를 금지한다. 여기에는 직접적으로 훔치는 절도 행위의 형태를 포함해서 보다 미묘한 형태를 취하는 것, 이를테면 생산물을 망치는 것·세금 포탈·암시장에서 거래하기·교환된 상품에 대해서 부적절한 무게와 계측·교환된 재화 또는 서비스의 완전한 가치를 제공하지 않는 것 등의 미묘한 형태의 것이라도 모두 포함되는 것이다. 사람은 훔친 물건이거나 남이 잃어버린 물건을 받아서는 안 되고, 물건들이 먼저 잘못 얻어진 것이면 낮은 가격으로 구입해서도 안 된다. 일반적 규칙은 자기에게 주어진 것이 아니면 어떤 것도 받지 않는다는 것이다. 어떤 형태의 훔치기라도 그것은 탐욕에서 생겨 나오는 해치는 행위로 간주되고 있으며, 불투도의 적극적 덕목은 자기 자신의 소유물에 충분히 만족하여, 다른 사람의 소유물에 대해서는 아주 미세한 욕망조차도 갖지 않도록 하는 데에 있다.

네 번째 서약은 성적 청정(범행梵行, brahmacarya)이다. 자이나교 고행자는 모든 성적 행위를 금할 뿐 아니라 섹스에 대한 생각조차 금한다. 우바새와 우바이의 재가 신도들은 분명 이 덕목을 극단적인 형태까지 수행할 수는 없었다. 그들에게 순결이란 배우자와의 관계 이외의 어떤 성적 행위나 생각이 허용되지 않는다는 것이다. 이 서약의 존재 이유는 성적 행위가 속박을 생산하는 욕망이나 다른 격정에서 나오는 것이며, 그 욕망과 격정을 살찌우는 것이라는 데에 있다.

모든 자이나교도가 받아들이는 다섯 번째 서약은 무집착 또는 무소유(aparigraha)의 서약이다. 무집착의 태도는 업의 육신들이 외부 세계와의 동일시를 구하는 행위에 종지부를 찍기 위해서 꼭 함양되어야 하는 것이다. 그리하여 무소유가 무집착의 가장 명백한 외적 표식이고 첫 요구 조건이라고 해도, 무집착은 단순한 무소유 이상의 것이다. 수행승은 교단에 가입함과 동시에 온갖 부와 소유물을 포기하도록 요구받으며, 재가 신도는 반드시 부와 소유, 그리고 그것들의 획득 수단에 대한 수많은 제한과 조건을 준수해야 한다. 물리적 포기 자체가 목표는 아니다. 그 목표는 업의 축적에서 비롯한 왜곡된 관점에서 생겨나는 욕망과 혐오라는 행동 요인 겸 수단으로서의 모든 생각과 태도를 속속들이 제거하는 일이다. 욕망이나 혐오에 근거하는 생각과 행위를 제거하려는 서약은 욕망과 혐오 자체를 제거할 수 있는 효과적 길이라는 통찰에 근거한다.

이런 다섯 기초적 서약은 일련의 제2차적 서약(소서계小誓戒)에 의해서 강화되고 확장된다. 거기에는 ①여행을 줄일 것, ②걸러지지 않은 물과 특정한 종류의 음식과 특정한 방식의 조리법을 금할 것, ③머리 굴리며 생각하는 일·장난질하기·해로운 충고하기·비교육적일이나 공연을 보거나 듣는 일을 금지하기, ④단식을 수행하기, ⑤명상하기, ⑥보시하기, ⑦행위를 잠정적으로 특별히 주어진 장소에 제한하기, 마지막으로 ⑧명상과 단식을 통해서 거룩한 죽음을 행하기, 이런 서약들이 포함되었다.

1·2차적 서약들을 점점 엄격하게 준수하면 사람은 정화의 제5단계·제6단계·제7단계를 성취할 수 있다. 이 단계에 이르면, 사람은 스승의 지도 아래 일상적 의식으로부터 숨겨져 있는 미묘한 이차적 격정들조차 제거하는 일에 필요한 영혼의 부가적 에너지를 방출해 주는 선정의 훈련을 받을 수 있다. 만일 이런 미묘한 이차적 격정들이 실제로 제8단계·제9단계·제10단계에서 제거되면, 그 사람은 제2차적 업의 근원들이 파괴되는 12단계의 행위를 위해서 준비가 다 된 것이다. 그러나 만일 2차적 격정들이 제거된 것이 아니라 오직 억제된 것에 불과하다면, 그 사람은 제11단계에서 더 저급한 단계로 전락하게 될 것이다.

제2차적 업의 뿌리가 모두 제거되면 영혼을 더럽히고 가로막고 제한하는 미묘한 제1차적 업의 뿌리를 제거할 수 있다. 이 단계에서 사람은 완전지를 성취하게 되고, 아라한(應供), 케발린(獨存者, 업에서 독립된 자), 지나(勝者), 티르탕카라(여울 만드는 자) 등 여러 가지로 일컬어진다.

완전한 해탈, 목샤에 이르기까지는 이제 한 단계가 남아 있을 뿐이다. 이 14단계는 오직 아라한에 의해서만 죽음 직전에 성취된다. 왜냐하면 그것은 이전에 얻었던 일체 업의 완전한 소진과 일체 생명 행위의 완전한 지멸, 이 양자의 일치를 요구하기 때문이다. 자이나교도에게는 불교도나 힌두교도와는 달리, 완전한 완성은 살아 있는 동안에는 가능하지 않으며 최후의 죽음과 함께 온다.

5. 자이나교 사유의 영향

마지막으로 해탈의 이런 놀라운 길, 그 교리적 순수성이 2천5백 년 이상 고대 인도의 사유에 가치 있는 통찰을 제공해 온 이 길은 인도인의 삶에 중요한 문화적 기여를 해 왔다는 점을 지적해야 한다. 인간 지식의 중요성에 대한 강조는 철학·논리·문학·과학에서 중요한 업적을 쌓았으며, 비자이나교도들을 고무해 그들 자신의 체계와 방법을 발전시키고 세련되도록 했다. 하리바드라(7세기), 헤마찬드라(12세기), 말리세나(Malliṣeṇa, 13세기)의 인도 논리학에 대한 공헌은 인상적이었으므로, 주요 불교도와 힌두교 철학자들의 사유를 자극해 중요한 개념적 진보를 가져왔다.

자이나교 승려들은 그들의 가르침을 재가 신도 공동체에게 제시하기 위해서 설화·서사·시를 짓는 일에 속어체의 언어를 사용하며, 속어 특히 구자라트어(Gujarati), 프라크리트(Prakrit), 차나레세(Canarese) 등의 제 언어들로 쓰인 문헌의 발전에 크게 공헌한 바 있다. 칼리다사(Kālidāsa)의 저작에 대한 말리나타(Mallinātha)의 주석은 위대한 인도 시인을 연구하는 거의 모든 학자가 활용하고 예찬했다. 저작하고 수집하는 일에 대한 자이나교도의 취미는 커다란 공동체에 봉사할 수 있는 훌륭한 도서관들을 갖도록 했고, 천문학·수학·문법에 관한 수많은 경전을 파괴될 위기에서 구해냈다. 예컨대 신화와 전설에 포함된 세계에 관한 헤마찬드라의 시적 역사, 그의 범어와 프라크리트의 사전과 문법서와 과학서들은, 이러한 주제들에 대해서 당시 진행 중이었던 연구와 그 주제들의 보존에도 크게 기여했다.

그러나 인도인의 삶에 대한 자이나교도의 가장 커다란 기여는 도덕적인 덕과 정교한 논증에 서 보여준 그들의 모범일 것이다. 그들은 갠지스 강 유역에서 아대륙의 남쪽 곶과 서쪽 변경에 이르는 지역으로 이주해 가며, 인도 문화 중 최선의 부분을 그들의 모범적 삶을 통해서 인도의 이 지역들까지 확장했다. 자이나교도가 불상해의 규칙을 고수한 것은 불교도와 힌두교도의 삶에서 수세기 동안 이 도덕적 원리가 차지하는 하나의 주요 요인이 되었다. 마하트마 간디는 영국 식민 통치의 멍에를 던져버리려고 애썼던 그의 성공적 노력의 일환으로 불상해를 고수하여, 비폭력의 원리를 전 세계에서 존경받도록 만들었다. 그런 간디는 소년 시절 알았던 자이나교의 고행승이 자신에게 남겨주었던 깊은 인상을 감사하는 마음으로 시인한 바 있다.

21세기가 시작되면서, 세상에 있는 자이나교도 공동체는 폭력에 반대하고 채식주의를 옹호하는 운동의 전면에 나섰다. 숫자가 적고 자신들의 정체성을 유지하기 위해서 종종 투쟁해야 하지만, 평화와 억압받는 자들의 복리를 위한 투쟁은 상당한 성공을 거두기도 했다. 자이나교 지도자들은 과거처럼 지식과 도덕적 행위에로의 길을 고수함으로써 계속해서 다른 사람들에게 영감을 준다.

요약

기원전 8세기 이전에 발생했던 자이나교는 속박과 해탈에 관한 철학적 모델과 도덕적 행동의 본보기, 그리고 인간 경험과 이성에 대한 강조를 통해서 인도인의 삶에 깊은 영향을 주었다. 그러나 이 성취들은 우연적인 것이었다. 왜냐하면 제1차적 목적은 항시 고통의 존재라는 곤경을 각성할 수 있는 사람이, 그 자신의 영혼 안에 깃들어 있는 완전지와 순수지복을 성취할 수 있도록 도와주는 것이었기 때문이다.

자이나교도들은 신神에 대한 믿음을 억견으로 거부하고 대부분의 종교가 수반하는 미신적이며 마술적인 관행들도 내버리며, 대신 해탈을 성취한 현명하고 착한 인간들, 따라서 영적 정복자 또는 티르탕카라로 숭앙받고 있는 인간들이 걸어온 길을 따라가기 위해서 그들 자신의 노력에 의존한다. 자기 의존의 정신과 속박의 조건들과 해방의 길을 이해할 필요성에 대한 당연한 강조를 통해서, 자이나교도들은 섬세한 철학적 모델과 합리적 기초를 갖춘 윤리학을 발전시킬 수 있었다.

우리가 살펴본 대로, 속박은 청정하지 못하며 해로운 신구의身口意에 의해서 끌려들어간 업의 입자들의 축적으로 야기된 것이다. 이 업의 입자들은 영혼을 둘러싸게 되는 미세한 육신을 구성하여 그 내적 청정을 오염시키고 자연스러운 완전지를 은폐하며 에너지를 제한한다.

이런 업의 육신에서 영혼을 해탈시키는 유일한 길은 부가적 업의 축적을 중지하고 이미 축적된 업력을 없애는 것이다. 이 목적을 위해서 자이나교도들은 지식·도덕적 행위·고행으로 이루어져 있는 자세한 청정도淸淨道를 출발시켰다.

지식은 경험과 논증으로 얻어진 이해뿐 아니라, 통찰에 기초한 신앙과 지나들이나 자격 있는 스승들의 가르침에 대한 신뢰를 포함한다. 왜냐하면 이 두 종류의 지식이 업을 생산하는 행위들로 이끄는 억견들을 파괴하는 일에 필요하기 때문이다.

도덕적 행위는 불상해·진실·무집착·불투도, 성적 자제의 수행을 통해서 행동을 일으키는 힘에 해당되는 욕망과 혐오를 제거할 것을 요구한다.

고행은 단식·움직이지 않기·요가적 수행, 긴 목록을 가진 고행의 특수한 형태들을 통해서 육신·감각·말·마음의 억제를 수반한다.

고행, 도덕적 행위의 성공적 수행, 그리고 통찰과 지식의 획득, 이런 것들을 통해서 상상할 수 있는 온갖 육화된 생명의 모습으로 겪는 수많은 생사에 묶어둔 업의 속박으로부터, 이러한 여러 육화 안에서 형언할 수 없는 고통을 겪게 만들었던 업의 속박으로부터 영혼은 해탈할 수 있다. 자유롭게 된 영혼은 즉각 우주의 바로 그 정점에 도달하여, 영원한 완전지, 절대지복, 무제한의 위력을 향유한다.

더 읽을거리

Chapple, Christopher, *Nonviolence to Animals, Earth, and Self in Asian Traditions*, SUNY Series in Religious Studies, Albany, NY : State University of New York Press, 1993. 비폭력 검토, 특히 자이나교를 강조한다.

Chapple, Christopher Key(ed.), *Jainism and Ecology : Non-Violence in the Web of Life*, Cambridge, MA: Harvard University Press, 2002. 자이나교 비폭력 개념과 그것이 생태학에 갖는 의미에 대해서 자이나교를 연구하는 선도 학자들이 쓴 논문 모음집.

Dundas, Paul, *The Jains*, London : Routledge, 1992. 자이나교 이념과 실천에 관한 광범위한 조사.

Jaini, Padmanabh S., *Collected Papers on Jaina Studies*, Padmanabh S. Jaini(ed.), Delhi : Motilal Banarsidass Publishers, 2000. 자이나교에 대한 자이니 교수의 가장 중요한 논문 모음집.

_____, *The Jaina Path of Purification*, Berkeley : Universtiy of California Press, 1979. 자이나교에 대한 최고의 책.

Mardia, K. V., *The Scientific Foundations of Jainism*, Delhi : Motilal Banarsidass, 1990. 도덕 과학 개념과의 관련성에서 자이나교의 기본 개념을 논의했다.

Matilal, Bimal, *Central Philosophy of Jainism (Anekāntavāda)*, Ahmedabad : L. D. Institute of Indology, 1981. 상급생을 위한 통찰력 있는 책.

Qvarnström, Olle, and Padmanabh S. Jaini(eds.), *Jainism and Early Buddhism : Essays in Honor of Padmanabh S. Jaini*, Fremont, Calif. : Asian Humanities Press, 2003. 이 분야의 탁월한 학자들이 자이나교와 초기 불교를 비교하며

쓴 논문집.

Tatia, Nathmal, *Studies in Jaina Philosophy*, Varanasi : Jaina Cultural Research Center, 1951. 자이나교의 중심 이념들에 대한 심도 깊은 검토. 상급반 학생을 위한 책.

Umāsvāti, Nathmal Tatia(ed. and trans.), *That Which is(Tattvārtha Sūtra)*, New York : Harper Collins, 1994. 초기 자이나교의 유일하고도 가장 중요한 철학적 텍스트를 탁월하게 번역한 책.

제7장 붓다의 길

기원전 525년경 아시아의 역사를 바꿀 만한 사건이 북인도에서 발생했다. 슈도다나(Suddhodana, 淨飯) 왕과 마야 부인의 아들인 고타마 싯다르타(Siddhārtha Gautama)는 인간고의 근본적 원인들을 밝혀주며, 고에서 자유로운 삶을 이루는 길을 보여줄 수 있는 심오한 영적 경험을 했다. 싯다르타를 붓다, 즉 '각자覺者'로 변화시킨 것은 바로 이 경험이었다.

물론 싯다르타, 붓다가 깨달아 삶의 모든 고통과 불안으로부터 그저 자신만을 해방시켰다면 근본적인 역사적 변화는 전혀 일어나지 않았을 것이며, 우리는 아마 그에 대해서 아무 것도 들어보지 못했을 것이다. 그러나 그는 그 이상의 일을 했다. 고통받고 있는 만인에 대한 자비로 마음을 움직여 듣고 싶은 사람이면 누구에게든 고에서의 구원의 길을 제시했다.

그의 가르침은 유행했고, 기원전 232년 아쇼카 왕 통치 말기까지 불교는 실제로 인도 아대륙 전역으로 퍼져 나갔다. 그리고 다음 1천년 동안 불교가 태어났던 그 땅에서 주요한 종교적·철학적·문화적 세력으로서 견디어 갔다. 8세기와 9세기 무렵 불교가 인도에서 쇠퇴했을 때, 이미 나머지 아시아 대부분의 지역으로 퍼져 나갔으며, 거기서 바로 이 순간까지 수억 사람의 삶에 주요한 영향력을 줄곧 행사해 왔다. 불교는 대승의 형태로 중국·티베트·한국·베트남·일본에서 종교적 삶과 철학적 사유를 지배하게 되었고, 20세기에는 유럽과 아메리카 대륙에서 소수이긴 하지만 중요한 세력이 되었다. 불교는 상좌불교의 형태로 스리랑카(실론), 타일랜드, 캄보디아, 버마로 퍼져 나갔으며, 거기서 지난 2천 년 중 대부분의 기간 동안 주요한 종교적·문화적 세력이 되었다.

불교 발전이 갖고 있는 이 장구하면서도 복잡한 얘기에 대한 우리의 접근법은 불교의 핵심을 구성하는 불·법·승이라는 삼보에 주목하는 것이다. 모든 불교도는 불교도가 되는 공식적 행동으로 이 삼보에 귀의하는 서약을 하게 된다. 붓다란 누구인가? 법이란 무엇인가? 불교 교단(상가saṅgha)은 무엇인가? 이 세 가지 물음이 붓다의 길에 대한 우리의 검토에 골격을 부여할 것이다.

우리는 붓다의 최초 설법과 그의 삶과 메시지가 놓여 있는 문화적 맥락에 대한 개요에서부터 시작할 것이다. 붓다는 누구이며 그의 가르침은 무엇인가를 이해하려는 시도는, 대승과 상좌부가 공유하는 비전과 이해가 안내해 줄 것이다. 그들이 함께 공유하는 가르침은 아마 아주 초기 불교까지, 붓다 자신이 살았던 공동체까지 거슬러 올라갈 수도 있는 이해의 핵심을 반영하고 있을 것이다. 마지막으로 우리는 불교 교단의 발전을 검토하며 상좌부와 대승불교의 형태들 사이의 주요 차이점들을 가려낼 것이다.

1. 최초의 설법(初轉法輪)

붓다가 베푼 최초의 설법이 그의 깨달음의 경험 내용을 요약하고 있으므로, 그 최초의 설법에서부터 우리는 서술을 시작해야 할 것이다. 인간고의 조건들에 대한 그의 통찰, 이 조건들을 제거할 수 있는 길, 이 양자에 대한 간략한 기술은, 그가 극단적 고행을 실험하고 있을 동안 싯다르타의 동료들이었으며 의혹을 품고 있었던 다섯 승려에게 최초로 제시되었던 것이었다. 이 다섯은 싯다르타가 탐닉과 고행 사이의 중도를 위해서 고행을 포기했을 때, 그가 해탈의 추구를 포기했었다고 생각하여 그를 버리고 떠나갔던 사람들이었다. 지금도 그들은 깨달음을 성취했다는 붓다의 주장에 도전한다. "고타마 친구여! 저 (극단적) 준수에 의해서도, 저 (극단적) 수행으로도, 저 (극단적) 금욕 생활로도 그대는 인간의 힘을 능가하는 힘도, 높은 지식과 비전도 얻지 못했다. 그런데 그런 헐렁한 습관으로 살아가며 정진을 포기하여 사치로 돌아간 터에 그대는 어떻게 인간의 힘을 능가하는 힘, 높은 지식과 비전을 얻을 수 있단 말인가?

싯다르타는 고행을 포기했다고 하여 해탈을 위한 정진을 포기한 것이 아니었고, 중도를 따르려는 정진을 통해서 참으로 깨달음을 찾았다고 단언하며, 그에 대한 그들의 잘못된 인상을 수정했다. 그는 이제 깨달음의 경험으로 인하여 그가 변화되었다는 점을, 그리고 그 깨달음에 대한 존경의 마음으로 그들이 그를 이제 동무가 아니라 타타가타(Tathāgata: 여래, 즉 깨달음을 향해서 '이렇게 간 사람')로 불러야 한다는 점을 역설했다.

다섯 비구는 근본적 변화가 진정 그들의 옛 동료를 압도한다는 점을 간파하고, 붓다가 최초의 설법을 베풀자 기꺼이 들었다. 이 설법이 바로 불교를 인도 전역에, 아시아의 다른 지역, 아니 전 세계에 가져다준 초전법륜이다. 이 가르침의 핵심은 고를 넘어가 깨달음의 삶으로 이끄는 중도이다.

> 비구들이여, 회피해야 할 두 가지의 극단이 있다. 두 가지 극단이란 무엇인가? 하나는 여러 가지 욕망에 빠져 욕락에 탐닉하는 것이다. 이것은 하열下劣하고, 야비野卑하고, 범우凡愚하고, 무가치하며 소용없는 것이다. 다른 하나는 자학에 빠지는 것인데, 고통스럽고, 무가치하며, 소용없다. 비구들이여, 이 양극단을 피하여 여래는 중도를 깨달았던 것이다. 이것은 통찰을 낳고, 지혜를 낳으며, 평안, 지식, 정각, 열반을 낳는다.

붓다는 그 당시 인도에서 주창되고 있었던 다른 길들과는 달리 그의 길은 일체의 극단을 회피하는 중도의 길이라는 점을 강조한 다음, 그가 발견했다는 고에 대한 사성제를 법문한다.

> 비구들이여, 이것이 고에 대한 사성제四聖諦이다. 태어남이 고이다. 늙음도 고이다. 병도 고이다. 죽음도 고이다. 미워하는 대상이 있어도 고이다. 우리가 사랑하는 대상과 떨어져도 고이다. 우리가 애타게 갖고 싶어 하는 것을 얻지 못하면 고이다. 한마디

로 오취온五取蘊이 고이다.

비구들이여, 이것이 고의 생기에 관한 성제이다. 고는 재생을 가져오는 취착取着에 기인하며, 이 취착은 지금은 여기에서 다음은 저기에서 만족을 구하는 감각적 열락을 수반한다. 취착에는 욕락에 대한 취착(色愛)과 생존에 대한 취착(有愛), 생존의 멸무滅無에 대한 취착(無有愛)이 있다.

비구들이여, 이것이 고의 지멸에 관한 성제이다. 즉 그것은 이취착을 완전히 멈춘 것이고, 격정의 제거이며, 그리하여 취착이버려지는 것이고, 포기되고, 더 이상 간직하고 있지 않으며, 해탈이다.

비구들이여, 이것이 고의 지멸로 나아가는 길에 관한 성제이다. 그것은 바로 팔정도이다. 즉 올바른 견해(正見), 올바른 의도(正思惟), 올바른 말(正語), 올바른 행동(正業), 올바른 생업(正命), 올바른 노력(正精進), 올바른 집중(正念), 올바른 선정(正定)이다.

— 율장 대품

이 장에서의 우리의 주요 관심사는 다음 네 진리를 이해하는 일이다. ①인생에서 경험되는 불안과 고는 두카(duḥkha)로 불리는 근원적인 불완전함에서 생겨 나온다. ②저 두카는 영속성과 분리성에 대한 집착에 기인한다. ③이 집착을 제거하는 방식은 그 아래에 있는 무명을 제거하는 일이다. 그리고 ④무명과 집착을 제거하는 길은 팔정도를 따르는 일이다.

2. 배경

비록 붓다의 가르침이 새로운 것이라고 해도, 그것은 기원전 6세기에 인정받기 위해서 서로 경쟁하고 있었던 다양한 견해들의 맥락에서 성취되고 제시된 것이었다. 당시를 지배하던 견해는 여전히 베다적인 것이었는데, 이는 신들의 도움을 확보하고 천계에서의 재생을 획득하는 효과적 방법으로 제의를 강조했다. 그러나 제식적 관행이라는 이 낡은 이상은 우파니샤드 안에서 진행되고 있었던 지식의 길의 도전을 받아 수정되었다.

그렇지만 우리가 자이나교를 다룬 장에서 살핀 대로, 베다 안에 있는 제의의 길과 우파니샤드가 말하는 지식의 길, 이 두 가지 길 모두 대안으로 제시된 다른 비전들의 심각한 도전을 받고 있었다. 이 비전들은 구세주 신들의 존재와 그들의 도움·희생적 제의·정통적 사제 직분 등을 반복된 죽음의 고통과 굴레로부터 자유를 얻는 길이 되기에는 오류가 있고 무익한 것으로 거부했다. 이 공통점에도 불구하고 비非베다적 견해들은 매우 다양했다. 그중에 결정론자, 비결정론자, 허무주의자, 상주론자常住論者가 있었다. 오늘날 우리의 동의를 요란스럽게 요구하는 것과 동일한 철학적 입장들, 이를테면 유신론·유물론·불가지론이 2천5백 년 전 인도에서 열광적으로 주창되었다는 점은 흥미로운 일이다.

붓다가 특별히 회피하고자 했던 두 쌍의 극단적 견해들이 있었다. 그것들은 조건을 제거하면 인간의 고통을 제거할 수 있겠다는 인간 행위의 가능성을 배제했기 때문이었다. 첫 한 쌍의 견해는 강強결정론자들과 비非결정론자들이 가지고 있었던 견해들이다. 그중 첫 견해는 푸라나 카사파(Purana Kassapa)가 대표하는데, 오늘날의 행동주의자들과 유사하며 모든 행동은 자연과 환경의 힘이 완전히 결정한다는 것을 주장한다. 두 번째 견해는 만사가 순전히 우연으로 일어난다는 사실과, 오늘날 세계에는 다른 것의 조건이 되거나 또는 그것을 결정하기 위해서 작동하는 어떤 요인들도 존재하지 않는다는 사실을 주장한다. 두 그룹에게 고를 뿌리 뽑을 수 있는 가능성은 배제된다. 비결정론자들은 일체의 인과를 부정하여, 인간 행위의 효용성을 위한 어떤 기초도 남겨두고 있지 않다. 반면 결정론자들은 만물이 인과적으로 결정되었다고 주장하며 자유의 가능성과 인간의 선택과 통제의 가능성을 부정한다.

싯다르타가 회피하고자 했던 또 다른 한 쌍의 극단적 견해들은 상주론자와 허무론자의 것들이었다. 전자는 자아를 영원히 존재하고 그것 자체로는 불변이며, 육신에서 영원히 분리되면 해탈을 얻게 되는 영적 실체로 간주한다. 이 견해의 문제점은 자아가 불변의 영적 실체이므로 어떤 방식으로도 행위에 관여하지 않는다는 점이다. 그런데 자아를 관여시키지 않는 행위는 진정한 의미의 행위가 아니라 단순히 육신적 행동일 따름이며 자아에 의해서 전혀 영향을 받지 않는다. 역으로 생각하면, 자아는 본래 육신과 분리되어 있으므로 육신의 조건들은 자아에 진정으로 영향을 줄 수 없다. 이런 이원론적 견해를 수용하면, 고를 책임져야 할 조건들이 어떻게 인간의 행위에 의해서 영향을 받고 제거될 수 있겠는가 하는 것이 문제가 된다.

반면에 허무론자들은 죽음 이후에 살아남을 자아의 존재나 개인의 연속성을 부인한다. 한순간에서 다음 순간까지 존재할 수 있는 것은 아무 것도 없으므로 존재의 한순간에 하는 일이 다음 순간에 영향을 미칠 가능성이 없다. 이것은 인간적 선택과 행위를 무의미하게 한다.

불교도 자이나교처럼 고와 죽음을 극복하기 위한 효과적 수단으로 지혜(慧)·선정(定)·도덕적 행위(戒)를 강조한다. 비록 불교도들은 자이나교도들의 극단적 고행은 피한다고 해도, 종교적 공동체의 중심을 이루며 종교적 삶을 단단히 고정시키고 있는 것은 성직자나 재가 신도 공동체가 아니라 불교 승단이라는 점에 공감한다.

불교도들은 우주를 시공 안에서 믿을 수 없을 정도로 확장되는 것으로 보고 있는 비전, 기원전 6세기에 익숙했던 인도의 우주론적 비전도 수용했다. 시간은 1백 년이나 1천 년이 아니라 무한히 긴 연기 年紀나 칼파(劫, 수십억 년)의 단위로 측량된다. 잘 알려진 비유에 의하며, 이 우주가 존재해 왔던 시간의 길이는, 에베레스트 산보다 더 큰 암산이 가장 부드러운 바나라스 산産의 비단 천 조각과 1백 년에 한 번씩 아주 살짝 접촉하게 된 결과, 그 암산이 닳아빠져 해수면과 같게 되는 세월, 그것보다 더 긴 세월이었다. 그리고 우주의 범위는 너무나 광대무변하여 우리의 지구가 천체들의 거대한 대양의 물 한 방울과 같을 정도이다.

자이나교도들과 당대 인도의 다른 단체들과 마찬가지로 불교도들은 대부분의 존재들이 헤아릴 수 없을 정도로 자주 죽고 다시 태어나며, 한 번은 인간의 형상으로, 또 한 번은 식물이나 동물의 형상으로, 그다음 번에는 남녀 제신의 형상으로 태어난다고 상정한다. 그러나 이와 같은 생사윤회에서 자유가 얻어질 때까지 번뇌나 고뇌는 끝이 없을 것이다. 불교도들도 업이 이런 생사의 전 과정을 움직이고 있다는 데에 동의한다. 그러나 업을 물질적 존재의 형태로 간주하는 자이나교도의 견해와는 반대로, 그들은 의지력으로 보고 있다.

불교의 출가 승단 공동체도 자이나교의 것과 마찬가지로 두 가지 목표에 봉사하기 위한 것이다. 하나는 완성으로 향한 길을 방해받음 없이 수행하는 일에 도움이 되는 환경을 창조하려는 것이며, 다른 목표는 대부분의 다른 출가 승단과는 달리 재가 신도의 공동체에게 종교적·사회적 도움을 주겠다는 것이다. 그렇지만 불교도들은 한 걸음 더 나아가 가난한 자를 입히고 배고픈 자를 먹이고 아이들을 교육하는 일과 같은 다양한 사회봉사를 했다.

실재에 대한 견해들로 나아가면, 불교도들은 영원한 자아들과 사물들이라는 자이나교도의 관념을 거부하고 있음을 지적할 수 있겠다. 불교에 따르면, 존재하는 만유는 생성의 흐름이며 존재하는 어떤 것도 영원할 수 없다. 아름다우나 쉽게 시드는 꽃 한 송이가 존재에 대한 불교적 견해를 가장 잘 대변한다. 왜냐하면 비바람이 새롭게 핀 매화꽃들을 땅바닥으로 떨어뜨리는 것을 본 사람이라면 누구든 잘 알겠지만, 그것이 아무리 아름다워도 분명히 지나가는 현상이기 때문이다. 이 꽃들이 영원해야 한다고 생각하는 사람에게는 이것이 비극적으로 보일 것이다. 그러나 이 변화를, 즉 존재의 지속적인 발생과 소멸을 곧바로 존재의 본성 자체로 이해하는 자에게는 이 아름다운 꽃들을 보는 즐거움이 낙화한다고 해서 망쳐질 것은 아니다. 이런 생성의 거대한 흐름이 여러 양상으로 변하겠지만 그럼에도 그 핵심에서는 불변하는 영원한 사물들의 집적으로 오인될 때, 그때 변화는 존재의 파멸로 보인다.

기나긴 역사 동안 상대적으로 덜 변화하고 인도에 국한되었던 자이나교와는 달리, 불교는 아시아 전역에 그리고 아시아를 넘어 퍼져나가 기독교가 유럽 문명에 영향을 준 것처럼, 비인도적 아시아 문명들에 영향을 주는 동안, 가르침과 실천상의 많은 변화를 겪어왔다. 우리가 이제 믿음의 기독교와 불가지론적 기독교를 그리고 가톨릭과 개신교를 구별해야 하듯이, 우리는 신애와 제의적 경건으로 이뤄진 불교와 선정의 불교 사이 그리고 상좌부의 불교와 대승불교를 구별해야 한다. 공의파와 백의파 사이의 분파에도 불구하고 존재했던 자이나교의 교리적 통일성은 불교에서는 적용되지 않는다. 불교의 수많은 부파는 실천 수행뿐 아니라 많은 교리적·경전적·철학적 이슈들에 대해서도 서로 불일치해 왔다.

3. 붓다(佛)

우리가 삼보를 검토하기 시작하면, "붓다란 누구인가?" 하는 것이 제기되는 첫째 물음이다.

세 붓다들

불교에서 붓다의 위치를 이해하기 위해서 우리는 처음부터 몇 개의 구분을 해야 한다. 붓다는 동시에 세 가지 존재이기 때문이다. 첫째, 그는 고타마 싯다르타라는 역사적 인물이다. 둘째, 그는 모든 존재 안에 숨겨진 완전성으로 깃들어 있는 궁극적인 영적 실재이다. 셋째, 그는 역사적 인물인 동시에 육화肉化된 궁극적인 영적 실재이다. 왜냐하면 싯다르타는 수많은 다겁생의 영적 노력을 통해서 깨친 실재를, 즉 존재의 궁극적인 영적 실재를 육화하고 있기 때문이다. 그리하여 비록 붓다(각자)는 궁극적인 영적 실재의 특정한 화신이긴 하지만 슈도다나 왕과 마야 왕비의 역사적 아들만은 아니다.

역사적 싯다르타는 현명하고 자비로운 인물로 간주되지만, 붓다의 전설은 이 인격으로 육화된 깨달은 법신을 드러내려고 시도한다. 그러나 역사와 전설은 깨끗이 분리될 수 없다. 고타마 싯다르타는 역사적 인물 겸 깨달은 법신이기 때문이다.

붓다는 법신(enlightment reality)으로서, 즉 모든 존재자들 안에 숨겨진 완전성으로 거하는 궁극적인 영적 실재인데, 무한 가지 형상으로 무수히 자주 화현할 수 있다. 대승불교는 다음과 같은 점을 인정하여 이것을 강조한다. 즉 우리는 이미 모두 붓다이고, 불성의 '성취'는 우리 대부분에게 잠자고 있고 숨겨져 있는 우리 존재의 완전성을 그저 간단히 깨닫는 일이다. 상좌불교는 깨달음을 우리 자신의 노력으로 성취할 수 있다는 점, 즉 우리는 우리 자신의 최선의 피난처라는 점을 역설하여 동일한 사실을 강조한다.

그리하여 불교도들에게 제일 관심이 있는 일은 특정한 물질적 육신과 마음에 국한되어 있는 역사적 싯다르타가 아니라, 대승에서 강조하는 내재하는 법신(dharmakāya)에 의해서 거룩하게 된 역사적 인물이다. 상좌부는 법신을 육화한 존재로서의 역사적 인격을 강조한다. 결과적으로 북부 인도에서 기원전 560년경에 태어난 역사적 고타마 싯다르타를 살펴보려는 우리의 노력에 있어서, 불교도들에게는 그도 역시 법신이라는 점을 명심해 두어야 한다.

역사적 붓다

싯다르타에 대해서 엄밀한 의미로 본 역사적 정보는 고민스럽게도 드물다. 그의 부친 슈도다나는 북부 인도의 자그마한 석가(釋伽,

좌불(출처: The Walters Art Museum)

Śakya) 공화국의 지배자였으며, 어머니는 데바다하 출신의 마야 왕비였다. 나이 열여섯 무렵 그는 야쇼다라 공주와 결혼하였으며, 그녀와 함께 부왕의 궁전에서 사치스러운 삶을 나누었다. 그들의 외아들 라훌라는 12년 정도 이후에 태어났으며, 그 직후 싯다르타는 그가 만났던 고통받는 중생들 때문에 고민하다가 자비심으로 가득차, 고를 없애는 길을 추구하기 위해서 고행자의 생활을 택했다.

6년 동안의 엄격한 고행과 당대의 가장 유명한 선생들과의 공부 뒤에, 그가 일찍이 욕락의 길을 거부했듯이 고행의 길도 거부했다. 두 극단의 길을 피하려고 결심한 뒤, 그는 자신의 고유한 행위와 선정의 길을 만들어 갔고 나이 35세에 정각을 성취했으며, 이 정각은 그날 이래로 붓다(정각자)의 징표徵表가 되었다. 깨달음 바로 뒤, 그는 바나라스 인근의 녹야원鹿野苑에서 최초의 설법을 했다. 다음 45년 동안 그는 듣고 싶어 하는 모든 사람을 가르쳤으며, 그의 통찰과 지혜를 남녀, 불가촉천민과 바라문, 빈부에 관계없이 나누어주었다. 여러 설화에 따르면 그는 식중독으로 나이 80세에 쿠시나라(Gorakhpur, 고라크푸르 부근)에서 입적했다.

이 짧막한 얘기마저도, 우리가 가지고 있는 엄밀하게 역사적 지식을 약간 넘어가 널리 인정되는 전설에 의거한다. 그러나 이런 전설은 엄밀한 역사적 정보보다 불교도들에게 더욱 중요하다. 전설에서는 붓다가 육화했다는 보편적 법신의 면모들을 표출할 수 있기 때문이다. 전설적인 붓다는 단순히 현명한 역사적 인물 이상이다. 그는 깨달음의 본질 자체를 육화했던 인격이며, 그의 가르침은 우리 모두에게 그를 붓다로 만든 것과 같은 깨달음을 각성시킬 수 있다. 비록 불교의 이 면모가 나중 대승불교의 형태들에서 더욱 현저하게 되었다고 해도, 그것은 처음부터 분명했고 상좌불교에서도 중요한 부분이었다.

비록 불교도들이 붓다를 깨달음의 화신으로 간주한다고 해도, 그를 신으로 생각하고 있지 않는다는 점을 지적하는 일은 중요하다. 그리고 물론 그 자신도 결코 인간 이상의 어떤 존재라고 주장한 적이 없었다. 그러나 그의 인간성 안에서 우리의 인간성이 그런 것처럼 깊고 경이로운 충만이 존재하며, 우리가 그것에 대해서 각성하면 새로운 삶의 기초가 될 수 있다. 붓다가 깨달음으로 가는 길을 가르친 것은 바로 이기적 존재의 경박함을 극복하는 것이다. 이 이기적 존재란 인간의 불안과 고의 핵심에 가로 놓여 있는 새로운 존재에 대한 취착과, 해묵은 존재에 대한 망집 안에 그 모습을 드러내고 있다. 이 깨달음의 기초가 우리 자신의 존재와 따로 떨어져 있거나 별개의 것이 아니므로, 불교도들은 붓다가 가르쳐준 지혜·청정행·선정의 길을 따라가기만 하면 그들 제각기 그것을 성취할 수 있다고 주장한다.

네 가지 상像

세계 안에 있는 고의 편만성에 대한 싯다르타의 각성과 모든 존재들의 고에 대한 깊은 자비심의 발로는, 장부 경전에 기록된 네 가지 상에 대한 전설(四門出遊) 안에 감동적으로 묘사되었다.

이 전설에 따르면, 싯다르타가 태어나자 어떤 나이 든 현자가 다음과 같이 예언했다고 한다. 이 아이가 성장해 이 세계에 있는 고의 폭과 깊이를 목격한다면, 그는 부왕의 왕국을 버리고 사문의 삶을 살아가며 깨닫게 될 것이라고. 슈도다나 왕은 이런 식으로 아들을 잃고 싶지 않아, 싯다르타가 세상의 고통을 결코 알아차릴 수 없도록 모든 조처를 취했다. 자라나는 소년을 위해서 가능한 모든 즐거움이 제공되었으며, 그는 사악·병·노·사의 모습을 보지 못하도록 보호되었다. 그러던 어느 날 젊은 왕자는 궁궐 바깥으로 그를 데려가 달라고 마부를 설득했다. 거기서 그는 '울퉁불퉁 뼈마디가 튀어나오고 뗏목 젓는 사람처럼 등이 굽고 늙어빠지고 심하게 아픈 노인, 한창때는 이미 과거지사가 되었으며 지팡이에 의지해 비틀거리면서 걷는 노인'을 보았다.

이 광경에 충격을 받고 싯다르타는 마부에게 이 사람에게 뭐가 잘못되었는지를 물었다. "그는 왜 다른 사람들과 그토록 다른가?" 하고. 이 사람은 노인이며, 사람이 늙어 가면 누구든지 이렇게 될 거라는 말을 듣고도 고타마는 이해할 수가 없었다. 노년에 대한 경험이 전혀 없었기 때문이었다. 그러나 마부가 늙어 간다는 것은 고이고 거의 끝나감이며 곧 죽을 것이라는 것을 뜻한다는 설명을 듣고 젊은 주인은 이해하게 되었으며, 점점 더 번민에 빠지게 되었다. "착한 나의 마부여, 나에게 말해다오. 나도 역시 늙을 것인가? 나는 아직 노년을 지나가지 않았는가?" 하고 그는 물었다.

"나의 주인이시여, 우리 모두도 역시 늙어가는 부류입니다. 우리는 아직 노년을 통과하지 않았습니다" 하고 마부가 대답했다.

사람이든 누구든 이런 늙어빠진 노인의 불쌍한 모습으로 인생을 견뎌 가야 한다는 예견에 충격을 받고, 싯다르타는 공포에 질려 왕궁으로 되돌아왔다. 거기서 그는 그를 둘러싸고 있는 온갖 명랑과 즐거움 안에서 안식도 위안도 찾지 못했다. 그는 이제 이 모든 것이 얼마나 일시적인 것임을, 노년이 모두 앞에 가로놓여 있음을 알았기 때문이다.

그 이후 왕궁 바깥을 두 번째로 말을 타고 나갔을 때, 싯다르타는 고통을 당하며 심하게 앓고 있는 병자를 만났다. "그 병자가 쓰러져 자신의 오줌 속에서 뒹굴고, 다른 사람이 들어서 옷을 입혀주는 것을 보았다." 이 고통스러운 광경에 대한 설명을 마부에게 듣고 싶어 하자, 이 사람은 앓고 있으며, 질병은 누구에게든 오는 것, 질병의 고는 불가피하다는 점을 알려주었다. "주인이시여, 우리 모두 역시 질병에 종속됩니다. 우리는 아직 질병이 미치는 영역에 도달하지 않았습니다."

왕궁으로 돌아온 싯다르타는 질병과의 만남을 성찰하면서, 질병에 부단히 위협을 당하는 인간이 어떻게 인생에서 욕락을 찾을 수 있겠는가 하고 의혹에 빠졌다. 늙음과 질병과의 만남으로 인해 깊이 동요하고 있었던 그 며칠 뒤, 공원으로 말을 타고 가던 중 죽음의 광경을 처음 목격했다. 그는 화장용 장작더미를 쌓고 있는 한 무리의 사람들을 보며 마부에게 그들이 무엇을 하는지를 물었다. 그들이 죽은 사람을 화장할 준비를 한다는 말을 듣자, 젊은 왕자는 사체 보기를 요구했다. 그 모습에 충격을 받자, 그는 죽음이란 것이 단지 특정한 사람에게만 일어나는지 아니면 만인에게 일어나는지를 알고 싶어 했다. 마부의 대답은 정곡을 찌르는 것이었다. "나의 주인이시여, 우리도 역시 모두 죽을 수밖에 없습니다. 우리는 아직 죽음의 영역에 도달하지 않았습니다. 당신이 죽게 되면, 부왕도 여왕도 어떤 친척도 당신을 보지 못하게 되며, 당신도 그들을 보지 못하게 될 겁니다."

왕궁으로 돌아가면서 미래의 붓다는 목격했던 일을 성찰했다. "생이라고 하는 것이 부끄럽구나!" 하고 그는 스스로 생각했다. "왜냐하면 태어난 자에게는 노쇠·질병·죽음이 오는 법이기 때문이다."

아들이 노·병·사와 만났다는 사실을 알아차리고는, 슈도다나 왕은 전보다 더 큰 욕락과 열락으로 그의 주위에 장벽을 쌓기 시작했다. 그러나 아무 소용이 없었다. 싯다르타는 목격했던 일을 잊어버릴 수가 없었으며, 인생에 대한 고의 의미들이 그의 성찰에서 점점 더 커다랗게 다가왔기 때문이었다.

마지막으로 여러 날이 흐른 뒤, 그는 왕궁 바깥으로 데려가 달라고 마부를 다시 한 번 설득했다. 그는 이번에 황색 가사 옷을 입은 은둔자, 머리를 깎고 만족스러운 얼굴을 하는 고행자를 만났다. 그는 마부에게 "머리도 옷차림도 다른 사람들과 별다른 그는 무엇을 했던가?"라고 물었다. 이 사람은 고행자가 되어 재가에서 출가로 나아갔기 때문에 머리를 깎고 황색 가사를 걸치고 있다는 말을 듣고는, 싯다르타는 그 행자에게 질문을 던지기 위해서 마부에게 말을 몰고 가자고 요구했다. "행자가 되기 위해서 '앞으로 나아갔다'는 말의 의미가 무엇인지요?" 하고 은둔자에게 물었다.

"주인이시여, 그것은 종교적 삶에 있어서 철저함을 의미하고, 평화로운 삶에 있어서의 철저함을, 가치 있는 행위에 있어서의 철저함을, 불상해에 있어서의, 모든 유정자에 대한 친절에 있어서의 철저함을 의미합니다"라고 대답했다.

젊은 왕자는 은둔자가 가는 삶의 길에 희열을 느끼며 그도 역시 이와 같이 색다른 삶의 방식을 취하겠다고 결심한 뒤, 자기를 내버려두고 마부 홀로 왕궁으로 마차를 몰고 가게 했다. 바로 그때 거기서 그는 삭발하고 황색 옷을 걸칠 것이라고 선언했다.

이 결정 이후 대부분의 설화들은 싯다르타가 요가의 혹독한 훈련을 받았으며, 극단적 고행의 삶을 살았다는 데에 동의한다. 찾을 수 있는 최고의 선생들을 찾고자 싯다르타는, 아라다 카라마(Arāda Kālāma)와 우드라카 라마푸트라(Udraka Rāmapūtra)와 함께 공부했다.[*] 그러나 싯다르타는 그들과 동등한 수준의 요가 경지에 도달했을 때, 그 자신이 아직 욕망과 혐오라는 격정이 완전히 절멸되는 열반이라는 고요하고 평화로운 상태를 성취하지 못했음을 알아냈다.

인간 존재의 깊숙한 곳에 존재하는 법신을 각성하기 위해서는 부단한 깨어 있음과 지치지 않는 정진이 필요하다. 전설은 이런 최종적

---

[*] 〔역주〕 팔리어 표기로는 각각 알라라(Alara)와 웃다카 라마풋타(Uddaka Ramaputta)이다.

깨달음을 위한 영적 준비로서 수많은 전생을 살았던 예비 붓다가, 이제 가장 극단적 형태의 고행을 겪고 있다고 묘사하며 이 사실을 강조한다. 마침내 거의 죽음에 도달했을 때, 그는 극단적 고행이 그것 자체로 깨달음에 이르지 못한다는 사실을 자각하고, 욕망의 세계를 추구하는 탐닉이라는 극단을 피해야 하는 것처럼 고행적 부정이라는 극단도 피해야 할 것임을 성찰했다.

그러나 그의 스승들이나 고된 수련이 두카라는 고로부터 자유로운 차원, 존재의 보다 심오한 차원을 드러내는 일에 실패했다는 점에 대해서 예비 붓다는 낙담하지 않았다. 오히려 정진을 계속하리라는 결심을 더 굳혔다. 그러나 그는 고행을 피해야 할 극단으로 인정하면서 두 가지 매우 중요한 통찰을 얻어냈다. 첫째, 영혼은 육신을 고문하여 해탈할 수 없다는 것이다. 왜냐하면 육신 안에 갇힌 정신이나 영혼이라고 말하듯이 사람은 두 가지 사물이 아니라 다양한 면모들을 지닌 하나의 유기체적 전체이기 때문이다. 둘째, 행복은 해탈이나 깨달음의 적이 아니다. 고행자 집단이 공인하고 있던 견해와는 반대로 행복에 아무런 잘못이 없다. 실상 욕망과 혼란에서 자유로운 행복, 취착과 망집에서 자유로운 행복은 선한 것이고 깨달음으로 나아가는 것이다. 이 두 가지 통찰이 욕락의 탐닉과 행복의 부정이라는 두 극단을 피해 중도를 실천하겠다는 그의 결심 아래에 놓여 있다.

유혹과 깨달음

에고 중심적 존재의 조건성을 딛고 일어서는 일에 필요한 위대한 결심과 정진은, 죽음의 화신化身이며 악마들의 괴수인 마라가 싯다르타를 유혹했다는 전설에 극적으로 제시되었다. 마라는 죽음과 절멸에 대한 공포가 에고 중심적 존재를 유지하는 자아에 대한 망집의 기초를 이루고 있다는 것을 알고, 가장 무시무시한 세력들과 상상할 수 있는 무기를 총동원하여 싯다르타를 협박하고 그를 경악하게 하려고 시도했다. 그러나 에고에 대한 일체의 집착을 극복했던 예비 붓다 안에서 공포는 발판을 찾을 수가 없었다. 그래서 마라는 붓다의 결심을 무너뜨리고 싶었다. 마라는 욕망과 쾌락을 통한 에고에 대한 탐착이란 것이 자아라는 환상에 자양분을 공급한다는 것을 알고서, 싯다르타에게 가장 유쾌하고 유혹적인 쾌락을 제시하며 세상에서 가장 아름답고 매력적인 요정으로 분장하여 그를 유혹하려고 시도했다. 그러나 이번에도 싯다르타는 에고에 대한 온갖 집착을 극복했으므로 탐욕과 욕망에 흔들림이 없었고, 마라는 패배 속에서 물러날 수밖에 없었다.

전설은 계속 말한다. 이제 유혹에서 자유로우며 강한 결심으로 고요하게 된 예비 붓다는 선정 안으로 깊이깊이 빠져 들어갔다. 오월 보름날(기원전 525년?) 저녁, 그는 자신의 모든 전생에 대한 통찰을 얻어, 그것들이 어떻게 이전의 생에 연緣하여 생기고 어떻게 다음 생의 조건이 되는가를 보았다. 밤이 깊어가자 그의 통찰은 더욱 깊어졌으며, 그는 생사 과정의 신비들을 꿰뚫어볼 수 있었다. 그는 만유의 연기성을 깨달았으며, 건전한 행위는 행복으로 나아가고 불건전한 행위는 고통으로 나간다는 것을 자각했다. 이른 새벽 몇 시간 동안 그의 선정은 깊어갔으며 그의 통찰력은 더욱더 증가했다. 이제 그는 인간의 삶을 낭비해버리는 저 끔찍한 고가 어떻게 일어나고 어떻게 지멸되는지를 알았으며, 그의 가르침의 기초가 될 사성제를 확인했다. 이 사성제는 ①고가 존재한다는 것, ②그것은 어떤 조건들에 의존한다는 것, ③이 조건들은 제거될 수 있다는 것, ④이 조건들을 제거하는 길은 팔정도의 수행이라는 것을 각각 선언한다.

그러나 이러한 정각은 이제 붓다가 된 고타마 싯다르타에게 딜레마를 안겨주었다. 만유의 고를 목격한 일이 위대한 자비를 일깨우고 바깥으로 나아가 그의 동료들을 도와줄 수 있도록 그를 움직였다. 그러나 이 각성은 얻기가 매우 어려웠으며, 그것이 드러내고 있는 진리가 너무나 심심미묘甚深微妙하므로 그것을 경험하지 못한 자에게 어떻게 말로 표현해 알려줄 수 있을까 하는 방법을 찾지 못했다. 그러나 마침내 자비심이 이런 최초의 망설임을 극복하여 49일 이후 첫 설법을 함으로써 '전법륜轉法輪'했다는 것이다.

ᄀ다음 45년 동안 그의 자비와 지혜는 가르침, 귀감, 불교 공동체의 조직의 형태로 표현되었다. 이런 깊은 의미의 자비, 모든 생명(유정)을 깨달음으로 나아가게 하고 고통을 지멸하도록 모든 생명을 돕고 싶어 하는 자비는, 불교가 석가모니의 소수의 추종자들로부터 문화적·영적·철학적으로 엄청난 중요성을 지닌 세계 종교로 발전시키고 확산하는 일에 가장 중요한 요인이 되었다.

자비의 이러한 이상은 보살(Bodhisattva)이라는 이상으로 구현되었다. 보살이란 말 그대로 그 본성이 빛나는 깨달음의 존재이다. 보살의 이상은 붓다의 자비를 구현하고 있으며, 모든 유정들을 열반에 가도록 돕기 위해서 자신의 정진을 한순간이라도 멈추지 않겠다는 결단을 포괄한다. 개인의 해탈이라는 이상이 상좌불교의 전통을 지배했던 것처럼 보살의 이상은 대승불교를 지배하게 되었다. 개인구원의 이상은 대승의 불자와 상좌불교도 모두가 수용하는 붓다의 가르침에서 발견된다. 반면 보살이라는 이상의 기초는 붓다라는 귀감에서 발견되며 대승불교는 그것을 크게 강조한다.

그러나 상좌부와 대승의 전통은 모두 붓다를 완벽한 인간 존재로, 가르침과 해탈의 화신으로, 만유의 기초를 이루는 법신의 육화로 수용한다. 수세기 동안 미술이나 조각에서 붓다를 묘사하기를 거부한 것은 그의 법신이 가진 불가설의 장엄함을 인정했다는 점과, 그의 깨달음의 내용을 평범한 형식으로 설하기가 불가능했다는 점, 그리고 법신의 화신으로 나타난 붓다에 대한 경의와 존경을 증거한다. 예술가들이 붓다의 이미지를 만들기 시작했을 때, 그의 인간적 특성들을 법신의 초월적 실재에 종속시키기 위해서 갖은 노력이 경주되어, 붓다의 심리적·물리적 존재보다 오히려 그의 가르침을 조명하게 되었다.

4. 해탈의 가르침(다르마, 法)

우리의 전 생애를 통해서 엄습해 오는 공포·불안·고통이 어떻게 제거될 수 있을까? 궁극적으로 붓다의 가르침 전체는 이 물음에 대한 대답의 이상도 이하도 아니다. 우리가 살핀 대로 붓다는 첫 설법에서 이 물음에 대한 대답을 네 부분으로 나누어 개략적으로 설명했다. 첫째, 고의 본성을 분석하고, 둘째, 고를 일으키는 조건들을 분석하고, 셋째, 이 조건들이 어떻게 제거될 수 있는가를 검토하며, 마지막으로 훌륭한 의사처럼 그 조건들을 제거함으로서 고를 제거할 수 있는 삶의 길을 처방했다. 우리는 이와 같은 윤곽을 따라갈 것이며, 이런 불교의 실천과 철학뿐 아니라 다른 경전들의 발언에 비추어 사성제 각각에 대한 붓다의 발언을 검토해 볼 것이다.

1) 고

고(duḥkha)란 무엇인가? 그가 다음과 같이 말했을 때 무엇을 의미하고 있었는가? "비구들이여, 이것이 고성제다. 생이 고다. 노가 고다. 병이 고다. 죽음이 고다. 우리가 싫어하는 대상을 만남이 고다(怨憎會苦). 우리가 사랑하는 대상과 헤어지면 고다(愛別離苦). 우리가 얻고자 하는 것을 얻지 못하면 고다(求不得苦). 한마디로 오취온이 고다(五蘊盛苦)." 비록 우리가 두카를 '고(suffering)'로 번역해 왔으나, 이 용어는 보통 이해하는 대로라면 두카에 대한 불교적 이해와 정확하게 부합하는 것은 아니다. 어떤 다른 번역어도 더 좋은 것이 없으므로 계속해서 '고'로 부를 것이지만, 붓다가 지적했던 바대로 두카의 다양한 차원을 포괄하기 위해서, 이 용어의 통속적 의미가 어떻게 확장되어야 할 것인가를 볼 것이다.

고란 것은 연결되어 있으나 구분되는 세 측면들을 가지고 있다. 일상적 고·변화·오온의 고가 그것들이다. 일상적 고는 부재나 죽음을 통해서 사랑하는 대상과 이별하는 슬픔, 우리가 미워하는 사람이나 사물의 출현, 욕망의 좌절, 질병, 감각기관의 쇠퇴, 공포, 불안, 그리고 죽음의 전망을 포함한다. 이 단계의 고는 이해하기 쉽다. 그것이 모든 사람의 경험의 일부를 이루기 때문이다. 그러나 이런 종류의 고는 우리가 경험하는 기쁨과 행복에 의해서 균형이 취해질 것이다. 예컨대, 우리가 사랑하는 사람과 함께 있고 우리의 건강이 좋으며 우리가 욕망하는 가장 중요한 것을 가질 경우가 바로 그렇다. 분명히 말하지만 붓다가 이런 일상적 의미의 고를 의미했다면, 그것은 그가 가는 길의 초석이 되지는 않았을 것이다.

그러나 보다 깊은 단계의 고가 있는데, 여기에서 고는 변화와 등가 等價이다. 이 차원에서는 인생의 유쾌하고 즐거운 순간조차도 고의 한 형태이다. 그 순간이 그 안에 찰나성이라는 독소를 숨기고 있기 때문이다. 행복, 사랑, 환희의 각 순간은 흘러가 버릴 것이다. 그것의 흘러감이 고통을 가져올 뿐 아니라, 이런 행복한 순간의 현존마저도 그 찰나성에 대한 기초적 각성이 만들어내는 슬픔, 공포, 불안으로 물들어 있다. 흔히 우리는 이 각성을 의식의 깊은 오저 안으로 밀어 넣는 일에 성공할 수 있고, 그때 그것은 잠재의식 또는 무의식으로 일컬어진다. 그러나 그 각성은 그것이 갖고 있는 사악을 여전히 작동시키고 있으며, 우리 대부분이 깨닫고 있는 것 이상으로 인생을 지배하는 무의식적 공포와 불안을 만들어낸다.

방금 말한 두카의 두 번째 의미는 근원적 불안이다. 우리 존재의 중심에 있는 시커먼 심연처럼 그것은 우리 존재를 삼키려고 위협하며, 우리가 이미 경험했던 것이나 우리가 되었던 어떤 것에 매달리거나 또는 우리가 미래에 될지도 모르는 그 어떤 것에 망집하여 안전과 영원을 성취하려는 일체의 시도를 무너뜨린다. 죽음 또는 절멸에 대한 공포로서 떠오르는 불안은 인생의 욕락과 기쁨마저 파괴하며, 그것들이 오직 재빨리 지나가는 순간임을 보이고 있다. 만유는 계속 변화하고 있으므로 영생과 행복에 대한 우리의 탐착은 불가피하게 실패하도록 운명 지어져 있다. 바로 이 이유로 불교도들은 존재를 무상(anitya)뿐 아니라 두카로도 특징짓는 것이다. 그렇지만 우리가 나중에 살필 것이지만, 두카가 되는 것은 변화 자체의 단순한 사실이 아니라 영원을 구하는 자아의 맥락에서의 변화일 뿐이다.

고의 세 번째 단계는 붓다의 다음과 같은 요약문으로 분명히 표시되었다. "간단히 말해서 오취온五取蘊이 고이다." 이 단계의 고는 평범한 고나 변화보다 이해하기가 훨씬 더 어렵다. 그러나 가장 중요한 것은 이 단계이다. 이것이 처음 두 단계의 기초를 이루고, 그것들을 가능하게 하기 때문이다.

취온이란 무엇인가? 가장 간단히 말하면, 그것들은 다섯 요소가 자아에 집착한 것으로서 경험될 때, 인간을 구성하게 되는 다섯 요소이다.

다음과 같은 도식은 오른편에는 인간을 구성한다는 기초적 움직임들의 오온을, 왼편에는 이 그룹들의 이른바 소유주를 보여준다. 취온이란 오온과는 독립적으로 존재한다고 생각되는 자아, 그 자아에 집착한 것으로서의 오온이다. 불교도들은 이 분석을 통해서 오온과 분리되어 있는 자아란 존재하지 않는다는 것과, 자아란 상호 연관되어 있는 오온 이상의 (그리고 그 이하의) 아무 것도 아니라는 사실을 보이려 한다. 그렇다면 '소유주'와 집착은 그 기초를 상실하게 된다. 이런 분석으로 보여주려 했던 것이 바로 그것이다.

자아

1. 물질적 존재(色)

2. 감각들(受)

3. 지각적 행위들(想)

4. 행동에로의 충동(行)

5. 의식(識)

첫 번째 온은 모든 물리적 존재에 책임지는 물질적 요소들을 포함한다. 이것은 물질적 존재의 근본적 요소들과 그것들의 파생물을 포함한다. 예컨대 육신·감각기관·외부 세계의 대상이 여기에 속한다.

두 번째 온은 쾌·불쾌·중립의 기초적인 느낌을 불러일으키는 우리의 모든 물리적·정신적 감각을 포함한다. 눈이 보이는 형상과 접촉하고, 귀가 소리와, 코가 향기와, 혀가 맛과, 육신이 만질 수 있는 대상들과, 마음이 관념이나 생각과 각각 접촉할 때 이런 감각과 느낌이 일어난다.

세 번째 온은 지각적 행위, 마음뿐 아니라 오관의 지각적 행위에 의해서 구성된다. 불교 심리학에서 마음은 다른 감관들과 같은 것으로 간주되었다. 단지 그 대상이 물질적 요소가 아니라 관념과 생각이라는 점에서 다를 뿐이다. 여기에서 두 번째 온을 구성하는 감각과 느낌은 대상과 사건의 존재를 인정할 수 있는 기초가 되며 지각적 지식을 생성한다.

네 번째 온은 다양한 마음 작용(심소, 心所)을 포함하는데, 그중 가장 중요한 것은 의지적 행위이다. 이것이 감관과 마음을 선이나 악 또는 중립적 방향으로 이끌어준다. 여기에서 불교도들이 업이라고 부르는 것은 오직 이 의지적 행위들뿐이라는 점을 지적해야 한다. 의지적 행위의 결과는 업이 아니라 '업의 열매'로 불린다. 그리하여 고의 조건이 되는 업은 무조건 물질적이거나 기계적인 힘이 아니라 인간의 의지적 행위이다. 행위에 동기를 부여하며, 습관·성격·인격의 기초를 이루는 52개의 마음 작용에 주의·자신·의심·의지·무명·증오·욕망·자비·자아 관념 등이 포함되었다.

다섯 번째 온은 지식과 미망을 모두 가능하게 하는 의식의 여러 활동으로 구성된다. 불교도들은 의식을 분리된 기능이나 힘이 아니라 오히려 감관들의 지각과 마음에 대한 반응으로 간주한다. 여기에서 마음은 지각들을 외부 대상과 연결해 주고, 개념적 방식으로 지각 상호 간을 연결해 준다. 그리하여 다섯 개의 감관과 마음에 상응하는 여섯 종류의 의식만 존재한다. 즉 신식身識·안식眼識·이식耳識·설식舌識·비식鼻識·의식意識이 그것들이다.

자아는 상호작용하는 오온 위의, 그리고 그 너머 어떤 존재가 아니다. 또한 자아는 그것들의 소유주도 아니며 오온의 어느 하나와도 동일시되어서는 안 된다. 이런 점을 지적하는 일은 중요하다. 서구에서처럼 인도에서도 자아를 의식과 동일시하는 것이 유혹적이었다는 점이 증명되었으나, 붓다는 이 견해가 가지고 있는 오류에 대해서 추호의 의혹도 남겨두지 않았다.

붓다의 제자인 사티는 윤회전생하며 생사윤회를 경험하는 것은 의식이다라는 것을 스승께서 가르치고 있다고 말하면서 돌아다녔다. 그런데 사티는 붓다를 만나게 되어, 의식이 무엇을 의미하는가라는 질문을 받자, 그는 "그것은 표현하고, 느끼고, 선행과 악행의 결과를 이승과 저승에서 경험하는 것입니다"라고 대답했다.

"어리석도다. 내가 그 교리를 누구에게 그렇게 설명하는 것을 도대체 그대는 들어본 적이 있던가?" 하며 붓다는 질책했다. "의식은 조건에서 생겨난다고 내가 항상 설명해 오지 않았던가?" 그런 다음 그는 계속하여 설명했다. 안식의 조건은 눈과 색, 그리고 그들 사이의 접촉이며, 의식의 조건은 심, 관념과 생각(법), 그리고 그들 사이의 촉이다. 다른 것도 이와 같다. 붓다가 지적하려는 핵심은, 의식은 첫 네 개의 요소들 안에 근거하고 있으며, 그것들과 떨어져 존재하지 않는다는 것이다. 그는 말한다. "어떤 사람이 다음과 같이 말했다고 치자. '나는 색·수·상·행과 따로 떨어져 의식의 오고감·사라짐·생기·성장·증가 또는 전개를 보여주겠다'라고. 그렇다면 그는 존재하지 않는 어떤 것에 대해 말하는 셈이다."(중부 경전)

우리는 한 인격을 이루고 있는 면모들로서의 오온에 직면하고 보면, 어디에도 자아가 언급되지 않았으므로 가장 중요한 것이 빠져 있다고 말하고 싶은 충동이 생길 수 있다. 결국 의식·의지·감각·지각·육신의 행위, 이것들 모두는 자아에 속하는 것이 아닐까? 이런 최후의 질문에 대한 붓다의 대답은 '아니다'라는 단도직입적 부인이다. 오온에 의한 자아 분석 전체의 요점은, 인격적 존재에 속하는 일체의 것이 오온의 말로 설명될 수 있다는 것을 보여주기 위한 것이다. 오온 위에, 그리고 그 너머에 존재한다는 진정한 자아란 없다. 오온의 소유주로, 독립적 존재를 가지는 것으로 여겨지는 자아란 오직 오온으로 구성된 것이다. "그것들은 내 것이다" 또는 "나는 이것이다"라고 생각하는 자아는 오온에 집착하여 마음 작용 곧 심소로 생겨난 바로 그런 자아이다.

이러한 집착이 두카의 핵심에 있다. 오온은 과정의 성격을 지니며 1초라도 동일한 것으로 남아 있는 법이 없기 때문이다. 그러나 오온으로부터 구성되어 나오는 자아는 오온에 취착하고 매달리며, 고뇌와 슬픔을 겪지 않을 존재, 늙거나 쇠하지 않을 존재, 죽지 않을 존재를 창조하려고 노력한다. 이 노력이 실패할 것임은 명백하다. 변화란 존재의 본성 자체이므로, 매달리고 취착한다고 하여 그 본성을 바꿀 도리가 없을 것이기 때문이다. 취착과 매달림은 행복과 기쁨의 몇몇 짧막한 순간들과 함께 오직 좌절, 공포, 불안을 만들어낼 뿐이다.

2) 두카의 조건들

두카라고 하는 것이 "생성(有)의 재생을 일으키고, 감각적 욕락을 수반하고, 지금은 여기에서 다음은 저기에서 만족을 구하는 취착 안에서 일어나며, 그 취착에는 욕락에 대한 취착, 생성(有)에 대한 취착, 무생성(無有)에 대한 취착이 있다"고 붓다가 말했을 때, 그가 의미했던 바를 이제 우리는 이해할 수 있을 것이다.

욕락에 대한 취착(欲愛)은 취착의 가장 분명한 형태다. 우리 모두는 욕락을 구하려 하며, 그것을 얻으면 매달리고 가도록 내버려두지 않으려 하기 때문이다. 이것은 음식, 마실 것, 또는 섹스의 감각적 욕락뿐 아니라 음악·이해·덕 있는 행위·심지어 통찰, 자비와 삼매에 수반되는 욕락에 대해서도 해당되는 말이다. 가버린 청춘에 대한 중년의 취착, 불가피한 죽음에 직면해 있을 때의 생에 대한 취착, 인생의 모든 조건을 통제할 수 있는 힘에 대한 취착, 이와 같은 온갖 종류의 취착이 고를 일으킨다. 친구가 우리에게 등 돌릴 때의 상처 이면에는 우정에 대한 취착이 있으며, 사랑하는 사람이 죽을 때 우리를 파괴하려고 위협하는 것은 사랑에 대한 취착이다.

그러나 방금 주어진 예증들에서 우리가 취착하는 것은 진정 무엇이란 말인가? 우리 자신의 존재에 취착하는 것이 아닐까? 의식적이든 무의식적이든 우리가 자기 자신의 자아를 확보하고 확장시키려고 하는 것은 아닐까? 불교도의 관점에서는 순전히 마음 작용에 불과한 저 자아라는 관념, 그 관념이 그 자체를, 한 개인을 구성하는 오온에 붙이는 것이다. 그렇게 붙이고는 그 자아 관념을 의식적 행위·의지·지각·감각·육신적 행위의 주역인 것으로 오인하고 있고, 오온의 기초를 이루는 독립적 실재로 간주한다. 이 자아는 오온을 통해서 표현하는 강력한 삶의 의지에 집착하고, 이 의지를 만족시키기 위해서 세계를 점점 더 많이 이용하려고 시도한다. 자아와 동일시되지 않는 것이면 무엇이든, 그것은 자아의 지속적 존재에 하나의 위협으로서 그 외부에 서 있게 된다. 그것은 반드시 사랑·우정·유용성을 통해서 자아 안으로 편입되어야 하거나, 아니면 그것이 자아에게 제기하는 위협 때문에 자아의 적으로 두려워해야 하고 미워해야 할 대상이 된다.

그리하여 붓다가 생성에 대한 취착(有愛)에 대해서 말할 때, 그는 자신의 존재를 위해서 오온의 과정을 이용하려는 이런 자아의 시도에 대해서 언급하는 것이다. '무생성에 대한 집착(無有愛)'이란 자신을 위해서 이용될 수 없는 것이면 무엇이든 그것에 대한 혐오, 즉 증오·공포·불안에 표현된 혐오를 가리킨다.

단 한순간만 반성해 보아도 붓다가 시도한 분석의 날카로움이 나타날 것이다. 왜냐하면 우리 대부분은 우리의 경험적 존재를 구성하는 오온의 움직임을 넘어가, 그 위에 있는 자아가 바로 '우리'라고 생각하는 것이 사실이기 때문이다. 그리고 이 자아를 통해서 우리는 계속 세계를 이용하려고 노력하고 있으며, 세계와 접촉하고 포용하며 그 세계의 가능한 한 많은 부분을 우리 자신의 존재 안으로 끌어들이기 위해서 우리의 감각·느낌·지식·행위를 통해서 외부로 나가려고 한다. 우리의 이런 노력에 저항하는 것, 경험되지 않고 알려지지 않는 저 거대한 것은 우리에게 직면하고 도전해 오는 적수와 같으며 우리의 공포와 불안의 뿌리를 이루고 있다.

세계 전체를 경험·느낌·지식 안으로 포용하려는 인간의 노력, 세계와 동일한 경계를 갖고 싶어 하는 인간의 추구, 이런 것은 그것 자체로 고의 주요 원인은 아니다. 진실로 이것은 인간 존재의 무상無上

의 영광으로 여겨질 수도 있다. 그렇지만 미망의 자아가 이런 인간의 추구를 광란의 노력으로 왜곡시키고 궁극적으로 불변하는 자아와 동일시해서 느낌·지식·행복·평화를 영속적이고 불변의 것들로 만들려고 할 때, 고는 불가피하다. 부단한 변화는 만유의 규칙이다. 어디에서도 어떤 것도 단 한순간이라도 동일한 것으로 남아 있지 않는다. 부단히 변화하는 이러한 세계에서 영속성, 특히 그 자신의 영속성에 취착하려는 자아의 창조, 무명無明에서의 자아의 창조는 우리를 자신의 존재와 어울리지 않게 만든다. 이 '탈구脫臼' 현상이 고의 핵심이며, 우리가 경험하는 온갖 종류의 고를 산출한다.

3) 연기緣起

어떤 불교 해석가들은 영속성에 대한 갈애와 집착은 자아의 기초적 결핍에서 생겨난다고 가정해 왔다. 이것은 기독교인들이 원죄 이론에서 인간의 본성 탓으로 돌리고 있는 저 결핍성과 유사하다. 다른 해석가들은 기초적 결핍을 의미하는 것으로 무명에 초점을 두며, 무명을 오온 외부에 독립적·존재론적 지위를 지니고 있는 실재의 시원적 모습으로 여기고 있다. 이 두 가지 해석은 모두 잘못이다. 연기(pratītya samutpāda, conditioned arising, 緣生)의 원리를 빌려 무명과 집착을 고의 조건으로 보면 쉽게 알 수 있다.

만유의 연기에 대한 통찰이 불교적 비전의 핵심을 차지한다. 진실로 이것은 불교 가르침 전체를 요점적으로 정리하는 것으로 흔히 말해 왔다. 붓다는 그 당시 널리 통용된 두 개의 인과론이 고를 제거하려는 인간의 노력을 위한 여지를 허락하지 않는다고 보았다. 강 결정론을 펴는 자들(hard determinists)은 우주의 모든 사건을 엄격히 결정하는 신·영혼·물질 등과 같은 실체를 상정하여, 인간의 선택과 행위를 위한 여지를 남겨두지 않았다. 반면 비결정론자들(indeterminists)은 어떤 것도 아무 것도 일으키지 않는다고 주장했다. 모든 것은 제멋대로 우연히 일어나며, 무엇이 일어나든 그것에 대한 인간의 체념이 적절한 반응으로 간주되었다.

연기라는 관념은 이 두 극단의 중도이다. 여러 사건 사이에 존재하며, 한 사건의 다양한 순간들 사이에 존재하는 패턴과 관계는 각 순간과 각 사건의 생기生起와 지멸에 영향을 미치는 조건들로 간주되고 있었다. 그러나 어떤 조건도 완벽하게 결정적인 것은 없다. 왜냐하면 수없이 많은 결정적 조건들이 있으며 각 조건은 문제의 사건에 무엇인가 공헌하고 있으나, 그 조건은 그것 자체로 무수한 다른 결정적 조건들에 종속되어 있기 때문이다. 불교적 견해에서 보면, 제일 원인이나 궁극적 원인이 없고, 어떤 독립적 존재나 실체도 없다. 존재는 상호 관련된 수많은 과정들로 구성되어 있고 각 과정 안에 있는 매 순간은 무수한 조건들로 결정되어 있으며, 이 조건들은 모두 상호 관련된 과정들로 이루어져 있다.

만유에 대한 연기의 일반적 공식은 추상적으로 말하면, "이것이 그러므로 저것이 그렇다"와 "이것이 그렇지 않다. 그러므로 저것도 그렇지 않다"로 된다. 변화하는 실제적 세계와 관련지어 역동적으로 말하면, 연기의 원리는 "이것이 일어남으로 저것이 일어난다. 이것이 일어나지 않는다면 저것은 일어나지 않는다"와 같이 될 것이다.

이 원리는 존재에 대해서 생각할 수 있는 모든 면모에 적용될 수 있고, 모든 종류의 변화에서 지배적 조건들을 표현하는 언명들로 나간다. 이러한 언명들이 '기초적 법칙들'로 공식화되면, 물리학·생물학·심리학 등 제 과학에 관한 지식의 기초를 형성할 것이다. 그러나 우리가 특별히 관심을 갖는 것은 연기라는 일반 원리가 오온과의 관련에서 자아가 부단히 생기하는 일에 적용되는 경우다. 왜냐하면 그것은 고가 어떻게 개인의 삶에서 발생하고, 그 조건들을 제거함으로써 어떻게 고가 지멸될 수 있는가를 설명해주고 있기 때문이다. 이것은 물론 붓다의 관심사였다. 지금 여기 고통당하는 존재의 현 순간에서 출발하여, 그는 그 존재가 의존하는 조건들과 이 조건들을 제거할 수 있는 길, 양자 모두를 추구했다.

4) 고의 조건

연기의 원리를 개인적 존재에 적용한 것은 전통적으로 연기의 12고리를 빌려 행해졌으며 생성의 바퀴로 묘사되었다. 이 바퀴는 한 인격을 구성하는 과정들의 끝없는 연속을 도표로 표시하는 정교한 방식을 취한다. 12개의 바큇살을 가지고 있는 이 바퀴의 둘레는 12영역으로 분할되어 있으며, 하나하나는 고가 의존하는 일단의 중요한 조건들을 대표한다. 추동력으로 간주되는 중심부의 바퀴통은 탐욕·증오·미망(貪瞋癡)으로 구성되어 있는데, 이 셋이 고의 추동력이기 때문이다. 이 12조건의 전통적 순서는 다음과 같다.

① 무명無明이 의지적 행위를 연생한다(condition).
② 의지적 행위(行)가 의식을 연생한다.
③ 의식(識)이 개인적 존재를 연생한다.
④ 개인적 존재(名色)가 마음과 감각을 연생한다.
⑤ 마음과 감각(六處)이 그 대상들과 함께 감각적 인상을 연생

한다.

⑥ 감각적 인상(觸)이 감각과 느낌을 연생한다.

⑦ 감각과 느낌(受)이 애를 연생한다.

⑧ 애愛가 취를 연생한다.

⑨ 취取가 생성력을 연생한다.

⑩ 생성력(有)이 존재의 재생을 연생한다.

⑪ 재생(生)이 노사를 연생한다. 그리고

⑫ 노사老死가 무명을 연생한다.

(연기계열은 고를 향해 자체를 되풀이한다.)

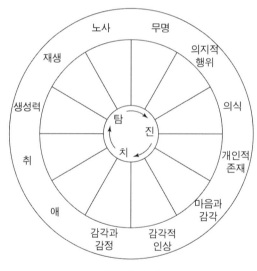

생성의 바퀴

여기 있는 모든 예증이 다 그렇듯이, 생성의 바퀴로 대표되는 조건들의 선택에는 일정한 정도의 자의성이 있다. 노와 사는 결코 고의 유일한 형태는 아닐 것이다. 그렇지만 바퀴에서는 그것들이 고를 대표하고 있으며, 다른 11개의 요소들도 고를 일으키는 조건을 대표한다. 물론 고에 있어서 반드시 11개의 조건만 있는 것은 아니다. 수많은 조건이 있을 것이지만, 오직 그중에 몇몇만이 특별히 의미심장한 집적물로 선택된 것이다. 그리고 이것들은 가능한 수많은 관점 중 하나의 관점에서 본 것이었다. 덧붙여 바퀴를 앞으로 또는 뒤로 돌린다는 것은 어떤 것을 연생하는 것도 역시 다른 것에 연하여 일어난다는 점을 시사하고 있지만, 그것은 연생된 세력과 연생시키는 세력 사이에 있는 완전한 상호성을 포착하지는 못한다. 이런 한계에도 불구하고, 생성의 바퀴는 연기라는 12개의 사슬에 따라서 개인의 삶에서의 고의 발생(그리고 지멸)을 잘 예시한다.

우리가 의지적 행위를 통해서 우리 존재를 통제하며, 의지적 행위는 신념에 연하여 일어나므로, 억견이나 무명으로 구성되는 고리에서 시작하는 것이 보통이다. 불교의 관점에서 보면, 신념과 선택 사이의 관계가 가지고 있는 두 측면은 특히 중요하다. 첫째, 신념은 참이든 거짓이든 우리 선택을 일으킨다. 예를 들면 만일 우리가 우리의 삶에 대해서 제어력이 있다고 믿는다면 우리는 이런 식으로 살아갈 것이지만, 만일 우리가 삶에 대해서 제어력이 전혀 없다고 믿는다면 우리는 퍽 다른 방식으로 살아갈 것이다. 둘째, 잘못된 신념은 불건강한 존재의 방향으로 가도록 선택하며, 반면 올바른 견해는 건강한 존재의 방향으로 가도록 선택할 것이다.

무명이란 인간 본성의 원초적 또는 발생적 면모를 의미하는 것이 아니라 오히려 존재의 본성에 대해서 틀린 견해의 현존과 올바른 견해의 부재를 단순히 의미할 따름이다. 보다 자세히 말하면 무명이란 고, 그 조건, 지멸, 거기로 이끄는 길에 대한 무명을 말한다. 예술적 묘사에서 무명은 흔히 지팡이를 지니고 있는 맹인으로 그려지고 있다. 맹인이 때로는 올바른 길을 선택하고 때로는 잘못된 길을 선택하듯이 그렇게 정견正見 없이 행하는 우리의 선택은 맹목적이어서, 때로는 좋은 행동으로 때로는 나쁜 행동으로 귀결되기 때문이다. 그러나 맹인이 올바른 길을 선택할 때라도 그는 그것을 알지 못한다. 마찬가지로 무식한 사람이 올바른 길을 선택할 때라도 그것이 올바른 것임을 깨닫지 못하므로 올바른 삶의 길을 고수할 수 없다.

그런데 고의 생성과 지멸의 관점에서 보면 특별히 해로운 무명은 오온의 과정에 붙어 있긴 하지만 본래 거기서 독립된 자아(또는 영혼)가 우리 자신이거나, 또는 우리가 그런 자아를 가진다는 사견이다. 우리 자신이 그런 자아거나 그런 자아를 가지고 있다는 점을 확신하여, 우리는 오온에 집착하며 그것들에게 항구성과 독립성을 주기 위해서 그것들을 자아와 동일시하려고 애쓰고 있다. 아니면 독립적이고 불가멸의 자아라는 환상을 보존하기 위해서 우리는 과정들을 비아非我로 부정하거나 거부한다. 유애와 무유애라는 이 두 대안은 모두 자아에 대한 사견으로 이뤄진 무명에 따라붙는 행위와 삶의 스타일이 좋아서 선택된 것들이다.

물론 신념이 의지적 행위(行)의 유일한 원인이나 조건은 아니다. 신념이 우리의 선택을 안내하고 지도할 것이지만, 욕망과 혐오가 동기의 많은 부분을 제공하고 있음은 명백하다. 그러나 실제로 마음 작용과 선택에 영향을 미치는 수많은 조건이 있다. 기후·건강·교육·사회 정치적 조건·친구·습관·성격 등이 그중의 일부이다. 신념과 욕망만큼 뚜렷하지는 않지만, 그것들도 선택의 조건이 된다.

비록 신념이 의지적 행위를 연생한다고 해도, 연생된 것과 연생하는 조건들 사이의 관계는 상호 작용적이고, 모든 항목에 영향을 미치며, 하나의 상호성을 제공한다는 사실을 자각하는 일은 중요하다. 상호성이라고 하는 것은 선택이 신념의 조건임과 동시에 선택이 신념에 의해서 연생되었음을 뜻한다.

의지적 행위가 의식(識)을 연생한다는 다음 고리로 가보면, 우리는 조건과 연생된 것 사이의 상호성과 함께 다른 것을 연생하는 모든 요소들 자체가 수많은 요소들이 보유한 연생하는 힘들에 종속된다는 사실도 염두에 두어야 할 필요가 있다. 그리하여 우리는 의지적 행위가 도무지 자유롭고 무제한적이며, 우리의 통제 안에 완전히 있는 것으로 생각해서는 안 된다. 반면 비록 우리의 선택이 그 계기의 많은 부분을 심리적이거나 생리적인 조건에서 가지고 온다고 하더라도, 그 선택을 통해서 삶의 방향을 지시할 수 있다는 사실이 간과되어서는 안 된다.

의지적 행위를 돌림판과 옹기를 가지고 있는 옹기장이로 그려보는 예술적 묘사는 이런 사실을 매우 훌륭히 예시한다. 그 옹기장이가 할 수 있는 일은 진흙과 돌림판에 의존해 있기 때문이다. 옹기장이가 진흙으로 할 수 있는 일을 결정하듯이, 진흙은 옹기장이가 할 수 있는 일을 결정한다. 그렇지만 옹기장이는 빚어내는 손을 가지고 있으며, 진흙덩이를 옹기로 빚기 위해서 돌림판의 힘을 사용하듯이, 우리는 선택을 통해서 우리 존재를 이루고 있는 재료와 힘을 건전한 인생으로 빚어갈 수 있다. 옹기와 인간의 삶 사이에도 유비가 있다. 왜냐하면 옹기들이 다양한 소량의 진흙을 모아 빚어 만들어지듯이, 인간 존재도 존재의 다양한 과정들의 모음과 빚음에 의해서 창조되는 것이기 때문이다. 진흙의 응집력이 약해질 때 옹기들이 파편들로 부서

티베트 불교가 그려낸 생성의 바퀴

지는 것처럼, 사람도 과정들 사이의 상호관계가 무너질 때 죽게 되며 보다 단순한 일련의 과정들로 해체된다.

　의지적 행위가 의식을 연생한다는 주장은, 이를테면 유전과 환경과 같은 다른 요소들도 역시 의식의 조건이 된다는 점을 부인하려는 의도를 가진 것은 아니다. 그 의도는 오히려 의식의 조건이 되는 다양한 요소들 가운데 우리가 통제할 수 있는 하나의 요소, 즉 의도적 행위가 있다는 사실과, 우리는 선택을 통해서 의식과 우리 전 존재를 빚어가는 과정에 창조적으로 개입할 수 있다는 사실을 강조하기 위한 것이다. 이 주장은 다음과 같은 통찰에 기인한다. 선택과 결정은 의식에 일정한 성질이나 음조를 부여하여 의식을 건강과 불건강으로 이끌어갈 뿐 아니라, 의식의 연속성을 위한 하나의 기초를 제공하고 다음 순간의 의식 생성에 한 몫을 담당하며 한순간 이전의 존재에서 획득된 음조나 색깔을 의식에게 건네준다는 통찰이 바로 그것이다.

다음에 의식의 색깔과 색조는 개인적 인격(名色)을 연생시킨다. 왜냐하면 사람의 지속적 발전은(연생시키는 여러 다양한 요소들 가운데) 의지적 행위에서 나오는 의식의 변화에 의존하고 있기 때문이다. '한 인격의 지속적 발전'이란 것은 반복된 탄생도 포함하는 것으로 전통적으로 생각된다. 그런데 환생(reincarnation)을 믿고 있는 사람들은 인격의 갱생(renewal)을 다음 육화 안에서의 재생(re-birth)으로 해석하는 것이 통상적이었다. 그러나 이 해석은 결코 본질적인 것이 아니다. 사람이 부단히 변화한다는 사실, 즉 부단히 죽고 다시 태어난다는 사실과 이런 지속적 갱생이라는 사실이 여러 요소 중 의식의 현 상태에 의존한다는 것은 아주 명백한 일이다.

어떤 사람이 한 인격의 새로운 생성이란 내생에 환생할 인격에만 적용될 수 있음을 역설하는 것으로 불교 경전을 해석한다고 해보자. 이런 해석은 인격적 존재(名色)를 정적이거나 영속적인 것으로 생각할 때만 가능하다. 존재가 가지고 있는 이러한 모든 연생시키는 상태와 연생된 상태를 금생에 발생하는 것으로 해석하는 일은 붓다의 가르침과 정말로 상통하는 것이다. 사실 하나의 육신에서 다른 육신으로 윤회 전생할 수 있는 자아의 존재를 부정했으므로, 새로운 생성이 금생에 발생한다고 보는 해석이 가장 명백한 것일 터이다.

다음에는 인격적 존재는 우리의 감각적·정신적 수용기관(六處)과 그 내용을 낳는다. 보다 간단히 말한다면 외계에 대한 우리의 경험을 낳는다. 우리가 주변의 외계로 받아들이고 있는 것은 우리가 어떤 종류의 사람인가라는 점에 매우 크게 의존한다는 사실, 그것이 여기에서의 요점이다. 맹인에게 세계는 색깔이 없다. 귀머거리에게 세계는 소리가 없다. 자신 있는 사람에게 세계는 도전으로 가득차 있으며, 불안해하는 사람에게는 오직 장애물과 문제뿐이다. 연기사슬 안에서의 이 고리는, 우리가 느끼고 듣고 보고 생각하는 것 등은 외부의 대상이나 사건뿐 아니라, 감각적·정신적 수용기관과 심리적·사회적 조건화에도 크게 의존한다는 점을 지적하는 데에 도움이 된다.

그다음 두 고리는 퍽 명백하다. 왜냐하면 우리의 감각 인상(觸)은 우리의 감각기관과 외부 대상에 연하여 일어나며, 감각과 느낌(受)을 낳기 때문이다. 우리의 욕망이나 갈애(愛)가 감각과 느낌에 연하여 일어난다는 것도 명백하다. 이것이 바로 모든 광고 배후에 있는 원리가 아닌가. 그러나 갈애(渴愛, tṛṣna)에 대한 불교도의 이해는 감각 대상과 명성, 그리고 권력에 대한 보다 분명한 형태의 갈애뿐 아니라, 개아(個我)와 영속성 또는 불멸에 대한 갈애도 포함한다. 우리는 욕락을 약속해 주는 대상, 사람, 경험을 목 타게 그리워하고 취착하며, 동시에 고통을 주려고 협박하는 그 무엇이라도 두려워하고 미워한다. 자아가 '여기저기서 만족을 추구하면서' 욕락의 획득이나 고통의 제거를 영속적인 것으로 만들려는 헛된 시도에서, 우리는 도리 없이 격정에 얽히게 된다.

갈애(愛)와 취착(取) 사이의 관계는 직관적으로 명백해 보인다. 갈애가 강하면 우리는 그 대상에 취착하며, 때로 취착할 대상을 창조하기조차 하기 때문이다. 예를 들면 사막에서 물을 애타게 원하는 사람은 어떤 현상에도 취착하여 신기루에서 오아시스를 본다.

부에 망집하면 사람은 수전노가 되고, 도둑질할 만한 모든 기회를 노리면 도둑이 되는 법이다. 유사하게 독립적 개아에 대한 집착과 망집은 인생의 다음 순간의 우리 모습을 연상할 것이다. 여기에서 다시 한 번 말해 두자. 환생을 믿고 있는 사람은 이 생성(有)을 내생에 새로운 인간으로서의 생성으로 해석하는 것이 통상적이었다. 하지만 이런 새로운 존재가 금생의 다음 순간이 아니라 내생의 육화로 반드시 해석되어야 한다는 합당한 이유가 없다. 그리하여 우리는 생성의 힘들을 하나의 육화에서 다음 육화로 옮겨가는 수단으로 간주하는 대신에, 그것들을 금생에서 다음 순간의 생성의 결정 조건으로 볼 수 있으며, 그다음 고리인 탄생(生)을 개인적 존재의 지속적 생성(그리고 지멸) 안에서의 한 계기로 해석할 수 있다.

열두 번째 고리(老死)로 가면, 우리 존재가 새롭게 되는 매 순간의 탄생 안에 존재하는 조건들의 총체가, 연기 바퀴 위에서 노사로 대변되어 있는 고를 생성할 것이라는 사실은 물론 당연해 보인다. 더구나 경험된 고는 우리가 세계를 보는 방식을 연상하며, 또 다른 무명 등을 생산하는 하나의 중요한 요소가 된다.

고의 다양한 조건들이 어떻게 일어나는가를 예시함으로써 생성의 바퀴로 그려진 만유의 연기성의 원리는 자연스럽게 세 번째의 원리, 즉 그 조건의 제거를 통한 고의 지멸로 나아간다.

5) 고의 지멸

고가 의존하고 있던 조건들을 제거하면 고를 없앨 수 있다는 세 번째의 거룩한 진리는 만유의 연기성이라는 일반적 원리의 인정에서, 그리고 고통받는 개인이 의존하는 구체적 조건에 대한 통찰에서 도출된다. 고의 지멸이란 "이 취착이 완전히 지멸되고, 격정이 제거되어 취착이 배제될 수 있고, 취착이 포기되고, 더 이상 마음속에 품지 않으며, 거기에서 해방될 수 있을 것"을 뜻한다는 붓다의 선언은, 고의 조건에 대해서 앞서 분석한 용어를 빌려 보면 아주 분명하다. 자아와 무아에 대한 모든 취착은 그것들이 의존하는 조건들, 즉 연기의 12고리에 의해서 도표로 제시되었던 조건들의 제거로 반드시 극복되어야 한다.

그러나 개인적 존재가 오온에 불과하다는 점을 인정한다면, 오온이 제거되는 경우 그 개인은 존재하기를 그치지 않을까? 이는 허무주의가 아닐까? 이 물음은 너무 자주, 그리고 그보다는 더 잘 알고 있음직한 수많은 사람들이 제기했으므로, 사람들은 이 물음이 참으로 근거 없고 어리석은 것임을 쉽사리 간과한다. 붓다는 개인적 존재를 구성하는 오온이 반드시 제거되어야 한다고 어디서도 말한 적이 없다. 그리고 붓다는 고를 제거하는 길이 존재를 없애는 길이라고 어디서도 말한 적이 없다. 그런 가르침이 있었다면 결코 사람의 마음을 사로잡지 못했을 것이다. 치료가 병보다 분명 더 나빴을 것이기 때문이다. 붓다가 말한 것은 고를 책임질 만한 오온 내에서의 조건들이나 요소들이 제거되어야 한다는 것이었다. 이 요소들은 무엇인가? 우리가 좀 전에 살핀 대로, 그것들은 무명, 잘못된 의도, 청정하지 못한 의식, 자아에 대한 망상, 오온에 대한 자아의 집착, 결과로서 생기는 갈애와 취착이며, 갈애와 취착은 이제 집착과 무명 등의 재생을 낳는다.

고는 오온과 동일시되는 것이 아니라 오직 오취온五取蘊과 동일시된다는 것을 상기할 필요가 있다. 그 차이는 매우 중요하다. 만약 우리의 존재를 구성하는 오온 자체가 고라면, 그 존재를 없애지 않는 한 고를 없앨 수 없기 때문이다. 반면 만약 고를 이루는 것이 오온 자체가 아니라 자아에 대한 오온의 집착이라면 이 집착을 없애면 고도 제거될 수 있다. 없애야 할 것은 바로 집착이라는 가르침에 대해서 붓다는 추호의 의혹도 남겨 두지 않았다. 그래서 말한다. "따라서 여래(붓다)는 집착에서의 구원을 얻었으며, 집착에서 자유로워졌다. 왜냐하면 자아에 관한 모든 상상·동요·교만한 생각이나 자아에 속하는 모든 것이 사라지고, 없어지고, 포기되고, 버려졌기 때문이다."(중부 경전, 72)

그리하여 열반, 즉 고의 지멸은 존재의 절멸이 아니다. 반대로 그것은 온갖 종류의 취착과 집착을 없앰으로써 얻어지는 존재의 풍성한 완성이다. 삶은 집착에서 자유로워져, 공포·증오·불안 없이 지금 이 순간의 풍성한 풍요로움 안에서 살아갈 수 있다.

6) 도道

비록 고, 조건들(集), 지멸(滅)에 대한 진리를 이해함이 불교 수행에 중요하다고 해도, 네 번째 진리, 고의 조건을 제거하기 위해서 살아가야 하는 길에 대한 진리는, 불교도들이 가는 길의 진수이다. 길에 대한 이해는 중요하다. 그것이 지적 호기심을 충족시켜 주기 때문이 아니라 인생에 영향을 주며 그것을 변화시키기 때문이다. 불교도들이 붓다의 가르침을 암기하고 필사하며 주석을 다는 일에 많은 시간과 에너지를 사용했으면서도, 참된 요점은 이 가르침을 자신의 전체 삶 안으로 한껏 편입시키며 삶의 매 순간에 그것들을 구현하는 것이라고 일반적으로 이해해 왔다. 『브라마잘라수타(梵網經)』는 이 요점을 극적으로 표현한다. "당신의 살가죽을 벗겨내어 종이로 삼고, 피는 잉크로, 척수는 그것을 섞기 위한 물로 삼으며, 당신의 뼈를 붓으로 삼아 그대는 붓다의 가르침을 필사해야 할 것이다."

네 번째 성제로서, 중도로서 제시된 삶의 길은 붓다의 첫 설법에서 선언되었다. 그것은 다음과 같이 이루어져 있다.

1. 올바른 이해(正見)
2. 올바른 의도(正思惟)　　지혜(慧)

3. 올바른 말(正語)
4. 올바른 행위(正業)　　도덕적 행위(戒)
5. 올바른 생업(正命)

6. 올바른 정진(正精進)
7. 올바른 집중(正念)　　선정(定)
8. 올바른 선정(正定)

오른편에 있는 제목들에 의해서 표시된 대로, 이 여덟 규범은 보통 중도의 계·정·혜라는 세 가지 기초적 공리 아래로 분류된다.

팔정도는 도(marga)로 일컬어지므로, 사람은 가끔 수행이 올바른 이해에서 시작하여, 올바른 의도, 그리고 올바른 선정이라는 마지막 수행에 이르는 순서로 순차적으로 진행되어야 한다고 생각한다. 그렇지만 이것은 중대한 잘못이다. 건전한 삶을 위한 팔정도는 서로 연결되어 있고 서로 지원하므로, 동시에 따라가야 할 필요가 있기 때문이다. 적어도 고의 존재·그 조건들·지멸의 길에 대한 최초의 이해, 그리고 우리 존재의 본성에 대한 최초의 이해가 없다면 사람은 팔정도를 닦아야 할 아무 이유도 갖지 못하게 될 것이라는 점이 사실이다. 하지만 이 이해는 상당히 천박하며 불완전할 것이다. 그러나 그 이해가 만약 도덕적이고 건전한 삶을 추구하고 또 선정의 수행을 일으키기 위해서 모든 형태의 사악함과 불건전한 행위들을 피하겠다는 의도를 작동시키는 역할을 한다면, 이런 최초의 이해는 점점 깊어지며 최초의 의도(正思惟)는 강화될 것이다. 모든 행위의 기초가 되었던 욕망과 혐오를 자비가 서서히 대신하게 되고, 올바른 정진, 올바른 집중, 올바른 선정은 선정에서 오는 보다 고차원적 통찰을 발전시키게 되며, 직접적 통찰에 근거하는 완전한 이해가 단지 이성에 대한 신뢰나 어떤 사람의 말에 대한 신뢰에 근거하는 부분적 이해를 대체할 수 있을 것이다.

그러나 중도의 세 가지 공리인 지혜·도덕적 행위·선정은 상호 의존적이므로 한 영역에서의 진보는 다른 두 영역에서의 진보에 의존한다. 격정에 대한 도덕적 제어 없이, 그리고 욕망 대신에 자비를 행동의 주된 원동력으로 삼지 않는다면 선정에서 오는 통찰로 나아가는 올바른 정진, 올바른 집중, 올바른 선정이라는 자기 훈련은 성취될 수 없다. 그러나 자기 훈련과 통찰 없이는 올바른 말, 올바른 행위, 올바른 생업이라는 도덕적 행위를 성취하기가 불가능하다. 그리고 물론 도덕적 행위와 선정이 있어야만 얻어질 수 있는 올바른 이해와 올바른 의도가 없다면 사람은 도덕적 청정이나 선정에서 오는 통찰을 얻을 수 없다. 그러므로 팔정도에 대한 설명은 올바른 이해에서 시작하는 것이 관례이지만, 중도를 실천함에 있어서 이 여덟 규범은 완전히 통합된 삶의 기초로서 동시에 따라야 한다는 점이 반드시 이해되어야 한다.

고를 극복하는 건전한 삶의 지침인 지혜는, 존재에 대한 올바른 이해(正見)와 이 이해에 따라서 행동하려는 의도, 즉 사랑·자비·선의·무사無私에서만 행동하려는 의도, 이 양자 모두를 포괄한다. 지혜가 이런 건전한 방식으로 살아가야 하겠다는 결심을 포함하는 것으로 생각된다는 사실은, 지혜가 단순히 이론적 지식이 아님을 보이는 것이다. 실상 붓다는 올바른 이해(正見)를 다양하게 기술한다. ①사성제에 대한 이해, ②건전하거나 불건전한 존재로 이끌어주는 것들에 대한 이해, ③존재의 형성물은 무상하며 무아이고, (자아라는 것에 집착했을 때) 고가 된다는 사실에 대한 이해, ④만유의 연기성에 대한 이해, ⑤사람을 고의 바퀴에 묶어두는 멍에들(자기 환상·회의주의·겉치레의 규칙과 의례에 대한 집착·욕정·악의·물질적 존재에 대한 갈애·비물질적 존재에 대한 갈애·기만·동요·무명)이 제거될 수 있는 방법에 대한 이해 등이다.

분명히 말하지만 비록 정견이 이론적 지식을 배제하지는 않는다고 해도, 그것은 자아와 자아·세계에 대한 형이상학적 이론들과 동일시되어서는 안 된다. 붓다는 이러한 이론을 정글이나 황야라고 묘사했다. 중부 경전에 포함된 마룬캬풋타의 우화는 형이상학적 이론들에 대한 붓다의 태도를 아주 멋지게 묘사한다.

어느 날 선정하는 동안에 마룬캬풋타라는 승려의 마음속에, 붓다께서는 일련의 중요한 형이상학적 문제들을 옆으로 제쳐두며 대답하지 않은 채로 남겨 두셨다는 생각이 일어났다. 그 문제에는 '세계는 영원한가 아닌가, 세계는 유한한가 무한한가, 자아와 육신은 분리된 것인가 같은 것인가, 여래는 사후에 존재하는가 아닌가?'라는 문제들이 포함되어 있었다. 그래서 그는 붓다에게 다가가 성을 내면서, 존자께서 그 물음들에 대답하지 않으신다면 자신은 수도 생활을 포기하겠노라고 선언했다. 붓다는 마룬캬풋타가 그와 함께 종교적 삶을 살아간다면 이러한 질문들에 대한 대답을 해주리라는 약속을 한 적이 결코 없음을 상기시킨 다음, 그 질문들이 매우 많은 이론적 구분과 가정에 근거하고 있으므로 사람이 죽기 전 상대적으로 짧은 시간 안에 대답할 수 있는 것이 아니라고 설명했다. 더욱이 그 문제들은 핵심을 비껴간 것들이었다. "마룬캬풋타여, 그것은 마치 다음과 같다. 어떤 사람이 독이 잔뜩 묻어 있는 화살에 맞았다고 치자. 그의 친구와 동무, 친척이 그를 위해서 의사를 불러왔다고 하자. 그런데 앓고 있는 사람이 다음과 같이 말할 수 있을 것이다. '내가 나를 상처 입힌 사람이 바라문·크샤트리야·바이샤·수드라 계급들 중 어디에 속하는지를 알기 전에는, 나를 상처 입힌 사람의 이름과 그가 속해 있는 종족을 알기 전에는, 키가 큰지 작은지 중간인지, 그가 흑인인지 황색인인지 갈색인인지, 어떤 마을·도시·촌락에서 왔는지, 그 화살이 어떤 종류의 나무로 만들어져 있는지, 활줄은 어떤 물질로 만들어져 있는지, 어떤 종류의 화살인지, 어떤 종류의 깃털인지, 어떤 끈으로 묶었는지, 어떤 종류의 화살촉인지, 이것들을 알기 전에는 나는 화살을 뽑지 않겠다'고. 마룬캬풋타여, 그 사람은 이것을 절대로 알지 못하고 죽어갈 것이다."

마찬가지로 마룬캬풋타가 제기한 모든 형이상학적 문제에 대해서 붓다가 대답할 때까지 종교적 수행의 착수를 거절하는 사람은, 대답을 듣기 전에 죽어버릴 것이라고 붓다는 계속해서 말했다. "마룬캬풋타여, 종교적 수행은 세계가 영원하다는 독단에 의존해 있지 않다. 마룬캬풋타여, 종교적 수행은 세계가 영원하지 않다는 독단에도 의존해 있지 않다. 마룬캬풋타여, 세계가 영원하다거나 영원하지 않다거나 하는 독단이 성립한다고 하더라도, 여전히 생·노·병·사·우·비·고·뇌가 있으며, 금생에 그것들을 절멸하기 위해서 나는 처방하는 것이다." 그런 다음 붓다는 마룬캬풋타가 제기했던 다른 문제 하나하나에 대해서 이를 반복하고, 이런 종류의 사변은 "이익을 주지 않고, 종교의 근본과는 아무런 관계도 없으며, 혐오로, 격정의 부재로, (고의) 지멸과 고요, 신통神通으로, 지고의 지혜와 열반으로 이끌지도 않기 때문에" 이 이론들의 어떤 것도 밝히지 않았다고 지적한다. "그래서 나는 그렇게 밝혔던 것이다."

"그런데 마룬캬풋타여, 내가 밝힌 것은 무엇이었던가? 마룬캬풋타여, 나는 고를 밝혔다. 고의 기원을 밝혔다. 고의 지멸을 밝혔다. 고의 지멸로 이끄는 길을 밝혔다. 그런데 마룬캬풋타여, 나는 왜 이것을 밝혔던가? 마룬캬풋타여, 나는 이것이 이익을 주고, 종교의 근본과 관계가 있으며, 혐오로, 격정의 부재로 나아가고, (고의) 지멸과 고요, 이해, 지고의 지혜와 열반으로 이끌어주기 때문이다. 그래서 나는 그것을 밝혔다. 그러므로 마룬캬풋타여, 내가 밝히지 않았던 것이 무엇이며, 내가 밝혔던 것이 무엇인지를 항시 잘 명심해라."

올바른 이해는 고의 조건들과 이 조건들의 지멸에 관한 실천적 지식이기 때문에, 그것은 자연적으로 악의·탐욕·상해로 이끄는 태도나 의도로부터 자신을 해방시키려는 결심으로 나아간다. 이를 적극적으로 표현하면, 올바른 의도(正思惟)는 무아의 정신, 선의, 자비, 모든 유정자에 대한 사랑을 함양하겠다는 의도나 결단이다.

지혜에 대한 올바른 이해와 올바른 의도는 곧장 도덕적 행위로 이끌어주는데, 잘못된 이해와 잘못된 의도는 나쁜 말, 행위, 생업을 낳는다. 올바른 말(正語)이라는 세 번째 규범은 진실을 말할 것, 친절하고 우애 있게 말할 것, 유용한 것을 말할 것을 요구한다. 이 원리는, 말이란 반드시 건전함을 가져오도록 사용되어야 한다는 것이다. 불건전함으로 이끄는 말은 반드시 피해야 한다. 그렇게 해서 올바른 말이라는 규범은, ①거짓말, ②중상·모략 또는 증오·질투·적의·사람들 사이에 불화를 가져오는 말, ③온갖 종류의 예의 없는 말·욕지거리·악의에 찬 말을 포함한 거칠고 무례한 말, ④잡담과 지껄이기를 금지하는 것이다.

올바른 행위(正業)는 사람의 모든 행동이 타인들의 안녕을 존중해야 하며, 모든 유정자들의 평화와 행복을 촉진해야 함을 의미한다. 부정적으로 표현하면, 그것은 살아 있는 존재를 죽이거나 해치는 행위, 훔치기, 부정직한 행위, 온당치 못한 성적 행위를 금한다.

올바른 생업(正命)은 올바른 말과 올바른 행위라는 규범들을 자신의 생계 수단까지 확장하는 것이다. 자신과 타인의 평화와 안녕을 증진하는 생계 수단만이 허용되는 것이다. 무기·술·마약 거래하기·죽이기·뚜쟁이 짓과 같은 타인들에게 해가 되는 직업과 직종은 금지된다.

올바른 정진(正精進), 올바른 집중(正念), 올바른 선정(正定)이라는 세 번째 그룹의 규범들은 각성과 통찰을 가져오기 위해서 의식의 지속적 훈련을 가르칠 것을 목표로 삼고 있다. 올바른 정진은 ①사악하고 불건전한 자의식과 마음의 상태가 일어나는 것을 막고, ②사악하고 불건전한 마음의 상태(예를 들면 탐욕·분노·이기심·악의·육욕·미망)

를 극복하고, ③착하고 건전한 심리 상태를 가져오며, ④이미 존재하는 착하고 건전한 마음의 상태를 발전시키고 유지시킬 수 있도록 강한 의지를 배양할 것을 포함한다. 붓다의 가르침을 꿰뚫어 알며 신앙을 지니고 있는 사람의 편에 나타나는 올바른 정진에 대한 적절한 태도는 다음과 같은 생각에 반영되었다. "비록 살갗·심줄과 뼈가 삭더라도, 내 육신의 살과 피가 마르더라도 용기 있는 끈기·에너지·노력에 의해서 얻을 수 있는 것이면 무엇이든 그 모든 것을 얻을 때까지 나는 내 분투를 포기하지 않을 것이다."(중부 경전, 70)

올바른 마음챙김(정념正念)은 ①육신(身), ②감각과 느낌(受), ③마음(心), ④사유와 생각의 활동(法)에 대해서 조심스럽게 알아차리고 주의를 기울이는 일이다. 육신에 대한 올바른 마음챙김은 호흡, 육신의 자세와 행동, 그리고 여러 내적 과정에 대한 마음챙김을 통해서 얻어질 수 있다. 감각과 느낌에 대한 올바른 마음챙김은 그것들이 유쾌하거나 불쾌하거나 또는 중립적이거나 하는 그 모든 것과, 그리고 그것들이 자신 안에 일어나고 사라지는 방식에 대해서 주의를 기울임으로써 성취되는 것이다. 정신적 활동에 대한 올바른 마음챙김은 마음의 모든 활동에 대해서 주의를 집중하고, 우리 생각이 탐욕스러워지는가, 육욕에 휩싸이는가, 증오하는가, 미망에 빠지는가, 산란되는가 집중하는가 등에 대해서 알아차림으로써 성취된다. 사유와 생각에 대한 올바른 마음챙김은 생각과 관념이 어떻게 일어나고 사라지는가, 그것들이 어떻게 발전하고 억제되는가를, 그것들이 의존하는 조건에 주의를 기울임으로써 성취된다.

정념 수행은 우리로 하여금 산란과 자의식 모두를 극복하여, 존재의 지금 이 순간에 완벽한 알아차림 안에서 가능한 한 온전히 살아가도록 만드는 데에 그 목적이 있다. 이런 종류의 선정은 자기 자신과 사물들의 본성에 대한 직접적 통찰로 인도해주므로, 대부분의 자기 각성의 양태들이 수반하는 자의식과 거리두기가 회피되며 일종의 충만감이 성취된다. 어떤 의미로는 사념처의 수행이 불교의 길의 핵심이라고 할 수 있다. 『대념처경』(장부 경전, 22)의 한 대화에서, 붓다는 사성제에 대한 이해와 팔정도 수행을 정념 수행에 포함시키고 있다. 왜 이렇게 해야 하는가에 대해서는 『법구경』의 첫 시구에 우아하게 표현되어 있다. 『법구경』에서 한편으로는 무명과 고, 다른 한편으로는 행복과 해탈이 모두 자신의 마음 상태에 의존한다는 통찰이 다음과 같이 공식화되었다.

마음이 모든 불건전한 상태들에 앞선다. 마음이 그것들의 주인이다. 그것들은 모두 마음이 만들어낸 것이다. 만일 청정치 못한 마음으로 사람이 말하거나 행위한다면 불행이 따라오기 마련이다. 마치 수레바퀴가 소의 발자국을 따라가듯이. 마음이 모든 건전한 상태들에 앞서며, 마음이 그것들의 주인이다. 그것들은 마음이 만들어낸 것이다. 만일 청정한 마음으로 말하거나 행위하면 행복이 그를 따라간다. 마치 그림자가 (몸을) 떠나지 않는 것처럼.*

그러나 불행과 불건전함을 물리칠 마음의 청정을 얻기 위해서 정

---

* 〔역주〕心爲法本 心尊心使. 中心念惡 卽言卽行. 罪苦自追 車轢於轍.
   心爲法本 心尊心使. 中心念善 卽言卽行. 福樂自追 如影隨形.

념은 집중 곧 선정(dhyāna)의 수행을 통합해야 할 필요가 있다. 선정은 네 단계로 구분할 수 있다. ①첫째, 육욕·악의·걱정·불안·의심·게으름에 대한 생각들이 제거되며, 이것들이 환희와 복리(喜와 樂)에 대한 느낌으로 대체된다(初禪). ②다음 단계에서 모든 유형의 정신적 행위와 사유는 뒤로 처지게 하고, 우리 존재는 환희와 행복감으로 가득찬다(二禪). ③정려靜慮라는 세 번째 단계에서 환희의 감수感受에 책임 있는 정신적 활동이 초월되며, 사람은 행복으로 가득찬 평정(捨)를 성취한다(三禪). ④마지막으로 네 번째 단계에서는 직접적 통찰이 마음의 모든 움직임을 대신하며, 완벽한 평정이 고통과 환희라는 이원성을 넘어 성취된다.

이 통찰은 모든 존재들의 연기성과 상호 관련성, 즉 이기심과 악의의 토대를 전혀 남겨두지 않는 편만한 상호 의존성을 보는 지혜의 기초이다. 이제 자慈와 비悲가 이기심과 유용성을 대신하여 신구의의 동기가 된다. 자아와 사물에 대한 무지한 취착이 적정寂靜으로 대체된다. 이러한 적정은 사람을 공포와 불안에서 해방시켜주며, 인생을 가능한 한 가장 풍성한 정도까지 살도록 허용해준다. 바로 여기 우리 존재의 바로 이 순간에.

5. 불교 공동체의 발전 −SAṄGHA 僧伽

붓다와 그의 가르침에 대한 지금까지의 우리의 검토는 시공에 관계없이 모든 불교 부파에게 다소간 공통되는 이해에 초점을 맞추어 왔다. 이런 공통적 이해의 경전적 자료는 상좌부의 팔리어 경전과 대승불교도의 범어로 쓰인 아함 경전(한문과 티베트 번역으로 보존되어온)에 포함된 붓다의 대화이다. 팔리어 경전에 포함되어 있는 이 대화는 오부五部 또는 니카야로 결집되었다. 장부 경전(Dīgha), 중부(Majjhima), 상응부(Saṃyutta), 증지부(Aṅguttara), 소부(Khuddaka)가 바로 그것들이다.

사상과 실천의 면에서 상좌부와 대승불교 사이의 주요한 차이점에도 불구하고, 붓다의 말씀에 대한 다섯 결집 중 처음 넷은 내용상 그 각각의 경전에서 매우 근접한 일치를 보이고 있다. 이 대화편들에 대한 상좌부와 대승불교의 해석은 사성제, 팔정도, 중도라는 근본 원리들에 있어서 거의 일치한다. 이는 불교의 시초까지 거슬러 올라가는 공동의 토대를 시사한다. 그러나 교리와 삶을 위한 계율에 있어서 강조점의 차이와 해석상의 작은 차이가 초기 불교 승단에 불일치를 야기했으며, 분열에 이어 부파와 지파의 형성으로 나아갔다.

붓다 사후 100년 이내 하나의 중요한 분열이 발생했고, 기원전 100년까지 가르침과 계율에 대한 해석상의 차이로 인하여 18개 이상의 부파가 발생했다. 주요 부파 중의 하나인 상좌불교(Theravāda)는 불교의 시초부터 오늘날에 이르기까지 지속적 발전의 역사를 지니고 있으며, 동남아에서 지배적 불교의 형태를 이루고 있다. 초기의 다른 주요 부파들은 마하상기카(Mahāsaṅghikas, 대중부)와 사르바스티바딘(Sarvāstivādins, 설일체유부)이었다. 이 두 파는 대승의 발전에 크게 공헌했으며, 서력기원 무렵 대승에 함께 흡수되었다. 대승불교의 2천년은 북인도뿐 아니라 중국, 티베트, 일본, 한국, 베트남, 그리고 보다 약화된 정도로는 세계의 다른 장소까지 그 족적을 남겼다.

20세기 이상에 걸쳐 그리고 20개 정도의 나라에 퍼져 있는 불교 사상과 실천의 발전을 자세히 다루는 것은 분명 이 장의 범위를 넘어간다. 그러나 우리는 불교의 세 번째 보물로서 수세기 동안 수억의 사람들이 피난처로 삼았던 승가를 이해하려고 노력하면서 이런 역사적 발전을 무시할 수는 없다. 그 발전이 불교 승단을 상좌부와 대승불교라는 두 개의 독특한 형태로 만들어 왔기 때문이다.

처음부터 붓다의 영향과 불법의 실천은 비구·비구니·우바새·우바이의 공동체인 불교 승단의 맥락에서 일어났다. 비록 흔히 '승가(saṅgha)'라는 용어가 출가자 대중에 관련해서만 사용되고 있지만, 이는 잘못이다. 출가 승단이 역사적으로 종교적 공동체의 중심으로 간주되어 왔으며 그 승단 구성원들의 삶이 불교 전체를 위한 모범이나 표준으로 간주되었으나, 승가는 재가 신도 공동체까지 확장되는 것이다.

출가 공동체들은 붓다의 시대에 흔했다. 붓다가 그의 가르침을 수용하고 그의 길을 따르기를 원하는 사람을 그의 무리에 수용한 것은 당연한 일이다. 그러나 대부분의 종교 공동체와는 달리, 붓다의 단체에 가입하는 것은 가르침과 제시된 삶의 계율을 기꺼이 수용하는 모두에게 열려 있었다. 부자거나 가난하거나, 남자거나 여자거나, 바라문이거나 불가촉천민이거나, 상인이거나 도둑이거나, 그들이 불·법·승단의 계율을 인정한다면 아무도 배제되지 않았다.

출가 승단 내에 여승을 받아들이는 점에 대해 처음에는 주저했었던 것으로 보인다. 그러나 모든 증거들에 따르면, 비록 처음부터 비구니들이 비구보다 약간 열등하고 종속되는 것으로 간주되었다고 하더라도, 비구니 승단이 붓다의 재세 시에 이미 확립되었다. 역사적으로 보면 비구니 승단이 아니라 비구 승단이 불교의 커다란 중심이었다.

비구 승단은 불교를 이 지역에서 저 지역으로, 이 나라에서 저 나라로 전파하고, 불교 가르침을 해석하며 불교적 삶의 길을 예증으로 보여주었다.

처음 불교 교단은 느슨하게 조직되었고 비관료주의적이었으며, 교단에의 가입도 간단하고 상대적으로 비공식적이었다. 사람은 간단히 붓다를 스승으로 인정하고 그의 가르침을 기꺼이 따르겠다고 하며 승가에 대한 존경을 간단히 표시하면 그만이었다. 싯다르타 자신이 '출가하여' 집 없는 상태가 되어, 당시의 많은 사람처럼 소유를 포기하고 생존 수단으로 탁발을 택했으므로, 그의 추종자들이 그의 모범을 모방하는 것은 자연스러웠다. 그들도 역시 먹고 잠자는 일에 그의 절도節度를 따랐으며, 불상해·진실·정직·성적 순결이라는 도덕적 규준을 수용했다. 하지만 이런 실천은 정식적인 요건에 성문화되지 않았다. 가입의 유일한 형식은 '오시오, 비구여'라고 붓다가 발하는 수용의 한마디였다.

붓다의 지시에 따라서 이 승려들은 각자 다른 길을 갔다. 어디로 가든 사성제를 설하고 팔정도를 수행했으며, 그들이 전국에 걸쳐 여행하는 동안 많은 사람들을 붓다의 길로 교화했다. 그들이 더욱 멀리 여행하게 되자 새로운 개종자가 교단에 들어오기 위해서 붓다에게 오는 일이 점차로 어려워졌으므로, 승려들은 그들 자신이 불교 교단에 새로운 사람을 받아들일 수 있도록 허락받았다. 그들이 경험했던 급속한 성장과 확장은 교단과 가르침을 보호하고 지키기 위해서 일정한 절차들을 필요로 한다는 사실이 곧 분명해졌다. 이제는 규칙들이 ①교단에로의 출가, ②생활 방식, ③스승의 성직위聖職位 수여식을 집행하기 위해서 발전되었다. 점차 재가 신도로서 중도를 수행하는 사람들과, 수행과 가르침에 그들의 전 생애를 바치는 사람들—승복과 발우를 받는 것으로서 상징화된— 사이에 구별이 존재하게 되었다. 이 구별은 재가 신도들에게 적합한 부분적이고 열등한 길과 출가 승단의 충분히 발달했던 고등한 길 사이의 차별로 여겨졌다. 이 차별은 지난 2천3백 년 동안 대부분의 나라에서 불자의 태도를 계속 규정해 왔다.

재가와 출가 불자들 사이의 차별이 더욱 굳어지고 승려들이 자임한 우월성이 재가 신도의 수행을 열등한 지위로 격하시키게 되자, 출가 승단 내에 논쟁이 대두되었다. 재가 신도의 수행의 가치를 옹호하는 사람들은 재가 신도와 출가승 모두를 포용하는 승가 이념을 주창했다. 흔히 부르는 대로 '대중부(마하상기카)'에 대해서 상좌들 (Sthaviras, 팔리어로는 Theravāns)이 반대했다. 이 상좌들은 참된 승가란 오직 독신 출가 승단에 출가한 자만을 포함한다고 주장했다.

이 논쟁은 처음에 보였던 것보다는 더 근원적인 것이었다. 이제 문제가 된 것은 무엇이 '아라한(應供者)'을 구성하는가 하는 것이다. 통찰과 깨달음이라는 영적 성취 때문에 사람은 가치가 있는가? 또는 공동체의 수도 규칙의 엄격한 준수로 그러한가? 더욱이 모든 유정자를 고통에서 구해 내려는 자비로운 노력 때문에 가치 있는가? 또는 자기 자신의 삶에서 고의 극복에 성공했기 때문에 가치가 있는가?

초기 교단을 스타비라와 마하상기카(각각 상좌부와 대승의 선구자들)로 분리시킨 논쟁, 즉 누가 붓다의 '가치 있는' 추종자인가 하는 문제를 둘러싼 논쟁은 붓다의 가르침에 대한 해석상의 차이에도 기인했다. 붓다의 재세 시 그의 가르침에 대한 이해와 해석에 관한 물음들은 그에게 직접 물을 수가 있었다. 그러나 붓다의 사후, 논란이 되는 해석의 경우 교단이 자문을 구할 수 있는 중심적 권위의 자리에 있는 사람이 아무도 없었다. 붓다는 죽음이 다가오고 있음을 감지하면서도, 교단을 지도할 사람으로 애제자들 중 한 사람을 공동체를 이끌어갈 후계자로 지명할 것을 거부했다. 대신 그는 그의 사후 교단이 그의 가르침과 계행의 안내를 받아야 한다고 추천했다. 후계자 지명을 거부한 일은 그의 가르침과 수행이 갖추고 있는 능력, 즉 그것들 자체의 장점 때문에 수용될 수 있는 능력, 따라서 부패에 대항하여 하나의 교단적 권위의 창출을 통해서 확보할 수 있는 안전책보다 더 큰 안전책을 제공할 수 있는 능력에 대해서 붓다가 갖고 있었던 신뢰를 표현하는 것이다.

그러나 붓다의 존재를 그의 가르침과 계행으로 대체하는 일은, 그의 가르침에 대한 올바른 이해와 계율의 적절한 적용을 반드시 보장해야 한다는 너무나 심한 압박을 그의 추종자에게 주는 일이었다. 이제 붓다의 가르침이 바로 스승이므로 대화의 분석과 해석의 정확성보다 더 중요한 일은 없었다. 아무리 자세한 것이라고 해도, 조심스럽고 인내력 있는 분석이 필요하지 않을 만큼 사소하거나 중요하지 않은 것은 없었다. 그리고 철저한 스콜라주의가 곧 불교 교단에 편만하게 되었다. 붓다가 모든 형이상학적 문제를 회피했으므로 서로 다른 분석들과 해석들이 갖고 있는 토대에 대해서 일어나는 논쟁들은 그 주제에 관련된 그의 말을 참조한다고 해서 해결될 리가 없었다.

계율 준수의 엄격성과 아라한의 표준에 대한 최초의 논쟁은, 가르침의 해석상의 이슈와 가르침의 기초가 되는 형이상학적 전제에 대한 주장까지도 포함할 만큼 재빨리 확대되었으며, 교단을 대립되는 두 개의 부파로 쪼개버렸다. 차이점은 해소될 수 없다는 점이 분명해졌으며, 2~3세기 이내에 충성을 요구할 만한 강력한 구심체도 없이 새로운 그룹들이 이 두 개의 부파에서 따로 떨어져 나왔다. 곧 스타비라의 약 11개 부파가 생겼으며, 이 중에서 상좌부가 지배적인 '남방' 부파로 살아남았고, 마하상기카의 7부파가 생겼는데, 이것들은 마하야나라는 지배적인 '북방'의 형태로 점차 통합되었다.

상좌부와 대승의 차이들

마하야나와 상좌부 불교 형태 사이의 주요 차이점들은 다섯 가지 논쟁적 물음에 대한 그들의 대답을 검토하면 가장 쉽게 드러날 것이다. 첫째 질문은 "승가란 무엇인가?"이다. 대승불자는 그 대부분의 경우, 재가불자든 출가수행승이든 붓다를 스승으로 받아들이며 중도를 따르기를 동의하는 사람이면 누구라도 교단의 구성원이 될 자격이 있다는 마하상기카의 견해를 수용했다. 상좌부 불자는 재가불자에게 아라한 지위의 부여를 거부하는 경향을 가졌다. 결국 재가불자는 전적인 무소유 또는 완전한 독신을 준수하지 않는다. 더구나 그들은 출가행자에게 요구되는 10개의 계율 중에서 오직 5개만을 수용할 뿐이다. 피난처를 구하는 재가불자는 불자로서 물론 인정받겠지만 출가교단의 구성원보다는 크게 저급하며, 출가자들만이 진실로 가치 있다고 간주된다.

두 번째 질문은 "붓다의 본래 가르침은 무엇인가?" 하는 것이다. 두 부파 모두 사성제와 팔정도 수행이 중심적 가르침이라는 점에 대해서는 동의하지만, 상좌부는 대화편들의 결집체에 포함된 원문들을 강조하는 경향을 가졌고, 대승불자는 비록 믿음의 일으킴[起信]과 자비의 완성을 강조하는 많은 경전이 대화편에 기록된 붓다의 실제적인 말을 넘어간다고 하더라도, 그것들이 본보기로서의 붓다의 가르침을 구현한다는 근거에서 정전으로 받아들였다.

우리가 일찍이 살펴본 대로 붓다는 형이상학적 물음을 회피하며 오직 고의 극복에만 관심을 쏟았다. 그러나 그의 추종자들은 붓다의 가르침에 대한 그들의 해석에 근거를 부여하려는 그들의 열성으로, 그들의 견해를 근거 짓는 형이상학적 입장을 수용하는 경향을 가졌다. 그 발달의 과정 동안 형이상학의 거의 모든 색조가 탐색되고 수용되었다. 하지만 전체 대승불자들은 궁극적으로 실재란 분할되지 않는다는 점, 평범한 세계를 특징짓는 차이점과 특성은 오직 인간 관습에 불과할 뿐이라는 점을 강조하는 경향을 지녔다. 인간 관습은 실용적 목적을 위해서 아무리 편리해도, 궁극적으로 진리가 결핍되었다.

반면 나눠지지 않는 실재는 일체의 관습과 구별을 초월하므로, 어떤 평범한 수단에 의해서도 알려질 수 없다. 초월적 실재를 밝히는 일에 바쳐진 반야경(초월하는 지혜의 경)은 패러독스의 변증법에 지속적으로 관여하고 있으며, 여기에서 가르침은 가르침이 아닌 것으로 되어 있다. 불佛은 비불非佛로 불리며, 열반은 삼사라와 동일시된다. 이 변증법의 의도는 청자를 달래거나 충격을 주어 통상적 진리의 이중성을 넘어서도록 하자는 것이다. 예를 들면 『금강경』에서 붓다는 수보리에게, 여래에 의해서 '최고의, 올바르고, 완전한 깨달음(無上正等覺)'으로 완전히 알려졌던 법이 있는가, 혹은 여래에 의해서 한 법이라도 증명되었는가 하고 묻는다. 흠잡을 데 없는 대승의 방식으로 수보리는 대답한다. "아닙니다. 제가 스승님의 가르침을 이해하기로는 그렇지 않습니다. 왜냐하면 여래가 완전히 알거나 증명해낸 법은 손으로 붙잡거나 말할 수 없기 때문입니다. 그것은 법도 아니고 비법非法도 아닙니다."

반면 상좌부의 불자는 이런 평범한 세계를 구성하는 과정들의 실재를 강조하는 경향이 있다. 사물과 사람은 자아 또는 '자성自性'이 없는 것으로 주장되지만, 올바르게 관찰된 과정들은 실재하는 것으로 인정된다. 사람이나 사물을 이루고 있는 과정들의 분석은 수많은 법들 또는 기초적 힘들을 드러내며, 법과 힘들은 자신들의 움직임과 상호 간의 연합으로 사물이나 사람으로 일컬어지는 연결된 과정들을 일으킨다. 설일체유부 철학자들 안에서 해결된 방식대로라면, 이것은 자아도 사물도 없다는 것을 의미한다. 자아와 사물은 기초적 존재력(다르마)의 자의적 집합들에 대한 통속적 명명일 뿐이다. 궁극적으로 이 다르마들만 실재한다. 지혜를 획득하고 취착을 극복하는 방식인 상좌부의 선정 수행, 즉 자아와 사물을 다르마들의 과정들로 해체하는 선정 수행의 기초를 이루고 있는 견해가 바로 이것이다.

세 번째 질문은 "붓다란 누구인가?"이다. 상좌부의 불교도는 역사적 석가모니, 고타마 싯다르타를 강조하는데, 그가 길의 주창자와 최초의 스승이라는 점에서 확연히 다른 아라한과는 다르다. 마하야나는 역사적인 석가모니를 궁극적 법신의 현신들 중의 하나로 인정하고 있으며, 모든 실재가 참여하는 분할되지 않는 궁극 실재를 강조한다. 모든 존재가 분할되지 않는 실재에 참여하고 있으므로 모든 존재는 잠재적으로 붓다이다. 그들은 오직 그들의 진정한 실재에 대해서 깨어나기만 하면 된다. 통속적 차별들이 극복되는 절대적 진리의 보다 높은 관점에서 보면 붓다란 존재하지 않는다. 통속적인 수준에서 본 붓다들의 출현은 분할되지 않는 붓다라는 실재의 화현이나 화신

(Nirmāṇakāya)일 따름이다.

　네 번째 질문은 "우리가 열심히 노력해야 하는 목표는 무엇인가?" 하는 것이다. 상좌부 불교도들은 "너 자신의 피난처가 되라"와 "불방일로써 너 자신의 구원을 달성하라"라는 붓다의 충고를 강조하며, 고로부터의 개인의 해탈을 제1차적 목표로 삼고 있다. 대승불자는 고를 극복하는 일에 있어서 타인을 돕는 붓다의 지치지 않는 정진을 강조하고, 개인적 해탈을 제한적이고 이기적인 것으로 간주하며 보살의 이상을 선호한다. 보살은 모든 유정자가 해탈할 때까지 불방일의 노력을 그만두지 않을 것과 그때까지 열반을 받아들이지 않겠다고 서원한다.

　보살의 이상은 『금강당경金剛幢經』의 다음 구절에 간결하게 표현되었다.

> 보살은 다음과 같이 결심한다. 나는 일체고의 짐을 스스로 진다. 나는 그렇게 하기로 결심하고 그것을 견딜 것이다. 나는 회피하거나 도망가지 않을 것이다. 나는 질겁하지 않을 것이고 두려워하지 않을 것이며 등을 돌리지 않을 것이며 낙담하지 않을 것이다.
>
> 왜 그럴까? 무슨 희생을 치르더라도 나는 일체중생의 짐을 져야만 한다. 그래서 나는 내 성향을 따르지 않는다. 나는 일체중생을 구하기로 서원했다. 나는 일체중생을 자유롭게 해야 한다. 중생의 전 세계를 나는 구해야만 한다. 생·노·병·사·재사再死로부터, 온갖 종류의 도덕적 타락, 온갖 상태의 번뇌, 생사의 전체 주기週期, 억견의 숲, 건전한 법들의 상실, 무명의 부수물들, 이

모든 것들의 전율에서 나는 모든 중생을 구해야 한다. …… 나
는 모든 중생을 위해서 무상정각無上正覺의 왕국이 건설되도록
걷는다. 내 정진은 나 자신의 구원만을 목적으로 삼는 것이 아
니다. 왜냐하면 일체지의 사유라는 배(舟)의 도움을 받아 나는
삼사라의 강, 건너가기가 매우 어려운 강, 이 강에서 일체의 중
생을 구해야 하기 때문이다. 나는 그들을 거대한 벼랑에서 붙잡
아야 한다. 나는 모든 재앙에서 이들을 자유롭게 해야 한다. 나
는 삼사라 강의 저 피안으로 그들을 건네주어야 한다. 나 자신
의 인내의 한계에 이르기까지 나는 온갖 상태의 고뇌 안에서,
일체계에서 발견되는 일체고의 주처를 경험할 것이다. 그리고
나는 선업의 축적에서 일체의 중생을 속여서는 안 된다. 나는
무수한 겁의 세월 동안 온갖 고뇌의 상태에 머물기를 결심한다.
그래서 일체중생이 자유에 이르도록 도울 것이며, 나는 일체계
에서 발견되는 모든 상태의 고뇌 안에 머물 것이다.

—『금강당경』, 식샤사무차야(大乘集菩薩學論), 280~281*

다섯 번째 논쟁거리가 되는 질문은 수행의 엄격성에 관한 것이다.
상좌부 불자는 불방일로써 자신의 구원을 수행하라는 붓다의 충고
를 따르고, 무집착과 지혜를 달성함에 있어서 도덕적 행위의 제일의
성을 강조하며, 지극히 엄격한 계율 준수를 행하려는 경향이 있다. 반
면 대승불교도들은 보살을 강조하고 붓다를 모든 존재의 내적 존재

---

* Edward Conze(trans.), 『제시대의 불전들(*Buddhist Texts Through The Ages*)』,
  New York : Harper & Row, Publishers, 1964, pp.131~132.

로 이해한 때문으로, 기신起信과 자비심의 발전에 제일의성을 부여했다. 신앙과 자비에 대한 이 강조는 정토종이라는 대승불교의 분파에서 그 완전한 표현을 찾을 수 있다. 이 분파에서는 사람이 신앙과 신애로 붓다의 이름만 부르는 것만으로도 구원을 성취할 수 있다고 믿는다. 신앙의 신애적 불교의 기원은 아주 분명한 것은 아니다. 범어로는 '옴 나모아미타바야', 중국어로는 '옴 아미타불', 일본어로는 '나모 아미다부츠' 안에 발견되는 무량광無量光의 붓다에 대한 염불과 함께 신애의 불교는 널리 펴져 있다.

물론 비록 신앙을 일으키는 다양한 활동들, 이를테면 붓다가 가진 덕의 찬양·보시·지혜와 자비의 공경·염불 그리고 모든 중생을 구원하기 위한 제불보살의 다양한 행위가 가지고 있는 힘에 대한 신뢰, 이런 기신의 활동들이 그들의 수행을 지배한다고 해도, 정토종의 신도들은 청정한 삶을 살도록 고양되었다. 신앙과 신애의 대승은 고를 극복하는 길로서의 팔정도에 대한 붓다의 가르침에서 멀리 떨어져 나온 것으로 보일 수도 있지만, 사실상 붓다 자신이 이 발전을 위해서 기초적 작업을 닦아 둔 셈이다. 죽음 직전, 그는 그의 추종자들이 신앙과 신뢰의 표현이 필요할 것을 인정하면서, 그의 생애와 관련되어 있는 상서로운 네 장소를 방문하고 경배할 것을 가르치면서 아난다에게 말한다.

선남자들이 방문해야 하고, 신심 있는 선남자들에게 정감을 불러일으킬 수 있는 네 장소들이 있다. 그 넷이란 무엇인가? "여기에서 여래는 태어났다. …… 여기에서 여래는 무상등정각無上等正覺을 이루었다. …… 여기에서 여래는 무상법륜을 굴렸다.

······ 여기에서 여래는 무여열반에 드셨다."

— 장부 경전, 2.140

　모든 중생을 고에서 구해 내려는 자비와 사심 없는 노력에서 붓다가 보여준 자신의 귀감과 함께, 이 충고는 보살 이념의 대승적 발전을 양육하고, 고행과 요가 어디에도 이끌리지 않는 평범한 사람에게 매우 매력 있는 신앙과 신애의 수행을 양육해 왔다.

　상좌부와 대승불교 사이의 이러한 차이점이 지나치게 강조되어서는 안 된다. 왜냐하면 그들이 합의하는 공통의 핵심은 불일치를 훨씬 초월하기 때문이다. 어느 편 신조의 불교도들이라고 해도, 그들은 앞 장에서 개략적으로 설명한 바 있는 붓다의 가르침에 대한 공통적 이해를 공유한다. 강조점과 해석상의 차이점 때문에 그들은 이런 기초적 이해를 두 개의 종파로 발전시켰으며, 이것들은 비록 공통의 기초를 공유하면서도 반대 방향으로 확장되어 갔다. 승가가 갖는 최초의 의미, 즉 개인의 가치, 불과 법의 수용, 그리고 팔정도의 수행 덕택으로, 불성과 구성원 상호 간의 영적 관계에 들어서게 되는 만인의 공동체라는 의미는, 상좌부·조동종·선 또는 이들 사이의 중간적인 어떤 분파든, 그 불교 공동체의 기초로 남는다.

요약

대략 기원전 525년경 최초의 설법과 함께 전법륜을 시작한 붓다는, ①인간고의 본성, ②그 조건, ③이 조건의 제거, ④이 조건을 극복하고 고를 없애는 길이라는 사성제에 대한 통찰을 선포했다. 사성제는 중도로서 선포되었다. 왜냐하면 그것들이 고를 극복하는 인간의 노력을 위한 여지를 허락하지 않는 완전한 결정론과 완전한 비결정론이라는 입장 사이의 중도와, 극단적 고행으로 사는 인생과 격정과 욕락에 탐닉하는 인생 사이의 중도를 보여주었기 때문이다. 이 두 가지 점에서의 절도는, 붓다의 길을 2천5백 년 전의 인도에서 유행했던 다른 길로부터 구별해 내며 널리 확산될 매력을 가져다주었다.

사성제의 기초를 이루는 통찰은 어떤 조건이 있을 때만 고가 일어난다는 것이다. 평범한 종류의 고, 변화로서의 고, 오취온으로서의 고를 구분하여, 붓다는 세 가지 모두 다양한 조건에 종속된다고 선언했다. 그러나 이 조건들, 특히 무명과 탐착이라는 치명적 조건들은 지혜·도덕·선정의 팔정도를 수행함으로써 없앨 수 있고 그럼으로써 열반의 고요, 평화, 통찰을 가지고 온다.

불교의 대중적이고 비부파적인 매력·근면한 선교활동·국가의 비호—특히 기원전 269년에서 기원전 232년 사이에 인도 아대륙의 거의 전부를 다스렸던 인도의 가장 위대한 왕 아쇼카 왕의 비호—등의 결과로, 불교는 사람의 마음을 사로잡았으며 붓다의 정각 이후 3세기 안에 인도 전역으로 퍼져 갔다. 비록 불교도들은 사성제와 팔정도에 관한 기초적 가르침에 대한 공통적 이해를 공유하였지만, 붓다란 누구인가? 불도가 어떻게 수행되어야 하는가? 하는 물음에 대한 해석상의 차이점이 존재했으므로, 아쇼카 왕의 통치 말기에 수많은 부파로 쪼개졌다. 부파들 중 대승과 상좌부의 두 계통은 아시아 대부분 지역의 종교적·철학적 삶에 결정적인 것이 되었다. 기원전 200년에서 기원후 500년 사이에 상좌부가 동남아시아 대부분의 지역에 지배적 문화 세력이 되었다. 그러는 동안 대승불교는 중국에 정착하게 되고, 거기에서 일본·한국·베트남으로 이동하기 시작했다. 이런 나라들에서 불교는 민중들의 삶에 주요한 종교적·철학적 세력이 되었다. 비록 기원후 1000년경에 이르러 불교는 더 이상 인도에서 생명력 있는 세력이 아니었으나, 네팔과 티베트로 가는 길을 찾았고 거기서 현재에 이르기까지 제1의 종교적 도구로서 역할을 계속하고 있다.

대승불교의 불교도들과 상좌부 불교의 불교도들은 역사적 붓다를 인정하고 공경하고 있다. 전자는 많은 다른 제불보살을 인정하면서 붓다를 기초적 불성이 취하는 여러 현신 중의 하나로 간주하고 있을 뿐이다. 상좌부 불교도들에게는 역사적 붓다가 유일하다. 그들은 스스로 피난처가 되어 게으름 없이 구원을 추구하라는 붓다의 충고를 따르려고 하고 있으며, 이 경우 그들 자신의 삶 안에서 고를 제거하는 아라한 위(位)의 목표를 겨냥하는 것이다. 반면 대승의 불교도들은 붓다가 고통받는 다른 존재에 대해서 느꼈던 자비와, 다른 존재를 고로부터 구하기 위해서 그 자신의 삶을 헌신한 것을 강조하면서 보살을 이상적 불교도로 본다. 보살은 고에서의 개인적 해탈이라는 목표를 포기하고, 일체 유정자가 고에서 해방되기까지는 열반으로 들어가지 않겠다는 서원을 한다. 대다수의 대승불교인들에게 수많은 부처와 보살이 자신들을 고통으로부터 해방시키기 위해 일한다는 이 지식은, 개인의 노력에 의지하는 상좌부 불교보다 신앙을 강조하는 것으로 이어진다.

더 읽을거리

Harvey, Peter, *An Introduction to Buddhist Ethics : Foundations, Values and Issues*, Cambridge : Cambridge University Press, 2000. 불교 윤리에 대한 포괄적이고 체계적인 입문서.

Kalupahana, David J., *A History of Buddhist Philosophy*, Honolulu : University of Hawaii Press, 1992. 불교 철학 최고의 역사서일 것이다.

_____, *An Introduction to Buddhist Ethics*, Honolulu : University of Hawaii Press, 1995. 도덕적 길을 수행하는 것이 불교 수행의 핵심임을 보여준다.

Lopez, Donald(ed.), *Buddhism in Practice*, Princeton, NJ: Princeton University Press, 1995. 불교 수행을 다루는 폭넓은 경전 모음집.

Nhat Hanh, Thich, *The Heart of the Buddha's Teaching*, New York : Broadway Books, 1999. 불교의 기초적 가르침에 대한 명징한 설명.

Powers, John, *A Concise Encyclopedia of Buddhism*, Oxford : Oneworld Publications, 2000. 불교가 가진 거의 모든 면모의 정보를 잘 조직하고 소화했다.

Rahula, Walpola, *What the Buddha Taught*, New York : Grove Press, 1978. 고전. 불교의 근본적 가르침을 대부분 붓다의 말로 설명한다.

Tanahashi, Kazuaki(ed. and trans.), *Enlightenment Unfolds : The Essential Teachings of Zen Master Dogen*, Boston and London : Shambala, 1999. 선의 수행에 대한 도겐(道元)의 가르침을 담은 선집. 도겐 자신의 해탈을 위한 수행을 밟아가는 입문적 논문도 있다.

Williams, Paul, *Mahayana Buddhism : The Doctrinal Foundations*, London and New York : Routledge and Keegan Paul, 1989. 대승불교 사상의 전개에 대한 최고의 입문서일 것.

제8장 요가

1. 존재를 변화시키는 힘

불교·자이나교·우파니샤드의 비전들 사이에 주요한 차이점들이 있음에도 불구하고, 이것들은 일상적으로 살아가는 인생에는 고통이 가득차 있고, 고통으로부터의 해탈은 존재의 근원적 변화를 요구한다는 점에는 합의한다. 더구나 이 세 비전 모두는 인간고의 뿌리에 우리가 진실로 누구인가에 대한 깊은 무명이 가로놓여 있다고 보고 있다. 무명은 반복되는 고와 죽음에 우리를 동여매는 가장 심오한 종류의 오인된 정체성의 경우를 가리킨다. 무명이 어떻게 극복되며, 속박으로부터의 해탈이 어떻게 성취될까? 이런 지극히 절박한 질문이 거의 모든 인도 사유를 움직이며 지도해 온다. 비록 단 두 사람의 사상가가 제시한 해답이 그 모든 상세한 점까지 일치하는 경우는 없다고 해도, 거의 모든 사상가는 요가라는 기술이 해탈에 중심적이라는 점에 대해서 동의한다. 실상 여러 다른 체계들이 해탈의 불가결한 수단으로 요가를 공통적으로 인정한다는 점은 인도 사상과 실천을 통일하는 위대한 힘의 일부를 이루고 있다.

요가의 기원은 고대 속에 망각되었다. 인더스 강 유역에서 발견된 문장들 위에 새겨져 있는 고전적 요가 자세로 앉아 있는 인물상像으로 판단해 보건대, 요가는 인도에서 최소한 4천 년 동안 수행되었던 것으로 보인다. 요가는 수많은 유형의 형이상학과 결부되었으며, 요가의 많은 기술은 상당히 다른 목적들을 위해서 활용되었다. 그러나 우리에게 알려진 역사의 기간에 요가는 자기 제어를 통한 자기 초월이라는 기초적 이상에 늘 충실해 왔으며, 이 이상은 자기 훈련을 통해서 얻어낸 힘이라는 이념과 속박과 고통으로부터의 해탈이라는 이념, 이 두 위대한 이념을 결합한다.

자기 훈련을 통해서 얻어낸 힘이라는 이념은 우리가 우리 자신의 운명을 제어한다는 확신을 반영한다. 실재가 가지고 있는 보다 깊은 힘에 고삐를 매어 제어함으로써, 우리는 이 삼사라의 존재를 제어하며 자신도 모르게 우리 자신을 위해서 창조했던 속박으로부터의 해탈을 가져온다. 이 이념은 흔히 제시되는 유추에서 운전병의 이미지로 포착되었다. 카타 우파니샤드의 저자는 다음과 같은 말로 그 이미지를 그려내고 있다. "육신은 전차와 같다. 자아를 그 주인으로 알고, 지성(buddhi)을 그 운전병으로, 마음(manas)을 고삐로 알아라. 감각들은 여러 마리의 말이고 감각 대상의 세계는 그것들의 활동영역이다. 육신, 감각들, 마음과 결부되어 있는 자아는 향유자이다. 그렇게 현자는 말한다. 그러나 이해가 없는 사람, 마음이 언제나 자제되어 있지 못한 사람에게는 감각들이 제어 바깥에 놓여 있다. …… 운전병이 거

친 말들을 제어하지 못한 것처럼."(1.3.3~5)

칼(Knife) 우파니샤드의 저자는 고로부터의 해탈이라는 이념을 계절에 따라서 이주하는 새의 이미지로 제시한다.

이주하는 새
그물 안에 잡혀 있는 새가
포로의 노끈이 끊어질 때
하늘로 향해 날아오르듯이

그렇게 숙련자의 자아는
격정의 속박에서 풀려난다
요가의 날카로운 칼날로
삼사라의 감옥을 벗어난다

— 크슈리카(칼) 우파니샤드, 1.25

1) 속박

이 두 이미지(이주하는 새와 숙련자의 자아)는 광범위하게 공유되는 이해를, 즉 고통과 속박의 특성을 지니고 있는 저급한 단계의 존재로부터 해탈하기 위해서 삶의 다양한 에너지들이 제어되어서, 보다 높고 보다 깊은 존재 방식으로 반드시 향해 있어야 한다는 이해를 반영한다.

우파니샤드에서의 아트만의 모색, 그 이후에 따라오는 거의 모든 인도인의 구원의 길에서 여러 형태로 구체화된 모색이 삼사라의 바퀴 안에서 반복되는 죽음으로부터 자유를 얻기 위한 충동에서 비롯했다는 점을 우리는 상기해야 한다. 온갖 쾌락과 환락에도 불구하고 인생이 죽음으로 귀착되는 것은 분명했다. 그리고 윤회전생을 수용한다면, 당면 과제는 하나의 죽음뿐 아니라 수많은 죽음이었다. 죽음이 어떻게 극복될 수 있겠는가? 생사윤회의 속박을 강조하는 근본적인 태도에 근거하는 이 질문은, 우파니샤드의 성자를 움직여 존재와 자아의 궁극적 바탕과 그리고 고와 죽음이 도달할 수 없는 가장 깊은 단계에서 삶을 실현하는 방법, 이 두 가지를 추구하게 했다.

반복되는 죽음이나 삼사라의 속박은 결국 모든 종류의 고를 상징적으로 표현하며 인간 존재의 결점 전체를 대표한다. 자이나교와 불교에 대한 우리의 연구는 고라는 경험이 서로 상당히 다른 사상과 꽤 다른 실천의 길들을 위한 출발점과 추동력을 함께 제공하고 있음을 분명히 보여주었다. 우물 속의 사내라는 자이나교도의 우화와 불교도가 말하는 연생의 바퀴는 죽음의 화신의 손아귀에 잡혀 있는 인생의 무상과 불건전함을 인정하는 널리 퍼진 인도인의 관심사를, 즉 온갖 종류의 고를 팽개칠 수 있을 정도로 매우 근원적이고 심오한 변화를 성취하려는 인도인의 관심사를 극적으로 표현한다.

베다·우파니샤드·자이나교·불교의 수많은 이념과 여러 수행 방법을 힌두교라 불리는 구원의 길에 담고 있는 바가바드기타도 그 출발점으로 이런 근원적 결점을 상정한다. 지식의 요가·행위의 요가·신애信愛의 요가라는 기타의 세 가지 기본적인 길은 삼사라 내의 존재가 고통의 화신이라는 점을 상정한다. 아픔·공포·불안·죽음이란 것들이 생사윤회를 통해서 한없이 계속되는 여행의 변함없는 동반자라고 널리 알려진 힌두교도의 태도를, 바르트리하리(Bhartṛhari)는 샤타카트라야(Śatakatraya)의 시구 197에서 눈부시게 표현한다.

탄생에는 죽음의 냄새가 나고

청춘의 광휘는 늙음으로 그늘지며

만족은 야망의 위협을 받는다

평정은 대담한 여성의 고혹적인 눈초리로

도덕은 인간의 악의로

숲속은 뱀으로

왕은 범죄자로 말미암아

풍부한 재보는

무상에 의해서 약탈당한다

파괴의 협박에 살아남을 것이 있겠는가?

만약 이것이 가난에 짓눌리고 질병에 쓰러지고, 죄와 부정의 희생자 또는 타고난 재주도 업적도 없는 사람의 비전이라면, 우리는 좌절에서 생겨나온 근거 없는 비관론으로 이를 물리치고 싶은 유혹도 받을 것이다. 그러나 5세기의 철학자이며 궁정 시인이었던 바르트리하리는 부자였고 저명한 사람이었다. 믿을 만한 전설에 따르면, 그는 왕이거나 궁정의 고위관리였다. 여하튼 그는 커다란 풍요와 왕궁의 욕락으로 가득찬 궁정 생활을 즐겼다. 나이가 들어 감각에 탐닉하고 명성을 누릴 만한 능력을 잃기 훨씬 전에, 그는 은둔자의 삶이 갖는 즐거운 고요를 위해서 이 모든 것을 포기했다. 인생에 대한 그의 고발장은 돈·힘·쾌락·명성을 구하기에 실패한 데서 나온 것이 아니었다. 부에 대해서라면 그는 1천 년 전의 고타마 싯다르타 왕자처럼 지나치게 많았다. 그러나 이 모든 세속적 축복은 내적 만족·영적 완성·불사不死가 주는 환희에 비교하면 저주보다 나을 것이 없었다.

역설적이게도, 제대로 아는 자에게는 삼사라 내의 삶이 고에 불과하다는 인도인의 인정의 기초가 되는 것은 인생의 가능성에 대한 비관론이 아니라 낙관론이다. 고는 환희로, 죽음은 불사로 극복될 수 있을 만큼 우리가 우리 존재를 근원적으로 변화시킬 수 있다는 점에 대해서 거의 모든 인도 사상가는 확신해 왔다. 더구나 이 변화를 성취할 수 있는 기술은 필요한 노력을 기울이는 모든 사람에게 주어질 수 있다. 너무 자주 사람들은 인도인이 행하는 분석의 출발점 — 인생이란 그 통상적인 방식으로는 불가피하게 고통이 수반된다는 인정 — 만을 보고, 인도 사상을 비관적인 것으로 결론을 내린다. 만약 그들이 변화된 존재에 대한 인도적 비전을 수용하고 이 변화를 성취하는 데에 수천 년에 걸쳐 애써 성취해 온 기술의 효험을 승인한다면, 그들은 인도의 비관론을 헐뜯는 대신 인도의 낙관론을 찬양할 것이다.

영적으로 충만한 존재가 가능하다는 것을 알고 목샤 또는 열반의 지복을 얻을 수 있다는 자신을 가졌던 인도 사상가들은, 인간의 조건을 실제로 직면하고 그 결점을 분석하며 그 치료를 위해서 처방을 내릴 용기를 가지고 있었다. 이 삼사라의 조건이 존재하는 모든 것이며 현재적 방식의 삶에 다른 어떤 대안도 없다고 확신하는 사람에게는 인간 조건에 대한 조심스럽고 실제적인 분석을 수행하는 일이 가능하지 않을 것이다. 사실은 그렇지 않은데도 만사가 괜찮다고 가장하기 위해서 삶의 더러움과 고를 감추어야 할 필요가 있을지도 모른다. 우리가 만일 우리를 괴롭히는 암에 대해서 치료책이 있다는 것을 안다면, 아무리 그 병이 그 순간에는 추하고 괴롭더라도 그 병의 완전한 모습을 드러낼 수 있는 검사를 원할 것이다. 그러나 만일 그 병에 대해서 어떻게 손쓸 도리가 없다고 확신한다면, 우리는 아마 그 병의 성격과 결말에 대해서 무지한 채로 남아 있고 싶을 것이다.

2) 제어

인간 조건에 대한 인도의 진단이 염세적인가 또는 낙관적인가 하는 질문은, 우리가 근본적으로 변화된 존재 방식의 가능성과 이 변화를 성취할 수 있는 기술의 효험을 수용하는가에 전적으로 달려 있다. 그 자체의 말로 받아들인다면, 인도의 비전은 염세적인 것이 아니라 단지 현실적일 따름이다. 삶의 삼사라적 방식에 대한 저주는 고로부터 자유로운 삶의 방식에, 삼사라적 방식과는 대조적인 삶의 방식에 축복을 내리며, 동시에 이런 해방된 존재의 획득을 위해서 일할 수 있는 동기를 창조하는 효율적인 길이기도 하다. 인도의 거의 모든 위대한 사상가에게 아주 분명했던 이 대조는 바르트리하리의 다른 시구에서 발견된다. 이 시구는 그 마지막 세 줄에서 변화를 위한 요가 기술에 대한 인도인의 자신감을 반영한다.

> 쾌락이란 구름이라는 덮개를 통해서
> 번쩍이는 번개와 같으며
> 인생이란 바람에 의해서
> 날려가는 비구름처럼 부숴지기 쉽네
> 청춘의 부드러운 손길은 죽어야 할 자로부터 도망가네
> 현명한 그대는 이것에 대해서 명상하네
> 서둘러 그대 마음을 요가 안에 붙들어 세우네
> 선정과 고요의 가장 청정한 열매인 요가 안에 세우네
>
> — 샤타카트라야, 178

비록 '요가'의 제1차적 의미가 제어의 방법을 뜻한다고 해도, 요가가 이 방법의 결과('요가, 고요와 삼매의 가장 청정한 열매')를 지시하는 바르트리하리의 용법이 그리 이상한 것은 아니다. 사실상 많은 인도 사상가가 '요가(yoga)'라는 용어를 그 동사의 어근 yuj에서 도출할 때, 그 어근은 제어와 연결이라는 두 의미를 지니고 있음을 시사하는 것이다. 이런 이중적 파생에 대한 기초는 말을 전차에 매는 예증에서 쉽게 찾아볼 수 있다. 고삐매기는 본래 제어의 방법이다. 그러나 이 제어의 방법은 여러 필의 말을 서로 매고 전차에 매는 것이다. 여러 개의 나무 조각들로 모아 만든 정지된 집적물에 불과한 전차를 날쌔고 효과적으로 움직이는 전투의 도구로 변화시키는 에너지는 말들의 제어된 힘과의 결합을 통해서 온다. 이 유추는 유사한 방식으로 저급한 자아를 제어하며 인생을 변화시킬 수 있는 힘이, 요가적 제어의 수단을 통해서 자기 자신의 존재를, 육신·감각·마음·지성의 깊은 곳을 관류貫流하는 궁극 실재의 가장 심오한 힘과 결합시킴으로써 생긴다는 점을 시사한다.

전차라는 이미지는 매우 적합하다. 왜냐하면 요가의 과업은 존재의 에너지에 고삐를 매어, 실재의 가장 깊은 차원의 영적 힘을 이용 가능하게 함으로써 인생의 심오한 변화를 안내하는 것이기 때문이다.

비록 인더스 요가에 대해서 또는 그것을 기술하기 위해서 사용된 토착 용어에 대해서 아무 것도 알려진 바는 없다고 해도, 고대 인도에서 이 수행의 이름으로 번역되었던 범어인 '요가'는 베다인이 야생마들을 그들의 전차에 매달 때 사용하던 용어와 동일하다는 점은 의미심장하다. 우리가 살핀 대로, 전차의 전사-소유주는 야생마로 움직이는 전차를 제어할 수 있는 좋은 운전병을 가짐으로써 전장의 상황을 완전히 역전시킨다.

회의주의자는 자기 제어라는 요가 기술이 인간의 삶을 근원적으로 변화시키고, 꿈도 꾸지 못했던 에너지로 충전시킬 수 있다는 점을 믿기 어려울 수도 있다. 그리고 말의 훈련과 말몰이에 아무런 경험이 없는 사람은 좋은 운전병이 가죽 채찍 몇 개로 야생마들을 전차를 끄는 힘으로 변화시킬 수 있다는 사실을 믿기 어려울 것이다. 그 비밀은 이용 가능한 에너지에 길을 내어 유용한 힘으로 만드는 훈련에 있다. 운전병은 말을 인도하고 제어하기 위해서 마구馬具를 사용한다. 마구는 전차 몰기라는 목표를 방해하는 말의 행동을 제한하는 일에 사용되지만, 한편으로는 배가된 힘과 속도를 촉진하는 일에도 활용된다. 이와 유사하게 요가의 기술은 바람직하지 못한 행위를 제한하고 조명照明의 행위를 촉진하는 데에 활용된다. 훈련은 에너지를 제한하기 위해서 사용될 수 있지만 그것을 방출하기 위해서도 사용된다. 성공적인 요가행자와 성공적인 운전병은 힘의 제한과 방출, 양자 모두를 할 줄 알며, 그들의 제어를 통해서 한 종류의 존재를 보다 바람직한 다른 종류로 변화시킨다.

전차라는 유비를 우리가 오해하지 않도록 주의를 기울여야 한다. 왜냐하면 말·운전병·마구·소유자는 모두 분리된 실재들이지만, 인간 개인은 나눠지지 않는 통일체이며 실재의 가장 깊은 힘으로부터 떨어져 있지 않기 때문이다. 사람은 전체 우주의 소우주이며, 요가적 변화를 가능하게 해주는 힘은 분리된 것이 아니라 천박한 존재 방식에 의해서 은폐된 인간 존재의 깊은 차원이다. 그리하여 요가는 떨어진 두 개의 실재를 결합하는 것이 아니라, 이미 거기 있는 것에 대해서 자각하고 그것을 실현하는 것이다. 그렇지만 여기에서도 전차라는 유비는 시사적이다. 왜냐하면 소유주·말들·전차·운전병은 처음에는 분리된 것이지만, 마구에 의해서 함께 결합되면 그것들은 한 단위로 작동하기 때문이다.

전차와 운전병의 유비가 갖는 제어의 이미지는 제어의 수준이 실재의 단계와 바로 연결된다는 점도 시사한다. 실재의 저급한 단계인 육신은 보다 고상한 단계의 실재인 마음에 의해서 제어된다. 그다음에 마음은 지성(buddhi)이라는 한 단계 더 높은 실재에 의해서 제어되고, 이것들 모두는 최고 단계의 실재인 자아에 의해서 제어되며 자아를 위해서 작동한다. 야생마조차도 숙달된 운전병의 힘과 제어에 의해서 전차의 힘으로 변화되는 것처럼, 실재의 최고 단계의 힘이 실재의 저급한 단계들로 내려가 그 안으로 파고들어 그것들을 훈련시키고 제어하면 그 단계들은 최고의 힘에 의해서 변화된다.

실재의 수준이나 단계라는 개념은 지극히 중요하다. 왜냐하면 그것은 요가가 갖고 있는 전제, 즉 사람은 실제로는 (예를 들면 실재의 보다 심오한 차원에서는) 보통 상정되는 것보다 상당히 다른 종류의 존재라는 전제를 이해할 수 있도록 해주기 때문이다. 특정한 심신 복합체에 대한 우리의 일상적 집착과 그것과의 동일시는 가장 깊은 단계의 자아의 본성에 대한 무지의 결과이다. 물론 이 무지는 단순히 지적인 것도 아니며 정보의 부족도 아니다. 오히려 인생을 살아가는 데 작동하는 무지(a lived ignorance), 즉 경험하고 관계를 맺는 우리의 전면적 방식, 다시 말하면 이 세계에서 취하는 우리의 전체적 존재 방식을 이루고 있는 무지이다. 실재의 보다 깊은 단계, 우파니샤드에서 아트만이나 브라만으로 알려진 단계로부터 만물이 생겨난다는 진리, 그리고 존재의 모든 다른 저급한 단계들이 일체의 공간적·시간적 조건 형성과 온갖 현신現身을 초월하는 최고의 자아 안에 바탕을 두고 있다는 진리, 이 진리에 대해서 사람이 생생한 깨달음을 성취하면 그때 심오한 변화를 경험한다. 찬도갸 우파니샤드가 말하는 대로, "만물이 자아에서 생겨난다는 것과 이 자아가 만물이라는 것을 알면 사람은 공포도, 고통도, 죽음도 경험하지 않는다."(7.26)

잘못된 자기 정체성에 의한 속박과 자신의 진정한 본성에 대한 지식이 가져오는 해탈이라는 변화는, 인도의 옛날 얘기 한 토막으로 적절히 예시될 수 있다. 이 얘기는 태어날 때부터 야생의 염소 무리가 양육한 새끼 호랑이에 관한 것이다. 한평생 염소와 함께 살아온 이 새끼 호랑이는 자신을 염소로 오인했다. 그러던 어느 날 그의 진정한 본성을 직접 경험한 결과로 그는 자신이 염소가 아니라 호랑이라는 진리를 깨달았다.

호랑이 엄마는 호랑이를 낳고 죽어버렸다. 그리고 그 갓난 호랑이는 세상에 홀로 남게 되었다. 다행히 염소들이 자비로워 이 불쌍한 녀석을 입양하고 그에게 송곳니로 풀 뜯는 방법과 그들이 하듯이 '매에' 하고 우는 방법을 가르쳐주었다. 시간이 흘러 그 호랑이는 그가 나머지 염소 떼와 완전히 같다고 여겼다. 그러던 어느 날 늙은 수호랑이가 이 염소 떼를 습격했다. 이 '호랑이–염소'를 제외하고 모두 전율을 느끼며 도망갔다. 이제 반쯤 자란 그 호랑이는 까닭 없이 아무런 공포도 느끼지 않았다. 저 야만적인 정글 짐승이 접근해 오자, 이 새끼 호랑이는 자의식이 생기게 되어 마음이 불편해졌다. 자의식을 감추기 위해서 그는 '매에' 하고 울어보기도 하고 풀을 살짝 뜯어보기도 했다. 늙은 호랑이는 당혹과 분노로 새끼 호랑이에게 '어흥'

하고 외쳐보았고, "염소처럼 풀이나 뜯고 '매에' 하고 울면서 도대체 무슨 짓을 하느냐"고 물었다. 그러나 새끼 호랑이는 대답해야 하는 이 모든 물음에 너무나 당황한 채로 계속 풀을 뜯어먹고 있었다. 이 짓거리에 속속들이 화가 난 정글의 호랑이는 목 뒷덜미를 덥석 물고 가까이 있는 연못으로 데리고 갔다. 물 위로 그를 대롱대롱 치켜들고 자신을 한번 보라고 말했다. "이것이 항아리같이 생긴 호랑이 얼굴이냐, 아니면 길쭉한 염소 얼굴이냐"라고 물으며 포효했다.

새끼 호랑이는 여전히 너무 놀란 나머지 대답할 수가 없었다. 그래서 그 늙은 호랑이는 그를 동굴로 데려가 물기 많고 붉은 빛깔의 커다란 날고기 한 덩이를 그의 두 턱 사이로 밀어 넣었다. 고기즙이 그의 뱃속으로 졸졸 흘러 들어가자 새끼 호랑이는 새로운 기운과 힘을 느끼기 시작했다. 새끼 호랑이는 더 이상 자신을 염소로 오인하지 않고, 꼬리를 옆으로 서서히 흔들며 정말 호랑이답게 포효했다. 그는 자기의 진정한 존재를 깨달았던 것이다. 그는 더 이상 무지에서 보이는 그의 모습을 자기 자신으로 여기지 않았으며, 염소의 세계와는 아무 관계가 없는 그의 진정한 본성을 깨달았다.

한 개인이 실재의 모든 단계들과 존재의 모든 힘을 구현하고 있으며, 개인이 흡사 소규모의 전 우주라는 이념은 매우 오래된 인도의 생각이다. 우리는 앞서 「원인原人의 찬가」(리그베다, 10.90)에 대한 검토에서, 베다인들이 우주를 원인의 희생제의로부터 생성되어 온 것으로 묘사하고 있었음을 보았다. 여기에서 원인의 다양한 힘들은 스스로를 우주의 다른 부분으로 현신한다. 우주는 여기에서 원인의 소우주다. 원인은 인간의 원형이므로 개인이 어떤 면에서 우주 전체의 실재를 체현하고 있다고 간주되어도 놀랄 일이 아니다.

대개 우주와 개인을 이루고 있는 실재가 갖는 계층적으로 질서 잡힌 단계들에 대한 가장 분명한 가르침은, 타이티리야 우파니샤드의 '외피外皮 이론'에 제시되어 있다. 우리가 살펴본 대로(본서 171쪽 이하), 이 가르침에 따르면 자아는 존재의 실재 중 가장 깊은 단계이거나 존재의 가장 내밀한 핵심에서의 순수지복이다. 그러나 존재의 내밀한 핵심은 실재가 갖는 여러 겹의 커들이나 외피들로 덮혀 있거나 감추어져 있으며, 이것들이 자아를 실재의 저급한 단계들로만 이루어져 있는 것으로 착각하게 만든다. 그래서 자아는 식물食物의 성질을 지닌 것, 간단히 말하면 물질적 존재 방식으로 여겨진다. 가장 바깥에 있는 커를 관통해 가면 자아는 생명과 동일시되며, 이 생명의 커를 관통하면 자각으로 이루어진 자아가 확인된다.* 그러나 이 층 내부에 보다 더 심오한 존재 방식이 있으며, 그것은 의식과 이해의 층이다. 존재의 핵심을 향해 더 깊숙이 내려가면, 우리는 궁극적 단계나 실재를 자아 안에서 발견하게 된다. 이 단계는 순수지복이고 우주의 바탕인 브라만과 동일시되고 있으며, 브라만도 역시 순수지복이라고 선언된다.(361쪽의 그림 참조)

만일 실재의 이 다양한 커들을, 그 핵심에 있어서 가장 심오하고 강력한 실재를 가지고 있는 일련의 동심원상의 커들로 본다면, 요가의 과업은 가장 표피적인 커의 힘을 서서히 이용하여 제어하고 결국 가장 안쪽 코어에 도달할 때까지 안쪽 층으로 침투하는 것으로 간주될 수 있다. 이 경험 – 아트만에 대한 생생한 실현 – 은 저급하고 제한된 자

---

* 〔역주〕5장에서 이 자각은 동물과 공유하는 기초적 형태의 자각이며, 마음의 영역에 속한다고 했다.

아가 겪는 속박과 고에서 사람을 자유롭게 해준다.

2. 고전요가

해탈에 필요한 힘들을 제어할 수 있는 요가행자들의 다양한 기술을 고찰하기 전에, 우리는 방금 약술한 실재에 대한 일원론적 견해, 즉 우파니샤드와 베단타의 매우 전형적 견해가 결코 보편적으로 수용된 것이 아님을 지적해 둘 필요가 있다. 요가의 사상가들은 실재에 대한 이원론적 견해도 선뜻 수용한다. 모든 실재가 갖는 환희에 찬 바탕으로서의 자아에 대한 이념과, 수많은 죽음과 한계의 주체로서의 경험적 자아 사이에 조화를 찾기가 어렵기 때문에, 궁극적 자아는 그 자신이 육화되어 들어가 있는 물리적·심리적 물질과는 근본적으로 다른 것으로 흔히 생각되었다. 이렇게 이원론적인 면에서 볼 때 요가의 과업은 화신으로부터 순수자아의 해탈을 가져오기 위해서, 육화된 존재의 힘들을 제어하여 일체의 한계와 고를 극복하는 일이다. 비록 형이상학은 바뀌더라도 요가의 중심적 목표는 동일한 것으로 남아 있으며, 훈련과 제어의 기초적 기술도 마찬가지다.

　요가는 그 장구한 역사 동안 많은 변화를 겪었고, 여러 다른 관점에서 보여진 것은 그리 놀랄 일이 아니다. 요가는 이원론이나 일원론의 면에서 그리고 순전히 무신론적 면에서도 이해되었고, 종교적 신애信愛의 수단으로 여겨지기도 했다. 어떤 사람들은 요가의 기술을 정신의 제어 수단으로, 다른 사람들은 육신의 제어 수단으로 보아왔다. 또 다른 사람들은 육신과 정신 양자 모두의 제어 수단으로 보았다. 구원에 대한 다른 이념과 기술이 결부됨에 따라서, 불교 요가·자이나 요가·탄트라 요가·힌두 요가가 각각 있게 되었다. 바가바드기타는 행위의 요가, 지식의 요가, 신애의 요가를 나누고 있다. 그러나 결부된 이념들이나 강조점의 차이에 관계없이, 요가는 언제나 변화와 해탈을 위해서 존재의 더 깊은 힘에 대한 통제를 나타내왔다. 더구나 파탄잘리(기원전 200년)의 시대 이래로 요가 제어술은 라자요가(rāja yoga)로 체계화되었으며, 이 요가가 실제로 지난 25세기 동안 거의 모든 요가 발전을 위한 하나의 규범이 되었다.

이제 우리는 파탄잘리의 요가수트라에 보존된 요가에 대한 고전적 비전으로 돌아간다. 왜냐하면 이 수트라는 그 이후 요가에 대해서 글을 쓰는 거의 모든 사람들에게 규범이 되었을 뿐만 아니라 요가의 위대한 학자(파탄잘리)가 다양한 고대 요가 전통들의 후계자로서 그것들을 체계적으로 요약한 것이기도 했기 때문이다. 비록 우리가 명석

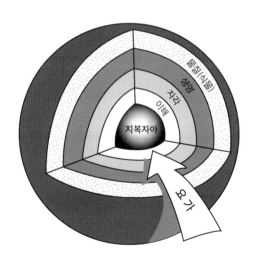

요가에 의한 다층적 자아 관통

과 편의를 위해서 요가 탐구의 근거를 파탄잘리의 가르침에 둔다고 해도, 요가는 그에게서 시작하고 끝나는 것이 아님을 알아야 할 것이다. 그는 이런 위대한 전통의 역사적 중간 지점 어디쯤에 서서 그 주제에 관해 친숙히 알고 있었던 모든 중요한 가르침들을 정리했으며, 그것들을 관련된 이념·기술技術·성취에 따라서 체계화했다.

파탄잘리는 다음과 같은 정의로써 시작한다. "요가는 식識 전변轉變의 지멸이다(yogaḥ citta vṛtti nirodhaḥ)."* 이 정의가 제기한 중요한 질문들은 ①'의식(citta)이란 무엇인가?' ②'제거되어야 할 의식의 전변(vṛtti)이란 무엇인가?' ③'어떻게 전변들이 지멸(nirodhaḥ)될까'이다.

1) 프라크리티 – 푸루샤(순수정신과 근본물질)의 이원론

의식에 대한 파탄잘리의 견해를 이해하기 위해서, 우리는 그가 당연시했던 기초적 형이상학을 탐구해야 한다. 이것은 아주 분명하게 이원론적 형이상학을 표방하는 상키야 철학이다. 여기에 따르면 두 종류의 근본 실재가 있다. 가끔 자연(Nature)으로 번역되는 프라크리티(prakṛti)는 의식의 내용과 구조까지 포함하여 경험될 수 있는 존재의 실재를 말한다. 반면 푸루샤(puruṣa)는 궁극적 자아이고 초월적 주관이며, 그것 자체로 결코 경험의 대상이 될 수 없다. 프라크리티와 푸루샤는 궁극적으로 실재하므로 어떤 경우에도 상대방으로 환원될 수 없다.

이러한 이원론이 서양인에게 매우 친숙한 전형적 심신心身 이원론과 혼동되지 않도록 주의해야 한다. 상키야와 요가의 사상가들은 육

---

* 〔역주〕 원서에는 nirodaḥ로 되어 있는데, nirodhaḥ의 오식으로 보인다.

신과 마음을 궁극적으로 동일한 것으로 간주한다. 정신적 구조물·내용·과정이라는 말로 이해되는 의식은 물리적 구조와 과정에 불가분하게 연결되어 있을 뿐 아니라 실제로 동일한 본성을 지니고 있다. 그 이유는 육신과 육화된 의식이 프라크리티에 속하기 때문이다. 프라크리티와 푸루샤 이원론은 육신과 마음의 차이가 아니라 주관과 경험 대상 사이의 근본적 차이에 기초한다. 프라크리티는 경험 대상이 될 수 있는 일체를 가리키고 있다. 우리가 경험하는 대상은 변하고 연생緣生된 것이며 의식 안의 대상으로 나타나기 때문에, 프라크리티도 변하고 연생된 것이며 객관적으로 경험될 수 있는 특성을 갖는다. 반면 푸루샤는 순수의식이고 미未육화된 것이며, 미연생의 것이고 영원히 불변하며 경험의 영향을 전혀 받지 않는다.

상키야–요가가 이 초월의식을 고수한 것은, 특정 대상은 언제나 자아에 대해서만 대상이며 세계(prakṛti)는 언제나 자아에 대해서만 세계라는 점을 인정하는 데에 그 근거를 두고 있다. 따라서 우리가 자각하는 자아는 반드시 보다 기초적 자아를 위해서 존재하는 것이다. 대상으로 나타나지 않는 주관으로서의 자아의 존재가 인정되지 않으면 경험은 설명될 수 없다. 그리고 경험 없이 대상도 세계도 존재하지 않으므로, 상키야 사상가들은 경험과 존재의 한 조건으로 푸루샤와 프라크리티의 근본적 이원성을 상정한다.

상키야에게 가장 어려운 문제는 푸루샤와 프라크리티 사이의 관계이며, 이 문제는 요가에서 순수의식과 육화된 의식 사이의 관계로 나타난다. 육화된 의식은 여러 종류의 고를 자각한다. 그 의식은 죽음과 반복된 생사라는 삼사라의 바퀴 전체를 경험하고 두려워한다. 이 육화된 의식이 어떻게 형언할 수 없는 고통으로 귀결되는 존재의 조건들로부터 해탈할 수 있을까? 만일 의식의 본성 자체가 육화되고 변화하는 것이라면 그리고 경험에 의해서 늘 결정되는 것이라면, 해탈은 불가능할 것이다. 의식을 의식의 조건 자체로부터 해방시킴은 사실상 의식 자체를 없애는 일이기 때문이다.

그러나 다행히 상키야와 요가 철학자들에 따르면, 경험과 변화에 의해서 결정된다는 것이 의식 자체의 본성은 아니다. 의식은 그것 자체로 순수하게 존재를 비추고 목격하는 것이며, 육화되지 않고, 비춰지고 목격되는 대상에 의해서 전혀 영향을 받지 않는다. 가끔 주어지는 예증은 달이다. 달은 연못 위를 비추지만 전혀 영향을 받지 않는다. 그렇지만 연못에 비춰진 달의 이미지는 거품과 물보라에 의해서 쉽사리 은폐되고, 파도에 의해서 조각나며 왜곡된다. 달의 (수면 위에) 육화된 영상은 이 육화된 달이 가진 빛에 의해서가 아니라 육화되지 않은 달빛으로 비춰진다. 그런데 만약 달의 육화된 영상이 그 자신을 달 자체로 오인한다면, 달은 물 위에 생기는 모든 것에 의해서 자신이 영향을 받는다고 생각하게 되며, 물이 겪어가는 모든 변화를 당하게 될 것이다. 이 유비는 계속된다. 유사한 방식으로, 푸루샤의 의식이 프라크리티 안에 비춰지지만, 실제로는 그것으로부터 독립해 있다. 그러나 프라크리티 안에 육화된 비춰진 의식이 그 자신을 푸루샤로 착각하고 그 의식이 프라크리티에 일어나는 모든 일의 영향을 받는다고 생각한다면, 그것은 프라크리티가 겪어가는 온갖 고뇌와 변화를 겪게 될 것이다. 비춰진 의식이 충분히 청정하게 될 때에만 그것은 자신이 푸루샤가 아니라 푸루샤의 반사에 불과하다는 것을 알게 될 것이다. 이제 푸루샤의 순수의식은 프라크리티로 오인되지 않고, 프라크리티에 의한 미망의 속박에서 자유로워진다. 상키야와 요가가 함께 성취하려고 열심히 애썼던 것은 바로 이 무명의 제거이다.

순수의식과 육화된 의식 사이의 근본적 차이에도 불구하고, 육화된 의식의 활동은 순수의식의 현존에 의해서만 가능하다. 육화된 의식을 비춰 주는 에너지 충전력은 궁극적으로 푸루샤에 속한다. 반면 의식의 구조, 과정, 내용은 프라크리티에서 나온다. 보통 의식의 힘은 에너지로 충전된 여러 구조 및 과정과 함께 발견된다. 이 사실 때문에 우리는 무비판적이고 잘못된 결론, 즉 이 두 가지가 상호 동일하거나 불가리不可離의 것이라는 것, 따라서 자아는 궁극적으로 프라크리티의 성격을 갖는 것이라는 결론을 내리게 된다. 그렇지만 자기 각성(self-awareness) 안에서 의식의 목격하는 기능은 그것들의 궁극적 차이를 표시해 준다. 왜냐하면 각성되는 자아는 각성의 대상이 되므로 자아를 대상으로 각성하는 주관과는 구별되어야 하기 때문이다. 순수하게 목격하는 의식과 육화된 의식 사이의 차이를 인정하는 일은, 순수의식을 반사된 프라크리티적 육화로부터 분리해 내는 요가의 과업을 위한 기초와 동인을 제공한다.

2) 속박의 세력들

현대 심리학자에 따르면 의식이 가지는 대부분의 과정들과 구조들은 잠재의식과 무의식의 깊은 곳에 존재하므로 우리에게 가려져 있다. 고대 요가의 사상가들은 프로이트나 융의 언어를 사용하지는 않았지만 의식이 여러 단계에서 작동하고 있으며, 이 대부분의 단계들이 보통 우리의 인식으로부터 숨겨져 있다는 점을 분명히 인정했다. 간단히 말해 의식의 단계를 두 개의 단계, 즉 주의 집중의 양태와 잔여의 양태로 나눠보자. 주의 집중의 양태는 목격하는 의식이 비춰주는 구조들, 과정들, 내용들에 대응한다. 이것은 자기 인식의 차원인데 우리가 보통 충분히 깨닫고 있다는 단계, 또는 정신생활의 '의식적' 단계와 유사한 것이다. 이는 잠재의식 또는 무의식 단계들에 반대되는 것이다. 프라크리티의 잔여적 양태는 크게 보아 잠재의식과 무의식의 단계에 상응하는 것으로, 인간 경험의 총체성이 가지고 있는 업(vāsāna)과 인상(saṃskāra, 潛勢力)을 특색으로 한다. 이것은 주의 집중의 양태에 비해 보다 깊고 보다 광범하며 조건 형성의 대부분을 설명한다. 우리의 인격을 형성하며, 인격적 정체성을 창조해 내는 제1차적 힘들이 작동하는 곳은 바로 이런 숨겨져 있는 단계이다. 이 강력한 힘들을 어둠에서 끄집어내 더 환해진 자각으로 비출 수 없는 한, 그것들은 우리를 그들의 속박 안에 가둬둘 것이다.

　의식 활동을 제거하는 목적은 의식이 가진 여러 단계 각각에 대한 인식을 증가시켜 의식적 존재의 보다 피상적 양상으로부터 보다 깊은 양상으로 점진적으로 움직여 가는 것임을 우리는 이제 알 수 있겠다. 최초의 과업은 가장 피상적 단계인 주의 집중의 단계를 충분히 비춰주고 초월하는 것이다. 거기로부터 사람은 더 나아가서 우리가 잔여의식이라고 불렀던 보다 깊은 단계를 제어하고 비출 수 있게 될 것이다. 목격하는 의식의 힘이 차차 증가하여 그것이 존재의 모든 모습과 차원에 널리 퍼져서 비출 수 있게 되면, 푸루샤의 순수의식은 종국적으로 그 자체의 본성에서 드러나게 된다. 그리하여 주의 집중의 단계나 잔여의식의 단계에서도 의식의 프라크리티적 활동에서 독립하게 된다

　프라크리티로부터의 이 자유를 획득하기 위해서 확립된 요가행을

이해하기 위해서는 육화된 의식을 작동시키는 작인作因을 이해하는 것이 필수적이다. 파탄잘리는 육화된 의식의 다양한 운동에 기초적인 다섯 가지 주요 조건적 작인을 기술한다. 최초의 것은 무명(avidyā)이며, 이는 자아가 프라크리티가 아니라 푸루샤의 본성을 지닌다는 자각의 결핍이다. 무명의 결과는 인간 존재가 오로지 프라크리티의 여러 양태(guṇas)와 동일시되는 것이다. 두 번째 작인은 자아를 짓고 유지하려는 부단한 충동이다(asmitā, 我執 또는 자기의식). 푸루샤에 대한 무명 때문에 자아를 프라크리티의 활동 안에 확립시키려는 절망적인 노력이 있게 되며, 모든 활동을 '내 것'과 '내 것이 아닌 것'으로 부단히 변화시키고 있다. 세 번째로, 자아를 프라크리티 안에 확립시키려는 시도 중 집착의 형식으로 표시되는 사물들에 대한 맹목적인 정열과 취착(또는 貪rāga)이 있다. 네 번째 작인은 '내 것이 아닌 것'을 창조하는 부정적인 충동이다. 그것은 프라크리티적 자아를 위협하는 것을 싫어하고 혐오하는 것이다(瞋, dveśa). 그것은 증오 안에 자신을 드러내며, 증오하는 대상으로부터 물러남이다. 무명에 뿌리를 내리고 에고를 살찌우고 있는 취착과 혐오는, 인격의 추진력이고 상대를 서로 밀고 당기는 세력이며 개인을 위해 끊임없는 동요 상태를 창조한다. 다섯 번째 작인은 혐오와 물러남이라는 대립물보다 더 깊어, 이것들을 뒤엎는다. 이는 프라크리티 양태로 영원히 살려는 의지이다 (abhiniveśa, 生存欲 또는 妄執).

　비록 일상적이며 프라크리티적인 관점에서 보면 의식의 조건이 되는 이 다섯 작인이 정상적이고 건강한 것으로 여겨진다고 하더라도, 푸루샤를 진정한 자아와 의식의 궁극적 에너지로 간주하는 요가의 관점에서 보면 그것들은 의식의 손상이나 오염이다. 푸루샤의 빛을 가리기 때문이다. 그리하여 의식의 조건을 해제시키는 요가의 기술은 이러한 작인들을 없애 그것들이 일으킨 의식의 전변(vṛtti)을 고요하게 할 것을 겨냥한다.

3. 훈련과 제어의 기술들

처음에는 의식의 조건 형성들 중 상대적으로 피상적이며 주로 외부적인 것만을 공격할 수 있다. 개인이 보다 깊은 조건 형성을 깨닫지 못하기 때문이다. 이런 이유로 요가 수행의 여덟 기술 또는 요가행의 보조(yoganga, 요가支)는, 의식의 활동을 제어하려는 '외적' 노력과 함께 시작된다. 요가 기술 중 일련의 다섯 '외적'인 기술은 ①도덕적 금계禁戒(또는 제계, yama), ②훈련(niyama, 勸戒), ③몸의 자세(āsanas, 坐法), ④호흡하는 에너지의 조절(prāṇāyāma, 調息), ⑤감각의 회수(또는 制限, 制感, pratyāhāra)로 이뤄져 있다.

1) 외적 기술들

도덕적 금계와 훈련의 관건(yama와 niyama)은 '아힘사' 또는 '불상해' 개념에 포함되었다. 자이나교에서처럼, 아힘사는 살아 있는 존재들에 대한 상해를 피하는 것뿐 아니라 다른 피조물에 대한 온갖 종류의 증오와 악의를 극복하는 것을 의미한다. 다른 도덕적 금계들, 진실·불투도不偸盜·성적 억제(不淫)·비탐착, 이것들은 모두 불상해의 도덕을 완성하기 위해서 수행된다. 불상해란 적극적 의미로 일체 존재에 대한 보편적 사랑이다. 모든 생명에 대해 이런 자비로운 사랑을 발전시키는 일은 이기심과 에고의 굴레를 극복하는 강력한 수단이다.

두 번째 금계는 다른 사람들을 해칠 만한 말(虛言)을 피하는 일이다. 사람의 의도와 말은 모든 유정자의 선을 진작하는 것이어야 한다. 공허하고 혼돈되고 기만적인 말은 다른 사람을 돕는 일에 사용될 수 없으므로 피해야 한다. 그러나 무의미·혼돈·기만을 피하는 말조차도 그 말이 다른 사람을 해치는 것이라면 그것은 잘못으로 간주된다. 왜냐하면 근본적인 원칙은 말은 다른 사람에게 상처를 주지 않도록 하고 행복을 가져다주기 위해 사용되어야 한다는 것이기 때문이다.

불투도 곧 훔치지 않기는 타인에게 정당하게 속해 있는 것을 취하는 것을 명시적으로 금한다. 그러나 도둑질에 대한 자제는 더욱 깊이 들어간다. 그것은 다른 사람에게 속해 있는 것을 갖고 싶어 하는 욕망을 없앨 것을 겨냥하고 있기 때문이다. 다른 사람으로부터 무엇인가를 빼앗기를 바라는 것은 일종의 의도적 상해로서 반드시 피해야 하고 그런 행위를 하지 말아야 할 뿐 아니라 그런 욕망 자체를 제거함으로써 피해야 한다. 네 번째 금계인 무취착은 불투도의 원리를 더 멀리 확장시킨 것이다. 왜냐하면 그것은 모든 재화에 대한 욕망을 없애는 일, 긍정적으로 말한다면 완전한 무취착의 함양을 의미한다. 보시조차도 거절해야 한다.

부정한 성행위(淫行)는 옳지 못하다. 이는 자기 자신의 쾌락을 위해서 다른 사람의 육체를 이용하게 될 뿐 아니라, 에고의 성장과 그 지배욕을 생육시킨다. 다른 피조물로부터 자신의 독립성을 천명하려는 의지로 말미암아, 이 에고는 전체 유정자의 공동체에게 상해를 주려고 협박한다. 이런 이유로 성적 행위는 억제되어야 하는 것이다. 이 금계는 보다 높은 목적을 위한 생명력의 보전으로 여겨지기도 한다.

요가의 관점에서 보면, 이 다섯 개의 금계를 통해서 없애야 할 행위들은 사회화의 힘들이 조장하는 온갖 유형의 상해 행위이다. 어떤 면에서 보면, 거짓말·훔치기·취착하기·부정한 성적 행위 등은 모두 개인으로서 성공해야 한다는 사회적 압력이 조장한 온갖 형태의 남을 해치는 행동이다. 눈에 띄기 위해서, 앞서기 위해서, 인정받기 위해서 사람은 나머지 세계에 대항하여 자신을 내던진다. 극단적인 경우 우리는 다른 유정자들을, 특히 다른 사람들을 우리의 적으로 만든다. 의도적으로 타인을 해치려고 하지 않더라도, 이런 상황하의 인간 존재들은 타인을 해칠 수밖에 없다. 성공 심지어 생존조차 우리가 타인을 억누르고 얻은 '승리'의 한 부분으로 보인다. 거짓말·속이기·훔치기·과도한 폭력(살인)·부정한 섹스와 같은 행위에는 보편적으로 도덕적 파문을 선고한다. 이는 인간 본성과 사회화의 과정들이 사람들로 하여금 이러한 행위에 가담하도록 부추긴다는 점을 거의 모든 사회가 암암리에 인정한다는 사실을 의미한다. 파문을 초래하는 이러한 행위들은 통상 사회화가 조장하긴 하지만, 그것들이 사회 자체에 하나의 위협으로 인정되므로 도덕적 (그리고 법적) 규범들에 의해서 사회적으로 규제될 필요가 있는 것이다.

요가는 사회의 유지보다는 오히려 자아의 해탈에 주로 관심이 있기 때문에, 요가는 이 해로운 행동들의 단순한 규제를 넘어가 그것들의 완전한 제거뿐 아니라 그 배후에 있는 동인動因의 제거도 권장한다. 우리가 본 대로 이 동인은 어떤 대가를 치르고서도 에고를 창조하고 유지하려는 추진력이다. 자아의 존재를 양육하는 행위들이 사람을 프라크리티의 저급한 양태에 더욱 단단히 동여매기 때문에, 의식의 조건 해제(deconditioning)를 위한 첫걸음으로서 그 행위들을 없애야 하는 것이다. 여러 종류의 사회적 조건은 다양한 형태의 해로운 행위에 반영되어 있는데, 이렇게 형성된 프라크리티적 의식의 유지 체제를 약화하고 마침내 파괴하면 의식의 청정은 성취될 수 있다. 그 청정 안에서 자아는 프라크리티적인 존재로부터 독립된 것으로 인정된다.

다섯 가지 훈련(勸戒, niyama), 즉 ① 청정(sauca), ② 만족(또는 고요, samtosa), ③ 고행(tapas), ④ 스스로의 공부(svadhayaya), ⑤ 주재신에 대한 헌신(또는 念, Iśvaraprāṇidhānāni)은 이 조건들로부터 독립심을 제공하여 사회적 조건 형성이라는 세력을 없애는 일에 도움이 되려는 의도를 가지고 있다. 육신의 면에서 청정은 육신을 용의주도하게 깨끗이 유지하는 일이다. 개인의 존재에 관해서는 모든 형태의 사회적, 의식적 오염을 피하고 희생제물로 스스로를 청정하게 해야 한다. 가장 중요한 것은 내면의 청정인데 이는 마음의 청결이다. 온갖 청정하지 못한 생각을 없애야 할 뿐 아니라 이전에 가지고 있었던 일체의 생각과 활동의 잔여적 결과까지, 특히 에고 집착을 촉진하는 생각과 잔여인상까지도 씻어내야 한다.

만족이란 자신이 가지고 있는 모든 것에 만족하는 것이며 주위 환경에 의해서 방해받지 않는 것이다. 이 훈련은 자아가 다른 사람과 자연적 힘에서 본래 독립되어 있음을 사람들이 깨닫도록 도와줄 것이다.

고행은 대립물들(寒과 暑, 飢와 渴 등등)을 초월하는 일에 관련되어 있으며, 호오好惡의 밀고 당김으로부터 사람을 자유롭게 한다. 자기 부정과 자기 고행을 포함하는 다양한 수행들은, 더러움과 에고 집착의 제거를 도울 뿐 아니라 육신과 감각의 일상적인 한계로부터 독립을 경험할 수 있는 힘을 생성한다.

네 번째 훈련인 공부는 해탈의 수단들을 이해하려는 노력을 지칭한다. 때로 구루의 가르침, 때로 요가 경전들, 또 다른 때는 베다를 강조하지만, 수행자는 항상 완전하게 겸손해야 하며 가르침에 대해서 마음이 열려 있어야 한다.

다섯 번째 훈련은 주님에 대한 신애이다. 파탄잘리와 실재에 관한 유신론적 해석을 따르는 사람들은 신을 일체의 생각과 행동의 동기로 삼아 신애를 개인적 동기와 집착을 없애는 수단으로 간주한다. 예를 들면 자신을 칼리 신에게 내맡기는 것은 그 여신의 신성한 의지를 를 앞세워 자기 자신의 의지를 없애는 일이다. 종교적 신애 사상, 특히 숭배적 신애 사상에서 발견되는 모험과 위험을 날카롭게 깨닫고 있는 회의주의자조차도 신애 사상이 에고 집착의 굴레를 극복하는 일에 지극히 효과적 방법이라는 점을 받아들여야 할 것이다.

이러한 다양한 금계와 권계들의 수행은 사회적 조건 형성 안에 뿌리를 두고 있는 프라크리트적 의식을 없앨 것을 겨냥한다. 그러나 사회적 조건 형성은 육화된 의식이 가지고 있는 상호 관련된 수많은 보조 체계들의 한 부분일 뿐이다. 의식의 생리적 조건들도 반드시 요가 훈련에 종속되어야 한다. 결과적으로 세 번째 훈련의 조목들은, 일련의 숙달된 몸의 자세와 훈련(āsana, 坐法)을 통해서 의식의 조건이 되는 것을 해제하는 방향으로 작동한다. 몸의 제어를 통해서 의식의 제어를 겨냥하는 이 기술들은 의식과 몸의 완벽한 상호 관계성을 상정한다.

수백 가지 다른 신체의 자세가 요가 경전에 언급되었다. 그리고 자세히 설명되어있는 수십 가지 중 어떤 것들은 숙달하기가 지극히 어렵다. 여러 가지 좌법의 수행이 아무리 어렵다고 해도 그 배후에 있는 정당화의 논증은 매우 간단하다. 몸이 의식을 통제하도록 내버려 두지 말며, 몸을 의식의 통제 아래에 두라는 것이다. 의식이 통제한 몸, 그것은 속박이 아니라 해탈의 수단이 된다.

여러 자세가 아무 노력 없이 가능하게 될 때까지 수행되어야 한다. 처음에는 사람의 전신경이 몸의 자세에 집중될 것이지만, 통제가 신체에 대한 의식을 완전히 초월하게 된다. 이 시점에 신체적인 활동은 더 이상 의식을 조종하는 요소가 되지 못한다. 물리적 유지 체계로부터의 자유가 성취되었기 때문이다. 컨디션을 잘 조절한 모든 운동선수는 적어도 부분적으로는 이 물리적 자유감을 경험한다.

호흡은 생명의 관건이다. 호흡을 통해서 사람은 유기적 삶의 생명 에너지를 받아들이기 때문이다. 유기체 전체는 신체적인 것이든 정신적인 것이든 호흡이라는 조건을 가지고 있으며, 생명에 긴요한 호흡 에너지의 흐름과 리듬에 완전히 의존해 있다. 깊은 자각 상태에 있는 사람에게 들숨 하나하나는 생각과 감정을 쪼개 산란시키는 내적 폭발처럼 느껴진다. 날숨 하나하나는 의식의 내용과 에너지를 폭풍우에 떨어진 꽃술처럼 흩어버린다. 날숨과 들숨 사이에 존재하는 고요 안에서만 의식이 모아지고 집중된다. (그대는 어떤 것에 강렬히 집중하게 될 때 본능적으로 호흡을 멈추게 된다는 것을 알아차린 적이 없었던가?) 이것을 인정하는 요가는 호흡 에너지 유지 체계의 조건을 해제하는 수단으로, 호흡을 통제하고 조절하는 기술을 발전시켰다.

감각의 회수(pratyāhāra)는 감각적 자극에 의한 의식의 조건 형성을 제거하기 위해서 사용된 일련의 기술을 포괄한다. 일상적으로 의식의 활동은 감각의 자극을 받고 감각적 활동의 유형을 따라간다. 그러나 외부 대상으로부터 감각을 회수하면 의식은 감각의 지시를 따르는 것이 아니라 자신의 의도에 따라 바깥 세상을 자유롭게 비출 수 있다.

2) 내적 기술들(內淨法)

요가행자는 의식이 의존하고 의식 활동의 조건이 되는 외적 유지 체계에 대한 필요성을 제거한 다음, 이 시점에서 '내적'인 기술들이나 보조수단에 주목할 수 있다. 다라나(dhāraṇā, 執持 또는 總持), 드야나(dhyāna, 선정), 사마디(samādhi, 삼매 또는 定)는 잔여의식이 가지고 있는 내적 유지 체계의 제거를 그 목적으로 삼고 있다. 이 기술들은 의식의 모든 활동이 잔여 흔적(잠재인상 또는 習氣, vāsānas)을 남긴다는 사실을 인정한다. 비록 주의 집중하는 의식 안에 현존해 있지는 않지만, 이 흔적들은 미래 의식의 조건 부여의 씨앗들이다. 이 씨앗들의 결실은 의식의 내적 조건 부여의 작인이 되며, 신체 행위·사회적 행위·호흡·감각·생각·행동이라는 외적 조건 부여의 요소들에 대응한다. 보는 자(見者)로서의 의식이 갖는 내적 핵심은 잔여 흔적들과 활동이 갖고 있는 조건 부여의 힘으로부터 반드시 물러나야 한다. 다라나, 즉 정신집중은 집중적으로 보고 있는 대상을 통해서 의식 자체를 이해하기 위해서 의식을 한 점에 모으는 것이다.

그런데 이 기술들에 성공했다고 하더라도, 의식은 여전히 정신집중의 대상에 의해서 조건 지어진 상태에 있게 되므로 보다 깊은 단계, 즉 무대상의 집중으로 옮아가는 것이 필수적이다. 이것은 정신집중을 유지한 채로 이제 그것을 자신에게로 돌릴 것, 즉 외적 대상에서 떨어져 나와 자신을 대상으로 삼을 것을 요구한다. 이것은 드야나로 알려진 선정의 상태가 된다. 여기에서 조건을 부여하는 유일한 요소는 프라크리티적 의식이 갖고 있는 비추는(sattvic) 양태의 요소, 즉 프라크리티적 의식을 순수 목격 의식을 위한 '장소(seat)'로서 비추는 양태의 요소이다.

사마디에서 프라크리티의 지지(支持, 有所緣·sālambana)나 그 씨앗(bīja)은 제거되고, 의식은 그 자신의 빛, 즉 진정한 자아인 푸루샤의 빛에 의해서 빛난다. 프라크리티의 일체의 조건으로부터 해탈한 자아는 일상적 방식으로 기술 불가능하다. 푸루샤의 관점에서 그 자아는 이제 그 충만한 존재 속에 들어갔다고 하더라도, 일상적인 인간의 관점에서 보면 그 자아는 존재하기를 멈춘 것이다. 요가수트라 제3부의 결론 부분에서 말하는 대로, "그리하면 자아는 자기 자신 안에 자신의 빛을 가지고 (프라크리티에 의해서) 오염되지 않으며, (프라크리티로부터) 독존獨存해 있다." 요가행자는 이제 세계로부터 전적으로 자유롭다. 이 세계에 대해서 이미 "죽었으므로" 그는 "저 (영적) 세계에 다시 태어난 존재"로 기술된다. 여기에 말과 서술은 미치지 못한다. 왜냐하면 그것들은 프라크리티의 세계에, 요가행자가 그 세계에 대해서 존재하기를 이미 멈추어 버린 세계에 속해 있기 때문이다.

요약

요가란 속박과 고통으로부터 해탈을 얻을 목적으로 인간 존재의 일상적이고 한정된 방식을 다스리기 위한 힘을 얻기 위해서 사용되는 훈련과 제어의 기술을 가리킨다. 붓다의 시대 훨씬 이전부터 수행된 요가의 단초는 4천 년 이전의 인더스 문명으로 거슬러 올라갈 수 있을 것이다. 인도에서 구원에 관한 대부분의 길들의 핵심을 이루는 요가는 인도 전통을 통일하는 위대한 힘의 하나요, 세계에 내놓은 인도의 가장 값진 선물 중의 하나였다.

그 기초가 되는 이념은 다음과 같다. 진정한 존재의 영적 본성에 대한 무명은 인간들을 이끌어, 자신들을 존재의 보다 저급하고 피상적인 방식과 동일시하도록 한다. 요가를 수행하면 오인된 정체성을 창조하고 강화시키는 의식의 다양한 운동을 진정시킬 수 있으며, 순수의식 곧 진정한 자아의 빛이 사람의 전 존재를 관통해서 조명하게 되고, 전 존재를 변화시킬 수 있다.

요가의 위대한 권위자였던 파탄잘리는 비아非我와의 잘못된 동일시를 생산해내는 의식을 통해서 작동하는 무명이 가지고 있는 다섯 개의 기초적 작인을 확인한 바 있다. 최초의 작인은 자아가 경험할 수 있는 존재가 아니라 순수의식(푸루샤)의 본성을 갖고 있다는 사실에 대한 각성의 결여이다.

이 무명의 결과는 인간 존재가 오로지 객관적 존재하고만 동일시되어 진정한 주관적 자아를 은폐하는 것이다. 이 오인된 정체성으로 말미암아, 에고를 만들고 유지하며 세계를 '내 것'과 '내 것이 아닌 것'으로 변화시키려는 부단한 추진력이 존재한다. 세 번째 작인은 개아個我에 대한 에고의 주장을 뒷받침하는 활동, 즉 사물들에 대해서 에고가 가지고 있는 맹목적 정열과 취착이다. 네 번째 작인은 에고의 존재를 위협하는 일체의 것에 대한 보완적인 증오와 혐오이다. 마지

막으로 프라크리티, 즉 비아의 양태 안에 영원히 살고 싶다는 에고의
의지이다.

진정한 정체성을 우리가 오인하도록 만드는 육화된 의식의 다섯
작인은 관련된 의식의 작용들을 진정시킴으로써 없애야 한다. 이 목
표를 위해서 '요가의 보조'로 알려진 여덟 가지 일련의 기술들이 수행
된다. 이 보조들은 본래 의식의 조건 해제를 위한 것이며, 속박과 고
의 원인이었던 오인된 자아 정체성의 기초가 되는 유지 체계를 제거
하려 한다. 첫 두 개의 보조에 해당되는 도덕적 금계와 훈련(권계)은
사회적 조건화로 구성된 에고 유지 체계의 파괴를 겨냥한다. 호흡과
신체의 과정들의 제어는 호흡 에너지와 생리적 과정들에 대한 의식
의 의존성으로부터 의식을 자유롭게 하기 위해서 실행되는 것이다.
감관들을 그 자연적 대상으로부터 거두어들이는 일은 감각적 지배에
서 의식을 독립시키는 일을 목표로 한다.

정신집중, 선정, 사마디라는 마지막 세 가지 기술은 의식의 가장 깊
숙한 단계들까지 비추며, 이전의 온갖 조건 부여에 가담했던, 깊숙이
뿌리박힌, 흔적들과 인상들로부터 의식을 자유롭게 만들 것을 노리
고 있다. 종국적으로 사마디에서 프라크리티의 모든 조건 형성과 버
팀목이 제거되었을 때 그 자신의 빛, 푸루샤 곧 진정한 자아의 빛에
의해서 의식은 빛난다. 이제 속박은 부서졌으며 해탈은 성취되었다.

더 읽을거리

Eliade, Mircea, Yoga : *Immortality and Freedom*, W. R. Trask(trans.), Princeton, N. J. : Princeton University Press, 1969. 인도의 다른 영적 전통과 관련하여 요가를 철저하게 연구한 책.

Farhi, Donna, *Yoga, Mind, Body and Spirit : A Return to Wholeness*, New York : Henry Holt, 2000. 요가 가르침과 실수를 안내하는 종합적 책이고 삽화도 있다.

Feuerstein, Georg, *The Yoga Tradition : Its History, Literature, Philosophy and Practice*, Prescott, AZ : Hohm Press, 1998. 우리 시대 가장 위대한 요가 학자 중의 한 사람인 저자가 600쪽의 책에서 요가를 종합적으로 조망한다.

Malhotra, Ashok Kumar, *An Introduction to Yoga Philosophy : An Annotated Translation of the Yoga Sūtras*, Burlington, Vt.: Ashgate Publishing Company, 2001. 요가수트라의 번역·주석·도입부와 실수實修 안내도 담고 있다.

Patañjali, *The Yoga-Sūtras of Patañjali*(with commentaries of Vyāsa and Vācaspati Miśra), James Haughton Woods(trans.), New York : Gordon Press(Cambridge, Harvard Oriental Series 17권으로 출판된 1914년판을 재간행), 1973. 고전 자료를 직접 접하고 싶어 하는 독자를 위한 책. 번역 탁월.

Varenne, Jean, *Yoga and the Hindu Tradition*, Chicago : University of Chicago Press, 1976. 힌두 전통이라는 보다 넓은 맥락에서 요가 철학과 실수實修를 연구한 탁월한 책.

Whicher, Ian, *The Integrity of the Yoga Darśana : A Reconsideration of Classical Yoga*, SUNY Series in Religious Studies, Albany, NY : State University of New York Press, 1998. 새로운 번역과 연구인데, 파탄잘리의 요가수트라에 대해서 범해진 많은 일상적 오해도 지적한다.

제9장 바가바드기타

1. 서론

우리가 앞 장에서 다루었던 요가의 기술技術들은 자이나교와 불교의
수행에서도 중심적인 것이었다. 붓다가 가르친 팔정도는 분명히 이
러한 기술의 적용이었다. 그리고 해탈로 향한 자이나교도의 길을 표
시해 주는 정화의 14단계에도 이러한 기술이 포함되어 있다. 진실로
자이나교와 불교는 그들 사이의 커다란 차이점에도 불구하고, 고를
제거하는 길이 지혜, 청정행, 선정을 통해서 가는 길이라는 점에 대해
서는 동의한다. 제의와 제신의 조력에 대한 초기의 의존에서 떨어져
나와, 자이나교도나 불교도는 신과 제의를 해탈의 주요 수단으로 간
주하기를 거부했다. 대신 그들은 인간의 정진, 요가의 기술로 강화된
정진에 의존한다.

  자이나교와 불교가 아무리 영향력이 있었다고 해도, 결코 제의와

신들을 대체할 수는 없었다. 마하비라와 붓다가 훈련된 행위, 선정, 지혜를 통해서 고에서 해탈을 추구하라고 그들의 추종자에게 권면하고 있을 바로 그 무렵, 커다랗고 새로운 종합, 힌두교라는 종합이 만들어지고 있었다. 신애信愛·제의·지식이 하나의 포괄적인 길로 통합되고 있었고, 이 길은 종전에 분리되어 있었던 이러한 구원의 길들이 가진 힘들을 결합한 것이다. 이 통합의 관건이 요가였다. 이 세 길은 훈련을 공통적으로 강조하고 있었으며, 이 강조는 힌두교도의 길을 형성되는 것을 도와주었다.

이 장에서 우리는 바가바드기타에 나타난 힌두교의 종합을 탐구할 것이다. 의심할 나위 없이 기타 자체는 이 종합의 시작보다 수세기 이후의 것이다. 이 경전에 제시된 비전은 종합과 통합의 긴 과정의 절정에 해당된다는 점이 거의 확실하기 때문이다. 결과적으로 기타는 기원전 2세기 전에는 편찬되었다고 생각해야 하므로 기타가 대표하는 통합은 기원전 6세기에는 이미 진행중이었을 것으로 상정하는 것이 타당하다.

2. 경전과 그 메시지

바가바드기타, 즉 '신의 노래'는 힌두교에서 가장 중요한 단일 문헌이다. 대부분의 힌두교도는 그것이 베다와 우파니샤드 가르침의 정수를 담고 있다고 생각한다. 실상 그것은 흔히 하나의 우파니샤드로 불리고 있으며, 18장의 하나하나가 "여기에서 바가바드기타 우파니샤드가 끝난다. ……"라는 말로써 끝을 맺고 있다.

기타는 기독교 내의 신약성경과 유사한 위치를 힌두교에서 차지하는 덕분에, 현대의 주석가들은 그것을 흔히 힌두교의 신약성서로 일컫는다. 물을 필요도 없이 기타는 인도의 이쪽 끝에서 저쪽 끝까지 힌두교도의 의식에 철저히 스며들었다. 신약성서처럼 기타도 역시 보다 커다란 성전적 전통의 일부다. 왜냐하면 그것이 베다와 우파니샤드의 완성일 뿐 아니라 옛 가르침을 주목할 만한 방식으로 수정하는 중요한 새 가르침으로 나타나기 때문이다. 그렇지만 신약성서와는 달리 기타는 새 종교를 필요로 할 만큼 옛 전통과 극단적으로 달라 보이지는 않았다. 진실로 기타는 새로운 종교의 영감이 되기보다는 큰 통일의 힘이 되어서, 실재에 대한 다양한 비전을 모으고 옛 전통 안에서 발전되어 왔던 다양한 구원의 길을 수용하였다.

우리는 누가 기타를 지었고 정확히 언제 그것이 지어졌는지는 모른다. 그것은 세계에서 가장 긴 서사시인 마하바라타의 지극히 중요한 일부이다. 마하바라타의 저자는 전통적으로 브야샤(Vyāsa)로 여겨지며, 현대의 학자들은 기원전 500년에서 기원전 100년 사이에 지어진 복합적인 작품으로 생각하려는 경향이 있다. 그럼에도 마하바라타의 저자와 연대도 또한 알려져 있지 않다. 내적 증거로 추정해 보건대 기타는 기원전 2~3세기에 지어진 것으로 보인다. 그것은 하나의 독립된 저작이었으나 서사시의 권위를 부여하기 위해서 위대한 서사시에 삽입되었을 수도 있다. 그런데 기타를 신의 지혜로 받아들이고 있는 힌두교도에게 저자와 저작 연대에 대한 질문은 중요하지 않다. 영적 진리는 무시간이며 무저자이기 때문이다.

힌두교도의 삶에 차지하는 중심적 중요성 때문에 기타는 지속적인 해석과 주석의 대상이 되었다. 인도의 많은 위대한 종교 철학 사상가들이 주석을 달았으며, 일반적 동의에 따르면 기타는 지난 1천 년 이내 가장 왕성하고 중요한 철학적 전통이었던 베단타의 기둥 중의 하나이다.

최근에 잘 알려진 해석자들 중에 몇 사람만을 언급해 보면, 간디, 오로빈도, 테랑(Telang), 라다크리슈난이 기타에 대해서 중요한 주석을 달았다. 기타의 여러 번역과 비중 있는 주석은 인도의 모든 주요 언어로 구할 수 있다. 적어도 기타의 한 부분에 익숙하지 않은 인도인은 아마 한 사람도 없을 것이고, 많은 인도인은 그것을 암송한다.

나는 인도 마을에서 겪은 경험을 통해 거룩한 방문객이며 이야기꾼 한 사람이 들어와서 기타의 시구를 낭송하는 것이 얼마나 기쁘고 축복받은 일인지 안다. 평생 동안 보물처럼 간직할 이런 귀한 말씀의 선물을 받기 위해서, 노소를 막론하고 마을 회의장(흔히 우물가)에 모여든다.

기타가 왜 힌두교도의 의식과 삶에 그토록 커다란 힘을 발휘하는지 정확히 말하기는 어렵다. 그 매력은 아마 몇 가지 요소들 때문일 것이다. 첫째, 그것은 위대한 장엄과 힘을 가진 시이다. 대부분의 힌두교도에게 기타의 메시지가 그들의 마음을 감동시키는 정도만큼, 이 시가의 아름다움과 힘은 한껏 그들의 심성도 감동시킨다.

둘째, 아르주나의 딜레마는 보편적이다. 의무의 충돌에 붙잡힌다는 것이 어떤 것인지 우리 모두는 알고 있다. 진리를 말해 친구를 배신해야 할까? 또는 친구에게 충직하여 거짓말을 해야 할까? 이런 것이 우리의 문제이다. 아르주나의 딜레마도 그런 의무의 충돌이었다. 그의 의무는 전쟁 행위에 참여하여, 분명히 정의로운 전쟁에서 그의 조국을 위해서 싸워야 하는 것인가? 아니면 그의 의무는 폭력과 피

흘리는 것을 금지하는 것인가? 이 충돌로 혼돈에 빠진 아르주나는 도움을 청하기 위해서 크리슈나에게 간다. 비단 이 충돌만 아니라 모든 인간적인 충돌에 대해서도 보편적 형식으로 말해주는 크리슈나의 충고가 기타가 전하는 메시지의 핵심을 구성한다.

근본적인 의무의 충돌에 휘말린 아르주나는 충돌을 극복할 수 있는 삶의 비전에서 비롯된 행위의 규칙을 추구한다. 자아란 무엇인가? 궁극적으로 참인 것은 무엇인가? 인간의 구원은 지식의 길을 따르는 데에 발견되는가? 행위의 길인가? 또는 신에 대한 신애의 길인가? 아르주나가 그의 딜레마에서 빠져나갈 길을 찾으면서 던졌던 물음들은 바로 이런 것들이었다. 이 물음들에 대한 대답들이 모두에게 중요하기 때문에 기타는 특정한 공간이나 시간을 초월하여 적절성을 갖는 것이다. 내가 말을 걸어 보았던 대다수의 인도인들은 기타가 그들 개개인에게 주는 메시지를 간직하고 있음을 나타내고 있었다.

보다 넓은 문화적 차원에서 기타는 남녀 각자가 자신의 필요와 환경에 따라서 가장 적합하고 특정한 길을 선택할 수 있는 방식으로 요가, 제의, 일, 지식, 고행, 애정 어린 신애의 길들을 결합하려고 애썼다. 베다의 옛길은 제의와 도덕적 행위를 구원의 길로 강조한 바 있었다. 우파니샤드는 행위보다 지식을 주창했다. 아울러 요가행자들은 자기 훈련과 고행을 추천했고, 반면 숭배적 종교는 주님에 대한 신애의 길을 따라갔다.

지식과 행위 사이의 분열이 특히 날카로웠다. 왜냐하면 제의와 도덕적 행위에 대한 베다의 강조는 자아를 행하는 자 또는 행위자로 보는 비전에 의거하고 있으며, 지식의 길에 대한 우파니샤드적 역설은 자아를 행위자가 아니라 순수의식으로 보는 비전에서 자라나왔기 때문이다. 의심할 여지없이, 어떤 차원에서는 우리는 행위자이면서 동시에 지자(知者, knower)이다. 그러나 문제는 "우리는 가장 깊은 차원에서 궁극적으로 무엇인가?"라는 것이다. 만일 우리가 행하는 자 또는 행위자라면 우리의 가장 깊은 존재는 육화된 의식의 존재여야 마땅하다. 행위는 육신을 요구하기 때문이다. 만일 우리가 지자라면 우리의 본질적인 존재는 비육화된 의식의 존재일 것이다. 육신은 의식의 장애물로 여겨지기 때문이다. 기타는 육화된 자아를 행위자로 보는 것, 자아를 순수의식으로 보는 것, 이 양자 모두를 진지하게 고려하며, 보다 고차원적인 실재 안에 이 둘을 융화시키려고 시도한다.

기타가 융화시켰던 또 하나의 분리는 우파니샤드의 일원론적 강조와 상키야와 요가의 이원론적 강조이다. 브라만은 모든 실재의 유일한 불가분의 바탕인가, 아니면 물질적 바탕과 정신적 바탕으로 두 종류의 궁극 실재가 존재하는가? 기타는 한편으로는 마음과 물질(프라크리티), 다른 한편으로는 영(푸루샤) 사이의 근본적 차이를 인정하고 있으나 보다 고차원적 통일, 즉 지고의 주님 안에서의 화해를 발견한다.

현대의 많은 해석가들은 구원에 대한 모든 다른 견해와 길들을 수용하려고 했던 기타의 시도가, 합리적 관점에서 보면 논리적으로 일관되지 못하다는 사실을 지적하며 도전해 왔다. 나는 논리적으로 정합적이고 일관되며 모든 것을 포괄하는 하나의 철학적 체계를 기타에서 발견하는 일이 불가능하다는 점에 동의한다. 그러나 애당초 그런 체계를 찾는 것 자체가 잘못일 수 있다. 대부분의 다른 종교 경전처럼 기타는 청자의 조건에 따라서 말하고, 마음뿐 아니라 심정에도 도달하려고 하며, 신의 힘과 내면에 거주하는 영적 생명을 향해 그 심정을 열어주는 일에 관심을 가지고 있다. 기타는 정확하게 이 일을 하고 있고, 다른 배경, 자격 조건, 능력을 가지고 있는 서로 다른 사람들에게 말하고 있다. 비록 그들의 길이 다른 사람의 길과 다르다고 해도, 그것 때문에 틀린 것이 아님을 그들에게 확신시켜준다. 가장 중요한 것은 논리가 아니라 그 길이 내면적 변화로, 신성한 삶이 주는 환희와 자유로 인도하는 길인가의 여부라고 인도 전통은 역설한다.

3. 아르주나의 딜레마

기타는 두 적대적 군대가 전쟁터에서 정면으로 대결하여, 커다란 내전의 준비를 한다는 데서 시작한다. 한 편은 판두의 오형제가 이끌고 있으며 가장 유명한 자는 아르주나이다. 다른 한 편은 그들의 사촌 쿠루족속으로, 드리타라슈트라의 자식들이다. 1장의 처음 시구들은 전장에 있는 두 강력한 군대를 기술한다. 적들의 강점과 약점을 평가하기를 기대하고, 아르주나는 그의 운전병인 크리슈나에게 전차를 이 둘의 중간에 멈추도록 명령했다. 그가 목격한 것이 그를 크게 괴롭혔다. 비록 정의가 자기편에 있고 왕국을 위해서 정의로운 전쟁을 하는 것이 그의 의무라고 해도, 그는 이 내전이 수반하게 될 상해와 고통의 부당함도 자각했기 때문이었다. 기타*의 말로,

　　아르주나는 거기에서 진치고 있는

---

* 〔역주〕 기타의 번역은 길희성 역, 바가바드기타, 현음사, 1988을 참조.

아버지들과 조부들
스승들과 숙부들, 형제들
아들들, 손자들, 그리고 친구들을 보았다

양쪽 군대에 있는
장인丈人들과 친구들도 보았습니다
쿤티의 아들(아르주나)은
정렬해 있는 이들이 모두 친족임을 보고는

지극한 자비에 가득차
낙담하면서 이렇게 말했습니다
크리슈나여, 싸우러 오고 싸우기를 원하는
내 친족들을 보고

나의 사지는 무너지고
내 입은 바싹 타며
전율이 내 몸에 흐르고
온몸의 털이 곤두서오

간디바(활)는 내 손에서 떨어지고
내 살갗은 타고 있고
나는 가만히 서 있을 수도 없으며
내 마음은 심히 동요하고 있소 　　　　　 ─ 1.26~30

전쟁을 준비하는 크리슈나와 아르주나(출처: 프렌티스 홀 학교 분과)

아르주나는 싸우기를 두려워하는 것이 아니다. 오히려 그가 당면하고 있는 두 개의 대안 모두가 악하고 죄짓는 것 같이 보였다. 이 전쟁에서 싸우는 것이 분명 그의 의무이다. 그는 전문적 전사이며 정의는 그의 편에 있다. 만일 정의로운 전쟁이 도대체 있기라도 하다면, 이것이 바로 그런 전쟁이다. 더구나 사회의 유지 자체가 모든 계급과 모든 사람이 최선을 다해 그들의 의무를 수행하는 일에 의존해 있음을 그는 알고 있다.

크리슈나는 아르주나에게 이것은 절호의 기회, 어떤 전사라도 행복하게 해줄 수 있는 천국의 문을 열 수 있는 기회라는 점을 말하며, 다음과 같이 훈계한다.

그러나 그대가 만약 싸우지 않는다면
이 의로운 전투를, 그렇다면
그대는 의무와 영광을 내버렸으니
그대는 죄를 짓게 된다

— 2.33

만일 이 의로운 전쟁에 나가 싸우는 일이 분명히 그의 의무이고 의무 방기가 잘못이라면, 아르주나는 왜 망설이는가? 그것은 다른 사람들, 특히 친구와 친족을 죽이는 일도 역시 잘못으로 보았기 때문이다. 아울러 전쟁은 그가 보호해야 할 의무를 지닌 바로 그 사회적 틀을 파괴하기 때문이다.

그는 크리슈나에게 전투로 그 자신의 친족을 죽이는 일에서 아무런 도움이 되지 않을 것이라고 하며, 가족과 친구들이 파멸되는 터에 승리, 왕국, 행복은 모두 무의미하다고 항의한다. 이 따위의 전쟁을 하는 일로부터 생겨나는 것은 단지 죄와 악뿐이다.

오 크리슈나여, 드리타라슈트라의 아들들을 죽임으로
어떤 행복이 우리에게 옵니까?
만일 이 살해자들을 우리가 죽인다면
오직 악만이 우리에게 떨어질 뿐

따라서 드리타라슈트라의 아들들을, 우리 자신의 친족들을
우리는 죽이지 말아야 합니다
왜냐하면 우리의 친족을 죽인다면
어떻게 우리가 행복할 수 있겠습니까, 오 마다바(크리슈나)여?

비록 저들의 마음이 탐욕에 의해서
지성이 파괴되어
가족의 파괴에 의해서 생기는 죄와
친구를 상해하는 것으로 범해지는 죄를 보지 못한다고 해도

오 자나르다나(크리슈나)여

가족을 파괴하는 죄를 아는 우리가

어찌 이 악에서 등 돌리는

지혜를 우리가 가져서는 안 될까요?

— 1.36~39

아르주나의 딜레마는 바로 다음과 같다. 전사로서의 의무를 수행하지 않는 것은 분명 완전히 잘못이다. 그러나 의무를 수행하는 것도 역시 잘못이다. 그는 어떻게 해야 할까? 이와 유사한 의무상의 충돌을 경험한 자라면 누구라도 여기에서 야기되는 혼란과 번민을 알 것이다(누가 그런 적이 없겠는가?). 아르주나가 추구하는 바는 이 딜레마를 극복할 수 있게 해주는 지식이다.

4. 크리슈나

다행스럽게 아르주나는 어떤 경전이나 철학적 논문 또는 현자에게 자문을 구해야 할까를 걱정하지 않아도 좋았다. 그의 전차 운전병인 크리슈나는 분명코 평범한 운전병이 아니지 않는가! 마하바라타 대부분의 경우에 크리슈나는 단순히 아르주나의 사촌으로 나오지만, 기타에서는 인간의 형상刑象으로 육화한 신, 지존의 신 바로 그분으로 자신을 드러내고 있다. 그가 아르주나에게 말하듯이, 이 세상이 그를 필요로 하는 경우에는 항상 그는 실재의 궁극적인 미현신未現身의 차원에서 현신現身의 존재의 영역으로 건너온다는 것이다.

비록 내가 불생不生이며 영원한 자아라 할지라도
비록 내가 모든 존재들의 주主이지만, 여전히
자신의 물질적 본성 안에 자신을 세워
자신의 신비력으로 나는 존재하게 된다

의가 쇠퇴하고
불의가 흥할 때마다
오 인도의 아들이여, 그때
나는 자신을 (세상에) 내보낸다

선한 자의 보존을 위해서
악의 파멸을 위해서
의의 바탕을 확립하기 위해서
나는 유가(yuga)마다 (세상에) 출현한다

— 4.6~8

여기에서 우리는 인도사에서 처음으로 분명히 언급된 아바타라나(avatārana)라는 개념, 즉 우주 안의 지존의 정신이 물질적인 이 세상 속으로 건너온다는 개념을 만난다. 신이 인간의 모습으로 하강한다는 것은 신과 인간 사이의 간극을 메우는 지극히 효과적인 방법이며, 이 진리는 힌두교도들뿐 아니라 기독교도들도 인정한다. 사랑스럽고 귀여운 아기로서의 예수, 죄인들과 가난한 자들을 사랑하고 돌보았던 현명한 스승으로서의 예수, 우리를 너무 사랑해서 자신의 생명까지도 포기했던 분, 신이 이런 모습으로 나타나면 누군들 신과 관계 맺지 못할까? 이와 유사하게 만유의 바탕이며 우리의 가장 내밀한 자아인 브라만은 완벽하게 미현신이고 모든 가능한 특성 부여를 초월한다는 것을 시인하면서도, 힌두교도들은 인격적으로 관계를 맺을 수 있는 지존의 실재에 대한 인간적 필요성을 자각한다. 한없이 다양한 모습을 취할 수 있다는 궁극적인 실재의 힘을 인식한다면, 지존의 영이 인간에게 영감을 주는 모습들을, 그리고 신과의 개인적인 관계를 통해서 자신의 내면의 신성을 경험할 수 있도록 허락해 주는 모습들을 취해야 한다는 점은 힌두교도들에게 아주 적합한 것으로 보인다. 그래서 그들은 신의 육화의 실현, 단 한 번의 육화가 아니라 여러 번의 육화의 실현을 쉽게 인정할 수 있었다. 그리고 단지 인간의 모습만이 아니라 무척 다양한 모습들로 말이다.

힌두 전통에 따르면, 우주의 지존의 신이며 유지자로서 궁극적 브라만을 상징하는 비슈누가 육화한 모습은 다음과 같이 많다. 반인반어半人半魚인 마트스야, 인간의 몸통과 머리를 가진 거북이 쿠르마, 멧돼지인 바라하, 반인반사半人半獅인 나라싱하, 거인으로 부풀어질 수 있는 난장이 바마나, 크샤트리야 계급을 적당하게 격하시켜 바라문 계급의 아래 계급으로 삼았던 수염 달린 광포한 바라문인 파라슈라마, 라마야나의 사랑스러운 영웅인 라마, 기타의 크리슈나, 붓다, 그리고 칼리 유가라는 현재의 엄중한 시대의 마지막에 백마 탄 기사인 칼킨 역시 포함된다. 덧붙여 비슈누의 힘은 크리슈나의 신성한 연인인 라다, 그의 반려자들인 슈리(락쉬미) 여신들과 브후 여신들 안에 현존한다. 비슈누의 여러 모습과 육화에 대한 관념들은 그의 이름의 연도連禱에서 축복된다. 전통에 따르면 비슈누는 1천8개의 이름을 가지고 있는데, 이 숫자는 우주 지존의 영이 취할 수 있는 무한수의 모습들을 시사한다.

그렇지만 기타에서는, 비슈누가 육화한 다른 모습들에 대해서, 언제나 짓궂고 모두를 놀려대는 장난기 있는 아기로서의 크리슈나에 대해서도 우리는 듣지 못한다. 아르주나가 전쟁터의 전사라는 사실을 보면, 주님이 전차 운전병인 크리슈나의 모습으로 바꿔서 나타나는 일은 적합한 것이었다. 아르주나는 크리슈나가 바로 주 자신인 것을 자각하여, 그 운전병에게 그의 혼돈과 낙심을 고백하며 올바른 일을 하는 데에 그를 지도해줄 수 있는 비전을 간청한다.

> 제 존재 자체가 자비로 고통받고 약해지고 있고
> 마음은 제 의무에 대해서 혼란에 빠지고 있습니다
> 당신에게 어느 편이 더 좋은지를 묻노니, 저에게 확실히 말해주십시오
> 저는 당신의 제자이오니, 당신께 나아온 저를 가르쳐주십시오
>
> — 2.7

5. 자아와 육신

우리가 본 대로 아르주나의 혼란은 의무의 충돌이 느껴진 데서 비롯된다는 것이 분명하다. 이 전쟁에서 싸워 그에게 정당하게 속하는 왕국을 되찾아야 하는 의무는 사회의 안녕을 보호하고 유지해야 하는 의무와 상충하는 것이다. 왜냐하면 그가 싸워야 하는 의무를 충족시키면, 그는 남편들을 죽이고 가족을 흩어지게 하며 가족 구성원을 서

로 대립하게 만드는 등의 일을 통해서 사회의 안녕을 파괴할 것이기 때문이다. 특히 불상해라는 원리가 인도 도덕에서 점유하는 중심적 위치에 대한 우리의 지식에 비추어 보아, 우리가 기대하는 것은 이러한 의무의 갈등을 어떻게 해결하는가에 대한 도덕적 충고이다. 그러나 놀랍게도 (그리고 아르주나도 놀랐을 것이지만), 크리슈나는 그의 논의를 전혀 다른 차원으로 전환해, 불가멸의 영원한 실재, 만유의 바탕이 되는 실재, 즉 모든 사람의 자아로 육화된 실재에 대해서 아르주나에게 말한다.

의무들의 충돌에 직면하는 것은 가장 깊은 영원의 자아가 아니라 오직 육화된 자아일 뿐이다. 진정한 자아는 행위하지 않는다. 그것은 살해하지도 살해되지도 않는다. 크리슈나는 아르주나가 행위하는 육화된 자아와, 모든 행위를 초월하는 내적 자아 사이의 분별을 이해해야 한다고 분명히 다짐하면서 카타 우파니샤드의 가르침을 들려준다.

이것(자아)을 살해자로 생각하거나
이것이 살해당한다고 생각하는 자는
둘 다 무지하다
이것(자아)은 살해하지도 살해되지도 않는다

그것은 태어나지도 죽지도 않는다
생성하는 것이 아닌즉 결코 존재하기를 그치는 법도 없다
불생不生이고, 영원하고, 항존하는 이 태곳적 일자는
육신이 살해될 때에도 살해되지 않는다　　　　　—2.19~20

아르주나는 그의 문제를 오직 이런 육화된 자아의 관점에서만 보고 있다. 크리슈나는 그가 그것을 영원히 미육화된 자아의 관점에서도 보아주기를 바라고 있다. 이와 같은 관점 변경으로 기타는 인도 전통 내의 중심적이고 실존적인 충돌, 즉 지식과 행위 사이의 충돌에 대해서 말할 수 있게 되었다.

행위의 길과 지식의 길 사이의 이 충돌은 자아에 대한 두 개의 다른 철학에 근거한다. 베다인은 세계를 행위의 면에서 보는 경향이 있다. 그들에게 자아란 궁극적으로 행위하는 자(doer) 또는 행위자(agent)로서, 세계에서 높은 도덕적 기준들에 순응하는 행위들과, 존재의 지속적 창조에 제식으로 참례하는 행위들을 통해서 구원을 얻는 자였다. 그렇지만 우파니샤드의 현자들은 죽음과 재생에 종속되지 않는 궁극적 자아를 찾으려는 그들의 관심에서, 자아에 관한 다른 철학을 차츰 전개시켜 나갔다. 이 현자들은 행위를 속박의 근원으로 보아 행위자 자아(agent self)를 궁극적이 아닌 것으로 보았다. 대신 그들은 자아의 궁극적 본성을, 아트만 즉 영원하고 불변하는 만유의 바탕이며 순수의식 또는 지식의 본성을 갖고 있는 아트만과 일치시켰다. 그러나 만약 자아가 행위자이기보다 순수의식이라면, 행위가 아니라 지식이 자아실현과 고와 죽음에서의 해탈을 가져올 것이다. 행위는 속박을 낳는다고 여겨지므로 반드시 지식을 위해서 포기되어야 한다. 과거 행위들의 모든 잔여물과 영향은 목샤에 도달하기 위해서 소진되어야 한다.

다른 모든 인도인처럼 아르주나도 자신의 다르마의 완수를 위해서 행위를 해야 할 책무와, 속박을 제거하기 위해서 행위를 삼가야 할 필요 사이의 상충 속에 붙잡혀 있다. 자신의 다르마를 완수하려는 행위보다 더 중요한 것은 없다. 그럼으로써 사회는 유지되고 우주 자체가 지탱될 것이기 때문이다. 반면 행위는 속박의 원인이다. 해탈은 오직 지식을 통해서만 성취될 수 있다. 모든 행위는 포기되고 버려져야 한다.

가족과 사회를 중시하고, 다르마를 주장한 것은 행위자로서의 자아에 대한 관념에서 나왔다. 반면 요가와 고행에 대한 강조와 지식을 통한 해탈에 대한 강조는, 자아가 궁극적으로 지식 또는 의식의 본성을 지니고 있다는 점을 전제한다. 크리슈나가 아르주나에게 말하는 것은 결국, 행위의 길과 지식의 길 사이의 충돌을 해소하기 위해서 아르주나가 우선 자신이 궁극적으로 행위자인가 또는 지자인가를 먼저 결정해야 하며, 그런 다음 지식과 행위가 서로 관계하는 방식을 이해해야 한다는 것이다.

지식과 행위 사이의 충돌은 물론 기타 시대 이전에도 인지되어 왔었다. 그리고 불안한 해결책이 주어졌으며, 이 해결책은 기타의 가르침에 의해서 수정되고 현재에 이르기까지 계속 인생의 지도 원리가 되어 왔다. 우리가 본 대로 이 해결책은 행위의 요구와 포기의 요구를 순차적으로 수용하는 것이다. 인생 제 단계의 원리에 따르면, 한 개인이 갖는 일생의 처음 절반은 행위에 바쳐져 있으며 다르마·아르타·카마의 목적들이 추구된다. 그런 다음 이행의 단계를 거쳐, 마지막 4분의 1은 포기에 바쳐진다. 여기에서 사람은 산야신(포기자)으로, 행위·가족·사회를 초월한다.

행위의 길과 지식의 길을 인생의 단계의 질서 안에서 순차적으로 적용하는 일이 불안하다는 점은 산야신에 대해서 드러난 이중적 태도에 반영되었다. 한편으로는 그가 인생의 최고 목적을 완수하고 있기 때문에, 비록 거리를 두긴 하지만 공경을 받고 크게 숭앙된다. 동시에 가까이 접근해 오면 그는 공포의 대상이 되며 사회에 대한 위협으로 여겨진다. 다르마의 거부가 암묵적으로 사회의 거부라는 점을 시인하기라도 하는 것처럼, 사람들은 산야신을 개인적 오염과 사회적 부패의 잠재적 근원으로 본다. 따라서 그가 드물게 마을로 들어오게 되는 경우, 그를 일종의 불가촉不可觸의 사람으로 여긴다.

기타는 인생의 여러 단계가 제공하는 행위와 포기의 순차적 수용을 거부하지는 않는다. 오히려 다른 방식의 해결책을 제공한다. 크리슈나는 자아를 궁극적으로 아트만인 순수의식과 동일한 것으로 보는 자아에 대한 우파니샤드적 비전을 받아들이며, 행위에 대한 베다적 명령을 보존한다. 그는 동시에 아르주나에게 높은 진리, 즉 행위가 낳는 속박이라는 결과를 초래함 없이 세계에서 행위할 수 있는 높은 진리에 대해서 일러준다. 이러한 무행위의 행위(actionless action)의 관건은 행위의 결과에 대한 모든 욕망의 포기이며, 행위를 행하는 자와의 동일화 작업을 내버리는 것이다. 욕망의 포기와 에고의 내버림을 성취하기 위해서, 크리슈나는 사랑의 신애로 신에게 완전히 내맡길 것과, 일체의 일과 행위를 신에 대한 희생의 정신으로 행할 것을 추천한다. 이 비전이 어떻게 작동하고 어떻게 지식, 행위, 신애의 세 가지 길을 수용하는가는 기타에 있는 크리슈나 자신의 말에서 가장 잘 나타난다.

크리슈나는 아르주나에게 영원한 자아와 육화된 자아 사이를 분별해야 할 것으로 충고한다. 왜냐하면 그것들이 서로 다르다는 점과 영원한 자아는 살해되지도 않고 살해하지도 않는다는 점을 아르주나가 안다면, 그는 죄를 짓는다는 공포 없이 의무를 수행할 수 있고 싸

울 수 있기 때문이다. 이 충고가 아르주나를 혼란에 빠뜨렸다. 크리슈
나가 한편으로 구원은 지식을 통해서 가능하다고 말하면서도 동시에
아르주나에게 행위에 관여하라고 말하는 것처럼 들리기 때문이다.
"만약 지식이 행위보다 더 우월한 것으로 생각하신다면 왜 당신은 이
폭력을 범하라고 강요합니까? 확실히 말해주십시오. 저의 복리에 최
선이 되는 유일한 길은 무엇입니까?"라고 그는 묻고 있다.(3.1~2) 크
리슈나는 그의 가르침은 예부터 지식의 길과 행위의 길, 두 가지 모
두를 필요로 하는 것이었다고 응수한다.

> 행위를 그만두어서도
> 사람은 자유를 얻지 못한다
> 포기만으로도
> 그는 완전을 성취하지 못한다   — 3.5

그는 왜 지식의 길을 위해서 행위의 포기를 추천하지 않는가? 해탈
을 추구하는 사람은 육화된 자아이고, 육화된 자아에게는 행위가 불
가피하기 때문이다.

> 그 누구라도 단 한 순간도
> 무행위로 있을 수 없다
> 프라크리티의 성질들(gunas) 때문에
> 만인이 어쩔 수 없이 행위하도록 강요받는다   — 3.6*

---

* 〔역주〕 구나란 존재의 근본적 물질을 구성하는 요소들이다.

반면 아트만은 프라크리티의 구나(성질)들과는 분리되어 있으므로, 구나들의 움직임에 관여하지도 영향을 받지도 않는다. 만일 아르주나가 이것을 자각하여 자신을 프라크리티와 동일시하지 않는다면, 그는 더 이상 자신을 행위자로서 생각하지도 않을 것이며 행위의 결과에 집착하지도 않을 것이다. 크리슈나가 말하는 대로,

프라크리티의 구나들에 의해서만
행위들은 수행된다
그러나 에고에 의해서 미망에 빠진 이는
"나는 행위하는 자다"라고 생각한다

오 아르주나여, (자아가) 성질들과 행위에서 분리되었다는
진리를, 이것을 아는 자는
구나들에 행위를 가하는 것이 구나들이라는 점을 알고서
(행위에) 집착하지 않는다   ─ 3.27~28

이 시구들은 집착과 속박이 프라크리티적 자아를 아트만으로 잘못 받아들여지는 무명에서 유래한다는 크리슈나의 가르침을 요약한다. 그것들의 분리를 알면 프라크리티적 자아의 행위는 아무런 속박을 낳지 않는다. 그러나 크리슈나에 따르면, 아르주나가 프라크리티적 자아와 일치되는 미망에 빠지게 되면 라자(rāja)라는 격정의 구나(또는 動性)에서 생겨나는 욕망은 연기가 불을 가리거나 먼지가 거울을 가리듯이 자아 지식을 은폐할 것이고, 그의 행위는 속박을 낳을 것이다.(3.36~39)

결과에 대한 욕망 없는 행위

그러나 만일 크리슈나가 주장하는 대로 육화된 자아에게 행위가 불가피하다면, 이제 물음은 "사람이 과연 행위해야 할 것인가?"에서 "사람이 어떻게 행위해야 하는가?"로 바뀌게 될 것이다. 행위와 무행위 사이의 선택은 허망한 것이다. 자아가 구나들을 통해서 육화되어 있고, 그 구나들은 사람을 부단히 행위하도록 강요할 것이기 때문이다. 반면 속박을 낳는 것은 행위 자체가 아니라 오직 욕망과 취착에 근거하는 행위이므로, 속박을 제거하기 위해서 행위를 내버릴 필요가 없다. 응당 버려야 할 것은 행위의 결과에 대한 욕망과 집착이다.

여태 익숙했던 행위와 너무나 달라 보이는 기이한 종류의 행위에 대한 아르주나의 물음을 예상하며, 크리슈나 자신이 물음을 제기한다. 아무런 결과도 겨냥하지 않는 그런 행위란 어떤 종류의 것인가?

행위란 무엇인가? 무행위(akarma)란 무엇인가?
현자조차도 여기에서 혼란에 빠져 있노라
따라서 나는 행위를 너에게 설명하겠으니
이것을 알면 너는 악으로부터 벗어나리라

— 4.16

행위의 결과에 대한 집착을 내버리고
항시 만족하고 독립적이면
행위에 연루되었을 때에도
그는 아무 것도 행하지 않는 자이다

— 4.20

아무런 욕망 없이, 자아와 마음은 제어되고

모든 소유물을 내버리고

오직 몸으로만 행위에 연루되면

그는 죄를 짓지 않는다

— 4.21

집착으로부터 자유로운 사람, 해탈한 사람

그의 마음이 지식 안에 굳건히 서 있는 사람

행위를 오직 희생제의(yajña)로서만 수행하는 그 사람

그에게는 행위(의 속박)가 완벽하게 해소되었다

— 4.23

'희생제의'란 야즈냐의 번역이지만 오해를 일으킬 만한 것이다. 우리가 2장에서 지적한 대로, 야즈냐는 어떤 고귀한 것의 값지고 고통스러운 내맡김을 함축하는 것이 아니다. 대신 야즈냐는 우리 자신의 존재를 창조의 원초적인 힘에 바쳐서, 존재의 신성한 에너지의 수혈을 통해서 생명이 다시 살아날 수 있도록 하는 것을 가리킨다. 기타의 유신론적 용어를 빌려 말하면, 야즈냐에 관련되어 있는 주고받음은 아르주나가 자기 자신을 크리슈나에게 자신을 바치는 것, 아르주나의 삶이 신성한 생명으로 가득 채워지며, 그 생명의 지도를 받을 수 있도록 자신을 바치는 것이다.

그대가 무엇을 하든, 무엇을 먹든

그대가 어떤 제물을 바치든, 당신이 무엇을 보시하든

그대가 어떤 고행을 수행하든, 오 아르주나여
그것을 나에게 바치는 제물로 삼으시오

— 9.27

아르주나는 에고 존재를 신에게 내맡기면 그의 진정한 자아를 찾을 것이라는 말을 듣게 된다. 여기에 욕망이나 집착을 위한 어떠한 여지도 없으며, 결과적으로 그의 행위는 아무런 속박을 낳지 않을 것이다. 자신을 브라만과 일치시키면서 크리슈나는 말한다.

그의 행위를 브라만 안에 두고
집착을 내버린 자
그 사람은 더 이상 죄에 시달리지 않는다
마치 연꽃잎이 물의 영향을 받지 않듯이

— 5.10

육화된 자아, 사회, 세계는 행위로써 유지되므로 행위는 내버릴 수 없다. 바로 이 때문에 크리슈나는 아르주나에게, 그의 다르마가 요청하는 행위를 수행해야 한다고 한다.

따라서 해야 할 일은 응당 모두 행하시오
집착 없이
왜냐하면 집착 없이 행위를 행하면
사람은 지고자至高者를 얻기 때문이오

— 3.19

크리슈나는 사회에서 정의를 유지하고, 의를 보호하려는 아르주나의 도덕적이고 사회적인 의무에 이 가르침을 적용하며, 그에게 어떻게 행위해야 하는가를 말해준다.

> 그대의 모든 행위를 나에게 내맡기시오
> 최고의 자아에게 당신의 의식을 집중하고서
> 욕망과 이기에서 자유로워져서
> 슬픔에서 자유로워져서, 싸우시오　　　　　　　　— 3.30

크리슈나의 가르침은 다르마가 요청하는 행위를 수행해야 한다는 데에 의혹의 여지가 전혀 없다. 왜냐하면 이런 어려운 시험의 경우, 즉 다르마에 부합하는 행위의 사악한 결과가 조심스럽게 지적되었던 이 경우조차 필요한 행위는 수행되어야 한다는 것이 크리슈나의 판단이었다.

6. 제의적 행위

기타에 선행하는 수세기 동안, 인도에서 발전된 해탈의 길로서 지식의 길에 대한 극단적 강조로 말미암아 위협받은 것은 자신의 다르마를 수행하는 사회적 행위뿐만 아니었다. 지식에 대한 강조 때문에 베다적 야즈냐의 관건인 제의적 행위도 역시 위협받았다. 야즈냐는 마술에 가까운 어떤 것으로 타락한 것이 분명했다. 여기 야즈냐에서는 신들에게 요청하는 일·거룩한 시구를 찬송讚誦하는 일·녹은 버터와 다른 물질을 제물로 바치는 일 등의 제의적 행위들이 제의의 강요로 움직일 수밖에 없는 보다 높은 실재의 신성한 힘을 통해서 이 생명과 이 세계를 변화시킬 수 있을 것으로 생각되었다. 우파니샤드 그 자체는 명백히 베다의 전통에 머물러 있으면서도, 제의의 길의 유용성에 의문을 제기하면서 차차 지식의 길을 강조하게 되었다. 한편으로는 자이나교도·사명외도·불교도들은 해탈을 위한 제의의 길을 공개적으로 비판·거부하며, 지식과 요가라는 수단들을 선호하게 되었다.

기타는 타락한 제의에 대한 이 비판을 깨닫고 수용했다. 크리슈나가 다음과 같이 말하고 있기 때문이다.

무지한 자들은 베다의 말 안에서 희희낙락하고 있네
오 아르주나여
그것 이외에는 아무 것도 없다고 말하면서
이런 번지르르한 말을 한다

많은 제의들을 가득 채우고 있는 말을 한다
이 제의들은 힘과 쾌락의 획득을 겨냥하고 있으나
재생으로 끝나버리는 것, 왜냐하면 그들의 성질이
욕망으로 이루어져 있고 오직 천계에만 몰두하고 있기 때문이네

— 2.42~43

그러나 고차원적 실재의 신성한 변화력을 향해 자신의 존재를 열어두는 길로서, 자신을 바치는 정신에서 의식과 제의가 수행되기만 하면 그것들이 갖게 되는 큰 가치는 분명히 인정된다. 크리슈나는 다

음과 같은 말도 하기 때문이다.

> 행위(제의)는 브라만에서 생겨나며
> 브라만은 불멸자로부터 생겨 나옴을 알라
> 따라서 (만유에) 편재하는 브라만은
> 언제나 야즈냐 안에 수립되었다
>
> ─ 3.15

마지막 장에서 크리슈나는 가장 강력한 언어를 사용하며 제의 행위의 수행을 권장한다.

> 야즈냐, 보시, 고행의 행위들은
> 버려져서는 안 되고 오히려 행해져야 하나니
> 야즈냐, 보시, 고행은
> 현자들의 청정 수단들이다
>
> 결과와 집착을 버리고서
> 행위들은 행해져야 한다
> 오 아르주나여, 이것이
> 나의 확실한 최고의 판정이다
>
> ─ 18.5~6

이것이 바로 "내가 어떻게 하면 죄를 짓지 않고 의무를 다할 수 있을까?"라는 아르주나의 질문에 대한 대답일 뿐 아니라, 지식의 길과 행위의 길 사이의 해묵은 충돌을 구체화하는 질문, 즉 "내가 어떻게 더 이상의 속박을 만들지 않으며 나에게 요청된 사회적이고 제의적인 행위를 행할 수 있을까?"라는 질문에 대한 대답이기도 하다. 이런 대답은 심오한 만큼 단순하기도 하다. 프라크리티에 대한 속박을 만드는 것은 행위가 아니라 의도와 욕망이다. 따라서 순전히 다르마를 위해 행위를 행하며, 자신을 신에게 바치는 헌신적인 제물로 삼아 행위의 결과에 대한 모든 집착을 버려라. 그리하면 행위는 더 이상 속박을 낳지 않을 뿐 아니라 실제로 해탈의 수단이 된다.

7. 지식을 통한 해탈

이런 무집착의 행위 또는 사심 없는 행위는 지식과 갈등을 일으키지 않으므로, 크리슈나는 사심 없는 행위의 가치를 찬양하면서도 지식의 길을 칭찬할 수 있었다. 이런 종류의 행위 자체는 지식에서 그 정점에 도달한다고 하기 때문이다. 우파니샤드에서 전개되어 간 바에 따르면, 지식의 길은 본래적 자아가 궁극적으로 순수의식이라는 가정을 반영한다. 결과적으로 본래적 자아에 대한 지식은 육화된 존재의 한계와 속박으로부터 해방하는 열쇠로 여겨졌다. 행위들은 본래적 자아의 본성을 은폐하고 육화의 굴레를 강화시키는 결과를 생성하므로, 그것들이 차차 버려져야 할 것이었다. 우리가 샨티사가라(231쪽)의 모범에서 보았듯이, 자이나교도는 이 가르침을 그 극점까지 발전시켜 신체적 기능들의 생리적 움직임까지 포함하여 일체 행위의 최종적인 내버림을 촉진하고, 거룩한 죽음의 단식에서 궁극적 해방을 찾았다. 우파니샤드의 현자와 자이나교도가 윤리적 행위를 강조했던 것은 사실이지만, 이것은 정화의 예비적 수단일 뿐이며 지식만이 해탈을 가져올 수 있었다.

해탈을 가져오는 이런 지식이 무엇으로 간주되었는가는 수용된 형이상학에 따라서 변한다. 우파니샤드에서 그것은 지존의 브라만 또는 아트만에 대한 지식이며, 이 존재는 현신된 온갖 종류의 존재와는 아주 다른 것이다. 상키야에서는 그것은 푸루샤와 프라크리티 사이의 절대적 분리에 대한 지식이다. 기타에서 크리슈나는 반드시 알아야 할 것은 신이라고 우리에게 말해준다.

해탈을 가져오는 이런 지식이 얻어지는 방식도 역시 채용된 자아관에 따라서 변한다. 우파니샤드, 불교, 자이나교에서는 선정에서 오는 통찰에 중점이 두어졌으며, 상키야는 비추는 분별을 강조한다. 통찰과 분별에 덧붙여, 기타는 직접적 경험에 근거하는 다른 사람들의 가르침에 대한 신앙을 통해서 아는 것과, 훈련받은 행위나 요가를 통해서 생겨나는 통찰과 지식, 두 가지 모두를 인정한다. 그러나 기타에서는 지식이 갖는 여러 대상과 수단은 다른 것을 배제하는 것으로 여겨지지 않았다. 그것들은 단순히 궁극자에 대한 다른 접근법을 반영한다. 로마시가 여러 방식으로 보이고 다른 길로 접근될 수 있듯이, 지존의 실재도 여러 방식으로 보이고 여러 수단으로 접근될 수 있다.

기타에 따르면 선정에서 오는 통찰, 분별, 사심 없는 행위, 경전에 대한 믿음, 이 모두는 해탈을 가져오는 지식의 수단이다.

어떤 사람은 선정(dhyāna)으로써
작은 자아(self)에서 큰 자아(Self)를 보며

어떤 사람들은 그것을 훈련된 분별로써
그리고 어떤 사람들은 훈련된 행위로써 본다

그러나 다른 사람들은 이 지식을 갖지 못하고
그것을 타인들에게서 듣고 귀하게 여긴다
그들도 역시 죽음을 건너간다
그들이 들었던 거룩한 천계天啓에 대한 신애를 통해서

— 13.24~25

마찬가지로, 기타는 해탈을 가져오는 진리가 다른 방식으로 생각될 수도 있을 것임을 인정한다. 예를 들면 그 지식은 비록 만물이 신의 존재를 소진消盡하지는 못하지만, 그 만물 안의 신성한 본성을 보는 데에 있다고 생각될 수 있다.

만물 안에 평등하게 거하며
만물이 멸망할 때 망하지 않는
지존의 주主를 보는 자는
(진실로) 보는 자이다

— 13.27

또는 푸루샤가 진정한 자아라는 것을 인정하며, 푸루샤와 프라크리티 사이의 차이를 보는 데에 그 지식이 있다고 여길 수도 있다.

모든 행위가

오직 프라크리티로써 행해진다는 것을 보는 자

자아가 행위자가 아님을 보는 자도

그는 (진실로) 본다

— 13.29

해탈을 가져오는 지식에 대한 세 번째 견해는 브라만이 만유의 바탕이며 초월적 통일이라는 점을 보는 데에 있다고 여긴다.

존재의 다양한 상태들이

일자에 뿌리를 두고 있음과

거기에서 (존재들의) 확장을 보는 자는

그는 브라만에 이른다

— 13.30

해탈을 위해서 프라크리티와 푸루샤의 구별에 대한 지식이 중요하다는 점에 대해, 13장의 마지막 시구만큼 강조된 곳을 찾기는 어려울 것이다.

지식의 눈에 의해서

밭(프라크리티)과

지전(知田, 푸루샤) 사이의 차이를 아는 자들은

프라크리티로부터 존재들의 해탈을 아는 자들은

지존자에 이른다

— 13.34

다른 시구들도 지식의 덕성을 찬양한다. 예를 들면 크리슈나는 아르주나에게 "비록 그대가 모든 죄인들 가운데 가장 사악하다고 해도, 그대는 지식의 배로써 간단히 모든 악(의 바다)을 건널 수 있을 것이다."(4.36)

> 신앙의 사람은 그의 감관들을 억제하고
> 오직 그것에만 몰두하고 지식을 얻는다
> 이 지식을 얻어 그는 재빨리
> 최고의 평화에 이른다
>
> — 4.39

8. 박티(bhakti) – 신애信愛의 길

설사 크리슈나가 지식과 행위를, 구원을 위한 정당하고 가치 있는 수단으로 그것들의 위상을 찾아주었다고 해도, 그가 가장 좋아하는 길은 박티의 길, 신에 대한 사랑의 신애이다. 기타의 중심적 메시지를 지식의 메시지로 또는 행위의 메시지로 말하는 탁월한 해석자들의 주장이 있긴 하다. 하지만 기타의 중심적 가르침이 사심 없는 행위의 가르침, 지존의 주主에 대한 신애적 사랑과 그에 대한 자기 순종을 통한 지식의 가르침이라는 점은 분명한 것 같으며, 이 주는 최고의 실재와 일치하며 모든 존재들 안에 거하는 자아와 일치한다.

결국 기타의 신성한 스승인 크리슈나는 존재 전체가 흘러나오고 그곳으로 돌아갈 지존의 신의 화신化身이기 때문에, 이것은 놀랄 일이 아니다. 더구나 크리슈나는 세상의 안녕을 매우 걱정하고 있기 때문에 그가 필요할 때마다 그 자신을 구체적인 형상으로 육화한다. 지식과 행위는 신에 대한 사랑의 순종에서 완수된다. 신은 지식의 본질이고, 모든 행위의 근원과 목표이다.

기타의 9장에서 지식의 길과 무집착의 행위의 길을 설명한 다음, 크리슈나는 아르주나에게 이 두 개의 길 모두가 실제로 신에 대한 헌신적 예배의 형식이라고 말한다. 지식을 숭앙하고 존재들의 불가멸의 근원을 알려고 하는 자들은 그들 자신의 방식으로 신을 섬기고 있다.

> 오 아르주나여! 위대한 혼을 가진 자들은
> 신성한 본성에 거하면서
> 나를 존재들의 불가멸의 근원으로 알고
> 흔들리지 않는 마음으로 나를 섬기시오
>
> ― 9.13

그러나 행위를 하는 사람들도 그들의 행위를 훈련시켜 그것을 집착에서 자유롭게 한 다음, 역시 신을 섬긴다.

> 언제나 나를 영화롭게 하는 자들
> 굳건한 원願 가운데 노력하면서
> 신애(bhakti)로써 나를 공경하는
> 그들은, 항시 훈련되어 나를 섬긴다
>
> ― 9.14

그러나 더 나아가 지식과 행위는 신애 곧 박티의 실제적 형식으로 볼 수 있으며, 지식과 행위가 야즈냐의 정신으로 신에게 바쳐질 때에 신에 대한 사랑의 순종에서 그것들은 정점에 도달할 것이다.

다른 사람들도 지식의 야즈냐를 바쳐
나를 일자로 섬기네
독특하고 다양한 모습의 나를
사방을 향한 나를

—9.15

베다가 말하는 제의의 길을 따르는 사람들도 주를 신애로써 섬기는 것으로 묘사된다. 크리슈나가 다음과 같이 말하고 있기 때문이다.

나는 제의이며 야즈냐이다
나는 조상의 제공이며 약초이다
나는 거룩한 만트라이며 녹인 버터이다
나는 불이며 제공이다

—9.16

다른 신을 섬기고 크리슈나를 육화한 최고의 신으로 인정하고 있지 않는 자들도, 비록 깨닫지는 못해도 역시 그를 섬기고 있다.

다른 신들의 귀의자들이라고 해도
신앙에 가득차서 그들을 섬기고 있는 자들

그들은 오직 나를 섬기고 있네. 오 아르주나여
비록 정식은 아니지만

—9.23

시바, 라마 또는 데비(또는 야훼나 알라) 등의 어떤 모습으로든 신을
섬기는 자는 누구든 최고의 신을 섬기는 것으로 간주되며, 어떤 형식
의 섬김도 그것이 자기 순종의 적절한 정신으로 신에게 바쳐진 것이
라면 참된 섬김으로 수용된다.

누구든 신애로써
나뭇잎 한 잎, 꽃 한 송이, 과일 한 알 또는 물 한 잔을 바치는 자
심성이 청정한 자가 바치는 저 신애의 공물을
나는 받아들인다

—9.26

신애로써 신을 섬기면 모든 장애를 극복한다. 왜냐하면 사랑의 마
음으로 자신을 신에게 제물로 바치면, 신성한 힘은 자신의 삶을 지도
하기 위해 온다. 심지어 사악조차도 신에 대한 신애로써 극복된다.

가장 사악한 행위의 사내조차
일편단심의 신애로써 나를 섬긴다면
그는 의롭다고 여겨져야 한다
그는 바르게 결심했으므로

—9.30

그렇지만 박티는 지식의 길과 행위의 길에서 자격을 갖추지 못한 자를 위해서 마련된, 쉽지만 저급한 길로 제시된 것은 아니다. 그것은 또 높은 태생과 지혜로운 사람을 위한 것이다. 만일 박티가 수드라조차 구원할 수 있다면,

하물며 거룩한 바라문들과
독실한 왕족 현자들이겠는가
이런 무상한 고苦의 세계로 들어왔으니
그대를 신애로 나에게 바치시오

당신의 마음을 나에게 고정시키시오. 그대를 나에게 바치시오
나를 섬기시오. 나에게 경의를 표하시오
이렇게 그대를 훈련시킨 다음 나를 그대의 목표로 삼아
그대는 나에게 올 것이오

— 9.33~34

기타는 으레 보이고 있는 일반적 수용의 정신에서 행위와 지식이 신애의 형식들로 간주될 수 있으며, 신애가 지식과 사심 없는 행위의 수단들로 간주될 수 있음을 시사한다. 행위의 길을 따라가는 사람들을 거론하면서 크리슈나는 말한다. 항상 제어되고 사랑으로 나를 신애하는 이들에게, 나는 나에게 오도록 마음의 훈련을 허락한다. 다음 구절에서 크리슈나는 자신에게 귀의하는 자에게 지식을 가져다준다고 말한다. "이들(나에게 신애를 바치는 사람들)에 대한 자비에서, 나는 나 자신의 상태에 머물러 있으면서 광채 나는 지식의 빛으로 그들의

무명에서 나온 암흑을 물리친다."(10.10~11)

9. 신

지식·행위·신애의 세 길이 기타 안에서 어떻게 수용되고 융화되는 지를 이해하기 위해서 우리는 궁극 실재에 대한 기타의 비전으로 돌아가야 한다. 이 경우에는 특히 신의 본성으로 돌아가야 한다. 우리가 본 대로 크리슈나는 때로는 행위를, 때로는 지식을, 때로는 신애를 최선의 길로 예찬한다. 그리고 비록 그가 신애를 지식과 행위의 수단으로 간주한다고 해도, 그는 동시에 지식과 행위를 신애의 수단으로, 행위와 지식에서 한 편을 다른 편의 수단으로 간주한다. 그렇다면 어떤 길이 참으로 최선인가?

실제로 세 종류의 해답이 있고, 이 모두는 서로 양립할 수 있으며 세 가지 구원의 길 가운데 배타적인 선택을 강요하는 대답은 아무 것도 없다. 첫째 대답은 태생(유전)과 상황(환경)을 기초로 해서 다른 유형들의 인간을 구별하며, 한 인간에게 최선의 길이 그 남녀 자신의 본성과 성향에 가장 적합한 길이라고 말한다. 상키야가 주장하는 존재의 구나 구성론에 따르면, 사람은 각자 사트바(sattva, 明性), 라자스(rājas, 動性 또는 激質), 타마스(tamas, 暗性)의 복합물이다.* 그러나 어떤 사람은 사트바가 우세하며, 다른 사람은 타마스 또는 라자스가 우세하다. 구나들이 속박의 힘을 구성하므로 지배적인 구나의 속박을 극

---

* 〔역주〕 선善, 격정激情, 암흑으로 번역되기도 한다.

복하는 데 특히 도움이 되는 방법을 따르는 것이 타당하다. 지식은 특히 사트바의 속박을 파괴하는 일에 효과적이므로 이 구나가 우세한 사람에게 적합하다. 반면 아르주나와 같이 라자스가 우세한 행위의 사람에게는 사심 없는 행위의 길이 특별히 적합하다. 그러나 타마스가 강한 사람을 포함하여 앞의 두 유형의 사람들은 신에 대한 사랑의 신애로써도 구원받을 수 있다. 마지막으로 비록 특정한 구나의 우세에 따라서 이 길이나 저 길을 강조할 수는 있겠으나, 모든 사람이 세 가지 구나 전부에 속박되어 있으므로 세 가지 길 모두를 결합하는 일이 필수적이다.

두 번째 해답은 어떤 길이 우세한 길로 선택되든지 간에 나머지 두 길은, 그 선택된 길을 따라가는 수단이나 보조가 될 수 있다는 것이다. 우리는 지식이 무사한 행위를 위한 필수적 수단으로 여겨지고 있음을 보았다. 푸루샤와 프라크리티의 분리를 아는 일이 행위의 결과에 대한 집착을 내버릴 수 있는 동기를 부여하기 때문이다. 무집착은 자아를 청정하게 하고, 통찰과 신비적 지식을 위한 길을 준비하는 수단으로 항상 간주되어 왔다. 지식과 행위는 신애의 수단이며, 신애도 역시 행위와 지식을 위한 수단이다.

세 번째 해답은 세 개의 길 제각기가 실제로 다른 둘을 그 안에 통합한다는 것이다. 즉 세 길을 근저에 있어서 같은 길의 다른 차원이나 모습으로 보는 것이다. 결과적으로 사랑·지식·행위 사이의 엄격한 구별을 폐지해버리는 이 대답은 오직 하나의 길, 보다 고상한 길이 존재하며 이 길은 지식·행위·신애의 통일에 있다고 말한다. 세 개의 길이 수단과 목적의 관계로 상호 연관되었다는 두 번째 대답과는 달리, 이 대답은 행위와 지식은 실제로 사랑의 형식이고, 사랑과 행위는 실제로 지식의 형식이며, 사랑과 지식은 실제로 행위의 형식이라고 말하는 것이다.

　지식·사랑·행위를 통합하는 이런 보다 고차원적 길을 바라보는 하나의 방식은 기타 자체에 의해서 시사된다. 자아와 프라크리티 사이의 차이를 알아 욕망이 부정되며, 행위자 또는 대리인으로서의 자신을 신에게 바침으로써 모든 행위에서 완벽한 평정 또는 무사함이 성취된다. 여기에서 신이란 내재하는 지존의 자아이지만 아직 그것 자체로 실현되지는 않았다. 이런 방식으로 행위의 결과에 대한 욕망뿐 아니라 행위를 행하는 자와의 동일시도 내버린다. 이제 자신이 가진 일체의 행위와 지식을 사랑과 경배 안에서 주께 바침으로써, 사람의 전 존재는 신에게 맡겨진다. 이 순종을 통해서 사람은 진정한 자아를 구성하는 신성한 사랑·행위·지식을 충분히 공유하게 된다.

　자아가 신성한 삶을 발견하고, 사랑·행위·지식이 통일되는 장소인 그 고차원적 실재란 신이다. 크리슈나가 자신과 동일시하는 이 신은 세계를 초월하지만 동시에 그 근원이고 지배자, 힘, 내재하는 통일이다. 기타의 7장에서 크리슈나는 자신을 궁극 실재로 알라고 아르주나에게 말한다. 이 지식은 너무나 어려워 1천 명 중에 한 사람도 얻을 수 없다. 여기에서 크리슈나는 자신을 프라크리티와 푸루샤와 동일시하고 있으며, 전자를 그의 저급한 본성으로 후자를 자신의 고급의 본성으로 여기고 있다. 프라크리티와 푸루샤를 자성自性의 두 모습으로 간주함으로써, 크리슈나는 상키야의 이원론이 어떻게 신성한 존재의 높은 통일에 의해서 초월되는가를 보여준다.

　크리슈나는 아르주나에게 자기가 신으로서 만물 안에 현존하고 있으며, 만물은 자기 안에 현존하고 있음을 말한다.

만물이 거기(나의 본성)에서 나온다
내가 그것들 모두의
그리고 전 세계의
기원이고 해체임을 알아라

나보다 더 높은 것은 아무 것도 없다
오 아르주나여
나에게 이것(전체 우주)은 꿰어져 있다
마치 진주 구슬들이 실에 꿰어져 있는 것처럼   —7.6~7

그러나 이 비전은 결코 범신론적이지 않다. 신의 존재와 신성은 결코 사물 안에서의 신의 현존과 동일하지 않기 때문이다. 세계에 존재하는 신성의 초월성을 지적하면서, 크리슈나는 말한다. "영광, 위엄, 힘을 가지는 어떤 것이든, 그것은 모든 경우에 있어 내 영광의 한 편린으로부터 생겨났음을 알라." 그리고 "나는 이 세계 전체를 (나 자신의) 단 하나의 편린으로써 지탱하노라."(10.41~42) 더구나 세계의 존재가 신에게 의존한다고 해도, 신의 존재는 세계에서 독립되었다. 왜냐하면 크리슈나가 말한 대로, "내 자아는 모든 존재의 근원이며 만물을 지탱하지만, 그것들 안에 거하지 않노라"(9.4~5)고 하기 때문이다.

신의 유일성과 초월성은 그를 단순한 푸루샤가 아니라 지존의 푸루샤로 부르는 것에 의해서 표시된다. 그는 단순한 아트만이 아니라 지존의 아트만이다. 다른 모든 실재는 그의 존재에 포함되어 있지만, 신으로서 그는 그것들을 초월한다. 15장에서 크리슈나는 신이 어떻

게 지존의 인격으로 프라크리티뿐 아니라 아트만마저 초월하는지를
현시한다.

> 세계에는 두 개의 인격이 있나니
> 가멸자와 불멸자
> 가멸자는 모든 존재자(프라크리티)이며
> 불멸자는 불변자(자아)라고 불린다
>
> 그러나 또 다른 것이 있으니 지존의 인격이다
> 최고아(파라마트만Parāmatman)이며,
> 불멸의 주主로서
> 삼계에 들어가 그것들을 유지한다

— 15.16~17

　그렇지만 구별은 분리를 의미하는 것은 아니다. 기타는 이 신을 모
든 사물과 사람 안에 거주하는 지존의 신으로 분명히 보고 있다. 비
록 모든 사물과 사람들의 실재가 그분의 것과 합치될 수 없다고 해도
그들 안에 거한다. 다른 말로 하면, 신은 세계를 초월하면서도 세계의
근원, 힘, 지배자 그리고 내재하는 통일체이다.
　하지만 신의 존재의 충만성은 인간 이해를 넘어간다. 11장 전체는
인간이 궁극 실재를 파악할 수 없다는 사실에 대한 웅변적 증언이다.
오직 신의 은총에 의해서만 이 지존의 실재에 대한 비전이 아르주나
에게 허용되었다. 그때조차도 지식의 평범한 수단은 그러한 지식에
아주 부적당하므로 그는 신성한 눈을 얻어야만 했다. 한 맹인이 코끼

리를 벽으로 느끼듯이, 우리들 중 몇몇은 궁극자를 니르구나 브라만으로 파악한다. 그리고 또 다른 맹인이 코끼리를 새끼줄로 지각하듯이, 우리들 중 어떤 사람들은 궁극자를 존재, 지식, 지복의 복합체로 파악한다. 다른 맹인이 코끼리를 나무둥치라고 여기듯이, 우리들 중 몇 사람은 궁극자를 신적이고 인격적인 존재로 보고 있다. 궁극자와 관련하여 제한된 지식 수단을 가지고 있는 인간은 맹인과 마찬가지이기 때문이다. 우리는 우리의 제한된 수단으로는 실재 전체를 포괄할 수 없다.

궁극자가 우리에게 나타나는 모습은 참된 모습, 완벽한 모습이 아니다. 크리슈나가 말하듯이, "나는 만유를, 과거와 현재의, 그리고 앞으로 올 만유를 알고 있다. 그러나 아무도 나를 알 수는 없다."(7.26) 심지어 제신과 위대한 현자들조차도 궁극자를 있는 그대로, 그것 자체로 알 수 없다. "신들도 위대한 현자들도 내 기원을 알지 못한다. 나는 모든 면에서 그들의 근원이기 때문이다." "신들도 악마들도 당신의 화현을 알 수 없습니다"라고 아르주나는 인정한다. 왜냐하면 "최고의 영혼, 존재들의 근원, 존재들의 주님, 신들의 신, 세계의 주이시여. 당신만이 당신을 스스로 아시기 때문입니다."(10.14~15)

만약 아무도 궁극자를 그것 자체로 있는 모습을 파악할 수 없다면, 궁극자를 인격신으로 이해하는 것이 오류라고 주장할 만한 근거가 없다. 그리고 다른 이해 방식, 즉 궁극자를 니르구나 브라만으로 파악하는 우파니샤드적 이해 방식이 더 우월하다고 주장할 만한 근거도 없다. 왜냐하면 아무도 궁극자가 어떤 무엇일 것이라는 점을 의심하지는 못할 것이며, 니르구나 브라만을 역설하는 자들은 궁극자가 무엇이든 말로 표현될 수 없다는 점만을 주장하고 있기 때문이다.

궁극자에 대한 어떤 인간적 관념도 그 본질을 충분히 포착할 수 없다는 사실을 인정하는 데서부터, 기타의 저자와 힌두 전통 일반은 다음과 같은 결론을 이끌어낸다. 부분적이고 단편적인 관념·표상·이미지의 집합이 전면적인 침묵이나 단 하나의 표상보다는 신성의 영광·광휘·힘에 대해서 더 많은 것을 일깨운다.

이것은 기타에서만 명확한 것이 아니라, 음악·시·사원 예술과 건축에서도 그렇다. 이것들은 형식의 풍요함과 풍부하게 상세한 묘사로써 우리를 현기증이 나도록 만들고 있다.

11장의 시는 크리슈나가 자신의 신성한 모습을 아르주나에게 계시하는 것을 기회로 삼아서, 우리를 최고의 실재로 안내하기 위한 수단으로 풍부한 묘사와 모습들을 인도인이 애호하고 있음을 드러내고 있다.

11장은 신성한 실재의 비전에 대한 아르주나의 간청으로 시작한다. "오 주님이시여, 당신의 영광스러운 모습을 저에게 한껏 드러내소서. 만일 가능하다면, 제가 그 광경을 감내할 수만 있다면 당신을 보이게 하소서. 당신의 자아를 저에게 보여주소서. 오 영원의 신이시여."

크리슈나는 그런 비전을 허락해 주겠노라고 동의하면서도 아르주나에게 어떤 인간의 눈도 그것을 볼 수 없으니 신성한 신비와 장엄을 볼 수 있도록 특별한, 신성한 눈을 하사하노라고 말한다. "나는 너에게 신성한 눈을 주노라. 이 눈을, 새로운 빛을 사용해라"라고 크리슈나는 말한다. "자 지금이다. 보아라. 가멸자의 눈에 현시된 나의 영광을!" 이렇게 말하고, 아르주나의 전차 운전병이자 지존인 크리슈나는 우뚝 서서 그의 완전한 영광을 드러냈다.

수많은 입과 눈들
수많은 기이한 모습들
수많은 천상의 장식품들
수많은 경이로운 무기들을 치켜들고

천상의 화환과 옷을 걸치고
신성한 향유와 기름을 바르고
무한하며 경이로 가득찬
그의 얼굴은 사방에 있다

만약 하늘에 수천 개의 태양이
동시에 빛난다면
그 광채가 이 드높은 존재의 광채를
약간이나마 짐작하게 하는 것이리라

— 11.10~12

요약

우파니샤드, 특히 슈베타스바타라와 이샤와 같은 후기의 것들은 비록 궁극 실재인 브라만이 기술하고 정의하려는 모든 가능한 시도들을 초월한다고 하더라도, 그것이 인격적 용어들로 사유될 수 있다는 통찰을 간직한다. 이 통찰, 즉 브라만이 무한한 힘·지식·기쁨을 육화하는 지존의 인격으로 보일 수 있다는 통찰이 바가바드기타에서 그 결실을 맺게 된다. 여기에서 크리슈나는 인간의 모습을 취한 지고의 신의 화신이고, 궁극 실재의 이미지와 개념을 포괄하는 존재로 아르주나에게 자기 자신을 드러낸다. 그는 니르구나와 사구나 브라만, 지존의 아트만, 최고의 푸루샤이고 프라크리티의 총체이며 제신의 본질이다. 그러나 그 자신의 본성에서 신은 이 모두를 초월한다.

궁극자에 대한 다양한 관념들은 궁극자에 대한 다른 접근법을 반영한 것으로 간주되고 있으므로, 상대방을 서로 배제하기보다는 서로 보완하는 것으로 보인다. 그러나 이것들은 모두 합하여 신 자신의 존재의 극소량을 반영할 뿐이며, 신의 존재는 신의 은총을 통해서만 보다 충분히 드러날 것이다. 11장에서 그런 식으로 신은 아르주나에게 신성한 눈을 주고 그의 영광스럽고 굉장한 여러 모습들을 드러내 줄 것이다.

신이 비록 세계와 궁극자에 대해서 우리가 가지고 있는 일체의 관념을 아주 초월한다고 해도, 그는 여전히 만유의 근원·바탕·힘으로서 두루 편재한다. 바로 여기에 기타의 두 번째의 통찰이 작용한다. 왜냐하면 이 세계가 신성한 존재에 근거한다면, 이 세계와 세계 안에서의 행위는 악으로 간주되거나 해탈의 이름으로 버려져서는 안 되기 때문이다. 악한 것과 버려야 할 것은 욕망과 이기심이다. 왜냐하면 그것들은 에고가 가진 분리의 성격으로 인간을 신과 세계로부터 떼어놓기 때문이다. 이런 통찰을 가지고 기타는 구원의 세 가지 고전적 길, 지식·행위·신애의 길들을 상호 충돌하는 것이 아니라 상호 보완하는 것으로, 이 세 길 모두를 통합하는 보다 높은 길의 부분적 모습들로 제시할 수 있게 되었다.

이 세 개의 길이 다른 길을 배제하는 것으로 여겨지지 않으므로, 기타는 구원의 길들 중에 하나를 선택하라고 한다. 라자스의 지배를 받아서 행위로 경도되어 있는 자에게는 사심 없는 행위의 길이 특히 적합하며, 사트바의 지배를 받아서 지식과 성찰에 경도된 사람에게는 지식의 길이 보다 적합하다. 타마스의 지배를 받는 사람에게 예배의 길은 특히 매력 있는 것으로 보인다. 이 세 개의 길 모두, 자기를 바치는 정신과 신에 대한 사랑의 신애 정신으로 수행된다면 보다 고차원적 길로 변화될 수 있다. 이 높은 길은 신성한 생명이 신의 은총을 통해서 인간이 자신의 존재를 신성한 행위, 지식, 신에 대한 사랑으로써 채울 수 있도록 허락해준다.

더 읽을거리

Malhotra, Ashok Kumar, *Transcreation of the Bhagavad Gita*, Library of Liberal Arts, Upper Saddle River, NJ: Prentice Hall, 1999. 학생들에게 친절한 번역.

Miller, Barbara Stoler(trans.), *The Bhagavad Gita : Krishna's Counsel in Time of War*, New York : Bantam Books, 1986. 내 생각으로는 많은 영역 중에서 최고인데, 기타의 이념과 정서를 포착한 시적 번역이다.

Minor, Robert, *Modern Indian Interpreters of the Bhagavadgita*, Robert Neil Minor(ed.), Suny Series in Religious Studies, Albany : State University of New York Press, 1986. 현대의 인도인 해설자들에 대한 10개의 연구 모음집, 기타에 대한 폭넓은 해석을 제시한다. 나의 해석은 샹카라·라마누자·간디·오로빈도 그리고 내 스승이신 고 삭세나(S. K. Saksena)의 주석으로부터 큰 영향을 받았다.

제10장 **신애의 힌두교**

환희, 사랑, 아름다움의 신

우리는 앞 장에서 궁극 실재가 어떻게 인간의 모습으로 아르주나에게 자신을 나타냈으며, 그리고 어떻게 아르주나와 인류를 사랑의 신애로써 신에게 초대했는가를 보았다. 이 길은 구원으로 가는 가장 확실하고 쉬운 것이다. 인도는 이런 초대에 어떻게 반응했는가? 궁극자는 어떻게 생각되고 그려졌는가? 어떤 이념과 태도가 신애의 힌두교의 발전을 이끌었나? 이것들이 이 장과 다음 장에서 우리가 힌두교 내에서의 신의 위치를 알기 위해서 대답해야 하는 기초적 물음들이다.

1. 배경

남녀 제신의 현신(現身)들로 나타난 지고의 인격, 그 인격으로 향해진 신애의 수행에서, 궁극 실재에 대한 힌두교도의 종교적 반응이 어떻게 자신을 드러냈는가를 보이는 일은 쉬운 것이 아니다. 첫째, 이 반응은 엄청날 정도로 다양하여 시간과 장소에 따라서 다른 모습을 취하고 있기 때문이다. 둘째, 궁극자의 수많은 인격적 현신이 인정되고 있으며, 거기에는 인간적인 것과 비인간적인 것, 남성 또는 여성을 포함한다. 셋째, 종교적 반응의 본성과 성질, 그리고 궁극자를 생각하고 상상하는 방식뿐 아니라 사회적·정치적·환경적 조건에 따라서 신애의 수행 그 자체가 엄청나게 변화했기 때문이다. 인두인의 의식이 연대기적 순차를 상대적으로 그리 중요한 것으로 생각하지 않았다는 사실이 문제를 더욱 복잡하게 만든다. 그것이 역사적 접근을 거의 불가능하게 만들기 때문이다.

힌두교의 신애 사상이 가진 역사적 기원을 정확히 집어낼 수는 없다. 슈베타스바타라와 이샤 우파니샤드가 인격적 특성을 가지고 있는 브라만을 우주의 주主로 인정했다. 이 사실은 신에 대한 신애가 궁극 실재를 초월자로서, 모든 존재의 성질 없는 토대로서 인정하는 것과 분명히 합치될 수 있었음을 보여주긴 하지만 신애 사상의 시초를 알려주는 것은 아니다. 기타가 중요한 의미에서 지난 2천5백 년 동안 종교적 신애 사상의 바탕을 제공해 왔다는 것도 분명하다. 그러나 다시 말하지만 이것이 신애 사상의 시초를 확립한 것은 아니다.

신애 사상의 시초는 아마 베다 종교에서 발견되어야 할 것이다. 비록 베다는 예배보다는 희생축의를 더 강조하고 있으며, 리그베다의 신들이 궁극 실재보다는 저열한 존재로 보이는 경향을 갖고 있다고 해도, 그 신들에 대한 예배의 태도도 흔히 나타난다.

그러나 신애 사상의 기원은 보다 더 초기의 관행에서 발견되어야 할지도 모른다. 인더스 문명에서 얻어낸 고기물古器物과 힌두교도의 만신전에서 발견되는 수많은 주요 신들의 특성은 고전적 양식의 힌두교까지로 이어지는 직접적 연결을 시사한다. 결국 인더스 문명의 예술은 요가 자세를 취하는 원형原型 시바상을 보이고 있으며, 이 시바는 평정을 유지하고 고요하며 완벽하게 자제하고 있으나 성기가 발기되었다. 이는 우주의 주와 제어자로서의 기능과, 우주의 근원이나 생성의 원리로서의 그의 기능을 시사한다. 이 두 기능은 만물을 생성해내는 한 실재의 다른 모습들로 결합되었다. 그리고 인더스의 여신상들은 생명·다산성·재생산이 신성한 것으로 존경받았음을 시사하고 있으며, 이는 힌두교 전통의 후기에 나타나는 여신들과의 직접적인 계통적 연결을 가능하게 한다. 따라서 신애 사상은 리그 베다 이전에 이미 종교적 관행에 불가결한 요소였을 가능성이 높다. 기타는 단순히 이런 초기의 전통을 위대한 범어 전통으로 수용하는 과정에서 가장 중요한 한 걸음을 표출하는 것일 수도 있다.

그렇지만 정확한 역사적 정보가 부족하므로 우리는 이 일이 실제로 일어난 것인지, 또 만일 그렇다면 어떻게 왜 일어났는지에 대해서 확신을 가질 수가 없다. 역사적 접근법에는 두 가지 주요 문제가 앞을 가로막는다. 첫째, 몇몇 고기물을 제외하면 인더스의 이념과 신앙에 대해서, 또는 인도 아대륙의 다른 초기 문화에 대해서 아무런 기록도 존재하지 않는다. 둘째, 실제로 모든 문헌적 자료는 아리아인 전통의 범어 문헌에 속해 있다. 이것은 베다 전통의 작가들이 용인하고 동화시킨 이념들만이 우리가 통상 힌두교와 결부하는 전통의 일부를 이루게 되었다는 것을 의미하며, 바로 이 전통 안에 기타가 속해 있다. 그래서 우파니샤드와 불교 시대 이전이나 동시대에, 기타가 부분적으로 수용했던 남녀 제신에 대한 신애의 접근법들의 광범위한 관행이 존재했을 것이며, 일단 이 문이 활짝 열린 다음에는 푸라나(Purāṇa)*와 다른 대중적 문헌이 보다 크게 이 관행을 받아들였을 것이다. 다시 말하면, 비록 문헌적 기록은 유신론과 신애적 실천의 바탕이 주로 기타에서 발견된다는 점을 시사한다고 해도(어떤 우파니샤드가 이미 시사하긴 했지만), 이것이 일어났던 일 그대로를 반영하지 않을 수도 있다는 것이다. 토착적인 종교적 신애 사상의 지속적 발전이 다양한 남녀 제신 가운데 이런저런 신들로 방향을 잡았을 것이며, 결국 베다 전통에 의해서 계승되고 채용되었을 것이다.

결국 아리아인의 도래 이전에 인도에서 존재하고 있었던 문화들이 간단히 소멸해버렸다고 상정하는 것은 아주 불합리해 보인다. 특히 사회계층에 대한 아리아인의 제도, 즉 비아리아인들을 사회적 질서의 일부로 인정하기를 허용하는 제도에 비춰보면 초기의 종교적 이념과 관행이 남아 있었을 것 같다. 오직 처음 세 개의 바르나(계층)만이 두 번 태어난 것으로, 고급문화의 완전한 참여자로 인정받았음을 상기하라. 인구의 커다란 부분을 이루고 있었던 수드라는 베다 종교에의 참여를 허락받지 못했다. 그들이 초기의 종교 전통, 즉 베다 정

---

* 〔역주〕푸라나란 '오래된 것' 정도의 의미를 가진 힌두교 성전의 하나로 베다와 동류에 두기도 한다. 특히 이것들은 수드라와 여인이 사용한 하급 베다로 간주된다. 그것들은 종교적 목적을 위해 편집되고, 종파에 따라서 형성되었다.

통正統의 일부로 인정받지 못했던 종교 전통을 수행하고 있었을 가능성이 매우 높다. 아마 바로 여기, 사회의 하층계급들 사이에서 아리아 문화와 비아리아 문화가 상호 영향을 주며 상대방을 수용하기 시작했을 것이다.

신애의 힌두교가 서로 상당히 다른 초기 종교 전통들 사이에서의 상호 수용에서 발전해 나왔다는 가정이 매우 그럴듯해 보일 수 있다. 그렇지만 우리는 여러 초기 전통들이 기여한 개별적 요소들에 대해서 참담하리만큼 무지하다는 사실, 이러한 결합의 연대기나 화학적 구성비에 대해서도 모른다는 사실은 여전히 남아 있다.

기타 시대 이래로 줄곧 신애의 접근법에 대한 강조가 증대되어 왔다는 점은 여전히 분명해 보인다. 크리슈나·두르가·라마·시바 등의 인격적 용어로 생각된 신(the Divine)에 대한 흠모와 사랑은, 야즈냐의 까다로운 제식주의와, 우파니샤드를 비롯해 자이나교, 초기 불교까지 특징 지웠던 지식에 대한 고행적 강조를 부분적으로 대체하게 된다. 심지어 불교조차도 붓다 자신의 가르침이 남녀 제신에 대한 신애 또는 예배를 전제하거나 권장하지 않았음에도 불구하고, 대승의 형식에서 여러 보살로 향해진 신애의 길을 발전시키게 되었다. 보살이란 불교 판版의 신성한 존재들로, 우리와 세상을 너무 사랑하기에 우리의 안녕과 고에서의 해탈을 위해서 쉼 없이 일하는 존재들이다. 신애의 영향이 너무 강력해서 결국 대승불교는 붓다 또는 보살의 이름을 애정을 담아 외우는 것만으로도 충분히 남녀 보살의 공덕을 신자들에게 옮길 수 있고〔회향廻向하여〕 그로 인해 열반을 얻을 수 있다는 교의를 발전시켰다. 불상은 숭배되고, 씻김과 기름 부음을 받으며, 음식·꽃·물 등이 바쳐졌다. 이는 힌두교도들의 여러 남녀 제신상이 예배를 받는 것과 유사하다.

신애 사상의 발달에 대한 역사적 접근법이 당면하는 문제에도 불구하고, 우리는 힌두교의 이 측면을 이해할 수 있으리라는 가능성에 대해서 낙관할 수 있다. 거의 지난 2천 년 동안 그랬던 것처럼 그것이 오늘날의 힌두교를 지배하고 있기 때문이다. 현대 힌두교도의 여러 예배 관행들, 즉 칼리카타의 칼리 신전에 방금 살해한 양을 바치는 일, 크리슈나의 상을 깨워 목욕시키고 기름 부어 축성祝聖하고 옷 입히며 경배하는 일, 비슈누 신에게 음식과 술을 제물로 바치는 일, 시바의 링가를 꽃으로 장식하거나 향기로운 기름으로 도포塗布하는 일, 라마와 시타의 경탄스러운 위업을 연극으로 재연再演하는 데에 참례하는 일, 일체의 남녀 제신에게 가슴에 사무친 예찬을 담은 즐거운 멜로디를 홍수처럼 노래로 퍼붓는 일, 특정한 휴일에 남녀 제신 중 가장 좋아하는 신의 신상을 모시고 마을길 또는 도회지의 가로를 행진하는 일, 이 모든 예배의 관행들에서 우리는 과거의 구현을 보는 것이다.

현대의 종교적 관행으로부터 거꾸로 소급하는 일을 통해서 우리는 기초적 이념과 태도에 대해서 상당한 이해를 얻을 수 있다. 주변 사항과 상세에서는 부단히 변화했음에도 불구하고 힌두교의 중심적 면모는 2천 년 전부터 거의 변화하지 않았기 때문이다. 그때에도 지금처럼 궁극 실재는 무엇인가 신성한 존재로서, 생각될 수 있는 일체의 특성을 초월하면서도 여전히 인격적 용어로 효과 있게 그려진 거룩한 힘으로서, 세계를 창조하고 유지하고 파괴하는 지고의 인격으로서 생각되었다.

앞 장에서 우리가 살핀 대로, 인도인들의 의식은 궁극 실재가 인간의 지식으로 결코 가둬둘 수 없다는 점을 깨닫고 있었다. 다른 자격과 배경, 접근법을 갖춘 사람들이 다양한 방식으로 파악하는 궁극자는 그 궁극성을 포착하려는 모든 시도를 초월한다. 그러나 궁극자는 아무리 희미하고 미약해도 어떻든 인간 존재의 근원과 바탕으로서 감지되고 있으므로, 이 실재를 알고 느끼고 관계를 맺으려는 충동에 저항하기가 불가능하다. 그 힘은 모든 곳에서 물, 하늘, 동식물, 인간과 초인간적 존재자들에서 감지된다.

궁극자가 취할 수 있는 모습의 숫자에 아무 제한이 없으므로 신적인 것으로 여겨질 수 있는 모습의 숫자에도 제한이 없다. 어떤 힌두교도는 3억 3천만의 신들이 존재한다고 말한다. 그것은 그만한 숫자의 지고의 존재들이 있다는 주장이 아니라, 존재가 취하는 수만큼 많은 모습 안에 신성한 실재가 존재한다는 것을 말하는 것이다. 신적인 것을 소유하지 못할 만큼 비천한 것은 아무 것도 없으며, 거룩하지 못할 만큼 의미 없는 사건이나 행위도 없다. 이런 태도 때문에 힌두교도는 삶 전체와 우주 전체를 신성한 것으로 본다. 일상성은 비록 인생에서의 특별한 사건이나 천상적 존재만큼 장엄하지는 못해도, 특별하며 신성하다. 실재에 관한 이 비전이 용인되면 세속과 종교적 실재 사이에 구별은 사라진다.

설사 돌멩이와 동식물들이 모두 신성한 실재의 거룩한 모습으로 인정된다고 해도, 보통 신의 인격적인 모습이 보다 고차원의 것으로 인정받고 있다. 인격적인 남녀 제신으로서의 신의 이러한 인간 중심의 모습들은 힌두교도의 종교적 생명의 초점이 되는 경향이 있다. 여기에서 풍부한 인격적 관계가 가능하기 때문이다. 힌두교에서 신들의 가족이 경이로울 정도로 넓고 다양하지만, 세 신들이 힌두교의 발

힌두교 사원(저자의 사진)

제10장

달에서 특별하게 중요하며 현대 인도에서 극히 대중적이다. 이 세 신은 공포스럽고 파괴적인 화현으로 나타난 칼리 여신, 신이 가진 아름다움·환희·유희의 화현인 브린다바나의 크리슈나 신, 그리고 제신의 특성과 면모를 결합하는 위대한 신이며 모든 대립성을 초월하는 링가를 신성한 상징으로 가지고 있는 시바 신이다.

모든 힌두교의 신과 신애적 행동의 복잡성을 설명하자면 여러 권의 책이 필요할 것이다. 그렇지만 남녀 제신에 대한 힌두교도의 태도와 그 신들의 주된 기능에 관한 상당한 정도의 관념은 궁극 실재의 현현들인 크리슈나, 칼리, 시바 신들을 간단히 살펴보면 얻어낼 수 있을 것이다. 이 신들 하나하나는 어떤 면에서는 일체의 다른 신을 육화하고 있으며, 그들의 모든 특성을 표시한다.

힌두교가 다신론인가, 일신론인가, 일원론인가를 처음부터 알고 싶어 하는 독자를 위해서, 나는 오직 이 범주들 중 어느 것도 진실 그대로를 파악한 것이 아니라고 말할 수 있을 뿐이다. 실제로 힌두교는 동시에 이 셋 모두이기 때문이다. 이 범주들이 상대방을 배제하는 것으로 여겨진다면 그것은 안 될 일이며, 그때 우리는 이것들 중 어느 것도 아니라고 말해야 할 것이다. 만일 힌두교는 어떤 의미에서 보면 동시에 다원론, 일신론, 일원론이고, 다른 의미에서 보면 '이것들 중 어느 것도 아니다'라고 하면서 우리가 이 두 주장을 종합한다면, 우리는 아마도 진실에 더 가까울 것이다.

2. 크리슈나

우리는 크리슈나에서 시작한다. 신성한 아름다움·환희·사랑의 화신인 크리슈나보다 힌두교도들이 사랑했던 신은 없기 때문이다. 크리슈나의 귀의자들은 신성한 아이의 아름다움과 장난기에 홀딱 반하고 신성한 청년의 부드러운 사랑을 찬미하는 얘기들에 매료되어, 지존의 신이 베푸는 사랑의 포옹으로 끌려 들어가 그에 대한 사랑의 순종을 통해서 신성한 지복의 황홀경을 맛본다.

기타에서 우리가 만났던 크리슈나 신, 인간의 모습으로 자신을 드러내고 신애의 사랑으로써 그에게 다가오도록 초대하는 크리슈나 신이 귀의자들에게 중요한 존재라는 것은 불문가지이다. 그러나 이 신, 지존의 주主는 비천한 하인들이 접근하기가 무척 어렵다. 그의 위엄 있고 공포스러운 존재 앞에서 하인들은 벌벌 떨고 있다. 실상 아르주나에게 드러난 굉장한 장엄과 힘은 너무 공포스러워 이 위대한 전사마저도 감당하기에는 너무 크다고 고백하며, 인간의 모습을 다시 취하도록 간청하고 있을 정도였다. 인간과 크리슈나, 양자 사이의 거리는 상대방에 대한 사랑의 합일로 다리 놓기에는 너무 까마득하다. 이 양자 사이에 순종은 가능할지 모른다. 그러나 사랑은 주인과 하인의 관계로서는 불가능한 상호성을 요청한다.

그렇다면 힌두교에서 가장 애호되는 신 크리슈나가 훨씬 접근하기에 용이하고 평범한 인격이라는 점이 그리 놀랄 일은 아니다. 크리슈나의 일대기에서 보면 힌두교도의 상상력에 가장 강한 호소력을 지닌 것은, 어른으로서의 신·정복하는 영웅·현명한 참모·신성한 주로서의 크리슈나가 아니라 흠모할 만한 귀여운 아기, 장난기 있는 어린 소년, 그리고 아름답고 매혹적인 청년으로서의 크리슈나이다. 나아가 비천한 목동으로서의 크리슈나가 궁극 실재의 신성한 아름다움·환희·사랑을 드러내는 장소는 브린다바나라는 단순한 목가적 배경을 지닌 곳이었다. 여기에서 어린 시절과 청년기를 통해서 그는 그의 신성한 본성을 태평스럽고, 장난기 넘치며, 지극히 아름다운 것으로 표현한다.

마하바라타나 기타에서는 거론조차 되지 않았던 이 크리슈나는 푸라나 얘기들의 주요 대상, 신성한 아이와 연인을 찬미하는 위대한 신애의 시의 주요 대상이었다.

민간의 전설에 따르면, 크리슈나는 신 중의 신인 비슈누가 인간의 모습으로 태어나기 위해서 아름답고 고귀한 데바키(Devakī)의 자궁으로 들어가 잉태되었다. 대지의 모신은 비슈누에게 와서 악마들에게 당했으며 만일 도와주지 않으면 그녀가 파멸될 것이라고 불평했다. 비슈누는 도와주겠다고 했으며, 선의 세력이 득세할 것이라고 확신시켜 주었다. 그리하여 그는 데바키의 아들로서 인간의 모습을 취하기로 준비했으며, 악마의 괴수인 칼라네미(Kalanemi)를 다시 패배시킬 수 있었는데, 그때 그 괴수는 캄사(Kaṁsa)라는 인간의 모습을 하고 있었다.

데바키의 모든 아이들에게 캄사가 퍼부은 죽음의 저주를 피하기 위해서, 비슈누는 아기 크리슈나가 태어나자마자 그들의 갓난아기와 교환하는 조건으로 야쇼다와 난다라는 목동 부부에게 맡겨지도록 꾸며놓았다. 물론 야쇼다는 사랑스러운 푸른 연꽃잎처럼 검은 피부를 지닌 이 아기를 자신의 아기로 위장했다. 그녀는 그의 비길 바 없는 아름다움을 바라보며 기쁨으로 미쳐버릴 지경이었다. 그녀는 아기의 신성한 기원에 대해서 아무 것도 모른 채로 온갖 엄마의 사랑을 주었으며, 세상에서 가장 귀한 아기로 여기며 홀딱 반했다. 대신 그는 그녀를 자신의 어머니로 받아들였으며, 그의 아름다움·놀이·웃음 그리고 그녀에 대한 사랑에서 생기는 놀라운 행복으로써 그녀를 충족시켰다.

여기 브린다바나(Vṛndāvana)라는 장소에서, 곧 평범한 목동의 마을과 초원 그리고 숲에서 크리슈나는 유년기와 청년기를 놀이로써 보냈으며, 세상에 대한 배려나 근심은 없었다. 어린애의 순진무구하고 자연스레 우러나오는 유희는 소년의 야단법석 떠는 장난과 거친 놀이로 변했고, 이는 다시 청년의 사랑놀이로 대체되었다. 일과 걱정은 먼지가 연꽃잎에 낯선 것처럼 그에게 낯설었다. 그의 삶은 오직 놀이로서만 이루어졌으며, 즐겁고 자유로우며, 그의 존재의 순전한 충만으로부터 자연적으로 넘쳐나는 것이었다.

크리슈나의 귀의자들에게 제일 중요한 것은 브린다바나에서의 크리슈나의 유아기와 청년기였다. 그런데 전설이 우리에게 말해주는 바에 따르면, 크리슈나는 그의 경이로운 사랑의 유희로써 브린다바나의 소치기 여인들을 신성한 사랑의 황홀경으로 안내한 다음, 캄샤로 육화한 악마의 세력들을 파괴하려는 영웅적 과업을 수행하려고 숲을 떠났다. 마두푸리로 향하는 그는 원수인 악의 세력들을 무찌르는 위대한 전사로, 그리고 왕과 왕의 사촌들인 판두 형제들의 현명한 참모로 그려지고 있다. 우리가 살펴본 대로, 그가 자신을 지존의 주로 아르주나에게 드러낸 것은 바로 판두 형제들에 대한 참모의 역할에서 그랬다. 여기에서 그는 사심 없는 행위와 애정 어린 신애의 길을 통해서 신에게 도달할 수 있는 방식을 설명한다. 그는 마침내 사악한 캄사를 다른 많은 사악한 사람들, 그리고 악마들과 함께 죽였다. 그의 전기 중 이 부분은 룩크미니와 그다음 1만 6천의 여인들과 나중에 결혼하게 된다는 얘기가 중요하지 않은 것처럼, 크리슈나의 귀의자들에게 상대적으로 그리 중요하지 않다.

최후에 그는 사냥꾼이 우연히 쏜 화살이 발(그의 아킬레스건)에 맞아 죽게 된다. 비슈누에로의 복귀와 완전한 초월에로의 복귀를 상징적으로 표현하는 것처럼, 그의 전 족속이 (술 취한 가족의 대소동으로) 죽어버리고 그가 사랑하던 도시 드바라카는 바닷물로 완전히 쓸려 나가버려, 크리슈나와 그의 지상의 세계가 가졌던 일체의 흔적은 아무 것도 남지 않게 되었다고 전설은 말한다.

그의 귀의자들은 이 세 크리슈나(실제로는 크리슈나의 지상적 삶에서 벌어졌던 세 얘기들)와 어떻게 관계를 맺을까? 악마의 세력들에 의한 파멸에서 대지를 구원해 주었던 서사시적 영웅은 최소한의 관심밖에 끌지 못하고 있으나, 반면 브린다바나의 갓난아기·어린애·청년은 지칠 줄 모르는 신애를 받고 있다. 이것이 분명 핵심적 크리슈나인데, 귀의자들은 흠모와 사랑의 신애로써 자신들을 그의 신성한 사랑에 내맡기며 이 신에게로 다가온다.

1) 신성한 아이

시인들과 얘기꾼들은 모두 크리슈나의 넘볼 수 없는 아름다움·우아·매력·그의 부단한 유희성·부드러운 사랑을 기쁜 듯이 선포한다. 흠모할 만한 귀여운 아이로서 그의 장난은 소중했으며, 마을의 모든 사람에게 귀염 받도록 만들었다. 그는 뜰을 기어 돌아다니며 자신의 그림자를 손으로 움켜잡으려 하고, 그림자가 통통한 손을 벗어나자아기는 매우 기쁘게 웃는다. 쳐다보는 어른들에게는 그의 음악 같은 웃음소리·빛나는 흰 이·윤기 넘치는 검은 피부의 아름다움이 다른 세상의 것으로 보였으며, 그가 젖을 먹기 위해서 엄마 품에 안길 때 그의 만족은 마을 전체에 평화를 가져다주었다.

그런데 장난기 있는 아이는 정말로 인간이었다. 엄마의 친구들에 따르면 엄마가 있을 때는 순진하고 순종적이지만, 그녀가 등을 돌리기만 하면 장난칠 기회를 놓치지 않는다는 것이다. 사랑스럽고 귀여운 아이는 마을 송아지의 고삐를 풀어주고, 그것의 꼬리를 잡아당기고, 어른들을 조롱하며 놀려대고, 어린 아기가 울 때까지 골려주고, 버터와 과자들을 훔치고, 때때로 그 안에 든 것을 꺼내려다가 항아리를 부수기도 한다. 야쇼다의 친구들은 깨끗이 닦아 놓은 집안으로 그가 몰래 들어와 마루에 오줌을 갈겨놓고 간다고 불평하기도 한다. 그런데 그 엄마는 크리슈나의 놀란 눈과 아름다운 얼굴을 내려다보고 꾸중할 마음이 들지 않는다. 그녀의 친구가 당혹스러워 해도 엄마는 그의 짓궂은 장난질에 웃기만 하는 것이다.

난다도 야쇼다도 귀여운 크리슈나와 그의 동생인 발라라마를 어떻게 할 수 없었음이 분명하다. 초기의 전기들 중 어떤 것에 따르면, 이 두 아이는 마음에 들면 언제 어디서나 게임을 하거나 장난을 쳤다. 아주 시인하는 듯한 논조로, 작가는 그들의 놀이를 다음과 같이 기술한다. "상대방의 광채에 홀린 하늘의 해와 달처럼 둘은 나타난다. 뱀 같은 팔뚝을 가진 이들은 마치 두 마리의 거만한 젊은 코끼리처럼 마음 내키는 대로 발을 옮겨댄다. 가끔 손이나 무릎으로 엉금엉금 기어 가축이 있는 헛간으로 들어가 머리카락과 몸이 소똥 칠갑이 될 때까지 놀기도 한다. 그들은 때때로 마을 주민을 상대로 썼던 속임수에 대해 깔깔거리면서 아버지를 기쁘게 만든다. …… 그러나 난다는 이들을 도저히 제어할 수 없었도다!"(하리밤사Harivaṁśa, 62.3~12)*

크리슈나는 성장하면서도 아기 때의 모든 유희성을 간직한다. 그러나 지금 그의 놀이는 더욱 거칠어지고 보다 난폭해졌으며 장난은 보다 거창해졌다. 그는 결코 어떤 일에 근심하거나 어떤 일을 진지하게 행하는 것으로 그려지지 않는다. 대신 그는 젊은 청년이 되어서, 거친 한 패거리의 목동을 유희와 경기에서 이끄는 것으로 나타난다. 그들은 부모와 어른들의 감시의 눈초리 없이, 동물과 새를 장난스럽게 모방하고 소리와 움직임을 흉내 내며 그들 자신의 세계를 창조한다. 지바 고슈바민(Jiva Gośvamin)은 다음과 같이 얘기한다. "그들은 새들의 그림자와 경주하고 어린 원숭이들과 함께 나무에 기어오르며, 개구리들과 함께 강물로 뛰어들기도 한다. 또 다른 때에는 씨름하고 여러 경기에서 경쟁하면서 상대방을 앞지르고 보다 높이 뛰어오르며 제압하려고 한다." 다른 작가는 다음과 같이 말한다. "숲속으로 간 뒤 몇몇 젊은 목동들은 마치 사슬을 벗어난 코끼리처럼 춤추고 노래하고 웃기 시작하고 갖가지 곡예를 보이기도 하며, 다른 몇몇은 땅위를 그저 구르는 것으로 행복을 표시했다. 소년들 몇몇은 서로 농담하고 다른 아이들은 여러 종류의 경기를 탐닉했다."(크리슈나다사 카비라자, 『고빈다 리람르타(Govinda Līlāmṛta)』, 사르가 6)

작가들은 한동안 떠날 줄 모르고 크리슈나와 그 동생의 개구쟁이 놀이를 묘사한다. 그들은 이들의 버릇없음에 대해서 아무 변명도 늘어놓지 않는다. 오히려 그들은 그것을 신성한 자유의 표현으로 찬미

---

* 〔역주〕 푸라나의 일종. 4세기경의 작품이다.

한다. 크리슈나는 사회적 습속과 도덕적 규칙으로 통제받지 않으며, 그 자신의 존재의 충만으로부터 자연스레 행위한다. 완벽하게 무제한적이고, 자유롭고, 생명과 환희로 충만하며, 일할 필요도 행위를 제한할 필요도 없다. 신성한 존재는 일하지 않고 단지 놀이할 뿐이다. 마치 아이들이 놀이 가운데 만든 세계가 그들 자신의 충만함과 환희의 현현인 것처럼, 세계의 창조마저도 창조주에게는 일이 아니라 신성한 놀이(lila)의 형식이며, 그 자신의 충일함과 환희의 현현이다.

어린아이의 모습을 빌려 표현되는 신에 대한 힌두교의 강조는, 어린이들이 그들의 아름다움, 환희, 즉흥적 놀이에서 신과 닮았다는 사실을 인정하는 일에 근거한다. 신을 어린이의 모습으로 표현하는 것은 대부분의 종교적 성향을 가진 문화들이 공유하는 현상이다. 어린이는 신성한 존재의 자연스러움과 장난기뿐 아니라 환희와 자유를 드러내고 있다. 어린이로서의 신은 우리 자신의 유년기와 다른 사람들의 유년기에 대한 우리의 경험을 빌려 말한다. 그뿐 아니라 이 모습으로 그는 어쩔 수 없이 쉽게 접근할 수밖에 없는 대상이 된다. 누가 어린애의 이런 아름다움, 매력, 장난기에 안 넘어갈 수 있겠는가? 어떤 규칙도 속박하지 않으며, 파격적인 행위에 대한 어떤 변명도 필요 없다. 자연스레 일어나는 놀이와 고함치는 웃음소리로 드러나는 존재 자체의 충일은 눈 있고 귀 있고 심성 있는 자라면 누구에게라도 자신의 존재 안에 있는 신성한 존재를 상징적으로 표현한다.

그런데 어린애의 놀이에 구도나 목표가 없다고 해서 그것을 무의미하거나 중요하지 않은 것으로 여길 수는 없다. 그것은 사람이 관여할 수 있는 가장 중대하고 의미 있는 행위이다. 저 거칠고 열광적이고 창조적이고 자발적인 어린애의 놀이를 1분 동안만 할 수 있다면 그것을 위해서 우리들 대부분은 우리의 현명한 구도, 영리한 목표, 세세한 데까지 열심으로 하는 일, 이 모든 것을 교환할 수도 있을 것이다. 우리가 성인으로 어떤 창조성과 즐거운 충일함을 경험한다고 해도, 우리의 삶은 순진무구한 어린애의 놀이에 표현된 충만한 생명의 그림자 정도만큼도 표현할 길이 없을 것 같다.

신을 자유롭고 장난스러운 어린애로 인정하는 일은 인간의 삶에서 차지하는 놀이, 자유, 환희의 중요성을 강조하는 것이다. 인생이란 단순히 견디고 참아야만 하는 것은 아니다. 축하하고 즐겨야 하는 것이다. 신성한 아기인 크리슈나는 신의 본질이란 자발적인 놀이의 자유에서 표현되는 사랑과 환희라는 점을 세계를 향해 선포한다. 고통과 죽음에 대한 보다 거창한 인도인의 몰입과 인생의 의무와 책무에 대한 커다란 강조를 염두에 두면, 궁극 실재의 어린애다운 성질을 인정하는 일은 맑은 공기, 달콤하며 취하게 만드는 공기를 한 입 들이마시는 것과 같아 보인다. 크리슈나는 사회나 세계를 유지해야 한다는 짐을 스스로 지지 않는다. 그는 근심 걱정 없는 즐거운 놀이를 통해서 그저 그 자신의 존재를 완성할 뿐이며, 이런 신성한 행위에 그와 함께 동참하도록 우리를 초대한다.

악의 세력과 싸우는 크리슈나의 전투도 놀이의 형식이다. 수많은 대가리를 지닌 뱀 칼리야(Kāliya)가 강물에 독을 풀어 생명에 끔찍한 파괴를 일으키고 마을 전체를 위협하자, 크리슈나는 구원하러 나온다. 장난스럽게 그는 강물로 뛰어들어 뱀이 있는 처소로 곧장 헤엄쳐 들어가 그의 강력한 스트로크로써 물을 휘저어 칼리야의 잠을 뒤흔든다. 칼리야가 이 침입자와 싸우기 위해서 깨어 일어나자 크리슈나는 그와 장난치듯 뱀의 강력한 꼬리들이 자기를 감도록 내버려둔다. 꼬리들을 풀어헤치고 나온 크리슈나는 빙빙 돌아 마침내 뱀을 지치고 어지럽게 해 그의 목이 축 처지도록 만들어버린다. 이 대목에서 이 젊은 신은 물 바깥으로 뛰어 올라와 칼리야의 수많은 대가리 위에서 춤추기 시작하고, 리듬을 자아내며 마침내 항복을 받아낸다. 그러나 크리슈나는 결코 원한을 품지도 그를 죽이지도 않는다. 칼리야가 순종하겠다는 제안과 뱀 왕 아내들의 가련한 간청을 듣고, 크리슈나는 자비롭게 목숨은 허락한다. 이 중에 어느 것도 크리슈나에게는 일도 아니다. 무슨 일을 하든 그는 단지 놀이로 할 따름이다. 놀이를 통해서 세계가 창조되었고 놀이를 통해서 만유가 완성된다.

현현된 존재를 초월하여 모든 존재들의 원초적 미현현의 근원과 기운으로 그리고 무성질의 근원과 기운으로 회기하기 위해서, 고행과 어려운 요가훈련을 수행하도록 만드는 우파니샤드 현자들의 엄숙한 초대와 견주면, 이는 얼마나 큰 대조인가! 크리슈나 사상의 이 초대는 웃음·유희·사랑을 통해서 신에게 나오라는 것이지, 이러한 인간적 느낌과 감정을 초탈하라는 것은 아니다. 신성한 아기 크리슈나는 아주 쉽게 접근 가능하다.

2) 고혹적 청년

나이를 먹자 크리슈나는 어린 소년들의 대담하고 전투적인 놀이는 그만하게 된다. 그는 이제 사랑놀이로 들어가서, 짐짓 부끄러운 체하고 교활한 화술로 그의 관심을 끌어 호의를 얻어낼 생각으로 접근하는 소치는 소녀들을 아주 기쁘게 한다. 그리고 그는 그녀들을 실망시키지 않았다. 그의 피리의 잊을 수 없는 달콤함으로 상징되는 눈부신 아름다움에 이끌려, 그에게 나오는 모든 사람은 신성한 사람의 따뜻

한 포옹 속에 받아들여진다. 아름다움, 매력, 고혹적 유희성에 의해서
유혹에 빠진 브린다바나의 여인들은 광란적 황홀의 거칠고 경이로운
세계로 이끌린다. 그들은 신성한 사랑의 감로수를 맛보고 세계의 걱
정거리, 슬픔, 한계뿐 아니라 그 일상적인 환희와 쾌락마저도 뒤로 제
쳐놓는다.

여기에서 신성한 인격에 대한 사랑의 신애를 통해서 얻어지는 구
원의 길인 박티(bhakti)는 충분히 발달하게 된다. 이미 기타에서 박티
는, 무성질의 브라만을 아는 것에 대한 우파니샤드적 강조와 요가행
자의 자기 훈련을 보충하는 하나의 대안으로 제시된 바 있다. 그러나
거기서 그것은 근엄하고 위엄 있는 신학적 언어로 제시되었으며, 주
主는 너무나 위엄 있고 경이로웠으므로 평범한 인간들의 평범한 방
식으로는 거의 접근하기가 불가능했다. 그런데 크리슈나 사상에서
이것은 달라진다. 인간의 평범한 감정과 행위는 신과의 관계를 수립
하기에 적절한 수단으로 여겨진다.

사랑의 신애로써 신에게 순종하는 것은 인간 사랑의 모델인데, 이
인간의 사랑에서 애인은 사랑하는 이의 포옹 안에서 가장 깊은 인간
의 동경을 황홀하게 완성한다. 이 모델은 브린다바나의 얘기로 진전
되며, 거기서 목동 크리슈나는 심지어 착실한 요조숙녀인 바라문의
아내들까지도 포함하여 모든 소치기 여인의 애인이 된다. 주님은 사
랑의 신애로써 다가오는 모든 사람을 만족시킬 수 있다. 그가 한 무
리의 소치기 여인들과 함께 원무를 추게 되면, 모든 애인을 만족시킬
수 있을 만큼 충분히 많은 모습으로 나타난다.

우리는 개인적 사랑의 관계가 가진 강도를 알고 느끼기 위해서라
면 크리슈나와 그가 가장 좋아하는 소치는 여인, 미인 라다(Rādhā)와

의 관계에 집중하면 된다. 시인들은 이 두 사람 사이의 놀라운 사랑 놀이를 기술하는 일에 결코 지치지 않아, 그들의 에로틱한 놀이, 두 연인 사이의 다툼, 이별의 고통과 동경, 재결합의 환희를 길고도 길게 묘사한다. 이 사랑놀이는 단순히 구원을 위한 수단이 아니라 최고의 삶이다. 사랑의 순종을 통해서 사람은 구원받는다. 사랑놀이라는 지속적 행위는 이미 구원받은 자의 놀이이며 여태 뭔가를 찾고 있는 자의 놀이가 아니다. 라다와 크리슈나 사이의 영원한 사랑놀이보다 더 높은 천국에 대한 비전은 없으며, 이 둘은 그들의 아름다움, 은총, 환희에 있어서 신과 같았다.

여기에서 크리슈나와 라다 사이의 사랑의 상징적 표현에 대해서 한마디 해둬야겠다. 이 사랑을 묘사하는 많은 시가는, 첫 순간에는 인간의 성적 유희의 자세한 점까지 찬미하는 에로틱한 것으로 독자에게 충격을 줄지 모른다. 실상 이 시의 종교적 힘은 인간적 감정에 호소하는 데에 근거한다. 그러나 이 시의 주제는 결코 단순히 성적 행위가 아니다. 우선 우리는 여기 애인이 신, 지존의 주라는 것을 안다. 이 지식은 시적 이미지의 생생한 감각에 상징적 힘을 준다. 시적 이미지들은 평범한 인간의 감정을 불러일으키며, 이러한 감각적 감정을 일종의 영적 삶으로 변화시켜준다. 결국 사랑이란 인간들이 경험할 수 있는 인생의 가장 완전하고 가장 기쁜 표현이다. 신의 사랑은 인간적인 사랑의 완벽한 상징이다.

물론 사랑은 많은 것을 의미한다. 그것은 부모에 대한 아이의 사랑이고, 아이에 대한 부모의 사랑이며, 친구 상호간의 사랑일 수 있다. 그것은 주는 것, 받는 것, 나누는 것이다. 그것은 애정 어리거나 초연할 수 있으며 부드럽거나 강할 수 있다. 때때로 그것은 이 모든 것을 합한 것일 수 있다. 그러나 대부분의 인간에게 가장 깊고 완전한 사랑은 서로서로를 깊이 염려하며, 상대방의 생각, 희망, 기쁨, 고통을 나누고 있는 두 사람이 성적 포옹을 통해서 자신을 상대방에게 줄 때 경험된다. 공유된 사랑의 충만에는 자아가 갖고 있는 일상의 경계들을 초월하는 실재, 보다 깊은 실재에 동참한다는 의미가 있다.

힌두교도의 관점에서 보면, 이것은 단순한 성적 쾌락을 훨씬 초월하는 신성한 행위의 일종이다. 평범한 인생에서 느껴지는 분리가 극복되며, 신성한 사랑이 느껴지는 곳은 인간의 깊은 사랑에 대한 경험일 뿐이다. 이것이 크리슈나와 라다 사이의 사랑놀이가 결코 육체적인 것이 아닌 이유다. 그것은 그들의 전 존재를 공유하는 일, 그리고 이 공유를 통해서 신성한 실재에 참여하는 일을 포함한다. 이것이 이 시의 감각이 단순히 에로틱하기보다는 영적인 두 번째 이유이다.

이것을 이해하게 되면 이 시는 새로운 광채를 띠게 된다. 그것은 지금 우리가 할 수 있는 가장 심오한 감정과 표현을 불러일으키고, 상징적으로 표현하며, 신성한 실재로 가는 가교를 만든다.

신성한 애인으로서의 크리슈나에 대한 텍스트의 기술로 돌아가기 전에 잠시 멈춰, 이 경이로운 드라마의 무대인 브린다바나의 의미를 살펴볼 필요가 있다. 브린다바나는 소박한 목가적 배경, 베다 성전을 알지도 염송하지도 못하고 요가를 수행하지도 않는 하층계급인 농부의 고향이다. 계급상 베다 성전과 제의봉행이 금지되어 있는 그들은 가장 평범한 인간 존재이며, 인간 존재의 신성한 아름다움에 반응하고 자신들을 신성한 크리슈나의 아름다움과 환희에 순종시킨다는 의미에서만 특별나다. 기타에서 발견되는 지식과 사심 없는 행위에 대한 강조는 브린다바나에서는 보이지 않는다. 놀이가 중요한 것이다.

젊은 크리슈나의 충일하고 열광적인 놀이는 존재의 신성한 아름다움과 환희를 향해 만인을 눈뜨게 한다. 브린다바나에서 거룩하다고 인정되고 축복받는 것은 저 멀리 떨어진 신이나 존재의 바탕이 아니라 평범한 세계, 보통의 일상적 경험이다.

브린다바나는 신에로의 접근가능성을 상징적으로 표현한다. 크리슈나는 평범한 목동으로, 다른 목동들과 놀고 소치기 소녀들과 사랑을 나누는 아이이다. 여기에서 사람들은 하인이 주인에게 접근하듯이 크리슈나에게 접근하는 것이 아니다. 오히려 그들은 놀이와 사랑을 통해서 동등한 존재로서 그와 함께 한다. 동시에 사랑스러운 브린다바나는 신의 사랑에 바탕을 두고 있는 삶의 아름다움, 환희, 근심 걱정 없는 놀이와, 우려와 노동에 사로잡힌 평범한 존재의 단조로운 고통 사이의 차이를 상징적으로 표현한다. 전통적 사회와 종교는 브린다바나에서 저주받지 않는다. 그것들은 사랑의 순종을 통해서 신에게 나아가는 삶의 충만과 무관한 것으로 그저 무시될 뿐이다.

브린다바나의 마력과 매력의 대부분은, 여기에서 사회의 관습적 규범과 행위가 중지되고 신성한 놀이의 비범한 환희와 아름다움으로 대체된다는 점이다. 그곳은 크리슈나의 신성한 사랑놀이의 장소이다. 세상 저 너머에 있는 애인들의 은거지와 같으며, 숨겨져 있고 고요하고 아름다우며 즐거운 곳, 평범한 삶의 혼잡에서 동떨어진 세계이다. 크리슈나와 소치기 여인들이 사랑의 게임을 위해서 선택한 장소는 브린다바나에서도 마을이 아니라 아름다운 숲의 나무 그늘과 서늘하고 상쾌한 냇물이다.

크리슈나의 비상한 아름다움에 속고 취해, 소치기 소녀들은 숲의 피난처로 그를 따라온다. 브린다바나의 여인들이 크리슈나의 율동적 노래나 그가 부는 피리의 견딜 수 없을 정도의 아름다운 음악을 들으면, 암소들은 젖을 반쯤 짜다 말고, 화로는 비질하지 않은 채로 두고, 음식은 아무도 지켜보지 않는 불 위에서 타고 있으며, 남편들은 내팽개쳐져 있다. 그가 침묵하여 보이지 않아도 그들은 여전히 그를 찾아낸다. 그의 내음이 너무 향기로워 그에게로 이끌리기 때문이다. 꿀벌들이 꽃향기에 이끌리듯.

시인들과 얘기꾼들의 사랑스러운 묘사는 크리슈나의 어떤 특성들도 놓치지 않는다. 그의 커다란 연꽃 같은 눈, 검은 빛깔의 곱슬곱슬한 머리카락, 반짝이는 하얀 이, 윤기 도는 검정빛 안색, 비범한 푸른 신체가 아름다움의 정수를 이루며, 폭넓은 비유와 은유가 사용되어 거듭거듭 묘사된다. 심지어 그의 손톱과 발톱조차도 묘사할 가치가 있었다.

> 주님의 양손에 있는 하얀 손톱은 그만한 숫자의 달과 같네. 주님이 그의 피리를 불면 자그마한 달들이 피리 구멍 위에 춤을 추네. 피리에서 곡조가 나오는 것이 아니라 주님의 예쁜 손톱에서 나오는 것처럼 보이네.

> 그의 발톱도 역시 달과 같네. 주님이 걸을 때 그것들도 덩달아 춤추는 것 같네. 누푸르(발을 장식하는 장식구)에서 흘러나오는 딸랑거리는 소리도 마치 달처럼 생긴 발톱이 부르는 노래 같네.
> — 지바 고슈바민, 『고팔라 참푸』

넘볼 수 없는 아름다움은 단순한 장식이 아니라 신의 본성이 가진 본질적 부분이다. 그의 견딜 수 없는 호소는 귀의자를 꽃이 만발한 예쁜 하늘나라가 아니라 신성 안에 있는 신 자신의 포옹 안으로 바로 이끌어준다. 킨슬리는 16세기 여류시인이며, 크리슈나를 연인 겸 남편으로 선언했던 크리슈나의 귀의자인 미라바이(Mīrābāī)*로부터 한 구절을 인용한다.

> 여름날 정원이 피어오르듯, 내 영혼은 싹트고 꽃이 피네. 피는 꽃마다 그 이름은 언제나 크리슈나이네. 빛으로 가득한 햇살 속, 푸른 대기 속에 나비 한 마리가 날아오르듯, 그렇게 나 춤추네. 브린다반의 황금 홀에서, 이마에 틸라캄이 반짝이는 나의 크리슈나 앞에서 나 춤추네. 내 입술로부터 나는 숨김을 찢어버리고 내 애타는 유방을 드러내네. 사랑으로 불타는 나는, 축복받은 크리슈나의 광채 안으로 춤추며 들어가네!
> — 지바 고슈바민, 위의 책, p.25

미라바이는 여기에서 브린다바나의 크리슈나 연인들을 사회적 예절이라는 습속과 수치나 당혹의 감정을 넘어서게 해주는 격정과 황홀의 무드를 완벽하게 포착한다.

크리슈나는 브린다바나 숲속에서 수백 명이나 되는 소치기 여인들에게 둘러싸여 신성한 사랑의 환희로 그들을 불러들인다. 그리고 크

---

* 〔역주〕 K. K. Klostermaier는 미라바이를 15세기 인물로 생각한다. 『힌두교 개관(*A Survey of Hinduism*)』, Munshram Manoharlal Publishers Pvt. Ltd., 1989, p.422 참조.

리슈나는 자신에게 순순히 안김으로써 깨쳐진 그들 자신의 신성의 표현으로 근심 걱정 없는 사랑놀이를 그들에게 가르쳐준다. 여러 푸라나들은 이 사랑놀이를 매우 자세히 묘사하며, 한 소녀가 그의 피리를 손에서 빼앗고 다른 소녀는 옷을 낚아채 가, 그것들을 돌려주기 전에 그를 어떻게 골리고 있는가를 말한다. 어떤 소녀들은 그를 꽃으로 장식하고 다른 소녀들은 달덩이 같은 얼굴, 가는 허리, 풍만한 가슴으로 그를 기쁘게 만든다. 어떤 이들은 그를 위해서 춤추고, 어떤 이들은 함께 춤추자고 그를 다그친다. 물론 이 놀이를 시작한 크리슈나도 그런 재미에 푹 빠져, 한 번은 이 소녀와 다음 번에는 다른 소녀와 함께 춤추고, 때로 여인의 옷을 훔치거나 그녀 속곳의 매듭을 풀기도 했다. 놀이가 진행되자 열정은 강렬해진다. 입맞춤과 포옹이 너무 강렬해지고 농염해져 신들조차 이런 신성한 환희의 무도회를 지켜보기 위해서 모여들었다고 한다. 그들은 드디어 격정적 동경으로써 변화되어, 사랑을 정점으로 이끌어 간다. 연인 한 사람 한 사람을 위해서 크리슈나가 별도의 모습을 취하고, 그들은 신성한 사랑의 완전한 황홀에서 자신들을 상대에게 완전히 내맡기고 있다.**

크리슈나의 수많은 소치기 여인과의 사랑놀이는, 사랑의 순종으로 그에게 다가오는 모든 사람들이 신성한 사랑에 의해서 포옹되고 완성됨을 보여준다. 어떤 이도 그의 사랑을 받지 못할 만큼 비천하거나

** 〔역주〕 전형적 묘사를 위해서, 브라마바이바르타(*Brahmavaivarta*)의 5장과 비슈누 푸라나의 5장을 참조. 콜러가 인용하는 이 두 푸라나는, 18개의 개별 푸라나로 이뤄진 대푸라나(Mahapurāṇas)에 속한다. 이것은 4세기에서 10세기에 오늘날의 형태로 고정되었다고 추정될 뿐, 정확한 연대를 부여하기란 불가능하다. 콜러는 여기에 이런 대중적 자료를 사용한다.

무가치한 자는 없다. 그러나 인간의 사랑은 너무 친밀하고 노골적이어서 많은 사람들과 나눌 수 없다. 그것은 보통 서로를 위해서만 사는 남성과 여성 사이의 가장 친밀한 개인적인 관계에서만 완전한 아름다움으로 꽃피게 된다. 신성한 연인 크리슈나에 대한 얘기들은 이를 알아차리고, 특별히 크리슈나와 라다 사이의 사랑에 초점을 맞추고 있다. 라다는 크리슈나가 가장 사랑하는 특별한 동반자가 되고, 나중에는 그녀 자신이 여신으로 공경을 받게 된다. 브라마바이바르타는 그들의 신성과 인간성을 그려내는 두 사람의 사랑에 대한 매력적인 얘기를 들려준다.

크리슈나가 귀여운 소년이었을 때, 그리고 아빠가 브린다바나 초원에서 가축에게 풀을 뜯어 먹이고 있을 때, 아이는 초인적 힘으로 갑자기 거대한 폭풍을 일으켰다. 난다가 자신과 가축 떼를 어떻게 구할까 걱정하는 동안, 귀여운 소년은 폭풍과 홍수가 무서워 울기 시작했다. 바로 그때 아름다운 라다가 출현했다. 그녀는 백조조차 부끄럽게 만들 만한 걸음걸이와, 보름달에서 그 장엄을 훔친 듯한 얼굴, 가을 오후 꽃 피는 연꽃들의 아름다움을 훔친 눈을 가진 것으로 묘사됐다. 그녀의 윤기 도는 검은 머리는 재스민 꽃내음이 났으며 그녀의 예쁜 몸은 사향을 발랐다. 그녀의 귀걸이는 한낮 여름 태양보다 밝았고, 그녀의 입술은 잘 익은 빔바 과일보다 더 붉었다. 그녀가 미소 지을 때면 진주 같은 이는 막 꽃핀 수련 꽃봉오리의 하얀색보다 더 새하얗고 뺨은 완벽하게 둥글었다. 빌바 열매처럼 풍만한 그녀의 젖가슴은 사파이어와 다른 귀한 보석들의 장신구를 달고 있었다.

난다는 1백만 개의 달보다 더 위대한 광휘로 하늘을 밝혀주는 그녀의 천상의 아름다움을 보고, 라다가 자신의 무릎에 앉혀 두고 있는 신성한 아기의 신성한 배필이라는 것을 알았다. 난다는 라다에게 아기를 건네주며 특별한 은총을 요청했다. "당신과 크리슈나의 발길에 적합한 사랑을 나에게 허락하소서. 그것을 우리 둘 모두에게 허락하소서. 오 여신이여, 세계의 모신이시여!" 라다는 신성한 아기를 양팔로 받아 감싸며, 기꺼이 청을 들어주었다. "나는 그대에게 넘볼 수 없는 신애와 사랑을 허락한다. 밤낮으로 그대(와 그대의 아내)는 우리 연꽃 모양의 발에 대한 희귀한 기억을 가질 것이오. 그것으로 그대의 심정들은 꽃피리다. 이 은총으로써 그대는 망상에서 자유로워질 것이고, 그대가 여기에서 육신을 내버릴 때 우리에게 올 것이오."

라다는 아름다운 아기를 숲속 깊이 데리고 가자 그 애가 검은 빛의 미청년으로 변신한 것을 발견했다. 그의 아름다움에 멍해진 그녀는 달빛 같은 눈길로 그의 얼굴에 비친 달빛을 사랑스럽게 마셨다. 사랑으로 상처받은 그녀의 육체는 결합의 기대로 떨고 있었다. 크리슈나는 사랑으로 빛나고 있는 그녀의 연꽃 같은 얼굴을 바라보며 그의 라디카(Rādhikā)에게 말한다. "아름다운 라다여, 그대는 내 생명보다 더 귀한 존재요. 내가 있으매 그대도 있다오. 우리 사이에는 아무런 차이가 없소. 우유에 흰빛이 있고, 불에 열이, 땅속에 향기가 있는 것처럼, 나는 언제나 그대 안에 있다오. 옹기장이는 진흙 없이 옹기를 만들지 못하고, 대장장이는 금 없이 귀고리를 만들지 못하오. 마찬가지로 그대 없이 나는 창조할 수 없다오. 그대는 창조의 흙이고 나는 씨앗이기 때문이라오. 이리 와서 나와 함께 누우세요. 착한 여인이여, 나를 그대의 젖가슴으로 데려다주오. 그대는 나의 아름다움이요, 장신구가 육신을 장식하듯 나를 장식해주오. 그대와 떨어져 있으면 사람들은 나를 크리슈나로 부르지만, 당신과 결합하면 크리슈나님이라

부른다오. 그대는 슈리 여신이요, 성공과 번영의 기반이라오. 그대는 여인, 나는 남자. 라다여, 베다에 그렇게 말한다오."(브라마바이바르타, 4.16)

원전은 나아가 그들의 결혼과 아름다운 사랑놀이를 묘사하고, 그들이 서로 기름 바르고 옷을 입히고, 상대방의 입술에서 음식과 음료를 받아들이며 서로 나눈 것을 말한다. 그들은 사랑놀이에서 상대의 옷을 벗겨주고, 알려진 온갖 방식으로 상대를 애무하고 입 맞추며, 모든 체위로 포옹했다. 사랑의 전투가 끝나자 크리슈나는 라다의 머리를 다시 빗겨주고 절정의 솜씨로 그녀의 몸에 옷을 입혀주었다. 그런 다음 그는 다시 아기의 모습을 취해 라다가 부모가 있는 집으로 데려다 줄 것을 허락했다. 그러나 매일 저녁 그는 청년의 모습을 다시 취했고, 라다는 브린다바나에서 그와 함께 아름다운 사랑을 나눴다.

라다와 크리슈나 사이의 사랑은 기타고빈다(*Gītāgovinda*), 즉 검정색 주님에 대해서 자야데바(Jayadeva)가 불렀던 노래의 주제이다. 이는 세계에서 가장 아름다운 사랑의 시 중 하나다. 그것은 12세기에 지어진 노래로서 그 이후의 시기를 통해서 점차 높아가는 인기를 누렸으며, 인도 전역에 사원 건축·노래·춤·예배·시에 영감을 불어넣었다. 이 노래는 이 고전적 작품에 기초를 두었던 많은 다른 노래들과 함께, 수많은 독실한 힌두교도들에 의해서 여전히 불리고 있다.

십자가의 성 요한처럼 자야데바도 인간의 감정이 갖는 감각적 무드와 색조를 신성한 사랑과 함께 섞어 짜내고 있다. 그때 소리, 리듬 그리고 인간의 사랑과 동경이 갖는, 구체적이고 관능적인 수준을 결코 벗어나지 않는 심상을 절묘하게 시적으로 사용한다. 그렇지만 신이 가진 실재의 신적이고 초월적인 차원들은 뚜렷하고 힘차게 환기

된다고 말할 수 있을 것이다. 이 시구들은 그 모든 감각적인 성격에도 불구하고, 크리슈나와 라다 사이의 사랑이 영원한 신의 사랑을 묘사하는 부단한 우주적 사건이라는 점에 대해서 아무런 의심도 남기지 않는다.

시의 주제를 표현하는 첫 시구는, 신성에 대한 자각을 일으키기 위해서 노골적으로 관능적 심상을 능숙하게 사용하는 시인의 전형을 보여준다.

하늘은 구름으로 짙어지고
숲은 타말라 나무로 어두워졌네
크리슈나는 밤이 오니 놀랐네
라다여, 그를 집으로 데려다주오. 난다는 말했다
그의 간청에 그들은 길을 떠나
길 따라 나무덤불을 지나가네
마침내 라다와 마다바의 비밀스러운 사랑이
줌나 강 언덕에서 승리를 구가하네

피리는 크리슈나의 미와 성性의 상징이다. 그 달콤하고 폐부를 찌르는 멜로디는 소치기 여인들의 귀와 마음으로 들어가, 가을 밤 보름달 아래에서 젊은 주님을 만나자고 그들을 불러낸다. 열한 번째 노래에서 시인은 크리슈나가 라다의 사랑을 동경하며 마법의 피리로 그녀를 부르자, 아름다운 크리슈나에 대한 노래를 라다에게 들려준다.

그는 그대를 부르기 위해 달콤한 피리로 그대 이름을 연주하오

그대의 미묘한 육체를 애무하는 바람에 실려 온 꽃가루를 가슴
에 안고
바람이 살랑대는 줌나 강 언덕 위에, 작은 나무숲에서
야생화로 꽃 장식하고 크리슈나는 기다린다오

크리슈나가 내는 피리 소리의 부름은 사람을 절대로 가만두지 않
는다. 피리는 신의 사랑이 가진 달콤한 음악을 소리 내며 인습적 인
생의 자질구레한 일, 걱정거리와 의무 저 너머로 인간을 불러내고 있
다. 동물과 심지어 식물조차 크리슈나의 피리 소리를 들으면 그들의
평범한 존재의 금지사항에서 자유로워진다. 찬디다사(Chandidāsa)는
다음 시구에서 피리의 힘을 이렇게 묘사한다.

내가 어찌 인정사정없는 저 피리를 묘사할 수 있을까?
요조숙녀를 그들의 집에서 끌어내어
마치 기갈과 허기가 암사슴을 덫으로 끌고 가듯
그들의 머리를 채어 샤얌으로 끌고 가는 피리 소리를

정숙한 숙녀들은 그들의 주인을 잊어버리고
현자는 그들의 지혜를 잊고
그리고 착 달라붙은 덩굴이 그들의 나무에서 느슨해진다
그 소리를 듣고
그러니 어찌 순진한 젖 짜는 소녀가 그 부름을 거역할까?

크리슈나 자신마저 그의 멋진 피리에 매료당하고 취한다. 크리슈

나의 믿기 어려운 아름다움과 견딜 수 없는 부름이 담고 있는 이런 놀라운 상징에 대해서, 킨슬리는 간결하지만 풍부하게 기술한다.

> 크리슈나는 그의 피리로써 자신과 우주를 지복으로 가득 채운다. 그는 만인과 만물을 통상적인 활동에서 다른 데로 쏠리게 하며 그들을 황홀 속에서 열광하도록 매료시킨다. 그의 피리는 세계의 바탕 그 자체까지 열락의 떨림을 보낸다. 바위와 나무가 그의 부름에 응하며 별이 그 길에서 이탈하듯이, 자연법칙이 허물어진다. ……
>
> 그의 음악은 만사가 잊혀야 한다고 역설하며 세계와 사회 위에 폭발한다. 그의 음악은 이제야말로 환희의 교향곡에 참여하고, 숲속에서 노닥거리고, 놀이로 재빨리 달리며, 무한한 가능성의 세계에서 사람이 꿈꾼 바 있는 모든 꿈을 실현하는 시간이라고 선포한다. 크리슈나의 피리는 세상을 춤추게 하며 흘러넘치는 리듬 안에서 그 자체를 잊도록 한다. 그것은 사람의 청춘 시절 근심 걱정 없던 유희의 세계로 되돌아가게 초대한다. 그것은 그 광란의 선율에 순종하고 그 마법의 세계에 열광적으로 참여할 것만을 요구한다.[*]

라다와 크리슈나가 피리 소리를 따라가 피리의 부름에 대한 응답으로 자신을 상대의 사랑에 내맡기면, 그들의 평범한 존재는 팽개쳐

---

[*] David R. Kinsley, *The Sword and the Flute*, Berkeley : University of California Press, 1977, pp.40~41.

진다. 그들이 사랑놀이를 하는 브린다바나 숲의 목가적인 나무 그늘은, 사랑이 그들을 실어가는 세계의 비범함을 상징한다. 자야데바는 스물한 번째 노래에서, 라다를 초대하고 그녀를 크리슈나의 사랑이 갖고 있는 은밀한 세계로 들어가도록 격려하며, 관능적 예찬으로 그 숲속의 은닉 장소를 묘사한다. "오시오"라고 그는 말한다. "달콤한 덤불의 바닥에서, 제물로 따다 바친 장미꽃잎의 푹신한 침대에서, 꽃으로 쌓아놓은 아른아른 빛나는 은거지 안에서, 백단향 숲을 스쳐오는 향기로운 산들바람 안에서, 야한 호사 속에서 만끽합시다. 꿀에 취해 떼 지어 돌아다니는 꿀벌들이 부드러운 소리를 윙윙 낸다오. 새순을 내며 땅 위를 기어가는 엉클어진 덩굴나무에서 한 떼의 뻐꾸기가 달콤한 소리로 운다오."

그녀의 친구는 라다에게, 그녀의 미가 연인을 끌어들이고 환희의 결합을 통해서 그들의 생명을 풍요롭게 하는 일로 그 미 자체를 완성할 것이라는 점을 상기시킨다. 그리고 친구는 그녀의 불타는 욕망을 충족시키고, 크리슈나를 사랑의 포옹으로 받아들여 그에 대한 그녀의 격정적인 소망을 만족시키라고 다그친다. "그가 그대를 필요로 하는 것도, 그대가 그를 필요로 하는 것만큼이나 강하다오. 그는 원해서 된 그대의 포로라오. 그대는 상처받을 것을 두려워하지 마시오. 사랑으로 그를 향해 그대의 마음을 여시오." 그녀의 친구는 라다를 '슈리'(비슈누의 신성한 반려자)로 부르며, 이렇게 말한다.

그대를 그의 마음에 간직한 일이
그렇게 오랫동안 사랑으로 불타 그를 질질 끌고 갔소
그는 그대의 달콤한 딸기 같은 입술의 넥타를 마시고 싶어 하오

소치는 여인들에게 둘러싸여 라다와 춤추는 크리슈나
(출처: 윌리엄 칼리지 미술관, 윌리엄스타운, 매사추세츠)

그대의 몸으로 그의 몸을 장식하시오

슈리의 쏘는 듯한 눈길에 의해서 붙잡힌 노예처럼

그는 그대의 수련 같은 발을 숭배하오

그대 무얼 두려워하시오

— 노래 21, 9절[*]

물론 라다는 크리슈나에게 와서, 사랑의 포옹에서 그들의 환희의
결합을 바친다. 연인과 연인 사이의 결합이 자야데바가 노래하고 염
송하는 시와 노래들 전체 모음의 요점이기 때문이다.

그렇지만 이 서정적 드라마의 열두 번째 부분, 즉 마지막 부분에서
비로소 연인들은 사랑을 완성한다. 인간을 신과 재결합시켜주는 신
성한 사랑을 상징하는 라다와 크리슈나 사이의 사랑은, 그들을 분리

———————
[*] 〔역주〕기타고빈다에 나오는 노래다.

시키는 세력들이 정복되기 전에 그 정점에 도달할 수 없다. 상대를 향한 강렬한 동경, 상대에게 자신을 내맡기는 일에 대한 공포, 그들을 분리시키는 자만과 수치라는 감정들, 이런 것들이 신성한 실재에 대한 인간의 관계를 상징적으로 표현한다. 우리를 낳은 궁극 실재, 우리가 그 일부가 되는 궁극 실재와의 재결합을 우리가 동경하는 정도만큼, 에고에서 생겨나온 자만·완고함·공포가 우리를 그만큼 뒤로 잡아끈다. 그렇지만 신성한 사랑의 감로를 한 번이라도 마셔보면, 이별은 고통스러우며 영혼은 황량해진다. 자야데바는 크리슈나와 라다가 사랑의 하룻밤을 함께 보내듯, 이 사랑의 최초의 맛을 우리에게 보여준다. 그런데 저 젊은 목동은 다른 소치기 소녀들과 노닥거리기 위해서 그녀를 차버리고 말았다. 이제 순서를 바꿔 라다가 질투하게 되고, 상사병이 나서 쓸쓸해지지만 그러나 희망을 품는다. 첫째와 마지막 부분을 제외하고는 시 전체를 보면 그녀는 헤어진 연인으로서 재결합을 갈망한다.

그녀의 열망에도 불구하고 자만과 수치는 그녀가 그에게 가는 것을 막았고, 그녀의 상상은 다른 여인과 사랑놀이하는 그를 떠올리며 괴로워한다. 분노와 질투가 그의 간청에도 그녀의 마음을 굳게 한다.

> 그녀가 그대 입술에 남긴 잇자국이 내 마음에 고뇌를 만듭니다
> 그것이 왜 그대의 육신과 나의 것의 결합을 떠올리는지요?
> 저주받으세요. 마다바! 케샤바여, 가세요. 날 두고 떠나세요!
> 그대 거짓말을 나에게 가져오지 마세요!
> 그녀께 가버리세요. 크리슈나여
> 그녀가 그대의 절망을 삭이도록 하세요 　　　—노래 17, 6절

뾰로통한 질투에 거절당하여 마음 밖으로 쫓겨나간, 자만심 강한 크리슈나도 라다만큼 고통을 받았다. 그녀가 품은 갈망의 끊을 수 없는 연줄의 포로가 되어버렸기 때문이다. 연인의 고통에 대한 생각이 마침내 라다의 질투와 자만을 극복하게 하고, 서로에게 주는 상처로 괴로워져 그녀는 친구의 충고를 듣는다.

그대의 마음에 왜 낙심의 짐을 만듭니까
들어보시오. 그대를 배반한 것을 그가 얼마나 후회하는지를
그대의 상처받은 자존심을 마다바로 향하여 돌리지 마시오
그도 역시 자존심이 있다오. 절망하는 라다여

하리로 하여금 오게 합시다. 그로 하여금 달콤한 말을 하게 하시오!
그대 마음을 왜 고독으로 저주하시오?

— 노래 18, 8절

그녀는 그의 비밀 장소에 오게 되자, 쓸데없는 정숙과 수치를 뒤로 제쳐두고 그녀의 사랑을 바쳐 생명을 부활시켜 달라는 그의 탄원을 듣는다. 그의 아름다움에 취하고 격정적 사랑에 휩싸여, 그녀는 자신을 그에게 완전히 내맡긴다. 그리고 신성한 사랑놀이는 시작된다. 시인 비드야파티(Vidyāpati)가 라다의 입을 빌려 부른 노래는 신성한 사랑의 포옹에서 발견되는 완전한 환희와 충만을 표현한다.

내 위에서 빛나는 달

나의 연인의 얼굴
오 환희의 밤이여!

환희가 만물에 스며드네
내 생명, 환희
내 청춘의 충만

오늘 내 집은 다시
집이 되네
오늘 나의 육신은
나의 육신이 되네

· · ·

내 연인 앞에서만
내 육신은 의미가 있기 때문이라네

— 킨슬리, 『검과 피리』, p.51~52

　사랑의 신애로 나에게 나오시오. 당신을 나에게 맡기시오. 그대는
구원받을 것이오. 이렇게 기타에서 크리슈나는 아르주나에게 말한
다. 이것이 신애의 힌두교가 갖는 중심 테마다. 그러나 그 길을 보여
주는 자는 브린다바나의 아이와 청년으로서의 크리슈나이다. 그는
아이의 기쁨과 즐거운 놀이로써 세계를 환히 밝혀주며, 완전한 사랑
의 자기 순종과 순수한 황홀을 통해서 인간의 삶을 다른 세계로 데려
다준다.

　아이와 연인으로서 나타난 신, 환희에 찬 그 신의 현존은 따사하고

다가가기 쉬우며 견딜 수 없을 만큼 매력적이다. 신의 아름다움, 환희, 사랑의 화신인 크리슈나 신이 다른 어떤 신에 비해 힌두교도의 많은 사랑을 받아왔다는 것은 놀랄 일이 아니다. 놀이와 아름다움은 신성하다. 그것들은 신성한 실재의 충만을 표현한다. 크리슈나 신은 길을 보여주며 그와 함께 놀자고 인류를 초청한다. 우리는 노래하기, 춤추기, 음악과 사랑하기를 포함하는 놀이를 통해서, 우리 자신의 진정한 본성을 발견하고 완성하며 최고의 지복에 도달한다고 크리슈나 신은 말한다.

요약

신애의 힌두교는 지고의 인격 곧 신이라는 인격적인 현현에서 궁극 실재와의 관계를 추구한다. 그런데 신은 남성과 여성, 인간과 비인간의 여러 모습을 취한다. 존재하는 만물은 신성한 실재를 육화하고 있으므로 신성하며 남녀 제신으로 인정될 수 있다. 무한 가지의 잠재적 형상들 가운데 열 개 정도가 커다란 중요성을 가진다. 그렇지만 모든 신들 중 어떤 신도 크리슈나만큼 사랑받지 않았다.

그는 궁극 실재의 신적 아름다움·은총·환희를 육화한다. 기타에서 귀의자들은 그를 비슈누의 화신으로, 신의 본래 모습으로 보게 되었다. 그들은 그가 기타에서 아르주나에게 자신을 드러낸 지존의 비슈누였다는 사실과, 그가 우주적 창조자, 불의에 대항하는 최고의 전사라는 사실을 인정한다. 그렇지만 그들이 애정 어린 신애 속에서 다가선 크리슈나는 주로 브린다바나의 아이와 청년이다. 아이가 지니고 있는 놀랍도록 창조적이고 자연히 발로하는 유희와, 고혹적 청춘의 따사하고 사랑스러운 포옹으로 귀의자들은 신성한 실재의 아름다움과 유희성을 느낀다. 이러한 아름다움과 유희가 그들의 가장 내밀한 존재 안에 울려 퍼지며 신의 위대성에 순종하라고 그들을 부른다.

크리슈나는 흠모할 만한 어린 아이로서 환희를 발산한다. 그의 유희는 놀랍도록 자유롭고 자연스러우며 그의 아름다움은 매혹적이다. 귀의자들은 어린애와 친할 수 있는 것처럼 그와 친할 수 있으며, 이런 점이 그들에게 크리슈나와의 인간적 관계에서 궁극 실재의 환희와 아름다움을 느낄 수 있도록 허락해준다.

청춘의 연인으로 크리슈나는 깊은 인간적 사랑을 통해서 인간의 이별과 고독이 초월될 수 있다는 진리를 상징적으로 표현한다. 크리슈나와 라다의 사랑은 사랑의 충만 속에서 실재의 보다 깊은 차원, 신성한 존재의 차원이 얻어진다는 것을 귀의자들에게 말한다.

크리슈나는 장난기 있는 아이와 젊은 연인으로서의 모습들을 통해서, 신이 순수한 사랑·아름다움·환희·자유라는 점을 드러낸다. 유희와 사랑을 통해서 신에게로 오시오. 이렇게 크리슈나는 귀의자들에게 말한다.

더 읽을거리

Babb, Lawrence A., *The Divine Hierarchy : Popular Hinduism in Central India*, New York : Columbia University Press, 1975. 현대의 수행을 묘사하고 신애의 힌두교에 바탕이 되는 모티브와 그 기능을 분석한다.

Basham, A. L. and Kenneth G. Zysk, *The Origins and Development of Classical Hinduism*, Boston : Beacon Press, 1989. 힌두교 전개에 대한 탁월한 개관.

Brown, Robert L.(ed.), *Ganesh : Studies of an Asian God*, Albany, NY : State University of New York Press, 1991. 코끼리 머리의 형상을 한 대중적인 가네쉬 신의 다양한 측면을 탐색하는 학문적 논문 모음집.

Eck, Diana L., *Darśan, Seeing the Divine Image in India*, New York : Columbia University Press, 1996. 인도의 신애자들이 힌두교에서 신을 보는 방식을 설명하는 놀라운 소책자.

Flood, Gavin D.(ed.), *The Blackwell Companion to Hinduism*, Blackwell Companion to Religion, Malden, MA: Blackwell Pub., 2003. 힌두교의 여러 측면에 관한 풍부한 정보를 담고 있는 학문적 저작.

Hawley, John Stratton and Mark Juergensmeyer (ed. and trans.), *Songs of the Saints of India*, New York : Oxford University Press, 1988. 힌두교 전통에서 발견되는 중요한 음유-성자에 대한 가치 있는 통찰력을 제공한다.

Kinsley, David R., *Hindu Goddesses : Visions of the Divine Feminine in the Hindu Religious Tradition*, Berkeley : University of California Press, 1986. 힌두교 내에서 여성 신이 차지하는 위치에 대한 훌륭한 입문서.

_____, *The Sword and the Flute*, Berkley : University of California

Press, 2000. 크리슈나와 칼리 신에 대한 간략하지만 충실한 연구로서 이 두 신을 살려냈다.

Klostermaier, Klaus K., *A Survey of Hinduism*, 2nd ed., Albany : State University of New York, 1994. 구할 수 있는 책 중에 힌두교에 대한 최고의 개관. 중요한 테마와 상세한 점을 설명한다.

Lopez, Donald S.(ed.), *Religions of India in Practice*, Princeton, NJ: Princeton University Press, 1995. 힌두교 수행을 탐색하는 여러 경전 모음집. 현대 수행 방식에 주목한다.

Miller, Barbara Stoler(ed. and trans.), *Love Song of the Dark Lord : Jayadeva's Gītāgovinda*, New York : Columbia University Press, 1977. 헌신적인 사랑시를 담고 있는 이 고전에 대한 탁월한 번역. 훌륭한 입문의 글도 있다.

O'Flaherty, Wendy Doniger(ed. and trans.), *Hindu Myths*, New York : Penguin Books, 1975. 힌두교 내의 신적 존재에 대한 이야기들의 좋은 모음집. 유용한 안내 글도 있다.

제11장 **신애의 힌두교**
칼리와 시바

1. 칼리

칼리(Kālī) 여신은 여러 면에서 크리슈나와 정반대이다. 이 여신 안에서 실재의 모든 공포스럽고 무서운 차원들이 나타난다. 크리슈나의 아름다움과 유희성이 놀이가 갖는 환희와 아름다움에서 우리 자신을 찾아보라고 초대하듯, 칼리의 소름끼치고 공포스러운 모습은 우리에게 고苦·폭력·죽음을 상기시켜주며, 우리 존재의 이런 측면들과 대결해야 할 필요성을 상기시켜준다. 여신은 죽음과 파괴의 인격화 자체이다.

그러나 여신은 동시에 성모聖母이기도 하다. 신은 이 여신의 여성적 현현 안에서 여러 모습을 취하기 때문이다. 그녀는 공포의 대상인 칼리일 뿐 아니라 사랑하는 어머니 마타(Mata)이고, 성공과 행복의 근원인 락슈미(Lakshmi)이고, 악의 파괴자인 두르가(Durgā)이고, 지식의 힘인 사라스와티(Saraswati)이고, 미의 화신인 슈리(Śrī)이며, 덕과 사랑을 가진 평화의 화신인 파르바티(Pārvatī)이기도 하다. 문헌에는 수십 개의 다른 현현과 이름이 나타나는데, 이 사실은 어떤 하나의 현현도 완전하고 나눠지지 않는 궁극 실재가 아니라는 점을 나타낸다. 이는 마음만 먹으면 어떤 모습도 취할 수 있다는 신의 권능을 드러내고 있는 변신變身의 유동성을 입증한다.

칼리의 기원은 힌두교 신화에서 결코 분명하지 않다. 여신은 아마 다른 아리아인·인더스·토속적 여신들의 면모들을 수용하며, 초기에 있었던 신들의 다양한 면모들을 결합했을 가능성이 가장 높다. 마르칸데야 푸라나(Markandeya Purāṇa)의 찬디 부분에서, 그녀는 간혹 '그 여신'인 두르가의 모습을 보이고 있으며, 그때 이미 만신전에서 위상이 확보되었던 초기 여신과 자신을 결부하고 있다. 이것은 보통 사용되는 방법으로, 힌두교의 만신전에 새로 들어오는 대부분의 새로운 남녀 제신은 초기 단계에서 이미 확립된 신과의 동일시를 통해서 들어온다. 결국 그들이 수용되어 그 자신의 힘으로 서게 되면, 이 초기의 동일시는 배경으로 점점 밀려나게 된다. 그러나 이 푸라나의 '위대한 여신'의 부분에 그려져 있는 칼리는, 그 이후의 전통이 그녀와 결부하는 특성들 중 많은 부분을 이미 가지고 있었다.

푸라나의 설명에 따르면, 칼리는 악마들을 물리치고 제신을 구원하기 위해서 무서운 모습으로 현현했다고 한다. 악마의 군대에 의해서 정복당한 여러 신들은 두르가에게 도와달라고 탄원했다. 이 여신은 적군을 무찌르고 그들을 해방시켜 주겠노라고 확신시키고, 찬다와 문다가 지휘하는 악마의 군대와 전투할 준비를 했다. 악마의 전사들의 제 일진이 활을 당기고 칼을 빼들고 두르가에게 접근해 오자,

여신은 격노한다. 얼굴은 먹처럼 검어지고, 두 눈썹 사이로부터 칼을 꺼내 휘두르며 올가미를 가진 끔찍한 칼리가 나타나는 것이다. 그녀는 인간의 해골로 만든 목걸이를 하고, 꼭대기에 해골 박힌 곤봉을 지니며, 호랑이 가죽옷을 입고 있었다고 묘사되었다. 피에 굶주린 그녀의 입은 쫙 벌려져 있었고, 긴 혀는 길게 늘어뜨려져 있었다. 그리고 여신이 노호 소리로 사방을 가득 채우는 동안, 푹 들어간 두 눈은 분노로 시뻘게져 있었다. 그녀는 쭈글쭈글한 피부와 쭉 삐어져 나온 송곳니들을 가지고 있으며, 진정 괴기한 모습을 했다. 칼리는 악마들을 단순히 공격하고 패퇴시키는 것이 아니었다. 여신은 그들을 깡그리 섬멸해버리고 만다. 이 얘기는 여신이 한 손으로 어떻게 코끼리 위에 타고 있는 기수들, 운전병들, 전사를 종鐘들과 함께 코끼리를 휘잡아 입안으로 털어 넣는가를 말한다. 여신은 같은 식으로 전사들과 그들의 말을, 전차와 그 운전병을 모두 함께 삼키고, 소름끼치게도 이빨로 뿌드득뿌드득 갈아버리고 말았다. 그녀는 미처 삼키지 않았던 자들을 밟아 죽이고, 칼로 살해하며, 해골 달린 곤봉으로 후려치거나 양턱 사이로 분쇄하고 말았다.

찬다와 문다는 그들의 전 군대가 이런 식으로 괴멸되고 있음을 목도하고, 소름끼치는 여신에게로 덤벼들었다. 찬다는 무수한 화살을 쏘아대고, 문다는 수천 개의 원반을 던져댔다. 그러나 여신은 이 모든 무기들을 한입에 잡아버렸다. 거기서 그 무기들은 구름의 뱃속으로 들어가는 무수한 태양처럼 빛나고 있었다. 그런 다음, 칼리는 소름끼치도록 노호하고 사악하게 낄낄대고 입을 크게 벌리고 송곳니들을 반짝이고, 거대한 사자에 올라타 끔찍하게 분노하며, 찬다의 목을 베고 문다를 싹둑 잘라버리고 말았다. 그다음, 여신은 두 악마의 머리를 손으로 거머쥐고 격렬하고 사악하게 깔깔 웃으며, 그것들을 희생제물로 두르가에게 바쳤다. 검은 여신의 다른 이미지들은 더더욱 괴기하고 소름끼친다.

죽음의 화신인 칼리는 화장터의 여신으로 널리 알려져 있다. 거기서 그녀는 애초 그녀가 생명을 주었던 존재가 죽으면 그 사체를 먹고, 사체에서 따뜻한 생명의 피를 빨아 마신다.

여신은 피바다의 여신으로도 알려져 있으며, 피바다 위에 둥둥 떠다니는 배 위에 서 있는 자로 그려지고 있다. 그녀는 따뜻하고 붉은 피를 해골바가지로 퍼마시며 세상 아이들의 생명의 피를 기갈에 차마신다. 그 여신은 이 세상을 부단히 창조하고 유지하고 삼켜버린다.

18세기 초엽 캉그라의 한 회화는, 그녀가 남편의 시체 위에서 춤추고 있는 모습을 보여준다. 많은 해골, 뼈다귀, 재칼, 독수리늘로 눌러싸인 끔찍한 칼리는 죽음처럼 새까만 모습과 여러 개의 해골로 만든 목걸이를 한 채 영원한 파괴의 춤을 추고 있다. 그러나 칼리의 다른 면모도 이 그림에 드러나 있다. 그녀의 오른손들은 칼과 가위를 휘두르며 생명의 탯줄을 파괴하고 절단하는 그녀의 힘을 상징적으로 표현한다. 그러나 그녀의 왼손들은 양육의 상징인 밥주발과, 생명과 순수의 상징인 연꽃을 보여준다. 그녀의 춤추는 발아래에는 두 개의 육신들이 깔려 있다. 하부에 수염이 있고 벌거벗은 고행자 시바는 그녀가 양육하는 에너지로부터 완전히 떨어져 전혀 생명이 없다. 그런데 상부의 시바, 아름답고 젊은 시바는 그녀의 신성한 에너지와 접촉한 결과, 생명으로 약동한다.

여기에서 보이는 고도로 양식화된 벵갈리의 그림은 덜 괴기스럽지만, 칼리를 죽음과 삶 모두의 원천으로 그려내고 있다. 여기에서도 하부의 시바(샤바)는 생명이 전혀 없는 반면 '어머니'를 바라보는 상부의 시바는 생명으로 약동한다.

이 회화는 내가 처음 인도를 방문했을 때, 칼리카타(칼리그핫)에 있는 칼리 사원에서 안내원들 중에 한 사람이 나에게 들려준 얘기와 함께 그 필연적인 도덕적 교훈까지를 상기시켜준다. 이 얘기에 따르

시바 위에서 춤추는 칼리

면, 칼리는 무적으로 보였던 사악한 괴물을 파멸시켜 달라는 모든 남녀 제신에 의해서 소환당했다. 이 괴물이 무적으로 보이는 이유는 그가 흘리는 한 방울 한 방울의 피로부터 1천 개의 새로운 악마들, 충분히 성장한 악마들이 솟아나와 그를 위해서 전투를 벌이기 때문이다. 그러나 이 괴물과 무리들은 피에 굶주린 이 여신의 적수는 되지 못했다. 여신은 뛰어올라 그들의 한복판을 선회하며 칼로 수천씩 잘라버렸다. 그들의 핏방울들이 그들의 존재를 재생산하기 전에, 여신은 그들을 핥아버리고 흘리는 모든 피를 마셔버렸다. 마침내 그녀는 피의 씨앗인 괴물마저도 삼켜버렸다.

그러고 나서 승리의 춤을 추기 시작한 그녀는 더욱더 광란의 도가니로 빠져 들어가 그녀가 무엇을 하는지도 잊어버렸다. 그녀는 곧 발광하게 되고, 통제 불가능해져 온 피조물을 위협했다. 대지가 진동하고 지진이 나며 우주의 파괴가 임박해지자, 신들이 그녀의 남편인 시바에게 와 그가 중재하여 이 거친 파멸의 춤을 멈추게 해달라고 빌었다. 그러나 여신은 남편이 와도 아랑곳하지 않았다. 결국 남편은 필사적으로 자신의 몸을 그녀의 발아래 던졌다. 그런데도 여신은 아무런 주의를 기울이지 않고 그 몸 위에서 춤추기 시작했다. 드디어 여신은 무엇을 하는지를 깨닫고, 광란을 멈춰 시간의 미친 춤의 광포함으로부터 우주를 구해냈다. 얘기꾼의 말처럼, 칼리의 끔찍한 파괴의 춤은 궁극적으로 악을 파괴하는 것이다. 남편 시바가 칼리 여신의 발치에 자신을 던졌을 때 그 여신이 남녀 제신을 위해서 그랬던 것처럼 여신을 피난처로 보아 그녀에게 와서 자신들을 여신의 발치에 던지는 자들이 있다면 그들을 구원해주고 악을 파멸시켜준다.

1) 죽음과 공포의 파괴자

칼리는 왜 이토록 소름끼치고 괴기한 이미지들을 가지고 있는가? 대답은 두 가지다. 첫째, 그것들은 고와 죽음, 공포와 절망의 현실에 대해서 우리가 깨닫도록 도와준다. 칼리 여신의 무시무시한 현현들 중에 그 어느 하나라도 만나는 일은 세계의 불안정성과 무질서 그리고 항시 있는 위험을 인정하고 느끼는 일이다. 묘지에서의 그녀의 존재는 우리로 하여금 자신의 죽음과 고독, 모든 피조물의 아픔과 고, 인간들의 폭력과 악의성, 모든 창조된 존재의 가련한 상태를 직면하도록 해준다. 우리가 수만 가지 방식으로 억제하고 무시할 수밖에 없었던 모든 일, 그렇지만 우리의 가장 내밀한 공포와 불안을 키워주는 모든 일이 칼리의 이미지 안에서 우리를 노려보고 있다. 상처와 고는 인간의 삶에게 도리 없이 불가결한 일부이므로, 아무리 무시하거나 부정해도 결코 성공할 수 없다. 무시나 부정 중 어느 편을 시도하든, 그것은 단순히 그것들에 대한 우리의 공포를 무의식에 보다 깊이 몰아넣는 것일 따름이다. 무의식에서 그것들은 우리를 동요시키는 깊은 불안과 인생 자체에 대한 불만으로 드러난다. 둘째, 이 공포는 대면하지 않으면 결코 정복되지 않는다. 칼리는 존재의 무서운 측면을 드러내서, 상처, 무질서, 파괴, 고독, 죽음의 두려움에 맞서 극복하는 데 우리를 돕는다.

칼리의 목적은 공포를 심어주는 것이 아니다. 그녀의 목적은 우리에게 현실을 상기시켜 현실을 있는 그대로, 다시 말하자면 추醜·슬픔·죽음과 뒤섞여 있는 미美·환희·삶을 우리가 직면하도록 강요하는 일이다. 모든 귀의자는 그녀의 모습이 아무리 끔찍하더라도 여신에게 올바로 접근하기만 하면 그녀가 아주 도움이 될 것이라는 점을 알고 있다. 그녀는 자식을 사랑하고 보호하는 신성한 어머니인 것이다. 라마크리슈나(Ramakrishna)의 으뜸가는 제자인 비베카난다(Vivekananda)는 그것을 이렇게 멋지게 표현한다.

마음은
무덤이 되어야 한다네
자만, 이기, 욕망, 이 모든 게
박살이 나네
그럴 때, 그럴 때만 어머니는
거기서 춤을 추실 것이네!

그러나 킨슬리가 지적한 대로, "칼리는 그녀의 귀의자들에겐 어머니이다. 그녀가 어머니인 것은 사물들의 실재의 모습으로부터 그들을 보호하기 때문이 아니다. 오히려 그들의 가멸성을 드러내 그들이 완전하고 자유롭게 행위하도록 그들을 풀어주며, 실용성과 합리성이라는 '어른'의 핑계가 갖고 있는 믿을 수 없을 정도로 칭칭 동여매는 거미줄로부터 풀어주기 때문이다."*

그녀가 귀의자들에게 '어머니'일지 몰라도 죽음과의 결부는 불가피하다. 그녀의 이름 자체가 만물의 파괴자인 칼라(Kāla), 즉 시간의 여성형이다. 그녀의 강력하고 눈부신 위업은 전장에서, 죽음의 땅에

---

* David R. Kinsley, 『힌두의 여신들－힌두 종교 전통 내의 여신에 대한 비전(*Hindu Goddesses : Visions of Divine Feminine in the Hindu Religious Tradition*)』, Berkeley : University of California Press, 1996, p.146.

서 발생한다. 그녀의 집은 무덤이거나 화장터이며, 음식은 죽임을 당한 제물의 피와 내장이다. 칼리 예배의 특별한 날에 그녀의 이미지는 화장터에 세워지며, 피로 물든 신애의 제물이 거기서 바쳐진다.

죽음과 그것과 연결된 여신에게 몰입하는 일, 이 일의 요점은 심오하다. 시간과 죽음의 화신인 칼리는 죽음뿐 아니라 죽음의 정복까지도 나타낸다. 큰 죽음(Death)으로 작은 죽음(death)을 이겨낸다. 다음 벵골어 서정시의 저자는 칼라의 모습을 한 신성한 어머니의 기능을 잘 이해하고 있다.

내 마음은 왜 이리 어머니 없는 애처럼 안절부절못할까? 이 세상에 들어와 당신은 앉아 곰곰이 생각하며 죽음의 공포로 벌벌 떨고 있네. 그렇지만 죽음을 정복하는 죽음이 있구나. 가장 위력 있는 죽음, 이것이 어머니의 발아래 누워 있네. 그대는 개구리를 두려워하는 뱀 같구나! 얼마나 어처구니없는 일인가! 만물의 어머니-심정(Mother-Heart)의 자식인 당신 안에 있는 죽음의 공포란 대체 뭐란 말인가? 이는 얼마나 어리석은 짓인가? 지독한 광기 아닌가? 어머니-심정의 자식, 그대는 무엇을 크게 무서워하는가? 무엇 때문에 헛되이 슬픔을 곰곰 생각하는가?

칼리는 그녀의 귀의자들에게 시간과 죽음의 공포를 극복할 수 있는 용기와 기운을 주어, 환희에 찬 자유가 인생의 풍요로움을 수용하고 우리 존재의 순간순간 그 완전한 표현 안에 온 마음으로 참여할 수 있도록 해준다. 그들에게 인생은 저주가 아니라 경이로운 축복이다.

이 설명은 칼리가 왜 그토록 소름끼치고 괴기스러운 방식으로 그려졌는가라는 질문에 대한 대답의 두 번째 부분으로 우리를 데려간다. 그녀는 영원한 에너지가 자체를 현현하는 시간의 화신인 동시에, 존재의 총체적 에너지와 과정의 인격화이다. 존재는 두 얼굴로 우리에게 다가온다. 첫 얼굴은 그것의 단순한 현존 또는 존재인데, 인도의 심성은 이것을 남성으로 인격화하는 경향이 있다. 두 번째 얼굴은 존재의 힘 또는 에너지이며, 이는 보통 여성의 모습으로 인격화된다. 이러한 신적 기운, 즉 샥티(Śakti)로부터 모든 창조적 과정이 나온다. 바로 이런 이유로 여러 여신들이 흔히 그저 샥티로 불린다.

그러나 창조는 파괴적인 면도 지니고 있다. 베다의 현자들이 이미 지적한 대로, 살아 있는 것은 상대방에게 서로 먹이가 되기 때문이다. 한 존재의 죽음과 파괴를 통해서 다른 존재는 살아간다. 킨슬리가 지적한 대로, "그녀(칼리)는 생명의 창조적 근원일 뿐 아니라, 유지·충족·완전한 만족을 지치지 않고 강조하는 생명의 차원이기도 하다. 그녀의 축 늘어뜨린 혀, 피로 물든 입술과 육신, 피 묻은 커다란 식칼은, 생명은 생명 위에서 자신을 유지해 나간다는 불변의 진리를, 생명의 박동―분출하는 피의 맥박, 수액의 지속적 흐름―은 생명 에너지의 부단한 흐름이 지속되기를 요구한다는 진리를, 그리고 죽음과 부패는 생명의 굶주린 맥박을 위한 기름진 바탕일 뿐이라는 진리를 나타낸다."(킨슬리, 『힌두의 여신들』, p.156) 소름 끼치고 파괴적인 모습을 취하는 이 창조의 여신은 이러한 자각을 우리에게 강요하고 죽음과 파괴에 대한 억압당한 공포를, 즉 결국 존재에 현존하는 아름다움과 환희를 경험하지 못하게 막아버리는 공포를 대면할 수 있도록 해준다.

설사 칼리의 괴기스러운 모습과 그녀의 거칠고 피에 굶주린 변덕이 붓다의 중도의 길에서 멀리 떨어져 있다고 하더라도, 그녀는 불교의 사성제에 비견할 만한 것을 구현한다. 그녀를 통해서 힌두교도는 고(두카)의 깊이와 편만성과 고의 원인을 확인할 수 있고, 고가 정복될 수 있다는 진리를 깨닫는다. 칼리 신의 귀의자는 영적 훈련의 일부에 해당하는 예배와 신애를 통해서 두카는 직면하고 정복할 수 있으며, 그녀를 환희에 넘치는 자애로운 어머니로 여길 수 있다. 힌두교도는 여신의 놀랄 만한 외모 배후에 있는 다음과 같은 진리, 즉 생명이란 고로 가득차 있으며 죽음으로 종지부를 찍을 것이지만 궁극적으로는 환희에 근거한다는 진리를 인정한다. 그러나 이 환희를 실현하기 위해서 고와 죽음은 반드시 직접 대면해야 한다. 고와 죽음의 진정한 모습 그대로를 인정하여 그것들을 정복하고, 고와 죽음에 대해 사람들이 갖고 있는 희망과 예기 그리고 고와 죽음 사이를 화해시켜야 한다. 그때 평화와 환희는 발견될 수 있다.

바로 이 이유로, 칼리는 소름 끼치고 깜짝 놀랄 만한 성격을 지닌 죽음과 상처의 진면목을 드러내고 있다. 그 목적은 귀의자를 멸하는 것이 아니라 항상 현존하는 우리 존재의 이런 힘들에 대한 뿌리 깊은 두려움으로부터 사람들을 자유롭게 해주자는 것이다. 역설적으로 말하면, 바로 그녀의 무서운 모습 때문에 귀의자들은 그녀를 환희에 찬 자애로운 어머니로 보게 되며, 존재의 환희를 충분히 감사할 수 있게 되는 것이다. 자유는 공포의 대상이 두려워 도망가는 것이 아니라, 그것들에 맞서고 그것들을 극복하는 데서 오는 것이다. 세계로부터 물러나려고 노력한다고 해서 두카는 극복되지 않는다. 오직 그것과의 대결을 통해서만 정복된다.

2) 신적 어머니

칼리, 저 무서운 파괴자는 작은 죽음(death)을 파괴하는 큰 죽음(Death)이며, 공포를 파괴하는 공포스러운 자이다. 그러나 그녀는 신성한 어머니, 생명의 창조자와 유지자이기도 하다. 죽음과 파괴의 현신現身이 자애로운 어머니로 간주되어야 한다는 일이 처음에는 역설적으로 보인다. 그러나 이 역설의 내면적 진리는, 우리가 죽음과 전율을 사랑의 정신으로 직면하고 수용하면 그것들이 우리를 지배할 수 없게 된다는 것이다. 죽음은 수용하는 길 외에 그것을 정복할 다른 도리는 없다. 그것을 수용함은 포옹함이다. 얼마나 하기 어려운 일인가! 그러나 자신의 어머니를 포옹하기란 얼마나 쉬운 일인가! 죽음이 어머니라면, 우리는 어머니에 대한 사랑을 통해서 그것을 포옹할 수 있으며 극복할 수 있다. 바로 여기, 애정 어린 신애 안에서 사람은 시간, 죽음, 공포를 정복한다.

여신의 이 기능은 밀교(Tantra)에 영감을 주었다. 여기에서 기초적 목적은 존재에 속하는 일체의 차원과 기운이 실상 신성한 에너지, 즉 샥티(Śakti, 性力)의 현현들이라는 진리를 깨닫는 일이다. 소름 끼치며 혐오스러운 삶의 모습들로는 이 일을 달성하기가 매우 어려울 것이므로 그것들은 밀교 수행의 특별한 초점이 된다. 왜냐하면 이 모습들을 신성한 실재의 일부로 인정하지 않는다면, 불안정·불안·공포는 정복되지 않기 때문이다. 바로 이런 이유에서 밀교적 수행은 밀교의 외부에서 지극히 오염되고 죄짓는 일로 간주하는 육식·음주·혼외성교를 흔히 포함한다. 이 행위들을 영적 수행의 보조로 활용하는 이유는, 죄짓고 더럽히는 일도 삶의 속박으로부터 자유롭게 되기 위해서 반드시 직면되고 삶의 일부로 인정되어야 한다는 것이다.

일반적인 견해와는 반대로 밀교적 수행은 삶의 타락을 조장하거나 방탕을 사주하는 것이 아니다. 그 목적은 너무 혐오스러워 아주 파괴적이며 속박하는 삶의 모습들을 정복함으로써 이뤄지는 삶의 영적 변화다. 밀교의 형이상학은 그대가 만일 존재의 모든 부분을 신성한 것으로 수용할 것이라면, 그대는 피의 뒤범벅도 신성한 것으로 수용해야 한다는 관찰로 요약될 수 있다. 그것의 중심적 방법론은 독은 독으로 싸워야 된다는 공리公理로 표현할 수 있다.

19세기의 성자이자 칼리의 귀의자인 라마크리슈나는 그 자신의 밀교적 수행을 묘사하며 이 태도를 훌륭히 표현한다. 그는 오직 밀교의 영향 아래서만 신성한 것과 평범한 것, 청정한 것과 오염시키는 것 사이의 차별이 극복된다고 지적한 다음, 그가 어떻게 이따금 개에 올라타기도 하고 개와 함께 음식을 나누어 먹기도 하는가를 묘사한다.―이 두 가지 행위는 비밀교적 힌두교도의 관점에서 보면 지극히 타락하고 오염된 경험이다. "이따금 나는 개에 올라타기도 하고 루치를 먹여주고 나 자신이 그 빵의 일부를 먹는다. 나는 전 세계가 신으로만 가득차 있다고 깨닫는다"라고 그는 말한다.*

라마크리슈나는 인생의 초기에 깊은 고독감과 성모로부터의 이별로 가득 차 있었다. 광적으로 그리고 거의 필사적으로 그는 법열의 신비한 비전을 통해서 여신께 도달해 이런 이별을 극복하기를 시도했다. 그가 염력을 발전시켜 이 염력에 대한 보다 커다란 제어를 성

---

* Swami Nikhilananda(trans.), 『슈리 라마크리슈나의 복음(*The Gospel of Sri Ramakrishna*)』, New York : Ramakrishna-Vevekananda Center, 1952, p.544.

취하자, 주변에 있는 만물에서 신의 존재를 보게 되었다. 그가 어디에 있든지 또는 무엇을 하고 있든지, 한 생각 한 느낌만큼이나 가까이 성모가 임했다. 이제 더러운 개 한 마리조차 라마크리슈나에게는 성모로 보였다. 그가 만유의 총체적 거룩함 안에서 세상의 소름 끼치고 더러운 세력들에 내재하는 신성을 깨달음으로써, 그것들에 대한 공포를 극복했기 때문이다.

라마크리슈나의 목적은 가능한 한 어린애처럼 되자는 것이었다. 왜냐하면 그는 어린애의 천진난만과 겁 없음이 만물을 완전히 수용하고, 만인을 착하고 청정한 자로 받아들이는 일에서 생겨난다는 점을 인정했기 때문이다. 어린애는 어떤 것도 본래 악하고, 파괴적이고, 오염시키는 것으로 여기지 않는다. 이런 태도와 여기에 수반되는 공포는 어린애가 성장하는 과정에 신성한 것과 신성 모독의 것, 청정한 것과 더러운 것, 생과 사, 평화와 폭력 등의 사이에 '적절한' 분별을 만들며, 서서히 학습한 것일 따름이다. 그러나 공포와 죄의 극복을 위해서, 우리는 이렇게 학습한 모든 것을 잊어버리고, 존재의 모든 측면에서 천진난만한 열락이라는 어린애의 상태를 잃지 말아야 한다. 물론 사람은 다시 어린애가 될 수 없고, 악, 공포, 파괴에 대한 지식을 쉽사리 잊어버릴 수도 없다. 정확히 바로 이런 이유로, 밀교의 어려운 수행들을 반드시 닦아야 한다. 악은 직면해야 하고, 정면에서 그 자체로 바로 정복해야 한다. 오직 그럴 때만 만유의 정초가 되는 신성함은 자각될 것이고, 사람은 공포나 불안 없이 존재의 전체성 안에서 열락할 수 있게 된다. 그리고 칼리는 이런 어려운 과업에 지존의 조력자이다.

라마크리슈나가 강조했던 어린애와 같은 존재가 갖는 또 다른 중요한 측면이 있다. 성모가 놀이에서 이 세계를 창조하는 것처럼, 어린애는 놀이에서 그의 세계를 짓는다. 성모의 이런 신성한 놀이를 제대로 평가하기 위해서, 사람은 반드시 어린애를 닮아야 하며 직접 이 놀이에 참여해야 한다. 존재는 세계의 창조와 파괴에서 그 자체를 표현한다. 그 존재의 신성한 에너지가 어머니로서 인격화되면 유희하는 어린이를 닮는다고 한다. 라마크리슈나는 이런 점을, 신비한 비전 안에서 보았노라고 말한다. 여신의 놀이터는 우주이고, 모든 존재가 그 여신의 장난감이다. 여기에서 칼리는 분명 인격화된 공포와 파괴 이상이다. 그녀는 인격화된 모습 안의 궁극 실재인 것이다.

실상 라마크리슈나는 절대적 실재인 브라만과 칼리의 관계에 대한 물음을 고려하면서, 다음과 같이 분명히 말한다.

> 그래서 브라만과 샥티는 동일하다. 만일 그대가 하나를 받아들이면 다른 하나도 받아들여야 한다. 그것은 불과 불이 가지는 연소력과 같다. ……
> 그래서 사람은 샥티 없는 브라만을, 또는 브라만 없는 샥티를 생각할 수 없다. 사람은 상대 없는 절대를, 또는 절대 없는 상대를 생각할 수 없다.
> 원초적 힘은 언제나 작동 중이다. 그녀는 마치 유희하듯 창조하고 보존하며 파괴한다. 이 힘은 칼리라 불린다. 칼리는 진정으로 브라만이며, 브라만은 진실로 칼리이다. 그것은 하나의 동일한 실재이다.
> — 니킬라난다, 『슈리 라마크리슈나의 복음』, p.136

이 말은 이 여신이 여러 모습 안에, 창조적이거나 파괴적인 모습 모두 안에 세계의 역동성을 구현한다는 전통적 이해를 아주 분명히 표시한다. 신성한 여신은 인간의 어머니처럼 자기 자신의 존재로부터 존재들을 생성해 내며, 새로 창조된 존재에게 자신의 생명을 나눠준다. 그러나 창조의 이면은 파괴이고 성모는 자신의 파괴적 능력에서도 나타난다. 진실로 여신은 두 얼굴을 가지고 있다. 하나는 우아와 사랑으로 미소 짓고 있는 얼굴이며, 다른 하나는 찌푸린 얼굴, 두렵고 소름 끼치는 흙빛 얼굴이다. 귀의자들은 암흑의 모습을 지닌 그녀도 수용하여, 그들의 공포를 극복하고 그녀의 기쁨과 사랑으로 가득찬 성질을 깨닫게 된다.

신의 여성적 모습은 신성한 실재의 계시로서, 그리고 인간이 그 실재와 가질 수 있는 관계에 대한 계시로서, 아버지와 자녀 사이의 관계보다 어머니와 아기의 관계나 상징을 더 만족스럽게 보는 자들에게 특히 호소력을 지닌다. 크리슈나는 연인들 사이에 있는 사랑의 관계를 모델로 제공하지만, 성모는 어머니와 아이 사이에 있는 사랑의 관계를 모델로 제공한다. 이 후자의 관계는 아기의 태아적 시초와 양육, 그리고 몸속의 안식처에서 어머니의 생명을 나눠 갖는 일에서부터 출발하는 관계인데, 이 나눔은 그녀의 품에 유아를 흔들어 재우고, 유방에서 아기를 젖먹이는 동안에도 계속되는 나눔이다.

어머니는 유아와 어린 아이에게 아무 것도 요구하지 않으며, 아기를 자궁에 수태시켜 생명을 주었던 그 사랑과 동일한 사랑을 무료로 아이에게 쏟아붓는다. 대신 아이는 엄마를 공개적으로 죄책감과 의무감 없이 완벽하게 신뢰할 수 있다. 전면적 신뢰·안전·사랑은 이상적 어머니와 아이 관계의 특징이 된다. 모성애는 아이가 얻어야만 하는 것이 아니다. 태어나기 전 이미 그 유아는 어머니의 소화를 망치고 잠을 방해하며 자궁에서 발길질했다. 그렇지만 어머니의 사랑은 무상으로 주어지는 것이다. 아이가 성장하면 어머니가 요구하는 것은 아이의 사랑과 신뢰뿐이다. 아이가 어머니에게 완전한 신뢰와 사랑을 줄 때, 아무리 심술궂거나 장난이 심한 행동도 모두 어머니의 사랑에서 묵인될 수 있거나 아니면 적어도 용서받을 수 있다. 마찬가지로 칼리의 귀의자들은 그녀의 용모가 아무리 무서워도 그녀의 사랑과 보호 아래라면 안전하다. 라마크리슈나가 거듭거듭 강조했듯이, 그녀는 성모인 것이다.

2. 시바

비록 크리슈나와 칼리라는 두 신이 다른 남녀 제신들의 주요 특성을 구현하여, 각자가 신성의 총체성을 대변한다고 해도, 크리슈나의 일차적 정체성은 신성의 아름답고 환희에 찬 측면이며, 칼리의 일차적 정체성은 추하고 무서운 측면이라는 사실에는 변함이 없다. 그런데 시바(Shiva)는 실재의 어떤 특정한 측면을 자신의 정체성으로 갖지 않는다. 그는 모든 대립물들이 화해되는 통일성, 존재의 정초를 이루는 통일성을 대변하고 있기 때문이다.

시바 신 안에 죽음과 생명, 고행적 물러남과 격정적 참여, 창조성과 파괴, 사랑과 분노의 이중성이 육화되었다. 그는 위대한 고행자로 이 세상에 대한 죽음을 상징하는 재가 검게 칠해져 있는 동물 가죽옷을 입고 있다. 그렇지만 그는 또한 만유의 창조적 리듬을 춤으로 만들어내는 아름다운 춤의 신이다. 시바 안에서 이러한 이중성은 상대방을 무효화하는 것이 아니라 서로를 보충하고 풍요하게 만든다. 그것들은 존재에 부가된 어떤 것이 아니라, 그것들이 바로 존재이다. 남성과 여성조차도 시바 안에 결합되어 있으며, 시바 자신의 인격 안에 절반은 남성으로 절반은 여성으로, 그리고 영원한 여성인 샥티와의 결혼 안에 결합되었다.

시바는 이러한 이중성을 자기 자신의 존재 안에 결합함으로써 이런 대립물들의 상호 보완성과 그들의 근본적 통일성을 보여준다. 해탈은 속박의 부재에서 일어나는 것이 아니며, 환희는 슬픔이 없는 곳에서 발생하는 것이 아니다. 이 대립물들이 보다 높은 실재에서 화해될 수 없다면, 목샤라는 영속적 평화와 자유에 도달하기란 불가능하다. 시바의 근본적 심볼인 링가(男根像)는 우주의 축軸을 이루며 그 너머로 무한히 확장된다. 이 사실은 시간적인 것과 영원한 것 사이의 양극성, 현현된 존재와 미현현된 브라만 사이의 양극성조차 그의 존재 안에서 극복되고 있음을 시사한다.

시바의 초월성을 강조하는 방식 중의 하나는 종교적 문헌에서 그에게 완전히 계발啓發된 인격 그리고 일관된 일대기의 부여를 거부하는 일이다. 시바의 신화 안에 얘기들은 풍부하다. 그러나 그것들은 이번에는 그의 존재의 한 측면만을, 다음번에는 다른 측면을 드러낼 뿐 결코 한 측면에 제일의적 의미를 부여하지 않으며, 그것들 모두를 단일의 인생사에 연결하지도 않는다. 물론 시바의 초월성은 모든 존재 안에 있는 그의 내재성을 배제하는 것은 아니다. 그가 창조한 이런 현현된 세계 안에 그는 편재하고 있기 때문이다. 따라서 신성한 존재가 인간 경험의 평범한 세계 안에 현존한 그대로, 신성한 존재의 다른 측면들을 전달하는 일에 있어서 이 얘기들은 중요하다.

1) 신화와 시바의 이름들

시바의 믿기 어려울 정도의 힘에 대해서 잘 알려진 옛날 얘기는 마하바라타에 전해진다. 악마들이 영원한 해악을 저지르며 제신과 전쟁하는 동안, 그들은 죽은 자에게 생명을 되돌려주는 마법의 호수에 몸을 담가 일종의 불멸성을 획득하는 일에 성공했다. 이제 제신이 그들을 파괴해버릴 것이라는 겁도 없이, 악마들은 세계를 휩쓸며 문명을 파괴했다. 많은 제신은 강력한 마법을 갖춘 악마들을 대항하기에 너무 무력하다는 점을 스스로 알고, 시바에게 와 구조를 요청했다. 원전은 말하기를, 그들이 비록 이 위대한 시바 신의 수많은 장엄한 모습을 상상했다고 해도, 그들이 시바 자신의 현현된 모습 안에서는 그들 모습 모두를 지니고 있으며, 그의 미현현된 존재 안에서 그들을 무한히 초월하는 것을 직접 보았을 때, 경외와 공경심으로 그 앞에서 땅에 엎드렸다. 시바가 가진 힘의 일부를 제공하겠다고 제안했을 때, 그들은 자신들에게 그 힘이 너무나 벅찰 것을 알기에 거절하고, 대신 그들은 그들이 가진 힘의 절반을 나눠주어 그가 원수들을 파괴할 때에 사용해 주기를 요청했다. 이렇게 그가 신들 가운데 가장 위대한 신이라는 점을 그 신들은 인정했다. 시바는 우주적 모든 힘에 거하며, 온갖 모습의 존재에 기운을 주고 있는 그의 강력한 에너지를 일으켜 악마들이 살고 있는 세 도시 위에 강력히 집중시켰다. 그 힘이 너무 강했기에 세 도시는 하나가 되어버렸고 그는 위풍당당한 활에서 쏜 단 한 발의 화살로 쉽게 악마들을 파괴하고 그들의 도시를 태워버릴 수가 있었다.(12. 274)

다른 얘기는, 옛날 옛적 만카나카(Mankanaka)라는 위대한 현자가 만유와 하나되려는 그의 요가적 노력에서 커다란 성공을 거둬, 손가락을 절단하면 수액樹液을 흘리게 될 정도가 되었다는 얘기이다. 그는 성공에 지나치게 기뻐한 나머지 거대한 에너지와 힘을 가지고 춤을 추었으며, 우주 전체가 자신의 일을 망각하고 그와 함께 춤추기 시작했다. 제신은 놀라서 시바에게 그들 자신과 전체 우주를 위해서 그를 중지시켜 달라고 부탁했다.

시바는 "인간과 동물이 가진 생명의 한계를 넘어가, 생명의 원초적 수액과 합일하는 것이 그토록 위대한 일인가?" 하고 그에게 물었다. "자, 이걸 봐라" 하고 말하며, 시바는 자신의 손가락 끝으로 엄지손가락을 잘랐다. 여기에서 눈처럼 새하얀 재가 분출했다. 이는 생사조차 초월하는 저 위대함과 시바가 하나임을 증명하는 것이다. 이를 본 만카나카 현자는 보다 겸손하고 온건한 관점을 회복하고 오만한 춤을 멈추었다.(바마나 푸라나Vāmana Purāṇa, 17)

또 다른 얘기는 고행자의 태도와 성애의 태도 사이의 긴장을 예시하고 있다. 이 긴장은 섹스에 대한 두 가지 상반되고 흥미로운 문화적 애매성으로 귀착된다. 시바의 정자는 이 우주 전체를 발생시킨 강력한 씨앗이다. 그렇지만 그는 최고의 고행자여서 사정을 거부한다. 그는 산山의 딸 파르바티(Pārvatī)라는 아름다운 여신에게 성적으로 이끌리게 되고, 그녀와 결혼한 뒤에 비로소 평화가 찾아왔다. 그러나 일단 결혼하자 그는 그녀가 필요로 하는 사랑을 주기를 거부하며 고행만 했다. 그는 모든 창조의 아버지면서도 아내를 임신시키기를 거부한 것이다. 파르바티의 자식들은 기이한 기원들을 가지고 있다. 그녀의 아들 가네샤(Ganesha, 또는 가나파티Ganapati)는 현대 인도에서 지극히 인기 있는 신이며, 그녀가 목욕하다 벗겨낸 때에서 탄생하여 그녀의 동료 겸 수호자가 되었다. 가네샤가 어떻게 코끼리 머리를 지니게 되었던가 하는 얘기는, 시바의 성급한 기질과 분노에 찬 행위를 예시한다.

가네샤가 목욕탕을 지키고 있던 어느 날 시바가 와서 들어가려고 했다. 가네샤는 주인을 알아보지 못하고 그를 막대기로 때렸다. 시바 자신이 파르바티의 남편이라는 점을 설명한 뒤에도, 청년 가네샤는 들여보내기를 거부했다. 이제 시바는 딱할 만큼 당혹했다. 그는 '내가 만일 물러서면 사람들은 내가 아내를 두려워한다고 말할 것이다'라고 곰곰이 생각했다. '그런데 만일 내가 아내의 수호자와 싸운다면 나는 그녀와 싸우는 셈이다. 어떻게 해야 할지 잘 모르겠다.' 분노가 치밀어 오르자 그는 시근거리기 시작했다. "여자가 어찌 이토록 완고할 수가 있겠는가? 특히 남편에게 그럴 수가 있겠는가? 이는 오로지 그녀 탓이다. 그렇다면 그녀는 행동의 열매를 거두어야 한다." 그렇게 말하고 그는 군대를 동원하여 가네샤와 그의 군세에 대항하는 전면전을 벌이도록 지휘했다. 전투가 잘 되지 않자, 화가 치밀어 오른 시바는 기회를 보아 강력한 일격으로 가네샤의 머리를 베어버리고 말았다. 아내의 아들이란 사실은 꿈에도 모르고서.

얘기는 계속된다. 파르바티의 분노는 세계를 파괴하려고 위협했다. 1백만의 신들이 그녀의 강력한 힘으로써 파괴되자 시바는 젊은 이의 생명을 살려주기로 동의했다. 그는 측근들에게, "북쪽으로 가시오. 가다가 그대들이 처음 만나는 것이 무엇이든 그 머리를 잘라 살해당한 젊은이에게 주시오"라고 말했다. 그들이 처음 만난 것은 외어금니의 코끼리였다. 지시에 따라서 그들은 그 머리를 잘라 가네샤의 몸 위에 붙여, 코끼리 머리를 지닌 자로서의 생명을 그에게 돌려주었다.

가네샤는 여러 면에서 시바의 정반대라는 점은 흥미롭다. 그는 행복하고 붙임성 있고, 축복과 번영의 시혜자이며, 성공과 번영의 주님으로 예배받고 있다.

물론 시바가 위대한 파괴자라고 해서, 존재를 창조하고 유지하고 양육하지 않는다는 사실을 의미하지는 않는다. 그는 수많은 얘기에서 대지 위의 생명을 유지하고 보호하기 위해서 강력한 힘을 사용하는 것으로 그려져 있다. 이 얘기들 가운데 잘 알려진 얘기 하나는, 그가 어떻게 천상의 강가(Gaṅgā, 갠지스 강)를 땅에 내려오게 했는가에 대해서 말한다. 한때 지독한 가뭄이 닥치자, 성자 같은 바기라타 왕은 조상을 위해서 정해진 제물을 만들 만한 물조차 찾을 수가 없었다. 그는 가장 엄혹하게 1천 년간 닦은 고행으로 생성된 엄청난 힘을 통해서, 천상의 강물을 땅에 내려 보내도록 브라마를 설득시킬 수가 있었다. 그러나 천상의 강이 너무 엄청나 땅에 곧장 떨어지는 물의 힘이 지구를 쪼개고 흩어버릴 것 같았기 때문에, 브라마는 바기라타 왕에게 위대한 시바가 알아차리고 도우러 올 때까지 고행을 계속하도록 충고했다. 상상할 수 있는 가장 강력한 정신집중을 행한 1년 후, 시바가 이를 알아차리고 도와주기로 마음먹었다. 그의 거대한 머리를 내려오는 강물의 물길 위에 두어 길게 많은 머리카락으로 강물의 하강을 부드럽게 했고, 히말라야 산 위에 부드럽게 흩어지게 하며 작열하는 열사의 인도 평원으로 흘러내리도록 했다.

존재에 대한 관심과 보호를 예시하는 또 다른 얘기는, 시바가 어떻게 전 우주를 위협하는 유독한 독액을 마셨는가를 말한다. 제신과 악마들은 불사의 감로수를 얻기 위해서 거대한 우유 바다를 휘젓고 있었다. 그들은 신성한 뱀인 바수키를 휘젓는 새끼줄로, 거대한 만다라 산을 휘젓는 막대기로 사용하여 1천 년 동안 격렬하게 휘저었다. 갑자기 끔찍하게 유독한 독액이 뱀의 수천 개의 입에서 분출되어 나왔고, 인간·신·악마의 존재 자체를 위협하게 되었다. 위대한 비슈누의 간청에 감동한 시바는 그 우유 바다를 휘저어서 생긴 최초의 열매인 독액을 선물로서 받아들이겠다고 동의하고, 독액을 불사의 감로수인 양 삼켜버려 존재를 절멸에서 구해냈다. 시바의 위대한 힘들은 독이 그를 상하게 하는 것을 막을 수 있었다. 하지만 독액은 그의 목에 검푸른 반점을 남겨 놓았다. 이것이 예술적 묘사에서 흔히 표현되는 특성이며 그의 호칭 중에 하나인 닐라칸타(Nīlakaṇṭha), 즉 '푸른 목'이라는 칭호의 기원이 되었다.

'푸른 목'은 시바의 많은 이름들 중 하나일 뿐이며 대부분의 이름들은 갖가지 신성한 공적에서 얻은 것이다. 그는 모두 합해 1,008개의 이름을 가지고 있다. 이 숫자는 그가 궁극적으로 이름 지을 수 없음을 시사한다. 가장 흔히 그는 간단히 '상서로운'이라는 뜻의 시바로 불린다. 그러나 그는 또한 하라(Hara), 즉 '위대한 제거자'로도 알려져 있는데, '앞길을 가로막는 만물을 파괴하고 싹쓸이하는 자'란 뜻이다. 한때 이 이름은 파괴의 신과 불과 열의 근원으로서의 기능을 지칭했다. 그렇지만 시바가 신들의 주님(Maheshvara)으로 인정받게 되자, 이 이름은 가끔 그가 파괴의 파괴자라는 것을 의미하는 것으로 해석되기도 했다. 마찬가지로 그는 마하칼라(Mahākāla), 즉 위대한 시간 겸 시간의 주인으로서 시간의 격류 안에 있는 모든 존재를 삼켜버리지만, 시간 자체를 삼켜버림으로써 동시에 영원한 생명의 수여자가 되기도 한다. 그는 수면의 주님으로 유사한 기능을 수행한다. 존재가 피곤하고 기진맥진하여 시바의 숙면 안으로 들어가면, 시바는 그것을 재충전하고 재창조하기 때문이다. 현대의 심상心像에서 보면 우리는 수면의 주님을, 재생시키는 위대한 행위자로, 즉 오로지 새 모습으로 창조해 내기 위해서 늙고 기운 없고 닳아빠진 존재를 삼키는 행위자로 생각할 수 있다.

시바의 다른 이름들은 보호하는 자비로운 본성을 드러내고 있다. 샤노도트카라(Shanodotkara, 환희의 시여자)와 샴부(Shambhu, 환희의 처소)는 만유가 최종적으로 휴식하는 장소로서의 그의 역할을 의미하고 있는데, 오직 위대한 주님 안에서만 영원한 지복이 발견되기 때문이다. 그는 파슈파티(Pashupati), 짐승의 주로서 신성한 목동이다. 모든 창조된 존재는 그의 가축 떼이며, 그는 그들의 보호자이고 수호자이다. 그는 파괴자이긴 하지만 만유의 피난처이기도 하기 때문이다. 그는 위대한 요가행자라고 불린다. 그는 그 자신의 창조적이고 파괴적인 힘마저 요가의 기술로써 초월하기 때문이며, 요가의 기술을 통해서 현현된 존재의 미현현된 근원이 알려진다. 분파적 문헌에서는 위대한 주와 위대한 신(Mahadeva)이라는 호칭들이 흔히 사용되는데, 이는 다른 제신에 대한 그의 우위성을 시사한다.

시바의 신화들이 이 위대한 신에 대해서 약간의 통찰력을 제공하지만, 그의 도상학圖像學적 이미지들은 훨씬 많은 것을 밝혀준다. 링가는 그의 초월의 제1차적 심벌이며, 전통에 따르면 유일한 '부동不動'의 심벌이다. 그를 춤의 주主로 그려내는 대중적 묘사는, 그의 신성한 에너지와 대극적 대립물들을 통일하는 기운에 대한 놀라운 계시이다.

2) 도상학적 이미지들

시바의 파괴자와 창조자로서의 동시적 기능들이 가장 분명히 묘사된 것은 춤의 주主다.(490쪽 그림 참조) 그는 여기에서 우주의 원초적인 창조적 에너지를 육화하며, 춤의 박자를 생명의 리듬으로, 기운찬 움직임의 모습들을 박신거리며 모여 있는 수많은 생명의 모습들로 변화시키고 있다. 이 우주 전체는 시바의 영원한 춤의 결과 이외의 아무 것도 아니며, 이 춤은 결코 끝나지 않는 과정 안에서 세계를 창조하기도 하고 파괴하기도 한다.

시바는 오른편 위쪽의 손에 그의 춤을 위해서 리듬을 제공하는 북을 쥐고 있다. 북은 존재의 최초의 형상들과, 계시와 진리의 최초의 약동을 창조하기 위해서 공간의 에테르 안에서 진동하는 영원의 소리를 상징한다. 반대로 왼쪽 위 손바닥에는 불꽃이 들려져 있으며, 이는 파괴의 힘을 표시한다. 소리로 육화된 창조성과 불로 육화된 파괴라는 이 두 개의 대극적 힘들은 상대편을 견제한다. 그것들은 균형 안에서 모든 현현된 존재를 상징하는 지속적 창조와 파괴를 이루고 있다.

그러나 창조와 파괴의 광란의 춤에 대해서 아무 것도 두려워할 것은 없다. 이 점은 오른편 아래 손에 의해서 상징되고 있으며, '두려워하지 마'라는 몸짓(무외인無畏印)으로 드러났다. 코끼리의 '손'(코)을 모방하는 자세를 취하는 왼편 아래 손은 들어 올린 왼편 발을 가리키고 있으며, 이 발은 시바의 귀의자들이 예배를 드리면 그들에게 피난처와 구원을 제공한다는 뜻이다. 오른편 발은 무명의 악마 위에서 춤추고 있다. 이 무명은 청정한 지혜를 얻기 위해서 반드시 짓밟아야 한다. 그리고 이 청정한 지혜는 사람을 속박에서 해방시켜, 세상의 부단

춤의 왕 시바(출처: Wikipedia)

한 창조적·파괴적 힘들을 알게 해준다.

그렇게 해서 춤추는 시바는 보통 그의 위대한 화현들로 예배 받는 원초적 에너지의 다섯 가지 활동을 육화한다. 창조·유지·파괴·은폐·은총이 그것들이다. 북을 쥐고 있는 손은 창조적 힘과 리듬을 뜻하고, 불꽃을 가진 손은 파괴를 뜻하며, '두려워 마'라는 몸짓은 유지를 상징한다. 오른편 발은 실재의 진정한 본성을 숨기는 엄폐하는 무명의 화신 위에서 춤추고 있는데, 무명은 우리로 하여금 대립물들의 유희를 궁극자로 오인하도록 만든다. 들려진 왼편 발은, 주님이 신애와 예배로써 그에게 오는 자들에게 허락해 줄 수용과 계시를 뜻한다.

우주적 춤꾼의 부단한 정력적 선회가 위대한 주의 본성을 다 드러내는 것은 아니다. 그의 얼굴을 보라! 놀랍도록 고요하며, 춤추는 주의 광란의 행동으로부터 아주 동떨어져 있다. 균형 잡히고 움직이지 않는 머리와 놀랍도록 고요한 얼굴은 시공과 그 시공 안에 있는 대립물들이 벌이는 열광적인 유희의 초월을 상징하며, 삼사라가 궁극적으로 정복될 수 있다는 사실을 드러낸다. 아름다운 내적 미소는 보다 깊은 실재 안으로 흡수되는 지복, 즉 소리와 침묵, 시간과 영원, 운동과 정지 등의 대립물이 보다 위대한 통일과 신성한 평화 안에서 화해하는 장소인 보다 깊은 실재 안으로 흡수되는 지복을 반영한다.

춤 전체는 불의 신성한 원환 안에서 일어나고 있으며, 이것은 존재의 신성성神聖性과 삼사라로부터의 최후의 해방을 나타내는 무명과 미망의 파괴를 상징한다.

춤추는 신의 얼굴은 또한 고행자의 얼굴이기도 하다. 고행자는 세계의 이중성을 초월하는 자기 충만의 평화와 평온을 몸으로 표현한다. 그러나 동시에 춤추는 신은 일체의 대극성 안에 화현된 존재 에너지의 총량이다. 이 양자는 하나의 동일한 실재 안에 결합되며, 이런 사실은 초월적인 것과 내재적인 것, 화현된 것과 미화현된 것, 힘과 존재 사이의 궁극적 통일을 선포한다.

궁극 실재의 초월적 통일은 링가에 의해서 가장 훌륭히 상징되는데, 일반적으로 링가는 시바의 가장 완벽한 상징으로 인정받고 있다. 그것은 그의 내재적 힘과 정력을 시각적으로 선포하면서도 그의 초월성을 강조한다. 링가는 그 위에 둥근 모양의 상단을 가진 검정색의 윤이 나는, 원통 모양의 돌의 모습으로 가장 자주 나타난다. 링가는 우주의 여성적·창조적 에너지로서 음문陰門의 상징인 요니, 흔히 링가 기저부의 용기를 이루는 요니와 결부되어 함께 나타난다. 요니는 더 자주 원통형 링가 둘레에 놓인 작은 돌들로 이루어진 원환으로 표시되어, 존재의 남녀 양성의 영원한 생식력을 묘사한다.

링가는 분명 남성적 음경의 상징이지만 성애를 표시하지는 않는다. 그것은 도리어 시바의 남성적·창조적 에너지를, 창조적 과정에서 소비되기 전에, 속에 들어 있고 제어되어 있는 상태의 에너지를 상징한다. 뭄바이 부근의 엘레판타 동굴(Elephanta Caves)은 시바적 예술과 상징적 표현들로 풍부한 곳인데, 동굴 사원의 전체 복합건물이 중심 동굴 사원 안에 링가를 모시고 공경하기 위해서 고안되었다. 거기서 링가는 존재의 중심에 우뚝 서 있으면서 우주를 창조하고 우주를 그 미현현된 충만으로 다시 끌어들이고 있다.

1천4백 년 정도 묵은 놀라운 백색 화강암 조각상이 하나 있다. 20세기 뭄바이 인근의 파렐에서 도로 건설 중에 발견된 것이다. 그것은 높이가 4미터 정도로 직립해 있고 시각적으로 위대한 신의 초월적 통일을 선포하며, 동시에 그의 역동적이고 다차원적인 내재성을 확언한다.

　고 하인리히 침머는 인도 예술과 인도 이념을 깊이 이해한 학자로서, 거의 보편적으로 인도 학자들의 예찬을 받고 있었다. 침머는 파렐의 상징적 표현에 대해서 논하면서 이렇게 말한다. "이런 경이로운 화강암의 최고 걸작이 그런 것처럼, 힌두 정신에는 화현–과정–부단한 전개의 역동성과, 영원한 존재의 고요하고 정태적인 정적靜寂 사이에 궁극적이고 경탄할 만한 균형이 존재한다. 이 기념물은 모든 종류의 대립물이 하나의 초월적 근원 안에서 총체적 통일과 일치를 이룬다는 점을 가르쳐준다. 그 근원에서 대립물들이 쏟아져 나오고, 그 안으로 다시 가라앉는다."(Heinrich Zimmer, 『인도 예술과 문명에서의 신화와 상징』, p.136)

　침머에 따르면 조각의 전체적 구도는 초월적 시바의 링가 구도이지만, 중심에 위치한 시바 조상의 위와 옆에서 성장해 나오는 일련의 신들을 통해서 내적 역동성을 드러내고 있다. 이 모든 것이 링가의 내부를 보도록 허용해 주는 커터웨이 수법* 덕분이다. 시바의 중심적 조각상은 양발로 굳건히 서 있고, 오른팔은 염주를 가지고 있으며 무엇인가를 가르치려는 몸짓으로 외부로 뻗어 있다. 시바의 힘을 보이기 위해서, 두 번째 신, 또 다른 시바는 첫째 시바에서 성장해 나온 것으로 보인다. 그런 다음, 셋째 시바는 둘째 시바에서 성장해 나온다. 둘째 시바는 방랑하는 고행자의 물병을 왼손에 들고 있으며, 오른손은 선정의 몸짓을 취한다. 셋째 시바는 열 개의 손을 반원의 방향으로 뻗고 있으며, 악을 정복하는 영웅적 힘과 위대한 신이 선정에

---

*　〔역주〕(도해 따위가) 바깥쪽의 일부를 잘라서 내부가 보이도록 하는 수법.

서 얻는 영적 힘을 동시에 상징한다.

링가의 역동성은 삼중적 시바 중심축의 좌우 양방향에서 솟구쳐 나오는 또 다른 시바 모양의 조각상들에 의해서 더한층 잘 드러난다. 각 조각상은 생명으로 약동하며, 전체가 원초적인 에너지-물질이 폭발해서 이 상 안으로 들어가는 느낌을 전달한다. 침머는 다음과 같이

역동적인 시바 남근(출처: Rapho Agence Photographique)

제11장

해설한다. "석판의 표면을 가로질러 약동하며 넘실거리는 활발한 유기체의 생명력으로써, 저 거대한 화강암 석판은 수직으로 수평으로 확장되는 듯이 보인다."(침머, 앞의 책, p.134) 전개되어 나온 모든 생명 모습들의 뿌리에 있는 어떤 원초적인 생명 모습처럼, 저 시바의 링가는 부단한 자기 복제의 과정을 통해서 자신을 표현하는 에너지로 충만하였다. 이것이 시사하는 바는, 모든 생명의 모습과 그 성장은 궁극적으로 시바가 보유하는 우주적인 자기 복제적 에너지의 표현일 따름이라는 점이다.

세 개의 중심적 조각상들은 창조주 브라마, 유지자 비슈누, 파괴자 시바라는 그의 삼위일체의 모습으로 존재하는 위대한 주로 보일 수 있다. 이 세 기능은 존재를 특징지으며 존재를 가능하게 한다. 그러나 세 개의 기능과 신들은 궁극적으로 동일한 원초적 에너지 존재(energy-being), 여기에서는 시바와 일치된 에너지-존재의 다른 측면일 따름이다. 결과적으로 기초적 시바에서 흘러나오는 모든 존재는 이 원본의 복사품과 같다. 그 역동적이고 다양한 현현들 안에, 그리고 그 장엄한 미현현된 근원 안에 존재하는 세계 전체가 현현된 모습과 미현현된 모습 모두 안에 거하시는 주님 이외의 아무 것도 아니라는 것을 말해주는 이 방법은 얼마나 아름답고 힘찬 방법인가!

3. 관점들

이제 궁극 실재의 인격적 모습들 중 세 개의 상당히 다른 힌두교도의 이미지를 검토했으므로, 우리는 한 걸음 물러나 보다 폭넓은 관점을 얻어서 신애의 힌두교에 대한 이해를 깊이 할 필요가 있다. 이 목표를 위해서 세 개의 중요한 질문에 대답하는 일이 유익할 것이다. 힌두교 전체에서 신애 사상의 위치는 무엇인가? 유신론적 힌두교의 정초가 되는 목적과 정당화의 논리는 무엇인가? 힌두교는 궁극적으로 다원론적인가, 일신교적인가, 아니면 일원론적인가?

첫째 문제로 되돌아가, 신애 사상은 그 중요성에도 불구하고 종교적 변화로 지향하는 힌두교적 접근 태도를 몽땅 망라한 것이 아니라는 점을 지적해야 한다. 인격적 신에 대한 신애가 5세기 이후 점차 뚜렷해졌지만, 그 발전은 구원의 다른 수단들을 배제하지 않았다. 여러 종류의 야즈냐와 함께 요가와 여러 유형의 고행이 계속해서 중요했다. 삶에서의 커다란 사건들은 성례전聖禮典의 제의에 의해서 계속 축복받았으며, 베다의 제문祭文이 종종 사용되었다. 신애 사상은 계급과 카스트를 초월하려는 경향을 가지고 있는데, 계급의 의무와 인생 단계를 그리 강조하지 않았다. 하지만, 계급과 카스트가 가지고 있는 규범과 인생 단계가 가지고 있는 규범적 이상은, 바로 현대에 이르기까지 힌두교의 기초적 틀을 지속적으로 제공해 왔다. 가장 좋아하는 남녀 신에게 바쳐진 신애의 찬송과 시가 예배자들에게 인기가 있다고 해도, 베다의 희생 제의적 제문과 우파니샤드의 지혜는 힌두교도의 삶에 계속 영감을 불어넣고 삶을 지도해 왔다. 목샤, 즉 모든 형태의 고통과 온갖 종류의 한계를 인간 존재에서 제거해 준다고 약속하는 완전 자유라는 목표인 목샤는, 선택된 접근법과 사용된 수단과는 관계없이 모든 힌두교도에게 계속하여 인생의 근본적 목적이 된다.

신애의 길의 발전은 다른 종류의 구원의 길과 부합하지 않는 것으로 간주되지는 않았다. 그것은 보완적이며 따라서 힌두교로 불리는 이상과 실천의 보고寶庫에 보태졌다. 신애의 길은 인도 아대륙에서 만나고 채용되었던 모든 다른 이념이나 실천과 더불어, 여기 힌두교라는 보고 안에 함께 존재한다. 아무 것도 전면적으로 부정되거나 버려지지 않았다. 새로운 것은 오래된 것에 단순히 보태졌을 뿐이다. 상대적으로 덜 사용하게 되며 덜 중요한 것으로 전락해버린 예전의 것조차도, 계속되는 전통의 일부, 즉 거기에서 모든 새로운 것이 나오고 그것을 다시 그 안으로 반드시 받아들이는 전통의 일부로 기억되었다.

힌두교의 다른 모든 형식처럼 유신론적 힌두교의 근본 목적도 완전한 자유의 성취이다. 이 목적은 인간 존재의 일체의 한계를 제거함으로써만 획득될 수 있다. 완벽한 존재의 무제한성에 몰입하는 일은 인도의 사유와 행동 안에 편재한다. 그 무제한성은 우주론적 규모의 광대무변 안에, 그리고 시간의 무한을 상징하는 뱀(蛇), 예술, 건축, 조각의 끝없는 자세함, 지루하고 끝나지 않는 작곡과 공연 안에 반영되었다. 천상의 삶이 아무리 위대하고 경이로워도, 그것조차 목샤가 나타내고 있는 완전한 무제한성과 자유라는 목표에 견주면 보잘것없고 제한되었다. 창조되고 현현된 존재의 관점에서 보면 시간은 끝이 없다. 그런데 시간 안에서는 완벽도 자유도 전혀 없다. 윤회의 바퀴는 계속 돌아가며 창조와 파멸의 과정들을 끝없이 반복한다. 시간의 파괴를 넘어가는 것만이 시간의 삼킴으로부터 구원받을 수 있다. 완전한 자유를 성취하자면, 모든 존재를 삼키는 시간 자체가 소진되어야 한다.

시간이 자유와 완전성의 이름으로 초월되어야 하는 유일한 한계는 아니다. 공간 역시 만유를 제한한다. 힌두교 신화의 우주론은 상상력이 허락하는 정도만큼 공간의 경계를 한껏 확장하고, 무수히 많은 수백만 개의 우주를 상정한다. 우주 하나하나는 셀 수 없이 많은 수백만 개의 행성을 포함하고 있으며, 각 행성은 이 태양계보다 크고, 태양계는 지구 이외에 수백만 개의 천체를 가지고 있다. 공간이 광대무변하나, 자유는 그 경계를 넘어서기를 요청한다. 그리하여 불사의 자아와 지존의 신, 이 양자는 시공을 초월하는 것으로 생각된다. 시공은 비슈누나 브라마의 육신 안에, 또는 시바의 링가 안에 영원히 포함되어 있으며, 시공은 여기 링가에서 주기적으로 생겨 나오고 그 안으로 흡수되어 들어간다(수십억 년마다 한 번씩). 그러나 생겨나고 재흡수되는 세계들처럼, 시공들도 역시 영원하고 공간 없는 (무한의) 실재 안에, 즉 시간과 공간 그리고 현현된 존재를 그 자체의 존재 안에서 초월하는 실재 안에 근거한다.

인간 존재의 내적 본질과 존재의 영원하고 무한한 토대인 범아(Ātman-Brahman)의 일치를 통해서, 시공의 속박에서 해탈한다는 이론적 기초가 수립되었다. 존재의 영원하고 무한한 바탕을 신과 같은 인격적 모습을 빌려, 존재의 근본적 힘들과의 인격적 관계를 수립할 수 있었다. 인격적 남녀 신에 대한 신애를 통해서 힌두교도들은 그들이 진정한 자아와 궁극 실재로 보통 오인하고 있었던, 좀 낮은 양상의 실재 안에 내재되어 있는 한계를 초월할 수 있음을 발견했다.

우리는 지금 이 장의 처음에 옆으로 제쳐두었던 중요한 문제로 돌아가고자 한다. 즉 "힌두교는 다신교적인가, 일신교적인가, 또는 일원론적인가?"라는 문제다. 지금쯤이면 이 질문이 힌두교의 사유나 실천에 적합하지 않다는 것이 명확해졌을 것이다. 이 질문은 다신교, 일신교, 일원론이 상호 배타적인 대안임을 상정한다. 반면 힌두교도들은 그것들을 부분적이지만 상호 보완적 비전들로 간주할 것이며, 각 비전은 그 자체의 관점에서는 옳은 것이 된다. 그 질문을 단도직입적으로 부정하는 데까지는 가지 못하지만, '힌두교는 보기에 따라서 동시에 다신교적, 일신교적, 일원론적이다'라고 말하는 것 정도가 힌두교도가 보이는 반응일 것이다.

힌두교는 다신교적으로 보인다. 실재 모두가 거룩한 것으로 여겨지기 때문이다. 그리고 이런 거룩한 존재는 여러 신들로 나타나고 예배 받는 다른 측면들을 가진다. 크리슈나, 칼리, 시바, 그리고 수십의 다른 남녀 제신은 힌두교의 다신교를 선포하는 듯 보인다.

그러나 이것은 기이한 종류의 다신교이다. 우리가 살핀 대로, 각각의 신은 그 귀의자들이 지존의 신 또는 여신으로 간주하며, 다른 신들은 간단히 이 지고의 신이 취하는 측면이나 차원으로 보이기 때문이다. 그리하여 시바는 지고의 주이며 다른 일체 남녀 제신의 육화이므로 시바 외에 아무 신도 존재하지 않는다는 것은 분명하다. 칼리, 크리슈나에 대해서도 같은 말을 할 수 있다. 그렇다면 힌두교는 아주 분명히 일신교적이다!

그렇지만 어떤 하나의 남신이나 여신이 모든 다른 신들을 육화한다는 이해는 궁극 실재의 인격적 모습을 넘어 만유까지 나아가며, 심지어 제신의 근원 자체와 바탕 자체에 해당되는 단일의 미현현의 실재까지 나아간다. 따라서 힌두교가 일원론적이기도 하다는 점은 명확하다.

다신교의 기초를 이루는 통찰은 신성한 존재가 만물과 만인 안에 현존한다는 통찰이다. 이 견해가 논리적으로 발전하면, 단일의 남신 또는 여신 안에 육화된 실재가 갖고 있는 창조하고 구원하며 유지하는 힘들의 신성성을 인정하는 정도를 훨씬 넘어간다. 강, 나무, 동물, 언어, 사랑, 듣기, 비전, 용기, 군사력 등이 모두 인도에서는 신성한 것으로 인정받으며 신들로 존경받고 있다. 그렇게 해서 야즈냐발크야가 신이 몇이나 존재하는가라는 질문을 받았을 때, 그는 처음에 '3,003'이라고 했다가 이 숫자를 계속 줄여 나가 마지막에 어떤 신도 존재하지 않는다는 데까지 나아간다. 다른 모든 신이 대변하는 신성함은 실제로 동일한 궁극적인 신성한 힘이기 때문이다. 그리고 이 궁극적 힘은 그 자체로 인간의 관념을 넘어간다. 이런 이유로 신, 즉 지존의 인격으로서의 궁극자에 대한 관념조차도 결국 모든 한계를 초월하는 영적 일원론 안에서 초월되고 만다. 그러나 다신교의 접근법은 일상생활에 중요한 개별 생명과 개별적인 힘의 신성함을 보존한다. 그것은 신성함의 영역을 삶의 모든 면과 세상의 모든 구석까지 확장시키는 것이다. 반면 일신교는 이런 신성한 힘을 통일하여, 그것을 하나의 지존의 인격으로 삼아 접근하는 것이다.

앞 장에서 본 대로, 힌두교도는 존재의 신성함에 접근하는 일에 있어서 하나의 접근법을 앞세워 다른 접근법을 제거해야 하겠다는 일에 커다란 강박감을 갖고 있지 않다. 궁극자에 대한 어떤 하나의 개념도 그 본질을 전부 포착할 수 없으므로, 궁극자로 이르는 통로를 만들거나 궁극자와의 관계를 발전시키는 접근법이라면 그 어떤 것도 거부되어서는 안 된다. 대신, 모든 다른 접근법은 공존하도록 허용되어야 한다. 그것들이 상호 보완적이고 상대를 풍요롭게 하기 때문이다. 그들의 상호 보완성은 다음과 같은 직관에서 도출된다. 즉 거룩하고 신성한 것 그 자체는 나누어지지 않는다. 따라서 인간의 접근법에 의해서 표면적으로 분할되어 보이는 수많은 실재들은, 거룩한 실재 안의 궁극적 차이들이라기보다는 오직 접근법의 차이들을 표출하고 있을 뿐이라는 것이 바로 그 직관이다.

가령 누가 실재에 대한 이해는, 실재를 질서 정연한 자그마한 파편들로 쪼개 질서 정연한 작은 무더기들로 쌓아 두고 "이것 아니면 저것, 둘 다는 안 돼?"라는 표지를 붙일 수 있는 배타적 논리에 의해서 지배되어야 한다고 역설한다면, 궁극 실재를 다신교적, 일신교적, 일원론적으로 동시에 인정하는 힌두교도의 태도는 자기모순이며, 혼미와 하찮은 논리의 결과로 보일 수도 있다. 그러나 만일 실재를 논리와 개념적 사고를 훨씬 능가하는 것으로 본다면, 논리적 그물에 걸리지 않는 실재의 모든 차원과 측면을 배제하고 무시하는 일은 옹졸하고 자의적인 일이 된다. 논리는 그 자신의 영역에서는 가치가 있고 그 규칙들은 반드시 존중되어야 한다. 그러나 영혼은 마음이 이해하는 것보다 더 많이 알고 있으며, 마음의 수단으로 영혼을 죽이는 일은 비극적 실수가 될 것이다.

요약

크리슈나에 초점을 맞추었던 10장에서 우리가 살펴본 대로, 힌두교도들은 궁극자의 신성한 힘을 상징하는 남녀 제신을 통해서 궁극 실재와의 인격적 관계를 추구해 왔다. 이 장에서 우리는 궁극 실재의 인격적 현현들인 칼리와 시바에 초점을 맞추었다.

칼리는 실재의 끔찍하고 파괴적인 측면을 육화한다. 피에 굶주린 괴물로서의 괴기한 이미지를 가진 여신, 희생물을 죽이고 피를 마시고 묘지와 화장터에서 축제를 열며 남편의 몸 위에서 춤추고 있는 여신은 고통·고독·죽음에 대한 공포를 인식하고 받아들이도록 강요한다. 칼리의 끔찍하고 무서운 이미지들이 그녀의 귀의자들에게는 친절과 사랑을 시사한다. 성모는 상처와 죽음이라는 추함을 드러내, 그것들에 대한 우리의 공포를 정복할 수 있게 해주며, 우리의 존재 안에 있는 평화와 환희를 경험할 자유를 획득할 수 있게 해준다. 궁극적으로 그녀는 고통·공포·죽음의 파괴자여서, 귀의자들은 그녀가 요구하는 피의 제물을 가지고 자애로운 어머니의 발아래서 예배드리기 위해서 나온다.

시바는 모든 대극성의 보완성과 근본적인 통일을 표출한다. 시바 안에서 남성과 여성, 삶과 죽음, 창조와 파괴, 고행과 격정적 참여가 화해된다. 시바에게 하나의 인격이 주어졌다고 해도,—실제로는 일련의 인격들, 수많은 일생에 대한 얘기들, 사실상 수많은 인생담의 단편이겠지만—시바의 가장 완벽하고 근본적인 상징은 링가이다. 남근의 심벌로서 링가는 궁극 실재의 창조적 에너지를 시사한다. 이런 에너지는 세계 창조의 충동 안에서 소비되기 전의 힘, 그 순수하고 제어된 강력한 힘을 지니고 있는 모습 안에 존재한다. 링가는 우주의 축이고, 현현된 세계를 넘어 무한히 확장된다. 이는 시간적인 것과 영원한 것 사이의 대극성, 현현된 존재와 미현현된 브라만 사이의 대극성조차, 시바의 존재 안에서 극복되고 있음을 보여준다. 링가는 속박과 해탈, 또는 고와 환희 사이에 존재하는 대립이, 영구 평화와 목샤의 자유를 가능하게 해주는 보다 높은 통일안에서 화해될 수 있을 것이라는 진리를 육화하고 있다.

힌두교는 다신교·일신교·일원론 중에 하나를 선택하라고 가해지는 배타적 논리의 압력에 저항하며, 세 가지 선택지를 모두 동시에 수용하여 각각의 진실을 선언하고 있다고 볼 수 있다. 일원론의 진리는 궁극자가 다른 남녀 제신으로 인정받은 인격적 모습으로 현현하는 것을 막지 않으며, 그로 인해 존재의 모든 모습의 신성함을 확인한다. 그러나 모든 다른 남녀 제신의 근저에 있는 통일을, 궁극자라는 동일한 최고의 인격의 다른 화신들이라고 단언한다는 점에서 힌두교도는 일신론적이다. 마음은 여기에 모순을 볼 수도 있겠으나, 영혼은 하나의 위대한 진리를 인정한다.

더 읽을거리

Daniélou, Alain, *The Gods of India : Hindu Polytheism*, New York : Inner Traditions International, 1985. 힌두교도의 다신교에 대한 가장 좋은 책 중의 하나. 사진도 탁월하다.

Hawley, John S. and Donna M. Wulff, *Devī : Goddesses of India*, Berkeley : University of California Press, 1996. 칼리 및 다른 모습의 여신들을 탐구하는 전문가들이 쓴 논문 모음집.

Hopkins, Thomas J. and Bruce Stewart, *Guide to Hindu Religion*, Boston, Mass. : Hall, 1981. 힌두교 관련 영어책에 대한 좋은 참고문헌을 가지고 있다.

Kinsley, David R., *Hindu Goddesses : Visions of the Divine Feminine in the Hindu Religious Tradition*, Berkeley : University of California Press, 1986. 힌두교 내의 여신 전통에 대한 탁월한 입문서.

Kramrisch, Stella, *The Presence of Siva*, Princeton, N. J. : Princeton University Press, 1992. 이 책은 시바 여신에 대한 최고의 연구서 중의 하나. 비상한 사진들도 담고 있다.

_____, *The Hindu Temple*, Raymond Burnier(ed.), Delhi : Motilal Banarsidass, 1976. 힌두 사원에 대한 고전적 연구.

_____, *Exploring India's Sacred Art : Selected Writings of Stella Sramrisch*, Barbara Stoler Miller(ed.), Philadelphia : University of Pennsylvania Press, 1983. 힌두 예술에 대한 아주 좋은 책.

Younger, Paul, *The Home of Dancing Śivan : The Traditions of the Hindu Temple in Citamparam*, New York : Oxford University Press, 1995. 치담바람

(Cidambaram)에 위치한 춤추는 시바 신을 모시고 있는 유명한 사원에 대한 심원한 연구이자 단일 힌두 사원에 대한 최고의 연구.

_____, *Playing Host to Deity : Festival Religion in the South Indian Tradition*, Oxford and New York : Oxford University Press, 2002. 남인도에서 실천되는 힌두교에 대한 훌륭한 입문서. 특히 축제에 초점을 두고 있다.

Zimmer, Heinrich, *The Art of Indian Asia, Its Mythology and Transformations*, Joseph Campbell(ed.), Bollingen Series, New York : Pantheon Books, 1960. 인도 예술, 특히 종교 예술분야의 기초 이념들에 대해서 시각적으로 개념적으로 이해한 것을 섬세하게 종합한 것.

_____, *Myths and Symbols in Indian Art and Civilization*, Joseph Campbell(ed.), Bollingen Series, Princeton, N. J. : Princeton University Press, 1972. 500개 이상의 도판이 모두 섬세하게 묘사되었다. 인도의 가장 위대한 예술을 통해서 인도의 마음과 심정에 접근하게 하는 매력적이고도 즐거운 기회를 제공한다.

제12장 **철학 체계들**

속박, 해탈, 인과율

1. 인도 철학 체계들의 특성

앞 장들은 인생의 고통과 한계로부터 해탈을 달성하는 것에 대한 인도인의 깊고도 넓은 관심을 분명히 했다. 이런 관심은 인도 철학 체계들의 기초를 이루고 그것들을 위해서 동기를 부여하고, 대부분의 희랍과 유럽의 철학들로부터 구별해 내고 있다. 한 면에서 보면 인도 철학의 근본적 물음은 서양에서의 물음과 동일하다. 실재란 무엇인가? 자아란 무엇인가? 지식이란 무엇인가? 인과율의 본성은 무엇인가? 그리고 최고선이 어떻게 성취될 수 있는가? 그러나 다른 면에서 보면 상당한 차이가 있다. 왜냐하면 인도에서는 이런 질문들에 대답하는 것은 제1차적으로 세계에 대한 인간의 호기심을 충족시키는 수단이 아니라 속박을 극복하는 수단으로서 중요하기 때문이다. 아리스토텔레스는 철학이 경이에서 생겨났다고 말하고, 인도 철학자들은 철학이란 고를 극복하기 위한 노력에서 나왔다고 주장하고 있다.

무엇이 속박을 일으키는가? 그리고 어떻게 해탈이 성취되는가? 이런 질문들이 자아, 실재, 인과율, 지식의 본성에 대해서 인도 철학자들을 이론적이고 보편적인 질문으로 이끌어갔던 실천적 질문들이다. 이와 같은 근본적 질문들에 대한 고찰은, 해탈을 얻기 위한 실천적 노력을 위해서 향상된 기초를 제공하는 것으로 기대되고 있다. 자이나교·불교와 요가에 대한 우리의 공부는 모두 인도 사유의 실천적 차원을 보여주었으며, 이 차원은 베나레스의 초전법륜에서 붓다가 공표한 사성제 안에 극명하게 증명된 바 있다. '고가 있다'라는 첫 번째 진리는 인간의 상태가 고(duḥkha)에 대한 속박의 상태라는 사실을 확립하고 있고, 두 번째 진리는 이런 속박이 연생緣生된 것임을 선언하고 있으며, 세 번째 진리는 무명과 취착이 근본 원인이라는 것이다. 네 번째는 팔정도를 따르면 해탈이 가능하다는 것이다. 불교 철학의 모든 질문들은, 붓다가 성취했던 이런 네 가지 통찰을 이해하고 옹호하려는 시도에서 생겨 나온다.

인도 철학의 실천적 방향 설정에 대한 탁월한 예증은 인도의 가장 위대했던 철학자 중의 한 사람인 샹카라의 저작 『일천송頌의 가르침』에 있는 대화 한 토막에 있다. 이 작품은 합리적 분석과 논의로 가득 차 있다. 하지만 이런 철학적 논의와 이론은 속박의 조건과 해탈의 수단에 대한 무명을 제거해서 브라만에 대한 해탈의 지식을 각성시키기 위해서 우리를 준비시켜 주는 정도만큼만 주목되었다는 점은 분명하다. 이 대화에서 학생은 브라만 지식이 확립되어 있는 스승께 나아가서 묻는다.

스승이시여, 제가 어떻게 삼사라로부터 해방될 수 있습니까? 저는 육신, 감각들과 그 대상들을 자각하고 있습니다. 숙면(熟眠, deep sleep) 상태에 들어감으로써 여러 번 위안을 얻은 다음에, 저는 각성覺醒 상태에서 고를 경험하고 몽면 상태에서도 경험합니다. 이 고가 저 자신의 본성입니까? 아니면 그것은 제 자신의 본성과는 다른 어떤 원인에서 나옵니까? 만일 그것이 제 본성이면, 제가 해탈을 얻을 가능성은 없습니다. 사람은 자신의 본성을 피할 수는 없기 때문입니다. 만일 어떤 다른 원인 때문이라면, 최후의 해탈은 그 원인이 제거된 다음에 가능할 겁니다.

스승은 대답했다. "얘야, 들어보아라. 이것은 너 자신의 본성이 아니라, 어떤 원인의 결과이다."

이 말은 듣자, 학생은 묻는다. "그 원인은 무엇입니까? 무엇이 그것을 제거합니까? 저의 본성은 무엇입니까? 원인이 제거된다면 그것 때문에 생긴 결과는 존재하지 않게 됩니다. 그런 다음 저는 제 자신의 본성에 도달합니다. 마치 앓는 사람이 그 병의 원인이 제거된 뒤에는(건강을 회복하는 것처럼)."

스승은 대답했다. "그 원인은 무명이다. 그것은 지식에 의해서 제거된다. 무명이 제거되면 너는 생사의 특징을 갖는 삼사라로부터 해방될 것이다. 그 원인은 사라져버릴 것이고, 너는 몽면과 각성 상태에서 고통을 경험하지 않을 것이기 때문이다."

"그 무명이란 무엇입니까?"라고 제자는 물었다. "그 대상은 무엇입니까? 무명의 파괴자인 지식, 그것에 의해서 제가 제 자신의 본성을 자각하는 지식은 무엇입니까?"

— 산문 부분, 2장, 45~49절*

불이론(不二論, Advaita) 철학과 대부분의 인도 철학자들의 근본적 질문들은 이런 짤막한 대화에 제기되었다. ①고통에서의 해방이 어떻게 가능한가? ②고는 인간 존재에 자연적이어서 불가피한 것인가? ③아니면 그것은 인간 본성에 외래적인 어떤 것에 의해서 일어났는가? ④자아의 본성은 무엇인가? ⑤고의 원인은 무엇인가? ⑥만일 고의 원인이 무명이라고 한다면 어떻게 제거될 것인가? ⑦무명이란 무엇인가? ⑧무명이 지식과 어떻게 관계하는가? ⑨지식의 본성을 지니고 있다는 자아가 어떻게 무명에 빠질 수 있는가? ⑩그러나 만일 무명이 자아에 속하지 않는다면, 어떻게 그것이 자아를 괴롭히고 윤회하게 할 수 있는가?

인도 철학은 진리의 근본저 원천으로 평범한 지각이나 이성이 아니라 통찰·개인적 경험·경전의 권위를 강조한다. 이런 점에서도 희랍과 유럽 철학과는 다르다. 지각과 이성은 둘 다 자기 자신의 철학적 비전을 해명하고 옹호하며, 대적의 견해들을 파괴하기 위해서 필요불가결한 수단으로 간주된다. 그러나 그것들도 역시 실재의 가장 깊은 진리들로 향한 통로를 제공하기에는 너무나 제한되었다.

그렇지만 인도 철학의 실천적 성격과 지식에서 초자연적 수단들에 의존하려는 경향이 있다는 사실로 오인해서는 안 될 것이 하나 있다. 베다, 우파니샤드, 붓다와 마하비라의 가르침들은 최고의 진리를 구현하고, 해탈에 이르는 가장 확실한 길을 드러내고 있는 것으로 간주될 수 있다. 그러나 그것들은 해석되고 해명되고 사방에서 오는 공

---

* 마에다 센가쿠, 『일천송의 가르침(*A Thousand Teachings*)』, Tokyo : University of Tokyo Press, 1979, p.234에서 일부 수정하였다.

격들에 맞서 옹호돼야만 한다. 회의주의자들이건 신앙인들이건 모두 도전적 질문들을 제기했다. 해탈은 가능한가? 그렇다면 그것은 어떻게 가능한가? 신앙에 호소하는 일, 어떤 선생의 선언을 반복하거나 경전의 증언에 호소하는 일 따위는 질문들에 대한 올바른 대답을 주지 않는다. 주의 깊은 분석과 합리적 정당화가 요구되었다. 이 사실이 인도에서 길고 풍부한 철학적 논쟁의 전통을 일으켰다.

실재·자아·지식·인과율의 본성에 관한 근본적 질문들이, 인도에서 직관·신앙·성전·도그마에 의해서 해결되었다고 생각하는 사람들은 크게 잘못되었다. 그들은 철학자들 사이에서 오간 날카롭고 활발한 논쟁에 대해서 아무 것도 모르는 사람들임이 분명하다. 그들은 샹카라를 만난 적이 없었던 모양이다. 샹카라는 우파니샤드의 가르침을 체계화하고 정당화하는 과정에 있어서 경쟁적 철학 체계들을 곁눈질하면서 이렇게 말한다. "지능이 저급한 자들 사이에는 상키야와 유사한 체계들을 완벽한 지식에 필수적인 것으로 간주할 어떤 위험이 존재한다. 왜냐하면 저들 체계는 그 외양이 무게가 있고, 권위 있는 사람들에 의해서 채용되었으며, 완벽한 지식으로 이끌어준다고 공언하고 있기 때문이다. 따라서 그런 사람들은 현학적 논증들을 지니고 있는 저런 체계들이 전지全知의 현자들에 의해서 선포되었다고 생각할 수 있으며, 바로 그 때문에 그것들에 대한 신념을 가질 수도 있을 것이다. 이런 이유로 우리는 그것들의 본질적인 무가치를 증명하기 위해서 힘써야 한다."** 이 언명 다음에 상키야의 주장에 대한

** 베단타 수트라 주석, 1.2.1. Eliot Deutsch·J. A. B. van Buitenen, 『아드바이타 베단타 자료집(*A Source Book of Advaita Vedānta*)』, Honolulu : University

예리한 비판과 그들의 논의에 대한 논리적 반박이 따르고 있다. 이 반박은 고대로부터 바로 지금에 이르기까지 다른 체계들의 지지자들 사이에 진행되었던 활발한 철학적 교환들을 전형적으로 대표한다.

인도 철학자들에게는 자기 자신의 견해를 옹호하고 대적들의 견해를 공격하기 위해서, 인간의 이성에 대한 호소를 기초로 하여 설득력 있는 분석의 기술들과 논의의 방법을 발전시키는 일이 필수적이었다. 신앙이나 형이상학에 호소하는 일은 이 목적을 위해서 소용이 없다. 우선 철학자들은 그들의 신앙과 비전이 가진 내용상의 차이로 구분되기 때문이다. 그러나 합리적 분석과 논의의 정초를 이루고 있는 논리의 원리들은 보편적으로 타당하다.

자이나교도들조차도 무모순과 배제의 원리들의 타당성을 인정할 수밖에 없었다. 만약 명제 A가 참인 것으로 인정되면, 그 모순된 명제인 not-A는 반드시 거짓으로 부정되어야 한다. 만일 not-A가 A가 아닌 모든 것을 포함하면, A나 not-A중 하나는 반드시 거짓이어야 한다. 물론 자이나교도들은 우리가 A이든 not-A이든 그 어느 것도 완전히 알 수 없어서, 그것들에 완전히 반대할 수 없고, 오직 어떤 관점에서만 그럴 수 있다고 역설한다. 이 말은 제3의 관점이 존재하고, 그 관점에서는 그것들이 서로 반대되지 않거나 또는 그들이 상호 반대되는 일 이외에 또 다른 대안이 있을 가능성이 허용된다는 것을 의미한다. 그러나 그들의 입장을 옹호하는 경우를 제시하고 방어하기 위해서, 자이나교도들 역시 무모순과 배제율이라는 합리적 원리들에 의존해야 한다.

Press of Hawaii, 1971, p.81 재인용.

　　　　　　　　　　　　　　　　　　제12장

니야야 철학자들이 발전시킨 논리학의 원리와 기술技術은 하나의 입장을 지지하고 반대자들의 입장을 파괴하기 위해서 모든 인도 철학자가 매우 열광적으로 그리고 엄격히 사용했다. 인도 사유의 영적이고 실천적인 본성과, 통찰과 진리를 얻는 초자연적 수단에 호소하는 일에 초점을 맞추는 사람들이 있다. 이들은 이런 점을 종종 간과한다. 실재의 진정한 본성을 파악하는 일에 있어서, 보통 이성이 충분하게 적절하지 못한 것으로 보였던 것은 사실이다. 하지만 이성이 하나의 표준, 즉 그것에 비춰 모든 견해가 반드시 검증되어야만 하는 표준이었다고 하는 점에 대해서 인도 철학자들 사이에 아무런 의심이 없었다는 것도 사실이다. 한 견해가 논리적으로 일관성이 없다거나 자기모순임을 밝혀주는 일은 그것을 효과적으로 파괴하는 길이었다. 이성이 진리의 최후의 중재인은 아니다. 그렇지만 이성적 정합성과 일관성의 검증에서 실패한 것이라면, 그 어떤 것도 참인 것으로 받아들여질 수 없었다. 그리고 인도에서 철학의 주된 과업은 해탈로 이끄는 실천을 위한 이해와 진리의 기초를 제공하는 것이었다. 따라서 일관성과 정합성은 다른 곳에서 그랬던 것처럼, 인도에서도 성공적 철학의 필수적 조건이 되었다.

물론 이성을 진리의 충분조건으로 여기는 것과 필요조건으로만 여기는 것 사이에는 커다란 차이점이 있다. 앞서 언급한 대로, 대부분의 인도인 철학자들은 실재가 이성의 한계들을 초월한다고 상정했으므로 이성을 진리의 충분조건이 아니라 필요조건으로 보았다. 실제로 이것은 대적들의 견해와 논의를 반박하고, 그들 자신의 입장에 대한 반대를 제거하기 위해서 합리적 분석과 논의를 사용했다는 것을 종종 의미했다. 그러나 그들이 옹호하는 입장들은 최종적으로는 개인적 경험 또는 다른 사람의 권위나 성전의 권위에 기초해 받아들여진 경우가 종종 있었다. 그렇지만 합리적 분석은 개인적 경험 또는 권위 있는 가르침들이 해석되고 이해되는 방식과 깊은 관계를 가졌다. 예를 들면 샹카라의 불이不二론과 마드바(Madhva)의 베단타적 이원론은 무척 다른 철학이다. 그렇지만 둘 다 우파니샤드와 브라마 수트라의 진정한 가르침으로 제시된다.

2. 철학적 물음들과 체계들

전통적 통찰과 견해들을 해명하고 해석하며 옹호하는 과정에서, 여러 철학적 체계들이 전개되었고, 그것들은 속박의 원인, 해탈의 수단, 실재와 자아의 본성, 타당한 지식의 수단이라는 근본적 이슈들에 대해서 어느 정도는 나란히 서서 경쟁했다. 비록 우리의 접근법이 다른 체계들의 전개 과정보다는 이러한 이슈들에 집중한다고 해도, 주요 철학 체계들을 우선 간략하게 기술하는 일이 도움이 될 것이다.

인도 전통은 9개의 주요하고 지속적인 다른 철학 체계들을 인정한다. 이 중 니야야, 바이쉐시카, 상키야, 요가, 미맘사, 베단타의 여섯 체계는 정통으로 일컬어지고 있다.(베단타에는 샹카라의 아드바이타, 라마누자의 한정적 불이론, 마드바의 이원론적 베단타가 있다.) 그것들이 베다와 우파니샤드의 핵심적 가르침의 진리를 받아들이기 때문이다. 유물론자(때로 차르바카 또는 로카야타로 불린다), 불교도, 자이나교도의 체계들은 비정통이다. 이 성전들을 진리의 제1차적 계시로 받아들이지 않기 때문이다.

이 철학적 체계들은 고대에 그 기원을 가지고 있으며, 기원전 6세기에서 기원전 2세기 사이가 가장 타당해 보인다. 물론 남아 있는 경전의 거의 대부분은 보다 후대의 것이다. 경전들이 철학 자체보다 후대의 것이라는 점은 놀랄 일이 아니다. 인도 기후 아래서 서적들이 재빨리 부패할 뿐 아니라, 인도 전통은 주로 구전口傳이었기 때문이다. 오늘날에도 만일 기록된 경전이 존재한다면, 이는 중요한 일체의 것을 암기하도록 되어 있는 현자-스승에게 어떤 결점이 있음을 시사한다.

초기부터 잔존해 온 대부분의 기초적 경전은 수트라 또는 '씨줄'로 불리는 아주 짤막한 경구들의 집성이다. 스승에 의해서 구전으로 제공되는 자세한 분석과 논의들을 포함하는 가르침 전체가 이런 씨줄 위에 짜여 있다. 스승이나 그의 주석이 없다면, 이런 경구적 씨줄은 거의 불가해의 것이 된다. "yogaḥ citta vṛtti nirodhaḥ"*와 같은 요가 경구처럼 네 마디로 이루어진 단일 경구는 교리, 분석, 논의의 수천 마디를 축약한 것일 수 있다. 경의 저자는 씨줄을 절단하지 않는 범위 내에서, 모든 가능한 단어와 음절을 제거하기 위해서 애쓴다. 경의 저자는 모음 하나 줄이기를 득남하는 것보다 더 좋아한다는 재담이 있다. 이 재담이 사실이 아닐 수 있다고 해도, 분명히 중요한 요점을 지적한다. 다행히 수많은 주석들이 살아남았다. 이 주석들을 검토하면, 우리는 다른 경쟁 체계들의 입장과 논의에 대항하는 특정 체계에 속하는 철학자들이 가한 비판과 함께, 각 체계가 가진 중심적 가르침, 때로는 개별 철학자들이 가진 중심적 가르침에 대해서 상당히

---

* 〔역주〕 원문의 'yoga'와 'nirodha'를 'yogaḥ'와 'nirodhaḥ'로 각각 바로잡는다.

분명한 관념을 얻을 수 있다.

우리는 속박의 원인과 해탈의 수단에 대한 요가의 비전과 이것과 결부된 상키야 이원론, 즉 심리-물리적 전체 세계의 근원인 프라크리티와 순수하고 영적 존재인 푸루샤 사이의 차별을 강조하는 샹키야의 이원론을 이미 검토했다.

베다를 부정하는 체계들

체계	중심이념	주요 사상가와 텍스트
불교	존재는 과정, 영원한 것은 없음. 만물은 연결; 항구적 자아 없음. 고는 탐진치에 의해서 초래. 지혜와 팔정도 수행에 의해서 제거 가능.	싯다르타, 붓다(기원전 563~483) 말씀은 니카야에 결집됨; 나가르주나(기원후 150년경), 중관송. 바수반두 기원후* 460년; 구사론(아비달마코샤)
자이나교	만물은 영혼을 보유. 영혼은 지知, 지락, 자유의 본성을 가짐. 속박은 해치는 행위와 무지에 의해서 야기. 비폭력과 지식은 해방에의 열쇠. 실재는 무한측면을 가짐, 모든 판단은 관점에 따라 상대적임.	마하비라(기원전 599~527); 인드라부티가 편찬한 11개 앙가(肢體)는 마하비라의 가르침으로 주장됨; Umāsvati 4세기 *Tattvārthasūtra*; Kuṇḍakuṇḍa 4세기 Pravacanasāra; Mallisena 13세기 *Syādvāmanjari*.
차르바카 (로카야타, 유물론자)	영원한 자아 없음; 업, 업의 속박 없음, 정신적 측면을 지닌 물질 이외에 없음, 지각이 타당한 유일한 인식 수단; 성공과 쾌락이 인생에서 유일한 궁극 목표.	초기 사상가들 미상. *Bārhaspatya Sūtra*(기원전 2세기?) Mādhva, Haribhadrasūri, Dakṣiṇarañjan Śāstri가 언급하고 있지만 작자미상. Jayāraśi 7세기 *Tattvopaplavasimha*.

---

* 〔역주〕원서에는 기원전으로 되어 있으나, 단순 오류로 판단된다.

베다를 인정하는 체계들

체계	중심이념	주요 사상가와 텍스트
니야야	다원주의적 실재론. 네 개의 인식 수단(量) 곧 지각, 추리, 비교, 증언을 인정. 상응론 진리설 연역 귀납논리 발전. 각자는 자신의 개별적 아트만을 가짐.	Gautama 2세기 *Nyāya Sūtra*; Vātsyāyana 4세기, *Nyāya Sūtra Bhāṣya*; Uddyotakaka 7세기 *Nyāya Sūtra Bhāya Varttika*; Gaṅgeśa, 1200년대 *Tattvacintāmaniti*; Annambhaṭṭa 17세기 *Tarkasaṁgraha*.
바이쉐시카	다원주의, 실재론. 여섯 종류의 실재존재; 실체, 성질, 행위, 보편성, 특수성, 내속. 물질에 대한 원자론, 신은 사물의 작용인으로 존재.	Kaṇāda 기원전 2세기 *Vaiśeṣika Sūtra*; Praśastapāda 9세기 *Vaiśeṣika Sūtra Bhāṣya*; Śridhara 10세기 *Nyāyakandalī*; Udayana 10세기 *Kiranāvalī*.
상키야	존재론적 이원론 주체(푸루샤)와 객체(프라크리티); 프라크리티는 세 개의 에너지 흐름 즉 사트바, 라자스, 타마스로 구성됨; 진화론; 결과는 원인 속에 선재함. 지식은 푸루샤를 해방시킴.	*Sāmkhya Sūtra* 기원전 3세기경 작자 미상; Īśvarakṛṣṇa 2세기 *Sāmkhya Kārikā*; Vācaspati Miśra 9세기 *Tattvakaumudī*; Vijñāna Bhikṣu, 16세기 *Pravacana Bhāṣya*.
요가	존재론적 이원론 수용, 정밀한 심리학 전개; 프라크리티로 구성된 심신心身이 푸루샤의 참 자아로 오인됨. 요가의 훈련받은 명상으로써 분별지는 무지를 극복하고 자아를 해방시킴.	Patañjali 1세기 *Yoga Sūtra*; Vyāsa 4세기 *Yoga Sūtra Bhāya*; Vācaspati Miśra 9세기 *Tattvavaiśāradi*; Vijñāna Bhikṣu 16세기 *Yogavārttika*; Bhojarāja 16세기 *Bhoja-vṛtti*.
미맘사 (Mīmāṁsā)	말이 지식의 궁극 근원. 알려진 것은 본질적으로 참, 허위만이 증명될 필요가 있음. 자아는 근본적으로 행위자, 행위가 궁극적으로 중요. 해석학을 발전시킴.	Jaimini 3세기 *Mīmāṁsā Sūtra*; Śabra 기원전 1세기 *Mīmāṁsā Sūtra Bhāṣya*; Prabhākara 8세기 *Mīmāṁsā Sūtra Bhāṣya Tīkā*; Kumārila Bhaṭṭa, *Ślokvāttika*; Gāgā Bhaṭṭa 16세기 *Bhārṭṭacintāmanī*.
상카라의 불이론적 베단타	궁극 실재는 불이적; 브라만만이 궁극적으로 참, 자아(아트만)는 브라만; 아트만 실현이 구원(목샤); 지식만이(행위가 아니라) 해방을 줌.	우파니샤드(여러 저자들) 기원전 8~6세기 Bādarāyaṇa 기원전 3세기, *Brahmasūtra*; 상카라 7세기 *Brahmasūtrabhāya*, *Upadeśāhasrī*.
라마누자의 한정불이론적 베단타	브라만은 유신론적으로 생각; 세계는 브라만의 일부이므로 완전히 실재함; 브라만에 대한 무지가 속박의 원인; 해탈은 신애信愛를 통해서 가능.	우파니샤드(여러 저자들) 기원전 8~6세기; Bādarāyaṇa 기원전 3세기 *Brahmasūtra*; 바가바드기타 기원전 1세기; 라마누자 11세기 *Śrībhāya*, *Gītābhāṣya*, *Vedārthasaṁgraha*.
마드바의 이원론적 베단타	브라만, 세계, 개인은 모두 완전히 참; 자아와 세계는 제한되어 있고 무상하지만.	우파니샤드, Bādarāyaṇa, 기타, Madhva(13세기)는 우파니샤드와 기타에 대해서 주석을 달았고, 아주 독창적인 *Anuvyākhyāna*도 지음.

미맘사(Mīmāmsā) 철학은 베다의 제의적 또는 금령적 부분에 그 바탕을 두고 있으며, 제의적 행위가 해탈을 위해서 주요하고 유효한 수단이라고 주장한다. 미맘사 철학자들의 주요 관심사는 성전에 있는 증언을 지식의 정당한 수단으로 수용할 수 있는 지식론을 전개하는 것이며, 이 지식론에 근거해 베다의 의미와 진리를 설명해줄 성전 해석에 대한 이론을 제공하는 것이다.

베단타(Vedānta) 철학자들은 우파니샤드('베다의 끝' 또는 '베단타')에 바탕을 두고 있으며, 해탈의 수단으로 지식을 강조한다. 브라만은 궁극 실재이며, 아트만은 궁극적으로 브라만과 동일하다. 브라만의 본성과 세계와의 관계라는 질문이 생길 때면, 베단타주의자들은 서로 달라진다. 불이론적(Advaita) 베단타, 이원론적(Dvaita) 베단타, 한정限定 불이론적(Viśiṣṭādivata) 베단타학파들은 모두 다른 대답을 가지고 있다. 그렇지만 그들 모두는 해탈을 위해서 제의보다는 오히려 지식이 일차적으로 중요하다는 점에 대해서 공감한다. 마지막 두 학파는 브라만을 알고 그것과 관계 맺는 수단으로 신애를 더 크게 강조한다.

니야야(Nyāya, 正理) 학파는 논리와 타당한 지식에 대한 질문들에 주로 관심을 가지고 있었다. 이 학파의 철학자들은 논리와 논의 체계, 그리고 지식론을 창안하였는데, 이것들이 때로 수정되었지만 대부분의 다른 학파들에 의해서 받아들여졌다. 자아와 실재에 관한 니야야의 견해는 그 자매 체계라 할 수 있는 바이쉐시카로부터 이어받았던 것이다. 바이쉐시카 철학자들은 대신 니야야 논리와 인식론을 채용했으므로 이 두 체계를 함께 니야야-바이쉐시카로 다루는 것이 관례이다.

바이쉐시카(Vaiśeṣika, 勝論)의 형이상학은 다원론적 실재론으로 가장 잘 기술될 수 있을 것이다. 근본적으로 다른 몇 가지 실재들이 존재하며, 이 실재들은 그 미세한 원자적 형태들로 우리가 경험하는 믿기 어려울 정도로 다양한 우주를 구성하기 위해서 사실상 무한 가지 방식들로 결합한다. 이 실재들의 존재는 지각과 논증을 통해서 알려질 수 있다. 모든 체계들 가운데 바이쉐시카는 상식에 가장 가깝다.

앞서 살핀 대로 자이나교의 비전은 실재를 두 개의 근본적으로 다른 존재들, 즉 유생명의 영적 존재들과 무생명의 비영적 존재들로 구성되었다고 본다. 영적 자아의 속박은 자아가 무명과 격정으로 오염되면 그 자아의 에너지가 끌어들인 물질적 입자들에 의해서 일어난다. 일체의 행위가 속박을 낳는다는 점을 상기해보라. 그러나 일종의 초감각적 통찰 곧 깨달음을 통해서 얻어지는 지식은, 자아의 청정하고 무제한적인 본성을 드러내고 과거에 축적된 업의 금욕적 파괴에로의 동기를 부여한다.

불교도들은 보다 극단적 입장을 취한다. 실재가 근본적으로 다른 사물들, 즉 훨씬 더 큰 다양성을 지닌 변화하는 성질들을 가진 사물들로 구성되었다고 보는 상식적 견해를 거부한다. 대신 그들은 존재를 과정으로, 계속 변화하는 사건들의 상태로 보고 있다. 어떤 사물을 낳거나 변화시키는 단 하나의 사물은 없다. 한 사건의 연속적 상태 하나하나는 선행하는 모든 상태들이 결정한다. 사물로 일컬어지는 것은 모든 곳에서 존재를 구성하는 구체적 과정들로부터 얻어낸 지성적 추상에 불과하다. 속박과 고는 자아가 일종의 영원한 동일성을 가진다고 여기는 무명에 의해서, 오직 변화만이 존재하는 세계에서 영원에 대한 집착으로 일어난다.

평범한 지각적·개념적 지식은 연속적 과정을 불연속의 사건들로 쪼개, 이 사건들을 사물들로 간주하여 실재를 왜곡한다. 그러나 존재의 과정들을 무매개로 바로 통찰하는 진정한 종류의 지식은 이해, 도덕적 완벽, 선정의 종합에 의해서 가능하다. 이 지식은 우리로 하여금 죽음에 대한 망상을 꿰뚫어 보게 하고, 고의 조건들을 제거해 열반의 기쁨으로 가득한 평화를 가져올 수 있게 해준다.

그런데 불교도들은 이와 같은 견해들을 다양한 방식으로 옹호했으므로 불교 내에서 다른 철학 체계들이 발생했다. 바이바시카(Vaibhāṣika, 毘婆沙師)-사우트란티카(Sautrāntika, 経量部) 학파들은 존재를 구성한다는 찰나적 사건들을 심리적·물리적인 것으로 여겼으나, 유식학파들은 본질적으로 정신적인 것으로 여겼다. 불교 논리학자들은 경험된 과정들의 실재를 인정하려는 경향이 있지만, 과정들을 논리적 순간들의 집적으로 본다. 한편 용수(Nāgārjuna)는 중관의 입장을 중도로, 즉 '정신적인 것만이 참이다'라는 견해와 '물질적인 것만이 참이다'라는 견해 사이의 중도로 제시한다. 그의 주장은 이렇다. 실재란 그것을 성격화하려는 일체의 노력을 넘어가기 때문에, 다양한 철학적인 견해들이 있다고 간주하는 '실재'는 '공空'이다. 그것은 평범한 종류의 지식으로는 파악될 수 없다. 오직 직접적 통찰과 직접적 경험만이 이 실재를 꿰뚫어볼 수 있다.

남아 있는 체계는 유물론자들의 것이다. 다른 모든 철학 체계의 철학자들이 그들을 폄하했지만, 그들은 인도 문명과 철학에 지극히 중요한 기여를 했다. 여러 철학 체계에서 발견되는 가정과 논의에 대한 그들의 통렬한 비판은 합리적으로 정합적이고, 옹호 가능한 철학을 발전시키도록 다른 철학자들에게 도전했다. 덧붙여 그들의 '이 세상' 철학은 여러 과학과 의학에서 그리고 정치학·사회 행정·경제적 생산에서 커다란 진보를 가져왔다. 불행히도 그들의 철학적 경전은 몇몇 단편을 제외하고는 보존되지 못했으며, 그들의 견해와 논의에 대한 우리의 이해도 대체로 그들의 비판자들이 해둔 요약으로부터 이끌어낸 것이다.

이러한 요약과 비판에 따르면, 여러 유물론자들이 다양한 철학적 견해들을 주장했고, 목샤 또는 열반의 가능성을 거부했다는 점에서만 공통되었던 것 같다. 이는 물론 유물론자들과 다른 여덟 체계들 사이의 대립이 베다를 수용하는 자와 거부하는 자 사이의 대립보다 더욱 근본적인 것임을 의미한다. 왜냐하면 자이나교도와 불교도는 정통 철학자들과 함께, 속박에서 해탈을 얻는 것이 인생의 근본적 문제라는 점에 동의하고 있기 때문이다.

속박으로부터의 해탈이 가능하다는 견해가 받은 심각한 도전은 적어도 기원전 5세기까지 거슬러 올라간다. 스스로 베다와 우파니샤드의 권위를 부정했던 자이나교도와 불교도는, 붓다와 마하비라의 생애 동안 분명 무척 대중적이었던 케사캄발라, 고살라, 산자야와 같은 사람들의 가르침에 큰 관심을 쏟았다.

케사캄발라는 철저한 유물론자로서, 불멸의 자아나 초감각적 실재를 믿지 않았다. 그는 목샤는 불가능하며 오직 바보의 꿈일 뿐이라고 가르쳤다. 살아가는 유일한 길은 바로 여기에서 고통을 최소화하고 행복을 극대화하는 것이다.

지극히 대중적이었던 아지비카(邪命外道)의 고살라는 철저한 결정론자였다. 그의 입장은 다음과 같았다. 설사 목샤가 가능하다고 해도, 사람이 그것을 획득하기 위해서 할 수 있는 일은 아무 것도 없다. 만사가 숙명으로 미리 결정되어 있기 때문이다. 인간은 행위할 수 있는 자유를 전혀 갖지 못한다.

산자야는 완전한 회의주의자로, 어떠한 참된 지식의 가능성도 부인했다. 설사 초월적 실재가 존재하고 거기에 도달하는 길이 있다고 해도, 그와 같은 실재에 관한 지식과 길은 불가능하다. 따라서 아무도 해탈을 얻기 위해서 무엇을 해야 할지를 알 수 없다.

이른바 유물론자의 이와 같은 가르침은 다른 모든 체계들의 중심적 가정을 분명히 공격한다. 이러한 공격에 응수하기 위해서 다른 체계들은 자유와 완전의 바탕이 될 수 있는 보다 고차원적 실재가 존재한다는 점, 비록 속박이 우연적으로 결정되었다고 해도 해탈은 가능하다는 점, 실재에 대한 지식과 해탈의 수단에 대한 지식이 가능하다는 점을 보여줄 필요가 있었다. 여러 체계가 신재, 인과율, 지식에 대한 합리적이고 방어 가능한 이론들을 전개하지 않고서는 유물론자, 결정론자, 회의론자의 도전에 응수할 수 없게 되었다.

바로 이런 이유로 인도 철학은 체계 중심이 아니라 주제 중심으로 접근하는 것이 바람직한 것이다. 속박이 어떻게 연생緣生되고 해탈이 어떻게 가능한가를 보여주기 위해서, 다양한 체계들은 지식, 실재, 인과율에 대해 어떤 이론들을 전개하는가? 이런 근본적 질문으로 인도 철학에 접근하면 우리는 다른 체계들이 철학적 비전들을 이룩하고 해명하고 정당화하는 일에 있어서, 서로 경쟁을 벌이고 협조하는 수 세기 동안 만끽했던 논쟁과 논의라는 공동 재산에 대해서 감을 잡을 수 있을 것이다.

비록 우리의 접근법은 역사적인 것이 아니라고 해도, 대부분의 체계들이 서로 나란히 존재하며 어떤 때는 이 체계가, 다른 때는 다른 체계가 상승하면서 겪어온 2천 년 이상의 지속적인 역사를 가지고 있다는 것을 이해하는 일은 중요하다. 이 중 어떤 시스템도 결정적으로 반박되었기 때문에 버려져야 할 것으로 간주된 적은 없었다. 어떤 경우 비록 어떤 특정 체계에서 영감이 가장 풍부했던 철학자들은 이미 1천 년 전에 살다 갔음에도 불구하고, 이 체계들은 여전히 살아 있으며 옹호자와 추종자가 있다. 다스굽타의 『인도철학사』는 웅대한 다섯 권의 책이다. 다른 체계에 속하는 철학자들은 상대방의 견해들을 비판하고 대적의 비판에 응수하기 위한 자신들의 견해를 전개시켜 왔는데, 위의 책은 지난 2천5백 년에 걸쳐 인도 철학에 있었던 수많은 매혹적이고 중요한 발전을 드러내고 있다.

지면도 부족하고, 우리의 목적이 인도 철학의 중심적 목표와 이 목표를 달성하기 위해서 노력한 방식들에 대해서 개략적 이해를 얻는 것이기 때문에, 우리는 여기에서 상세한 분석을 자제할 필요가 있다. 우리의 목표를 달성하기 위해서, 유물론자를 제외한 모든 체계들의 존재 이유가 되는 속박의 인과적 사슬과 해탈의 수단에 초점을 맞추고, 속박과 해탈의 근본적 비전들을 옹호하기 위해서 전개되었던 인과율·실재·지식에 대한 이론들을 검토하는 것이 더 바람직할 것이다.

3. 속박의 사슬과 자유로 가는 길들

우리는 이미 속박의 원인과 해탈에 이르는 수단에 대한 자이나교, 불교, 요가의 견해들을 검토했다. 앞서 본 대로 자이나교도들의 주장에 따르면, 속박은 무명에 뿌리를 두고 있으며 격정과 다른 존재를 해치려는 의지로 움직여진 행위에 의해서 본래 청정하고 자유로운 영혼으로 끌어들인 업의 물질 때문에 생긴다. 업의 속박을 극복하기 위해서 14단계의 정화와 지식의 길이 제시되었다. 이 길을 따르면 자아의 순수 본성에 대한 통찰이 얻어지고, 격정은 정화되며 다른 존재를 해치려는 의지는 극복된다. 마지막으로 극단적 고행과 일체 행위의 최종적 지멸을 통해서 과거에 축적된 업의 속박은 소진되고 자아는 자유롭게 된다.

두카(고)의 원인에 대한 붓다의 통찰은 연생(윤회)의 바퀴로써 묘사된다. 이 바퀴는 12개 고리의 인과적 사슬을 표시한다. 무명과 취착은 이 인과적 사슬에서 중대한 고리들이며, 이것들은 올바른 행위, 지혜, 선정의 팔정도를 따라가면 끊을 수 있다.

요가에 따르면, 속박의 인과적 사슬은 푸루샤 자아의 진정한 본성에 대한 무지와 함께 시작한다. 이 무지는 자아를 프라크리티와 일치시키는 오인된 동일시를 낳는데, 이런 동일시는 불가피하게 프라크리티적 존재로부터 에고 자아를 창조하려는 필사적 시도로 나아간다. 그다음 이 시도는 프라크리트적 자아를 즐겁게 하는 것이라면 무엇이든 그것에 대한 만족할 줄 모르는 취착으로, 자아를 위협하는 것이면 무엇이든 그것에 대한 혐오로 이어진다. 프라크리티의 양상들 안에서 영원히 살려는 의지는 이제 인생을 몰아가는 에너지가 되며, 프라크리티적 존재의 한계와 고에 자아를 동여맨다. 요가는 이와 같은 속박의 원인들을 제거하기 위해서 불교도의 팔정도와 대충 비견될 만한 자아 훈련의 여덟 가지 기술과 선정을 한 묶음으로 처방한다.

미맘사 철학자들은 공포·고·죽음의 원인을, 야즈냐를 통한 창조와 유지라는 근본적 과정에 제의적으로 참여할 수 없었던 일에서 찾고 있다. 고와 죽음에서 벗어나 자유로 가는 길은 인생이 계속 새롭게 되고 충족되는 길인 야즈냐, 즉 제의적 행위들에 완전히 참여하는 길이다.

니야야–바이쉐시카 철학자들은 공포, 고, 죽음의 근본 원인이 자아를 육신으로 오인하는 데에 있다고 보고 있다. 사람은 육신과 마음에서 독립적이고 분리될 수 있는 자아, 즉 하나의 고유의 자아를 가지고 있다. 해탈은 이런 고유의 자아에 대한 지식, 그리고 다른 모든 지식 대상들과 그 자아의 차별화에 대한 지식을 통해서 성취된다. 비록 합리적 지식이 이 두 체계에서 강조된다고 해도, 경전의 진리와 선정의 통찰력도 지식의 필수적 수단으로 간주된다.

베단타 철학자들은 우파니샤드의 가르침을 따라서 브라만을 모든 실재의 근원과 바탕으로 강조한다. 자아를 저급한 단계의 실재와 동일시한 탓으로, 공포·고·무한 가지의 제한적 굴레를 경험하는 에고의 존재가 창조된다. 샹카라와 같은 불이론 베단타 학도들은 브라만이 유일한 실재이고, 자아는 궁극적으로 브라만과 완전히 일치한다고 역설한다. 그들은 이런 일치에 대한 지혜를 자유에 이르는 본질적 수단으로 간주한다. 마드바(Madhva)와 같은 이원론적 베단타 학도들은 자아를 그것의 근본이 되는 브라만과는 본래 다른 것으로 보고 있다. 그들은 지식도 강조하고 있으나, 존재의 근원과 완벽으로 복귀하는 길로 신애의 수행에 더욱 커다란 활동 영역을 부여한다. 동일한 것이 라마누자와 같은 한정 불이론자(Viśiṣṭadvaitin)들에게도 사실이다. 이들의 주장에 따르면, 속박은 우리가 브라만의 일부임을 자각하지 못하게 차단하는 무명에 근거한다. 라마누자와 마드바는 신으로서의 브라만의 인격적 본성을 강조하고, 샹카라는 브라만의 비인격적이고 무성질의 특성을 강조한다. 물론 브라만에 대한 인격적 관념과 비인격적 관념은 실제로 서로 배타적이지 않으며, 각자는 그 자신의 방식으로 참이다.

속박의 인과적 사슬과 자유로 이끄는 길들에 대해서 이와 같이 간략하게 개관해본 것은, 인과율·실재·지식에 대한 질문들이 다른 체계들 안에서 어떻게 발생하는가를 아는 일에서 우리를 도와주기 때문이다. 하나의 근본적 문제는 자유와 결정론의 갈등이다. 각 체계는 지식·제의·도덕·신애 등의 행위들이 반드시 자유에 이른다고 가정한다. 예를 들어 팔정도를 구성하는 행위를 함으로써 열반으로 알려진 해탈 상태를 얻을 수 있을 것으로 믿을 수 없다면, 그 길을 걷는 것은 아무런 의미가 없을 것이다. 진실로 말해 그것이 어디론가 인도해주지 않으면, 길은 존재하지 않는다. 해탈로 향하는 하나하나의 길은 해탈이라는 의도된 결과를 결정할 수 있는 힘을 가지고 있다고 상정되고 있다.

해탈을 추구하는 사람의 노력이 그 해탈을 가져오는 인과적인 힘을 가지고 있을 것이라고 생각할 이유가 없다면, 그러한 노력을 기울인다는 것은 헛된 짓이다. 아무런 결과를 가져오지 못할 노력, 또는 그 결과가 제멋대로거나 불가지적인 것이라면, 그 노력은 해탈의 수단으로 가치 없는 것이다. 그렇게 해서 자유로 향한 모든 길은 해탈이라는 의도된 결과를 가져올 수 있다는 인과적으로 결정된 사슬을 가정한다.

속박의 각 사슬은 속박이 하나의 결과라는 점, 즉 선행하는 요인들 또는 조건들—무명·격정·취착·무행위—에 의해서 인과적으로 결정되는 결과라는 점도 가정한다. 만약 속박이 인과적으로 결정되지 않고 단지 우연히 발생한다면, 그것이 의존하는 조건들과 요소들을 이해하기가 불가능할 것이다. 그런데 이런 이해가 없다면, 속박의 원인을 제거하여 자유에 도달하는 길을 계획하기가 불가능할 것이다. 붓다가 고란 원인에 의해서 일어나고 중요한 원인이 무명과 취착이었다는 점을 인정하였기에, 그는 이러한 원인을 제거해서 그 원인의 결과인 고를 제거하는 자유에 이르는 길을 계획할 수 있었다. 따라서 속박의 사슬과 각 체계가 수용한 해탈의 길, 이 양자를 위해서 일정한 종류의 인과적 효능성 또는 결정론이 불가피하게 전제되어야 한다.

각 체계는 인과율을 전제하면서 개인이 자유에 이르는 길을 선택하고 따를 수 있는 자유가 있다는 것도 전제해야 한다. 자유와 인과율 양자 모두 전제되지 않는다면, 특정한 종류의 수행이 어떻게 이 고해에서 열반 또는 목샤의 피안으로 인도하는지를 보여주는 일이 불가능하다. 자유에 대한 이런 전제가 인과적 결정론의 전제와 어떻게 화해될 수 있을까? 이것이 바로 철학자들이 인과율의 본질을 탐구하게끔 만든 물음이다. 원인과 결과 사이에 있다는 관계의 본질은 무엇인가? 이런 질문에 대한 모든 대답은 조건에 의해서 일어나는 속박의 성격을 설명할 정도로, 그리고 해탈에 이르는 길의 효과를 보증할 정도로 충분히 강력한 관계를 상정해야만 한다. 그러나 인과관계는 자유로 향하는 길을 선택하고 따를 수 없을 정도로 강력해서는 안된다.

4. 인과율

근본적으로 다른 두 가지 종류의 인과율이 있는데, 강 인과론과 약 인과론이 바로 그것들이다. 강强 인과론(asatkāryavāda)에 따르면, 결과는 새로운 실재이며 과거에 존재하고 있었던 실재의 인과력에 의해서 생겨난다. 이런 견해는 니야야-바이쉐시카와 프라바카라 미맘사 체계들이 주장했으며, 그것은 그들의 다원론적 형이상학을 지지한다.

약翳 인과론(satkāryavāda)은 결과가 그 출현 이전에 이미 원인 속에 별개의 존재로서 존재한다는 점을 견지한다. 새 결과는 전혀 새로운 실재가 아니라 이전에 존재했던 사물의 전변轉變이다. 상키야-요가와 베단타 철학자들은 이런 약 인과론을 받아들여, 어떻게 세계 전체가 단순히 원초적 프라크리티의 전변(상키야)이거나 브라만의 화현(베단타)인가를 설명할 수 있었다.

이 두 이론은 변화에 책임 있는 원인과 결과 사이의 관계를 설명하려는 시도이다. 예를 들면 우유가 시어져 응유가 되거나 도토리가 싹을 틔워 상수리나무가 될 때 무엇이 일어나는가? 또는 그 나무는 도토리가 만들어낸 새로운 실재인가? 단지 도토리의 다른 모습인가? 응유는 우유와는 다른 별도의 새로운 실재인가? 아니면 그것은 단지 우유의 다른 모습인가? 약 인과론은 어떤 새로운 실재가 생성되는 것은 아니라고 역설한다. 상수리나무와 응유는 각기 전변된 도토리와 우유일 따름이다. 그러나 강 인과론은 이런 결과가 새로운 실재이며, 그 원인과는 별개의 것으로 단언한다.

우리는 우선 어떻게 강 인과론과 약 인과론이 여러 체계의 철학자들에 의해서 공식화公式化되고, 비판받고, 옹호되었는가를 볼 것이다. 그런 다음 우리는 강 인과율과 약 인과율 모두를 수용하는 자이나교의 인과론을 살피고, 그런 다음 어떤 의미에서 보면 이 양 인과율 모두를 거부하는 불교 연기론을 알아볼 것이다.

1) 강强 인과율

인과율의 강 이론은 인과에 대한 우리의 상식적 견해와 약간 유사한 것으로, 니야야-바이쉐시카 철학자들에 의해서 가장 분명히 공식화되었다. 그들은 자아나 세계를 파괴하지 않고도 자유가 획득될 수 있다는 점을 보장하기 위해서, 원인과 결과는 두 개의 상이하고 별개인 실재라는 점을 보여주려고 했다. 이를 위해서 그들은 원인과 결과가 원인과 결과로서 제3의 실재에 의해서 연결된다는 것을 보여주어야만 한다. 이 제3의 실재가 바로 인과관계인 것이다. 예컨대 깨를 짜면 기름이 나오고 차돌을 짜면 그렇지 않다. 첫째 짝 사이에는 인과관계가 성립하지만 두 번째 짝 사이는 그렇지 않기 때문이다. 인과관계가 실체 둘의 단순 병치와 다를 게 없다면, 무엇이든 다른 실체 둘이 모이면 하나는 다른 것의 원인일 것이다. 그러나 그렇지 않다. 니야야 철학자들은 인과관계에 내재적으로 존재하는 인과력이 이 두 실체의 단순한 동시 병존과는 다른 것이어야 하며, 인과관계 안에 들어온 두 실체의 어느 하나와도 같을 수 없음을 보이고 있다.

인과관계는 인과관계에 관련된 실재들의 어느 하나와도 다른 것이라는 사실을 보여주는 것이 중요하다. 왜냐하면 자아 또는 세계 중 어느 하나가 고의 원인으로 주장된다면, 자유는 이 중 하나를 파괴한 뒤 얻어질 것이기 때문이다. 그러나 니야야-바이쉐시카 철학자들은 인과율이 세계 또는 자아와는 별개의 것이고, 그들 사이의 특수한 관계라고 단언하면서 속박의 인과적 사슬을 끊기 위해서 세계나 자아가 아니라 오직 인과관계만이 파괴되어야 한다고 논할 수 있었다.

니야야-바이쉐시카 이론의 지지자들은 이 이론으로 세계나 자아 어느 하나의 거부나 파괴를 요청하지 않는 해탈의 길로 나아갈 수 있었다. 그렇지만 다른 체계들의 철학자가 신속히 지적한 대로, 이 이론에 문제가 없는 것은 아니었다. 이런 강 인과론에 대한 몇몇 비판들과 그것들에 대한 니야야-바이쉐시카의 응수를 살펴보게 되면, 우리는 그 이론의 강점과 약점에 대해서 보다 분명한 생각을 가질 수 있다.

상키야와 다른 야 인과론 이론가들이 제기한 일반적 비핀은 이렇다. 결과가 원인 안에 이미 선재先在하지 않는다면, 한 원인이 어떤 결과라도 낳을 수 있을 것이다. 그 반대론자들은 기름이 차돌이 아니라 깨에서만 나올 수 있는 이유는, 기름이 차돌 안이 아니라 씨 안에 선재하고 있기 때문이라고 논한다. 기름이 만일 씨나 차돌 안에 선재하지 않는다면, 깨뿐 아니라 왜 차돌도 기름을 만들 수 없을까? 여기에 두 개의 질문이 있다. 첫째, 만일 결과가 원인 안에 선재하지 않는다면 어떻게 그것이 원인에 의해서 산출될 수 있을까? 둘째, 만일 결과가 그 원인 안에 선재하지 않는다면, 주어진 원인이 왜 다른 결과가 아니라 특정한 결과만을 산출하게 할까?

니야야-바이쉐시카 철학자들은 다음과 같이 응수한다. 비록 인과율이 보편적 관계라고 해도, 그 관계는 원인과 결과로서 직접 그리고 불가분하게 결합된 사물들과 사건들 사이에서만 성립한다. 그래서 특정한 원인들은 특정한 결과들에 대해서만 효능이 있고 다른 것들에 대해서는 그렇지 않다. 원인은 그것이 어떤 것에 대해서 인과적 효능(causal potency)을 갖고 있는 것만을 결과로 가져올 수 있다. 깨는 기름에 대해서 효능을 갖지만 차돌은 기름에 대해서 효능을 갖지 않기 때문에, 차돌이 기름의 원인이 아니라 깨가 원인이라는 결론이 도출된다.

그렇지만 이런 응수는 유지하기가 어렵다. 왜냐하면 비판자들이 쉽게 지적할 수 있는 것처럼, 효능이라는 관념은 선행 존재의 관념을 간단히 몰래 반입하는 방식이기 때문이다. 이 점은 그 효능이 산출되는 결과에 선행하여 원인 안에 존재한다고 하는 데서 알 수 있다. 이것은 적어도 어떤 의미로는 결과가 원인 안에 선재한다는 것과, 따라서 전적으로 새로운 실재가 아니라는 점을 다른 방식으로 말하는 것에 불과하다. 니야야–바이쉐시카 철학자가 반드시 보여주어야 할 것은, 인과율은 고유의 실재, 곧 결과나 원인과는 다른 독자의 실재이며, 이 실재는 새로운 어떤 것이 생성되는 경우에 한정하여 원인과 결과를 관계 맺는 기능을 가지고 있다는 점이다. 그렇지만 이를 위한 그들의 노력은 다른 방향에서의 비판을 받게 된다.

자이나교도와 불교도는 인과율이 원인과 결과 사이에 있는 특수한 관계 안에 내재하는 실재적 힘이라는 생각을 공격한다. 만일 이 내재적 힘이 사물들을 서로 연관 지어주는 인과력이라면, 그것은 영원히 존재하는 것이거나 아니면 어떤 특정한 때 생성되어야 하는 것이어야 한다. 그러나 그 힘이 어떤 특정한 때 생성한다면, 그 자체가 연생 緣生된 것이어야 한다. 연생된 것이 아니라면 아무 것도 생성되지 않기 때문이다. 만일 그 힘이 다른 어떤 것에 의해서 연생된 것이라면, 니야야 철학자들에 의해서 상정된 이런 특별한 관계는 인과적 효능성의 원리가 될 수 없다. 반대로 만일 그 힘이 영원히 존재하는 것이라면, 그것은 모든 원인과 결과를 영원히 결합할 것이므로, 고를 낳는 인과적 사슬을 끊기가 불가능하게 되며 해탈도 불가능하다.

"그렇지 않다"라고 니야야-바이쉐시카 철학자들은 응수한다. "인과율은 실제로 보편적인 것이다. 그런데 그대는 그걸 어떤 특정한 사물로 오해한다. 개별적 항아리는 생성되기 위해서 반드시 어떤 것에 의해서 연생된 것이어야만 한다. 만일 그것이 영원한 것이라면 그것은 결코 파괴될 수 없다. 그런데 보편자인 '항아리성性(potness)'은 다른 것에 의해서 연생되어야 할 필요가 없다. 항아리성은 모든 곳에서 항시 존재하기 때문이다. 그리고 개별적 항아리들이 파괴되더라도 그것은 계속 존재한다. 마찬가지로 보편적 인과관계 자체를 파괴하지 않고도 특정한 원인을 파괴할 수 있다."

인과율을 보편적 관계로 보는 이런 견해는 불교도들의 공격을 받았다. 만일 인과율이 하나의 관계라면 인과율은 오직 두 가지(또는 그 이상의) 사물이 관계를 맺을 때에만 존재할 수 있다고 불교도들은 논한다. 여러 오라기의 실들이 옷감이라는 결과를 산출함에 있어서, 인과율이 실 속에 내재한다고 가정해보자. 만일 실오라기들이 파괴되면 그 원인은 어디에 존재하는가? 그 원인은 실오라기들 안에 내재할 수 없다. 실오라기들이 존재하지 않기 때문이다. 그것은 옷감 안에 내재하지도 않는다. 옷감도 존재하지 않기 때문이다. 인과관계가 내재할 장소가 없는데, 이런 내재가 존재한다고 주장하는 것은 아무런 의미가 없다.

이런 논의는 상키야의 논의와 유사하다. 상키야의 논의는 다음과 같은 원리로 시작한다. 즉 관계 맺을 사물들이 존재하지 않으면 그들 사이의 관계도 존재하지 않는다. 결과가 원인과는 별도의 새로운 실재라면 결과는 연생되기 전에 존재할 수 없다. 유사하게 결과가 산출되기 전에 원인은 존재하지 않는다. 원인은 오직 그 결과의 원인일 따름이기 때문이다. 그러나 결과가 산출되기 전에 인과관계가 내재할 어떤 사물이 존재하지 않는다면, 그 사물이 결과의 생성을 설명할 수 없음은 명확하다.

결과가 산출되기 전에 원인과 결과 둘 다 존재하지 않는다면, 그들 사이의 어떤 관계도 불가능하므로 인과관계는 새로운 결과들을 산출할 수 없다는 비판이 있었다. 니야야-바이쉐시카 철학자들은 이 비판에 대해서 자신들을 옹호하기 위해서, 보편적 인과관계가 모든 잠재적 원인과 결과 사이에 항시 존재한다고 논한다. 그것이 잠재적 관계로 존재하다가 오직 결과가 산출되는 경우에만 현실화된다. 만일 그렇지 않다면, 현재 원인이 아닌 것이 미래에 원인이 되기가 불가능할 것이다. 그렇다면 어떤 새로운 결과들도 결코 산출되지 않을 것이며, 이것은 어떤 종류의 변화도 없을 것을 의미하게 된다. 그런데 변화는 경험상 명확한 사실이므로, 두 사물들 사이에 잠재적으로 존재하는 인과관계는 결과가 산출되는 바로 그런 경우에만 현실화되고 있음에 틀림없다. 원인 속에 잠재하는 것은 결과 자체가 아니라 결과를 산출하는 힘이다.

이런 기조를 따라가는 옹호는 니야야의 입장을 또 다른 공격에 노출시킨다. 만일 어떤 원인이 한때 잠재적 원인이었다가 나중에 현실적 원인이 된다면, 단순히 잠재적인 것이 현실적 원인으로 된 일을 설명할 수 있기 위해서는 인과관계에 무슨 변화가 일어났음에 틀림없다고 말해야 할 것이다. 무엇이 잠재적 원인을 현실적 원인으로 만들었는가? 이 일은 항시 발생하는 것이 아니라 결과가 연생된 경우에만 발생하므로, 그 결과도 역시 이전에 있었던 어떤 원인의 결과일 것이다. 그러나 같은 것을 바로 그 이전의 원인에 대해서도, 그리고 그 원인 이전의 원인에 대해서도 말할 수 있다. 그래서 무한으로 소급된다.

상카라는 많은 철학자가 채용한 고전적 형식으로 논의를 제시한다. 인과율은 그것이 관계 짓는 사물들과는 다른 별개의 실재라는 니야야-바이쉐시카 주장에서 출발한다. 상카라는 두 개의 사물, A와 B가 인과적으로 관계하기 위해서 C가 요청된다고 논의한다. 그러나 C는 그 자체가 반드시 A와 B에 관계해야 한다. C가 A와 관계하기 위해서 또 다른 실재인 D가 전제되어야 한다. 그리고 C가 D와 관계하기 위해서 또 다른 실재 E가 전제되어야 하며, 이런 식으로 무한소급하게 된다. 그런데 두 개의 사물은 결코 관계를 맺을 수 없을 것이다. 왜냐하면 이런 시리즈가 출발도 하지 않았다면, 현재의 어떤 원인과 결과 사이에 아무 인과관계도 없을 것이기 때문이다.

니야야-바이쉐시카는 다음과 같이 응수한다. 인과율은 그것이 관계 맺는 실체들과 관계하기 위해서 별도의 다른 관계를 필요로 하지 않는다. 인과율이 두 사물을 관계 맺는 경우, 그 인과율은 자신을 그 사물들과 관계 맺는 또 다른 관계를 요청하지 않는다. 이것이 인과율의 본질이다. 그런데 이런 응수는 다음과 같은 점을 전제한다. 즉 원인과 결과, 전체와 부분, 또 다른 관계, 그 어떤 종류의 관계든 그 관계 자체는 관계 맺어주는 실재들과는 다른 종류의 실재라는 점을 전제한다.

이는 물론 인과관계가 정확히 어떤 지위를 갖는가라는 질문을 대답하지 않은 채로 남겨 두는 것이다. 인과관계가 무엇인가를 정확히 규명하는 지극히 어려운 물음이야말로, 인도나 다른 곳에서 인과율을 불멸의 철학적 물음으로 만들었던 것이다.

2) 약弱 인과율

자, 이제 인과율의 약 이론으로 가보자. 이 이론의 주창자들은 결과는 결과로서 인정되는 모습으로 나타나기 이전에, 이미 원인 안에 선재한다고 단언하여 존재하지도 않는 것을 결과의 원인으로 불릴 만한 것과 관계 지어야만 한다는 문제를 피한다. 이런 설명에 따른다면, 모든 결과는 영원으로부터 선재한다.

이 철학자들이 직면하는 분명한 난점의 하나는 생성하는 새로운 존재들과 새로운 사건을 설명하는 일이다. 어제 존재하지 않았으나 오늘 연생된 어떤 것은 어제 어떻게 존재했을까? 오늘 존재하는 것과 동일한 방식으로 그것이 어제 존재했다고 말할 수 없음은 명확한 일이다. 그렇게 되면 일체의 변화가 배제될 것이기 때문이다. 그래서 약 인과율 철학자들은 오늘의 결과가 어제 이미 존재하긴 했어도 오늘은 다른 모습으로 존재한다는 점을 논해야만 한다. 응유는 응유의 모습으로는 아니지만 달콤했던 우유 안에 어제 이미 존재했다. 그러나 우유는 오늘 응유의 모습으로 있다. 달콤한 우유와 응유는 모습이 다르다는 점만 빼고는 동일한 것이기 때문이다.

약 인과율 견해를 주장하는 철학자들에게 주요 문제는 원인이 겪게 되는 변화를 설명하는 일이다. 예를 들면 원인과 결과, 우유와 응유가 동일한 실재이지만 다른 모습으로 존재한다고 해보자. 그런데 우유를 응유로 변화시킨 것은 무엇인가? 반드시 어떤 부가적 실재를

원인으로 상정하든가, 아니면 전변轉變은 겉모양일 뿐이며 실재의 겉
보기 전변은 일종의 미망이라고 논해야만 한다. 샹카라가 지지했던
후자의 견해는 인과율을 통째로 거부하는 일과 진배없게 되는데, 변
화가 궁극적으로 참이라는 점을 부인하고 있기 때문이다. 그러나 여
기에서도 변화라는 외견상의 참신함을 설명해야 할 필요가 있다.

샹카라의 이론을 검토하기 전에, 우리는 선재하는 결과에 대한 상
키야의 견해를 먼저 볼 것이다. 이슈와라크리슈나(Īśvarakṛṣṇa, 自在
黑)*의 고전적 체계화에서 이 견해는 원인의 전변을 세계의 참된 변
화로 받아들이고 있다. 그와 같은 견해가 직면하는 일반적 난점에
도 불구하고, 왜 상키야의 철학자들은 이런 결과 선재론을 주장하는
가? 상키야의 비전들 중 우리가 얻을 수 있는 가장 최초의 체계화에
서, 이슈와라크리슈나는 다섯 가지 이유를 제시한다. 결과는 선재한
다. 왜냐하면 ①원인 안에 존재하지 않았던 것이 원인에서 산출될 수
없기 때문이다. ②결과와 원인 사이에 명확한 연결이 있기 때문이다.
③모든 것이 다 가능한 것이 아니기 때문이다. ④원인은 변화될 수
있는 능력을 가진 것만 변화시키기 때문이다. ⑤결과는 원인과 동일
한 본성이기 때문이다.(이슈와라크리슈나, 『상키야카리카(數論頌)』, 9)

첫째 논의는 상대적으로 간단하다. 결과적으로 이 논의는 우리가
전혀 존재하지 않았던 것을 원인에서 끄집어내올 수 없다고 말한다.
응유는 물이 만들지 않는다. 응유가 어떤 방식으로든 물에 선재하지
않았기 때문이다. 특정한 원인이 다른 결과가 아니라 오직 특정한 결

---

* 〔역주〕350년에서 450년에 살았던 것으로 추정되며 『상키야카리카(Samkhya
Karika, 數論頌)』의 저자이다.

과만을 산출하는 이유는, 그 원인이 산출하는 결과는 원인 안에 선재하고 있지만 원인이 산출할 수 없는 결과는 원인 안에 선재하지 않기 때문이다. 이것이 두 번째 논의에서 언급된 '명확한 연결'이다.

세 번째 논의는 두 번째 논의에 수반되는 것을 발전시킨 것이다. 이를테면 원인과 결과 사이에 명확한 관계가 없다면, 하나의 원인은 어떤 결과라도 산출할 수 있을 것이다. 그러나 주어진 원인이 모든 것을 산출할 수 없으므로, 원인과 가능한 결과 사이에는 명확한 연결이 있을 것임에 틀림없다.

네 번째 논의는 한 걸음 더 나아가, 원인과 결과 사이에 명확한 관계가 존재할 경우에만 도구적 원인이 그 질료적 원인에 작용하여 그 결과를 산출할 수 있다고 주장한다. 예를 들면 여러 오라기의 실을 베틀과 결합하는 일은 옷감을 산출할 것이지만, 한 줌의 모래알을 결합하는 일은 그렇지 못할 것이다. 깨를 짜면 기름을 산출할 것이고, 차돌을 짜는 일은 그렇지 못할 것이다.

다섯 번째 논의는 이런 명확한 관계가 선재의 하나라고 주장한다. 예컨대 옷감은 실과 동일한 본성의 것이며, 기름은 깨와 동일한 본성의 것이기 때문이다. 원인과 결과가 동일한 본성인 이유는, 원인이 사실상 선재하는 결과의 모습이기 때문이다.

니야야-바이쉐시카 철학자들은 이 견해를 여러 면에서 공격한다. 그들의 첫째 논의는, 만일 결과가 원인과 본래 동일하다면 원인만 알면 결과가 연생되기 전에도 결과를 알 수 있어야만 한다. 그러나 이것은 분명 불가능하다. 결과가 산출되기 전에는 알 수 없다. 산출되기 전에 알려질 수 있는 결과는 존재하지 않기 때문이다. 니야야 철학자들의 주장에 따르면, 이 사실은 결과란 새로운 실재이고 결과를 구성하는 부분들(원인)과 다른 것임을 보이고 있는 것이다. 사람이 아무리 많은 수의 우유 항아리를 알고 있다고 해도 그것에 의해 응유를 알 수 없다. 응유가 비록 우유에서 연생된다고 해도 우유와 다른 실재이기 때문이다.

이런 논의에 대한 상키야의 대답은 실재란 그것을 구성하고 있는 부분들과 다른 것이라는 니야야-바이쉐시카 철학자들의 핵심적 가정이 이미 이치에 맞지 않다는 것이다. 상키야 철학자들은 예를 바꾸어가며, 옷감 한 필의 실재는 특정한 방식으로 배열된 몇 개의 실오라기들의 실재와 다른 것이 아니라고 응답한다. 만일 옷감이 실과 다르다면, 실을 보지 않아도 옷감 보기가 가능해야 할 것이다. 그러나 이것은 분명히 불가능하다. 옷감을 본다는 것은 짜인 실들을 보는 것일 따름이다.

상키야 철학자들은 원인과 결과가 다른 것으로 지각되므로, 다른 실재라고 하는 니야야의 주장도 공격한다. 그들에 따르면, 이런 주장은 결과가 원인과는 다른 것인가 아니면 단순히 전변된 원인인가 하는 문제를 회피한다. 이 주장이 문제를 회피하는 것이므로 다음에 오는 니야야의 주장, 즉 "따라서 새로운 실재를 본다"라는 주장은 더 이상 논의할 가치도 없다.

강 인과율의 주장자들은 만일 원인이 이미 선재한다면, 변화의 작인作因이나 대리인이나 도구가 왜 필요할 것인가에 대해서 상키야 철학자들로 하여금 설명해보라고 도전하며 결과 선재 이론을 공격하기도 한다. 이미 존재하는 것에는 어떤 작인이나 도구는 필요하지 않을 것이기 때문이다. 그런데 작인이나 도구가 결과를 산출하기 위해서 필요하다면, 이는 단지 결과가 연생되기 전에는 존재하지 않았다는 것을 의미할 따름이다. 상키야 철학자들은 이 반대에 부분적으로 동의함으로써 여기에 응수한다. 그 결과는 그것이 연생되기 전과 동일한 모습으로 존재하는 것이 아니라는 점, 그리고 선재하는 결과가 출현할 수 있게 원인을 전변시키기 위해서 작인이나 도구가 요청된다는 점을 각각 시인한다. 이 대답은 결과적으로 '작인이나 도구의 기능이 이전에 함축되어 있거나 미현현의 것을 현현시키고 명시적으로 만들고 있을 뿐 새로운 어떤 것을 창조하는 것은 아니다'라고 주장하는 꼴이 되어, 처음 논의에서 옆으로 빗나가게 되는 셈이다. 이 대답을 지탱하기 위해서 끌어들인 예증들은, 같은 것으로 계속 남아 있으면서도 귀고리나 금화가 될 수 있는 금덩어리와, 껍데기 속에 움츠려 들어간 거북이와 사지를 활짝 편 거북이다. 이 두 거북이는 같은 것의 다른 모습들이다.

왜 하나의 원인에서 특정 결과들은 나타나지만 다른 것들은 나타나지 않는가가 문제가 된다. 이 문제가 어떻든 인과론에 근거하여 설명이 되어야 할 것으로 상키야 이론의 또 다른 부분은 지적한다. 새로운 모습이 비록 전적으로 새로운 실재는 아니지만 새로운 것이므로, 약 인과율의 도구적 원인이 갖는 역할이 강 인과율의 도구적 원인과 견주어 더 문제될 것은 없다. 실상 그것은 그리 문제되지 않는다. 왜냐하면 결과가 선재한다고 주장하는 상키야 철학자들은 니야야 철학자들과는 달리, 도구가 무無에 작용한다는 주장이 안고 있는 난점을 직접 만나지 않기 때문이다.

그러나 상키야의 인과론에 대한 가장 심각한 반대는 만일 모든 결과들이 그 원인 안에 영원히 선재하고 속박이 하나의 결과라면, 속박은 영원히 존재해야 한다는 것이다. 만약 이 이론이 어떤 실재도 결과로 산출되지 않는다는 점을 단언한다면, 원인으로 있는 어떤 실재도 파괴되지 않을 것이라는 점도 수용해야 하기 때문이다. 요가 철학자들이 주장하듯, 만약 속박이 결과라고 하면 그것은 영원히 존재하는 결과이므로 해탈은 불가능하게 된다. 또는 다른 면에서 보아, 해탈이 지식과 행위의 결과라면 해탈은 항시 존재하든가 아니면 성취하기가 불가능한 것이 되어버린다. 다른 말로 하면 결과가 항시 선재하다면 어떻게 속박이나 해탈의 생성이 설명될 수 있을까?

이것은 약 인과론자에게는 지극히 어려운 난문이다. 상키야 철학자들은 이원론의 형이상학으로 해결하기를 시도한다. 그들은 참된 자아, 푸루샤는 결코 속박되지 않으며, 변화의 세계는 영원히 속박되거나 결정되었다고 주장한다. 그들은 다음과 같은 일이 일어났다고 말한다. 자유로운 자아의 영상이 변화하는 마음과 물질(프라크리티)의 세계가 갖고 있는 과정에 말려들자, 자아가 이 과정들 안에 묶여버렸다는 잘못된 확신을 갖게 되었다는 것이다. 그러나 실제로 푸루샤는 항시 자유롭다. 파괴되어야 할 것은 자아나 세계가 아니라 세계를 자아로 오인하게 했던 무명이다. 이런 무명이 일단 파괴되면 영원히 존재하는 자아의 자유는 실현된다.

그러나 비판자라면 이런 형이상학적 응수를 도전 없이 그저 용인하지는 않을 것이다. 그래서 이렇게 묻는다. 무엇이 세계의 원질료를 전변시켜 세계를 자아로 오인하게 했는가? 프라크리티의 전변 그리고 자아와 프라크리티가 변화된 모습 사이에 잘못된 동일시는 프라크리티에 의해서 일어났는가 아니면 푸루샤에 의해서 일어났는가? 상키야 철학자들은 푸루샤가 프라크리티와는 아주 다른 종류의 실재로서 영원히 자유로운 것이라고 역설함으로써, 자아의 영원한 속박을 마지못해 받아들여야 할 상태를 피했다. 따라서 그들은 자아와 세계 사이에 참된 인과관계가 존재한다는 점을 용인할 수 없었다.

이슈와라크리슈나는 이제 푸루샤와 프라크리티가 실제적 관계없이 어떻게 상호 영향을 주는가를 시사하기 위해서 비유를 사용한다. 춤꾼이 직접적 인과관계 없이 청중의 면전이라는 이유만으로 춤추듯이, 프라크리티가 푸루샤의 단순한 현존 때문에 자신을 전개해 간다고 그는 말한다. 마찬가지로 청중이 일단 춤의 쾌락을 맛본 뒤에 춤꾼이 멈추는 것처럼, 무명이 일단 극복되고 자아가 자유를 맛보았다면 세계의 유희는 더 이상 자아의 관심을 끌지 못할 것이다.

그러나 이 비유와 유사한 비유들이 그리 설득력이 있는 것은 아니다. 문제는 상키야의 철학자들이 자아와 세계 사이의 인과관계를 수립할 수 없다는 점이다. 자아와 세계가 아주 다른 종류의 실재라는 그들의 가정 자체가, 속박이 실제로 연생되었다는 점, 해탈은 지식과 행위라는 원인에 의해서 획득될 수 있는 결과라는 점을 비판자에게 확신시킬 수가 없었다.

이런 난점들에 직면하여, 라마누자나 마드바와 같은 몇몇 약 인과율의 주창자들은 속박과 해탈의 원인으로 신을 상정하게 되는 유신론적 입장을 취하게 된다. 그러나 그들은 신의 존재를 증명해야 하는 난점뿐 아니라, 이에 덧붙여 만약 신이 속박과 해탈의 근원이라면 자아가 도대체 어떻게 자유라는 것을 가질 수 있을까 하는 점도 보여줘야 하는 난점까지 안고 있다.

샹카라와 같은 사람들은 이원론적 형이상학을 거부하고, 자아가 브라만과 궁극적으로 동일하며 영원히 자유롭다는 것을 논함으로써 이런 신학적 난점들을 피한다. 이런 접근법이 성공하기 위해서 샹카라와 다른 불이론자들은, 브라만이 결코 변하지 않는다는 것을 유지하면서도 세계와 고의 출현을 브라만의 변화로 설명해야만 한다. 이런 설명에서 관건이 되는 요소는 '선재하고 있던 결과가 어떻게 변화할까?'라는 문제에 대한 수정된 이론이다.

실제로 원인이 결과로 변화하며 그 과정에서 어떤 다른 것이 된다고 주장하는 상키야 설명과는 달리, 샹카라는 원인이 본래 동일한 것으로 남아 있다는 점을 역설한다. 결과란 새로운 실재일 수 없다는 상키야의 논의에 샹카라는 동조한다. 만일 결과가 새로운 실재라면, 우리는 존재가 어떻게 무에서 생성할 수 있는가, 또는 존재하는 것과 존재하지 않는 것 사이에 인과관계가 어떻게 존재할 수 있는가에 대해서 설명해야 하는 과업, 즉 불가능한 과업에 직면해야 할 것이다. 어떤 것이 무에서 나왔다거나 어떤 것이 무와 관계한다고 말하는 것은 이치에 맞지 않으므로 샹카라는 결과가 새로운 실재라고 하는 니야야–바이쉐시카 이론을 거부한다.

이 논의는 또한 인과율을 선재하는 실재의 실제적 전변으로 보는 상키야의 이론을 수용할 수 없게 만든다. 상키야 이론은 결과의 질료적 본성이 선재한다고 단언하면서도, 그 결과의 모습은 새로운 것이라고 주장한다. 강 인과율에 대해서 상키야 철학자들이 제기한 반대의 핵심이, 강 인과율은 새로운 것의 생성을 설명할 수 없었다는 바로 그것이 아니었던가! 생성되었다고 주장되는 것이 새로운 물질이든 새로운 모습이든 문제는 같다. 따라서 대적의 이론을 반박하기 위해서 사용한 바로 그 논의들이 상키야 철학자의 입장을 갉아먹는 것이다. 이런 점을 샹카라는 즐겨 지적한다.

이 문제에 대한 샹카라의 해결책은 모습이 독립적 실재를 갖지 못하므로 모습의 변화는 실재의 변화가 아니라는 점을 보여주는 일이다. 그는 모습이 오직 모습을 갖는 물질 안에서만 존재한다고 논한다. 진흙의 모습(또는 다른 물질)을 빌리지 않는다면, 항아리의 모습은 존재하지 않는다. 만일 모습의 변화가 실재의 변화라면, 앉아 있는 갑돌이는 서 있는 갑돌이와 다른 사람이 될 것이다. 그러나 사실은 분명 그렇지 않다. 샹카라는 이렇게 주장하며, 모습의 변화가 새로운 실재의 창조가 아님을 보이고 있다.

그렇지만 물질이나 모습이 실제로 생성된 것이 아니라고 주장하는 것은 변화 자체의 실재를 부인하는 셈이다. 이런 극단적 입장을 샹카라는 수용한다. 그는 오직 브라만이 궁극적으로 참이며, 궁극적으로 참인 것은 결코 변화하지 않는다고 단언한다. 그러나 그는 세계와 속박된 자아들의 존재를 부정하지는 않는다. 이런 부정은 해탈이라는 과업 전체를 무의미하게 한다. 대신 세계와 속박된 자아들의 존재가 브라만의 존재보다 낮은 단계의 실재임을 그는 논한다. 속박과 해탈이 인과적 사슬의 결과인 것으로 보이는 것은 오직 이런 낮은 단계의 실재에서만 그렇다.

샹카라의 제안에 따르면, 보다 깊은 단계에서는 아주 자유롭고 변화하지 않는 동일한 실재의 저급한 단계들이 바로 속박된 자아들과 세계라는 것이다. 그러나 이런 제안 자체가 도전에 직면한다. 그 도전은 실재의 차별적 단계들에 대한 교리가 이치에 맞아야 할 것임을 요청하며, 동시에 속박된 자아에게 자유의 성취를 허용할 수 있을 정도로 단계들 간에 충분한 관계를 제공해야 할 것임을 요청한다. 가장 저급한 단계에서 살고 있는 무지한 자아가 어떻게 최고 단계의 지식을 획득할 수 있을까? 우리는 다음 항에서 샹카라가 이런 도전에 어떻게 응수했는가를 볼 것이다. 거기서 우리는 인과율에 대한 다른 이론들을 보완하는 형이상학적 견해들을 살펴보게 된다.

남아 있는 두 개의 인과론은 자이나교도와 불교도의 것인데, 전자는 약 이론과 강 이론을 상호 보완적인 것으로 수용하는 것이며, 후자는 두 이론의 전제들을 거부하는 것이다.

3) '강 인과율'과 '약 인과율' 둘 다 옳을 것이다—부정주의不定主義

자이나교도들은 그들이 갖고 있는 존재의 다면성의 원리에 의존한다. 그들에 따르면, 각 이론이 오직 특정한 관점에서만 참이라는 사실을 그들의 대적들이 보지 못한다. 따라서 자이나교도들의 대적들은 강 인과율과 약 인과율을 상호 배타적인 것으로 보고 있다. 불행히도 개개의 관점은 다른 관점들에 대해서 상대적이라기보다 절대적인 것으로 받아들여지고 있다. 우리는 생성하고 지멸하는 다양한 성질들을 가진다는 실체들의 관점에서 실재를 볼 수 있다. 그럴 경우 결과는 원인 안에 있었다고 말하는 것이 합당하며, 원인은 그 안에 새로운 성질이 생성한다는 실체이다. 무명과 속박이라는 성질이 생성하게 되는 장소로서의 자아는, 속박과 무명이 파괴되면 자유라는 본질적 성질이 실현되는 장소인 자아와 동일하다. 그렇지만 성질들이 서로 연관되어 있을 때 성질은 선재한다고 말할 수 없다. 성질은 다른 성질 안에서가 아니라 실체 안에만 선재하기 때문이다. 속박의 성질은 자유의 성질을 배제하고 있으며, 자유는 속박이라는 이전의 성질이 제거될 경우에만 출현하는 성질이다.

실재가 변화하는 성질들을 갖는 불변의 실체들로 이루어져 있다는 가정 하에서라면, 이런 주장도 괜찮을 것이라고 불교도들은 말한다.

그러나 만일 실재가 과정의 본성을 지닌 것이어서, 실체와 성질을 구분하는 것이 이치에 맞지 않는 경우에는 어떻게 될 것인가? 자이나교도들은 거듭 존재의 다면성 원리로 돌아가, 실재가 실체-성질의 양상으로 출현하는 것은 어떤 특정한 관점에서만 그렇다고 논한다. 다른 관점에서 보면 실재는 과정으로, 사건들의 지속적 흐름으로 출현한다. 이런 관점에서는 강 이론도 약 이론도 적절하지 않다. 모든 사건들은 상호 의존적이기 때문이다. 한 사건을 독립시켜 원인으로 하고 첫째 사건에 의존하는 다음 사건을 골라 그것을 결과로 부르는 것은 사건들의 상호 의존성을 간과하는 것이다. 반면 의존성을 배제하고 상호성을 강조하는 것은 속박이 의존하는 조건들을 제거해버려 해탈을 획득할 수 있는 가능성을 간과할 위험을 지니게 된다.

자이나교도들은 인과율에 대한 다른 두 이론을 동일한 실재의 다른 관점들로 결합하여 이 두 이론이 안고 있는 문제점을 피한다고 할 수 있다. 하지만 스스로 다른 문제를 만들어낸다. 첫째, 그들은 변화에 대한 타당한 관점으로 강 인과율을 수용하는 정도만큼 강 이론에 맞서 오는 모든 반대들, 그리고 그들이 역시 타당한 관점으로 수용하는 약 인과율에 맞서 오는 반대들과 반드시 대결해야 한다. 둘째, 존재에 관한 다면성 이론이 타탕한 관점이라는 점도 보여줄 수 있어야 한다. 실상 그들은 한 걸음 더 나아가야 한다. 만일 다른 입장들을 오직 편파적이고 제한된 관점으로 보아 반박하려 든다면, 사물들의 존재 방식이 진실로 그렇기 때문에 다면성 이론이 참이라는 점도 보여줘야 한다. 그렇지만 다면성의 원리 그 자체는, 다면성 이론이 오직 부분적이고 제한된 진리일지도 모른다는 점을 인정하도록 그들을 강요한다.

마지막으로 샹카라의 논의가 있다. 이 논의에 따르면, 일체의 견해가 참일 수도 있고 잘못일 수도 있다는 부정주의라는 중간 입장을 취함으로써, 자이나교도들은 해탈을 목표로 하는 행위를 불가능하게 한다는 것이다. 행위를 하기 위해서 사람은 반드시 입장을 취해야 하고, 어떤 사물은 참인 것으로, 어떤 행위는 욕구했던 결과를 달성하는 일에 효과적인 것으로 수용해야 할 것이다. 만일 사람이 말할 수 있는 모든 것이 "그럴 수도 있겠다"라는 것이라면, 행위가 요청하는 확신은 배제되어 버린다. 그러나 그때에는 해탈의 길을 위한 여지는 없게 된다. 효과적 행위를 위해서 어떤 견해가 잠정적으로 참인 것으로 인정되어야 한다는 자이나교도들에 대해서, 이런 일은 사실상 모든 다른 이론도 하는 일이라고 샹카라는 응수한다.

4) 과정 견해들

마지막으로 인과율에 대한 불교도의 견해를 살펴보자. 앞서 보았지만, 이 이론은 사건들의 완벽한 상호 의존성 이론, 즉 '연기론'으로 불리는 이론이다. 불교도들은 실체관 전체를, 즉 실재란 상호 작용하는 실체들로 구성되어 있고, 그 실체의 성질들이 부단한 변화나 수정을 겪는다고 단언하는 실재에 관한 실체관 전체를 부정한다. 그리하여 그들은 내재적 인과관계를 설정하는 자들을 괴롭히는 난점과, 결과가 원인 안에 선재한다고 주장하는 자들이 직면하는 문제들을 피한다. 불교도의 견해에 따르면, 실재는 사물들이 아니라 계속 진행 중인 상호 관련된 과정들로 구성되었다. 분석적 관점에서 보면, 실재는 실체나 지속을 갖지 않는, 순간적이고 찰나적인 사건들로 구성되었다. 실재는 단순히 운동 중의 에너지다. 따라서 사물들 사이의 인과적 연결을 설명하기 위해서 어떤 특별한 사물, 힘, 관계를 설정할 필요가 없다.

어떤 사건들과 그 필수적 조건들 사이의 연결에 대한 이론으로, 연기론은 변화를 다음과 같이 상정한다. 즉 상호 영향을 주고받는 요소들이 계속 에너지와 운동을 서로에게 주며, 새로운 생성의 부단한 흐름을 일으킨 결과가 변화이다. 계속 일어나는 존재의 새로운 모습들은 그것들을 일으키는 조건들로부터 독립되어 있지 않다. 모든 필요 조건이 갖추어지면, 불타는 촛불의 과정 같은 특정한 과정이 일어난다. 불꽃은 명백히 과정이다. 그것은 한순간도 동일하게 남아 있지 않기 때문이다. 불타는 과정에서 특정한 순간의 원인이라고 할 만한 사물은 아무 것도 없다. 그러나 만일 모든 필요조건이 현존하면(예를 들어 점화를 위한 열기, 초라는 연료, 연료와 점화 열기를 연결해 주는 심지 등) 초는 계속 탄다. 만일 필요조건들 가운데 하나 또는 그 이상의 조건이 부재하면(예를 들면 점화 열기) 그 과정은 멈춘다.

영원이란 하나의 망상일 따름이라는 불교도의 견해를 예시하기 위해서 불을 사용해 보자. 우리는 불이 계속 변화한다는 것을 잘 알고 있다고 해도, 불이 일정한 시간 동안 계속되면 자기 동일적인 것으로 보일 뿐 아니라, 촛불이나 횃불을 들고 머리 위로 선회시키면 그것은 관찰자에게 머리 위에 불의 고리나 원이 있는 것으로 보일 것이다. 실제로 그 원은 계속 움직이는 횃불이 만들어낸 외양일 따름이다. 마찬가지로 과정의 계속적 운동은 지속적인 사물이라는 외양을 준다. 실제로 이런 상정된 '사물들'은 계속 변화하는 과정들에 불과하다.

그렇지만 불교도는 존재라고 불리는 순간들 또는 사건들 사이의 연관들을 설명해야 한다. 무엇이 고를 일으키도록 사건들을 결합하는가? 무엇이 고의 조건을 이루고 있는 사건들을 제거할 수 있을까?

이런 질문들에 대답할 수 없다면, 열반으로 나가는 팔정도는 효력 있는 것으로 볼 수 없다.

실제 세 가지 다른 불교도의 대답이 구분될 수 있다. 비바사사와 경량부 철학자들은 존재를 구성하는 지속적 과정들이 논리적으로 비연속적 순간들로 구성되어 있는 것으로 믿고 있다. 이러한 원자적 순간들은 지속적 사건들을 형성하기 위해서 순차적으로 결합한다. 이 결합은 각 사건에 그 개별적 특성을 부여하는 유형을 가지고 있다. 이 순간들은 그것들이 구성하는 사건들보다 논리적으로 선행하는 것으로 여겨지므로, 과정들 자체로부터 독립한 것으로 간주된다. 이것 때문에 이 불교도들은 근본적 순간들을 과정들의 원인으로 간주할 수 있게 된다. 과정에 변화를 일으키는 것, 고와 열반의 과정 사이에 차이를 만드는 것은 바로 원자적 순간들이 형성한 패턴들이라고 그들은 말한다.

유식학파의 분석도 비슷하지만, 과정의 근본적인 순간을 정신적인 단위로 간주하고 물리적인 순간은 지식의 외적 연관자로 여긴다는 점에서만 다르다. 이런 움직임에는 중요한 이유 둘이 있다. 첫째, 외계에 대해서 우리가 무엇을 알든지 간에 우리는 지식의 이미지들과 개념들을 통해서 안다는 것은 퍽 분명하다. 외계는 마음을 통해서 알려진다는 점이 물리적 실재에 대한 모든 지식을 마음속의 관념들에 의존하게 만든다. 반면 만일 과정의 근본 단위들이 정신적인 것이라면, 지식이 어떻게 해탈의 조건이 될 수 있는가를 알 수 있을 것이다. 왜냐하면 선정의 통찰에서 얻어지는 새로운 이해는 우리가 자아라고 부르는 것을 이루고 있는 과정의 새로운 패턴들을 나타내고 있기 때문이다. 이 새로운 패턴들이 무명과 취착이라는 낡은 패턴들을 제거하여 속박의 사슬을 끊는 것을 나타내고 있다.

이 두 개의 불교 입장에 대해서 가장 심각한 반대는 용수의 '중도 철학'으로 대표되는 세 번째 불교도의 입장에서 나온다. 앞에서 말한 두 입장은 만물이 완전히 상호 의존적이라는 붓다의 중심적 통찰을 배반한다. 이것이 용수가 시사한 바이다. 고에서의 해탈을 위한 개념적 기초를 제공하려는 그들의 열심 탓으로, 경량부와 유식학파는 다른 인과론들의 주창자처럼 이른바 고와 해탈의 조건이 의존하는 특정한 조건의 독립을 위해서 논의를 펴고 있다. 경량부는 고의 조건성을 강조하기 위해서 물리적 실재를 독립된 것으로 받아들이고 있으며, 유식학파는 지식을 통한 해탈의 가능성을 강조하기 위해서 관념들을 독립된 것으로 간주하는데, 이런 점이 문제가 되는 것은 아니다. 문제가 되는 것은 속박을 낳는 무명과, 열반을 낳는 지식이 모두 상호 의존적 주·객관들을 요청한다는 점을 그들이 간과한다는 사실이다. 만일 객관적인 것에 독립을 부여하면 해탈을 이해할 수 없게 되며, 주관적인 것에 독립을 부여하면 속박을 이해할 수 없게 된다.

용수는 만물의 완전한 상호 의존성을 강조하기 위해서, 사물과 사건은 자성自性이나 실재를 갖지 않는다고 역설한다. 사물과 사건의 존재는 매우 많은 수의 요소들 사이의 상호 작용, 궁극적으로는 전체 우주의 모든 요소들의 상호 작용 그 이상도 이하도 아니다. 독립성 또는 자기 충족성의 결여를 용수는 순야타(śūnyatā), 즉 공空으로 부르고 있다. 모든 존재는 완전히 상호 관련된 다수의 과정들, 보통 독립적이고 지속적인 자아나 사물로 오인되는 생성의 특별한 흐름을 이루고 있는 과정들에 의존한다. 그래서 모든 존재는 자성(self-nature)이 결여되어 있는 것이다.

본래 인과율은 생성하는 어떤 것이 원인으로 불리는 것에 어떻게 의존하는가를 보여줌으로써 변화를 설명하는 방식이다. 원인이 독립적인 것으로 여겨지기 때문에, 어떤 사건이 어떤 원인의 결과로 보여졌다면 그 사건은 만족스럽게 설명되었다고 보통 생각한다. 결과적으로 용수는 어떤 것이 모든 다른 것의 관계로부터 독립되었다는 점을 수용하기를 거부했으며, 따라서 그는 모든 인과론을 부적절한 것으로 거부하게 되었다.

그러나 그렇다고 해서 그가 속박이라는 사실, 해탈의 가능성과 해탈로 이끄는 붓다의 길을 거부한 것은 아니다. 대신 이런 것들에 대한 개념적 이해가 어떤 식으로든 결국 가능할 것이라는 생각을 용수는 거부한 것이다. 인간의 통찰(insight)로 보면 상호 의존성 안에 연합되어 있는 것으로 나타나는 대상을 인간 이성은 쪼개고 분할한다. 이 쪼개진 조각들이 독립적 실재로 오인될 때, 그것들을 원인과 결과로 관계 맺으려는 풀 수 없는 문제가 발생한다. 그러나 만일 연기론의 진리가 인정된다면 어떤 인과론도 필요 없다. 원인과 결과로서 연결되어야 할 분리되고 독립적인 사물들이 애당초 존재하지 않기 때문이다.

용수의 분석이 사람을 불필요한 개념 놀이로부터 끌어내, 불교도들이 통찰과 자유를 생성하는 것으로 보고 있는 도덕과 선정의 수행으로 인도한다고 할 수도 있다. 그러나 그 분석은 속박과 해탈의 본성과 원인들에 대해서 합리적 설명을 줄 수 있는 철학적 이론을 원하는 어떤 자도 만족시키지는 못한다. 실상 용수는 인과적 설명 일반의 적합성을 거부해버림으로써, 그러한 인과론에 호소하여 그 자신의 입장을 옹호할 가능성 자체를 차단해버렸다.

요약

인도 철학의 중심에 인간의 속박과 고통의 인지, 그리고 속박과 고통이라는 조건들로부터의 해탈이 가능하다는 사실의 인식이 놓여 있다. 지식과 행위를 수반하는 자기 변화의 길을 따라가면, 속박의 원인과 조건으로부터의 자유는 획득될 수 있다. 해탈을 위해서 처방된 길이 어떻게 그리고 왜 성공할 수 있는가를 보여주기 위해서, 자아·실재·인과율의 본성에 대한 철학적 설명들이 전개되었다. 회의론자들은 속박의 원인이나 해탈의 수단을 알기가 불가능하다고 역설했다. 이런 도전에 응하기 위해서 실재와 인과율에 관한 지식이 가능해지는 방식을 설명하지 않을 수 없었다.

인과율·실재·지식에 관한 이론들은 모두 내적으로 연결되어 있기 때문에, 속박의 원인과 해탈의 수단에 대한 다른 비전들은 다른 철학을 가져왔고, 지난 2천 년에 걸쳐 인도의 사변적 사유를 지배해 왔던 9개의 주요 철학적 체계들을 일으켰다.

본 장에서 우리는 인과율에 관한 다양한 이론들을 검토하고, 자신들이 선호하는 이론을 지탱하려는 전통적 노력을 특징짓는 몇몇 철학적 논쟁들을 살펴보았다. 우리의 논의 자체가 고전적 입장들과 논의들의 요약이었으므로 여기에서 더 이상의 요약은 시도하지 않을 것이다. 그러나 독자는 다음 13장의 요약을 미리 읽을 수도 있을 것이다. 거기서 다른 체계들을 특징짓는 여러 형이상학적 견해와 관련지어, 인과율에 대한 여러 철학의 간략한 개요를 제시한다.

더 읽을거리

Chakrabarti, Kisor Kumar, *Classical Indian Philosophy of Mind : The Nyāya Dualist Tradition*, Albany, N. Y.: State University of New York Press, 1999. 니야야의 심心 이원론을 다른 인도 이론과 관련하여 그리고 서양 이원론과 비교하면서 날카롭게 검토한다.

Fowler, Jeaneane, *Perspectives of Reality : An Introduction to the Philosophy of Hinduism*, Brighton and Portland, OR : Sussex Academic Press, 2003. 힌두교 내의 다양한 인도 철학 전통들은 근원적인 인간의 물음에 대해서 대답을 제시해 왔다. 이 책은 그 대답들에 중심을 두고 있다.

Halbfass, Wilhelm, *On Being and What There Is : Classical Vaiśeṣika and the History of Indian Ontology,* Albany : State University of New York Press, 1992. 이 책은 바이쉐시카 형이상학을 인도의 다른 존재론과 관련지어 연구한 것 중에 아마 최고일 것이다.

Koller, John M., *Asian Philosophies*, 4th ed., Upper Saddle River, N. J. : Prentice Hall, 2002. 입문이 되는 텍스트로서 주요 철학 전통 하나하나에 한 장을 배당했다.

Koller, John M. and Patricia Joyce Koller, *A Sourcebook in Asian Philosophy*, New York : Macmillan, 1991. 기본 텍스트들의 번역.

Larson, Gerald James, *Classical Sāṁkhya : An Interpretation of Its History and Meaning*, Delhi : Motilal Banarsidass, 1979. 이슈와라크리슈나(Īśvarakṛṣṇa)의 기초적 텍스트에 대한 탁월한 번역을 갖고 있다. 현대 사상가들의 해석사와 샹키야의 역사적 발전과 의미 연구를 담고 있다.

Matilal, Bimal Krishna, *Logic, Language and Reality*, Delhi : Motilal Banarsidass,

1985. 인도 형이상학의 주요 이슈들에 대한 명석하고 통찰력 있는 분석.

Phillips, Stephen H., *Classical Indian Metaphysics : Refutations of Realism and the Emergence of "New Logic"*, Chicago : Open Court, 1995. 형이상학의 고전적 논쟁에 대한 훌륭한 논의.

Potter, Karl, *Presuppositions of India's Philosophies*, Englewood Cliffs, N. J. : Prentice-Hall, Inc., 1963. 이 책은 속박의 원인과 자유에 이르는 수단에 대한 여러 견해를 인도 철학에서 검토한다.

Whicher, Ian, *The Integrity of the Yoga Darsana : A Reconsideration of Classical Yoga*, SUNY Series in Religious Studies, Albany, NY : State University of New York Press, 1998. 새로운 번역과 연구인데, 파탄잘리 요가수트라에 대해서 범해진 일상적 오해도 지적한다.

제13장 **철학 체계들**
지식과 실재

인도 철학에서 인과율이 그토록 중요한 이유는 속박과 그 조건, 자유와 그 조건의 관계를 설명해주기 때문이다. 그러나 이 관계를 설명하는 방식은 실재에 관한 형이상학적 견해들에도 의존하는데, 이 견해들은 인과율에 관한 이론들을 지탱하고 있으며, 이 이론들은 반대로 형이상학적 견해들을 지탱한다.

1. 실재

실재에 관한 모든 이론-유물론자의 것을 제외하고는-은 세 가지 근본적 목표를 가지고 있다. 첫째, 우리가 경험하는 이 엄청난 다양성을 설명하고 동시에 이런 다양성을 일관된 전체로 통일해야 한다. 형이상학의 출발점은 일종의 상식적 견해, 즉 우리의 지각과 경험에서 오는 차이들을, 실재를 이루고 있는 다른 종류들의 존재가 가지고 있는 징표로 인정하는 상식적 견해이다. 이런 상식적 견해는 실재가 근본적으로 다른 종류의 과정들과 사물들로 구성되어 있다고 우리에게 말해준다. 물리적 과정과 정신적 과정, 영적 사물과 물질적 사물, 행위와 지식, 감정과 욕구 그리고 공간과 시간 등이 존재한다. 그러나 이 다른 사물들과 과정들 중 많은 것들은 분명 상호 관계한다. 이 관계들의 기초는 무엇인가?

우주를 알거나 이해하려는 일체의 노력은 이 우주를 하나의 전체로 이해하기 위한 토대로서 일정한 종류의 기초적 통일을 상정한다. 만일 실재를 구성하는 어떤 과정들과 사물들 사이에 아무 관계가 없다면, 조화로운 우주 대신에 혼돈만 있을 것이다. 우리는 실재를 혼돈이 아니라 질서 잡힌 하나의 통일된 전체로 경험한다. 따라서 결정적 질문은 '존재의 기초적 통일의 토대는 무엇인가?'라는 것이다.

이 통일은 다음과 같은 사실, 즉 다른 과정들과 사물들이 신이나 브라만과 같은 어떤 원초적 통일적 존재의 다른 측면들이나 기능들이라는 사실로부터 도출된 것으로 상정할 수도 있다. 그러나 이렇게 상정하는 것은 우리가 경험하는 존재의 다원성을 부인할 위험을 안고 있다. 반면 다른 종류의 존재들의 다양성을 역설하는 것은 우리의 경험을 통일하기가 불가능해질 위험이 있다. 앞으로 살펴보겠지만 니야야, 바이쉐시카, 미맘사와 같은 다원론자들은 후자의 위험을 선호하고, 상키야, 요가와 베단타와 같은 이원론자와 일원론자는 전자를 선호한다.

인도 형이상학의 두 번째 기초적 목표는 평범한 경험의 단계로부터 해방된 자유로운 실재의 단계나 종류가 존재한다는 사실을 보여주어서, 해탈을 위한 기초를 확립하려는 것이다. 그것이 신, 브라만, 자아, 푸루샤 또는 순야타(空) 등 무엇으로 불리든, 그것은 중요하지 않다. 중요한 것은 그 높은 실재가 속박이나 고통과 결부된 한계에서 자유롭다는 점이다. 평범한 존재와 위대한 실재 사이에 일정한 관계가 반드시 존재함으로써, 최고 단계의 실재가 갖는 특성에 속하는 완벽하고 무제한의 존재로 인간의 삶이 변할 수 있어야 하는 것이다.

이러한 목표에 대한 근본적 도전은 보다 고차원의 실재가 존재한다는 점을 보여주어 해탈의 여지를 만들면서도, 평범한 존재의 실재를 유지하는 일이다. 바로 이 도전이 수많은 철학자를 물질적 존재와 영적 존재 사이의 이원론 속으로 밀어 넣었다. 그러나 이원론적 입장은 근본적으로 다른 두 종류의 실재가 어떻게 상호 연결되고 상호 작용하여 속박을 낳고 해탈을 가능하게 하는가를 보여줘야 하는 어려움에 직면한다.

형이상학의 세 번째 목표는 변화와 안정을 동시에 설명하는 일이다. 우리의 경험은, 어떤 것이 일정한 시간 동안 동일한 채로 남아 있으면서도 변화한다는 사실이 만유에 적용되는 공동의 규칙이라는 것을 시사한다. 우리 각자는 우리 자신을 20년 또는 40년 전에 탄생했던 사람과 매우 중요한 의미에서 동일한 사람으로 생각한다. 그렇지만 우리의 모든 세포가 지식이나 느낌과 마찬가지로 탄생 이래 계속 변화해 왔다는 것도 우리는 안다. 우리가 부단히 변화하면서 어떻게 같은 존재로 남아 있을 수 있을까? 해탈을 얻으려는 인도인이 이 질문에 몰두했으므로 이 질문은 특별한 절박성을 지닌다. 최초의 완전으로부터 우리가 이미 들어가 있는 고통과 속박의 상태로 이행해 가는 변화를 설명할 수 있을는지의 여부와 관계없이, 속박에서 해탈로 가는 변화가 어떻게 일어나는지 하는 문제는 반드시 설명할 수 있어야 한다. 이 변화는 모든 사람에게 일어날 수 있는 것 중에서 가장 중요한 변화이며, 해탈로 가는 모든 길은 해탈이 발생하는 방식에 대해서 어떤 식으로든 설명이 있어야 한다.

변화와 영원 모두를 설명해야 한다는 도전은 과정(process) 철학자들과 실체(substance) 철학자들 사이의 분리를 낳았다. 과정 철학자들, 즉 불교도들은 실재란 본래 과정의 성격을 지닌 것이며 존재들(beings)이란 없고 생성(becoming)만 존재한다고 말한다. 그들은 근본적인 것으로 여겨진 생성의 부단한 흐름과 관련지어 영원과 자기 동일성을 설명하려고 노력한다. 반면 실체 철학자들은 실재가 본래 다양한 변화를 겪어가는 영원한 사물들의 성격을 지닌 것으로 본다. 그들은 존재들의 영원과 자기 동일성이라는 용어를 빌려 생성을 설명하려고 노력한다. 불교도를 제외한 모든 철학자는 실재의 실체적 견해를 견지한다.

우리는 실재에 관한 다른 견해를 검토하여, 그것이 이 세 가지 목표를 얼마나 잘 달성하는가를 살펴볼 것이다. 다원론적이며 실체적인 견해는 상식에 가장 근접하는 것이므로, 우리는 바이쉐시카 철학자의 견해에서 시작할 것이며, 니야야나 미맘사도 이 견해의 대부분을 수용한다.

1) 다원론

실재에 대한 바이쉐시카의 견해는 철학적 상식의 일종으로 시작한다. 그것은 실체·성질·행위·보편성·특수성·내속(內屬inherence)이라는 사유의 근본적 범주들이 실재의 근본적 종류들이기도 하다는 것을 상정한다. 이러한 상정은 지식의 특성이 곧 세계의 특성이라는 우리의 평범한 견해에서 쉽게 생긴다. 실체들 또는 사물들은 아홉 가지 불가분의 요소들 또는 원자들로 불리는 것의 조합에 의해서 구성되며, 그것들은 흙·물·불·공기·에테르·시간·공간·자아·마음의 성격을 지닌 것들이다. 원자들의 이런 조합들이 세계의 여러 사물 사이의 광범위한 차이점을 이루고 있는 다양한 성질을 지탱하는 것이다.

바이쉐시카 사상가들은 결과가 새로운 창조물로서 그 원인과는 근본적으로 다르다는 점을 상정한다. 그들은 또한 이 원초적 원자들이 서로 결합할 때, 즉 처음에는 쌍으로 다음에는 3배수로, 그리고 우리 주변에서 인지되는 복잡성을 향해 점진적으로 전개되어 가는 방식으로 서로 결합할 때 이런 창조 전체가 시작된다고 주장한다. 세계 전체가 분리된 원자들이라는 최초의 상태로 돌아가게 되면, 이 조합들은 마침내 해체되고 세계는 파괴될 것이다. 최초 과정의 반복에 의해서 최초의 상태로부터의 창조는 다시 일어나게 되며, 우주의 전개와 파괴라는 거대한 주기를 낳게 된다.

속박의 사실과 해탈의 가능성을 설명하기 위해서 자아는 특별한 존재, 비물질적 존재로 여겨져야 한다. 이 자아는 설사 그 신체적 육화肉化를 통해서 물질적 존재와 결부되었다고 해도, 다른 실체들과 그 성질들로부터 독립적으로 존재할 수 있는 것이다. 실상 해탈을 이루는 것은 바로 이 독립이다.

이 견해가 직면하는 주요 문제는, 이런 온갖 종류의 사물들이 어떻게 서로 관계해서 하나의 우주를 구성할까 하는 문제와, 개별적이고 독립적인 존재로서의 자아가 다른 종류의 실재와 어떻게 결합되어서 그 속박이 이해 가능하고 해탈이 가능할까를 설명하는 문제이다. 우리가 살핀 대로, 이 철학자들은 온갖 종류의 실재를 결합하는 본질적 관계로서의 인과율에 의존한다. 그러나 인과율에 관한 일관되고 정합성 있는 이론을 견지하는 과정에서 경험되는 난점들은 도리어 그들의 형이상학에 영향을 미치고 있다. 니야야와 바이쉐시카의 많은 철학자는 존재의 이른바 복수성을 통일하기 위해서 세계의 창조주로서의 신이라는 부가적 가정을 끌어들인다.

우주에 대한 우리의 지식을 설명하기 위해서 신이란 존재가 상정되어 그것이 선재先在하는 질료 위에 작용하고, 그 질료에 지성적 질서와 통일성을 부여하는 지성적 행위자로 여겨졌다. 덧붙인다면 이런 지성적 행위자가 카르마의 작용을 보장해준다. 이 카르마에 따라서 남녀 각자는 그들의 행위가 보장했던 보상이나 처벌을 정확히 받게 될 것이며, 자격이 갖춰지면 최종적 해탈도 가능하게 한다.

여러 사물이 가진 구도 안에서 신이 차지하는 위상에 대한 이런 견해는 그 자체의 문제를 안고 있다. 첫째, 그와 같은 존재의 실존이 어떻게 증명될 수 있는가? 둘째, 설사 신이 존재한다고 해도 그 신(또는 여신)을 행위자로 간주하는 것은 그를 인간의 차원으로 떨어트린다는 점이다. 행위자는 자신에게 부족한 어떤 것을 성취하기 위해서 주로 어떤 욕망이나 격정에 내몰려 행위하기 때문이다. 그러나 신은 부족한 것이 없으며, 욕망과 격정에 내몰리는 존재가 아니다.

더 나아가 미전개未展開의 여러 요소와 주主 사이에 어떤 관계가 존재하는지를 보여주지 않으면, 세계 창조의 과정에서 상정되는 신이라는 행위자는 유지될 수 없다. 그러나 신과 원초적 요소들은 영원하고 상호 독립적인 것으로 주장되므로, 하나를 다른 하나에 종속시키지 않고서는 어떤 관계도 보일 수 없다. 그런데 하나를 다른 하나에 종속시키는 일은, 하나는 물질적 원인이며 다른 하나는 행위의 원인으로 두 개의 영원하고 독립적인 실재라는 최초의 가정을 어기는 것이다. 그러나 만일 그들 사이에 아무 관계도 보일 수 없다면, 신이 우주 최초 요소들의 전개 원인이나 우주적 정의의 수호자라는 점을 유지하기가 불가능하게 된다.

이러한 이유 때문에 일부의 니야야와 바이쉐시카 철학자 그리고 사실상 모든 미맘사 철학자는 물질적 우주를 통일하고 질서를 부여하는 특수한 종류의 실재로서의 신의 도입을 거부한다. 그러나 그들은 우주의 지성적 질서가 지성적 존재나 원리를 상정하지 않고 어떻게 비지성적인 물질적 요소들로부터 생겨 나오는가를 설명해보라는 심한 압박을 받고 있다.

2) 이원론

우주의 지성적 질서가 어떻게 비지성적인 물질에 의해 일어나는가 하는 문제는 비생명체에 대한 자이나교 견해와 프라크리티에 대한 상키야 이론에도 발생하는 심각한 문제이다. 잠시 속박과 해탈에 관한 상키야의 이원론적인 설명을 상기해보자. 해탈과 속박을 위해서 형이상학적 여지를 만들어가는 상키야의 길은, 근본적으로 종류가 다른 두 실재를 주장하는 것이었다. 무제약적이고 무고통의 순수의식을 본성으로 지니고 있는 자아(푸루샤原人)가 존재하고, 푸루샤를 제외한 일체 만물의 바탕 겸 본성인 프라크리티가 존재한다. 프라크리티는 그 원초적이고 미현현의 상태로부터 전개된 후 믿을 수 없을 정도의 이 다양한 우주 안으로 들어가게 되자, 독립적이고 순수한 자아는 프라크리티적(원질의) 전개물 안에 비춰진다. 속박을 경험하고 해탈을 추구하는 존재는 바로 자신을 진정한 자아로 오인하는 푸루샤의 원질적(prakṛtic) 영상이다. 그러나 실제로는 진정한 자아는 결코 속박되지도 않고 해탈을 요구하지도 않는다. 해탈이란 원질적 실재를 자아로 오인하는 무명을 제거하는 일일 따름이다.

원초적 프라크리티가 이런 경이롭게 풍요하고 다양한 우주 안으로 변화되는 일을 해명하고, 자아의 순수 본성에 대한 무명을 통해서 속박이 일어나게 되는 과정을 설명하기 위해서 상키야는 진화적 전개를 가정한다. 세 개의 구성 가닥들, 즉 양상들의 최초의 평형이 깨어지면, 그들 사이의 상호 작용이 세계의 전개를 개시한다. 최초의 진화적 발걸음에서, 조명(비춤)으로 특징화되는 지배적 구나인 사트바는 푸루샤가 비춰져 생긴 이미지를 골라 가둬버린다. 전개가 진행되면 이 이미지는 물질적 존재의 다양한 양상들에 점점 더 견고히 묶이게 되어 푸루샤를 속박하게 된다.

그러나 무엇이 프라크리티의 최초의 평형을 깨뜨리는가? 반대자들은 오직 프라크리티와 푸루샤만이 궁극적으로 참된 것이므로 평형을 깨뜨린 것은 반드시 둘 중에 하나여야 한다고 지적한 바 있다. 푸루샤는 프라크리티와 아주 다른 질서의 실재이며 완전히 분리된 것으로 주장되므로 푸루샤가 원인일 수는 없다. 완전히 다른 종류의 존재 사이에는 인과적 상호 작용이 있을 수 없기 때문이다. 그렇다고 해서 최초의 평형을 깨뜨릴 만한 변화의 외부적 행위자가 존재하는 것도 아니다. 상키야는 언뜻 보기에 불가능해 보이지만 푸루샤가 프라크리티와 실제 상호 작용하여 그 전개를 일으킨다고 해야 하거나, 아니면 프라크리티가 자기 원인을 가지고 있음을 보여주어야 한다.

상키야 사상가들은 푸루샤와 프라크리티가 실제로 상호 작용한다는 점을 부인하고 있으므로, 전개가 자기 원인적이라는 견해를 옹호할 수밖에 없다. 그러나 이 견해도 심각한 비판에 노출되었다. 만일 프라크리티의 전개를 지도하는 어떤 지성이 없다면, 해탈로 이끄는 지식과 행위의 순서를 포함해서, 경험된 우주의 질서는 불가능할 것이다. 그렇지만 프라크리티는 그 정의에 있어서 지성적 의식이 없다.

이원론의 핵심 문제는 그 주요 매력의 반대의 면이다. 만일 자아가 비아非我와 분리된 것이라면, 비아는 자아를 가둬둘 수 없음이 분명하다. 그러나 자아에 대해서 가지는 비아의 힘을 이런 식으로 약화시키거나 파괴하는 일이 지불해야 할 대가는 매우 크다. 이 이원론은 자아와 비아가 상호 간에 어떻게 관계하는가를 설명하는 일을 가로막고 있다. 그리고 만일 자아와 비아가 어떤 식으로든 관계하지 않는다면, 비아에 대한 자아의 관계가 그 속박을 야기한다든가 또는 속박을 구성한다든가 하는 식으로 말하는 것은 이치에 닿지 않는다. 만일 둘 사이에 아무 관계가 없다면, 비아가 하는 어떤 일도 자아에게 영향을 미치지 않을 것이며 그 반대도 마찬가지일 것이다. 그렇다면 무지하고 묶인 자아가 그 해탈을 달성하기 위해 도대체 무슨 일을 어떻게 할 수 있을까?

자아가 속박에 빠질 수밖에 없는 운명에 놓여 있다는 결론을 피하기 위해서, 상키야 사상가들은 딜레마의 다른 뿔을 붙잡아 자아는 영원히 자유롭다고 주장한다. 결국 속박이란 자아의 무한한 순수와 자유에 대한 무명, 그리고 자아와 비아(푸루샤와 프라크리티)의 완전한 독립성에 대한 무명에 의해서 산출되는 것이라고 그들은 말한다. 요가와 지식이라는 활동들은 자아와 비아의 분리를 획득하려는 것이 아니라, 그것들이 함께 결합해 있어서 그것들이 분리될 필요가 있다는 망상을 낳는 무명을 파괴하려는 것이다. 해탈을 주는 지혜는 속박의 망상을 파괴하는 푸루샤와 프라크리티 사이의 이런 영원한 분리에 대한 통찰이다.

3) 불이론不二論

샹카라를 비롯한 불이론자는 더 멀리 나아간다. 자아와 전혀 관계하지 않고 속박과 아무런 관계가 없다는 비아를 가정하는 일은, 그들에 따르면 당면의 문제와 전혀 관계도 없을 뿐더러 불필요하다. 샹카라의 견해는 궁극적으로 오직 절대적이고 독립적인 실재만 존재한다는 것이다. 이것은 불변하는 무성질의 브라만이며, 이를 우파니샤드의 현자들은 만유의 바탕으로 직관한 바 있었다. 이런 궁극적 바탕은 모든 경험적 존재의 기초이지만, 인격적·비인격적인 경험적 존재의 모든 한계를 초월한다.

자아는 그 궁극적 본성에 있어서 아트만이고 브라만과 동일하며, 브라만이 비인격적 존재의 모든 한계를 초월하듯이 심리적·물리적 존재의 한계도 초월한다. 브라만과 아트만 사이의 유일한 차이는 궁극자에게 접근하는 관점의 차이이다. 자아의 바탕으로서 접근하면 그것은 아트만이고, 비인격적 존재의 바탕으로서 접근하면 그것은 브라만으로 불린다. 그러나 이것들은 동일한 실재의 다른 이름일 뿐이다. 이것은 마치 샛별과 저녁별이, 동일한 실재(비너스)가 아침에 보인 것이냐 저녁에 보인 것이냐에 따라서 다른 이름을 가지게 된 것과 마찬가지다.

아트만-브라만으로 보인 자아는 궁극적으로 순수하고 무제한적이며 의식적인 존재이므로, 그것은 어떤 다른 것에 의해서 초래된 속박에 종속되지 않는다. 존재하는 다른 모든 것은 브라만에서 온 것이며, 브라만에 대해서 이차적이기 때문이다. 이 비전은 속박을 미망의 것으로 만들어 해탈을 보증하고 있고, 프라크리티와 푸루샤라는 상호 통분할 수 없는 두 실재를 관계 지으려고 애쓰는 상키야의 문제를 피한다. 그리고 브라만만이 궁극적으로 참이므로, 경험된 다양성의 정초를 이루는 통일성도 보증되었다. 경험된 차별들은 브라만의 서로 다른 외양들에 불과하기 때문이다.

그렇지만 실재에 관한 샹카라의 비전은 변화를 설명하는 일에 오면 심각한 난점에 부딪힌다. 궁극적 차원에서의 유일한 실재인 브라만은 완전히 불변이므로, 실재 자체는 적어도 궁극적 차원에서는 불변이라고 해야 할 것이다. 그러나 만일 변화가 부정되면, 자아의 속박과 해탈의 성취에 대해서 말하는 것은 이치에 닿지 않는다. 이런 이유 때문에 불이론자들은, 브라만과 동일한 자아는 결코 실제로 묶이는 법이 없다고 말할 수밖에 없었다. 그것은 항시 순수하고 무제한의 방식으로 존재한다.

그렇지만 여기에 심각한 문제들이 발생한다. 자아가 어떤 궁극적 의미에서 항상 해탈되어 있더라도, 일상적 경험적 차원에서는 속박과 고통은 존재하는 것이 사실이고, 해탈의 획득이 인생 최고의 목표라는 점은 명백하기 때문이다. 이런 속박의 존재가 어떻게 자아의 청정하고 무제한적인 본성과 화해할 수 있을까? 그리고 경험적 차원에서 경험되는 다양성과 변화가 궁극적으로 불변의 브라만이 유일한 실재라는 통찰과 어떻게 화해할 수 있을까?

샹카라의 대답은 실재를 여러 다른 단계로 구분하는 일이다. 한 극단에는 논리적으로 불가능하여 전혀 존재할 수 없는 사물들이 있다. 아이 못 낳는 여자의 아들이나 둥근 사각형이 그 예이다. 다음에는 실재의 최초이며 가장 낮은 단계에서는, 꿈속과 미망의 경험 안에 존재하는 사물이 있다. 어두운 곳에서 뱀으로 잘못 지각된 새끼줄, 꿈속에서 초인종을 울리는 외상값 수금인은 어떤 의미에서는 존재한다. 그러나 채광이 좋아져 새끼줄의 실상이 그대로 보일 때, 또는 우리가 깨어나 수금인이 오직 꿈의 일부로 나타났다는 점을 깨닫게 될 때, 뱀과 외상값 수금인은 거짓으로 여겨진다. 그들의 존재가 각성의 경험에서 만나게 되는 보다 커다란 실재에 의해서 부정되고 거절되었기 때문이다.

이 각성 상태의 경험 세계가 실재의 두 번째 단계다. 그리고 각성 상태의 경험이 꿈속에서 경험된 대상을 거짓인 것으로 보여주는 것처럼, 브라만의 경험은 각성 상태의 경험을 궁극적으로 거짓인 것으로 드러내고 있다. 오로지 세 번째이며 최고 단계의 관점에서만 두 번째 단계인 경험적 단계에서 경험된 변화와 다양성이 거짓이라고 말할 수 있다.

샹카라의 비판자들은 그가 경험적 세계를 완전히 비실재적인 것, 아주 미망의 것으로 거부했다고 비난한다. 그렇지만 이 비판은 실재의 단계들 사이에 대한 샹카라의 구분을 왜곡한 것으로 보인다. 꿈속에서 본 대상의 존재가 부정되지 않는 것처럼, 세계가 존재한다는 점이 부정되는 것은 아니다. 문제는 꿈속의 대상과 각성 상태에서 경험되는 대상이 존재하는가의 여부가 아니다. 샹카라는 그것들이 존재한다고 분명히 확언한다. 그러나 이 대상들의 지위가 무엇인가? 사람이 꿈에서 깨어나지 않는다면, 꿈속에서 경험된 대상이 궁극적으로 실재하지 않다는 것을 알 길이 없다. 그것은 꿈속에서 실재하는 것으로 수용되며, 그런 대상 때문에 꿈꾸는 자아는 공포나 기쁨을 경험한다. 마찬가지로 평범하고 진실한 각성 상태의 경험으로 이루어진 이 경험 세계는 이런 단계의 실재의 관점에서는 참인 것으로 수용된다. 사람이 보다 큰 실재, 브라만의 실재를 깨달을 때에만 경험적 세계나 경험적 자아의 존재는 궁극적으로 거짓으로 판명된다.

그리하여 샹카라는 세계의 존재를 부인하지도 않고 경험적 관점에서 그 세계의 경험을 평가절하하지도 않는다. 그러나 실재의 다른 단계의 실재가 존재한다는 것을 그는 시사한다. 그것은 브라만의 단계이며, 그것은 궁극적 가치가 있으며 다른 어떤 것에 의해서도 부정되거나 반박될 수 없다. 이런 실재와 관련해서만 일상적인 존재는 거짓이다. 몽면의 경험은 사람이 꿈에서 깨어나기 전까지 참인 것으로 인정되어야 한다. 그처럼 경험적 각성 경험은 사람이 브라만이라는 보다 높은 실재를 깨칠 때까지는 참인 것으로 인정되어야 한다. 그럴 경우에만 일상적인 경험 세계가 존재한다고 하더라도 궁극적으로는 거짓이라는 것을 이해할 수가 있다. 실재의 다단계 이론은 이원론이 안고 있는 많은 문제를 피하지만, 그 자체의 심각한 문제에 부딪히고 있다. 다른 단계들이 서로 연결되어 있고, 만물이 브라만이라는 궁극 실재에 바탕을 두고 있다는 점을 보이면서도, 어떻게 그 단계들의 차별성이 유지될 수 있는가?

이 불이론자(Advaitin)는 고통과 속박을 주는 일상적인 세계와 브라만이라는 궁극 실재 사이의 관계를, 희미한 불빛에서 지각된 망상의 뱀과 좋은 불빛에서 지각된 새끼줄 사이의 관계와 비교한다. 결국 새끼줄만이 참이다. 그러나 지각된 것이 실제로 새끼줄인 것을 알지 못하고, 사람은 이 길쭉하고 꼬여져 있고 어두운 색깔의 한 조각 위에 뱀의 특성을 부탁附託한다. 거기에 뱀이 실제로 있다고 확신하고, 사람은 놀라 뱀을 쫓아버리려고 노력하거나 또는 거기로부터 도망간다.

거기 길 위에 한 조각의 새끼줄만이 존재한다는 것을 자각하여 뱀이 거짓으로 판명되었다. 하지만 이 경우에도 오인된 인상에 의해서 야기되었던 공포는 참이다. 그러나 이 공포는 무명에 뿌리를 둔 것이기 때문에, 존재하는 것은 뱀이 아니라 단지 새끼줄뿐이라는 지식만이 이런 공포를 완화시킬 수 있다.

마찬가지로 브라만이라는 불변의 궁극 실재가 고통과 속박을 주는 변화하는 세계로 오인받고 있다. 브라만을 알지 못했고, 그 결과 이 불변하고 무한한 실재에 변화와 한정된 존재의 특징이 겹쳐져서 그것은 삼사라의 무서운 세계로 오인된다. 이 겹쳐짐은 변화하고 제한적인 존재가 갖는 특성들이 불변의 무제한의 실재 위에 씌워진 것이다. 새끼줄을 뱀으로 생각하는 사람이 그 위협적 모습을 피하려고 하는 것처럼, 사람은 잘 알지 못해서 삼사라의 외양을 참인 것으로 받아들여 속박에서 나갈 길을 찾는다. 그러나 이 외양은 무명에 의해서 생겨났으므로, 오직 지식으로만 극복될 수 있다.

무명이 속박을 낳고 지식만이 무명을 제거할 수 있기 때문에, 우파니샤드의 많은 현자처럼 샹카라는 결국 지식만이 해탈로 이끌어준다고 역설한다. "오직 지식만이 무명을 파괴한다. 행위는 그렇지 못하다. 지식은 무명과는 양립할 수 없기 때문이다. 무명이 파괴되지 않으면 격정과 혐오는 파괴되지 않을 것이다."(마에다 센가쿠, 『일천송의 가르침』, 1.1.6)

도덕성·제의·신애는 어떠한가? 그것들도 해탈의 효과적 방법일 수 있겠는가? 결국 대답은 분명히 "아니다"이다. 그것들은 기껏해야 해탈하는 지식의 수용을 위해서 사람을 준비시키거나, 거기로 쏠리게 하기 위한 수단으로 추천될 수 있을 뿐이다. 샹카라는 속박이란 행위가 아니라 무명에 의해서 초래되었다는 자신의 견해 때문에, 어떤 종류의 행위도 해탈의 방편으로 추천할 수 없었다. 행위가 속박을 낳지는 않는다. 자아의 진정한 본성이 행위자의 본성이 아니라 순수 의식이나 지식의 본성을 갖고 있기 때문이다. 자아가 행위자가 아니라는 견해에 대한 그의 부정은 퍽 노골적으로 선언되었다.

> 자아가 행위자라는 견해는 잘못이다. 그것은 육신이 자아라는 믿음에서 일어나기 때문이다. "나는 어떤 일도 하지 않는다"라는 믿음은 참된 것이고, 이 믿음은 지식의 올바른 수단에서 일어난다. 자아가 행위자라는 견해는 행위의 요소들 탓이지만, 그것이 행위자가 아니라는 생각은 그 자신의 본성 탓이다. "나는 경험하는 자다"라는 이해가 잘못이라는 이해, …… "내가 항시 불변이며, 움직이지 않으며, 늙음에서 자유로우며, 해방되었고 불이不二적이다"라는 이해는 충분히 확인된 바 있다.
>
> — 마에다 센가쿠, 『일천송의 가르침』, 1.12.16~19

도덕적이고 종교적인 행위는 권장되고 있으나 오직 예비적 수단으로 추천되었을 뿐이다. 자신을 육신과 동일시하고 행위하는 자아를 참된 자아로 오인하는 미망에 빠진 사람에게 행위는 불가피하다. 그런 사람을 위한 규칙은 지식의 길을 위한 준비 과정으로서 다르마에 부합해서 행위하라는 것이다. 그러나 지식을 통해서만 무명에서 나온 속박은 파괴될 수 있다.

샹카라의 철학적 견해는 도덕과 신애라는 해탈 수단에 대한 암암리의 거부를 수반한다. 이 거부는 주主로서 브라만이 갖는 인격적 성격을 중세에 강조하는 일에, 그리고 여기에 덧붙여 인격적 주와의 발전하는 인격적 관계를, 해탈을 얻기 위한 제1차적 길로서 강조하는 일에 역행하는 것이었다. 결과적으로 우파니샤드, 기타, 브라마 수트라의 가르침을 자신들의 입장으로 받아들인 다른 많은 사상가들은, 주로서의 브라만과 모든 특성을 초월하는 브라만 사이에는 공통분모가 있다고 역설했다. 궁극자를 인격적 용어로 생각하는 것은 실재의 창조적이고 행위적인 면모를 강조하였으므로 주님은 지고의 행위자다. 여기서는 자아가 행위자라는 견해와 자아가 순수의식이라는 견해, 두 가지 모두를 수용할 수 있는 여지가 발견된다.

예를 들면 라마누자 역시 상키야가 가진 이원론의 형이상학적 문제들을 피하기를 원했다. 샹카라와 같이 그는 브라만만이 참이라고 주장했다. 그러나 샹카라와는 달리 라마누자는 브라만 내의 차별화를 인정해서, 세계의 실재를 위한 토대와 행위자로서의 자아를 위한 토대로 삼았다. 그는 자아와 육신의 비유를 사용하여, 자아들과 세계를 브라만의 육신으로 간주했다. 브라만의 육신은 브라만의 자아와는 모습이 다르지만 여전히 그것과 하나이다. 이 견해로 라마누자는 이 현현된 존재들의 복잡다기한 세계가 어떻게 생성하는가를 설명할 수 있게 되었다. 왜냐하면 그 세계가 지존의 주님으로 여겨지던 브라만의 내적 자아에 의해서 지도를 받고 제어되기 때문이다. 그리하여 세계는 신의 구도와 목적을 통해서 생성되고, 주님 자신으로부터 창조된 것이므로 참이다.

궁극자를 인격적 용어로 표현해 신으로 바라보고 세계와 자아를 신 자신의 육신에서 나온 신의 인격적 창조로 봄으로써, 라마누자는 인간적 자아―해탈을 확보함에 있어서 그런 인간적 자아의 행위는 효과가 있다―를 위한 여지를 만든 것처럼 보였다. 그러나 실제로는 그렇지 못했다. 만일 브라만이 궁극적 행위자라면 개인적 자아는 전적으로 신의 처분에 맡겨지게 된다. 신이 전체 우주의 구도를 짜고 지도하기 때문이다. 엄격히 말하자면 개인은 해탈을 얻기 위해서 할 수 있는 일이 아무 것도 없다. 할 수 있는 모든 일은 신의 은총을 수용하도록 자신을 준비하는 일뿐이다. 신의 은총을 통해서만 사람은 해탈할 수 있기 때문이다.

이런 입장의 강점은 궁극 실재로서의 신이 사랑의 흠모로 그에게 다가와, 그의 사랑과 힘에 내맡기는 모든 사람에게 해탈을 보증할 수 있다는 점이다. 그러나 이런 해탈의 보증을 위해서 지불해야 하는 대가도 있다. 즉 개인의 노력은 자신의 해탈을 보증하기 위해서는 부적당한 것으로 보여야 한다는 것이다. 해탈은 말하자면 전적으로 신의 손에 달려 있다.

더구나 이 입장은 해탈뿐 아니라 속박의 면에서도 자기 결정의 기초를 제거해버리기 때문에, 신을 자유의 원천뿐 아니라 속박의 원인으로 만들기도 한다. 이는 지극히 어려운 난문을 제기한다. 왜 신이 애당초 속박을 창조했는가? 이것은 왜 선하며 사랑으로 가득찬 신이 세계 안에 죄와 악을 창조해야 했거나, 또는 허용해야 했는가 하는 유대교, 기독교, 이슬람교의 문제에 대응하는 인도 철학의 문제이다.

인도와 근동의 여러 유신론적 입장은 모두 구원을 제공한다. 만일 개인이 신에게 순종하고 그의 의지에 따른다면, 신의 전능하신 힘을 통해서 구원받을 것이다. 그러나 어느 입장도 왜 악이 애당초 존재해야 하는가를 설명하지는 못한다. 전지전능하신 신이 악 없는 세계를 창조할 수도 있었음은 분명한 일이 아닌가!

신이 인류의 구원자로 찬미받도록 만드는 논리는, 그를 고와 속박이라는 조건들, 우리가 거기에서 구원받거나 해방되기를 바라는 조건들을 창조하거나 허용하는 일에 대해서 비난받도록 허용하기도 한다. 어떤 유신론자도 이 입장을 수용하기를 원하지 않는다. 물론 보통 착함에 대한 공로는 신이 얻고, 악에 대한 비난은 인간과 악마가 받아야 할 것이다. 그러나 이것은 철학적으로 견지하기 어려운 입장이다.

4) 과정 견해들

실재에 관한 불교도의 견해들은 아주 다른 일련의 문제에 직면한다. 다양한 실체관은 불변의 실체들이 어떻게 묶이고 해탈될 수 있는가를 설명해야 하는 어려움을 가지고 있다. 그런데 과정 견해들은 만일 만물이 부단히 변화한다면 속박을 당하는 바로 그 사람이 어떻게 해탈을 얻을 수 있는가를 설명해야 하는 어려움을 가지고 있다. 아무도 한순간에서 다음 순간까지 동일한 채로 남아 있지 않는다면, 선정에서 오는 통찰과 도덕적 수행을 통해서 열반을 획득한 싯다르타가 이전에 고통을 받던 사람과 동일한 사람임을 말할 수 있는 근거는 무엇인가? 시간이 흐르는 동안, 즉 고의 시간에서 해탈의 시간까지 사람이 부단히 지속하지 않는다면, 이 사람이 팔정도를 따라서 해탈을 성취했다고 말하는 것은 이치에 맞지 않는다.

불교도들은 영원한 사물이나 실재가 존재하지 않는다는 점에 동의한다. 불교 형이상학이 가지고 있는 세 개의 공리는 ① 고(duḥkha) – 고가 존재한다. ② 무상(anitya) – 영원한 사물은 아무 것도 없다. ③ 무아(anātman) – 영원한 자아는 없다는 것이다. 실재라고 하는 것이 철저히 상호 관련 있는 과정들로 구성되었다는 것을 자각함으로써, 사람은 변화에 대한 공포를 극복하고 영원에 대한 집착을 중지함으로써 고를 제거한다.

그러나 누가 무상과 무아의 진리를 깨닫는가? 고를 겪고 있는 사람과 고를 제거하는 사람과의 관계는 무엇인가? 만일 정어正語와 정업正業을 수행하는 데에, 내가 내일의 나와 다른 사람이라면 어떻게 오늘의 수행이 내일의 나의 해탈에 기여할 수 있을까? 실재에 대한 실체 견해에서는 '나'와 '나의'는 불변의 실체적 자아를 지시하고 있으며, 이 실체적 자아는 여러 성질의 변화와 시간의 흐름에도 불구하고 자신과 동일한 것으로 남는다. 그러나 불교도는 실체적 자아의 존재를 부정하므로, '나'와 '나의'는 그와 같은 불변의 자아를 지시할 수 없음이 분명하다. 그렇다면 이 용어들은 무엇을 지시하는가?

이 용어들은 계속 변화하는 생성의 흐름을 지시한다. 이 흐름에서 바로 앞에 가는 순간들은 따라오는 순간들을 결정하며, 그럼으로써 불변의 동일성 없이도 지속성을 제공한다. 이 점은 모든 불교도가 동의한다. 이것이 연기론에 대한 붓다의 가르침의 핵심이기 때문이다. 그러나 생성의 흐름을 구성하는 순간들의 본성이 무엇인가, 그것들이 어떻게 상호 관련되는가에 대해서는 동의하지 않고 있다.

비바사사毘婆沙師의 주장에 따르면, 과정의 순간들은 외계와 우리 사이의 상호 작용에서 경험되는 그대로 존재하는 기초적 힘들로 구성되었다. 이러한 기초적 힘들은 경험과 독립해서 참이라고 주장되므로, 이 견해는 실재론으로 기술된다. 그리고 수많은 기초적 힘들이 주장되므로 다원론적이라고 불린다.

경량부(Sautrāntika)는 약간 유사한 입장을 가지면서도, 경험의 기초적 면모들이 과정의 궁극적 요소들을 구성할 수 있다는 비바사사의 주장에 반대한다. 경험은 그 조건으로 경험된 실재뿐 아니라 경험자도 가지고 있어야 한다고 경량부는 주장한다. 경험의 근본적 요소들을 만물이 의존하는 과정의 궁극적 순간들로 상정하는 일은 만물이 상호 의존적이라는 것, 궁극적이고 독립적인 실재는 전혀 존재하지 않는다는 근본적 원리를 범하는 것이다. 실상 비바사사의 견해는 실체적 견해를 위장된 형식으로 주장하는 일에 위험스러울 만큼 근접해 있다.

중관(Mādhyamika) 철학자들은 비바사사의 견해를 더욱 멀리 전개해 간다. 존재하는 것은 모두 다른 것에 의존하여 존재한다. 그렇다면 생성의 개별적 흐름들이 의존하고 있고, 흐름들을 결정하는 궁극적이고 기초적인 힘들을 찾거나 상정하는 일은 이치에 맞지 않는다. 그들은 과정의 궁극적 요소들, 그것들 자체로 참인 것에 대한 추구는 실체들에 대한 잘못된 추구이고 만유의 완전한 상호 의존성의 원리를 배반하는 것이라고 말한다.

중관론자에 따르면 존재의 모든 순간이나 요소는 자기 동일성과 독립성을 가지고 있지 않다. 존재의 모든 요소는 실재가 텅 비어 있다는 것이 용수가 편 주장의 의미이다. 공 이론은 전적인 무無나 허무주의의 형이상학을 선포하는 것이 아니다. 공 이론은 모든 과정의 상호 의존성을 선포하고, 일부의 존재들이나 요소들이 그것들 자신의 본성에 의해서 독립적으로 존재한다는 견해를 공격한다.

유식파는 중관파가 궁극적 존재들에 대한 추구를 전적으로 포기하여 붓다의 진리에 대한 여지와, 고를 극복하기 위한 효과적 수단으로 팔정도를 위한 기초도 남겨 두지 않을까봐 염려한다. 유식파는 만약 독립적인 어떤 실재가 존재하지 않는다면, 고를 이루고 있는 생성의 사슬을 끊고 멈추는 것이 불가능할 것이라고 논한다. 고의 원인으로서의 무명과 취착의 제거는 정견과 정사유를 통해서 행해지므로, 의식의 근본적 힘들은 독립적 존재를 가져야 한다고 논한다. 만일 의식이 독립적으로 존재하고 다른 모든 것이 의식에 의존해 있다면, 의식의 변화가 사람을 열반으로 이끌 수 있다.

그런데 중관파의 관점에서 보면 유식파도 실재의 실체론적 견해를 가지고 희롱하는 셈이다. 외계의 실재가 가진 요소들이 독립적 실재를 가지는 것으로 여기는 비바사사와는 달리, 유식파는 의식의 요소들이 독립적 실재를 가지는 것으로 생각한다. 유식파는 외부적 과정들을 궁극적으로 의식에 의존하는 것으로 만들었으므로, 일종의 관념론으로 귀착한다.

유식의 관념론이나 비바사사의 실재론 중 어느 것도 존재가 갖는 모든 과정의 완벽한 상호 의존성을 수용하고 있지는 않다. 비바사사는 고의 인과 사슬을 해명하기 위해서 외부적 과정들의 독립을 인정했고, 유식파는 고의 제거를 위한 기초를 제공하기 위해서 의식의 내면적 과정들의 독립성을 인정했다. 비판자들이 재빨리 지적했듯이, 비바사사와 경량부는 해탈로 향한 길의 효과성을 해명하는 일에 있어서, 유식파는 속박의 인과 사슬을 해명하는 일에 있어서 각각 어려움을 겪고 있다.

용수는 어떤 것도 독립적인 것으로 인정하기를 거부함으로써, 속박이나 해탈을 해명할 수 있는 인과론의 기초를 스스로 박탈하는 듯이 보인다. 그의 행보는 불교도와 비불교도를 포괄하는 다른 모든 철학자의 견해에 맞서고 있는 압도적 문제들을 지적하고, 이 중 누구도 고의 원인이나 해탈의 수단에 대해서 개념적으로 만족스러운 설명을 제공하고 있지 못하다고 강력히 반박하는 것이다. 그는 자신의 철학적 이론을 주창하기보다, 우리의 개념이나 이론이 구성하는 실재와 실재 자체를 구별해야 할 필요가 있음을 시사한다.

실재 그 자체는 모든 개념·이론·견해의 저 너머에 있다. 실재는 심지어 개념적 지식을 가능하게 하는 주관과 객관의 분리 이전에 존재한다. 오직 실재에 대한 직접적 통찰과, 그 실재가 갖는 운동의 충만한 풍요로 향해 열려 있는 완전한 개방성을 통해서만 실재는 깨달음 안에서 경험될 수 있다.

우리가 이런 유기적이고 상호 관련된 실재를, 개념이나 이론이라는 논리적 구성물로써 접근할 때 실재를 분리된 파편으로 쪼개버리고 이 파편들을 실재 자체로 오인하는 것이다. 그것은 유희하는 아이를 정지된 사진으로 찍는 일과 마찬가지이다. 사진은 아이의 생명이 가진 열광·환희·삶·충만을 포착할 수 없다. 만일 그 사진이 실재로서 오인된다면, 결과는 찍혀진 생명의 완전한 왜곡이 될 것이다. 마치 사진기가 생명의 충만한 약동을 정지된 틀 안으로 '얼리듯이', 우리의 개념적 구성물도 존재의 흐름을 고정적 개념과 이론 안으로 '얼리고' 있다.

용수의 요점은 개념 자체로 또는 그것이 원래 나쁘다는 것은 아니다. 절대로 그렇지 않다. 사진처럼 개념도 즐겁고 유익할 수 있다. 개념은 좋은 사진처럼, 개념들이 표상하는 삶의 많은 부분을 포착할 수 있다. 그러나 개념은 불가피하게 그 대상을 고립시키고, 대상의 생동적 맥락과 주변 만물과의 풍요로운 상호 관계로부터 단절시킨다. 물론 여러 개념이 이론 안에서 상호 관계를 맺게 되면, 우리는 여러 개념이 표상하는 실재의 다른 부분들이나 면모들 사이의 관계를 드러내도록 노력할 것이다. 그러나 개념과 이론이 추상적이고 정태적이란 점은 그대로 남아 있다. 반면 개념과 이론이 지시하는 실재는 역동적이고 유기적인 실재로서 그 완전성 안에서 나눠지지 않는다. 그리고 개념과 이론의 논리적 구조가 실재 자체로 오인될 때 우리는 거짓된 세계, 즉 사람 자신의 정신적 구조물이 나머지 실재로부터 분리시킨 세계에 살아가게 된다.

이는 물론 우리 대부분에게 거의 언제나 발생하는 일이라고 불교도는 말한다. 우리가 두려워하는 것은 죽음 자체가 아니라 죽음에 대한 우리의 관념이다. 고독을 피하려고 하는 그 자아는 우리 자신의 마음속에 만들어진 자아이다. 자아를 영원하고 불변의 실재로 여기는 우리 생각이 우리 자신의 존재의 생생한 실재로 오인될 때, 우리는 이런 이상적 자아를 보호하고 보존하기 위해서 모든 일을 다할 것이며, 모든 격정과 생명력을 그 이상적 자아의 손아귀에 맡길 것이다. 이것이 두카 즉 실재에 대한 무명이 낳은 소외이고 불안이며 괴로움이며, 결과적으로 구성된 세계와 구성된 자아의 비현실성에 대한 집착이다. 열반으로 향하는 길은 이와 같은 무명의 제거와 그 무명에서 생겨나는 대상에 대한 집착의 제거이다.

그러나 용수 자신의 입장에 따르면 이런 무명을 제거하기 위해서는 개념적이고 철학적인 지식으로는 도저히 안 된다. 철학적 견해들은 만들어진 세계의 일부이며, 이런 세계 안에서 특정한 이론이 실재를 있는 그대로 표상하는지의 여부를 말할 수는 없다. 실상 관념이나 이론으로 만들어진 세계와 실재 사이의 구별 그 자체가, 실재 자체에 대한 직접적 통찰과 실재에로의 참여에 근거해 있지 않는 한, 그것마저도 또 다른 관념일 따름이다.

철학적 분석은 마음이 만든, 논리적으로 추상적 세계의 본질적 상대성과 이 세계에 대한 철학적 견해들의 비궁극성, 그리고 세계의 내용이 가지는 조건성과 의존성을 보여줄 수 있다. 철학적 분석은 여러 관념으로 구축된 세계를 넘어가, 실재의 충만한 풍요 안에서 실재에 대한 즉각적이고 직접적인 깨달음(realization)으로 나가는 길을 예비하고 있기는 하다. 하지만 그 분석이 그것 자체로 그와 같은 깨달음을 가져오지는 않는다. 이런 세상이 쳐놓은 덫에서 빠져나오는 비약이 요청되며, 이 비약은 팔정도를 수행함으로써 가능하다고 불교도는 말한다. 실재를 이루고 있는 과정들의 완전히 상호 의존적 성격은 직접적이고 직관적인 통찰에 의해서, 그리고 모든 다른 생명체들을 위한 자연발생적 자비와 그들과의 동일화에 의해서만 실현되는 것이다. 속박의 원인과 해탈로 나아가는 수단 그리고 실재의 본성에 대한 평범한 지식은, 고로부터의 해탈을 얻기 위해서 반드시 초월되어야 한다.

용수의 견해에 대한 으뜸가는 철학적 반대는, 그 견해가 철학 자체를 비합리적 또는 초합리적 통찰과 경험에 종속시킨다는 것이다. 고와 그 원인들을 해명하고 철학 자체의 한계들을 자각함으로써 철학은 그 본래의 과업을 수행해 왔고, 이제는 '더 높은' 수행을 위한 여지를 마련해야 한다. 중관파는 종교적 삶의 요구에는 충실할 수 있겠다. 그러나 이런 충실함은 철학을 종교 경험에 종속시킨다. 우리는 용수에서 다시 한 번 최고의 진리를 합리적 사유의 범위 바깥에 두려는 인도의 경향을 만나게 된다. 말과 생각으로는 거기에 도달할 수 없다. 주관과 객관 모드로 실재를 이분하는 것을 넘어서는 통찰과 지식만이 사람을 최고의 실재와 대면하게 할 수 있다.

2. 지식

앞서 살펴본 대로 대부분의 인도 철학자들은 상호 간에 차이점이 있음에도 불구하고, 속박의 근본 원인이 무명이나 잘못된 지식에 있음을 알고 있었다. 해탈은 무명의 제거에 의존한다. 그런데 무엇이 올바른 지식인가? 그리고 지식으로 주장된 것이 어떻게 참인 것으로 보일 수 있는가? 속박의 원인에 대한 지식이나 해탈의 수단에 대한 지식이 가능하다는 점을 부정했던 산자야와 같은 회의주의자에 몰려, 인도 철학자들은 실재에 대한 자신의 비전, 속박의 원인과 해탈의 수단에 대한 자신들의 주장을 유지하기 위해서 인식론을 전개하는 것이 필수적이었다.

대부분의 인도 철학자들은 최고의 실재를 알기 위해서 결국 비범한 수단이 요구된다는 점에 동의했다. 그렇지만 지식의 평범한 수단을 무가치한 것으로 물리친 것은 아니다. 도리어 그들은 세속에서 사람의 실제적 업무들을 수행하기 위해서뿐 아니라, 선정과 직접적 통찰의 결과로서 생기는 고차원적 지식의 필요성과 그 지식의 위상을 확인하기 위해서도 평범한 지식의 중요성을 강조한다.

이들에게 중심적 문제는 타당한 인식 수단(量)이 무엇인가 하는 것이다. 니야야 철학자들은 실재가 어떻게 알려질 수 있는가 하는 문제를 언제나 그들의 특별한 관심사로 여겼다. 그리고 다른 대부분의 체계는 니야야 철학자들이 시도한 분석의 많은 것을 채용하고 있으므로, 그들이 최초의 두 가지 인식 수단으로 확인하는 지각과 추론에 대한 이론에 우리는 집중할 것이다. 그들이 세 번째로 타당한 인식 수단으로 인정하는 것은 비교다. 그렇지만 대부분의 다른 철학자는 비교를 지식의 별도 수단이 아니라 지각과 추론의 결합으로 인정한다. 니야야 철학자들은 비교를 다른 모든 수단과는 별개의 것으로 강력하게 논의한다. 하지만 그것이 논리적으로 지각과 추론으로 환원될 수 있다는 근거에서, 우리는 비교 또는 유추를 지식의 개별적 수단으로 다루지 않을 것이다. 네 번째 수단인 증언은 성전이나 성인들의 증언을 타당한 지식의 원천으로 받아들이는 모든 사람에게 중요하다. 미맘사 철학자들은 타당한 인식 수단으로 증언에 대해서 가장 정교하고 영향력 있는 이론을 발전시켰다. 따라서 증언이란 인식 수단에 대해서, 우리는 영향력이 적었던 니야야의 해명보다는 미맘사 철학자들의 설명을 따를 것이다.

1) 지각(현량現量)

지각은 니야야 경전에서 "감각기관들과 그것들의 적절한 대상의 접촉으로 생긴 참되며 한정적인 지식"으로 정의되었다. 그것이 한정적 지각이어야 한다는 규정은 어떤 것이 지각되었으나 알려지지 않는 경우를 배제하려는 의도를 지닌 것이다. 예를 들면 소리가 들렸다고 해도 그것이 새소리인지 아니면 피리소리인지가 알려지지 않으면 그 지각은 한정된 것이 아니므로, 지각적 지식(지각지)이 되지 못한다.

비한정적 지각은 문제가 되는 감각에 의해서 이것 또는 저것의 현존에 대한 단순한 자각이다. 일체의 판단이 없으므로 오류의 가능성이 없다. 동일한 논증을 들이대면 그것은 지각지가 될 수 있는 가능성도 전혀 없다. 반면 한정적 자각은 진정한 지식을 산출할 수 있다. 한정적 지각을 구성하는 감각을 일으키는 대상은, 여기에서 확고한 어떤 것으로 알려진 것 또는 어떤 다른 것과 확고한 관계를 갖고 있는 것으로 알려진 것이다. 참되거나 잘못될 수도 있는 확고한 판단은 이런 경우에 만들어진다.

한정적 지각과 비한정적 지각 사이의 구별도 역시 오류와 무지 사이의 중요한 차이를 가능하게 한다. 무매개적·감각적 경험과 한정된 지각 중 하나가 없더라도 무지는 생길 수 있다. 반면 오류는 항시 무매개적·감각적 경험 안에서 주어진 것을 실재가 아닌 다른 어떤 것으로 오인하는 데서 생긴다. 새끼줄이 뱀으로 잘못 지각되는 전형적인 예를 한번 보자. 무매개적인 감각적 지각은 길쭉하고 꼬이고 어두운 색깔의 작은 조각을 올바르게 드러낸다. 오류의 한정적 지각 안에서 이 색깔 있는 작은 조각, 타당한 감각적 경험의 대상인 이 조각이 뱀으로 오인된다. 그러나 오류 지각의 지식 주장에 관련된 무지는 색깔 있는 조각의 비한정적 지각마저 갖지 못한 사람들의 무지와는 무척 다르다. 그렇게 해서 비한정적 지각이 지각지의 필수적 조건이지만, 지각지 자체와 혼동되어서는 안 된다.

잘못된 지각적 주장이 지식이 되지 못하는 것이 명확하기 때문에, 니야야는 오직 참된 한정적·지각적 주장만이 지식으로 간주될 수 있다고 역설한다. 물론 이 규정은 특정한 지각적 주장이 오류인가 참인가의 여부를 어떻게 결정하는가라는 어려운 문제를 제기한다. 지식 주장의 진리는 어떻게 검증될 수 있을까? 대부분의 다른 철학자들처럼 니야야 사상가들은 주장된 어떤 것이 오직 실제로 옳을 경우에만 그 주장은 옳다고 역설한다. 이러한 대응이 어떻게 알려질 수 있을까? 지각의 주장과 실재 사이의 대응을 직접 검증하기는 불가능하다. 지각된 실재는 지각과 독립되어서 알려질 수는 없음이 명백하기 때문이다. 주장과 실재를 비교하기 위해서는 실재가 반드시 알려져야만 한다. 그러나 이것은 검증받고 있는 지식 주장이 독립된 실재와 비교되지 않고, 다른 지식 주장과 비교되고 있음을 의미한다. 이것은 검증받고 있는 지식 주장이 기껏해야 두 번째 또는 세 번째 지각으로부터의 결과로 생기는 주장에 의해서 강화될 수 있음을 의미하고 있을 따름이다. 그러나 그러한 강화는 분명히 첫 주장이 옳다는 증거가 되지는 못한다. 왜냐하면 첫 주장에 대해서 제기된 질문은 두 번째 지각의 주장, 그리고 그다음 지각의 주장에 대해서도 제기될 수 있기 때문이다. 강화해주는 많은 지각의 주장들이 갖는 집단적 무게가 최초 주장의 옳음에 대한 어떤 확신감을 우리에게 줄 수는 있다. 하지만 강화해주는 주장들이 아무리 많이 모여도 최초의 주장이 옳다는 것을 절대적으로 증명하지는 못한다.

니야야 학도들은 이런 딜레마를 인정하고, 실재와 지각이 갖는 지식 주장 사이의 대응에 대한 궁극적 검증이 실천임을 시사한다. 만일 문제가 된 주장이 갖고 있다는 진리에 바탕을 둔 실천이 성공적이면, 그것은 중대한 검증을 통과한 셈이고, 참이라고 불릴 만한 자격이 생기는 것이다. 궁극적 검증은, 속박의 원인과 해탈의 수단에 대해서 주장된 지식에 근거하는 실천이 실제 해탈로 이끌어주는가의 여부이다. 적용하기에 더 쉬운 다른 검증도 있다. 고전적인 예로 바꾸어서 말해 보면, 컵에 있는 굵은 입자의 하얀 물질이 설탕인가 소금인가를 알지 못한다고 해보자. 만일 그것을 약간 커피에 타는 행위가 커피를 달게 만드는 일에 성공한다면, 그대가 '이것은 설탕이다'라는 주장이 참인 것을 알게 된다. 만일 그것이 커피를 달게 하지 못한다면, 그대는 그 주장이 잘못임을 안다.

실천이 진리의 중요한 검증이란 사실은 의심의 여지가 없지만, 실천은 몇몇 어려운 이론적 문제를 제기한다. 주어진 실례에서, '이것은 설탕이다'라는 주장의 진리는 다른 무엇보다도 그것을 사용하여 커피를 달게 하는 일에 성공하느냐의 여부에 달려 있다. 그러나 그것이 커피를 달게 만드는 일에 성공했는가의 여부의 확인은 지각에 의존한다. 달콤함에 대한 지각의 타당성 여부를 우리가 어떻게 알 수 있는가? 지각에 바탕을 둔 최초의 지식 주장이 갖는 진리를 의심할 만한 이유는, 감각들이 본래 잘못 인도하거나 또는 해당 감각기관에 문제가 있다는 식의 이유를 포함하여 어떤 이유든 지각에 의거한 실천의 성공에 대한 주장에도 마찬가지로 적용될 것이다. 만일 실천이라는 기준이 지각지 주장을 검증하는 것이고 이 검증 자체가 지각에 의존하는 것이라면, 이 검증은 명백한 순환에 의해서 무효화되는 것이다. 다른 말로 한다면, 만약 지각 자체가 신뢰할 수 없는 것이라면 실용적 검증의 결과에 대한 우리의 지각도 신뢰할 수 없을 것이다. 이 사실은 지각적 진리 주장의 검증이 된다고 하는 실천을 쓸모없이 만든다.

이것은 지극히 심각한 문제이다. 지식의 모든 다른 수단들, 추리·검증·비교는 지각지의 진리를 상정하고 있기 때문에 만일 지각지의 주장에 대해서 확신할 수 없다면 우리는 어떤 지식에 대해서도 확신할 수 없을 것이기 때문이다. 미맘사 철학자들은 이런 반성을 그 한계까지 밀고 나가, 지각적 진리는 궁극적으로 자명한 것으로 받아들여져야만 한다고 논했다. 지각지의 진리는 애당초 지각의 지식을 일으키는 바로 그 조건들에 의해서 보장된다. 만일 빛이 흐릿하지 않고 눈이 병들지 않았다는 등의 조건이 충족된다면, 지각지의 진리를 의심할 만한 근거는 있을 수 없다. 그러한 의심을 위한 근거들이 있다면 그것들 자체가 다른 지각지의 자명한 진리를 상정한다. 가장 철저한 회의주의자도 때때로 감각들의 증거를 신뢰하고 수용해야 한다. 그렇지 않다면 그는 그의 회의주의에 대한 아무런 이유를 갖지 못할 것이 아닌가!

지각지 주장의 진리에 관한 의심조차도 지식 수단으로서의 지각의 타당성을 전제하고 있으므로, 미맘사 학도들은 지각이 갖고 있는 고유의 진리를 의심한다는 것은 이치에 맞지 않다고 논한다. 인식론에 대한 진정한 도전은 지식 일반의 진리를 증명하라는 것이 아니라, 어떻게 특정한 주장이 거짓임을 보일 수 있을까, 거짓이 어떻게 제거되고 피할 수 있을까를 보이는 일이다.

우리는 어떤 경우에 특정한 지식 주장의 진리를 의심할 만한 이유를 갖게 되는가? 그것이 다른 주장과 상충할 때만 그렇다고 그들은 말한다. 그리고 그와 같은 경우에 우리는 지각의 조건과, 상충이 존재한다는 주장 배후에 있는 논증, 이 두 가지 모두를 조사해야 한다. 문제의 감각기관은 건강한가? 예를 들면 보고, 듣고, 냄새 맡는 조건들은 좋은가? 문제가 되는 주장들 중 이런저런 것이 잘못이라는 결론 자체가 논증의 타당한 연결에 근거하는가? 미맘사 학도들의 논의에 따르면, 이 검증들을 철저히 적용하게 되면 우리는 지식 주장들 사이에 일어나는 갈등을 해소할 수 있고 우리 지식에 대해서 확신할 수 있는 자격을 갖게 된다.

2) 추리(比量)

적어도 하나의 주장은 반드시 잘못이어야 한다는 결론을 내리기 위한 기초로서 상충하는 지식 주장들을 비교하는 과정이 추리지의 한 예증이다. 추리는 이전의 지식이 가진 진리를 상정한다고 해도, 그것이 도달하는 결론에서 그와 같은 이전의 지식을 넘어간다. 그래서 지식을 위한 별도의 수단이 되는 것이다. 니야야는 2천 년 이상의 여정에 걸쳐 추리에 대해서 지극히 정교한 철학을 전개했다. 우리는 여기에서 그것을 간략하게만 요약할 수 있을 것이다.

추리는 추론적 주장과 지각에 의해서 알려진 다른 주장을 연결하려는 과정에 의해서, 아직 지각되지 않았던 어떤 것을 우리가 알 수 있도록 해준다. 추리를 정당화하는 이유에 해당하는 세 번째 주장은 지각적 주장과 추리적 주장을 연결시킨다. 예를 들면 '저 산에 불이 났다. 왜냐하면 연기가 있으므로. 연기가 있는 곳에는 언제나 불이 있다'라는 추리에서, 연기는 불가피하게 불과 관계되었다는 세 번째 주장은 '저 산에 연기가 있다'라는 지각적 주장에서 '저 산에 불이 났다'라는 새로운 추리적 주장으로 움직이게 해준다.

이 주장은 니야야 경전들의 전형적 예증인데, 완전히 전개하면 다음과 같다.

①저 산에 불이 났다. (宗)

②왜냐하면 연기가 있으므로. (因)

③연기를 갖는 것이면 무엇이든 불을 갖는다. (예컨대, 아궁이와

　같이) (喩)

④저 산에 연기가 난다. 연기는 항시 불을 수반하듯이. (合)

⑤따라서 저 산에 불이 났다. (結)

　자신을 확신시키기 위해서 추리할 때는, 여기에 보인 대로 다섯 단
계 모두를 설명할 필요는 없다. 첫 명제 또는 마지막 두 명제는 제거
될 수 있다. 그러나 추리가 다른 사람을 확신시키려고 한다면, 여기에
보인 대로 다섯 명제 모두가 형식적으로 제시되어야 한다고 니야야
는 역설한다. 이 추리에 관련된 핵심적 과정은 지각된 연기와, 연기와
불 사이의 불가분의 관계에 의거해서 '저 산에 불이 났다'라는 것을
알아가는 일이다.

　그렇게 해서 예증 가운데에 ①은 새로운 지식 주장이며, ②는 이런
새로운 지식 주장에 대한 지각적 바탕이고, ③은 연기에 대한 주장에
서 불에 대한 주장으로 나가는 이유를 제시하고 있고, ④는 이유가
이 경우에 적용된다는 점을 천명하고 있으며, ⑤는 최초의 주장을, 이
제는 검증을 위한 문제로서가 아니라 주어진 이유에 의해서 확립된
타당한 지식 주장으로 반복한다.

　이 논증의 사슬에서 결정적 단계는 '연기가 있다'라는 주장에서,
'따라서 불이 있다'라는 새로운 주장으로 나아가는 단계이다. '연기가
있다'는 것은 지각에 의해서 확립된 것이지만 '불이 있다'라는 주장은
그렇지 않다. 그 진리는 '연기가 있다'는 주장과 연기와 불을 관계 맺
는 이유, 이 두 개의 진리에 의거한다. '연기를 갖는 것이면 무엇이든

불을 갖는다'라는 이유의 진리가 핵심적인 것이다. 지각되지 않는 것, 이 경우에는 '저 산에 불이 났다'라는 것을 추리할 수 있는 자격을 사람에게 부여하기 때문이다. 그렇다면 이 이유의 진리는 어떻게 확립되는가? 이유는 연기가 불가분하게 불과 연관되었다고 주장하는데, 이 관계가 불가분하다는 것이 어떻게 알려지는가?

니야야 철학자들은 불가분의 관계를 확립하는 과정에 있어서, 해당 관계의 개별적 경우들을 열거하는 것을 중요한 일부로 간주한다. 그러나 개별적 경우들의 열거가 충분치 못함이 분명하다. 만일 검증된 10개의 경우에 불과 결부되어 있음이 알려진다면, 열한 번째 경우도 같아질 개연성이 있긴 하다. 그러나 보증이 없음은 확실하다. 그리고 연기가 불과 관계가 있는 것으로 판명된 1백만의 경우가 검토되었다고 해도, 바로 그다음의 경우가 다르지 않을 것이라는 점에 대한 보증은 없다. 그리고 아무리 많은 주장이 연기와 불 사이에 불가분의 관계가 있다는 주장을 지지한다고 해도, 관계가 있는 경우들의 열거가 추리의 핵심적 주장의 진리를 보증하는 것이 아니라는 점도 명확하다.

니야야 철학자들은 이 문제를 잘 알아서 불가분의 관계의 표시로서 열거를 크게 강조하면서도, 불가분성의 기초는 수많은 긍정적 실례가 열거되었다는 점이 아니라 오히려 그 관계가 인과적이라는 점에 있다고 논한다. 연기가 불과 불가분하게 결부되어 있음이 알려지는 것은, 연기가 불에 의해서 연생緣生된 것이기 때문이다. 까마귀 본성의 어떤 것도 그것을 검게 만드는 것은 없으므로, 검토된 첫 1백만의 까마귀는 검더라도 그다음이 백변종百變種일 수 있다. 만일 연기가 불에 의해서 연생된 것처럼 백색성(whiteness)이 까마귀성(crowness)

에 의해서 연생된 것이라면, 그 관계는 불가분적인 것이 되고 예외는 불가능해질 것이다.

그런데 어떤 관계가 인과적이라고 해도, 어떻게 그것이 알려질 수 있을까? 만약 불가분하다고 주장된 관계가 인과적이라는 점을 알기 위한 어떤 근거가 없다면, 그 진리에 대한 보증이 없고 새로운 지식 주장을 추론해내는 이유로서 그것을 사용하는 일은 여전히 의심스러운 작업이 될 것이다.

이 문제는 추리 자체와 관련해서 일어나는 것이다. 따라서 불가분의 관계가 추리에 근거하는 인과관계에 속한다고 논하는 것은 순환적일 것이다. 그 관계가 인과적인 것으로 알려질 수 있는 유일한 길은 지각을 통해서이다. 그러나 연기가 불에 의해서 연생된다는 것이 지각적 수단에 의해서 어떻게 알려질 수 있는가? 연기는 지각되는 것이며 불도 그렇다. 그러나 인과관계는 어떻게 지각되는가?

니야야 철학자들은 어떤 사물의 본성 자체가 일종의 비범한 지각에 의해서 지각된다는 점을 논한다. 예를 들면 우리가 라마와 같은 특정 개인을 지각할 때, 우리는 그의 개별적 특성들만 아니라 그가 특정한 본성을 가지고 있다는 점, 즉 그는 다른 것이 아니라 특정한 종류의 존재라는 점을 지각한다. 우리는 두 팔, 두 발, 곱슬곱슬한 검은 머리카락 등으로 지각하면서, 동시에 그가 나무가 아니라 사람이라는 점을 지각한다. 그리고 그의 본성을 사람으로 알면서, 우리는 그의 본성에 의해서 연생된 성질들이 불가분하게 그에게 결부되었다는 점도 안다. 예를 들면 그에게 합리적 행위·도덕적 지각·잘 웃는 성질 등이 가능하다는 점을 우리는 알 수 있다.

관계의 불가분성이 문제가 된 사물의 본성에 의해서 연생된 것으로 알려지는 경우에 있어서만 새로운 추리적 주장의 진리는, 지각적 주장이 갖고 있는 진리에 의해서, 그리고 그 지각적 주장을 지각된 적이 없었던 것에 대한 주장과 관계 맺을 수 있는 이유가 갖고 있는 진리에 의해서 보증된다. 이런 경우가 발생할 때는 지각되지 않은 결과가 지각된 원인에서 추론되거나, 지각되지 않은 원인이 지각된 결과에서 추론될 때뿐이다. 이 경우를 제외한 일체의 다른 추리는 필연적 인과관계에 의해서 보증되지 않으므로, 오직 개연적으로만 참이다.

원인이 실제로 지각된다는 점(예를 들면 불을 보는 것 안에 그것이 연기를 연생한다는 것도 지각된다고 하는 것처럼)을 보이는 일에 난점이 있음에도 불구하고, 니야야 철학자들은 그들이 타당한 추리지를 위한 안전한 기초를 마련했다고 만족해했다. 그러나 그들은 추리가 여러 방식으로 잘못될 수 있음도 알아차렸다. 결과적으로 그들은 항시 범해서는 안 될 여러 종류의 오류 추리의 긴 목록을 작성해 두었다. 그것들은 중요하다. 그렇지만 이것들 중 많은 부분은 전문적이므로, 다른 때의 반성을 위해서 남겨두어야겠다.

3) 증언(聖教量)

대부분의 인도 철학자가 타당한 것으로 인정한 세 번째의 독립된 지식 수단은 증언(śabda)이다. 말 그대로 증언은 어떤 사람의 말인데, 그것은 믿을 만한 어떤 사람이 말한 것을 들음으로써 얻어진 지식을 지칭하는 것이다. 만일 증언이 지식으로서의 자격을 갖추자면, 의견과는 구별되어야만 한다. 다른 사람의 의견을 듣는 일이 지식의 정당한 원천으로 여겨지지 않는 것은, 단순한 의견은 흔히 잘못이기 때문이다. 어떤 사람의 참된 지식 주장을 듣고 이해할 경우에만 그 사람의 말은 지식의 정당한 원천으로 여겨진다. 단순한 의견과 믿을 만한 증언 사이의 혼돈을 피하기 위해서 세 가지 기본적 표준이 역설된다. ① 발언자는 절대적으로 정직하고, 발언하는 사항에 대해서 신뢰할 수 있는 사람이어야 한다. ② 발언자는 의사소통이 되는 내용을 실제로 알고 있어야 한다. ③ 청자는 말한 것을 정확히 듣고 이해해야 한다.

미맘사 학도들은 지식의 타당한 수단으로서의 증언에 대해서 일반적으로 수용된 견해를 넘어간다. 그들은 영원한 소리들이 존재하며, 이것들이 실재의 본질 자체를 구성하며 최고의 영원한 실재를 드러낸다고 주장한다. 이런 입장은 듣기를 지식의 일차적 수단으로 강조하는 베다적 강조와 이에 상응하는 견해, 즉 궁극적으로 만물은 원초적 실재의 영원한 소리에서 창조되어 나왔다는 견해에 그 근거를 두고 있다. 이 견해에 따르면 존재의 일차적 실재이면서 바탕이 되는 것은 신이나 브라만이 아니라 옴, 즉 모든 소리와 모든 실재의 바탕인 영원의 소리이다.

위대한 베다의 현자들은 그들의 심정 속에서 이 영원한 소리의 기운과 운동을 느끼고 그들의 찬가에서 그 영원의 소리에 목소리를 부여했기 때문에, 베다의 시구는 존재의 창조적 에너지들과 함께 진동한다. 선율적이고 율동적인 진동들은 영원한 소리가 가진 세계를 창조하는 에너지들의 반향과 공명한다. 이 창조 행위에의 참여와 그 소리들에 대한 감수성을 통해서, 현자들은 이 진동하는 세계—창조의 동일한 에너지들을 향해 인간의 심정·마음·감정을 열어두는 힘과 함께 말·선율·율동을 발견할 수 있었다. 희생제의적 축제(yajña)의 제식적 찬가를 통해서 모든 인간은 이러한 창조적 소리를 들을 수 있고, 우주적 창조, 특히 자기 창조와 공동체의 창조라는 영원한 과정에 참여할 수 있게 된다. 찬가에 첫 목소리를 부여했던 현자들은 찬가의 특정한 음조·운율·리듬에 모습을 주었다. 하지만 그 목소리는 그들 자신의 창조가 아니라 원초적 실재가 갖는 영원의 소리였다.

미맘사 학도에 따르면, 궁극 실재를 알기 위해서 우리도 역시 세계와 자기 창조의 과정(world-and self-creative process)에 참여하며 우리의 심정에서 영원한 소리를 들어야만 한다. 야즈냐가 모든 인간을 위해서 만들려고 겨냥했던 것도 바로 이런 참여이다. 바로 이 사실 때문에 미맘사 학도들은 제의적 창조의 제식적 찬가들을 최고의 지식, 그리고 가장 심오한 종류의 지식으로 간주한다. 그 진리는 그와 같은 참여를 통해서 성취되는 존재의 변화에 의해서 보증되는 것이다.

4) 요가적 지식

다음에는 인도의 전통에서 일반적으로 용인되는 타당한 지식들 중 최후의 것이고 가장 중요한 수단으로 가보자. 평범한 지각·추리·증언은 오직 평범하거나 인습적인 존재에 대한 지식만을 산출한다. 속박을 극복할 수 있는 지식을 성취하기 위해서 최고의 실재에 대한 직접적이며 무매개적인 깨달음이 요청된다. 미맘사 학도들이 강조하는 제의적 지식은 속박을 극복해 내는 지식들 중 매우 중요한 수단이다. 다른 것은 선정이나 요가적 통찰을 통해서 얻어지는 지식이다.

유물론과 미맘사를 제외한 모든 체계는 궁극적으로 자아가 지식의 본성을 지닌 것이라는 점에 공감한다. 육화된 자아에게 적합한 평범한 지식 수단들이 자아에 속한 인식 능력을 전부 고갈시킨 것은 결코 아니다. 실상 자아는 지식의 본성을 지니고 있고 최고의 실재와 같은 본성을 가졌거나 그것과 동일하기 때문에, 최고의 지식은 간단히 자기 자신을 알면 성취될 수 있다.

물론 이것을 성취하기 위해서 육화한 물질이 가진 모든 장애물이 극복되어야 한다. 요가에 대한 우리의 검토에서 살펴본 대로, 육화된 의식의 일체 정염은 파괴되어야 하고 그 의식 운동은 고요해져, 자아 자신의 빛나는 본성이 그 자체의 빛나는 광휘 안에 우뚝 드러날 수 있어야 한다. 실재의 궁극적 과정에로의 제의적 참여를 강조하는 미맘사와 해탈을 믿지 않는 유물론을 제외하고는, 모든 체계가 속박을 극복하기 위한 관건으로 어떤 형태의 요가적 정화와 정신집중을 통한 자기 계시의 직접적 통찰 획득의 중요성을 크게 강조한다.

요약

이 장에서 우리는 인과율과 실재에 관한 이론 사이의 관계를 검토했다. 우리는 결과를 그 원인에서 분리된 새로운 창조로 보았던 철학자들이 어떻게 다원론적 형이상학과 실재론적 인식론을 주장하는 경향을 가지고 있는가를 주의 깊게 관찰했다. 니야야, 바이쉐시카, 미맘사는 이런 경향의 좋은 실례들이다. 반면 결과가 그 원인 안에 선재한다고 보았던 철학자들은 단일의 실재를 가정하여 존재의 통일을 설명하려고 시도했으며, 이 실재는 일련의 전변을 통해서 우리를 둘러싸고 있는 경험적 세계와 자아들의 특성을 획득하는 것이다. 근본적 실재가 변화에 의해서 실제로 전변되었다고 보는 자들은 자이나교 철학자와 상키야 철학자와 같이 이원론적 경향을 지니고 있다. 이 두 체계의 사상가들은 하나의 근본적인 비영靈적 실재가 존재하고 이것이 진화적 과정을 통해서 세계와 경험적 자아로 전개되었다는 점을 믿었다. 그리고 해탈을 성취하기 위해서 영원하고 불변하는 자아로 자각되어야 하는 영적 실재, 영원히 순수하고 불변하는 영적 실재도 존재한다는 점도 믿었다.

샹카라와 같은 다른 사상가들은 일원론을 주장했고, 궁극 실재가 실제로 다른 어떤 것으로 전변되었다는 견해를 거부했다. 그들은 궁극적인 비영적 실재를 가정해야 할 필요를 느끼지 않았다. 그들에게는 원래 본성상 영원히 불변하는 브라만-아트만이 유일한 실재이다. 이런 실재가 갖는 현현된 힘이 변화의 외양을 생산하며, 이 외양이 실재로 오인되면 속박을 낳는다. 진정한 자아는 영원히 자유로운 상태로부터 속박의 상태로 결코 변하지 않는다. 결과적으로 해탈이란 속박의 상태에서 자유로 실제적으로 변화하는 문제가 아니라는 사실이 도출된다. 차라리 속박이란 간단히 자아의 불변하는 진정한 영적 본성에 대한 무명이 경험된 것이라는 점을 자각하는 것이 바로 해탈이다. 아트만이 진정한 자아라는 생생한 깨달음이 실현되면 속박도 해탈도 없다.

불교도는 다른 관점에서 인과율 전체 문제에 접근한다. 불교도는 실재가 상대적으로 영원한 사물들, 즉 다른 사물에 영향을 주고, 기초적 본성에서는 본래 불변이지만 성격에 있어서는 변화하는 사물들에 의해서 실재가 구성되었다고 상정하지 않는다. 그 대신 불교도는 변화나 과정 자체를 실재의 본질로 보고 있다. 과정이 참이고, 사물은 생성의 부단한 흐름에서 만들어진 추상일 뿐이다. 자아 동일성과 영원성은 이 추상적인 것들에 마음이 귀속시킨 성격들이다.

불교도에게 결정적 문제는 자아가 어떻게 속박으로부터 해탈로 변하는가를 설명하는 것이 아니다. 어제는 묶였던 사람이 오늘은 자유롭다는 방식으로, 생성의 흐름을 이루는 과정들이 어떻게 연결되는가를 설명하는 일이다. 여기에서 제안된 해결책이 연기론이다. 이 이론에 따르면, 주어진 어떤 과정의 계기들이나 요소들은 그 계기들과 요소들의 생성과 소멸 안에서 내재적으로 연결되어서, 시간의 경과에 따른 자아 동일성의 결여에도 불구하고 한 순간에서 다음 순간으로의 연속성이 주어진다.

인과율과 실재에 대한 이 다양한 견해들은, 수반되는 인식론들이 지탱한다. 이 인식론들은 직접적이고 무매개적인 통찰에 의해서 실재를 꿰뚫어볼 수 있게 해주는 비범한 수단뿐 아니라 지식의 평범한 수단, 즉 지각과 추리라는 수단들의 타당성을 설명하려는 시도이다. 다른 체계들은 각기 자아와 실재에 대한 그것들 나름의 특정한 견해를 수용하기 위해서 다양한 수정을 시도했다. 그럼에도 그것들은 니야야가 가장 정교하게 전개했던 지각과 추리에 대한 공통의 견해를 공유하는 경향을 가지고 있다. 그 체계들은 요가적 지식에 대한 공통의 견해를 나누려는 경향도 가지고 있다. 요가적 지식은 정신집중과 선정을 통해서 지식을 가로막는 장애물을 제거하고, 관념의 매개 없이 실재의 진정한 본성을 직접 통찰할 수 있게 해준다.

더 읽을거리

Chakrabarti, Kisor Kumar, *The Logic of Gotama*, Honolulu : University of Hawaii Press, 1977. 니야야 논리에 대한 명석한 제시.

Deutsch, Eliot, *Advaita Vedānta : A Philosophical Reconstruction*, Honolulu : East-West Center Press, 1969. 이 책은 중요한 불이론적 베단타 전통에 대한 분명하고 정확한 제시를 담고 있다. 샹카라의 베단타 연구를 시작하기에 최적이다.

Jha, Ganganatha, *Pūrva Mīmāṃsā in its Sources*, Benares : Benares Hindu University, 1942. 미맘사 관련 영어 책 중에서 여전히 가장 중요하다.

Matilal, Bimal Krishna, *Perception : An Essay on Classical Indian Theories of Knowledge*, Oxford : Clarendon, 1986. 인도 철학의 대가 중 한 사람인 고 마티랄 교수가 니야야 인식론을 보다 넓은 철학적 맥락에서 주의 깊이 연구했다. 상급반 학생을 위한 것이다.

_____, *The Character of Logic in India*, Albany, N. Y.: State University of New York Press, 1998. 인도의 논리 전개를 분명하고 통렬하게 논의했다. 특히 브얍티(vyāpti, 편충)를 강조한다.

Mohanty, Jitendranath, *Reason and Tradition in Indian Thought : An Essay on the Nature of Indian Philosophical Thinking*, Oxford and New York : Clarendon Press, 1992. 인도 철학의 발전을 검토, 철학적 논리와 분석을 강조했다.

_____, *Classical Indian Philosophy*, Lanham, Md. : Rowman & Littlefield Publishers, 2000. 인도 철학의 탁월한 입문서.

_____, *Between Two Worlds East and West : An Autobiography*,

New Delhi and New York : Oxford University Press, 2002. 모한티가 어떻게 우리 시대의 지도급 인도인 철학자이면서 동시에 세계적으로 저명한 훗설학자가 되었는지를 보여주는 매혹적인 설명.

Śaṅkara, *A Thousand Teachings : The Upadeśasāsrī of Śaṅkara*, Sengaku Mayeda(ed. and trans.), Albany, N. Y.: State University of New York Press, 1992. 샹카라 저작 중에서 접근하기에 가장 쉬운 책이고 그의 사상에 대한 최선의 입문서. 마에다는 탁월한 입문의 글을 제공한다.

제14장 **인도의 이슬람교**

인도 아대륙은 20세기가 되기 전에는 인도·파키스탄·방글라데시라는 별개의 나라로 나누어져 있지 않았다. 하지만 이슬람 문명이 인도에 항구적인 고향을 찾았던 11세기에 이미 분리는 예고되었다. 이슬람교나 힌두교는 모두 무척 보수적이었고 고도로 발전된 문화를 표현하고 있었으나, 이 문화들은 전혀 다른 세계에 속하는 것이었다. 그들 사이의 이념적 차이들은, 지배자 무슬림(이슬람교도)들이 힌두교도들을 그들 자신보다 저급한 자로 간주하고, 힌두들은 무슬림들을 영적 오염의 원천으로 생각했다는 사실에 의해서 더욱 과장되었다. 힌두교와 수피의 성인들이 상대에게 영감을 주고 영향을 줄 수 있었음에도, 두 전통의 정통파에게 양자의 관계는 주로 대결의 관계였다. 양쪽은 각기 그 자신의 전통을 보존하고 '외래적' 영향에 양보하기를 저항할 수밖에 없었다고 느꼈다.

신앙이 이슬람교를 지배했고, 믿음의 정통성은 철학적 사변을 저해했다. 결과적으로 인도 땅에서 이슬람교 철학은 거의 발달하지 못했고, 힌두교와 이슬람교 철학자들 사이에 교류는 별로 없었다. 반면 종교적 사유는 상당히 다른 이 두 종교가 만나는 길에서 수많은 도전을 받았다. 이슬람교의 엄격한 일신교는 많은 힌두교 사상가에게 매혹적이었던 한편, 힌두교의 많은 부분 안에 함축되어 있는 일원론은 몇몇 이슬람교 사상가들이 신의 초월성을 더욱더 강조하도록 이끌었다. 양쪽 전통에 있는 신애 사상과 성인의 전통은 많은 공통점을 제공했다.

특히 카비르(Kabīr)와 다두(Dādū)가 출발시켰던 몇몇 분파는 힌두교와 이슬람교 양편의 힘을 결합해 보자는 시도로 일어났다. 실상 구루 나낙에게서 영감을 받았던 시크교(Sikhism)라는 분파는 힌두교나 이슬람교 모두를 초월하려는 시도에 있어서 지극히 성공적이었으므로, 현재 미국과 캐나다에 있는 2백만을 포함해서 약 2천5백만의 신봉자를 가진 세계 종교로 발전되었다.

시크교는 다음 장에서 논의될 것이다. 여기에서 우리는 다음과 같은 질문들에 초점을 맞출 것이다. 이슬람교는 어떻게 인도에서 자신을 확립했는가? 이슬람교의 길은 무엇인가? 그리고 이슬람교와 힌두교는 어떻게 교류하고 상대방에게 영향을 미쳤는가?

1. 이슬람교의 도래

이슬람교는 7~9세기에 걸쳐 거대한 파도처럼 중동, 서아시아, 북아프리카와 스페인을 휩쓸었으며, 마호메트의 사후 80년 이내에 인도로 들어가는 길을 찾았다. 그것은 아랍의 상인을 따라서 서남부 해안에 평화롭게 찾아들어 왔다. 그러나 북서쪽에서 그것은 정복자의 칼과 함께 들어왔는데, 이때 무하마드 이븐 카심(Muhammad Ibn Qasim)이 아랍의 배를 해적질한 도적들을 추격하여 그의 6천 명의 군대를 이끌고 들어와 711년 데불(현대의 카라치 부근) 전투에서 신드의 왕 다하르의 훨씬 큰 군대를 이기게 되었다. 3년 이내에 다하르의 군대는 괴멸되었고, 곧 아랍 무슬림의 지배가 오늘날의 파키스탄이 차지하는 대부분 지역까지 확장되었다. 뒤이어 여러 정복이 뒤따랐으며, 곧 아대륙 대부분이 무슬림의 지배 아래로 들어왔다.

이슬람교는 거의 1천 년 동안 인도의 많은 부분을 통치하게 되는 연이은 외래의 지배자들뿐 아니라, 새로운 종교적 철학과 삶의 길도 들여왔다. 북서 지방에 대한 이븐 카심의 정복 이후 거의 3세기 동안, 아대륙의 이 지역은 아랍 무슬림이 지배했다. 그러나 마흐무드(Mahmud)의 가즈니(Ghazni) 통치의 마지막인 1030년까지, 터키계의 무슬림들은 주로 가즈니의 아프간의 진지에서 움직이면서 아대륙의 북부 대부분을 정복했으며, 가즈나비드(Ghaznavid) 왕국을 창건했다. 위대한 무슬림 역사가이고 마흐무드와 동시대인이었던 알 비루니(Al-Biruni)는 힌두교 사찰과 왕궁에 대한 마흐무드의 습격과 그의 군대가 자행한 폭력에 대해서, 즉 그 나라의 번영을 철저히 파괴하고 힌두교도를 살해하고 사방으로 흩어버린 그의 군대의 폭력에 대해서 기술한다. 이 폭력이 살아남은 자에게는 모든 무슬림에게 향하는 아주 뿌리 깊은 증오심을 만들어내기도 했다.

무슬림(이슬람교도)에 대한 혐오에도 불구하고, 인도군은 잘 훈련받고 탁월한 지휘를 받는 터키 무슬림 군대의 적수가 되지 못했고, 항복이나 도주 가운데 하나를 택해야만 했다. 1192년 무슬림들은 무하마드 구리(Muhammad Ghuri)라는 탁월한 장군 휘하에서, 프리트비 라즈(Prithvi Raj)의 강력한 라즈풋 군대를 타라인에서 패배시켰으며, 라호르와 델리를 무슬림 통제 아래에 두었다. 무하마드는 그의 전임자들과는 달리 승리나 부富보다는 정치적 통제에 더 큰 흥미를 가졌으며, 정치력을 공고히 하기 위해서 군사적 승리를 사용했다. 1206년 그의 죽음과 함께 그가 풀어준 노예인 아이박(Aibak)은 델리를 통치하면서 대부분의 인도를 지배했던 델리 왕조(Delhi sultanate)의 영토를 수립했으며, 동쪽으로는 벵골, 남쪽으로는 중부 인도까지 다스렸다.

712년 카심의 첫 정복과 함께 시작되었던 무슬림 장군들에 의한 제한적 통치는, 거의 5백 년 이후에 아주 다른 문화를 대변하는 확고한 세력으로 인도의 국사國事에 대해서 거의 완전한 정치적 통치력을 행사하는 왕조가 되었다. 그 후 450년 동안 델리 술탄들과 무갈의 제왕들은 아대륙을 거의 대부분 지배하게 되었고, 이슬람 문명을 새로운 높이까지 고양시키며, 그 영향력을 아랍 해에서 벵골 만과 데칸 고원까지 깊숙이 확장했다.

장군들과 정복자들에 의한 인도 무슬림 통치의 확립은, 칭기즈칸과 그의 몽골인 무리들이 무슬림 문명 세계의 심장까지 무자비하게 파괴하자 칭기즈칸의 참화로부터 도망갈 수밖에 없었던 수백만의 무슬림들에게 피난처와 고향을 보증해주었다. 초기의 아랍과 터키의 정복자들은 주로 영광과 약탈을 위해서 인도에 왔으며, 노획한 부를 통제하고 그들의 승리를 세계에 공포하기 위해서만 그들의 통치를 확립했다. 그들 아래에서 인도 문화는 실제로 거의 방해받지 않았다.

그러나 칭기즈칸은 1220년부터 사마르칸드·발크·가즈닌 그리고 다른 주요 도시들에 있는 무슬림의 학문과 문화의 중심지를 파괴하기 시작했다. 바그다드 자체가 약탈당했을 때, 학자들과 시인들 그리고 페르시아와 희랍 문화 중 최선의 많은 부분을 편입하고 있었던 풍요하고 자랑스러운 문명의 또 다른 담지자들은 살해되거나 아니면 도주하지 않을 수 없었다. 그들 중 많은 사람이 인도에 왔고, 델리 왕조와 무갈 궁전은 그것들이 불러들였던 학자·시인·예술가·역사가·과학자로 유명해졌다. 이때부터 인도의 이슬람교는 단순히 '외래' 통치가 아니었다. 그것은 이제 인도 땅 위에 정착한 외래문화가 되었다.

이러한 이주자 문화에 대해서 두 가지 사항이 특히 중요하다. 첫째, 아리아인의 도래 이후 처음으로 인도는 두 개의 상당히 다른 문명이 나란히 존재하는 고향이 되었다. 둘째, 이슬람교는 자연적으로 보수적이어서 영감과 행동 지침을 위해서 예언자의 인생과 귀감을 되돌아본다. 이런 자연적인 보수주의는 인도 내의 무슬림 문명이 애당초 본래 피난 상태의 문화적 식민 지역이었으며, 무슬림 문명의 고향이 적군에게 파괴되는 순간 자신을 보존하려고 노력한다는 사실 덕분에 더욱 강화되었다. 칭기즈칸의 손자인 후라구(Hulagu)가 지휘했던 몽골 세력이 1258년 바그다드를 파괴하고 압시드 칼리프를 살해했을 때, 무슬림 문명 자체가 절멸할지도 모른다는 위협을 받고 있었다. 이 이주자들이 새로운 문명을 포용하고 외래의 문화를 채용하기보다는 과거를 보존하고 옛길을 재확립하려고 했다는 것은 너무나 당연했다. 그리고 이 이주자들은 낯선 땅에 살고 있다는 것만 아니라 사방에서 위협을 당한다고 느꼈으므로, 그들이 분명 극도의 불안감을 느꼈을 것이라는 점을 우리는 기억해야만 할 것이다. 몽골인들이 그들을 추격하여 인더스를 넘어와 새롭게 건설한 피난처를 파괴하려고 위협하는 동안에도, 그들은 힌두교도들에 의해서 포위되어 있었다.

물론 인도 문명은 그 자체로 보수적이고, 그 자체의 기초적 규범을 찾기 위해서 과거를 되돌아본다. 나아가서 북부 지방의 힌두교도들은 카심의 신드 땅 정복 이후 자신들이 늘 공격받고 자신들의 사원이 약탈당했다고 보았다. 그래서 그들도 역시 침략하고 지배하는 외래인들의 공격에 맞서, 옛길을 보존하고 강화할 필요를 느꼈다. 결과는 이 두 개의 위대한 문명이 모두 자연스럽게 보수적이 되어 각자가 자신의 생존에 대해서 공포를 느끼게 되고, 타자에 의한 침탈과 부식에 대항하여 자신을 지키며 인도 땅에서 나란히 존재하게 되었다. 그들은 예의바른 이방인들처럼, 상대방에 대한 깊은 불신과 의심 탓으로 교류에 있어서 조심스러웠고 신중했다. 그런데 참으로 놀라운 일은 실제로는 많은 영향과 교류가 있었다는 점이다. 회화·건축·시에 대한 무슬림의 영향력이 상당했다. 하지만 6백 년 동안에 걸친 무슬림 지배에도 불구하고, 그 지배는 춤·음악·철학·종교 그리고 힌두 사회의 특징을 이루는 도덕적·사회적 가치들의 전 영역에 걸쳐 거의 영향을 미치지는 못했다.

실상 인도에 미친 이슬람교의 주된 영향은 극단적 보수주의의 태도를 조장하는 것이었다고 볼 수도 있다. 외래의 지배와 낯선 종교적 문화의 위협에 복속한 민족이, 그들 자신의 전통에서 이미 발전되었던 이념들과 실천들을 보존하고 강화함으로써 저항하려고 한 것은 당연하다. 그러나 이러한 보수적인 태도는 위대한 인물들의 정열적 힘을 촉진하는 것이 아니라 가로막고, 새로운 형식, 아이디어, 새로운 실천을 낳기 위한 문화적 상호수정相互受精을 촉진하는 것이 아니라

가로막는다. 거의 1천 년 동안 힌두교가 정지된 패턴 안에 있었다고 말하는 것은 지나친 과장일 수 있겠다. 그렇지만 이런 이미지가 지난 1천 년 동안 인도 심성을 지배해 왔던 반작용과 보존의 태도를 시사하고 있음은 사실이다.

그러나 문화·종교·철학은 어디서든지 변화 없이 계속 존재할 수는 없다. 인도도 예외는 아니다. 인도에서의 가장 큰 변화는 물론 인도가 당시 힌두교도들이 아니라 무슬림이 지배했다는 사실이었다. 이런 변화의 영향은 수백만 아니 수천만의 힌두교도들이(그리고 많은 불교도들이) 이슬람교로 개종했다는 사실을 간단히 지적함으로써 가장 극적으로 보여줄 수 있다. 분리의 시기인 1947년, 무슬림들의 대다수는 정복자나 이주자가 아니라 개종자의 자손이었으며, 합하여 모두 1억 명 이상이었다.

이슬람교로 개종한 여러 이유들 중 네 가지가 뚜렷하다. 둘은 본질적으로 사회·정치적인 것이요, 둘은 본질적으로 종교적인 것이다. 첫째, 개종은 무슬림의 행정과 군대 내에서 직업을 얻을 기회를 열어주었다. 둘째, 불가촉천민과 하층계급인은 이슬람교의 평등주의를 매우 매력 있게 보았고, 그들에게 향상된 사회적 지위와 기회를 약속하는 것으로 보았다. 셋째, 수피의 성자와 신비주의자의 경건한 귀감들이 수많은 독실한 힌두교도와 남아 있는 대부분의 불교도를 끌어들였다. 넷째, 단순하고 잘 규정된 무슬림의 길이 매력적이었다. 왜냐하면 공동체가 코란에 근거를 두고 해석한 신성한 법은, 사람이 사회에서 잘 살아가고 구원을 받기 위해서 무엇을 해야 할 것인가에 대해서 거의 의심을 남겨두지 않았다.

그러나 다른 변화도 있다. 힌두교의 신애 사상과 거룩한 사람이나 성자에 대한 강조는 인도의 수피들에게 영감을 주었다. 대신 수피들은 독실한 후세대의 힌두교도들에게 영감을 주었고 그들 중 많은 사람을 수피의 이슬람교로 개종시킬 정도였다. 수많은 인도 무슬림은 물론 그들이 새롭게 발견한 이슬람교와 그들의 전통적·종교적 실천들과 태도들을 종합하고, 결과적으로 새로운 종교적 길을 창조했다. 덧붙여서 카비르(Kabīr)와 구루 나낙(Gurū Nānak)과 같은 위대한 사상가들은, 두 종교의 최선의 면모들을 새롭고 보다 순수한 종교적 길로 종합하려고 시도했다. 아크바르(Akbar) 치하에서 왕궁 자체가 종교 일치 운동을 부추겼다. 그러나 대부분의 경우, 이 두 개의 위대한 문명은 일종의 문화적·종교적 분리주의를 실행했다. 1947년에 있었던 아대륙의 정치적 분리 훨씬 이전에 나란히 공존하는 두 개의 분리된 문명이 존재하게 되었다. 무슬림들은 특히 오늘날의 파키스탄에 해당하는 북서 지방과 오늘날의 방글라데시에 해당하는 동벵골에서 지배적이었다.

뭄바이의 파시교도, 남부의 유대인과 기독교도, 서부와 남부의 비교적 소규모인 자이나교도 공동체들을 포함하는 다른 종교 집단들은, 작고 개별적인 공동체로서 계속 존재해 왔으나, 그들의 문화적 영향은 상대적으로 중요하지 않다. 이슬람교의 도래와 거의 동시에 발생했던 불교의 쇠퇴 이후, 인도는 모든 범위와 목표에 있어서 힌두적이거나 무슬림적이었다. 이 두 개의 문화는 때로는 쟁패를 벌였고 때로는 평화로이 교류했다. 그렇지만 압도적인 경향은 인접한 외래적 문화와의 만남과 그 문화의 영향에 맞서 전통을 보존하는 데 힘쓰는 일이었다. 따라서 외래의 아이디어와 관습과 타협하거나, 그것들을 실험하고 수용하기보다는 더 단호하게 무슬림 또는 힌두교도가 되는 경향이 있었다.

인도인의 길과 이슬람교의 길 사이에 실제로 일어났던 상호 영향의 성격을 이해하는 것뿐 아니라 이들 사이의 상호 충돌과 상호 영향의 상대적 결여를 이해하기 위해서, 우리는 신에 대한 복종과 인류에 대한 봉사에 기초하는 삶의 길로서의 이슬람교라고 하는 것이 그 근본에 있어서 무엇인가를 먼저 알아야 한다.

2. 이슬람교의 의미

신에 대한 순종의 길인 이슬람교는 신이 최초의 인간인 아담에게 처음 내린 계시와 더불어 시작한다고 스스로 주장한다. 신의 계시가 지속되자, 유대교와 기독교라는 위대한 종교들은 예언자들의 가르침을 중심으로 발전하였다. 이 예언자들은 신의 백성에게로 향한 신의 메시지에 목소리를 주었다. 그러나 무슬림들에 따르면, 성경에 있는 계시들은 모세, 예수, 신의 다른 전도자들이 그들 자신의 능력과 한계에 따라서 수용했던 까닭에 불완전한 계시가 되어버리고 말았다. 덧붙여서, 때로 그들의 오해(예를 들면 신과 하나된다는 예수의 주장 같은 것)는 의도하지 않았던, 신의 진리에 대한 왜곡으로 나아갔다.

무슬림들에게 이런 모든 것이 7세기에 돌변했다. 신은 시간의 충만 안에서 570년에서 632년까지 아라비아에서 살았던 그의 사자使者인 마호메트를 통해서 인류에게 완전하고 완벽한 계시를 주셨기 때문이다. 무슬림들은 인류에 대한 신의 계시가 최초의 인간들과 함께 시작했고, 그가 마호메트에게 보인 계시의 충만이 장기간에 걸쳐 있었다는 점을 인정한다. 하지만 그들은 622년 마호메트가 메디나로 이주한 것을 무슬림 공동체의 시작으로 인정하고, 심지어 이 날을 기점으로 달력을 시작한다. 632년 마호메트가 죽을 때 이 새로운 종교적 공동체는 강력한 국가가 되었다. 불과 수십 년 안에 이 공동체는 하나의 제국, 단 1세기 만에 중동, 중앙아시아와 남아시아, 아프리카뿐만 아니라 유럽마저도 정복하고 지배할 준비가 되어 있는 것처럼 보이는 제국이 되었다. 732년 프랑스의 뚜르(Tours) 전투에서의 카를 마르텔(Charles Martel)의 승리가 아니었더라면, 유럽과 아메리카는 '이슬람교의 집'의 일부가 되었을 가능성이 높다.

1) 기초적 가르침들

이슬람교는 그 신도들에 따르면 자신들을 신의 길에 내맡기고, 그의 뜻에 복종하는 충실한 사람들에게 평화를 주는 종교이다. '이슬람'이라는 말은 평화를 의미하는 slm이라는 어근에서 온 것으로 '순종을 통한 평화'를 의미한다. 신의 뜻에 순종하고 그의 길을 따라서 평화를 찾는 무슬림에게는 알라(Allah) 신 이외의 신은 없으며, 이슬람교 이외에 종교는 없다. 신은 생명과 구원에 대한 그의 메시지를 알려주기 위해서 지구 방방곡곡에 그의 사자들을 보내셨다. 마호메트가 있을 때에, 인류는 신으로부터의 완전하고 최종적인 계시를 맞이할 준비가 되어 있었으므로, 마호메트는 예언자들의 수장이고 이슬람교는 완전하고 최종적인 종교로 알려졌다. 그들의 신이 유일하고 참된 신이며 그들의 종교가 유일하게 완전한 종교라는 확신이, 이 신앙의 전도를 위한 무슬림들 열정의 기초를 이루고 있다.

이슬람교를 이해하기 위해서 우리는 무슬림이 무엇을 믿고, 행동하고, 깨달아야 할지를 물어야 한다. 왜냐하면 신앙·행위·영적 깨달음은 무슬림이 신에게 자신을 내맡기고 그의 의지에 순종하는 방식을 결정하기 때문이다.

신앙

이슬람교의 토대는 신앙이다. 신앙을 통해서 무슬림(이슬람교도)은 다음과 같은 사항을 믿고 있다.

①신만이 참이다. 다른 모든 것은 그의 피조물이며 그에 의존하여 존재한다.

②모든 피조물은 신의 권세와 영광의 현현으로 존재하며, 그 목적은 신의 권세와 영광을 나타내기 위한 것이다. 따라서 인간의 신에 대한 적절한 관계는 주인에 대한 하인의 관계이다. 신에게 봉사함은 무슬림에게 삶의 근본적 목표이다. 우리 모두는 신의 하인이다.

③신에게 봉사하는 길은 신의 메시지에, 예언자들 특히 마호메트에게 전달된 신의 메시지에 계시되었다. 그는 예언자들의 수장이기 때문이다.

④마호메트는 신의 최종적이며 가장 완벽한 사자이다. 여기에서 신의 말이 가장 완전하고 가장 완전한 형식으로 드러난 신의 말로서의 코란에 대한 신앙이 수반된다. 마호메트는 이상적인 종이며, 그의 말씀과 행동(하디쓰(Ḥadīth) 또는 순나(Sunnah))에 나타난 그의 삶은 모든 무슬림에게 신앙과 행위의 규범이 되어, 삶의 안내와 코란의 의미 해명을 위한 가장 중요한 단서들을 제

공한다.

행위

무슬림에 의해서 정의된 행위는 다음 사항을 포함한다.

①기도 : 하루 다섯 차례의 기도는 신에 대한 인간의 의존을 상기시키고, 신에 대한 봉사에서 삶을 유지하고 양육하기 위한 것이다.

②단식 : 매년 한 달씩, 내적 영성을 실현하고 신과의 가까운 관계를 발전시키기 위한 것이다. 라마단의 달에는 새벽부터 해질 때까지 먹기·마시기·흡연·성교는 금지되어 있으며, 이 시기에는 모든 사악한 생각, 행위와 말을 피하기 위해서 온갖 노력이 경주된다.

③자선 : 자선은 궁핍한 자를 돕기 위해서, 모든 사람이 소득과 저축의 1퍼센트씩을 기부할 것을 요구한다. 만물이 신에게 속하고, 일체의 부는 신의 모든 피조물을 위해서 맡겨둔 것이라는 기초적 가정이 여기에 깔려 있다. 만인이 각자의 필요에 따라서 공동체의 부를 공유할 자격이 있으며, 만인은 운이 덜 좋은 사람과 기꺼이 나눌 것이 기대된다.

④메카로의 순례 : 이것은 무슬림 공동체의 단합과 만인의 평등, 인류의 하나됨을 상징하는 것이다. 여기서는 영혼과 신과의 올바른 관계를 구축하는 것이 삶의 본질적인 관심사라는 자각을 키우기 위해 모든 세속적인 활동을 효과적으로 일시 정지한다.

영적 자각

행위의 이러한 네 가지 요구 조건은 신·코란·마호메트에 대한 신앙과 함께 이슬람교의 다섯 기둥을 이루고, 모든 무슬림의 본질적 의무를 규정한다. 거룩한 코란에 따르면, 각자는 자유롭게 신의 뜻에 복종하며 코란과 마호메트의 생애와 말씀에 기초한 전통에 규정된 정의로운 삶을 살 수 있다. 또는 신이 정한 길을 모르거나 반항하며 살기로 선택할 수 있다. 그러나 삶은 죽음과 더불어 끝나지 않고, 모든 사람은 심판의 그날 신의 심판에 직면하게 된다. 신의 길에 순종했던 정의로운 자는 천국에서 신의 축복을 거둘 것이지만, 순종하지 않았던 자는 지옥으로 가서 영원한 형벌을 받을 것이다.

무슬림 개개인은 모두 천국의 약속과 지옥의 위협 때문에 움직인다. 하지만 보다 깊은 동기는 신에 대한 사랑에서 온다. 진정한 무슬림은 신에 대한 사랑에서 자신의 의지를 신의 의지의 도구로 삼고 그것을 하나님의 의지와 조화시키는 데 힘쓰고 있다. 모든 사람 안에 깃든 신과 닮은 거룩한 불꽃은 사람으로 하여금 신과의 영적 관계로 들어갈 수 있도록 하고, 인간 의지를 신의 의지와 조화될 수 있도록 하며, 따라서 그를 창조주의 완벽한 도구로 만든다. 신과 개인 사이의 정당한 관계에 대한 영적 자각은 삶 전체를 신성하게 한다. 그 자각은 또한 정의로운 행위의 기초가 되고, 신에 대한 순종(이슬람)의 거룩한 길 안에서 삶을 안내하고 지도한다.

물질적 세계와 영적 세계 전체, 그리고 육신과 영혼은 신이 창조하였으며, 인간 행위의 모든 영역은 도덕적이며 영적인 차원을 가진다. 이슬람교에서 세속적인 것은 종교적인 것과 분리될 수 없다. 만물은 궁극적으로 종교적이다. 만물이 신에게서 흘러나왔고 그에게 속해 있기 때문에 만물은 절대로 종교적이다. 이것이 의미하는 바는 무슬림의 거룩한 법(샤리아 Sharī'ah)이 인간 행위의 모든 영역, 즉 개인적이고 집단적인 영역, 사회적·정치적·경제적 영역까지 확장된다는 것이다. 국가와 종교를 분리하려는 근대적 경향은 이슬람교의 전통에서는 아주 낯설다. 무슬림은 '카이사르의 것은 카이사르에게로, 신의 것은 신에게로'라고 말할 수 없다. 모든 것이 신의 것이기 때문이다. 삶은 통일된 전체이고 삶 전체가 신에 대한 봉사의 행위가 되어야 한다.

2) 이슬람교의 사명

무슬림들은 알라신 이외에 따로 신이 없다는 것, 그리고 그들이 신성한 의무 중의 일부가 다른 사람에게 이런 자각을 주는 것이라고 확신하고 있다. 정의는 신의 의지에 순종하며, 코란이 명한 길, 그리고 신의 사자인 마호메트의 삶과 가르침에 예시된 길을 따라서 사는 것이라는 점도 확신했다. 이러한 확신은 말과 행동을 통해 이슬람교의 길을 촉진하기 위해 노력하는 무슬림 의무(지하드)의 근저에 있다. 신과 그의 길에 대한 서약은 이슬람교의 확산과 실천을 전 세계에 걸쳐 실현하려는 일에 필요한 만큼의 시간·노력·돈을 바칠 것을 요청한다. 그것이 신의 뜻이므로 이슬람교의 가르침과 수행을 확산하는 일에 사용된 어떤 노력이나 희생도 지나칠 것은 없다. 전통은 심지어 자신의 생명조차도 필요하다면 주어야 하고, 천국이 신앙을 위해서 생명을 바친 모든 사람을 기다리고 있다고 단언한다. 처음 수세기 동안 이슬람교의 확산을 위한 동기와 에너지를 제공한 것도 바로 이 확신이었다.

여기에서 이슬람교와 다른 종교 간의 관계에 대해서 한마디 해둬야겠다. 앞 문단에서 요약된 확신은 종교적 불관용의 가능성을 시사하고 있기 때문이다. '칼에 의한 개종'이라는 구절로 알려져 있듯이, 역사는 다른 종교를 믿는 사람들에 대한 무슬림의 불관용을 기록한다. 그렇지만 코란의 가르침에 따르면, 신은 지구의 구석구석까지 그의 사자들을 보냈다고 한다. 이는 모든 종교 안에 신의 진리가 약간 있다는 것을 함축한다. 이슬람교가 유대교와 기독교의 성전을 하느님의 진정한—비록 불완전하긴 하지만— 메시지로 인정하고 있기 때문에, 유대인과 기독교인들에게 일반적으로 '성경의 민족'이라는 특수한 지위가 허락되었고, 그들의 종교적 실천과 기관은 존중되었다. 그러나 이슬람교는 유일하게 참된 종교이다. 마호메트를 통해서만 신의 완전하고 최종적인 메시지가 드러났다. 신의 진리에 근거한다는 기독교와 유대교조차도 오직 부분적으로만 참이다. 그들의 계시는 불완전할 뿐 아니라, 계시를 통해서 드러난 진리도 인간의 창안과 잘못된 해석에 의해서 은폐되었다.

신이 그의 사도들을 땅 위의 모든 민족에게 보냈다는 코란의 선언에도 불구하고 다른 종교들은 흔히 잘못인 것으로 간주되고, 그것들의 신봉자는 이교도로 비난받았다. 인도의 종교들은 아프리카의 여러 종교들에 비하면 훨씬 나은 대접을 받아왔다. 예컨대, 인더스 계곡의 최초의 아랍 정복의 지도자였던 무하마드 이븐 카심은 힌두교도와 불교도를 '성서聖書의 민족'으로 대접했으며, 그들에게 유대인과 기독교도들과 동일한 자격과 보호를 허락했다. 회교법이 다음 수세기 동안 법전화되자, 유대인과 기독교도를 제외한 모든 사람들이 우상숭배자와 이교도로 공식적으로 지칭되었다. 그러나 힌두교도를 보

인도 소재의 자마 마스지드 모스크에서 기도하는 무슬림

호받는 이교도로 대접하던 선례는 계속 준수되었으며, 다음 몇 세기 동안 인도를 정복하고 지배했던 구리족(Ghurids)과 무갈족(Mughals) 치하에서도 대체로 그랬다.

힌두교도들에게 특별한 지위를 허락했던 부분적 이유는 인도의 탁월한 과학자와 수학자가 당시 무슬림 세계의 수도인 바그다드에서 얻었던 커다란 존경 때문이었을 수도 있다. 인도의 기본적 십진법과 소수점 제도가 아랍인들에 의해서 채용되었다는 점과ㅡ그래서 '아라비아 숫자'라고 부르지만ㅡ, 인도의 천문학과 의학이 아랍 학문으로 편입된 것은 바로 무슬림 제국의 초기였다.

아크바르와 같은 몇몇 무슬림 지도자들도 힌두교도의 경건과 성실에 대해서 커다란 존경심을 가지고 있었고, 인도 형이상학의 심오함과 미묘함을 높이 평가했다. 인도인들이 항상 보호 대상의 민족으로 간주되지 않았다는 점, 수많은 승려와 거룩한 사람이 살해당한 것, 대부분의 힌두교 사원이 약탈당하고 파괴된 것은 부인할 수 없는 사실이다. 그러나 이들의 무자비한 행위는 인도에서 무슬림 통치의 규범이 되지는 않았다.

3) 수니파와 시아파

신이 마호메트를 통해서 그의 백성에게 주는 메시지가 영속화되고 해석되는 방식에 대해서 한마디 해둬야 할 차례이다. 이 이슈에 대한 의견의 차이가 이슬람교 내에 깊은 분열을 야기했고, 결국 시아와 수니라는 분파들로 귀결되었기 때문이다. 설사 대부분의 인도 무슬림이 수니파였다고 해도, 이 두 분파의 차이를 이해하는 것은 중요하다. 각 세대의 이맘(Imām)들이 최초의 '마호메트의 빛'을 직접 재생함으로써 신앙의 살아 있는 지속성이 지켜진다고 시아파는 역설한다. 이맘은 마호메트의 직계 후손에 속하며, 이맘의 정통성은 이전의 이맘이 보증한다. 따라서 이맘은 마호메트가 정하는 사도의 자리에 참여한다고 간주되며, 신의 최종적 메시지를 그의 백성에게 전달한다. 바로 이런 이유로 이맘은 시아파 신자들 눈에는 진리에 대한 모든 문제에 있어서 최종적 권위가 된다.

반면 수니파 이슬람교는 어떠한 사람도 최종적 계시의 당대의 매개자로, 또는 진리에 있어서 살아 있는 권위로 여기지 않는다. 우라마(Ulamā)가 인도하는 전체 공동체가 거룩한 법의 고수를 통해서 그 신앙을 새롭게 한다. 물론 거룩한 법은 코란과 마호메트의 전통에 근거한다. 우라마는 법의 수호자이고 해석자이지만 아무런 특별한 권위를 갖지 않는다.

신앙의 지속성과 권위에 있어서 이러한 신학적 차이가 중요하긴 하면서도, 그것은 시아파와 수니파 사이의 뿌리 깊은 쓰라림을 설명해 주지는 못한다. 시아파가 수니파에 대해서 갖고 있는 원한은 마호메트 사후 50년 이내에 수니파에 의한 알리의 두 아들의 살해까지 거슬러 올라간다.

마호메트의 사촌이며 사위였던 알리는 그의 장인의 죽음에 즈음하여 자신이 칼리프를 계승했어야 한다고 느꼈다. 그런데 알리에 앞서서 처음은 아부 바크르(Abu Bakr), 우마르(Umar), 마지막으로 우트만(Uthman)이 모두 칼리프로 칭해졌다. 따라서 알리의 추종자들은 지독히 분개했으며 칼리프 지위에 대해서 도전했다. 이 도전의 결과, 알리가 656년에 최종적으로 칼리프가 되었을 때, 상황이 악화되고, 그의 지배는 많은 무슬림이나 높은 지위와 권세를 지닌 사람들에 의해서 수용되지 못했다.

661년 알리의 살해 이후 그의 추종자들은 다마스쿠스에 있는 최초의 우마야드(Umayyad) 칼리프의 권위에 대항해 투쟁했으나 별반 성공을 거두지 못했다. 그러나 다음 우마야드 칼리프인 야지드(Yazid)가 칼리프 지위에 올랐을 때, 알리의 둘째 아들인 후세인이 그에게 도전했으나 실패했다. 후세인의 군대가 완전히 포위되었으나 그가 항복하기를 거절하자 그와 그의 전체 군대는 전멸당했다.

이런 소름끼치는 행동은 11년 전 후세인의 형의 살해와 더불어 예언자 마호메트의 유일한 손자를 알리 집안으로부터 앗아가버렸다. 이것은 가해자들에 대한 강렬한 증오와, 알리의 추종자들 사이에 충성의 강력한 유대감의 성장을 촉진했다. 알리 자신은 극히 성자답고 관대한 사람으로 기억되었고, 이 기억은 그의 미망인과 가족의 비극적 고난과 함께 시아파가 새롭게 결집하는 초점이 되었다. 정통 이슬람교도를 찬탈함으로써 마호메트의 손자들과 계승자들의 피가 흩뿌려 졌다는 사실은 결코 망각되거나 용서받을 수 없었다. 이것이 오늘날 에 이르기까지 수니파와 시아파 사이의 쓰라림과 증오의 기초이다.

3. 종교적 사유와 수피의 길

거의 전적으로 수니파에 속하는 무슬림 인도에서의 주요한 긴장은, 정통 수니와 수피의 길 사이에 있었다. 이 긴장을 창조적으로 화해시 키려는 시도는 또 다른 제3의 반응을 일으켰기 때문에, 우리는 인도 무슬림들에서 종교에 대한 세 가지 다른 태도를 구별해낼 수 있다.

흔히 정통 이슬람교로 불리는 것을 특징짓는 첫 태도는, 종교적이 고 공공에 관한 복합적 율법(샤리아sharī'ah)에서 이슬람교의 구현을 강조한다. 정통 이슬람교는 코란의 해석과 종교에 토대를 둔 사회적 규칙들의 해석을 지배하는 것은 축적된 전통이라는 점을 강조한다.

두 번째 태도는 개인의 영적 경험과 충만을 강조한다. 공동체와 전 통을, 신의 실재와 그의 계시의 진리에 대한 강렬한 개인적 경험의 자연적 파생물로서 강조한다. 이것이 바로 개인적 경험과 개인의 필 요를 활용하여 축적된 전통傳統의 경직성을 수정하는 수피의 태도이 다. 이 태도는 정통正統적 태도가 전체 공동체의 보다 정상적인 경험 과 필요를 강조함으로써 때로 변덕스럽고 괴팍스러운 개인적 충동을 수정하려는 것과 유사하다. 이슬람교의 역사에서 이러한 두 가지 태 도에는 거의 지속적인 긴장이 있으며, 이 긴장은 대부분 건강했고 안 정성과 개인적·영적 성장을 진작시켜 왔다.

세 번째 태도는 앞서 말한 두 개의 경향성과 태도 사이에 존재하는 긴장에서 일어난다. 그 태도는 개인적 경험과 신념, 보다 커다란 공동체의 율법들과 실천들 사이를 조정할 필요를 강조한다. 이 태도는 정통파(수니)와 수피의 길 사이에 존재하는 내재적 긴장을, 건강하고 서로 풍요롭게 해주는 상호 보완성으로 변화시켜 주는 사유의 운동을 가져왔다. 어떤 면에서 보면 이 세 번째 태도는 이슬람교의 지속적 개혁을 이루었고, 이 개혁이 그 전통과 율법이 메마르게 되거나 죽어버리는 것을 방지하고 개인적인 신비의 길의 과도함을 제한했다. 이런 태도를 구현하고 있던 종교 사상가들은 거룩한 율법의 문자를 넘어 그것이 근거하고 있는 영靈까지 나아갔다. 대다수의 수니들에게 이슬람교란, 간단히 말해서 공동체의 지도자들이 다소 맹목적으로 수용하고 도그마적으로 역설해 왔던 정치적 체계에 의해서 해석되고 강화되어 온 거룩한 율법에 순종하는 것이었다. 종교 사상가들에게는 이러한 맹목적이고 도그마적인 태도를 넘어가, 율법의 기초를 이루는 개인적·종교적 삶의 영까지 나아가는 것이 필수적이었다. 거룩한 율법은 이런 기초를 이루는 영의 지도를 받아, 창조적 방식으로 특수한 환경에 따라서 해석되고 적용되어야 하는 것이었다.

알 가잘리(Al-Ghazālī)

이슬람교의 두 측면에서 촉발된 긴장을 경험하고, 이를 조정하기 위해서 노력했던 모든 사상가들 중 가장 위대했던 이는 아마 알 가잘리일 것이다. 그의 저작은 수피즘의 과도함을 억제하면서도 수피즘에 존경할 만한 자질을 가져다주었다. 그도 역시 영원히 가치 있는 신학에 정통성을 부여하였고, 그 신학의 영적 기초와 통찰을 성전과 전통에 일관되면서도 이성으로 옹호할 수 있는 교리적 공식들 안으로 짜 넣었다.

알 가잘리(1059~1111)는 수피즘이 지배하던 환경에서 성장했다. 그러나 그는 철학·신학·법학에 대해서 깊은 관심을 가졌으며, 십대 말에 이런 주제들에 대해서 진지한 연구를 시작했다. 20대에 이미 그는 탁월함으로 인정받았으며 바그다드에서 가장 유명한 대학 겸 당대의 이슬람학 센터에서 연구하도록 임명되었다. 그렇지만 무슬림 신학과 율법의 분야에서 최고의 권위라는 명성을 얻었음에도 불구하고, 그는 학문이 신앙과 삶을 파괴하고 있다고 느꼈다.

절망의 심연에 서서 마음에 무서운 공허함을 느끼고, 공부도 교수도 할 수 없었던 알 가잘리는 청년시절부터 알아왔던 수피의 길로 최종적으로 다시 돌아갔다. 여기서 그는 자신이 찾던 내면의 평안을 발견했고, 이성은 훌륭하지만, 그것은 마음속 깊은 곳 — 신의 모습을 비춰주는 곳 — 에는 도달하지 않는다는 것을 발견했다. 이성은 반대로 스스로를 진리의 최종적인 기준으로 간주해 스스로를 부조리에 빠뜨릴 수 있고 그 과정에서 신앙과 삶을 파괴한다. 그는 이성이 훌륭한 하인이며 수단이라고 결론 내렸다. 그러나 그것이 주인으로 오인되거나 그것 자체가 목적으로 간주되면 그것은 비길 데 없이 파괴적일 수 있다.

이성보다 신앙과 직관이 우선이라는 점, 또 신앙의 통찰과 심정의 지식을 밝히고 해석하고 옹호하는 적절한 분야에서 이성을 사용할 필요가 있음을 확신하며, 그의 명저『종교학의 부활』을 저술했다. 이 책을 통해서 그는 이슬람교에 영원한 가치를 지니는 신학을 부여했다. 이 저서는 거의 모든 이슬람교 공동체에 의해서 곧 환영을 받았고, 수세기 동안 수니파들과 수피들에게 봉사했으며, 이들을 비록 각각 다른 방이긴 하지만 같은 신앙의 집 안에 잡아두기에 충분한 공통성을 제공했다.

『종교학의 부활』은 궁극적으로 신이 지식의 유일한 참된 대상이고, 오직 신앙을 통해서만 알려질 수 있다는 점을 단언한다. 그 책은 이성을 강조하는 철학자들의 도전에 응전한다. 플라톤, 아리스토텔레스, 신플라톤주의자들의 번역된 저서를 읽고 고쳐진 아랍 철학자들은 코란이 아니라 이성을 진리의 궁극적 표준으로 받아들이는 철학적 체계를 전개했다. 이를테면, 이븐 시나(Ibn Sina, 즉 Avicenna)는 세계가 창조된 것이 아니라 영원히 존재한다고 가르쳤다. 왜냐하면 비록 경전들은 세계가 무로부터 신에 의해서 창조되었다고 가르쳤다 해도, 이성은 무에서 어떤 것을 창조했다는 것을 도저히 이해할 수 없었기 때문이다. 따라서 그는 창조란 이전에 존재했던 어떤 것의 변화라고 결론지었다. 창조가 비록 급격한 변화일 수 있겠으나, 무로부터의 창조는 아니다.

유사한 방식으로 이븐 시나는, 모든 지식은 구체적 존재가 아니라 보편적 지성적 형상形相들에 대한 지식이며, 따라서 신의 지식도 역시 사물들의 구체화된 모습에서의 개별적 사물에 대한 것이 아니라 오직 보편자에 대한 것이라는 점이 도출된다고 논한다. 그렇지만 이런 결론은 신이 만물을 그 모든 자세한 점까지 알고 있다는 경전의 가르침에 정면으로 위배된다.

앞의 주장에서 귀결되는 논의에서 그는 영혼이 사람 안에서 인식하는 부분이며, 지식은 오직 형상들에 대한 지식이기 때문에 영혼 자체가 하나의 형상이라고 주장한다. 이븐 시나는 만약 영혼의 본성이 지식의 본성과 다른 것이라면 지식은 아마 불가능하게 될 것이라고 논했다. 그러나 만약 영혼이 형상이라면 그것은 보편자이고 불가멸이다. 반면 육신은 자연적으로 파괴될 수 있다. 이 사실에서 영혼이 불가멸이라는 점이 도출되어 나올 수 있다. 하지만 육신의 영원한 부활은 있을 수 없다는 점이 도출된다.─이 결론은 최후의 심판 이후에 육신이 영원한 부활을 얻는다는 코란의 가르침에 정면으로 위배되는 것이다. 이븐 시나의 이런 결론은 부활한 사람이 지옥에서 영원한 처벌을 받거나 천국에서 영원한 보상을 향유할 것이라는 가르침을 반박한다.

철학적 결론과 성전의 가르침 사이의 이런 모순들을 감안하면, 정통파 신자들이 진리의 표준으로 신의 말씀보다는 이성에 의존하는 이븐 시나와 같은 철학자들에게서 왜 위협을 느꼈는가를 이해하기가 퍽 쉬울 것이다. 『철학자의 부조리』라는 저서에서 알 가잘리는 이성이 신앙의 교리들을 박살내는 일에 쉽게 사용될 수 있듯이, 이성은 이성에 의한 논의와 결론을 박살내는 일에 이용될 수 있음을 보이고 있다. 온건하게 표현해 보면, 정통파들이 이 책을 매우 따뜻이 영접하고, 그의 적극적 신학(『종교학의 부활』)과 함께 '공식적' 가르침으로 모셨다는 사실은 놀랄 일이 아니다. 철학에 대한 알 가잘리의 공격은 『부조리의 부조리』라는 적절해 보이는 제목을 단 이븐 루셔드(Ibn Rushd, 아베로스Averroes)의 책에서 탁월한 비판을 받았다. 하지만 알 가잘리는 이성 자체는 믿을 수 없고 위험한 도구였다는 점에 대해 이미 정통파를 설득했다.

만약 알 가잘리가 당대를 석권하지 못했거나, 이성적 사유가 신앙에 커다란 위협이 된다는 것에 대해서 무슬림 정통파를 설득하지 못했다면, 근대 과학은 근대 유럽이 아니라 중세 이슬람 세계에서 발전할 수도 있었을 것으로 추측해 보는 일은 흥미로운 일이다. 아랍 철학자들은 희랍의 논리학과 과학을 알고 있었다. 그들은 모든 자연적 사물들 사이의 인과관계들, 실험과 이성의 결합을 통해서 알려질 수 있었던 관계들을 인정했다. 이성의 능력에 대한 그들의 감수성과 신의 피조물에 대한 이성적 지식을 통해서 신을 안다는 일에 부여한 가치는, 우리가 과학적 태도와 방법이라고 부를 수 있는 것과 유사한 것을 발전시킬 수 있을 정도로 무슬림 사상가들을 고취할 수도 있었을 것이다. 그러나 유럽의 성 토마스처럼 알 가잘리는, 이성의 적절한 활용은 자연적 세계에 대한 사변이 아니라 경전과 정통 신학의 옹호에 있다고 역설했다. 그리고 성 토마스가 기독교 신학에 영속적 모습을 부여한 것처럼, 알 가잘리도 이슬람교—정통파(수니) 형태와 그것의 신비적 형태(수피즘)에 있어서도—를 위한 신학적 기반을 제공했다.

2) 사랑이라는 기초

사람들은 이븐 시나의 자연 신학이 코란과 충돌한다는 이유로 그것을 거부했으나, 신의 사랑에 대한 그의 형이상학은 훨씬 잘 헤쳐 나갔다. 그의 신학은 사랑을 통한 신에게로의 신애라는 수피의 길의 철학적 기초가 되었다. 이븐 시나는 플라톤과 아리스토텔레스의 철학에서 출발하여, 이성에 명예와 높은 존경의 자리를 부여했다. 그는 이성을 과학과 논리학의 문제에 있어서 최종적 발언으로, 그리고 자연에 대한 우리의 지식을 위한 진리의 궁극적 표준으로 여겼다. 그러나 그의 종교적 경험은 인간의 심정이 궁극적 진리에 이르는 보다 직접적이고 무매개적인 통로를 가지고 있다고 말해주었다. 신의 빛은 영혼의 직관을 통해서 인간 영혼이라는 거울에 비춰지며, 그 과정에서 우주 전체를 밝혀준다.

이븐 시나에 따르면, 궁극 실재인 신은 영원한 아름다움이다. 이 사실은 자연의 아름다움으로 증명된다. 자기 표현적이란 것이 아름다움의 본성 자체이다. 그리고 자연은 간단히 신의 자기표현이다. 신 안에서 그의 존재와 다르지 않은 이런 자기표현은 지고의 사랑이다. 사랑은 완전한 아름다움의 표현이고 그 아름다움에 대한 감사에 다름 아니기 때문이다. 다른 말로 하면 아름다움은 우주의 궁극적 존재이고, 사랑은 우주의 궁극적 에너지로서 모든 존재들로 하여금 그들의 최초의 완전을 찾도록 만든다. 그러나 존재와 에너지는 동일한 실재의 다른 측면에 불과하다. 따라서 사람이 불완전에서 벗어나 신에 해당하는 영원한 아름다움 안에 있는 충만한 완전으로 복귀할 수 있는 것은 사랑을 통해서 가능하다. 그런 복귀가 가능한 이유는, 신이 사랑이고 인간들이 그 형상대로 지음을 받아 그들 자신의 영혼 안에 신성한 사랑의 불꽃을, 즉 존재 전체를 점화하고 신과의 영원한 하나됨을 드러낼 수 있는 불꽃을 지니고 있기 때문이다.

수피즘의 기초를 이루는 형이상학은 추상적이다. 하지만 수피의 삶은 그렇지 않았다. 수피의 심정에서 경험되는 신에 대한 지고의 사랑은 전형적으로 타인들의 걱정과 슬픔을 공유하는 일에서 표현되고, 인간 사랑이라는 이미지를 통해서 종종 문학적 표현을 얻었다. 수피들은 보통 지극히 단순한 삶을, 때로는 고행의 삶을 살았다. 실상 수피즘은 신에 대해서 인간이 갖는 관계에 대한 직접적·인격적 경험을 위한 길을 준비하기 위한 금욕적인 운동으로 시작되었다.

금욕주의는 계속 수피의 보증서로 남아 있었다. 하지만 개인적인 체험이 점점 중시되면서 영적인 체험을 촉진하는 것을 목적으로 한 신애의 실천 수행이 발전했다. 신에 대한 사랑과, 그의 이름과 현존에 대한 흠모가 수피의 삶을 지배했다. 그러나 수피들이 은둔자로 되는 일은 드물었다. 그들에 대한 신의 사랑과 신에 대한 그들의 사랑 사이에 맺어진 유대는 이웃 인간들을 포옹하기 위해서 손을 뻗었다. 대부분의 수피는 인생에서 그들의 절박한 목표 중 하나가 사람들에게 영적인 지도를 제공하는 것이라고 이해했다. 이것은 영적 문제만 아니라 세속의 일에서도 지도를 제공하는 것을 의미했다. 이슬람교에서 이 둘은 실제로 분리된 것이 아니었기 때문이다.

수피들은 이런 지도를 제공하기 위해서, 다가와 심정을 열어 가장 은밀한 비밀들을 나눠주는 사람들의 가장 깊은 심정을 발견하는 일이 필수적이었다. 이와 같은 '발견과 나눔'은 사람들의 일상적인 삶과 가까운 관계를 유지할 것을 요청한다. 그것은 또한 소란스러운 정치 싸움 바깥에 머물 것을 의미하는데, 그런 정치적 연루는 신과의 보다 깊은 영적 관계에 대한 수피의 개인적 추구를 방해할 것이고, 그들 동료 인간의 괴로워하는 심정을 위로하려는 노력을 훼방 놓을 것이기 때문이다. 그들은 정치와 정부의 바깥에 머물러야만, 위안을 구해 그들에게 다가오는 사람의 심정 안에 있는 불안을 알게 되고 공유할 수 있을 것이다. 오래된 수피의 격언이 말해주듯, "우주에 먼지들이 많은 것처럼 신으로 향한 수많은 길이 있다고 해도, 고통받는 심정을 위로하는 것보다 더 짧은 길은 없다."

수피는 행정의 봉사와 전문적인 일을 멸시했다. 그런 일이 신보다는 지배자나 전문인의 목적에 대해서 충성을 요청하기 때문에, 신과 인간에 대한 자신의 관계에서 얻는 영적 충만보다 오히려 자기만족에 빠지는 결과를 가져온다는 확신에 기초해서였다. 정부나 전문적인 행위에 대해서 취했던 전형적인 수피의 태도는, 공부를 방금 마치고 지침이라도 구해볼 요량으로 새크 니자무딘(Shaikh Nizamuddin)에게 접근했던 어떤 청년에 대한 얘기 안에 드러난다. 인생에서 무엇을 할 계획인가라는 새크의 질문에 대한 대답에서, 그 청년은 정부에 지위를 얻기를 바란다고 선언했다. 이에 새크는 말문을 닫았으며 마침내 청년은 사라졌다. 그때 새크는 다음과 같이 관찰했다. 즉 즉 훌륭한 시구 한 구절이 좋은 것이긴 해도 사람들이 찬미의 송가頌歌를 지어 그것을 어중이떠중이에게 가져가게 되면, 그건 무척 구역질나는 일이 된다고. 마찬가지로 그는 지식 자체는 고귀한 것이라고 시사한다. 그러나 그 지식이 직업이 되고, 이 문에서 저 문으로 기웃거릴 때 모든 존엄을 상실한다.

수피의 이상에 대한 최선의 정의는, 새크 파리두딘(Shaikh Fariduddin)이 살아가는 방도에 대해서 제자들에게 주는 충고에 담겨져 있다. 그는 그들에게 신의 사람은 다음과 같다고 하며 충고한다. "첫째, 뭘 먹고 뭘 입을까에 대한 불안이 그들의 심정으로 들어가지 않는다. …… 둘째, 사적으로 공적으로 그들은 신에 흠뻑 빠져 있다. 이것이 모든 영적 분투의 핵심이다. 셋째, 그들은 사람들을 기쁘게 하거나 사람들을 자기 자신에게 끌어들인다는 생각에서는 단 한마디도 하지 않는다."*

이런 충고를 실천에 옮길 수 있었던 수피들은 그들의 고요함과 거

---

* M. Mujeeb, 『인도 무슬림(*The Indian Muslims*)』, London : George Allen & Unwin, 1967, p.146.

룩함으로 다른 사람들과 달랐다. 그들의 영적 위대성은 그들의 비범한 능력에 대해서 수많은 얘기를 만들어냈다. 예컨대, 장님 성자의 대적이 그의 성인성聖人性에 의혹을 던지고 싶어 그에게 왔다. 장님이라는 외적 결점이 내면적·영적 결점으로 선명히 드러날 것으로 확신하고는, 그 대적은 어떻게든 성자를 걸려 넘어지게 할 셈으로 그에게 물었다. "성자의 징표는 무엇입니까?" 이 질문을 묻는 동안 파리 한 마리가 대적의 코 위에 앉았다. 그것을 홱 뿌리쳤는데도 파리는 되돌아왔다. 다시 그것을 쫓았다. 세 번째로 파리가 그의 코 위에 앉자 장님 성인은 말했다. "성자의 징표 중에 하나는 파리가 코 위에 앉지 않는다는 것이라네!"*

또 다른 놀라운 얘기는, 매우 나이가 많은 영적 스승이신 바드르 우드 딘(Badr-ud-Din)이 신애의 찬송가를 들을 때마다 일어나 환희작약하며 노래한다는 것을 말해준다. 음악과 춤은 정통 이슬람교에서는 금지되었으나, 수피즘에서는 영감과 성취의 중요한 수단이 되었다. 물론 수피들은 음악과 춤을 비속한 인간적 창조물이 아니라, 인간의 영혼이 그 몸을 통해 반응한 신성한 사랑의 표현으로 간주했다. 바드르 우드 딘이 너무 너무 늙어 몸을 거의 움직일 수 없었을 때, 그는 신애의 찬송가에 의한 황홀로 가득차 청년처럼 일어서서 춤을 췄다. "새크시여, 당신은 걸을 수도 없는데 어떻게 이렇게 춤출 수가 있소?"라는 질문을 받자, "여기 새크가 어디 있소? 춤추고 있는 것은 사랑뿐이오"라고 대답했다.

물론 이 사랑은 신적 실재이다. 그것은 모든 창조된 존재를 초월하

---

* 위의 책, p.123.

제14장

면서도, 모든 존재 안에 현존한다. 이븐 아라비(Ibn Arabi, 1165~1240)가 창안한 존재의 하나됨(oneness)이라는 수피 이론에 따르면, 초월과 내재는 동일한 실재의 다른 두 측면에 불과하다. 신은 초월적이며 내재적이다. 그 안에서는 존재(being)와 실존(existence)이 하나이며 불가리不可離이기 때문이다. 인간이 신이 되기는 불가능하다. 하지만 신은 창조주이고 우리는 피조물이기 때문에, 신비주의자는 마치 바닷물 한 방울이 바다에 포함되어 있는 것처럼 그의 실존이 신의 실존 안에 영원히 포함되어 있음을 자각할 수는 있다. 신의 피조물은 신의 실존의 한 부분이기 때문이다.

이 철학은 결코 요가와 일치하지는 않지만 요가와 분명히 양립할 수 있다. 그리고 위에서 말한 자각을 위한 수피의 준비 단계는, 불교의 팔정도와 파탄잘리가 설한 여덟 가지 조력을 상당히 닮아 있다. 실상 많은 수피들은 신 안에서 그들의 실존을 자각하려는 노력을 돕기 위해서 요가를 연구하고 실천했다.

3) 수피의 길

이런 자각을 얻기 위해서 필요한 영적 준비는 수피즘의 진수 자체를 이루고 있다. 그것은 신으로 가는 길이며, 일련의 단계들로 표시된 길이다. 이 단계들은 흔히 다른 방식들로 표현되고 있으나, 다음의 것이 전형적 기술이다.

①회개: 삶에서의 부주의와 죄지음에 대한 각성과 신의 율법에 따라서 도덕적으로 살려는 결단.
②절제: 아무 것도 자신에게 속하지 않는다는 진리를 시인하는

일 가운데 소유물과 쾌락은 버려진다. 만물은 신에게 속하고, 오직 신만이 추구되어야 한다.

③포기: 쾌락과 소유물은 버려야 할 뿐만 아니라 그것들에 대한 욕망마저도 포기되어야 한다.

④가난: 마음을 신으로부터 일탈시키는 일체는 부정되어 영혼과 신 사이에 끼어들게 해서는 안 된다. 비록 가난은 무소유 정신에서 시작한다고 해도, 그것은 재산뿐 아니라 영혼을 신으로부터 분리시키는 소망이나 생각마저 포기하기를 요청한다.

⑤인내: 어떠한 불행이라도 신으로 가는 길의 일부로 용인되어야 하고, 인간의 성향이 반대 방향으로 달려갈 때에도 신의 길을 기꺼이 따라가야 한다.

⑥신에 대한 신뢰: 여행자의 죄 깊음을 포함해 길에 있는 모든 장애를 극복하려면 신의 은총에 대한 완전한 신뢰가 필요하다.

⑦만족: 이 단계에서는 신의 의지를 따르는 길 이외에는 아무 것도 순례자를 만족시키지 않는다. 신의 명령을 수용하고 따라감이 완벽하게 만족을 준다.

이 일곱 단계는 주로 개인의 노력으로 성취된다. 이 길을 따라서 더 멀리 진보하기 위해서는 신의 도움이 요구된다. 실상 최초기의 구도 단계에서는, 신은 순례자에게 ①명상의 힘, ②신에로의 친근감, ③신에 대한 사랑, ④분리에 대한 공포, ⑤신의 포옹에로의 희망과 열망, ⑥신과의 친밀성, ⑦내면의 평화, ⑧신을 숙고하는 능력, ⑨신의 도움을 통한 구원에 대한 신뢰, 이 아홉 가지를 준다.

이런 신의 선물은 자기 노력이 거둔 성취물과 협력해서, 여정 위의 여행자가 신 자신에게서 오는 신의 빛을 받을 수 있도록 준비시켜 준다. 이런 신의 빛을 통해서 영혼은 신과 닮았음이 인정되고, 일체의 격정, 욕망, 의식적 생각이 깡그리 절멸된다. 개인의 영혼은 이제 신의 존재(God's Being)인 거대한 대양 안의 물 한 방울과 같다. 이런 놀라운 상태 안에서 계속 존재하는 일은 진리가 보이도록, 인간의 영혼이 신과 재결합하도록 허락해 준다.

몇몇 수피들은 그들 비전에서 오는 법열의 황홀경에 빠져서 자신들이 신과 동일하다고 선언한다. 하지만 알 가잘리와 같은 보다 냉정한 자는 그런 경험이 생각과 언어의 한계를 넘어간다고 보고, 종교적 구도자를 혼란스럽게 하거나 정통파를 추문에 빠트릴 만한 발언은 삼갔다. 권세라는 도구가 언제나 정통파의 손아귀에 있었으므로, 수피의 과도함은 위험한 것으로 비칠 수도 있었다. 922년 알 할라즈(Al-Ḥllāj)는 이단이라는 이유로 바그다드에서 처형되었다. 그의 '죄상'이란 신이 자신 속에 육화되었다는 것을 선언하여 신의 실재에 대한 황홀한 경험을 표현한 것이었다. 그러나 수피들은 대부분 정통의 기반을 부수려고 하기보다는 그 위에 건립되었다. 1천 년 전에 있었던 예수의 정신에서 수피들은 자신들의 일이 거룩한 법의 파괴가 아니라 완수임을 보았다.

4. 교류

인도 무슬림의 지배 계급은 거의 독점적으로 수니였다. 그렇지만 힌두교도들에게 가장 큰 영향력을 행사한 것은 수피들이었다. 수피들 역시 힌두 문명으로부터 가장 많은 것을 수용했다. 왜냐하면 이 성실한 영적 구도자들은 배경이나 어떤 주의에 대한 충성에 관계없이, 영적 사람들과 자유롭게 교류했기 때문이다.

수피들은 신과의 개인적이고 내적인 관계를 실현하는 일에만 거의 전적으로 관심을 가지고 있었다. 개인적 경험에서 알라신의 생생한 현존을 발견하려고 노력하며, 그들은 금욕적이고 전원적인 생활을 선호하여 도시 문명이 가진 부·사치·마음을 흐트러뜨리는 물질들을 내버렸다. 영적 경험보다 중요한 것은 아무 것도 없었고, 무슬림 정통파가 가진 규제들이 거부되었다. 따라서 수피들은 영적 수행과 이념을 어디에서 발견하든지 간에, 이것들에 열려 있었다. 그들은 기독교·불교·힌두교의 영향을 받았고, 이슬람교의 성전과 전통뿐 아니라 우파니샤드와 플로티누스의 이념들에서도 영감을 얻었다. 수피의 사유와 수행의 기초는 물론 이슬람적이지만, 신비적 이슬람교와 힌두교의 만남 안에 서 상당한 차입·적응·채용이 있었다.

무슬림과 힌두교도들 사이에 상당한 교류가 있었다는 것은 의심할 여지가 없다. 하지만 수백만의 힌두교도들이 이슬람교로 개종하고 시크라는 새로운 종교가 이런 만남을 통해서 생겨났기 때문에, 학자들은 이런 교류의 정확한 성격과 범위에 대해서 상당한 불일치를 보이고 있다. 이런 불일치의 이유는 10~19세기 사이 종교적 삶과 종교적 운동에 대한 기록이 거의 없기 때문이다. 때로는 신애의 신비주의가 그랬듯이, 힌두교가 이슬람교의 수피즘에 영향을 주었을 것이며, 수피즘은 반대로 힌두의 신애 사상에 영향을 주었을 것이다. 그러나 기록은 전혀 분명하지 않다.

분명한 것은 수피들의 성자적 귀감의 영향을 받았던 수많은 힌두교도 개종자들을 비롯하여 수백만의 힌두교도들이 이슬람교로 개종했다는 점이며, 수피 성자들의 경건과 종교적 신애가 성자들을 숭앙하도록 준비시키는 문화를 가진 사람들에게 지극히 매력적이었다는 점이다. 진실로 그들은 가끔 수피 성자를 남녀 제신의 화신으로 공경했다. 만일 이슬람교가 정부의 강력한 권력이 전혀 미치지 않는 변경과 촌락으로 걸어 들어오는 위대한 수피들과 같은 거룩함과 위대함을 가진 성자들을 산출할 수 있다면, 이슬람교는 해탈과 완전을 추구하는 모든 진지한 영적 구도자가 안전하게 따라갈 수 있는 가치 있는 길임에 틀림없을 것이다.

1) 시인과 성자

이슬람교로 개종하지 않았던 힌두교도들에게도 수피들의 경건과 신애는 일정한 영향력을 행사했으며, 15세기와 16세기에 번성했던 많은 신애 사상적 분파와 운동에서도 무슬림의 영향이 추적될 수 있다. 예를 들면 마라타(Maratha) 지방 출신의 위대한 신애 사상의 시인인 힌두교도 나마데바(Nāmadeva, Namdev)는 그의 시구에서 신에 대한 이슬람교의 경배를 우파니샤드의 일원론과 혼합했다. 그는 많은 페르시아 단어와 아라비아 단어를 사용하며 하나의 전능한 신에게 커다란 존경을 표시했다.

아마 1백 년 정도 이후에 살았던 사람, 그의 동향인이며 중세 인도의 가장 위대했던 신애적 시인의 한 사람인 투카람(Tukārām)도 역시 이슬람교로부터 깊은 영향을 받았다. 한 전형적 시구에서 그는 말한다.

위대한 이름들 중 첫째는 알라이시네, 반복하기를 결코 잊지 마소
알라는 참으로 한 분이시네. 그 예언자는 참으로 한 분이시네
거기서 당신은 한 분이시며, 거기서 당신은 한 분이시네. 거기서
당신은 한 분이시네. 오 친구여
나도 없고 그대도 없네*

나마데바, 투카람, 당시의 다른 신애적 시인들의 시와 찬가에는 이
슬람교에 대한 아무런 적대감도 보이지 않는다. 그들은 힌두교 신들
에 대한 예찬의 노래와 나란히 알라신에 대한 예찬의 노래를 부르며,
만물을, 만유를 통일하고 만유에 편재하지만 아직 드러나지 않은 지
고의 실재의 현현들로 보고 있다.

물론 시바지(Shivaji)의 경우처럼 때때로 적대감이 존재한 적도 있
었다. 그는 무슬림 통치자들이 인도에서 대결해야만 했던 가장 격렬
한 대적 중의 하나였고, 그는 정치적 반대로 적대감을 표시했다. 그러
나 이 경우조차도 우리는 초기의 존경과 선의의 감정을 간파할 수 있
다. 시바지의 부친인 샤지(Shaji)는 아마드나가르(Ahmadnagar)의 샤
샤립(Shah Sharif)이라는 위대한 수피 성자의 이름을 따르고 있다. 이
일은 시바지의 조부가 이런 무슬림 성자의 위대한 숭배자였음을 시
사한다.

물론 영향력 있었던 수많은 무슬림 성자 중의 많은 사람은 힌두
교의 정당성을 수용하는 방향으로 멀리까지 나아갔다. 또한 이들은

---

* Tara Chand, 『인도 문화에 끼친 이슬람교의 영향(*The Influence of Islam on
  Indian Culture*)』, Allahabad : The Indian Press, 1954, p.228.

이 양대 종교에서 최선의 것을 추종하라고 다그치고 주변부에 위치해 있는 상호 간의 차이점이나 적대감을 강조하기보다는, 그들의 영적 핵심에 공통으로 가지고 있는 것에 주목하라고 권했다. 이와 같은 경향을 가지고 있는 예증들 중 가장 괄목할 만한 세 사람은 카비르(Kabīr), 다두(Dādū), 구루 나낙(Gurū Nānak)이다.

15세기의 초엽 무렵에 태어났던 카비르는 수피였던 새크 타키(Shaikh Taqi)와 라마난다(Rāmānanda) 두 사람의 제자였다. 라마난다는 신애의 힌두교를 북부 인도 전역에 확산시키는 데 기여했던 위대한 힌두교 귀의자(bhakta)였다. 힌두교도들은 종종 카비르가 힌두의 신비주의와 개혁가라고 주장한다. 하지만, 그는 무슬림 가정에 태어났고 결코 이슬람교를 포기하지 않았던 점은 거의 확실하다. 그러나 그는 분명히 이슬람교의 편협성과 힌두교의 경직된 분파주의 모두를 분명히 비난했다.

확실하지는 않지만, 그의 힌두 구루인 라마난다도 이슬람교의 영향을 받았던 것 같다. 어쨌든 라마난다 자신은 카스트 제도에 대항하여 항변했으며, 모든 사람을 그의 신자의 무리에 동등하게 받아들였다. 그런데 힌두교 신애의 지도자들 중 가장 훌륭했던 사람들은 진정한 신애와 영적 자각이 분파와 카스트를 극복한다는 점을 강조했다. 따라서 라마난다가 불가촉천민과 심지어 무슬림뿐 아니라 모든 계급의 사람들을 받아들였다고 해도, 그것은 이슬람교의 영향을 받았다는 사실을 확실히 증명하지는 못한다. 그렇지만 카비르가 이슬람교와 힌두교의 이념과 실천 모두를 받아들이고, 보다 깊은 통일로 인정하고 있던 것에 기초해서 이 두 종교를 화해시키려고 노력했다는 점에 대해서는 의심의 여지가 없다. 이슬람교에 대한 그의 가장 신랄한 비판은 경직된 형식주의와 배타적 절대주의로 향해졌다. 이 두 가지 주의는 기존의 이슬람교 권위가 참된 것으로 또는 영적인 것으로 정의하고 수용하지 못한다면, 그 어떤 이념이나 실천도 참되거나 영적인 것으로 인정하기를 거부한다. 형식주의와 절대주의는 이슬람교의 권위가 요구하는 신념, 규칙, 실천, 법칙이라는 외면적 포장들 아래 영적 생명을 질식시키고 있다고 그는 보았다.

카비르는 또한 힌두교의 카스트, 다신론, 우상숭배를 공공연히 비난하는 일에 힘을 아끼지 않았다. 그는 사람이 하층의 카스트나 불가촉천민 가족으로 태어났다는 단순한 이유 때문에 그에게 충분한 정도의 인간 존엄과 영적 수행이 부인되어서는 안 된다고 말했다. 카비르는 우상숭배가 진정 귀의자들의 에너지를 진실로 영적인 것에서 멀어지게 한다고 비난한다. 다신교는 지존의 존재에 대한 신애와 봉사를 다른 곳으로 돌리는 것으로 보였다.

카비르는 후기 힌두교도들이 위대한 성자와 개혁자로 환영했고, 그에게 완전한 힌두교도로서의 전기傳記가 주어졌다. 처음 힌두교도들이 중요하게 여겼던 것은, 그가 실제로 무슬림 개혁가였다는 사실이 아니라 오히려 가난하고 억압받았던 수백만 명의 사람에게 희망을 주었던 그의 영적 메시지였다. 힌두교는 아리아인·아지비카·불교도들을 비롯하여 수세기에 걸쳐 수없이 많은 다른 종교적 운동들을 흡수했듯이, 항시 급진주의자들과 개혁가들을 수용하고 힌두교 생명의 흐름 안으로 껴안을 수 있었다. 그러나 카비르가 그토록 격렬히 대항하여 싸웠던 이슬람교의 형식주의는 너무 경직되어, 그를 무슬림 성자로 받아들이지 못했다. 몇몇 숭배자들을 제외한다면 말이다.

시크 종교의 개창자開創者인 구루 나낙(Gurū Nānak, 1469~1539)은 카비르와 동일한 영적 전통에 있었다. 힌두교와 시크교 전통은 그를 힌두교도로 간주했다. 하지만 그도 무슬림이었을 것이다. 카비르와 마찬가지로 그는 이슬람교와 힌두교 사이의 차이점들을 초월하려고 시도했고, 두 종교가 공동으로 간직하고 있었던 위대하고 기초적인 영적 진리들에 의거하여 힌두교도와 이슬람교도를 통일하려고 했다. 그 또한 힌두교의 우상숭배와 다신교를 공공연히 거부했으며, 전능하고 전지하며 편재해 있는 유일신의 의지를 역설했다. 그런데 신의 유일성과 절대성에 대한 그의 역설이, 신 자신의 본성에 속하지 않는 것을 신으로부터 배제하려는 이슬람의 경향에 기초하고 있던 것은 아니었다. 오히려 그 역설은 보다 커다란 통일성 안으로 만물을 포괄하고, 대립적 차별들을 그 통일성의 필연적 귀결이나 상호 보완적인 것으로 받아들이는 고대 인도의 경향에 기초했다.

구루 나낙은 촌락으로 여행할 때, 늘 수행하는 동료들 중 한 사람의 면전에서 또는 두 사람—무슬림 한 사람과 힌두교도 한 사람—의 면전에서 가끔 큰 추종자들을 끌어들였다. 이는 곧 새로운 시크 종교를 위한 기초가 되었다. 그 지속적 중요성 때문에 다음 장 전체가 시크교를 다룰 것이다. 거기서 우리는 이슬람교에 대한 시크교의 강력한 군사적 반대와 그 결과로 오는 시크교의 호전적 성격이 전적으로 17세기의 정치적 환경 때문이라는 점을 볼 것이다.

다두(Dādū, 1544~1603)는 또 다른 무슬림 개혁가이며, 그의 무슬림과 힌두교 이념들의 결합은 많은 힌두교도에게 영향을 주었다. 그의 개혁을 위한 영감은 카비르의 가르침에서 발견되었는데, 그가 카비르 파의 일원이었기 때문이다. 다른 성자에 대해서도 그랬던 것처럼,

후기의 힌두교도들은 다두에게 힌두교도의 전기를 주고 그를 엄격히 힌두교 성자로 모셨다.

물론 믿을 만한 가치가 있는 이념과 귀감이 될 만한 실천 수행을 가지고 있는 위대한 영적 사람을 성인으로 수용하는 일은 인도 전통의 일부이다. 인도 땅에서 발전한 대부분의 종교와 분파는 한 사람의 성인을 추종하는 작은 그룹에서 시작되었다. 만일 추종자들이 충분한 정도로 성장한다면, 그것은 별개의 분파가 되거나 불교와 자이나교처럼 심지어 독립적 종교가 되기도 했다. 다른 경우에는 추종자들이 적거나 충분히 지속되지 않아서 독립적 지위 내지 준準독립적 지위를 얻지 못했다. 그러나 현대 인도를 포함하여 역사의 모든 시기에, 힌두교로 일컬어지는 것은 많은 분파로 구성되었다. 이 분파들은 신들이 다르고, 성자 지도자들이 달라서 생긴다. 신도 같고 성자 지도자가 같은 경우에도 실천과 믿음이 달라서 분파가 생기기도 한다.

힌두교에 관한 진리에 따르면 힌두교의 정통파를 규정하는 어떤 사람이나 기관이 존재했던 적이 결코 없었고, 특정한 교리나 실천이 독점적으로 정통파의 기초가 된 적도 없었다. 그리고 정통파가 없으므로 비정통파는 규정될 수 없고, 이단은 거의 불가능했다. 힌두교는 오히려 그 안에 중심적 권위나 수장이 전혀 없는 실천과 신념으로 이루어진 커다란 가족과 같다. 모든 구성원이 한 지붕 아래 같은 땅에 살아가는 한, 그들 사이의 상당한 차이점에도 불구하고 상대방을 같은 가족 구성원으로 받아들인다. 인도 땅의 무슬림들이 진정한 영적 구도자로서 참으로 독실하고 거룩한 사람들로 보인다면 그 무슬림들은 종교적 가족의 일부로 받아들여졌으며, 결과적으로 성자로 추앙받았다.

나중 17세기와 18세기, 힌두교도들과 무슬림들 사이의 대립이 주로 정치적 이유로 치열해졌을 때, 힌두교도들은 이들 성자 중 일부 이슬람교도의 조상들을 편의대로 흔히 망각하고, 경우에 따라서는 이슬람교도의 기원을 없애기 위해 고의로 역사적 기록을 조작했다. 특히 다두의 경우에는 거의 틀림없이 왜곡이 발생했을 것이다. 그러나 성자는 잊히거나 망각되는 법이 없다. 성인의 직분은 본래 정치·국적·종교적 분파와는 아무 관련이 없기 때문이다. 성인의 직분은 단순히 거룩함과 영적 자각의 문제이다.

물론 종교적 영향의 움직임은 무슬림에서 힌두교도의 방향뿐 아니라 힌두교도에서 무슬림의 방향으로도 갔다. 그렇지만 이슬람교의 경직된 구조와 형식주의 때문에 정통 이슬람교에 인지할 수 있는 변화는 거의 없었다. 그렇지만 개인적 수피들의 인생에 힌두교도의 상당한 영향이 있었고, 수피들이 이슬람교도로 개종시킨 많은 인도인의 인생에 수피들 자신을 통한 영향이 있었다.

진실로 힌두교도화 한 무슬림들은 그들 나름의 카스트 제도를 가졌으며, 이슬람교의 다섯 기둥의 준수와 함께 힌두교의 의식과 거룩한 날도 지켰다. 이슬람교로 개종한 많은 힌두교도들은 인도 문화의 포용적 태도에 영향을 받았기 때문에, 자신들이 무슬림이라는 것과 힌두교의 실천들 사이에 아무런 불일치도 느끼지 못했다. 이런 일은 무슬림 정통파에게 충격을 주었을 수도 있다. 그렇지만 이 일은 마치 저들 개종자들이 궁극 실재와 궁극적인 종교적 실천 모두가 일체의 이름과 모습, 일체의 규칙과 습속, 정통파에 의한 교리 선언과 규정을 넘어간다는 점을 인정이라도 한 것 같았다.

2) 종교와 정치

종교적 통일에 대한 충동은 인도의 가장 위대했던 지도자의 한 사람에 의해서도 느껴졌고, 아크바르의 재위(1556~1605) 시에 제왕의 궁전 바로 그 중심에서 종교적 교류의 발전이 약속되었다. 종교에 대한 깊은 개인적 관심으로 그리고 이슬람교의 편협성과 두 핵심 종교 담당 고문관들 사이의 부단한 신학적, 사법적인 힘겨루기에 대한 불만으로, 아크바르는 종교적 토론을 위해서 힌두교의 판디트·자이나교의 사두·파시의 모베드 그리고 제주이트의 사제를 궁전으로 초청했다.

학자들은 아크바르가 디니 이라히(Dīn-i Ilahi)라는 새 종교를 실제로 선포했는지의 여부에 대해서 서로 불일치한다. 하지만 그가 종교적 대화와 다른 신앙들과 분파들 사이의 개방성을 장려했음은 의심의 여지가 없다. 그가 제자를 받아들였다는 점, 그리고 인도의 황제로서 스스로 무슬림을 포함해서 힌두교도, 자이나교도, 파시교도, 그리고 모든 인민의 복리에 대해서 책임져야 한다고 보았다는 점도 분명하다. 이런 관심에서 그는 과부의 비자발적 화장, 아이들의 조혼, 복수 배우자를 취하는 것을 금지하는 칙령을 반포했다.

그러나 제왕 차원에서의 교류와 통일의 약속은 역사적 세력들이 이 시도에 반대했으므로 성취되지 못했다. 모든 계급과 교리를 가진 사람들을 무슬림 행정에의 참여를 허가한다는 아크바르의 관용과 공평의 정신은, 무갈 정책의 통상 부분이 되었고, 어떤 잣대를 대보아도 정치적 통합과 관용에서 커다란 성공을 거둔 것은 사실이다. 하지만 종교적 관용과 통합을 확보하려는 그의 노력이 성공했다고 말할 수는 없다.

그 이유 중 일부는 특히 차이탄야(Chaitanya)에 의해 시작된 힌두교의 거대한 부흥 운동이 인도 전역에 퍼지면서, 무갈 궁전의 거의 코앞에 위치했던 마투라(Mathura)에 확고히 자리 잡았다는 사실에 있다. 이 사실은 두 개의 중요한 결과를 초래했다. 한편으로는 힌두교 부흥이 정통 무슬림들에게 경각심을 일깨웠다. 왜냐하면 그 부흥이 무슬림들의 종교와 그들의 안전을 위협하여, 이런 부흥을 촉진시킨 것으로 보인 관용을 거절하도록 내몰았기 때문이다. 궁전에서 보수파 무슬림들의 이와 같은 대응은 보호주의와 불관용의 파도를 일으켜, 힌두교도와 무슬림 사이의 협동과 상호 관용을 위한 기존의 기초를 파괴하려고 위협했다. 한편, 이 힌두교의 강력한 부흥은 힌두교에 대한 자부심을 높이고, 자신들만을 진정으로 종교적인 사람들로 오인하고 있는 외국 신앙의 지배자에게 복종할 필요성을 느낀 일에 대해 저항하게 되었다.

아크바르의 사후 반세기 뒤에 그의 증손자인 아우랑제브(Aurang-zeb)가 인도의 황제로 50년 통치를 시작했다. 아우랑제브의 재위는 그의 부친이며 저 아름다운 타지마할의 건축자였던 샤 자한(Shah Jahan)을 투옥한 해인 1658년에 시작되었고, 1707년 그의 죽음으로 끝났다. 아우랑제브의 종교 정책은 증조부의 것과 거의 정반대였다. 아크바르는 여러 종교 사이의 평등과 모든 교리에 대한 관용을 강조했다. 그러나 아우랑제브는 그의 왕국이 무슬림국이며, 무슬림 율법에 의해서 엄격한 통치와 행정 사무가 이루어져야 한다고 역설했다. 비무슬림들로부터 군사 보조세를 징수하라는 명, 비무슬림의 예배당을 파괴하라는 명, '이교도들'의 가르침과 실천을 금하라는 명이 떨어졌다. 그는 또한 그의 행정부에서 비무슬림을 위한 행정의 범위를 대폭 축소시켰다.

　이러한 명령과 추후 법제화가 얼마만큼 힌두교도의 정치적 반란에 불을 지르고, 진행 중인 종교적 부활을 고무했는지를 판단하기는 어렵다. 그러나 그것들이 무슬림과 힌두교도 공동체 사이의 골을 더욱 깊게 했다. 결국 이 간극은 그들이 영국을 패배시키기 위해서 협동하는 일을 불가능하게 만들었고, 뒤에 인도 아대륙을 파키스탄과 방글라데시라는 두 개의 분리된 무슬림 국가와 세속적이지만 힌두교도가 지배하는 인도 국가로 쪼개버렸다는 점은 분명하다.

　아우랑제브의 반동적 종교 정책은 새크 아흐마드(1564~1624)가 무슬림 궁전에 보낸 공개서한에서 제시한 노선을 추종했던 것으로 보인다. 새크 아흐마드는 크와자 바키 빌라(Khwaja Baqi Billah)의 제자였다. 이 스승은 정치적 지도자들에게 종교적 영향을 행사하기 위해서 인도에서 나크쉬반디(Naqshbandi) 운동을 벌였다. 그때까지 인도에서 이슬람교의 여러 영적 교단은 순전히 정치적 일에 직접적으로 연루되지는 않았다. 새크 아흐마드는 스승을 따라서 무슬림들의 복리와 복지와 관련된 모든 사항을 종교적 관심사로 느꼈다. 어떤 행위도 배제되지 않았고, 정치적 행위는 물론 그 폭넓은 영향력 때문에 종교적 관심사의 중심적 영역과 영향력의 목표물이 되었다. 아크바르와는 달리, 아흐마드는 인도를 무슬림 국가로 간주했다. 그는 "비이슬람교도는 이슬람 국가에서 자신들의 종교의식을 적극적으로 실행했고 이슬람교도는 자신의 종교의식을 실행할 힘이 없었다. 그들이 그것을 실행했던 경우, 그들은 처형되었다"고 불평했다. 아흐마드가 오직 산발적 사건들을 언급하고 있을는지 모른다. 하지만 그의 관찰은 많은 다른 무슬림들의 마음을 뒤집어놓았던 사건들에 근거한다. 그는 다른 서한에서 힌두교도가 이슬람교도의 모스크와 무덤을 파괴해 힌두교 사원으로 대체했다고 불평했다. 그는 아크바르 제왕의 정책이 무슬림의 입장을 약화하고, 힌두교도의 입장을 강화했다는 점을 느끼고 있다고 분명히 밝혔다. 그는 한탄하기를, "라마단의 신성한 기간 동안 저들(힌두교도들)은 공공연히 음식을 만들어 팔고 있는데도, 이슬람교의 약함 때문에 아무도 간여할 수가 없다. 아, 슬프게도 나라의 지배자는 우리인데, 우리는 이렇게 곤핍하구나!"*라고 했다.

아우랑제브는 이슬람교의 위상을 강화하고 비이슬람교의 힘과 행위들을 억제할 수 있는 무슬림 개혁의 제도화를 시도했다. 그러나 많은 새로운 사원은 17세기와 18세기에 벵골에 건축되었다는 점, 크리슈나와 칼리 숭배가 성행되었다는 점, 수많은 힌두교도들이 지즈야(jizya, 군대유지세)를 납부할 것을 거절하거나 보다 낮은 세율을 협상할 정도로 강력했다는 점은, 비록 무슬림들이 인도를 지배했다고 해도 결코 인민을 통제할 수 없었다는 점을 시사한다. 그리고 무슬림의 정치적 원리, 즉 비무슬림 공동체들이 세금을 납부하고 이슬람교의 관행을 방해하지 않는 한, 그들은 그들 자신의 일을 처리해 나가도록 허락받았다는 정치적 원리를 감안하면 이것은 이해할 만하다. 이 사실은 인도 전역을 통해서 카스트 조직과 촌민회(판차야트panchyats)가 진정한 지배력이었고, 그것들은 거의 전적으로 무슬림의 통치로부터 자유로웠다는 것을 의미했다.

---

* 아흐마드의 인용은 모두 이크람(S. M. Ikram)의 『인도에서의 무슬림 문명(*Muslim Civilization in India*)』, New York : Columbia University Press, 1964, pp.171~172에서 따왔다.

정치적 지배의 영향으로부터 거의 자유로웠다는 사실은, 일반적으로 보수적 태도에도 불구하고 인도의 논리·요가·형이상학·종교에서의 흥분할 만한 발전들이 무슬림 치하에서 어떻게 발생했는가를 설명하는 일에 도움을 줄 것이다. 앞서 네 개의 장에서 기술했던 종교적·철학적 행위들은 결코 이슬람교의 도래와 함께 종지부를 찍은 것은 아니었다. 생동적이고 상상력 풍부한 논쟁과 조심스러운 연구는 철학의 부단한 발전을 나타내고 있으며, 이런 연구와 논쟁은 무슬림 이념들에 의해서 실제로 영향을 받지 않았다. 인도의 사상을 엄밀히 역사적으로 설명하려면 12세기부터 19세기에 걸쳐 발생한 힌두교의 종교적 철학적 사상에 여러 권의 책이 필요할 것이다. 물론 이 발전들의 대부분을 위한 틀은 수세기 전에 만들어졌다.

요약

8세기 초엽 카심의 신드 정복 이후 1858년 영국 왕실 통치가 공식적으로 시행될 때까지 거의 1천 년 동안, 대부분의 아대륙은 무슬림 치하에 있었다. 무슬림들은 이슬람교에 뿌리를 두고 있는 거의 외래적 문명을 가지고 들어왔는데, 이슬람교라는 종교는 여러 방식으로 힌두교에 적대적이었다.

신앙이 이슬람교를 지배했고, 신앙의 정통파는 철학적 사변을 억제했다. 그 결과 인도 땅에서 실제로 어떤 이슬람 철학도 발전하지 못했다. 반면 종교적 사유는 두 개의 상당히 다른 종교적 길의 만남에서 많은 도전에 봉착했다. 수피들은 힌두교와 이슬람교의 만남에서 특히 영향력이 있었고 활발했다. 왜냐하면 그들은 정통적 신앙과 실천을 그 자체들을 위해서 유지하는 일보다 신과의 인격적이고 무매개적인 영적 관계를 발전시키는 일에 더욱 관심을 쏟았기 때문이다. 알라신에 대한 수피들의 실천과 비슈누·라마·크리슈나에 대한 신애의 실천 사이에 많은 공동 토대가 있다. 이런 점은 힌두교와 이슬람교를 결합할 수도 있는 보다 깊은 영적 기반을 추구하는 위대한 영적인 인물과 사상가에게 자극을 주었다.

카비르·나낙·다두는 종교들 사이의 일종의 초월적 통일성을 발견하려던 탁월한 중세 사상가들 중에 포함된다. 나낙의 경우 신의 본질적인 일치에 대한 그의 독창적이고 영감 있는 통찰로 느껴진 것에 부응하여 완전히 새로운 종교인 시크교가 출현했다. 다른 경우에 그런 통찰은 특정한 개인의 심정과 마음에서 또는 전체 종파의 삶에서 하나의 화해를 제공했으나 개별적 종교가 되지는 못했다.

그렇지만 전체로 보아 교류와 영향이 거의 없었음이 주목할 만하다. 두 위대한 문명은 근본적으로 다르고 매우 보수적이어서 그들 자신의 길로 나아갔고, 주로 그들 자신의 힌두적이거나 무슬림적인 독특한 이념과 태도를 유지하는 일에 관심이 있었다. 20세기 아대륙의 정치적 분리는 수세기 전에 이미 무슬림의 인도와 힌두교도의 인도 사이에 존재했던 종교적·문화적 차별로 예고되었다.

더 읽을거리

Aziz, Ahmad, *An Intellectual History of Islam in India. Islamic Surveys*, Edinburgh : Edinburgh University Press, 1969. 인도에서 이슬람 이념들이 가진 힘에 대한 훌륭한 역사서.

Chittick, William C., *The Sufi Path of Knowledge : Ibn al- Arabi's Metaphysics of Imagination*, Albany, N. Y.: State University of New York Press, 1989. 자아와 신의 지식을 위한 이븐 알 알라비의 추구를 검토해서 수피즘을 탐구한다.

_____, *Sufism : A Short Introduction*, Oxford and Boston : Oneworld Publications, 2000. 수피 이슬람에 대한 탁월한 입문서.

_____, *The Heart of Islamic Philosophy : The Quest for Self-knowledge in the Teachings of Afdal al-Din Kashani*, New York : Oxford University Press, 2001. 인도의 지도적 수피에 의한 탁월한 연구.

Cragg, Kenneth and R. Marston Speight, *The House of Islam*, 3rd ed., The Religious Life of Man Series, Belmont Calif. : Wadsworth Pub. Co., 1988. 이슬람 종교 입문서.

Eaton, Richard Maxwell, *Sufis of Bijapur, 1300~1700 : Social Roles of Sufis in Medieval India*, Princeton, N. J. : Princeton University Press, 1977. 비자푸르 사회에 토대를 둔 인도 수피즘에 대한 상세한 연구.

_____, *Essays on Islam and Indian History*, New Delhi and Oxford : Oxford University Press, 2000. 인도의 이슬람교에 대한 우수 논문 모음집.

_____, *India's Islamic Traditions, 711~1750*, Richard Maxwell

Eaton(ed.), Oxford in India Readings, New Delhi and New York : Oxford University Press, 2003. 인도 이슬람의 지도적 학자가 쓴 계몽적 논문 모음집.

Fakhry, Majid, *A History of Islamic Philosophy*, New York and London : Columbia University Press, 1970. 이슬람 철학에 대한 훌륭하고 표준이 되는 역사서.

Ikram, S. M., *Muslim Civilization in India*, New York : Columbia University Press, 1964. 하나의 고전이 된 이 책은 인도 이슬람의 모든 측면을 다루고 있다.

_____, *History of Muslim Civilization in India and Pakistan : A Political and Cultural History*, Lahore, Pakistan : Institute of Islamic Culture, 1993. 이슬람의 문화와 정치를 중점적으로 다루고 있다.

Islam, Riazul, *Sufism in South Asia : Impact on Fourteenth Century Muslim Society*, Karachi : Oxford University Press, 2002. 인도의 수피즘 형성기에 관한 상세 연구.

Mujeeb, M., *The Indian Muslims*, London : GeorgeAllen & Unwin, 1967. 이 책은 인도 이슬람교에 대한 포괄적 연구로 초기·중기·후기 무슬림 시대들을 다루고 있다.

Robinson, Francis, *Islam and Muslim History in South Asia*, New Delhi and New York : Oxford University Press, 2000. 무슬림 사회에 미친 이슬람의 영향력에 대한 연구.

Schimmel, Annemarie, *Islam in India and Pakistan*, Iconography of Religions, Leiden : Brill, 1982. 인도와 파키스탄의 이슬람 발전에 대한 훌륭한 역사와 바탕이 되는 이념들을 강조한다.

Smith, Wilfred Cantwell, *Modern Islam in India : A Social Analysis*, New York : AMS Press, 1974. 탁월한 종교학자의 고전적 저서.

제15장 **시크교도들의 신앙**

앞 장에서 언급된 힌두교와 이슬람교 간의 종교적 교류에서 가장 인상적 결과들 중에 하나가 시크교이다. 구루 나낙(Gurū Nānak, 1469~1539)에서 출발하는 시크교는 그것을 억압하려는 이슬람교도의 연합 세력을 견뎌냈을 뿐 아니라, 오늘날 약 2천5백만의 추종자를 가진 세계 종교로 발전하게 되었다. 대부분의 시크교도들이 인도에 거주한다. 하지만 시크 공동체들은 전 세계에 걸쳐 있으며 특히 오스트레일리아·동남아·아프리카·캐나다·영국·미국에 눈에 띄게 많다. 아마 미국과 캐나다에 2백만 정도의 시크교도가 거주하며, 1백만 정도가 영국에 거주하는 듯싶다. 미국에서 시크교는 바잔 요기(Harbhajan Singh Puri)를 통해서, 3HO로 널리 알려진 '건강하고 행복하며 거룩한 공회(Healthy, Happy, Holy Organization)'와 함께 상당히 널리 홍보되었다. 그의 노력을 통해서 수천 명의 미국인이 시크교로 개종했다.

이 장에서 우리는 시크교의 종교적이고 철학적인 사유에 주로 관심을 가질 것이다. 우리는 시크교의 신앙들을 간략하게 개요한 다음, 그 개조開祖인 구루 나낙의 삶과 가르침 그리고 그의 계승자들 안에서 발견되는 시크교의 토대를 검토할 것이다. 그런 다음, 우리는 구루 나낙의 비전을 형성했던 주요 종교적·철학적 영향을 재검토하고, 신·인간 본성·구원의 길에 대한 그의 사상에 초점을 맞출 것이다.

1. 기초적 비전

시크교의 길은 사랑을 통해서 내재하는 신의 인격을 깨달음으로써 신과의 합일을 통해서 구원을 찾으려는 것이다. 신과의 합일이 궁극적인 목표다. 신과 떨어진 인생은 아무 의미가 없다. 구루 나낙이 말하듯이, "신으로부터 떨어진 것은 얼마나 끔찍한 이별이며, 그와 하나됨은 얼마나 큰 지복의 합일인가!"[*]

신과의 이별은 일상의 인간 조건으로서 경험되는 고를 야기한다. 비록 신이 인간 존재와 세상을 지었다고 해도, 자기중심성에서 기인하는 인간의 도착과 자만은 이 세상이 갖고 있는 쾌락과 관심사에 대한 집착으로 이끌어간다. 시크교에 따르면, 이 집착은 우리들을 신에서 분리하고, 결과적으로 죽음과 재사再死라는 끝날 것 같지 않은 굴

---

[*] AG, 1 : McLeod, 148. AG, 1은 아디 그란트 1페이지를 의미한다. 별도의 언급이 없다면 아디 그란타로부터의 모든 인용은 맥레오드의 번역이며, W. H. 맥레오드의 『구루 나낙과 시크교(*Gurū Nānak and The Sikh Religion*)』(New York : Oxford University Press, 1968)에서 인용한 것이다. McLeod, 148은 이 책의 148페이지를 의미한다.

레를 포함해서 온갖 형태의 인간고를 초래한다.

만유를 창조한 것은 유일무이한, 형상 없고 영원하신 신이며, 모든 형상의 존재 안에 계심으로써 그것들을 지탱하는 분도 신이다. 우리는 신의 의지를 통해서 유지되고, 그는 은총으로 피조물을 통해서 자신을 우리에게 드러낸다. 구루 나낙에 따르면, 이 신의 계시는 우리의 분리에 대한 인식을 불러일으키고 그와의 사랑의 결합을 통해 구원을 가져올 수 있는 우리의 감응을 일으킨다.

신의 음성이 인간의 심정에서 들리고 심정이 감응할 때에만 구원은 가능해진다. 요가와 제의적 행위들이 아무 의미가 없듯이, 이미지들에 대한 숭배와 고행도 의미 없다. 오직 신의 인격(the Person of God)에 대한 사랑을 통해서만 합일의 지복은 성취된다. 신성한 구루로서 신은 경청하려는 사람에게 직접 그의 메시지를 전하신다. 아디 그란트(Ādi Granth) 또는 구루 그란트 사힙(Gurū Granth Sāhib)으로 불리는 성전에 기록된 대로, 구루 나낙과 다른 구루들의 메시지에서 최초의 구루인 신의 메시지가 들릴 것이다.

2. 구루 나낙과 시크교 공동체

위에서 개관한 대로 시크교의 본질적 이념들은 구루 나낙의 가르침 안에 있다. 그것이 5백 년 전에 그랬듯이, 오늘날도 계속 시크교의 기초가 된다. 그렇지만 이러한 기초적 이념들을 더 검토하기 전에, 구루 나낙 자신과 시크교 공동체의 기원에 대해서 말하는 것이 도움이 될 것이다.

1) 구루 나낙의 생애

구루 나낙의 생애에 대해서 믿을 만한 정보를 얻기는 어렵지만, 그는 탈완디(Talwandi)로 일컫는 촌락에 살고 있던 크샤트리야 계급의 힌두 가정에서 태어났던 것으로 보인다. 부친은 탈완디의 무슬림 소유자를 위한 세금 징수원이었으며 나낙에게 좋은 교육을 시킬 만큼 넉넉했다. 항상 사실에 근거해 있다고 말할 수는 없지만, 전통적 전기들에 따르면 나낙은 십대에 이미 힌두교에 불만을 품게 되었다고 한다. 그는 무슬림들이 매우 많이 모여 사는 지역에 살면서 힌두교에 대한 대안으로 이슬람교를 모색했으나 이것 역시 불만스러웠다. 이 전기들은 또한 종파나 종교적 신조에 관계없이, 그가 요가행자들과 거룩한 사람들을 만나서 말하고 싶어 하는 갈망을 강조한다.

나낙은 해탈이라는 개인적 경험 이후에 비로소 구하고 있었던 것을 찾았다. 그가 어느 날 강물에서 목욕하다가 행방불명되자 사람들은 그가 죽었다고 여겼다. 그가 돌아와, 신비롭게 마을에서 사라졌던 그 사흘 동안 신의 재판정에 갔다고 설명했다. 거기에서 그는 감로수(amrit) 한 잔을 받아 마셨으며, 다음과 같은 말을 들었다고 한다.

> 이것은 신의 이름을 흠모하는 잔이다. 그것을 마셔라. 나는 너와 함께 있다. 너를 축복하고 들어올린다. 누구든 너를 기억하는 자는 나의 은총을 향유하리라. 가라. 그리고 나의 이름으로 기뻐하고 다른 이도 그러도록 가르쳐라. 나는 너에게 내 이름의 선물을 주었다. 이것을 너의 소명으로 삼을지어다.[*]

---

[*] W. Owen Cole·Piara Singh Sambhi, 『시크교도들(*The Sikhs*)』, Boston :

신에 대한 이런 직접 경험은 힌두교나 이슬람교 중 어느 편이 진정한 종교로 주장될까 하는 문제를 해결해준 것 같았다. 전통에 따르면 해탈의 경험 이후 나낙의 최초의 말은 다음과 같았기 때문이다. "힌두교도도 없고 무슬림도 없다. 그렇다면 나는 누구의 길을 따라야 할까? 나는 신의 길을 따를 것이다. 신은 힌두교도도 무슬림도 아니고, 내가 따르는 길은 신의 길이다."**

이제 나낙은 자신의 심정 속의 깊은 고요에서 신의 말씀을 경청하고, 환희에 차 신의 찬양 노래를 부름으로써 신에 대한 명상으로 나아가게 되었다. 그의 영적 삶이 깊어지자, 그는 그의 경험과 훈련을 나누고 싶어 하는 점점 더 많은 신도들을 끌어들였다. 1521년 무렵 구루 나낙은 그의 가족을 카르타푸르(Kartapur)에 정착시켰으며, 시크교도만으로 이루어진 최초의 공동체를 수립했다. 그의 나머지 생애는 그와 그의 가르침에 대한 충성심을 기초로 해서 이루어졌던 공동체에 봉사하는 일에 바쳐졌다.

죽기 직전 구루 나낙은, 전에는 두르가 여신을 섬겼던 힌두교도이지만 이제는 비범하게 겸손하고 헌신적인 레흐나(Lehna)로 하여금 시크 공동체의 지도자로서 자신을 계승하도록 명령했다. 구루 나낙은 그를 구루 앙가드(Aṅgad, '나의 분신'이라는 의미)라는 이름으로 고쳐 부르고, 앙가드가 진실로 나낙 자신의 영과 존재를 가지고 있으며, 공동체를 지도할 자격이 있다고 선언했다. 그리하여 열 번째 구루인 구루

Routledge and Kegan Paul, 1978, p.10.

** Vī Singh(trans.), 『푸라탐 자남 사키(*Purātam Janam Sākhi*)』, Amritsar, 1959, p.16.

고빈드 싱(Guru Gobind Singh)에 이르기까지 구루 직분의 연속적 계승이 탄생했고, 이 열 번째 구루는 성전 자체를 구루로 봉했으므로, 시크 공동체의 지도자로서의 인간 구루의 전통을 종식시켰다.

2) 시크 공동체

집단 종교로서 시크교의 기원은 구루 나낙의 생애 중 마지막 20여 년 동안 그의 지혜의 말을 들으려 주변에 모여들었던 소규모의 추종자들에게서 발견된다. 그들은 그를 구루, 즉 영적 진리의 스승, 구원으로 이끄는 지혜를 그들의 마음에 깨우쳐줄 수 있는 분으로 받아들였다.

구루의 위치는 시크교에서 중심적이다. 그러나 우리는 인간적 구루와 신적 구루 사이를 조심스럽게 분별해야 한다. 추종자들은 나낙을 구루로서 받아들였다. 그가 신의 말씀에 목소리를 주고 있는 것으로 이해되었기 때문이다. 신만이 진실로 구루이다. 오직 그분만이 신성한 지혜의 계시들을 주시기 때문이다. 구루 나낙을 포함하여 시크 공동체의 수장으로 그를 계승했던 다른 아홉 구루들은, 신이 오로지 그들을 통해서 말씀하시므로 구루가 되었다. 그들을 구루로 만들었던 것은 그들이 표명하는 신의 메시지 때문이지, 그들의 인간됨 때문은 아니다. 이 메시지는 그들을 통해서 표현된 신의 진정한 메시지였다.

바로 이런 이유로, 제3대 구루인 아마르 다스(Amar Dās)는 성전의 일차 집성을 시도하면서, 그 자신의 찬가와 함께 구루 나낙과 구루 앙가드의 찬송뿐 아니라 신의 말씀을 전달하는 것으로 여겨지던 비시크교도의 찬송들도 포함시켰다. 그 집성이 신의 음성으로 여겨졌기 때문에, 이런 집성은 제5대 구루인 구루 아르잔(Gurū Arjan)의 부록과 그의 부친인 구루 람 다스(Ram Dās)의 찬가와 더불어 제1차적 성전, 즉 시크 공동체의 구루가 되었다. 처음에는 '최초의 집성' 또는 아디 그란트로 알려졌는데, 그것은 결국 구루 그란트 사힙(Gurū Granth Sāhib, 거룩한 지혜 집성)으로 일컬어졌다.

제10대로서 최후의 구루였던 구루 고빈드 싱은 생애의 마지막이 다가오자, 그의 죽음과 함께 인간 구루의 계열은 끝난다고 선언했다. 그때부터 성전 그 자체인 구루 그란트 사힙이 공동체의 구루가 될 것이었다. 그러나 신은 심정이 순수하고 그에게 헌신하는 자들에게 바로 말씀하시기 때문에, 구루 그란트 사힙은 시크 공동체 연합과 함께 중심적 위치를 공유한다. 그리하여 오늘날 시크교도들이 결정을 내리기 위해서 구루 그란트 사힙의 면전에서 회의를 할 때, 신성한 구루가 임재하신 것으로 간주되고, 그분은 구루 그란트 사힙뿐만 아니라 살아 있는 공동체를 통해서도 자신의 메시지를 준다.

성전과 통일 공동체를 구루로 임명하는 일은 시크교에서 중대한 발전을 의미한다. 하지만 초기 전통과의 극단적 단절은 없다. 신은 항상 진정한 구루로 인식되었고, 심정의 가장 내밀한 오저에서 들려진 신의 메시지는 계시된 참된 메시지로 항상 이해되었다.

구루 고빈드 싱은 보다 급진적 변화들을 도입했으며, 평화와 정의를 위해서 격렬하게 싸울 수 있는 강력한 세력으로 시크 공동체를 변화시켰다. 이 구루의 지도하에서(1675~1708), 시크 공동체는 인도의 무슬림 지도자였던 아우랑제브의 심한 공격을 받았다. 그 후 1757년에서 1769년 사이에, 아프가니스탄의 아흐마드 샤 압달리(Ahmad Shah Abdali)는 시크 '이교도들'에 대항하는 '성전'에서, 펀자브 지방에 적어도 9회 이상 침략을 감행했다. 이제 시크교가 살아남기 위해서 강대한 힘이 필요해졌음이 분명했다.

잘 알려진 얘기에 따르면, 구루 고빈드는 신년 첫날(1699.4.13)을 축하하기 위해서 모인 시크교도 집회에 연설했다고 한다. 그는 시세가 위태롭고 공동체에 대한 위험이 크다는 점을 강조했다. 약함은 강함과 단결로 대체되어야 한다. 구루에 대한 충성심은 어떤 사적인 고려보다 앞에 와야 했다. 그는 그의 진지함을 증명하기 위해서 칼을 뽑아 들고, 내적 확신과 충성심의 증거로 사람들로 하여금 앞으로 나와 그들의 목을 바치라고 요구했다. 칼을 치켜들고 그는 그들의 접근을 기다렸다. 첫 순간에는 아무도 나오지 않았다. 그러다가 공포의 순간을 깨고 한 시크교도가 앞으로 걸어 나와 구루의 막사 안으로 인도되어 갔다. 구루가 혼자 막사 바깥으로 나왔을 때 그의 칼은 피로 물들어 있었다. 용감한 사람 넷이 다시 앞으로 나왔고 막사 안으로 인도되어 들어갔다. 숨죽이고 있던 군중은 두 번째에도 구루 홀로 피가 뚝뚝 떨어지는 칼을 들고 나오기를 기다렸다. 그러나 놀랍게도 그는 다섯 시크교도 모두와 함께 나타났다. 넥타(amrit)를 양날 달린 칼에 발라, 그는 보통 '친애하는 오형제'로 불리는 이들에게 청정 교단(Khālsā)으로 들어오게 하는 입문식을 거행했다.

최초의 다섯 입문자들이 구루 고빈드 자신을 청정 교단으로 받아들이는 입문식 이후, 구루 고빈드는 모든 시크교도를 위한 훈련의 칙령을 선포했다. 흡연, 무슬림의 제식에 따라서 살해된 짐승들의 고기 먹기, 그리고 무슬림과의 성관계가 금지되었다. 더욱이 이제부터 청정 교단에 대한 그들의 충성심의 징표로, 모든 사람은 다섯 개의 K를 걸치도록 했다. ①깎지 않은 머리(keś), ②빗(kangha), ③칼 또는 단

검(kirpan), ④손목 보호대(kara), ⑤짧은 바지(kach)가 그것들이다.

청정 교단에 입단한 남자들은 모두 싱(또는 싱하: 사자)이라는 이름을, 여인은 카우르(공주)라는 이름을 얻었다. 그날 수천의 남녀가 입문식을 거행했다. 그날 이래 칼샤로의 입문식과 금령들의 인정, 그리고 다섯 K는 시크교의 핵심적 부분이 되었다. 시크교도의 공동체는 모든 카스트의 남녀에게 언제나 열려 있었다. 그런데 구루 고빈드가 크샤트리야와 함께 수드라 남녀들의 입단식을 공식적으로 거행한 일은 시크교도 내부에서 카스트나 성별상의 평등을 제도화한 사건이었다는 점도 언급되어야겠다.

3. 구루 나낙의 사상에 미친 전통의 영향

우리는 구루 나낙의 사상을 다루기 전에 그에게 영향을 미쳤던 이념들에 대해서 말해둘 필요가 있다. 그의 독창성과 시크교의 고유성을 어떤 식으로든 논박하지 않으면서도, 초기의 전통들이 그의 사상에 상당한 영향을 미쳤다는 점이 강조되어야만 한다. 남데브와 카비르가 속했던 힌두 산트(Hindu Sant) 전통은 특히 영향력이 있었고, 이슬람교 수피 전통은 아마도 구루 나낙에게 어떠한 직접적인 영향을 미쳤을 뿐만 아니라 산트 전통 자체에도 영향을 미쳤을 것이다.

구루 나낙이 태어났던 탈완디라는 자그마한 푼자비 촌락은 라호르에서 서쪽으로 55마일 정도 떨어진 곳에 위치했다. 이 지역은 비록 그 당시 주로 힌두교도가 지배했다고 해도, 무슬림의 영향력이 상당했던 곳이다. 비슈누 신의 매우 대중적인 두 현현인 라마와 크리슈나

신에 대한 힌두교의 숭배가 지배하고 있었으나 탄트라 수행의 영향도 감지된 곳이었다.

수백 년 동안 이 지역에서 대중적이었던 불교의 탄트라적 수행들이 힌두교도의 수행에, 특히 시바의 숭배자들에게 점차 영향을 주었다. 이 지역 시바의 추종자들은 시바를 위대한 요가행자로서 숭배했으며, 궁극자와의 합일을 획득하기 위해서 그가 보인 요가의 길을 따라갔다.

산트(Sants)

그렇지만 구루 나낙이 직접 계승했던 전통은 산트 전통이었다. '산트'는 '거룩한 사람'을 의미한다. 산트 전통이라 함은 宗敎적 구도사들 사이에 존재하는 약간 느슨하지만 역사적으로 지속된 연맹을 의미한다. 이들은 비록 하나의 연합체가 아니지만 지고의 무형상의 신에 대한 그들의 신앙 안에서 연대했다. 이런 점이 그의 화신인 크리슈나나 라마 등의 신의 형상을 숭배하는 대다수의 힌두교도들로부터 그들을 구별했다.

산트가 청정하고 거룩한 삶을 살아갈 것과 감각의 통제를 강조한 것은, 탄트라 요가행자로부터 자신을 구별해내는 것이었다. 탄트라 요가행자는 육식·술·섹스의 제식적 활용을 포함해 감각과 육신이 지니고 있는 전 범위의 가능성을 완전히 활용할 것을 주장한다.

산트는 개별적 분파를 구성하지는 않았으나, 이를테면 카비르와 같은 개인적 산트는 추종자들을 가졌다. 실상 카비르 분파는 오늘날까지도 남아 있다. 산트 전통을 구성하는 단체는 최고 실재로서의 무형상의 신에 대한 공동의 신애를 인정하고, 이런 지고의 실재를 실현하기 위해서 감각과 마음을 통제할 필요성을 인정함으로써 유지되었다. 신의 이름을 묵상하는 길이 신의 존재를 경험하는 길이라고 그들은 말한다. 이 경험 안에서 신과의 합일이 실현된다. 이 합일은 자아와 신, 사람과 사람 사이에 존재하는 일상적인 의미의 이중성을 해소한다. 완전성에 대한 산트들의 경험에서는 카스트의 차별도 무슨 상像에 대한 숭배도 아무 의미도 갖지 못하므로, 그들은 이 둘 모두를 거부했다.

산트들의 강력한 공동체 의식은 종교적 경험을 시와 노래에 표현하여 다른 사람들이 그들의 비전과 환희를 나눌 수 있도록 그들을 격려했다. 그들은 범어를 모르는 저급한 카스트의 남녀들이 배우고 영감을 얻을 수 있도록 속어를 사용했다. 대부분의 종교 분파와는 달리, 그들의 가르침은 카스트나 성별과는 관계없이 모든 사람에게 개방되었다. 그들은 자신들을 구루로 여기지 않았으며, 그들 자신의 인간 구루도 주장하지 않았다. 신이 유일한 구루이며, 신은 자신의 피조물을 통해서 신 자신의 진리를 전달한다고 그들은 말했다.

구루 나낙은 산트들로부터, 그리고 그 산트들을 통해서 산트의 전통 자체를 형성하기 위해 조합된 주요 아이디어들로부터 영향을 받았음이 분명하다. 산트 전통은 7세기에서 9세기까지의 인도를 휩쓸었던 신애 사상에 깊이 뿌리를 내리고 있다. 이 신애 사상은 자신이 선택한 신에게, 예컨대 크리슈나에게 바쳐진 주로 사랑의 순종 안에서 그 자체를 표현했다. 이와 같은 사랑에 찬 순종의 신애 사상은 초기의 힌두 신애 사상 전통에 굳건하게 뿌리를 내리고 있다. 하지만 이러한 신애 사상은 무슬림의 영향에 의해서, 특히 경건하고 독실한 수피들에 의해서 아마 강화되었을 것이다. 예를 들면 12~13세기 세 사람의 수피, 새크 이스마일 보카리(Shaikh Ismail Bokhari), 다타 간즈 박쉬(Data Ganj Baksh), 새크 파리드(Shaikh Farid)는 거룩함에 있어서의 개인적 귀감을 통해서, 유일한 참된 신으로 가는 신애의 길에 대한 가르침을 통해서, 라호르 인근 지역에 있는 많은 힌두교도를 이슬람교로 개종시켰다. 새크 파리드에 대한 시크의 존경이 너무나 커, 그가 지은 찬가들 중 1백16개나 아디 그란트에 포함되었다.

유일한 참된 신에 대한 무슬림의 강조는, 궁극 실재가 갖는 무성질의 본성(니르구나 브라만)에 대한 초기 힌두교의 강조를 강화했을 것이다. 어떤 경우든 산트 전통은 크리슈나와 라마 그리고 신의 다른 현현들이 진정으로 신이라는 생각을 거부했다. 그들은 일자를, 참되고 형상 없는 신을 강조했고, 그에 대한 신애만이 구원을 가져올 수 있다고 역설했다.

산트들은 나트(Nāth) 요가행자들의 분파로부터도 영향을 받았는데, 이러한 요가행자들은 시바에 대한 숭배를 요가행과 고행에 결합시켰다. 'nāth'라는 용어는 '주인'을 의미하고, 나트들은 자신들을 최초의 스승, 위대한 요가행자인 시바의 추종자로 간주한다. 그들은 모든 성전, 제의, 의례가 무용하다고 생각했다. 요가가 구원을 얻기 위한 유일한 수단이기 때문이다. 그들은 카스트 차별, 부정不淨 타부 등 힌두교의 도덕적 규범을 구원과 상관없는 것으로 거부했다.

2) 영향력 있는 산트들

구루 나낙에게 상당한 인상을 주었다고 생각되는 산트들 중에 적어도 세 사람은 언급해야 한다. 랄라(Lallā)는 캐슈미르의 시바 숭배자인데 14세기 초에 살았다. 그녀는 찬가에서 이름도 없고 형상도 없고 색깔도 없고 혈통도 없는 지고의 존재가 있음을 강조했다. 이러한 궁극적 일자가 이미 심정 안에 거주한다는 자각을 통해서 신과의 합일이 가능하다고 그녀는 말한다. 그녀는 신만이 진실로 구루라는 진리를 입증하며 어떤 인간 구루도 주장하지 않았다.

남데브(Nāmdev, 1270~1350)는 비슈누 신을 섬기는 마하라슈트라 출신의 성자로서, 신이 유일하고 진정한 구루라는 점을 거듭 강조했다. 그의 찬가들 중 많은 것은 진정한 구루의 위대성을 찬미한다.

카비르(Kabīr)는 영향력이 매우 컸으므로 그의 찬가 중 5백 개 이상이 구루 그란트 사힙에 포함되었다. 그의 연대는 정확히 알려져 있지는 않지만, 1440년에서 1518년 사이에 살았을 것이다. 우리가 논의해 왔던 몇몇 영향들은 카비르와 직접 관련이 있었던 것 같다. 그는 아마도 그 당시 아주 최근에 이슬람교로 개종했던 나트(Nāth) 가문에 속했던 같다. 카비르 자신이 이슬람교로부터 독립하는 데서 알 수 있듯이 다소 피상적이긴 하지만 말이다.

카비르 작품에서 수피의 영향을 지적할 수 있고, 가슴 저린 신애에 대한 그의 강조가 강력한 신애 사상적 영향을 암시한다. 하지만 그의 작품에서 확인되는 가장 강력한 영향은 아마 나트들이 강조했던 요가였을 것이다. 신으로 향하는 길로서의 사랑에 대한 카비르의 강조에는, 힌두교도의 신애 사상과 수피의 신비주의의 종합이 보인다. 제의와 의례, 성전들과 카스트에 대한 거부에서, 그리고 훈련에 대한 강조에서 나트의 영향이 보인다. 카비르는 신이 진정한 구루라는 것을 반복해서 노래를 불렀다. 신, 일자, 영원하고 형상 없는 자는 유일신이다.

구루 나낙이 카비르의 제자가 된 적이 있거나, 카비르를 만났다고 믿을 만한 이유는 전혀 없다. 그렇지만 초기 이념들의 커다란 영향이 카비르 안에 구현된 산트 전통을 거쳐 구루 나낙에게 내려왔던 점은 분명하다. 시크교도들은 신에 대한 구루 나낙의 개인적 경험이 갖는 중요성과 그의 깨달음의 순정성을 역설한다. 그러면서도 그들은 이러한 경험의 수용과, 그의 가르침 안에 드러난 경험의 표현들이 모두 산트 전통에 의해서 형성되었다는 점을 인정한다.

구루 나낙에 미친 무슬림의 영향이라는 문제로 돌아가면, 시크교가 본질적으로 무슬림과 힌두 이념들의 혼합물이라는 통상적 가정은 아마 거부되어야 할 것이다. 많은 서양 학자들은 구루 나낙의 사상이 이슬람교에, 특히 수피의 이슬람교에 신세진 바가 매우 클 것이라고 시사했다. 하지만 맥레오드는 설득력 있게 이것은 사실이 아님을 논한다. 그의 결론은 "따라서 구루 나낙의 사상에 미친 무슬림의 영향은 상대적으로 경미한 것으로 간주되어야 한다"는 것이다.[*]

물론 산트 전통이 이슬람교로부터 영향을 받은 정도만큼, 이 영향은 구루 나낙에 의해서도 감지된다. 그리고 구루 나낙이 성장하면서 신으로 가는 길을 추구하고 있을 때, 펀자브 지방에 살고 있었던 무슬림들은 구루 나낙에게 일정한 영향을 미쳤을 것임은 틀림없을 것이다.

---

[*] McLeod, 160.

4. 구루 나낙의 가르침들

전통의 영향과 신에 대한 개인적 경험의 고취, 이 양자 모두를 인정한다면 구루 나낙의 비전이 가진 본질적 면모들은 무엇인가? 이 장의 시작에서 시크교의 비전에 대한 간략한 설명에서 보여주고 있듯이, 핵심 개념은 신의 개념이다. 엄밀히 말해 신은 무형상이므로 어떤 개념도 불가능하다. 신은 관념을 통해서는 알 수 없다. 오직 인간의 심성 안에서 신 존재의 직접적 계시를 통해서만 신은 알려질 수 있다. 우리의 자아는 신의 은총과 인간적 노력을 통해서, 사랑을 거쳐 신과 결합할 수 있다. 하지만 이 합일은 궁극적으로 사유나 말로서는 표현 불가능하다. 궁극자의 표현 불가능성에도 불구하고 구루 나낙이 신을 유일한 실재·일자·유일자로 생각했으며, 가끔 말하듯이 '유일무의'의 존재로 생각했음은 분명하다. 구루 나낙은 신을 사랑과 흠모를 통해서 인격적 존재로 경험했음도 분명하다.

이 존재 전체는 신의 피조물이다. 다른 말로 하자면 신 자신의 현현에 불과하다. 만물이 신 안에 거하며 그는 만물 안에 계신다. 신의 통일성과 초월성에 대한 구루 나낙의 강조가 가끔 그의 신을 궁극적 일원론의 원리인 브라만과 같은 것으로 들리게 한다. 그러나 이것은 오해의 소지가 있다. 구루 나낙의 신은 인격신이기 때문이다. 그가 경험한 바에 따르면, 신은 사랑을 통해서 경험될 수 있는 존재로서, 피조물에 대한 그의 사랑을 통해서 인간의 심정으로 들어오는 지고의 존재다.

술탄푸르(Sultanpur)에서의 깨달음의 경험 이후 최초의 시적 표현으로 주장되는 아디 그란트의 근본적 진언(mantra)은, 구루 나낙의 신에 대한 경험을 다음과 같이 들려준다.

> 유일신만 존재하시네
> 영원의 진리가 그의 이름이시네
> 만물의 창조자시며 만물에 편재하는 영혼이시네
> 공포도 없고 증오도 없으시며
> 무시간이고 무형상이시네
> 생사를 넘어
> 스스로 해탈하셨네
> 구루의 은총으로 그는 알려지시네*

유일신에 대한 신앙이 너무나 중요하므로 '유일신이 존재하신다(Ek Oankar)'라는 상징은, 아디 그란트의 덮개 위에 항시 발견된다. 신이 하나(Ek)라는 점, 신 이외에는 아무 것도 존재하지 않는다는 점은 시크교도들 사이에서 만장일치를 얻어냈다. 힌두 철학의 여섯 정통 철학에 대해서 말하며 구루 나낙은 비록 실재에 대한 여섯 가지 비전들, 여섯 명의 해탈한 스승들, 가르침의 여섯 유형들이 있다고 해도, 이 구루들의 구루는 한 분이라고 선언했다. 그런데 그분의 현현이 많은 것이다. 그러나 신의 유일성은 완전히 구별되지 않은 단일 실재가 아니다. 구루 나낙이 말하는 신의 통일성은 인격적인 것이며 우리의 가장 심오한 존재를 통해 우리에게 말씀하신다.

---

* AG, 1 Cole과 Sambhi를 따른다. W. Owen Cole·Piara Singh Sambhi, 『시크교도들』, Boston : Routledge and Kegan Paul, 1978, p.69.

아디 그란트를 읽는 시크 모임(출처: 피어슨 교육 PH대학)

시크교는 신과의 이별을 인간 고통의 정초를 이루고 있는 주된 결점으로 간주하고 있으므로, 신 안에서의 만유의 통일성을 강조한다. 무지 때문에 신과 세상은 분리된 실재들로 보인다. 이런 일이 하나의 참된 실재로부터 우리의 주의를 분산시키며, 일종의 거짓되거나 분리된 존재를 살도록 강요한다. 그러나 세상의 실재가 부인되어야 함을 의미하는 것은 아니다. 절대로 그렇지 않다. 나낙의 신비적 비전 안에서 세상은 참이다. 그러나 신의 창조물로서 세상은 그로부터 분리된 것은 아니다. 관건은 신의 통일성이 세상을 포함한다는 것이다. 다른 관점에서 보면, 세상은 신으로부터 분리되어 그 자체의 권리로 존재하는 것이 아니라 신 존재의 일부로서 보아야 할 것이다. 이 관점은 시크교가 인도 종교들 중에서 '가장 유물론적인' 것이라는 느낌을 설명해준다. 물질적 세상이 존재의 신적 통일성의 일부로 포용되고 있기 때문이다. 거부된 것은 세상이 아니라 세상이 신에게서 분리된 것뿐이다. 이것이 신의 통일성의 궁극적 의미이다.

이 피조물은 절대로 거짓이 아니라 신의 현현이며, 신 자신의 존재에 대한 계시를 인간에게 제공한다. 그렇지만 인간의 관점에서 보아서 세상이 신 존재의 전체로 오인되어서는 안 된다. 세상은 신성한 것이다. 그것은 신 자신의 존재를 표현한 것이기 때문이다. 그러나 세상이 신의 존재를 전부 드러내는 것은 아니다. 그분의 초월성은 내재성만큼이나 시크들에게 중요하다. 참으로 신에 속하는 통일성의 본질은 모든 사유와 표현을 넘어선다. 신의 은총을 통해서 신에 대한 신애의 길을 따르고 그의 메시지를 들음으로써 이 통일은 인간의 심정 안에 바로 실현될 수 있다.

맥레오드는 신에 대한 시크교도의 이해를 다음과 같이 요약한다.

> 신의 궁극적 요체는 모든 인간적 범주를 넘어서며, 인간적 표현의 모든 힘들을 훨씬 능가한다. 오직 경험에서만 그는 진실로 알려질 수 있다. 인간은 이런 신비적 경험에 인간적 표현을 부여하기를 참으로 추구해야 한다. 구루 나낙의 저작들은 바로 이런 목표를 겨냥했다. 그러나 인간적 표현은 궁극 실재의 편린만을 전달할 수 있을 뿐이다.(McLeod, 165)

신의 통일 안에는 다수의 세상뿐 아니라 다수의 힌두교 신들까지도 포함된다. 구루 나낙은 신을 여러 이름으로 가리킨다. 신은 하리, 비슈누, 시바, 라마 또는 알라이다. 이 모든 신은 단순히 지고자의 현현으로 간주된다. 그들은 그의 현현이며, 이 세상조차 그의 현현이다.

그분, 일자는, 그 자신이 브라마이고, 비슈누이며 시바이시다.
그리고 그 자신이 만사를 행하신다.

— AG, 908 : McLeod, 165

무성질의 궁극 실재(니르구나 브라만)와 성질을 지닌 궁극 실재(사구나 브라만) 사이를 구별하는 전통적 언어를 빌려보면, 신은 자기 자신 안에서는 니르구나(nirguṇa)이지만, 인간들이 신 자신을 알고 신과의 합일을 실현할 수 있도록 신의 의지로 사구나(saguṇa)가 되신 것이다. 구루 나낙이 말하듯이,

그의 절대적 상태로부터 그분, 순수 일자는 현현하셨다. 니르구나에서 그는 사구나가 되셨다.   — AG, 940 : McLeod, 167

이 세상 전체는 신의 창조물이다. 그러나 창조로서 세상과 신의 관계가 끝나는 것은 아니었다. 왜냐하면 이 세상을 낳았으므로 그분은 지금 그것을 돌보시고 끊임없이 지켜보고 계시기 때문이다. 우리의 시선을 끄는 한 구절이 신 존재의 이런 면을 보여준다.

참된 창조자시여, 참된 유지자시여, 참된 일자로 알려져 있나이다! 스스로 존재하시고, 참되시고, 불가설이고 불가량의 분이시여! 맷돌의 아래 윗돌 모두(하늘과 땅)를 결합하시고, 그는 그들을 나누셨다. 구루 없이는 칠흑만 있을 뿐이다. 그는 해와 달을 만드시고 주야로 그들의 길을 지도하신다.

— AG, 580 : McLeod, 169

다양한 신들에게 맡겨졌던 전통적 기능들인 창조·유지·파괴 모두가 신에게 맡겨졌다. 그러나 그의 초월성이 강조된다. 신은 불가생不可生이고 영원자이다. 그와의 합일을 통해서만 불멸과 완벽한 지복이 발견된다.

구루 나낙은 지복과 불멸을 발견하기 위해서, 신에 대한 사랑을 지지하고 세상에 대한 집착과 사랑을 반드시 포기해야 한다고 말한다. 우리의 사랑을 이 세상에서 신에게로 옮김으로써만, 끝없는 지복을 가져오는 신과의 영원한 인격적 관계가 성취될 수 있다. 그리고 이런 옮김이 이뤄질 때, 세상 자체는 신의 사랑의 품에 포옹된다. 신의 사랑이 왜 구루 나낙에게 구원의 참된 길인가를 알기 위해서, 우리는 인간성에 대한 시크교도의 개념을 검토해야만 한다.

5. 인간의 본성

신의 피조물인 인간이 왜 신으로부터 분리되어야 하는가? 이것이 시크교의 중심적인 신학적 문제이다. 해답은 자기중심성에서 생겨 나오는 인간의 도착과 오만에 있다. 자기중심성은 분리된 자신의 존재를 궁극 실재로 여기고 있다.

인간은 왜 이런가? 시크교의 대답은 자아의 이론, 보다 자세하게는 만(man), 즉 혼으로 일컬어지는 것에 대한 이론과 결부되어 있다. 혼은 보통의 의미에서 의식의 기관인 마음 이상의 어떤 것이며, 아트만이라는 전통적 개념 이하의 어떤 것이다. 혼은 의식·자기 이미지·감각·의지인데 이것들은 함께 작동하여 세상에서 생각하고 행동할 수 있는 개인적 존재의 느낌을 창조한다. 도덕이나 죄악성을 결정하는 것이 혼이며, 진리와 허위를 깨닫는 것도 혼이다. 명상의 수단도 혼이다. 혼은 또한 인간적 사랑의 원천이며 신의 사랑을 수용하는 그릇이다.

그러나 혼은 다른 사람들과 세상의 영향들을 초월하고 신의 사랑과 존재의 단계까지 상승할 수 있다는 의미에서, 세상과 사회로부터 독립되어 있다. 어떤 의미로 혼은 육신에서도 독립되어 있다. 죽음에서 살아남고 신과의 영원한 합일을 만끽하는 것도 혼이기 때문이다. 맥레오드가 지적한 대로, 혼(man)은 "마음의 기능, 심정의 정서, 혼의 성질을 묶어준다." 그는 계속해서 다음과 같이 말한다. "만(man)은 마음이고, 심정이며, 혼이다. 그것은 그것으로써 사람이 생각하고 결정하고 느끼는 기능이며, 모든 인간적 선악의 원천이며, 육신에서 반드시 해방되어 신의 존재 안으로 합일해야 하는 하나의 불가멸의 속성이다."(McLeod, 180)

혼은 선만 아니라 악도 행할 수 있고, 사랑만 아니라 증오도 행할 수 있기 때문에, 구원받기 위해서는 정화되고 변화되어야만 하는 것이 혼이다. 오만하고 이기적인 인간의 혼은 신으로부터 분리되고 심지어 신에게 반대하는 것으로 여겨진 세상에 집착한다. 그렇지만 죄성罪性과 이별을 낳는 것이 혼이 가진 고유의 본성은 아니다. 이것을 자행하는 것은 순수하지 못하고 제어되지 못한 혼일 따름이다. 그 자신의 본성 안에 혼은 신을 실현할 능력을 가진다. 혼은 모든 보배 중 가장 위대한 보배이다. 놀라운 보배처럼 그 광휘를 실현하기 위해서 그것은 닦여지고 연마되어야 할 필요가 있다.

1) 자기중심성

혼의 주요 결점은 자기중심성이다. 오만과 도착은 자기중심성(hau-mai)의 결과로 보인다. 죄라는 개념이 기독교에서 담당하는 기능을, 시크교에서는 자기중심성의 개념이 담당한다. 인간 본성에 죄나 자기중심성에로의 경향성이 존재한다. 그렇지만 죄도 자기중심성도 불가피한 것은 아니다. 그런데 자기중심성은 인간을 신으로부터 분리하는, 인간 고통의 궁극적 원인이다. 자기중심적 인물은 신의 사랑이 아니라 자기 사랑으로 가득차 있다. 자기 사랑과 자기 의지로 가득찬 사람은 신의 말씀을 듣지 않고 자기에 망집한다.

자기중심성이 지배하는 자아는 사악한 격정으로 움직인다. 아디 그란트는 그런 사람을 다음과 같이 기술한다.

> 그가 그의 땅을 추수할 때 낮과 밤은 두 개의 계절이다. 육욕과 분노는 그의 두 필지의 밭이다. 그는 그것들에 탐욕으로 물주며, 그것들 안에 거짓의 씨앗을 심고, 세속적 충동인 그의 농부가 그것들을 경작한다. 그의 (사악한) 생각들은 그의 쟁기요, 사악은 그가 거두는 추수다.
>
> — AG, 955 : McLeod, 184

육욕·탐욕·분노·집착·오만이 자기중심적인 사람을 지배하며, 그가 신의 음성을 듣는 것을 불가능하게 만든다. 죽음의 신인 야마는 이러한 사악한 충동을 이용하여 자기중심성을 극복하고 자기 자신을 신 중심의 사람으로 바꾸는 데 실패한 사람들의 혼을 야마 자신을 위해 함정에 빠뜨린다.

2) 세상

자기중심적 인간에게는 세상의 매력 있는 것들이 유혹이 되며, 그것들이 궁극적으로는 거짓과 기만의 삶 안에 자아를 가둔다. 그 자아가 신과 분리되어 있기 때문이다. 세상을 위해서 신을 버린 사람은 진리를 증오하는 자라고 묘사될 수밖에 없다. 신에 비하면 세상은 진실이 아니기 때문이다. 부·섹스·권력·가족·지위·명예·안락과 음식, 이 모든 것은 세상에서 유혹적이고 매력 있는 것들로 자기중심적 사람을 그것들의 덫 안에 붙잡아 가둔다.

문제는 세상이 아니라 세상에 대한 인간의 반응이다. 만일 세상이 신의 창조로 인정되고 신 실현의 수단으로 간주된다면, 그것은 아름다운 보석과 같다. 그러나 세상이 신과 분리된 어떤 것으로, 자기중심적 인간의 목적을 이루기 위해서 그 자체로 존재한다고 오인될 때, 그것은 사기와 비진실이 된다. 세상은 자기중심적 사람에게는 고통과 죽음의 근원이며, 신 중심적 사람에게는 환희와 영생의 근원이다.

자기중심적 사람에게 퍼부어진 저주는 신으로부터의 이별이다. 이 이별은 사람에게서 완전성을 빼앗고 영생을 박탈한다. 신으로부터 분리된 사람에게는 공포·불안·동요가 있을 따름이다. 그리고 야마는 도망갈 수 없는 그물을 치고 신을 떠나 이 세상을 헤매고 있는 사람을 기다린다.

6. 신의 실현

외부 사물에 대한 집착을 통해서 자기만족을 추구하는 사람에게는 오직 고와 죽음뿐이다. 그러나 자기 심정 안에 있는 빛을 향해 내부로 들어가게 되면, 혼은 신을 발견하고 환희와 영생으로 가는 길을 볼 수 있다. 신은 모든 창조된 존재들의 심정 안에 거하신다. 만일 그들이 그의 음성을 듣고 그의 사랑에 반응하기만 하면, 그와의 합일에서 죄 사함을 얻는다.

심정을 통해서 우리에게 말씀하시는 신에 대한 교리는 시크교에게 극히 중대하다. 그것이 구원으로 가는 열쇠이기 때문이다. 어떻게 신이 이런 일을 하실까? 신은 어떻게 인간과 교통하시는가?

신성한 말씀·구루·신의 이름·신의 규범·진리·은총은 인간에 대한 신의 교통의 본성, 내용, 방법을 지시하는 주요 개념들이다. 신의 메시지가 인정되고 수용되고 따를 수 있도록, 인간이 어떻게 신의 메시지를 이용할 수 있게 되는지를 이해하려면 우리는 이 개념들을 각각 검토할 필요가 있다.

말씀

말씀(śabad)은 피조물을 통해서 진동하는 신의 음성이다. 그것은 신의 메시지이다. 이 음성을 명상함으로써 그와의 합일이 성취될 수 있다. 인간 심정의 가장 내밀한 오저에 울리고 있는 것은 신 자신의 존재의 계시이기 때문이다. 이 계시를 듣고 그것에 대한 감응이 있으면 자기중심성은 파괴된다. 말씀은 신의 구원의 메시지 전달 수단이기 때문이다.

신의 말씀은 이중적 기능을 가지고 있다. 첫째, 그것은 신이 알려지는 수단이다. 둘째, 그것은 신과의 합일로 나아가는 길을 드러내고 있다. 그것은 따라서 구원의 본질적 수단이다. 맥레오드는 시크교에서의 말씀의 역할을 다음과 같이 요약한다. "말씀을 묵상하고, 말씀의 명령에 전적으로 순응함으로써 만(자아)이 제어될 수 있게 되고, 자기 중심성은 버려지고, 개인은 신에게 점차로 가까이 가면서 성장하게 되고, 마침내 궁극적으로는 신과의 닮음 안에서 완전하게 되며, 죽음과 윤회의 사슬을 초월하는 합일의 상태로 들어간다."(p.193) 구루 나낙이 자신에게 상기시킨 대로, "나낙아, 주이며 참된 창조자는 말씀의 수단을 통해서 알려지신다!"(AG, 688 : McLeod, 193)

말씀은 단일의 소리나 표현이 아니라 신이나 신에게로 나아가는 길을 드러내는 일체이다. 그것은 참된 모든 것, 신의 본성을 표현하는 모든 것, 그를 얻기 위한 수단을 드러내는 일체를 포함한다. 신의 말씀은 개인적인 신비 체험을 통해서가 아니라, 모든 창조를 통해서 우주를 지배하는 신의 법칙을 통해서 말씀하신다.

사람이 어떻게 신의 말씀을 들을 수 있는가? 신이 그의 메시지를 인간의 심정 안으로 처음 들어갈 수 있게 하는 것은 그의 은총이나 호의이다. 그런데 이런 최초의 호의가 주어졌다면, 듣고 반응할 수 있는 충분한 능력이, 적어도 신에 대한 갈망을 느낄 정도만큼은 모든 사람의 이해 안에 현존한다고 시크교도는 말한다.

신의 이름

앞서 살핀 대로 신의 말씀은 그의 존재의 계시다. 신의 이름은 그의 인격적 존재, 인간이 알 수 있고 사랑할 수 있는 신의 차원을 지칭하는 것이다. 신의 이름은 신에게 부가된 어떤 자의적 타이틀이 아니라 신의 존재 그 자체이다. 구루 나낙의 가르침에 따르면, 우리는 신의 이름에 집중함으로써 신의 인격적 차원으로 들어가게 되고, 신의 사랑을 우리에게, 우리의 사랑을 그에게 전달할 수 있는 인격적 관계를 만든다.

신의 이름은 두 가지 방식으로 사용된다. 그것은 신의 존재를 지칭하는 것이고, 피조물과 교통하는 신의 수단들을 지칭한다. 그러나 이러한 용법은 서로 관련되어 있는데, 모든 피조물이 신의 말씀과 함께 울려 퍼지듯이 모든 피조물은 신 존재의 표현이기 때문이다. 성전이 말하듯이 "그가 무엇을 지었다고 해도, 그것은 그의 이름의 표현이다. 그 이름의 표현이 아닌 피조물은 하나도 없다."(AG, 4 : McLeod, 196)

이것은 "어디서 나는 신의 말씀을 찾아야 하는가?"라는 질문에 대해서 "어디서든지"라는 대답을 우리에게 준다. 우리는 주변을 둘러보기만 하면 된다. 그는 자신이 창조했던 일체 안에 현존하시고 그것을 통해서 말씀하신다. 그는 우리 자신의 자아처럼 가깝다. 자아를 요해 了解하라. 그러면 신이 들리리라.

맥레오드는 신의 이름의 역할을 요약한다. "그 이름은 모든 존재 전체이신 신의 총체적 표현이다. 이것이 진리이다. Sati Nām−그의 이름이 진리이다. 이것에 대해 묵상하라. 그러면 그대는 구원받으리라."(AG, 4 : McLeod, 196)

구루

'구루'의 의미에 대한 이해는 시크교를 이해하는 데에 본질적이다. 시크교는 구루를 추종하는 사람들의 종교이기 때문이다. 신은 최초의 구루이며, 나낙은 최초의 시크교의 구루이다. 그리고 시크교의 진수 자체에 해당하는 성전들은 구루 그란트 사힙으로 보통 지칭된다.

'구루'란 무엇을 뜻하는가? 나낙과 아홉 사람의 다른 구루들에 관련지어 본다면, 그것은 구원을 가져다주는 진리를 밝히는 자를 의미한다. 10명의 구루들은 그들 자신의 완벽함을 통해서 신의 말씀의 내적 진리를 밝힐 수 있고, 그들 자신의 삶에서 신의 진리를 예시할 수 있는 사람들이었다. 구루 고빈드 싱의 죽음 이후에, 시크 공동체는 구루들의 결합된 인격이 성전과 시크 공동체에 통합되어 가는 것으로 보았다.

그러나 이 구루들의 계시와 신의 진리에 대한 그들의 이해의 근원은 무엇인가? 대답은 분명하다. 신 자신은 최초의 구루이며, 그의 진리를 그의 피조물을 통해서 드러낸다.

구루란 영적 스승이다. 나낙 이전에 신애의 전통에서 구루가 너무 중요했으므로, 신만 아니라 구루도 함께 숭앙하는 것이 보통이었다. 실제로 구루의 음성은 신의 음성으로 여겨졌다. 구루 나낙은 이런 전통의 후계자이지만, 그 앞의 산트 전통처럼 인간 구루에 대한 숭앙을, 유일한 구루로서의 신에게 옮겼다. 인간 구루들은 그저 신의 말씀의 도구일 따름이다.

이런 변화는 관념적 용어로 퍽 간단하다. 본래 신애적이고 요가적인 전통에서는, 인간 구루가 구도자와 궁극 실재의 진리 사이에 있는 매개자로 간주되었다. 시크교에서 구루는 여전히 매개자이다. 그러나 이제 참된 구루는 신 자신으로 간주되었다. 구루 아르잔(Arjan)은 이것을 명백히 선언한다. "참된 구루는 니란잔(Nirañjan, 신)이다. 그가

인간의 모습 안에 거하심을 믿지 말라."(AG, 895 : McLeod, 198)

그러나 맥레오드가 지적한 대로, 본래의 구루는 그저 간단하게 신 자신이 아니라 오히려 신의 음성이다. 구루는 신의 음성, 즉 신이 진리를 인간에게 전달하는 수단이다. 맥레오드는 "누가 당신의 구루이오, 당신이 제자인 그 구루는 누구시오?"라는 질문에 대한 구루 나낙의 대답을 인용한다.

> 말씀이 구루시며, (거기에 초점을 맞추고 있는) 마음이 언제나 제자입니다. 불가설의 일자이신 그 안에, 영원의 구루 고팔(비성육非聖肉의 계시자) 안에 머묾으로써 나는 무집착으로 남습니다. 내가 그 안에서 거하는 것은 오직 말씀을 통해서이며, 구루를 통해서 하우마이(haumai, 자기중심성)의 불이 꺼집니다.
>
> — AG, 943 : McLeod, 199

구루 나낙에게 구루는 신이고, 신의 음성이며 신의 진리이다. 이것들은 궁극적으로 동일한 것으로 보였는데, 신은 진리이고 진리는 비춤이며, 신의 말씀은 신 자신의 존재의 비춤이기 때문이다.

이것은 신의 진리가 어떻게 인간에 의해서 파악될 수 있는가 하는 질문으로 우리를 데려간다. 이 질문은 아디 그란트의 처음에 명백히 나타난다. "진리는 어떻게 얻어지는가? 오류의 베일은 어떻게 찢어버릴 수 있는가?"(AG, 1 : McLeod, 200) 대답도 명백했다. "나낙! 이렇게 쓰여 있네. 후캄(hukam, 신의 규범)에 순종하시오, 그 길 안에서 걸으시오."(AG, 1 : McLeod, 200)

신의 규범

후캄, 신의 규범은 존재의 질서 정연한 기능 안에 표현되는 신의 의지이다. 그것은 베다의 리타 개념을 상기시키며, 우주의 신성한 규범으로서 존재 내부의 거룩한 유형과 규칙을 시사한다. 신의 규범은 펼치고 거두어들이는 실재의 부단한 과정에서 실재의 근본적 질서를 규정한다. 그것은 창조적 과정을 통해서 신적인 존재를 드러내고 비춘다. 성전은 말하기를, 신의 규범에 따라서 우리는 태어나고 죽고, 전후의 모든 것에 규범이 침투해있다.(AG, 151)

신의 규범은 존재가 지닌 조화이며 리듬이다. 인간의 삶 속에서 통상 경험되는 조화의 결여는 이런 리듬의 바깥에 있었던 결과이다. 신의 규범에서 떠나가면 진리는 은폐되고 신의 음성은 침묵하며, 그의 말씀은 듣지 못하게 된다. 오로지 신의 규범에 참여함으로써만 그 음성이 들리고 그 진리가 이해된다. 그리고 오직 신의 말씀을 듣고 그의 진리를 이해함으로써만 신과의 합일과 궁극적 자유가 획득된다. 구루 나낙이 말하기를, "사랑하는 이여, 주님의 신성한 질서를 이해하는 자, 그는 진리를 얻고 영예를 얻을 것이오."(AG, 636 : McLeod, 202)

은총

신의 규범은 신의 피조물을 통해서 신의 진리를 표현한다. 그러나 인간은 어떻게 이런 조화를 발견하는가? 그리고 이런 조화를 통해서 어떻게 그들이 신의 음성을 듣는가? 순전히 인간의 노력만으로는 안 된다. 구루 나낙이 말하기를, "구원이란 자기 자신의 노력만으로 만들어지는 것이 아니다. 나낙이여, 그런 주장은 파멸을 가져올 것이다."(AG, 1289 : 저자) 결국 인간으로 하여금 신의 음성을 듣게 만들어 주는 것은 신의 은총이나 호의이다. 이 음성은 인류에게 주는 그분의 선물이다.

구루 나낙은 우리 자신의 행위들이 가지는 결정력이 우리의 태생과 인생의 지위를 명령하지만, 구원에로의 문을 여는 것은 신의 은총이라고 기술하고 있다. "카르마가 우리 태생(문자대로는 의복)의 성격을 결정한다. 그러나 구원의 문이 발견되는 것은 은총에 의해서다."(AG, 2 : McLeod, 205)

여기에서 아주 중대한 질문은 왜 어떤 사람은 신에 대해서 무지한가이다. 왜 어떤 사람은 신의 말씀을 듣고, 어떤 사람은 거기에 대해서 귀머거리인가? 오직 신의 호의나 은총을 통해서만 신의 음성이 들려주는 신성한 소리에 심성이 열린다고 구루 나낙은 말한다. 오직 은총의 선물에 의해서만 사람의 심성이 신의 현존에게로 열릴 것이다. 만일 신의 호의가 거절되면 심성은 닫힌 채로 있을 것이다. 만일 그 호의가 받아들여지면 심성은 구루의 음성에 대해서 열릴 것이다. 물론 신의 신성한 음성에 심성을 연다는 일이 자동적으로 구원과 같은 것은 아니다. 이것은 오직 시작일 따름이다. 이제는 신과의 합일을 위한 길을 따라 가는 데 필요한 훈련을 받을 차례이다.

7. 구원에로의 길

구루 나낙은 구원에로의 길에 대해서 간결하게 진술했다.

내 심정 속의 신을 묵상함으로써 나는 그분을 닮을 것이다. (내 심정은) 악으로 가득차 있다. 그러나 내 심정 안에 구원해 주는 성질들도 들어 있다. 참된 구루 없이 이 성질들은 감지되지 않으며, 그것들이 감지될 때까지 사람은 말씀을 묵상할 수 없다.

— AG, 936 : McLeod, 207

구루 나낙이 강조한 대로, 개인의 노력은 신의 은총이 있어야만 성공할 수 있다. 신의 은총 없이는 심정의 구원하는 성질들이 감지되지 않는다. 그러나 개인은 반드시 심정을 정화하고 신에 대해서 묵상하기 위해서 필수적 노력을 기울여야 한다. 시크 훈련이 금령들과 다섯 개의 K들로써 외면적으로 드러나 있기도 하지만 그 훈련은 본래 신에게 심정을 열기를 겨냥하는 내면적 훈련이다. 구루 나낙은 내면적 정화의 중요성을 강한 어조로 강조한다.

만일 어떤 사람이 사악한 심성과 도둑의 육신을 가지고 티라트 (tīrath, 聖所)에 목욕하러 간다면 한 부분(외부)은 목욕으로써 정화되지만, 다른 부분(심성)은 더욱 더러워질 것이다. 외면적으로 그는 고행자의 호리병처럼 씻어진다. 그러나 속에서 그는 독이고 불순하다. 사두(거룩한 자)는 씻지 않더라도 선성을 가지고 있고, 도둑은 씻어도 여전히 도둑이다.

— AG, 789 : McLeod, 211

진정한 종교는 내면적인 것이고 신을 만나기 위한 심성의 준비이기 때문에, 구루 나낙은 힌두와 무슬림의 관습적 제식들과 성전들은 거부했다. 만물이 신의 피조물이므로 그는 카스트와 성적 차별을 거부했다. 내면적 청정의 중요성을 선언하면서 그는 말했다.

> 만일 사람이 순례의 성소(티라트)의 방문, 고행, 자비의 행위들, 자선에서 얻는 것이 있다면, 그건 하찮은 것일 거다. 자신의 심성에서 사랑을 듣고, 믿고, 양육한 자는 내면의 티라트(성소)에서 씻음으로써 자신을 정화한 자이다.
>
> — AG 4 : McLeod, 213

심성은 신성한 장소이다. 신이 거하고 신의 음성이 들리고 그의 사랑이 경험되는 장소가 바로 심성이기 때문이다. 사랑의 신애로써 신으로 돌아가야 할 곳, 사랑 안에서 신과의 합일을 찾아야 할 곳은 바로 심성이다. 구루 나낙이 말하듯이, "흠모의 사랑으로 참된 일자를 경배하는 사람, 지존의 사랑에 목말라하는 자, 탄원하듯이 우는 자, 그는 평화를 찾는다. 그의 심성에 사랑이 존재하기 때문이다."(AG, 505 : McLeod, 213)

인간의 심성은 신의 위대성으로 인해 두려움과 존경으로, 거룩한 공포로 신을 우러른다. 경외심은 신의 위대성을 인정하는 것에서 나오고, 신에 대한 진정한 사랑의 차원으로 간주된다. 그것은 또한 사랑의 신애 안에서 그에 대한 완전한 순종을 장려한다.

신에 대한 사랑은 어떻게 함양되고 표현될까? 이상적으로는 모든 행위, 사고, 감정은 신에 대한 사랑의 함양과 표현이다. 그러나 실제로 이 완전한 사랑의 신애를 이루기 위한 기술로 가장 강조되는 것은 신을 찬송(kīrtan)하고 그의 이름을 애정을 담아서 묵상하는 것이다.

신을 찬송함은 심성을 신에게 열기 위한 매우 높이 평가되는 시크교의 길이다. 찬송 없는 집단적 시크교 예배는 실제로 생각될 수 없다. 신에 대한 찬송은 그의 현존에서 느끼는 환희를 표현하는 동시에 우리의 심성을 신에 동조시키는 것이다.

진심에서 우러나 신의 이름을 반복하여 묵상하는 것은 시크교 훈련의 중심이다. 구루 나낙은 말한다. "세상은 지상적 애정 안에, 따라서 죽음과 재생의 엄청난 고 안에 얽혀 있다. 진정한 구루의 피난처로 도망가시오. 거기서 그대의 심성 안에서 신의 이름을 반복하시오. 그래서 구원을 얻으시오."(AG, 505 : McLeod, 214) '신의 이름을 사랑함'이란 단순히 어떤 이름을 사랑하는 것 이상을 의미한다. 그것은 우리가 우리 심성의 가장 내밀한 오저에서 경험할 수 있는 신의 존재를 사랑하는 것을 의미한다. 신의 이름은 궁극적으로 그의 존재와는 구별될 수 없다. 그러나 그의 완전한 존재는 경험하는 인간의 능력을 초월하기 때문에 그의 이름은 보통 신의 내재성, 즉 피조물 내에 거하는 신의 존재를 지시하는 것으로 이해된다. 맥레오드는 신의 이름을 "신 존재의 계시, 그의 속성들의 총합, 그에 대해서 긍정될 수 있는 만물의 총합"으로 기술한다.(McLeod, 215)

사람은 신의 이름을 반복함으로써 그분을 사랑한다. 반복은 기계적이 아니라 신성한 만트라로서 반복된다. 거기서 신의 이름을 부르는 소리는 귀의자의 존재 전체에 침투하여, 그 존재를 신성한 소리의 반향 에너지로 채우며, 신의 위대함을 입증하기 위해 그 존재의 모든 섬유를 불러일으킨다. 사람은 신의 이름으로 대표되는 일체를 상기(simarana)함으로써 신의 이름을 사랑하기도 한다. 신의 이름이 가진 충만을 마음에 상기하는 일은, 심성 안에 신을 위한 공간을 창조함으로써 신이 참으로 자아 안에서 생동하는 부분이 될 수 있게 하는 것이다. 구루 나낙은 말한다. "진실한 신(의 이름)을 반복함은 (그를) 만(혼) 안에 심는 것을 의미한다."(AG, 936 : McLeod, 216)

그리하여 우리는 '그 이름을 사랑하는 것'을 신에 대한 묵상의 길로 본다. 이보다 더 중요한 것은 없다. 신에게 심성을 열어둠으로써만 그의 사랑은 경험될 수 있고, 오직 그의 사랑을 통해서만 합일이 성취되기 때문이다. 그리고 반드시 기억해 둬야 할 일은, 오로지 신과의 합일을 통해서만 인간이 경험하는 일체 고통의 근처에 있는 분리가 극복될 수 있다는 점이다.

신에 대해서 묵상하면 우리는 그의 부단한 현존을 깨닫게 된다. 이런 깨달음은 신과 분리된 모든 존재의 천박함을 보여준다. 인간 자신의 자기중심적 존재와 세상의 이른바 독립성은 모두 무지의 창조물이라는 것이 드러난다. 무엇이 존재하든 그것은 모두 신의 일부로 존재한다. 신과 독립하거나 분리되어 존재하는 것은 아무 것도 없다.

묵상이란 신의 현존에 대한 감응, 신으로 향한 사랑 안에서 개인을 성장하게 하는 감응이다. 그래서 마침내 자기 자신의 존재가 신의 존재 속으로 합일해 들어가고 모든 분리성은 극복된다. 신의 존재 속으로의 합일과 분리성의 극복에 대해서 구루 나낙은 말한다. "만일 신이 호의를 보이시면 인간은 그를 묵상한다. 아트만(자아)은 녹아서 (신 안으로) 흡수된다. (개인적) 아트만(ātmā, 자아)은 파라트만(paramātmā, 지고의 자아)과 하나가 되며, 내적 이중성은 내부에서 죽어버린다."(AG, 22 : McLeod, 224)

그러나 진실한 이름을 묵상하는 것은 쉬운 일이 아니다. 그것은 막대한 노력을 요청하는 어려운 훈련이다. 구루 나낙은 말한다. "만일 내가 그 이름을 반복하면 살 것이요, 망각하면 죽을 것이다. 진실한 일자의 이름을 반복함은 어려운 일이다. 그러나 만일 사람이 그것에 굶주리고 그것을 분유한다면 모든 슬픔은 사라질 것이다."(AG, 9, 349 : McLeod, 218)

길 안에서의 단계들

구루 나낙은 신과의 합일로 나아가는 길에 구분되는 다섯 단계를 언급한다. 각 단계는 존재의 보다 더 충만한 경험과 더 높은 차원을 표시한다. 첫 단계는 경건의 단계이다. 여기에서 사람은 존재의 상호 관련성과, 수행된 모든 일의 도덕적·종교적 의미를 실현한다. 신의 율법을 유지하고 다른 사람을 돕기 위해서 행위하려는 의지 그 자체가 이 단계에서 나타난다.

두 번째 단계는 지식의 단계이다. 여기에서 사람은 우주의 광대무변함과 존재가 가진 지극히 신비적인 성질에 대해서 자각한다. 사람은 또한 심정의 아주 깊은 곳에서 신을 발견했던 다른 사람들의 위대성도 깨닫는다. 이 지식은 사람이 자기중심성을 극복하고, 신의 피조물 전체와의 일체감을 자각하도록 도와준다.

세 번째 단계는 정진의 단계이다. 여기에서 내면적 지각과 이해가 형성된다. 혼은 신을 향해 조율되며, 모든 피조물을 통해서 말씀하신 신의 말씀을 들을 수 있다.

네 번째 단계는 충만의 단계이다. 여기에서 사람은 영적 힘으로 충만되고, 사람을 오류와 죽음의 피안으로 데려간다. 이런 단계에 도달한 사람들은 말로 표현할 수 없을 정도로 아름답다고 말할 수 있다. 신이 그들 심성에 거하기 때문이다. 이것은 분명히 신 실현의 단계이며, 평화와 평정을 가져온다.

다섯 번째이자 마지막 단계는 진리의 단계이다. 여기에서 사람은 신 자신의 진실함과 무형상의 존재에로 합일되어 들어간다. 이 단계는 경험될 수 있지만 설명을 넘어간다. 무형상의 존재는 설명할 수 없기 때문이다. 아디 그란트는 말하기를, "진리의 영역에 무형상의 일자가 거하신다. 창조하셨으므로 그는 피조물을 지켜보신다. 그는 그의 사람들을 은총으로 내려다보시고, 그들은 지복 안에 거한다."(AG, 8 : 저자)

이것이 모든 시크교도에게 최후의 목표이다.

요약

시크교는 심오한 내면성의 종교이다. 제의·의식·순례·예배는 모두 신을 깨닫는 데 효과 없는 수단으로 간주되었다. 오직 심성의 정화와 무형상자無形象者, 영원자인 신의 이름을 묵상함으로써 그와의 합일이 획득된다.

시크교의 개조인 구루 나낙은 이슬람교나 힌두교가 모두 종교의 외면적 모습들을 강조했다고 말하며 거부했다. 그는 신이란 힌두교도도 아니고 무슬림도 아니라는 것과, 오로지 신의 길만을 따르겠다고 선언했다. 이 길의 진수는 자기 자신의 심정 안에서 신의 충만에 대한 묵상이다. 신의 은총에 의해서 심성은 그의 말씀으로 열리고, 말씀은 그의 피조물 전체를 통해서 울려 퍼진다. 훈련을 통해서 심성은 정화될 수 있고 신의 사랑의 도구가 될 수 있다. 도구가 완벽하게 되면 사랑은 자아와 신과의 합일을 창조할 수 있다. 시크교에서는 이런 사랑의 합일이 궁극적 목표이다. 그것은 불가설의 환희와 자유의 경지이며 죽음의 그림자 너머에 존재한다.

인간을 이런 완전함으로부터 멀어지게 하는 것은 신으로부터의 분리이다. 구루 나낙은 자기중심성을 인간 존재의 주된 결점, 일체고의 원인으로 보았다. 자기중심적인 사람은 신과 다른 사람들로부터 떨어져 살기를 시도한다. 그런 사람은 자기 사랑과 자기 의지로 가득차서 신의 말씀을 경청하지 않는다. 자기중심적인 사람은 필사적으로 자아에 매달려, 육욕·탐욕·분노·집착·자만에 지배되며 언제나 불안해하고 두려워한다. 사람은 사랑으로써 자기중심성을 극복할 때만, 평화·열락·자유를 가져오는 자기 자신의 본래의 완전성으로 복귀하게 된다. 신으로 충만해 있는 사람은 세상과 하나가 된다. 그러나 자아로만 가득차 있다면 세상과 반목하게 되며 신 바깥에서 완전성을 구하려는 패배의 전투를 계속 벌이게 된다.

이 장을 시작하면서 우리는 구루 나낙이 매우 독창적이어서, 힌두교와 이슬람교를 종합하려고 노력하기보다는 양자를 초월하는 길을 주창했다고 했다. 하지만 우리는 그가 남데브와 카비르가 속해 있었던 초기의 산트 전통으로부터 크게 영향을 받았음을 지적한 바 있다. 그는 산트를 통해서 사랑의 순종을 말하는 힌두교 신애의 전통과, 탄트라 요가행, 수피의 신애 사상, 정통 이슬람교의 일신교에 크게 영향을 받았다. 따라서 어떤 면에서 그는 여러 가지 인도 전통들이 가지고 있었던 최선의 부분을 물려받았던 셈이다.

Cole, W. Owen and Piara Singh Sambhi, *The Sikhs : Their Religious Beliefs and Practices*, 2nd ed. Portland, Or. : Sussex Academic Press, 1998. 이념과 실천 양자 모두에서 아주 훌륭하다.

Dogra, R. C. and Gobind Singh Mansukhani, *Encyclopedia of Sikh Religion and Culture*, New Delhi : Vikas Pub. House, 1995. 유용한 정보 모음집.

Singh, Khushwant, *A History of the Sikhs*, Princeton, N. J. : Princeton University Press, 1963. 고전적이고 진지한 역사서로 두 권으로 구성되어 있다.

McLeod, W. H., *Guru Nanak and the Sikh Religion*, Oxford : Clarendon P., 1968. 구루 나낙과 시크교의 출발에 대해서 현재 구할 수 있는 책 중에 최고.

_____, *Sikhism*, London and New York : Penguin Books, 1997. 시크교에 대한 최선의 책으로 보인다.

_____, *Sikhs and Sikhism*, New Delhi and New York : Oxford University Press, 1999. 이념·실천·역사·공동체에 관한 것.

_____, *Who is a Sikh? The Problem of Sikh Identity*, Oxford India Paperbacks, New Delhi and New York : Oxford University Press, 2002. 시크교도가 된다는 것은 무엇을 의미하는가라는 질문에 대한 탐색.

Schomer, Karine and W. H. McLeod, *The Sants : Studies in a Devotional Tradition of India*, Berkeley Religious Studies Series, Berkeley and Delhi : Motilal Banarsidass, 1987. 구루 나낙에게 큰 영향을 주었던 산트 전통에 대한 훌륭한 연구.

Singh, Patwant, *The Sikhs*, New York : Knopf, 2000. 훌륭한 입문서.

Vaudeville, Charlotte, *Kabīr*, New York : Oxford University Press, 1974. 카비르
와 산트 전통 전체에 대한 인상적인 저작.

제16장 **인도의 르네상스**

19세기와 20세기에 인도인의 길은 이슬람의 도전보다 더 큰 도전에 직면하게 되었다. 영국 통치의 확립은 합리성·자유·진보·개인주의·민족주의·인본주의적 윤리·사회 개혁이라는 서구적 이념들을 가져왔다. 이 이념들과 가치들은 새롭게 서구화된 인도를 위한 기초가 되었는가? 아니면 그것들은 대다수의 인도인이 거부하고, 결과적으로 인도 아대륙에서 또 다른 문명을 형성하게 되어 이슬람과 인도 문명과 나란히 기묘한 세 가닥의 문화적 차별을 만들어냈을까? 세 번째 가능성은 하나의 창조적 종합으로 전통적 이념들과 가치를 서구적인 것들과 통합하는 일이다. 이 이슈는 서구의 출현과 영향에 대한 인도인의 여러 대응에 의해 결정될 것이다.

그 대응들은 무엇이었을까? 인도인들은 이슬람 문명에 대해서 그랬듯 이 서구 문명에 무관심했을까? 그들은 서구를 격렬하게 거부했을까? 그들 자신의 전통을 버리고 서양의 길을 수용했을까? 아니면 인도 전통과 새로운 서구식 이념들을 비판적으로 검토하여, 새로운 인도를 위한 기초로서 두 세계에서 최선으로 보이는 부분을 수용했을까?

우리는 역사적 기록을 통해서 인도인들이 이 세 가지 방식 모두로 대응했다는 점을 알고 있다. 즉 어떤 사람들은 서양을 무시했고, 어떤 사람들은 서양을 낡은 인도의 대체물로 열광적으로 받아들였고, 또 어떤 사람들은 서양의 것이라면 모조리 거부했다. 그러나 가장 영향력이 있었던 대응은 비판과 개혁이라는 대응이었다. 이런 사실은 인도의 위대한 지도자들이 도전, 단지 인도인들에게 몰아닥친 또 하나의 위대한 문명의 도전이 아니라 근대 자체의 도전에 맞서려고 분투했다는 데서 알 수 있다. 지도자들 중 몇 사람만 거명해 보면, 람 모한 로이·타고르 가문·다야난다·틸락·센·보제·오로빈도·간디·네루·라다크리슈난 등이 포함된다. 물론 단 하나의 대응만 존재했을 리는 없다. 인도는 한 목소리로 말해본 적이 없었기 때문이다. 그렇지만 이 대부분의 사람들은 영국의 통치와 함께 들어온 새로운 이념들과 가치들 중 적어도 어떤 부분들의 타당성을 수용했고, 이들 모두는 인도 사회의 전면적 개혁에 대한 필요성을 인정했다. 더욱이 그들은 인도의 전통이 이념들과 가치들의 풍부한 근원이며, 필요한 개혁과 근대화를 위한 기초를 제공할 수 있을 것으로 보았다.

말할 것도 없이, 각자가 서구나 인도 전통에 대응하는 방식과 새로운 인도에 대한 비전을 그려내는 방식은 엄청나게 달랐다. 서구의 이념들과 가치들에 대한 인도의 대응은 무엇이었던가? 이런 대응이 어떻게 근대 인도의 길을 형성했던가? 이런 것들이 우리에게 주요한 문제들이다. 서구의 도전은 대부분의 인도 사상가들로 하여금 자신들의 고대 이념들과 가치들에 맞서게 하였고, 그것들을 재발견하라고 강요했다. 그러므로 우리는 이 장에 '인도의 르네상스'라는 제목을 붙였다. 이 책에서 검토해 왔던 아이디어와 비전들의 재생이 있었는데, 그것들은 천 년 이상 천천히 배경으로 후퇴하고 있었다. 그렇지만 우리는 우선 예비적 질문, 이와 같은 르네상스의 촉매제가 되었던 서구의 출현이 어떻게 인도에 확립되었는가 하는 질문에 대해서 대답해야 한다.

1. 서구의 출현

유럽의 열강들에게 비친 인도의 매력은 무역이었다. 처음 인도가 제공했던 것은 주로 향료였으나, 곧 옥양목·비단·물감·초석硝石이 무역의 주요 품목이 되었다. 후에 영국 경제에 공업 생산이 중요하게 되자, 인도에서 들여온 목화와 대마가 맨체스터와 버밍햄의 방적기를 계속 돌리게 되었다. 포르투갈인이 제일 먼저 인도에 들어왔고, 16세기 초엽 고아(Goa) 지방에 그들의 제국을 수립했다. 다음으로 네델란드인이 들어왔으며 1600년대 초엽에 그들이 동인도 무역의 독점권을 가져가는 것처럼 보였다. 그러나 유럽에서 일어난 사건들이 그런 방향의 전개를 막았고, 영국인과 프랑스인이 인도에 거점을 확보하게 되었다. 프랑스인이 1674년 퐁디세리(Pondicherry)에 자신들의 거점을 확립하자, 인도는 프랑스의 식민지가 될 것처럼 보였다. 사실상 1749년의 유럽평화조약이 마드라스를 영국에 돌려주지 않았거나, 루이 15세와 마담 퐁파두르가 도와주기를 거절하지 않았다면, 프

랑스의 정치 거물인 듀플레이(Dupleix)가 인도의 차기 황제가 되었을
수도 있었을 것이다.

그러나 그렇게 되지 않았다. 영국인들은 많은 것을 듀플레이로부
터 배웠고, 1757년까지 클라이브(Robert Clive)의 영도력이 프랑스에
대한 영국의 승리를 확보했다. 플랏시(Plassey) 전투에서 시라즈-우
드-다우라(Siraj-ud-Daula)의 인도군을 패배시키자 인도에서의 영국
의 지위가 확고해졌다. 그때부터 1947년 인도의 독립을 얻게 해주었
던 성공적 민족주의 운동 사이의 유일한 주요 도전은 1857년의 반란
과 전쟁이었다. 이 헛된 시도는 영국의 식민지화라는 도도한 물결을
저지하기에는 시기적으로 너무 늦었고, 협력·힘·조직의 면에서 불
충분했다. 영국인들은 그들의 통치권과 통치력에 대해서 너무나 확
신하고 있었으므로, 이 성공하지 못했던 혁명을 단순히 '반란'이라 불
렀다. 따라서 국왕이 비록 1857년에 가서야 공식적으로 통치를 시작
하게 되었지만, 인도에서의 '영국 통치 200년'이라고 하더라도 조금
도 과장이 아닐 것이다.

서구의 열강들이 16세기와 17세기 인도에서 거점을 얻었으나, 그
들의 영향은 18세기까지는 별로 크지 않았다. 19세기에 이르러서야
영국의 지배가 견고하게 확립되었으며, 의미 있는 인도의 대응이 생
겨났다. 17세기는 진정 무갈 영광의 1백 년이었다. 자항기르, 샤 자
한, 아우랑제브, 17세기의 가장 위대했던 황제들이 가졌던 제국의 세
력과 사치스러운 삶은 세계 전역에 걸쳐 회자되었다. 웅대한 궁전들
을 거느리고 있는 아그라 포트(Agra Fort)와 강을 가로질러 서 있는 아
름다운 타지마할은 마치 델리에 있는 레드 포트(Red Fort)가 그런 것
처럼, 무갈의 영광의 시대를 증언하는 것으로 당당히 서 있다. 북서부

의 아프간과 페르시아의 침입, 제국의 부패와 무능력, 파당들의 쟁패 등이 합작해 무갈의 통치를 갉아먹고, 인도 아대륙을 유럽에서 흥기해 오는 외래인들의 손쉬운 사냥감으로 전락시킨 것은 오직 18세기에 들어와서였다.

다른 유럽의 식민 세력과 마찬가지로, 영국도 무역을 위해서 인도에 왔다. 그러나 영국은 유럽·미국·인도에서 벌어졌던 여러 전쟁을 보고, 오로지 정치적 통제를 통해서만 무역이 확보될 수 있다는 점을 확신했다. 클라이브(Robert Clive)는 주로 부와 명예를 추구했던 모험가였지만, 헤이스팅스(Lord Hastings)는 정치력을 추구했다. 1772년에서 1785년 사이의 총독 재임 기간 동안, 현지에서 일하면서 우르두어를 배우고 인도 연구에 커다란 자극을 주었던 이 학자풍의 사람은, 효과적인 행정 시스템을 고안하여 동인도 회사에 이익을 가져다주고 그 세력을 아대륙으로 크게 넓혔다. 그러나 다음 150년 동안 인도를 지배하는 통치를 창안했던 사람은, 어느 누구도 아닌 1785~1793년 사이 지사 겸 벵골 군대의 총사령관이었던 콘월리스(Marquess Cornwallis)였다.*

그는 영국인들이 다른 모든 나라 사람 가운데 가장 계몽되어 있고, 지배자들과 피지배자들 전부의 최선의 이익을 위해서 세계를 다스릴 만한 탁월한 자격이 구비되었다는 사실을 철저히 확신했다. 그는 행정을 위한 기초로서 콘월리스 법(Cornwallis code)을 창안했다. 이 일련의 48개의 광범위한 규제는 인도 전역에 걸친 영국 통치의 기초가

---

* 〔역주〕 조길태의 『인도사』(민음사, 1994)는 재임기간을 1786~1793년으로 하고 있다. 315쪽 참조.

되었고, 군사적 업무와 민간 업무, 세금 징수, 그리고 재판소를 위한 절차들과 표준을 정했다. 이 규제들은 영국의 통치가 종식될 때까지 실제로 변함없이 존속하였고, 독립 이후 인도 국민정부 안으로 크게 편입되었다.

군사 업무와 민간 업무들을 재조직하는 규정과 자민다리(Zamindari) 징수관들에 의한 토지 소유를 위한 규정도 콘월리스 통치에 포함되었다.* 콘월리스는 영국의 우월성을 확신하고 벵골 군대의 정예 장교를 전통적 유럽식에 맞추어 재조직했고, 모든 고위직 장교는 비非인도인이어야 한다는 규정을 만들었다. 이 재조직화는 동인도 회사의 일반 대민 업무의 재조직을 수반했으며, 인도인 장교를 연간 500파운드 미만의 계급들에 제한시켜, 모든 중요한 직책은 영국인 장교들이 채우도록 보장했다.

1793년의 자민다리 토지 정액법령(Zamindari Land Settlement Act)은 세금 징수를 책임진 자들에게 그들이 징세하는 토지의 소유권을 부여했다. 이때 처음으로 실제로 토지가 사적 소유물로 간주되었다. 여태 토지는 통치자에게 귀속되고, 통치자에게 바치는 봉사와 호의에

---

* 〔역주〕 자민다리는 무갈 시대에 등장한 사유적 토지 소유자를 지칭한다. '토지의 소유자' 또는 '보유자'의 뜻을 지닌 페르시아어로서 그의 토지에 대한 권한은 '통제의 정도' 혹은 '부속물'의 의미가 강했으며 반드시 '소유권'을 의미하지는 않았다. 자민다리는 14세기에는 지역의 장長이라는 의미로 보통 사용되었으며, 아크바르 대제 이후에는 농민의 생산물에 직접 분배를 요구할 수 있는 세습적 권한을 갖는 사람을 지칭하였다. 자민다리의 주된 권한은 농민에게 토지세를 부과하는 일이었다. 위의 책, 229면 이하·310~313·319~321면 각각 참조.

대신하여 여러 사람에게 일시적으로 '임대해 주었던' 것이었기 때문이다. 여기에는 이 임차인賃借人들이 경작자들을 대표하여, 그리고 진정으로 상호 연대적 조직체인 전체 공동체를 대표하여 토지를 신탁받은 것이라는 묵시적 이해가 있었다. 콘월리스는 사유재산을 법률과 정부의 토대로, 그리고 영국의 우월성의 엔진으로 보았고, 따라서 인도인을 위해서도 분명히 좋을 것으로 보았다. 여기에 덧붙여 사적 토지 소유는 세금 징수에 있어서도 크게 도움이 될 것이었다. 이제 비로소 새로운 소유자들은 분명히 세금을 납부해야 하고, 누구로부터 얼마를 징수해야 할까라는 것에 대해서 아무런 문제가 없게 되었기 때문이다. 이런 변화가 사회·문화·농업생산 자체의 분야에서 만들어낸 비참한 결과들은 오늘날 인도에서도 여전히 보인다. 콘월리스와 그의 참모들은 그것들을 거의 예견할 수 없었다.

경제정책과 정치 행정의 문제들은 이 책의 범위를 넘어서는 것이다. 하지만 영국인들 스스로가 인도 사회의 주요 개혁을 시도해도 될 만큼 충분히 계몽되었고, 우월하다고 느꼈다는 점을 아는 일은 중요하다. 지방자치를 강조하고 정부를 지원하고 군사시설을 유지하기 위해 세입을 모으기 위해 필요한 최소한의 범위에서만 사회적으로 간섭했던 전통적인 힌두교도나 이슬람교도 정부와는 달리, 영국 통치는 모든 차원에서 시민의 복지 향상을 정부의 의무로 보았다. 영국인은 무지몽매한 이교도 토착민을 다스리는 것이 정당한 일이라고 느꼈을 뿐만 아니라, 저들 토착민의 수요에 따라서 행정을 해야 한다는 도덕적, 정치적 책무를 느꼈다. 복지 국가라는 이념은 19세기에 시작되었던 광범위한 사회 개혁의 기초를 이루었으며, 이 개혁은 과부순사寡婦殉死와 유아 살해의 폐지에서 학교와 병원 시설까지 포함하였다.

　개인주의·진보·재산·합리적 윤리·국가주의라는 서구적 이념들이 인도의 지성적·정치적 삶의 주요 흐름 안으로 가져다준 것은, 주로 이와 같은 사회적 관여였다. 정교분리라는 근대적 이념이 영국의 통치 안에 편입되어, 영국의 행정과 사회·정치적 정책들이 근거하는 새롭고 다양한 서구적 이념들을 힌두교도들이 수용하기 쉽도록 해주었다는 점을 지적하는 일도 중요하다. 만약 영국인이 시도했던 인도 사회의 개혁들이 종교적 동기를 가진 것으로 인지되었다면 그들은 아마 세찬 저항을 받았을 것이고, 모든 서구적인 것이 부당한 종교적 간섭과 함께 거부되었을 것이다. 실상 동인도 회사의 간부들은 사업과 행정을 종교에서 분리하는 일의 중요성에 대해서 예민한 감각을 가지고 있었으며, 이것은 기독교 선교사들이 인도에 들어오지 못하도록 막았던 정력적 시도 안에 분명히 나타나 있다.

　국가와 정치에서 종교를 분리하는 일은, 수많은 인도인으로 하여금 기독교가 가졌다는 소위 우월성을 부정하면서도 서구의 이념들은 편견 없이 검토할 수 있도록 해주었다. 이 일은 또한 힌두교를 포기하거나 외래 종교의 우월성을 인정하지 않고서도, 전통적 이념들에 토대를 둔 갱신을 통해서 또는 서구적 이념으로 고취된 사회적 변화를 통해서 자신들의 사회 개혁을 위해서 일할 수 있도록 해주었다. 정교 분리와 정부 사업으로서의 공공복지라는 두 이념의 유산은 인도의 현대적, 세속적 복지국가에서도 발견된다.

2. 인도의 대응

여기서 영국의 지배와 서양 사상의 영향 아래에서 있었던 인도 전통의 갱신 이야기로 넘어가 보자. 물론 하나의 짧은 장에서 인도의 지도적 사상가들과 변화의 주역들이 가졌던 비전과 행동을 정당하게 다룬다는 것은 불가능하다. 그렇지만 지극히 중요한 네 사람의 근대 인도 사상가들, 각기 다른 방식으로 대응했으며 지난 2세기 동안 인도 사상의 발전에 커다란 영향을 주었던 네 사람의 사상을 검토함으로써, 우리는 적어도 서구와 근대의 도전에 대한 인도의 다양한 대응과 그 패턴에 대해서 어느 정도 감을 좀 잡을 수 있을 것이다.

이 목적을 위해서 우리는 다음과 같은 네 사람을 선택했다. 19세기에서 가장 영향력 있었던 단일 조직인 브라모 협회의 창건자이며 지도자였던 '람 모한 로이', 개혁의 영감을 위해서 거의 전적으로 과거를 바라보고 베다의 이념과 가치에 따라 인도 사회를 개혁하기 위해서 아르야 협회를 설립한, 탁월한 개혁가였던 '다야난다 사라스와티', 행동하는 사람이었으며 가난과 고통의 조건들은 오직 사랑과 진실의 실천에 의해서만 제거될 수 있다고 주장하여 모든 이의 관심을 가난하고 고통받는 자에게 돌렸던 '간디', 요기가 된 혁명가, 진화적인 영적 진보의 이상과 그 이상을 실현하기 위한 수단으로 통전적 요가를 발전시켰던 '오로빈도', 이렇게 네 사람이다.

3. 람 모한 로이와 브라모 협회

람 모한 로이(Ram Mohan Roy, 1772~1833)는 서양에 대한 인도의 대응의 주조主調를 설정하고 방향을 지시했기 때문에 흔히 '근대 인도의 아버지'로 불린다. 그가 1828년에 설립한 브라모 협회(Brahmo Society)를 통해서 19세기 인도는 서구 문명의 이념들과 가치들을 평가하고 인도 전통과 비교하여, 두 세계에서 보이는 것 중 최선의 것을 취하는 일에 필수적인 것이라면 빌리고 적응시키고 개혁했다. 브라모 협회의 람 모한 로이와 그의 계승자들은 서구의 도전에 대한 개방적 대응 태도로 인도의 심성을 재형성하기 시작했으며, 그 심성을 오늘날 전통적이면서도 동시에 근대적이도록 만들었다.

람 모한은 1772년 정통 힌두교 바라문 가정에서 태어났다. 영국의 인도 통치의 기초를 확립하는 콘월리스 법률이 동인도 회사에 채용되었을 때는 나이 스물한 살이었다. 그는 청년으로 이 회사에서 징수관으로 봉직했는데, 상당한 풍요 덕으로 마흔에 은퇴하여, 나머지 생애를 연구와 개혁에 바칠 수 있었다. 그는 훌륭한 교육을 받았으며 그의 모국어인 벵골어와 힌디어뿐 아니라 아라비아어, 페르시아어, 범어와 영어를 알고 있었다. 독서와 개인적 접촉을 통해서 그는 다신교는 물론이고 심지어 유신론에 대해서조차 지극히 비판적이었던 이신론理神論 운동을 포함한 서구 사상의 많은 부분에 친숙했다. 이 운동은 대부분의 종교 의례를 우상숭배로 보았다. 그는 힌두교 내의 우상숭배와 다신교에 대한 비판을 위해서 이신론자들과 유니테리언파(Unitarian)*로부터 많은 영감을 받았을 것이다. 그는 기독교의 윤리적 이념들과 유럽의 도덕 정치 철학에서, 살아 있는 과부 순사·아이 결혼·불가촉의 관행들에 대한 항의의 영감을 얻었다.

그렇지만 그는 도덕·사회·실재에 대한 인도의 고대 문헌(다르마샤스트라와 우파니샤드)을 읽기 시작하면서, 힌두교도 사회의 부패한 관행들이 서구의 이념들뿐 아니라 인도의 이상에도 반대된다는 점을 발견했다. 그래서 그는 사람들이 고대 문헌들을 버렸기 때문에 힌두교가 부패해버렸다고 종종 주장했다. 고대 문헌들을 되짚어보면, 근대 인도 사회를 일그러지게 만든 부패한 습관과 믿음이 성전들의 재가를 받지 못하고 있음을 발견할 수 있게 된다.

1828년 그는 브라모 협회를 설립하여 뜻을 같이하는 인도인들이 모여, 당시의 위대한 아이디어에 대해 논의하도록 하고 인도와 서양 양쪽 모두에 있는 최고의 아이디어와 전통을 접목하는 근대적 인도를 공동으로 만들 수 있도록 했다. 이 목적을 위해서 협회 회원인 브라모들은 인도 사회 개혁에 지대한 관심을 쏟았다. 그러나 우선 옛날 옛적에 수립되었던 인도인의 길이 가지고 있는 기초를 재발견하는 일이 필요했다. 인도 전통의 기초가 이 신성한 지혜의 텍스트들 안에 안전하게 보관되어 있음을 보여주기 위해서 우파니샤드를 재발견하고 재해석해야 했다.

동시에 서구, 특히 기독교의 이상들을 검토하는 일도 필요했다. 이런 목적을 위해서라면, 『예수의 수칙(*The Precepts of Jesus*)』이라는 책 안에 담겨 있는 신약성경에 대한 람 모한의 세속적인 분석이 전범典

---

* 〔역주〕삼위일체설을 배제하고, 하느님이 유일한 실재라고 하는 교설에 입각하여 이성에 의해서 해석된 종교사史 및 종교적 경험을 행위의 지표로 삼으며, 각 교회에 자율권을 주고 있는 프로테스탄트의 한 파.

範이 된다. 이 책은 신약성서에서 교리적 면모들을 제거해버리고, 예수의 인간주의적 윤리를 성경의 요체로서 골라냈기 때문이다. 일단 윤리가 종교적 내용에서 분리되자, 이러한 도덕적 원리들을 사회 개혁의 기초로 수용하는 데에는 아무 지장이 없었다. 그 원리들은 우파니샤드에서 발견되는 윤리와 합치하고 그것을 강화시켜 주었다.

람 모한은 개인적으로 환생에 대한 믿음을 버리고, 종교 예배에서 우상의 사용을 거부하고, 진리의 궁극적 기준으로 이성에 대한 호소를 수용하며, 개인주의와 합리적·인간주의적 윤리 모두를 강조했다. 이 모든 것은 그를 당대의 힌두교 공동체로부터 분리시켰다. 그리고 이러한 신념과 태도가 브라모 협회를 특징지었다는 사실은 그것이 힌두교의 주류에서 완전히 벗어난 분파 또는 협회로 설 것임을 사실상 보증했다. 사실상 브라모 협회 회원들은 결코 힌두교 흐름의 일부로 간주되지 않았다. 비록 그 협회는 근대 힌두교에 엄청난 영향력을 행사했다고 하더라도, 새로운 힌두교의 중심이 되겠다는 꿈은 전혀 실현하지 못했다. 대부분의 힌두교도가 받아들이기에 협회는 서양에 너무 많이, 그리고 너무 재빨리 양보해버렸다. 사실상 브라모 협회에 가입했던 많은 힌두교도들은 가족들로부터 추방당했고 그들의 공동체로부터 축출당했다.

브라모 협회의 세 개의 기둥인 합리주의·인간주의·사회 개혁은 람 모한 자신의 사상으로부터 분명히 도출되었으며, 그의 사상은 서구 이념들, 특히 유니테리언주의에 보이는 이념들에 의해서 크게 영향을 받았다. 그와 함께 다른 개혁가들은 이 이념들이 인도 전통의 최선의 부분과 일치한다는 점을 보이기 위해서 힘든 노력을 기울였다. 하지만 그들의 영감은 서구의 영향에서 흘러왔다는 것이 사실이다. 람 모한의 경우 유니테리언파의 영향이 지극히 강대했고, 그 자신의 일과 이념들 배후의 추진력을 이루었다. 브라모 협회 자체는 1823년에 람 모한이 그 창립을 도와주었던 캘커타 유니테리언 위원회(Calcutta Unitarian Committee)가 발전적으로 해체되어 이루어진 것이었다.

비록 그들을 개인적으로 만난 일은 없었다고 해도, 로이는 미국의 두 자유주의적 유니테리언들이었던 죠셉 터커만(Joseph Tuckerman)과 윌리암 엘러리 채닝(William Ellery Channing)과 상당한 연락을 주고받았고 크게 영향을 받았다. 당대 세계에서 지도적 유니테리언 인물로 보였던 란트 카핀터(Lant Carpenter)는 매우 강한 인상을 남겼고, 로이는 그를 만나기 위해서 영국을 방문했다. 실제로 로이는 1833년 카핀터 집에서 죽었고 영국에 묻혔다.

유니테리언들은 신의 단일성에 대한 그들의 강조로 말미암아 그렇게 불린 것이다. 신의 단일성이라는 이름으로 그들은 삼위일체 교리를 거부했다. 그들이 그토록 깊이 신봉한 합리주의로는 삼위三位의 신이면서 동시에 하나라는 신에 대해서 도대체 이해할 수가 없었기 때문이다. 여기에서 잠시 멈추어 유니테리언주의의 근본적 이념들을 고찰해볼 가치가 있을 것이다. 그 이념들은 브라모 협회와 근대 인도 사상의 많은 부분 안에 명백히 반영되어 있기 때문이다.

유럽의 계몽주의에서 도출했던 기초적 원리는 인간 이성이 우주를 이해하고 인간사를 규제할 수 있는 충분한 힘을 가지고 있다는 것이다. 이 사실은 이해의 근거로서의 신앙과 행동규칙의 원천으로서의 권위가, 일반적으로 계몽사상과 특별히 유니테리언 사상에서 크게 약화되었음을 의미한다.

이 근본적 원리로부터 도출된 세 가지 기초적 이념은, 유니테리언 사상을 지도했을 뿐 아니라 근대 사회적 양심의 형성에도 크게 기여했으며 자유주의적 개혁 운동을 충전시켰다. 그 첫째 이념은, 종교적 믿음(신앙)이 감정이나 도그마·신화가 아니라 이성 위에 근거한다는 것이다. 둘째 이념은 사회 개혁의 이념으로 사회의 특권을 갖지 못한 모든 사람은 보편교육과 시민권을 포함하는 사회 개혁의 프로그램을 통해서 향상되어야 한다는 것이다. 인간 삶의 완성은 오직 죽음 이후에 일어나고 금생에는 극락에서 살기 위한 자격 검증을 위해서 고통으로 진행되는 재판을 참아야만 한다는 전통적 가정 대신에, 금생은 그것 자체로 중요하다는 새로운 태도가 설정되었다. 셋째는 봉사를 통한 구원의 이념으로 진보와 인도주의적 윤리 이념을 결합한다. 인류의 완전성은 사회개혁을 포함한 인류에 대한 봉사가 가장 잘 달성할 수 있다. 이 길은 신이 우리의 영적 진보를 위해서 설계해 두었던 길이기 때문이다.

람 모한과 다른 브라모들에게 끼친 유니테리언파의 영향은 인도를 위해서 우연한 행운이었다. 유니테리언주의가 비록 서구의 문명에서 성장했다고 해도, 서양인이 품고 있었던 많은 가정들에 대해서 비판적이었기 때문이다. 예를 들면 믿음은 이성이나 봉사와는 동떨어진 것, 믿음만이 구원받는다는 것, 제의와 교리가 종교의 요체라는 것, 믿음은 본래 비합리적이라는 것, 인간의 완벽과 구원은 본래 인류에 대한 봉사에 의해서 아무 영향을 받지 않는다는 것 등이 그러한 서구적 가정들이었다. 널리 수용되었던 이와 같은 근대 기독교 이념들에 대해서 유니테리언파가 도전했던 것이다.

유니테리언주의가 그것 자체로 종교 개혁 운동이었다는 사실 때문에, 람 모한과 같은 인도 지도자들이 이런 이념들을 훨씬 쉽게 받아들일 수 있었다. 왜냐하면 그들은 서구의 비판과 저주에 단순히 대응하는 대신, 인도를 넘어 전 세계적으로 종교와 사회를 개혁하는 일에 이 새로운 이념들의 주창자들과 협조할 수 있는 호기가 바로 여기에 있었기 때문이다. 종교적·사회적 개혁에 관해서는 영국·미국·인도는 모두 같은 배를 탄 셈이다. 람 모한과 같은 인도의 지도자들은 이런 사실을 인정했으므로 운동에서 동지 의식을 가질 수 있었고, 새로운 서구의 영향과 힌두교의 개혁 양자 모두를 다룸에 있어서 커다란 자신감을 보일 수 있었다.

유니테리언파는 신을 거부하지는 않았다. 하지만 그들이 가진 이념들은 결과적으로 신을 인간성으로 대체하는 것이고 이성과 합리적·인도주의적 윤리를 인간성의 가장 고귀한 성질로 찬미하는 것이었다. 이렇게 신의 신성한 성질들을 인간으로 이전한 것은 기독교와 힌두교의 만남을 훨씬 쉬운 일로 만들었다. 힌두교도와 기독교도는 이 두 개의 위대한 종교 사이의 차이점들을 초월하기 위한 기초를 인간적 성질들 안에서 발견할 수 있었다.

예컨대 예수라는 인격 안에 신이 성육화했다는 교리는 예수를 완전히 인간적인 관점에서 봄으로써 다루어졌다. 그는 신에게서 영감을 받은 고무된 자이고 예언자이며 위대한 설득력을 지닌 도덕 교사였다. 그러나 유니테리언파는 예수가 실제로 신이었다는 가르침을 미신적 믿음으로 공공연히 비난했다. 예수에 대한 이런 이해는 예수의 가르침을 단순히 인간주의적 도덕으로 간주해버리는 람 모한의 분석의 기초가 되었다. 『예수의 수칙』이라는 책에 포함된 이런 분석은 유니테리언의 중요한 팸플릿이 되었다. 더욱이 이 책이 인도에서 널리 수용된 일은, 서구의 고상한 도덕적 이념들 가운데 몇 가지를 수용하기 위한 길을 예비하고, 기타의 크리슈나가 주는 가르침에 대한 근대적 해석을 위한 모델을 제공했다. 람 모한의 지도를 추종한 다른 개혁가들도, 인도 전통의 도덕적인 심오함을 보여주기 위해서, 모든 중요한 힌두교 문헌의 도덕적인 가르침을 신화적·제의적 측면들로부터 분리해내기 시작했다. 예를 들면 간디는 기타를 일차적으로 도덕적 증언으로, 사회봉사를 요청하는 성전으로 보았다.

예수의 인간적 성질과 그의 메시지의 도덕적 내용에 대한 강조로 이끌어준 합리적 인간주의적 관점은 유니테리언주의의 사회 복음에서도 자신의 모습을 드러냈다. 유니테리언 운동을 지배했던 개혁가들—그들의 영향력은 유니테리언주의를 훨씬 넘어가는데—은 가난하고 고통받고 사회적·경제적 지위가 낮은 대중들이 존재한다는 사실이 기독교적 실행을 저주하는 것으로 보았다. 그들이 논하는 바에 따르면, 예수의 귀감과 가르침에서 주장된 기독교는 인류를 위한 봉사를 통해서 얻어지는 구원의 메시지이고, 가난한 자와 사회적·경제적 지위가 낮은 자를 향상시켰던 메시지였다. 브라모 협회 회원들은 이런 사회 복음을 종교적 실천의 첫째 원리로 수용했고, 신의 의지는 다음과 같다는 것에 동의했다. 즉 지상에 사는 인간의 조건이 인간의 노력에 의해서 향상되어야 한다는 것, 신에 대한 봉사는 인류에 대한 봉사를 의미한다는 것, 경건이라는 도덕이 빈곤한 자와 고통받는 자는 도움을 받아야 할 것을 요청한다는 것, 이것들이 신의 의지라는 것이다.

우리는 여기에서 근대 복지 국가라는 개념의 기초를 이루는 사회철학의 단초를 본다. 인류에 대한 봉사와 사회 개혁이 도덕적·종교적 의무가 된다는 점, 봉사와 사회 개혁이 인간 행위 가운데 가장 고귀한 것을 나타낸다는 점, 이런 점들을 인정하는 일로부터, 브라모 협회가 가진 다음과 같은 쌍두 사회 원리까지는 한 걸음만 더 가면 된다. 즉 ①모든 인간은 사회가 제공할 수 있는 일체의 향상 수단에 접근할 권리가 있다. ②모든 사회는 가능한 한 충실한 인간다운 생활에 필요한 모든 수단을 제공해야 할 책무를 지닌다. 음식·의복·거주처·건강관리·교육·고용·시민적 자유·시민을 위한 문화적 기회가 정부의 힘이 미치는 데까지 제공되어야 한다.

람 모한과 브라모 협회 내의 그의 계승자들이 유니테리언파의 영향을 깊이 받았다는 사실은, 그들이 인도에 있던 기독교 선교사의 설득에 굴복했다고 해석해서는 안 된다. 그것과는 거리가 멀다. 대부분의 선교사는 '영혼을 구원하는 일'에 관심을 가지고, 삼위일체와 교회의 권위를 믿으며, 이성보다는 신앙과 도그마를 믿고 있었다. 그들은 유니테리언파를 신앙에 대한 위협으로, 신이 없는 철학에 현혹된 무신론자들로 보려는 경향을 가지고 있었다. 물론 유니테리언파는 영혼을 구하려는 선교사의 노력이 오도된 것이고, 불행한 일로 보았으며, 선교의 노력을 지탱해 주었던 도그마와 미신에 대한 의존을 공격했다. 이처럼 유니테리언의 영향은 힌두교를 개혁하기 위해서만 아니라 기독교 선교사들을 공격하기 위해 필요한 아이디어와 원칙을 인도 개혁자들에게 부여한 것으로 판명되었다.

예컨대 신의 단일성에 대한 강조는, 신을 성부·성자·성신(성령)으로 보는 전통적인 기독교적인 개념을 다신교의 형식으로 볼 수 있게 했다. 이로써 람 모한은 힌두교도가 우파니샤드의 일신교를 버린 것과 마찬가지로, 기독교인은 기독교 일신교의 기본적인 가르침에도 불구하고 실제로 다신교에 굴복했음을 이해할 수 있었다.

람 모한은 선교사들을 반박하기 위해서 이런 이념들을 사용하기에 조금도 주저하지 않았다. 선교사들의 욕설 섞인 비판과 모멸 찬 태도에 분개한 그는 예수를 신으로 보는 믿음을 공격했다. 그는 말했다. "우리의 종교적 원칙이 무신론자들의 종교적 원칙과 비교되는 것은 조금도 이상하지 않다. 그런데 저들은 신이란 존재를, 태어났고 할례 받은 자로, 양육되고 부모의 권위에 순종하는 자로, 먹고 마시며 심지어 죽기조차 하는 자로 생각할 수 있을 만큼, 신의 신성한 본성에 대한 이념이 너무나 천박한 자들이다."*

람 모한은 힌두교를 이교도의 우상숭배나 미신의 관행으로 간주했던 선교사의 공격을 물리치는 일이 필수적이라고 분명히 느꼈다. 그는 실제로 기독교라고 해서 더 나을 것이 없다는 점을 지적했다. 그러나 그의 진정한 관심은 힌두교 최초의 이상들이 기독교의 이념들과 충분히 맞설 수 있다는 점과, 따라서 힌두교도들은 개혁의 영감과 원칙을 찾아서 그들 자신의 전통을 돌아볼 수 있다는 점을 보여주는 데에 있었다. 이샤 우파니샤드(간디가 가장 좋아했던 우파니샤드가 될 것이었지만) 번역의 서문에서 그는 이 번역을 시도하는 이유를 다음과 같이 설명한다. "일반적인 힌두교도들의 마음에, 오로지 지존의 존재에 대한 믿음과 그 존재에 대한 흠모가 가지고 있는 합리성에 대한 확신을 심어주자는 것이 그 이유이다. 이와 더불어 '다른 사람이 그대에게 해주었으면 바라는 대로 다른 사람에게 행하시오'**라는 저 위

---

* Ainslie T. Embree, 『힌두 전통(*The Hindu Tradtion*)』, New York : Random House, Inc., 1966, p.286.
** 위의 책, p.284.

대하고 포괄적인 도덕 원리에 대한 완전한 인식과 실천을 갖도록 하자는 것이었다."

그가 가능한 한 많은 사람에게 무료로 나누어주었던 (바다라야나의) 베단타 수트라 축약본을 옮긴 벵골어와 힌두스탄어의 번역의 서언에서, 그가 이 번역을 낸 이유는 거창한 일신교와 힌두교도 자신들의 전통이 보유한 인도주의적 윤리를 보임으로써, 그 자신과 자신의 선조들 그리고 힌두교도 동료들의 신앙을 옹호하는 것이라고 말한다. 바로 여기 베단타의 재발견에서, 람 모한과 브라모들은 궁극 실재에 대한 비전과, 그들이 자신들의 전통에 충실할 수 있도록 하는 동시에 절실히 필요로 하는 종교와 사회의 개혁에 착수할 수 있도록 하는 행동 규범을 발견했다.

람 모한의 계승자들, 특히 타고르 부자와 센(Keshub Chunder Sen)의 노력을 포함해 우리가 브라모 협회의 업적들을 회고해 보면, 베단타를 힌두교의 성전적 근원과 기반으로 확인한 것이 가장 중요한 일이었다. 물론 종교적·사회적 개혁들에 대한 브라모의 고취, 분파적 편견에서 독립한 인도주의적 윤리학의 전개, 신화와 제의의 합리적·상징적 해석은 매우 포괄적 결과를 가져왔다. 그런데 그들의 주요 공헌은 이런 결과에 비해 그렇게 뚜렷하게 손에 잡히는 것은 아니었다. 합리적, 비판적, 인도주의적 개혁의 자세를 만들어내는 데에 대한 브라모의 공헌으로, 인도인들은 지난 2세기에 걸쳐 자신들의 전통 내의 최선의 것을 포기하지 않고 근대화의 과제에 대처할 수 있었다.

4. 다야난다 사라스와티

람 모한 로이와 브라모 협회 회원들과는 달리 다야난다 사라스와
티(Dayananda Sarasvati, 1824~1883)와 그가 창시한 아르야 협회(Arya
Society)의 회원인 아르야들은 서구적 영향을 의도적으로 거부하고,
고대 인도 전통의 우월성을 역설함으로써 그 영향에 대응했다. 다야
난다는 진정 놀라운 사람이었으며, 탁월하고 강하고 믿기 어려울 만
큼 정력적이었다. 이 위대한 개혁가에 관한 최선의 연구 저서의 저자
인 조던스(J. T. F. Jordens)는 그를 이렇게 묘사한다. "행동의 정열로
불태운 자, 원칙주의적이지만 실용주의적 개인주의자, 위대한 내적
깊이를 지닌 자, 그러나 현재에 전적으로 몰두하고 언제나 보다 나은
미래를 위해 일하는 자, 자신 주변의 급변하는 세계에 대해서 민감한
심성의 소유자이면서도 결코 그 압력에 굴하지 않는 자, 만인을 위해
서 보다 나은 삶에 대한 꿈으로, 종교적일 뿐 아니라 사회적이고 경
제적인 행복에 대한 꿈으로 불태우는 자"로 묘사되었다.*

다야난다가 비록 인도 사회 개혁의 모델로 근대 서구전통과 근대
힌두교 두 가지 모두를 의식적으로 거부했다고 해도, 그 역시 이들
의 영향을 받았다. 힌두교의 개혁을 위해 취했던 자신의 선교사적 행
동, 그가 꿈꾸었던 개혁들을 수행하기 위해서 형성한 아르야 협회라
는 선교사와 같은 조직은 기독교 선교사의 영향을 시사한다. 유신론
이 강한 시바파 가정에서 보낸 어린 시절의 경험은 그의 후기 인생에

---

* J. T. Jordens, 『다야난다 사라스와티 ─ 그의 생애와 사상(*Dayānanda Sarasvatī
: His Life and Ideas*)』, Delhi : Oxford University Press, 1978, p.295.

서 엄격한 일신교 태도에 크게 기여했다.

다야난다는 서부 인도 구자라트 지방에서 성장했다. 그곳은 영국의 문화적 영향이 실제로 거의 없었다. 근대 힌두교에 대한 그의 혐오감과 개혁의 필요성에 대한 그의 인식은, 그 자신의 영적 동경과 이른바 영적인 존재뿐만 아니라 인간의 전 존재의 완성을 고려할 필요성에 대한 그의 인정에서 비롯되었다.

인생의 전환점은 그의 나이 열네 살, 부친이 범어 공부와 시바 신에 대한 예배로 입문시킨 지 9년 뒤에 왔다. 어떤 특별한 날 시바 예배의 일부로, 다야난다는 아버지와 함께 지역 사원에 가서 시바의 상앞에서 단식과 철야의 밤을 지켰다. '시바의 저녁'이라는 사원 축제 동안 다야난다만 빼놓고 모든 신자들이 잠에 빠져들었다. 계속 깨어 있으면서 그는 쥐가 시바의 점토粘土의 문장紋章 위를 달리면서 신에게 바친 공물供物을 먹고 상을 더럽히는 것을 보았다. 그는 스스로 생각했다. 분명히 저 위대한 시바 신은 내 앞에 있는 이 오염된 우상과 같을 수는 없을 것이다. 그는 이 의혹과 우려를 표하기 위해서 부친을 깨웠다. 부친은 시바가 이 상 안에 충분히 현존하고 있으나, 현대의 칼리 유가의 어둠 때문에 인간에게는 보이지 않는다고 설명했다. 그러나 소년은 납득할 수 없었다.

커져 가는 이 의혹을 숨길 요량으로, 그는 공부에 몰두함으로써 종교적 행위들을 피하려고 애썼다. 하지만 몇 년 뒤 그의 14살 여동생이 콜레라로 세상을 떠났을 때 깊이 느꼈던 비극에 이어 아주 좋아하고 사랑하던 삼촌이 돌아가셔서, 이 청년은 삶의 잔인함과 짧음에서 강력한 인상을 받았다. 이제 그는 고행과 요가행의 산야신(saṅnayāsin, 포기자)의 삶을 살아갈 것에 대해서 생각하고 말하기 시작했다.

부모는 이를 막으려고, 당시의 기준으로 보면 이미 늦은 결혼을 서둘러 시키려 했다. 그러나 공부를 계속할 기회를 달라는 다야난다에게 설득되어서 결혼을 연기하는 데 동의했다. 그러나 그는 21살이 되자 집에 머물러 있게 되면서 더 이상 결혼을 피할 수 없음을 알았다. 그래서 그는 어느 날 밤 조용히 집을 빠져나와 목샤에 대한 구도를 시작했다. 부친은 몇 개월 이후 그를 붙잡아 공개리에 모욕하고, 오렌지 색깔의 가사를 빼앗으며, 이 포로를 신부와 가족의 품으로 데려올 것을 결심했다. 그렇지만 다야난다의 결심도 아버지의 결심처럼 강했고, 그는 야밤중에 도망쳤고 다시는 부모의 집으로 돌아가지 않았다.

15년 동안 그는 요가를 수행하고 목샤를 추구했으며, 그가 할 수 있는 대로 모든 거룩한 장소와 거룩한 사람들을 찾아나섰다. 그가 경험한 바에 따르면, 당대의 종교적 지도자들은 무지하거나 부패하고, 아니면 대부분의 경우 둘 다라는 점을 확신할 수 있었다. 절망적 노력과 지독한 난행의 15년 이후 마침내 그는 젊은 시절에 본 적이 있었던 베다 경전을 공부해야 할 필요가 있다고 결심했다. 그렇지만 이를 위해서 그는 어린 시절에 받았던 범어에 대한 기초보다 더 나은 기초가 필요했을 것이다. 이 때문에 그는 범어 문법의 대가로 널리 인정받고 있었던 비르자난다(Virjananda)를 찾아가 제자가 되었다.

마투라 지방의 이 탁월한 장님 구루인 비르자난다와 거의 3년을 함께 보낸 다야난다는 파니니와 파탄잘리를 배움으로써 문법을 배울 수 있는 기회를 가졌을 뿐 아니라, 보다 중요하게는 그의 개인적 삶과 구원만이 아니라 힌두교 전체의 운명이 걸려 있다는 점을 깨닫게 되었다. 사회 개혁가, 행동가로서의 다야난다의 단초는 바로 여기에서 발견된다. 힌두교의 타락은 고대 현자들의 위대한 가르침을 등한 시하고, 저열한 종파적 경전의 등장 때문이라는 스승의 역설은 다야 난다의 베다 연구를 크게 고무했고, 그의 진화하는 개혁 프로그램을 위한 기초로 베다를 사용하도록 격려했다.

공부가 끝나면 학생이 스승에게 바치도록 되어 있던 감사의 전통적 선물 대신에, 비르자난다는 그의 제자가 고대 현자들의 가르침을 반포하는 일에 생애를 바칠 것이라는 약속을 요청했다는 것도 뜻 깊은 일이다. 다야난다는 동의하고 베다의 연구를 시작했다. 이 연구는 그의 유명한 주석을 만들어냈고, 그의 사회 개혁과 교육에 있어서 기초를 제공했다.

다야난다의 생애와 과업에 방향 지시를 했던 이념들로 돌아가 보면, 우리는 부단히 전개되는 일련의 이념들 중에 무엇을 택해야 하는가 하는 문제에 봉착하게 된다. 우리는 후기의 이념들, 특히 두 번째 『사탸르타 프라카슈(Satyarth Prakash)』에 있는 이념들을 강조할 것이다. 이것들이 그의 가장 완전하고 성숙한 사상을 표현한 것으로 가정할 수 있기 때문이다. 그런데 시바 신에 대한 어린 예배자를 궁극적 해탈을 추구하는 젊은 요기로, 그리고 이런 요기를 활발한 개혁가로 변화시킨 개인적 변화와 거의 나란히, 이념상의 변화도 있었다는 점이 반드시 지적되어야 할 것이다.

성인이 된 이후, 그의 생애 초기는 궁극적으로 변화시키고 해방시켜 주는 힘으로서의 요가와 고행주의에 대한 이념들로 지배되었다. 그러나 그가 고전을 읽기 시작하자 베단타의 영향을 크게 받기 시작했으며, 그의 생애 중 짤막한 중기는 범아일여라는 베단타의 이상으로 지배되었다. 그렇지만 그가 성숙해지자, 개인주의에 대한 그의 커가는 통찰력과 브라만에 대한 유신론적 해석이 결합하여 신과 인간 개인과의 영원한 차별성에 대해서 납득하게 되었다. 동시에 개혁의 절박성에 대한 통찰과 사회에서 개인의 총체적 복리를 추구해야 할 필요에 대한 통찰은, 인간됨이란 본래 능동적이라는 것, 즉 행위자라는 이념을 앞세워 사람이 본래 지자知者라는 그의 초기 이념을 버리게 해주었다.

궁극 실재는 인격신이다; 베다는 신의 계시를 포함한다; 행위자가 인간 존재의 본질이다; 구원은 오직 행위를 통해서 온다; 이런 여러 이념들이, 다야난다의 성숙한 생애와 그가 힌두교를 되살리고 인도 사회를 개혁하는 자신의 노력을 돕기 위해서 창건한 아르야 협회를 지도하는 힘이 되었다. 그렇지만 이 이념들을 각각 논하기 전에, 다야난다와 아르야 협회의 개혁 노력에 기운을 주었던 것은 새로운 황금기라는 이상이었다는 점이 반드시 지적되어야 한다.

다야난다는 서구도 근대 인도도 힌두교의 새로운 황금기의 창조를 위한 열쇠를 갖고 있지 못하다는 점을 확신하고, 이념과 영감을 위해서 베다의 황금기로 눈을 돌렸다. 영감을 찾아서 우파니샤드와 베단타로 눈을 돌렸던 브라모 협회 회원과는 달리, 다야난다는 베다 찬가, 특히 리그베다의 찬가에서 힌두교의 웅대한 비전을 발견했다. 여기에 지상地上의 충만하고 완전한 비전이 있었다. 이 비전은 지성·용기·인간의 노력을 예찬하고 가정과 공동체를 최고의 중요성과 존경의 자리로 상승시키며, 공동체의 복리를 위한, 고귀하고 용기 있으며 지성적인 행위를 구원으로 인도하는 열쇠로 여기는 것이었다. 적어도 다야난다에 따른다면, 하나의 진정한 신에 대한 봉사를 최고의 종교적 노력으로 인정하는 비전이 리그베다에 있었던 것이다. 이런 이

넘들과 가치들은 아르야바르타(Āryavārta)에서 수천 년 전에 아리아 인들이 살았던 황금기를 창조했던 것이며, 이제는 미래 힌두교의 새로운 황금기의 기초가 될 수 있을 것이다.

다야난다는 1천 년에 걸친 힌두교의 점진적 퇴락의 관건으로 자신이 보았던 고통과 재생에 대한 어떤 강조도 베다에서 보지 못했다. 거기서 그는 충만한 실재에 대한 긍정과 평범한 삶과 평범한 세계의 신성함을 보았다. 경험적 세계와 육화된 존재는 오직 상대적으로만 실재하고 부차적인 가치밖에 지니지 못한다는 이념, 고의 존재로부터의 해탈에 대한 강조를 지지하는 이념은 인생에 대한 베다적 비전 안에는 전혀 없었다.

공동체를 위해서 정력적이고 조직화된 노력에 대한 베다적 이상은 아르야 협회 조직을 고취했고 사회 개혁과 민족주의 운동으로의 정치적 참여를 지도했다. 그리고 진리가 세계의 변화 속에 자신을 나타내는 힘을 가지고 있다는 고대 이념도 역시 다야난다의 사상과 일을 지도했다. 아르야바르타라는 황금기의 이상이 참되기 때문에, 그 이상은 사람들이 그 진리를 보기만 한다면 이상 자체를 실현하는 데에 필요한 힘을 생성시킬 것이다.

이런 이유로 다야난다는 교육을 크게 강조했다. 아르야 협회가 촌락과 도시로 들어가게 되면서, 학교와 대학의 네트워크는 결국 사회를 개혁하는 진리의 실현을 촉진하기 위해 만들어졌다. 진리 본래의 힘이라는 생각과 커뮤니티 복지를 위해 적극적으로 일할 필요가 있다는 생각, 이 둘의 조합으로 다야난다는 사회개혁을 위해 매우 열심히 일할 수 있었다. 그러나 그는 사람들이 비전이나 그 비전을 실현하기 위한 실제적 노력 탓으로 혼돈에 빠지지 않도록, 심지어 비전이나 노력에 대해 적대적이 되지 않도록, 심하게 공격적이고 안달나듯이 밀어붙이지는 않았다. 결과적으로 힌두교도는 브라모들에게 보인 최초의 반응이었던 적대감으로써 아르야 협회에 반응하지는 않았다.

베다에 대한 다야난다의 견해는 두 가지 중요한 점에 있어서 브라모들의 것과는 달랐다. 첫째, 이미 지적한 대로 그는 베다라는 말로 우파니샤드가 아니라 베다들, 특히 리그베다의 고대 찬가들을 의미했다. 우파니샤드는 최초기의 찬가들보다는 5백 년에서 1천 년 정도 이후에 지어진 것이고, 아리아인과 토착적 이념들·가치들의 혼합을 반영하는 것이다. 둘째, 브라모들은 계시의 독점성에 대한 일체의 주장을 거부하는 경향을 지니고 있었고, 그들 자신의 입장을 유지하기 위해서 성전을 택하는 일에서 상당히 절충적이었다. 그렇지만 다야난다는 신이 직접적으로 베다를 계시했다고 그리고 그것이 성경에 비하면 더 오래된 것이고 동시에 우월한 계시를 담고 있다고 논한다. 그는 정말로 모든 다른 성전은 인간이 기록했고, 오직 인간의 생각과 관찰을 표출한다는 점을 역설했다. 베다만이 신에게서 직접 온 것이고, 따라서 영원하고 무시간적인 것, 모든 면에서 진실한 유일한 성전이다. 더욱이 그는 베다가 전적으로 합리적인 것이라고 주장했다. 이 사실은 베다의 근원을 합리성의 구현 자체인 신에 둠으로써 보증된다.

베다에 관한 상당히 주목할 만한 주장들을 지지하기 위해서, 다야난다는 철저하고 꼼꼼한 주석과 분석을 수행했다. 성경과 코란을 '보여주기' 위한 노력에서 그는 다음과 같은 사항들, 즉 ①베다의 진리가 이성과 과학의 진리와 결코 부합하지 않는 것이 아니라는 점, ②이성이 발견할 수 있는 모든 진리는 어떤 방식으로든 이미 베다에 포함되었다는 점, ③겉으로 보기에 역사적이고 신화적인 모든 언급은 실제로는 행위하라는 명령이거나 미묘한 영적 진리에 대한 간접적 명령이라는 점, 그는 이런 사항들을 증명하려고 결심했다. 그의 추종 자들 모두가 이러한 근본적 가르침을 용인할 수는 없었다. 하지만 그의 비판자들조차 힌두교의 이런 위대한 원천(베다)이 갖고 있는 고대 이념들과 가치들의 재발견에서 이익을 얻어냈다.

다야난다는 베다 종교를 성전에 기초하는 것으로, 그리고 베다는 신의 지혜가 삶을 위해서 인간에게 준 직접적이고 완전한 계시로 보고 있다. 이 생각은 물론 신에 대한 그의 견해에 의존했다. 인격신에 대한 그의 관념이 어린 시절에 경험했던 시바교 수행으로의 입문에서 왔다는 점에는 의심의 여지가 없다. 시바교는 지존의 신이 취하는 비非신인동형론적神人同形論的의 성격을 강조하고 있던 종교다. 힌두교가 공통으로 갖고 있는 신인동형론적 강조에 대한 그의 초기의 혐오감도 아마 시바교의 배경에서 나왔을 것이다. 시바교는 분명 비슈누교가 신인동형론적 신 관념을 갖고 있다는 이유로 비슈누교를 비판하는 전형적인 종파적 편견을 갖도록 했을 것이다.

그는 또한 『브라모 다르마』에 제시된 데벤드라나트 타고르(De-bendranath Tagore)의 일신교의 영향을 받았던 것 같다. 이 소책자는 다야난다가 브라모들을 만나기 위해서 칼리카타에 갔을 때 그에게 상당히 깊은 인상을 주었다. 데벤드라나트 타고르 자신이 기독교, 특히 유니테리언적 접근법의 영향을 받았던 인물이었다. 따라서 인격적 단일성과 신으로서의 궁극 실재의 독특성에 대한 다야난다의 관념은, 그 자신이 깨닫고 있는 것보다 기독교에 더 큰 빚을 지고 있을 수도 있다. 어떻든 칼리카타 여행 이후, 다야난다는 범아일여를 궁극 실재로 보는 초기의 베단타적 견해를 포기하고, 이것을 신과 인간들 사이의 영원한 차별을 강조하는 견해로 바꾸었다.

그가 신을 인간으로 생각하면서 직면하게 된 주요 난점은, 어떻게 한 인격이 비록 지존의 인격이라고 해도 악의 모든 흔적과 평범한 인간들이 경험하는 모든 한계로부터 자유로울 수 있는가를 보이는 일이다. 그의 신앙은 이 난점을 극복할 수 있었으나, 이성은 평생 동안 이것과 씨름했다. 이런 지존의 인격이 갖고 있는 본성은 세계를 창조하고 보존하고 구원하는 것이라는 점도 그는 확신했다. 그러나 만일 신이 자신의 본성을 표시하기 위해서 세계를 필요로 한다면, 신이 어떻게 완벽하게 무제한적일 수 있을까 하는 철학적 문제를 그는 합리적으로 해결할 수 없었다.

그의 합리적 신학의 주요 결점은 그가 평생 그토록 귀중하게 품어 왔던 인격신에 대한 사랑과 신애를 위한 이론적 토대를 제공하는 일에 실패했다는 점이다. 여기에 신화들과 상징들—불행히도 그는 이것들을 항시 우상숭배나 미신과 결부했는데—에 대한 극도의 혐오감, 협소한 과학적 합리성에 대한 공약이, 라빈드라나트 타고르와는 달리 지존의 실재에 대한 그의 이해를, 상징적 현현과 표현이라는 미학적 인식론을 통해서 발전시킬 수 없게 만들어버렸다.

신에 대한 다야난다 견해가 갖고 있는 다른 면, 즉 신과 인간들 사이의 관계도 그 자체의 난점에 직면한다. 첫째 『사탸르타 프라카슈』 1권에서, 그는 인간의 본성인 지바(jīva)가 신의 잠재태로부터 시간 안으로 창조되었고, 시간의 마지막에는 신성神性 안으로 재흡수된다고 주장한다. 그러나 그것은 다야난다가 원하고 있던 신과 인간 사이의 확실한 차별성을 제공하지 않았으며, 신의 존재가 가진 여러 면

중에 적어도 한 면을 인간 존재의 한계들에 종속시킴으로써 신의 전능을 손상시키고 있다. 따라서『사탸르타 프라카슈』2권에서 그는 유신론적 상키야의 입장으로 돌아가, 신·지바·우주는 모두 영원하지만, 개별적 실재들이라는 점을 단언한다. 여기에서의 위험은 신과 지바를 함께 영원한 것으로 만듦으로써 신과 인간 사이의 근본적 차별성이 위협당하고, 해탈한 지바가 목샤를 성취한 정도만큼 지바는 신으로부터 거의 구별해내기가 어렵게 된다는 점이다.

이 문제에 대해서 다야난다가 제안한 해결책은 비싼 대가를 치르는 것이었다. 그는 지바가 신과는 영원히 구별되는 우주와 영원히 연결되어 있기 때문에 영구적인 해탈으로서의 목샤를 얻기가 불가능하다고 주장한다. 이것은 그러나 완전지와 카르마의 완전 제거가 불가능하다는 것을 의미한다. 기껏해야 목샤는 잠정적 자유 또는 우주적 얽힘에서의 일시적 휴식이다. 따라서 힌두교가 가장 오랫동안 그리고 가장 귀하게 품어 왔던 이상들 중의 하나를 암묵적으로 물리치는 것이다.

다야난다가 왜 지바와 목샤에 대해서 이렇게 근본적으로 수정된 견해를 기꺼이 수용하려고 했는가를 이해하기 위해서, 우리는 인류에 대한 봉사와 사회 개혁에 대한 그의 견해가 필요로 하는 인간성의 관념을 살펴야 한다. 신과 인간 사이의 영원한 차별성에 대한 그의 주장은 얘기의 오직 절반에 불과하기 때문이다. 앞서 지적한 대로 인간 존재에 대한 베다적 견해는 인간의 본질을 행위자로 간주했다. 우리는 궁극적으로 행위자이며 지자는 아니다. 지식은 행위를 위해서 존재하는 것이고, 행위가 우리 존재에 근본적이다. 행위를 통해서만 인간 완성이 가능하다. 다야난다는 이 견해를 수용했다. 행위와 포기의 상대적 장점들에 대해서 논쟁하면서, 그는 다음과 같이 말했다. "행위로 가득찬 인생이야말로 진실한 인생이다. 베다가 명령한 선한 일을 수행하는 것이 포기의 참된 길이다. 인류의 이익을 위해 평생을 바치는 사람들은 살아있다고 불릴 자격이 있다."*

다야난다의 이상은 인류에게 봉사하는 행위에 전념하는 사람이며, 그 봉사는 모든 사람에게 완전한 삶의 필요조건을 이해하는 것에서 도출되는 도덕적 원칙에 의해 인도된다. 구원, 목샤는 요가나 고행 또는 지식을 통해서 오지 않는다. 그것은 인류의 고양과 사회 개혁을 위해서 수행된 일을 통해서만 온다. 만일 이 견해가 목샤 자체가 오직 잠정적인 것에 불과하다는 점을 의미할 수도 있다면, 그렇다고 해 버려라. 다야난다는 인간됨이란 본래 행위자라는 견해, 일체의 구원이 인류를 돕기 위해서 수행된 행위를 통해서만 가능하다는 그의 견해를 타협하기를 거부했다.

5. 간디

간디(Mohandas K. Gandhi, 1869~1948)**는 다야난다와는 전혀 다른 기질과 배경을 지니고 있었다. 그는 런던에서 교육을 받고 남아프리카에서 변호사로 활동했으며, 1920년대에는 국민회의의 가장 중요한

---

* J. T. Jordens, 『다야난다 사라스와티 – 그의 생애와 사상』, Delhi : Oxford University Press, 1978, p.64에서 인용.

** 〔역주〕 간디의 생년은 1890년이 아니라, 1869년이다.

지도자가 되었다. 그는 주로 행동의 인간이면서 인간의 혼을 고귀하게 만들고 인간의 위엄과 사회적 개혁에 기여하는 이념들이라면, 그 근원이 무엇이든지 간에 그 이념들에 마음을 열었다. 산상수훈·이샤 우파니샤드·톨스토이·러스킨의 저작들·바가바드기타가 실재와 인간성에 대한 그의 비전에 상당히 크게 기여했다.

그가 평생 동안 간직한 종교적 태도들은, 비슈누 신을 섬기는 자가 자기완성으로 나아가는 데 본질적 수단이 되는 비슈누 신에 대한 신애와 순종에 의해서 형성되었다. 그가 어린애에 불과했을 때, 신앙이 독실한 어머니가 그를 이런 종교 수행들에 입문시키고, 신에 대한 그녀의 사랑은 그에게 영감을 불어넣었다.

간디는 남아프리카에 있는 인도인의 권리와 기회를 확보하기 위해서 변호사로 일하면서, 차별의 악을 충분히 평가할 수 있는 기회를 가졌다. 여기에서 그는 사회 개혁에 대한 그의 전체적 접근법을 형성했던 비폭력 저항의 실험을 시작했다.

간디만큼 독립된 근대 인도의 창건에 기여한 자도 없으며, 어떤 개혁가도 간디만큼 민중의 사랑을 받지 못했다. 보다 탁월하고 훌륭한 학자나 보다 일관성 있는 사상가도 있을 수 있으나, 아무도 대중과 자신을 일치시키는 일에 간디만큼 진지하거나 더 나은 자는 없었다. 간디는 자발적으로 가난이라는 짐을 짊어지고, 일반 민중들이 자신들을 민족주의 운동과 중요한 사회 개혁 운동과 일치시킬 수 있게 했다. 개인적 순결과 단순성에 대한 강조, 타인에 대한 사랑에 근거하는 엄격한 도덕에 대한 주장은 가난하고 무지한 수천만 인도인의 심성에 이미 준비되어 있는 듯한 반응을 얻어냈다. 동시에 그는 그가 진정한 사원으로 여긴 인도의 촌락에서 진정한 정열과 감정을 찾아봐야 할 것임을 인도의 다른 지도자들에게 상기시켜 주었다. 촌락들의 불결함과 후진성에도 불구하고, 촌락들은 인도의 진정한 희망을 가지고 있었다. 바로 여기에 인도의 불행한 현재 상황뿐 아니라 진정한 힘도 있었다.

간디가 어떻게 인도의 이미지를 바꿨는지를 지적하는 일이 중요하다. 전에 감동받아 움직였던 인도인들 대부분은 서구를 우월하다고 생각하여 서구적인 모든 것을 모방하거나, 또는 인도를 우월하다고 여겨 고대 인도 사상과 사회가 가졌던 찬란함을 강조함으로써 서구의 영향력에 대응하려는 경향이 있었다. 어느 경우든 풍요하고 강력하고 영광스러운 것―그것이 인도의 과거에 속하는 것이든 당대의 서구의 속하는 것이든―이 검토를 위해서 선택되었고 이상으로 주장되었다. 간디는 이를 바꿨다. 진실은 우리가 가난하고 배고프고 도움이 필요

1946년 인도의 미래를 논의하고 있는 간디와 네루

제16장

하다는 것이다, 이렇게 간디는 말했다.

말, 개인적인 모범, 행동을 통합함으로써 간디는 인도의 모든 가난한 사람들을 대표해 다음과 같이 감동적인 선언을 했다. "우리는 가난할지도 모른다. 그렇지만 우리는 열심히 일할 수 있는 위대한 능력과 영적 기운 그리고 도덕적 의지를 가지고 있어서, 우리 스스로를 먹이고 입히고 교육시키고, 자신들을 통치하고, 풍요하고 충만한 삶을 위한 필수 조건들을 제공할 수 있다. 이 모든 것을 하는 동안에도, 우리는 수천 년 동안 인도의 영혼을 길러온 도덕적 정신적 전통을 포기하지 않고 경제적인 물질적인 면을 강조하면서 현대에 들어설 때 우리의 가장 깊은 인간성을 지킨다."

간디는 인도의 모든 민중들의 삶에 이런 진리를 실현하기 위해서 그의 삶을 바쳤다. 그는 일차적으로 행동의 인간이었으므로, 그의 사상과 저작은 세계를 바꾸고 자기 자신을 완성시키려는 그의 경험에서 나왔다. 이 경험은 부단히 변했고, 비체계적이고 흔히 상충하는 사상의 표현을 낳게 되었다. 그는 방에 앉아 인간성과 사회에 대해서 정교하게 일관된 이론을 다듬을 만한 여유도 취향도 갖지 못했다. 세계는 행동을 요구했으며, 그는 온갖 힘과 정열로써 대응했다. 그러나 행동에 대한 공약과 다른 사람을 돕겠다는 그의 헌신 아래 놓여 있는 관건이 되는 이념들은 그의 개인적 삶·행동·저작을 통해서 빛나고 있다.

어떤 권세도 진리만큼 강하지 못하고 사랑이 행동의 최고의 법(요건)이라는 그의 가장 근본적 이념들은, 그가 어린 시절 어머니 옆에서 배운 것들이었다. 진실과 사랑의 감명 깊었던 최초의 수업은 10대에 왔다. 나이 든 소년들과 어울려 담배 피우고 고기를 먹기 위해서, 간디는 동전 몇 닢과 금 한 쪽을 훔쳤다. 그러나 이런 금지된 행동에 참여함으로써 부모를 거역하게 되었다는 점에 대해서 곧 죄의식을 느끼고 후회하게 되자, 그는 이런 끔찍한 행동을 부친에게 고백했다. 저 어린 간디는 부친이 가할지도 모르는 매우 엄한 처벌에 대해서 마음의 준비를 단단히 했다. 하지만 그는 실제로 일어났던 일에 대해서 무척 놀라고 깊이 감동받았다. 부친은 꾸짖지도 처벌하지도 않았고, 말없이 흘러내리는 눈물로 그를 용서했다. 바로 이것이 사랑을 일으킬 수 있는 진실의 힘, 심정을 개혁할 수 있는 사랑의 힘에 관한 최초의 참된 수업이었다고 간디는 나중에 회상했다. 그가 다시는 담배 피우거나 고기 먹고 싶은 유혹을 느낀 적이 없었기 때문이다.

진리의 힘과 사랑의 힘이라는 두 이념을 자유·정의·사회 개혁을 위해서 적용한 일이 간디를 세계적으로 유명하게 만들었다. 내부분의 사람들은 영국 통치에 대한 비폭력 저항에 동원된 그의 기술들에 대해서 익히 알고 있다. 그의 시민불복종 운동·수동적 저항·단식투쟁은 악에 대항하는 강력하고 새로운 인도적 무기를 인도와 세계 앞에 보여주었다. 이런 투쟁술의 기초는 진리파지(사탸그라하, satyāgraha)와 사랑(ahiṁsā)이라는 두 원리였으며, 여기에서 간디의 모든 이념과 행동은 나왔다. 하지만 이 두 원리는 흔히 잘 이해되지 않고 있다. 개인과 진보에 대한 간디의 강조는 이 두 원리 안에 근거하고 있으며, 이 원리들이 그의 행동을 위한 영감과 에너지를 제공했다.

다야난다처럼 간디는 진리 본래의 힘이라는 고대 이념으로부터 영감을 받았다. 이 이념은 오늘날 인도 문장紋章의 모토인 '진리가 승리하리라(Satyam Jayate)'에 새겨져 있다. 그의 삶을 위한 최선의 묘사는 자서전의 제목대로 '나의 진리 실험 이야기'였다. 생애의 초기에는 진리의 위대함을 가리키는 말로서 '신이 진리이시다'라고 말하곤 했다.

그러나 후에 그의 경험들은 이것마저도 부적당하다는 확신을 심어주어, 한걸음 더 나아가 '진리가 신이다!'라고 말하게 되었다. 이것은 그에게 '추구해야 할 것도 진리이고, 봉사해야 할 곳도 진리임'을 의미한다. 만유의 중심부에 거하는 진리의 실현을 통해서만 인간 생명은 완성되고 구원은 발견되는 것이다. 진리를 실현하는 것은 신을 실현하는 것이며, 자기 자신의 존재의 내적 법칙을 충족시키는 것이다.

이샤 우파니샤드에서 간디는 신·진리·존재의 일치에 대한 비전을 위한 영감을 찾았다. "이 모든 것, 이 변화하는 세계에서 움직이고 변화하는 일체는 주님이 감싸고 있다"는 것을 선언하는 이샤 우파니샤드의 첫 만트라(주문)에 대해서 주석을 가하며, 간디는 다음과 같이 서술한다. "이 우주 안에 존재하는 모든 것, 가장 미세한 원자를 포함하여 그것이 아무리 크거나 작은 것이라고 해도 그 안에는 창조주나 주님으로 알려져 있는 신이 편재하신다. '이샤(Īśa)'는 통치자를 의미하고, 창조주인 그는 자연적으로 통치자가 될 만한 일체의 권한을 가진다."* 간디에 따르면, 이런 신성한 통치자는 모든 창조물의 진리이고, 우주의 신성한 법이다. 이런 법 안에서 만물이 움직이고, 그 안에 그들의 존재를 가지고 있다. 그것들이 이 법의 진리와 부합할 때만 그것들은 완성된다. 모든 개인, 모든 단체, 모든 사회는 이런 진리를 발견해야 하고, 그들의 충만과 완전을 발견하기 위해서 그 규칙에 따라서 살아야 한다.

이러한 이해가 행위의 제1원칙은 진리를 붙잡는 것, 즉 '진리파지

---

* D. S. Sharma(ed.), 『간디 경전(*Gandhi Sūtras*)』, New York : Devin Adair, 1949, p.24.

眞理把持'라는 간디 주장의 근저에 있다. 사탸그라하(satyāgraha)는 진리를 의미하는 사탸(satya)와 붙잡음을 의미하는 아그라하(agraha)로 이뤄진 합성적 표현이다. 사람은 모든 것을 존재하게 하고, 움직이게 하는 신의 법칙 안에 표현된 진리를 붙잡아야 한다. 진리파지는 자기 자신의 본성과 목표에 일치하여 존재하는 것과, 다른 모든 존재의 본성과 목적에 일치하여 행위하는 것 양자 모두를 의미한다.

간디는 만유를 낳는 진리, 개별적 존재 각각에게 내적 규칙과 목적을 부여하면서도 그 존재 모두를 한 가족으로 결합해주는 진리가 영원히 존재한다는 점을 믿었다. 그렇지만 이런 진리를 실제로 실현하기 위해서는 정력적 행동이 필요하다는 점도 인정했다. 무명과 사악은 이 진리를 은폐하고, 사람을 혼란에 빠트린다. 따라서 이 내적 진리를 실현하고 이를 모든 사고와 행동의 원칙으로 삼기 위해 필요한 순수함과 자기 인식을 달성하기 위해 정력적인 행동을 취해야 한다.

이와 같은 순수와 자기 지식이 어떻게 성취될 수 있는가? 간디의 대답은 분명했다. 진리가 모든 존재 안에 거하는 신이고 신을 사랑함이 신이 거하시는 존재자들을 사랑하는 일이기 때문에, 자기가 정화되고 내적 진리가 드러나는 것은 사랑을 통해서다. 사랑이라는 말을 위해서 간디가 사용했던 단어는 아힘사였다. 이는 보통 번역되듯이 말 그대로 불상해나 비폭력을 의미한다. 이 말의 의미는 실제 너무 협소했다. 그래서 간디는 순수하고 완전한 사랑을 지칭하기 위해 그 말을 가장 광의로 사용하였다. 이 사랑은 사람 자신의 아주 깊은 곳에서 흘러나오며, 친절·자비·타인에 대한 지치지 않는 봉사로 그 자체를 표현한다.

간디는 폭력을 몹시도 싫어했다. 간디는 그것을 내면적 약함에서 자라나온 공포의 표현으로 보았기 때문이다. 반면 비폭력은 자신의 내면적 존재의 중심적 진리와 만유의 통일성에서 자라나는 사랑의 표현이다. 사랑은 친절·자비·유익이기 때문에, 진리가 확인되고 사랑이 실천되는 세계에서는 증오와 폭력이 들어갈 여지가 없다. 따라서 간디는 이런 세계를 만들기 위해서 모든 형식의 폭력을 배제했다. 폭력은 오직 다른 폭력을 부를 따름이고, 개인과 사회를 더욱 약화하는 것이기 때문이다. 반면 사랑은 자신과 다른 사람 안에서도 사랑을 불러내고, 자신과 다른 이를 강하게 한다.

부정의와 악행에 대한 비폭력적 저항으로 표현되는 진리파지와 사랑이, 행악자에게 자신의 악행이 타인에게 상처 주는 일이라는 것을 깨닫게 해주고, 악을 선으로 대체하도록 심정의 변화를 가져올 것임을 간디는 철저히 확신했다. 간디는 이성이 가끔 머리를 변화시키고, 머리를 통해서 심정이 변화될 수 있다는 점을 인정했다. 그러나 사랑은 심정에서 심정으로 곧바로 가고, 따라서 사랑은 사회 개혁과 인간 완성을 위해서 이성적 논의나 정치적 폭력보다는 훨씬 효과적 수단이라는 점을 그는 알았다. 그런데 사랑은 세계를 지배하기 전에 먼저 민중의 심정을 지배해야 한다.

타인에 대한 봉사의 첫 번째 조건으로 자기 자신의 심정을 정화해야 할 필요성에 대한 간디의 강조는 자기 훈련과 자기 정화라는 개인적인 노력과, 정치적 자유화와 사회 개혁을 위한 공적인 노력에 반영되었다. 개혁에 대한 그의 모든 노력의 중심에 있었던 것은 자유, 정의, 인간의 존엄성이 진리파지와 사랑의 적극적인 힘에 의해서만 달성된다는 신념, 그리고 진리파지와 사랑은 개인적 정화, 희생, 신앙이 필요하다는 신념이었다.

6. 오로빈도

오로빈도 고세(Aurobindo Ghose, 1872~1950)는 요기이자 비전를 가진 인물로, 초기에 서양사상을 배운 후 인도사상 연구로 전향하여, 그 자신의 명상 경험과 통찰력을 구사하여 지구상의 신성한 생명에 대한 비전을 발견했다.

그는 그의 '인도인의 특성'을 최소화하고 인도의 영국 정부에서의 공무를 위한 자격을 갖출 수 있는 서양 교육을 위해서 어릴 때에 영국으로 보내졌다. 그러나 캠브리지에서 학생으로 이름을 날린 다음 1893년 인도로 귀국했을 때, 인도적 접촉에서 그를 분리하려는 부친의 모든 노력을 거역하고, 짤막한 교수 생활 이후에 영국 통치를 제거하기 위한 민족주의 운동에 가담했다. 정치적 자유의 중요성에 대한 그의 감각은 영국 통치에 대한 그의 저항에서 가장 선명히 드러났으며, 이 저항으로 그는 20세기의 첫 10년 동안 혁명 운동에 가담했다. 테러리스트로 피소되어 감옥에 있을 때 그의 환상적 경험은, 진정한 인간의 자유는 단순한 정치적 형태를 훨씬 넘어간다는 점을 보도록 해주었다. 그 자유는 인간 존재의 근본적인 변화를 통해서 내재하는 신의 힘을 개인적으로 실현할 것을 요구한다.

그러나 그는 그가 꿈꾸던 인간 존재의 근본적 변화의 성취와 이런 변화 이후에 있어야 하는 인간 삶의 충만한 표현을 위해서, 정치적 자유·정의·사회의 일반적 개혁을 필수적인 것으로 보았다.

영적 진보에 대한 전통 인도 이념과, 경제적·물질적 진보에 대한 서구 이념, 그리고 만유 안에서 작동하는 진보적 힘에 대한 이념이 합해져, 그에게 인간의 생명을 '신성한 생명'으로 변화시킬 수 있다는 확신을 심어주었다. 인간 존재의 변화는 일련의 몇몇 단계를 거쳐 일어날 수 있었다. 이 단계들에서 사회적 개혁과 요가가 결합하여, 보다 깊고 커다란 생명의 힘을 현재 인간의 모습에 불어넣을 수 있는 필수적 조건들을 창조할 것이며, 인간 생명의 진화에 생기를 주고 보다 높은 영적 형태로의 진화를 안내할 수 있을 것이다.

오로빈도의 근본적 전제는, 인간됨이란 단순히 생물학적 유기체 또는 상품 소비자 이상의 것이라는 데 있다. 인간은 본래 '신-되기를-노력하는 자(striving-to-be-God)'이다. 우리의 스와다르마(svadharma, 자성), 즉 우리의 존재 법칙은 신성한 존재의 성취를 추구하는 것이다. 오로빈도의 말을 빌리면, "모든 능동적 존재는 신을 추구한다. 우리 자신과 사물들 안에 은밀히 계시거나 배후에 또는 넘어 계시는 어떤 최고의 자아와 가장 깊은 실재를, 그리고 숨겨진 신성을 추구한다." 그러나 이 신성은 우리와 분리된 어떤 것이 아니다. 그것은 우리 자신의 존재 바탕이고 충만이다. "신을 구하는 것은 주관적으로는 우리의 최고의, 진실한, 완전한, 최대의 자기를 구하는 것이기도 하다."* 영적 생명에 대한 그의 강조 때문에, 오로빈도가 자유나 정의와 같은 사회적 이슈들을 무시했다고 잘못 생각되는 수가 가끔 있었다. 그렇지만 사실은 형이상학과 심리학에 관한 그의 감동적 저작들(예를 들면 『신성한 생명(The Life Divine)』과 『통합요가(The Synthesis of Yoga)』)은 사회적 이슈들에 대한 그의 다른 저작들을 보안하고 있을 뿐 아니라, 그것들 자체가 사회사상을 위한 기반으로 간주될 수 있을

---

* Sri Aurobindo, 『인간의 주기(The Human Cycle)』, New York : E. P. Dutton & Co., 1953, p.161.

것이다. 사회 자체는 모든 사람이 자신의 존재를 깊고 영적인 양식으로 바꿀 수 있는 방식으로 개혁되어야 한다.

영적 진화를 위해 인류를 준비하려면 사회 조직의 구조 전체가 이 기능을 하도록 설계되어야 한다. 오로빈도는 사회 제도가 인류의 생물학적, 경제적 요구에 대한 만족을 제공해야 하지만, 더 높은 영적 요구에 도움이 되는 방식으로 그렇게 되어야 한다고 주장한다. 그 첫째 조건은 강요와 억압이 자유와 정의에게 길을 양보해야 하는 것이다. 궁극적으로 사회를 구성하는 개인들은 우선 그들의 외부에 있으면서 사회를 구성하는 개인은 자신을 억압하는 법률이나 제도에서 해방되어야 하고, 그러한 강제를 스스로 부과한 규제로 대체해야 한다.

사람들을 그들의 자유와 헌신 속에서 결합시키는 내적 주관적 기준, 그리고 그들 안에 있는 영적 가능성을 실현하기 위한 수단으로 작동하는 기준은, 사회 자체의 점진적인 성장과 각성을 통해 달성되어야 한다. 오로빈도는 사회를 독립적 개인들이 우연히 뭉쳐 이뤄진 것으로 보지 않고, 사회 자체를 집단이 공유한 삶을 이루고 있는 통일된 전체로 보고 있다. 그렇지만 삶을 공유하는 개인들에게 그 존재를 의존하는 사회는 각 개인의 삶에 새롭고 보다 커다란 차원을 부여한다. 실상 사회의 일차적 기능은 각 사람의 완성을 촉진하는 것이어야 한다.

사회의 본성과 기능에 대한 이런 견해는 실재에 대한 포괄적 견해에 의해 유지된다. 이 견해에 따르면 만유는 궁극적으로 영적인 것이지만, 각 존재는 그 존재의 다른 영적 단계에서 자신의 내면적 법칙이나 규범(다르마)에 따라서 각기 다르게 작동한다. 영의 단계들은 무의식적 또는 물질적 단계의 최극단으로부터, 절대적 존재·의식·환희(sat-cit-ananda)의 삼위일체적 완성의 단계에 이르기까지 펼쳐져 있다. 심리(psyche)·자아(mind)·상급자아(overmind)·초자아(supermind)라는 생명이 상승하는 단계들이 영혼의 연속성 안에 구분되었다. 인간되기라는 과업은 본래 존재의 저급한 단계를 고차원적 단계의 빛과 힘으로 변화시키는 과업이고, 오로빈도가 '신성한 생명(Life Divine)'으로 이상화한 것을 성취하는 일이며, 존재·의식·환희의 충만을 구현하는 삶의 방식이다.

만유를 영적 실재의 최고 형태로 변화시키는 일은 모든 것을 포괄하고 통일하는 완전한 요가 훈련과 적절한 사회적 조건들이 획득되어야 한다. 오로빈도에 따르면, 이런 변화는 다음 세 가지 모습을 지니고 있다. ①자신의 현존재가 보다 고차원적인 영적인 존재의 수단으로 바뀌는 정신적 변화, ②영혼의 고차원적 형태들이 저급한 것으로 하강하여 그것을 완전하게 변화시키는 영적 변화, ③인간 존재의 완벽한 영적 변화이다.*

인간의 생명을 신성한 생명으로 바꾼다는 오로빈도의 비전 아래에 있는 것은 실재와 인간의 본질에 관한 그의 견해이자 인도의 고대 지혜에 깊이 뿌리박은 견해이다. 이 견해의 주요 면모들은 일련의 짧막한 명제에 간결하게 표현되었다. ①신성한 존재를 구성하는 힘과 기운은 우리 안에 존재한다. ②우리는 우리 안에 있는 깊은 힘과 기운에 대해서 대체로 무지하다. ③우리의 존재를 생명의 더 높은 양상으

---

* Sri Aurobindo, 『신성한 생명(*The Life Divine*)』, New York : India Library Society, 1965, p.173.

로 바꾸기 위해 우리는 스스로를 탐구하여 이러한 더 깊은 힘과 기운을 자각해야 한다. ④우리의 현재 결함 있는 존재 문제에 대한 해결책은 우리의 보다 깊은 영적 힘을 지배하는 데 있다. ⑤인간의 존재 속에서 신성한 실재를 구성하는 힘은 생명의 모든 차원에 침투하고 그 차원들을 변화시켜야 한다. 영의 물질적 및 생물학적 측면은 부정되어서는 안 되며 오히려 영적 존재의 더 높은 차원의 표현으로 간주되어야 한다. ⑥우리의 영적인 힘을 실존적으로 실현하는 것은 인생 최고의 방향에 따라 가능한 최선의 방법으로 사는 것을 의미한다. ⑦실재 최고의 힘을 온전히 발휘하고 우리가 존재의 내핵에 있는 진정한 자신을 각성하고 사는 삶은 영적이거나 신성한 삶이다.

완전한 영적 잠재력을 이미 성취한 사람의 삶에 대한 오로빈도의 비전은 두 개의 근본적 가정 위에 놓여 있다. 첫째, 인간 안에 우주의 기초적 기운이나 힘과 궁극적으로 동일하지만 여태 실현되지 못한 힘과 기운이 존재하며, 이것들이 실현되면 모든 다른 기운과 힘의 구속력으로부터 인간 존재는 완전히 자유롭게 될 것이다.

둘째, 이러한 궁극적 힘은 특정한 규칙들, 우주의 모든 행위를 안내하고 지도하는 존재론적 규칙들에 따라서 힘 그 자체를 나타낸다. 인간들이 이 규칙들에 따라서 그들의 행위를 지도하게 될 때에만 인간들은 궁극적 힘과의 기본적인 일치를 실현하고, 따라서 완전한 자유를 획득하게 된다.

존재의 내면적 규칙들에 대한 오로빈도의 모델은 실재의 신적 규범을 의미하는 리타라는 베다적 개념이다. 이 개념은 실재의 존재론적 측면과 규범적 측면을 통합시킨다. 그는 도덕이나 다르마를 공동체에 부과된 인간 이성의 규칙으로서가 아니라, 본질적으로 그 자체의 영적 기반에 의한 존재의 내적 규칙에 대한 응답의 문제로 보았다. 우리는 요가 훈련을 통해서 우리 존재의 내면적인 영적 규범에 대해 우리 자신을 각성시킬 수 있고, 그 규범은 우리 행위를 영적 진화의 수단으로 삼을 수 있다.

신성한 생명을 실현하기 위한 필수적 수단으로 요가를 강조하는 것도 역시 전통적이다. 하지만 오로빈도를 근대의 환상가와 개혁가로 규정할 수 있는 것은, 개인적 요가의 수단을 사회적 조건들의 변화와 통합시킨 일이다. 각 개인은 이런 통합을 통해서 우리 존재의 모든 섬유 조직과 일체의 표현력으로써 이런 영적 진화에 참여할 수 있게 된다.

오로빈도도 간디처럼 사회 개혁의 기초와 사회 문제의 해결책으로서 과학과 기술에 대한 지나친 의존에 반대의 목소리를 높였다. 두 사람 중 아무도 과학이나 기술에 반대하지는 않았다. 그러나 두 사람 모두, 과학과 기술 자체로는 인간의 완성과 자아실현을 위한 적절한 사회적 기초를 제공할 수 없음을 알았다. 유사한 방식으로, 간디와 오로빈도는 사회의 조직을 변화시키는 일만으로는 충분하지 않다는 것을 알았다. 인간 존재 자체의 변화가 요청되는 것이다. 오로빈도는 그것을 이렇게 말한다.

우리 사회를 유럽을 흉내 내는 사람들의 집단으로 만들기 위해서 조직만을 변화시킨다고 해서 사회적 혁신이 올 것이라고 우리는 믿지 않는다. 과부의 재혼·계급을 계층으로 대체하는 것·성인成人 결혼·계급 간의 결혼·계급 간의 식사 그리고 사회 개혁가의 또 다른 묘약들은 모두 기계적 변화여서 그것들의 장단

점이 무엇이든, 그것들 자체로는 나라의 혼을 구할 수도 없고 타락과 몰락의 길을 정지시킬 수도 없을 것이다. 구원을 가져오는 것은 영혼뿐이며, 심정에서 위대하고 자유로워짐으로써만 사회적, 정치적으로 자유롭고 위대해질 수 있다.[*]

'심정에서 위대하고 자유롭게' 되기는 새로운 종류의 인간 존재 안으로 영적으로 진화할 것을 요청한다.

그렇다면 무엇이 우리 이상이 되어야 할까? 관심사들의 외면적 연합만이 아닌 내적 하나됨에 의한 인류의 통일, 단순한 동물적·경제적 생명 또는 단순한 지적·미적 삶으로부터 영적 존재의 영광 안으로 소생하는 것, 인간은 그 인간성이 진정한 초인간성(supermanhood)으로 발전될 수 있도록 영의 힘을 물리적 틀과 정신적 도구 안으로 쏟아붓는 일, 이렇게 셋이다. 진정한 초인간성이 그 동물의 상태(여기에서 인간이 흘러나왔다고 과학은 말하는데)를 능가하는 정도만큼, 그 초인간성은 우리의 현재 상태를 능가한다. 이 셋은 하나이다. 인간의 통일과 인간의 자기 초월은 오직 영 안에서 살아갈 때에만 올 수 있기 때문이다.[**]

---

[*] Sri Aurobindo, 『카르마 요긴의 이상(*The Ideal of The Karmayogin*)』, Calcutta : Arya Publishing House, 1937(11판), p.8.

[**] Sri Aurobindo, 『이상과 진보(*Ideals and Progress*)』, Calcutta : Arya Publishing House, 1946, p.56.

요가와 신성한 생명에 대한 방대한 저서에서 전개된 이러한 이상은 사회의 지침이 되는 목표를 제공해야 할 것이다. 오로빈도는 다음과 같이 말한다.

> 인간이 지금처럼 부분에 대해서가 아니라 그 자신의 참 존재와 본성 그리고 운명에 대해서 점점 자각하게 되면, 모든 사회의 목적은 우선 생명과 성장의 조건들을 제공하는 것이어야 한다. 특정 인간이나 계급 또는 특권 계급이 아니라, 모든 개인은 자신들의 조건대로 그리고 자신들의 능력에 따라서 이런 신성한 완벽(divine perfection)을 향해 여행한다. 그리고 그다음에 종족의 구성원 각자의 성장을 통해서 그 종족이 이런 신성한 완벽을 향해 여행한다. 두 번째, 인류가 일반적으로 생명 안의 신성한 어떤 모습으로 더욱 가까이 성장하게 되고 거기에 더욱더 가까이 도달하게 되어―우주적 주기는 많고, 각 주기는 사람 안에 (구현된) 신성한 존재 그 자체의 모습을 가지고 있기 때문이지만― 지금까지 획득되었던 자아, 그리고 자신을 보다 자유롭고 고귀한 인간성 안에 쏟아붓는 자아, 그 자아의 빛·힘·미·조화·환희를 인류라는 일반적 생명 안에 표현하는 일이 가능해져야 한다.[***]

그의 비전은 거창하고 이상은 고귀하다. 그러나 그 비전은 참이고, 이상은 실현 가능한가? 물론 시간만이 말해줄 것이다. 그러나 그러는

[***] Sri Aurobindo, 『인간의 주기』, Pondicherry : Sri Aurobindo Ashram, 1962, pp.83~84.

동안에도 오로빈도가 세계적으로 수많은 사상가들을 고취시켰음은 의심의 여지가 없다. 비록 그 영향력이 주로 지적인 것이었다고 해도, 그의 유산은 퐁디세리에 있는 오로빌(오로빈도의 마을)이라고 일컫는 유토피아적 공동체를 포함한다. 오로빌에서는 인도 전역과 세계에서 모여든 사람들이 오로빈도가 꿈꾸었던 일종의 이상적 인간 공동체를 창조하려고 노력한다.

요약

이 네 지도자들의 삶과 사상은 상당히 다른 관심사와 태도를 드러내고 있다. 그렇지만 네 사람 모두 영국의 통치와 함께 인도에 들어오게 된 근대 세계관의 핵심적 면모들을 구현한다. 개인과 사회 개혁, 인간의 진보에 대한 강조, 그리고 개혁과 진보의 기초로서의 세속적이고 인간주의적인 도덕에 대한 강조, 진리의 기준과 조정자로서의 이성에 대한 강조, 그리고 정치적 독립에 대한 강조, 이 모든 것이 이 네 개혁가들의 사상 안에 구현되었다. 여기에는 서구의 이념들과 가치들을 의식적으로 거부했던 다야난다도 포함된다. 그러나 네 사상가들은 모두 진정으로 인도적 형태의 근대를 위한 기초에 이바지할 수 있는 이상과 가치를 찾기 위해서, 인도의 전통에도 관심을 가졌다. 그래서 근대 세계에서 인도인의 길을 새롭게 하는 패턴을 확립했다.

더 읽을거리

Baird, Robert D.(ed.) *Religion in Modern India*, New Delhi : Manohar Publishers & Distributors, 1998. 인도의 종교 운동에 관한 좋은 논문 모음집.

Boudurant, Joan V., *Conquest of Violence : The Gandhian Philosophy of Conflict*, Berkeley : University of California Press, 1965. 간디의 비폭력 철학에 대한 중요한 연구.

Coward, Harold G.(ed.), *Indian Critiques of Gandhi*, Albany : State University of New York Press, 2003. 간디의 이념과 전략의 장단점을 평가하는 논문 모음집.

Datta, Dhirendra Mohan, *The Philosophy of Mahatma Gandhi*, Madison : University of Wisconsin Press, 1953. 이 소책자는 간디의 정신과 핵심 이념을 포착한 고전이다.

Dayananda Sarasvati, *Autobiography of Swami Dayananda Saraswati*, New Delhi : Manohar Book Service, 1976. 다야난다가 자신의 삶과 이념에 대해서 돌아본다.

Gandhi, Mohandas K., *Gandhi : Selected Writings*, New York : Harper & Row, 1972. 주요 저작물의 좋은 선집.

_____, *Autobiography : The Story of My Experiments with Truth*, Washington : Public Affairs Press, 1954(다른 판본도 있다). 간디 자신이 전하는 간디.

Ghose, Aurobindo, *The Essential Aurobindo*, McDermott, Robert A.(ed. and comp.), Great Barrington, MA : Lindisfarne Books, 2001. 오로빈도의 철학

적 저작의 좋은 모음집으로 유용한 서문이 있다.

_____, *The Essential Writings of Aurobindo*, Peter Heehs(ed. and comp.), Delhi and New York : Oxford University Press, 1998. 오로빈도의 방대한 글에서 고른 좋은 선집.

Gruzalski, Bart, *On Gandhi*, Belmont, Calif. : Wadsworth / Thomson Learning, 2001. 이 소책자는 간디 연구를 시작하는 자에게 좋은 책이다.

Heehs, Peter, *Sri Aurobindo : A Brief Biography*, Delhi and New York : Oxford University Press, 1989. 오로빈도의 삶과 사상을 개관하는 좋은 책.

Hempel, Lamont, C., John Hick, eds. *Gandhi's Significance for Today*. New York: St. Martin's Press, 1989. 오늘날의 세계에 간디 이념이 갖는 적절성을 보여 주는 에세이 집.

Iyer, Raghavan N., *The Moral and Political Thought of Mahatma Gandhi*, New York : Oxford University Press, 1973. 간디 사상에 대한 최고 연구의 하나.

Jafferlot, Christophe, *The Hindu Nationalist Movement in India*, New York : Columbia University Press, 1993. 현대 인도의 형성을 이해하는 데 필수적이다.

Jordens, J. T. F., *Dayananda Sarasvati : His Life and Ideas*, Delhi : Oxford University Press, 1978. 다야난다에 대한 최고의 연구.

Kopf, David, *The Brahmo Samaj and the Shaping of the Modern Indian Mind*, Princeton, N. J. : Princeton University Press, 1979. 이 책은 인도 사회에 대한 근대 벵골인들의 이념을 형성했던 지적 힘을 탁월하게 분석하고 있다. 람모한 로이·케섭 천더 센·타고르 부자·브라모 협회의 다른 지도자들의 삶과 사상을 분석한다. 벵골이 인도 근대화를 위한 전형을 마련했으므로 이 책은 근대 모든 인도 사유에 대한 이해를 위해서 대단히 중요하다.

Parekh, Bhikkhu C., *Colonialism, Tradition, and Reform : An Analysis of Gandhi's*

Political Discourse, New Delhi and Newbury, Calif. : Sage Publications, 1989. 간디의 정치 이상 및 전략 연구.

_____, *Gandhi's Political Philosophy : A Critical Examination*, Notre Dame, Ind. : University of Notre Dame Press, 1989. 간디의 정치사상에 대한 철저한 분석.

_____, *Gandhi* (Past Masters), Oxford and New York : Oxford University Press, 1997. 간디에 대한 훌륭한 최신 연구로서 그의 사회정치 철학을 강조하고 있다.

Wolpert, Stanley, *Gandhi's Passion : The Life and Legacy of Mahatma Gandhi*, New York : Oxford University Press, 2001. 간디의 시대와 이념을 역사적 관점에서 바라보았다.

제17장 **미래에 대한 전망**

성공과 도전

21세기가 밝아오는데 인도인의 길이 보여주는 전망은 무엇일까? 인도는 독립 이후 거의 60년 동안 위대한 진보를 이루어 왔다. 인도는 이미 지역의 슈퍼 파워이면서 과학의 지도자이고, 이제 국제 교역의 주요국이 될 차례이다. 빈곤선 이하로 살아가는 국민의 비중이 50% 수준에서 35% 이하로 줄어들었고, 평균수명은 46세에서 63세 가까이로 늘어났다. 파키스탄과의 두 차례에 걸친 전쟁과 중국과의 국경 마찰, 대규모 난민의 문제, 폭등하는 에너지 가격, 증가하는 인구, 이런 문제에도 불구하고 인도 경제는 향상되었고, 과학과 산업은 신속하게 진보했다. 오늘날 인도는 세계에서 상위 10대 공업 국가의 하나가 되었고, 숙련된 과학자와 기술자의 수로 보면 오로지 미국 다음이며, 순수 GNP는 지난 50년 동안 세 배로 증가했다.

하지만 최대의 성공은 정치 부문에서 거둔 것 같다. 인도는 민주주의 공약을 유지하고 강화해 왔다. 종교·카스트·종족 간의 뿌리 깊은 분규 그리고 광범위하게 확산된 빈곤과 문맹 때문에 인도에서 민주주의는 유지되지 못할 것이라고 주장해 온 회의주의자가 잘못되었음을 보여주었다. 우리가 16장에서 검토했던 민족주의와 사회개혁이라는 두 이념은 이제 인도인의 의식의 한복판에 자리를 잡았다. 하나의 중심 통일체로서 외부와 내부의 위협 앞에서 보존되고 보호되어야 한다는 인도 국민국가 이념은 이제 아주 중요한 사회정치적 실재가 되었다. 인도인은 자신들의 민주주의에 대해서 커다란 자부심을 느끼고, 다양하지만 종종 충돌하는 목표를 추구하면서 민주주의 과정에 깊이 들어가 있다.

수많은 성공에도 불구하고 인도는 여전히 많은 문제를 안고 있고, 앞으로 수십 년 동안 많은 도전에 직면하게 될 것이다. 성인 인구의 절반 정도는 문맹이고, 5세 이하 아동들의 60%는 영양실조이고, 아동들의 절반 정도는 교육을 받지 못하는데 인도 소녀들의 60%가 여기에 포함되었다. 환경의 질적 저하는 지난 30년 동안 심각한 문제로 등장했고, 지난 10년 동안 6만 명 이상의 인명을 앗아간 캐슈미르 지역의 전투와 그로 인한 긴장은 인도의 정치적 통일을 계속해서 위협한다. 단일 힌두 문화를 창조하려는 힌두 근본주의자들이 부추겨서 종종 일어나는 종교 폭력은, 종교 간의 상호 인정과 관용이라는 수세기에 걸친 해묵은 행동 방식을 부수고 말았다. 인도의 다원주의적 세속적 민주주의는 힌두 민족주의 주창자들로부터 심각한 도전을 받고 있다.

그러나 여러 문제 중에서 지금 가장 심각한 두 가지 문제는 1947년과 마찬가지로 빈곤과 인구과잉인데, 이 점에 대해서 대부분의 분석가들은 동의한다. 독립 이후 인도의 인구는 1947년 3억 4천에서 2000년 현재 10억 이상으로 늘어나 지난 57년(53년-역주) 동안 거의 세 배로 증가했다. 이러한 인구 급증은 같은 기간 동안 달성된 인상적인 경제 이득의 대부분을 잠식했다. 인구 증가는 빈곤의 원인이자 결과로 보인다. 하지만 빈곤과 출산 사이에 직접적 상관관계가 있음을 보면, 우리는 인구 성장을 억제하는 가장 효과적인 길이 빈곤을 줄이는 길이라는 논의를 지지하게 된다.

개인적·사회적 복지의 관점에서 보아도, 인도의 중심 과제는 빈곤 퇴치이다. 복리의 첫째 조건은 사람들이 적절한 음식·의복·거주처·의료·교육을 갖는 것이기 때문이다. 그러나 10억 이상의 인도 인구 중 3분의 1이 이 조건을 충족하지 못한다. 이 문제는 얼마나 심각한가? 추정치는 서로 다르지만, 3억 이상의 국민은 소득 전체를 식비로

전통과 발전이 나란히 있다. (저자의 사진)

지출한다고 해도 매일 2천 칼로리의 음식조차도 구입할 수 없을 것이라는 점에 대해서는 일반적으로 동의한다.

인도는 빈곤 문제를 해결하기 위해서 1950년 대규모 발전의 노력을 개시했고, 이것은 열 번의 5개년 계획의 형식을 띠게 되었다. 5개년 계획의 지도 지침은 급속한 경제성장, 고용확대, 소득과 부에 있어서의 격차 해소, 경제력 집중의 방지, 자유롭고 평등한 사회에 걸맞은 가치와 태도를 창조하는 것이었다. 여러 방면에서 성공을 거두었지만, 이런 계획의 수행은 인도의 가장 긴급한 경제사회 문제를 해결하지는 못했으므로 새로운 접근법이 필요하다.

어떤 국가인가?

인도는 자신의 문제를 해결하기 위해서 새로운 접근법을 고려할 때, 어떤 종류의 국가가 되어야 할 것인지에 대해서 다시 묻게 되었다. 인도 지도자들이 오늘날 당면한 문제 중에서 가장 중요하고 근본적인 것은 인도가 어떤 국가가 되어야 하는지의 문제이다. 세속 국가? 힌두 국가? 자본주의 국가? 사회주의 국가? 인도는 21세기의 도전에 맞서려면 어떤 이념과 가치를 따라가야 하는가? RSS(민족봉사단 또는 민족의용단)의 선언에 구체화되었고, BJP(인도인민당)가 수용한 전통 힌두교의 가치여야 하는가? 인도에 대한 간디의 다원주의적 비전 안에 들어 있는 전통적 가치와 이념들이어야 하는가? 인도가 서양에서 물려받은 합리적·자유주의적·세속적 이념과 가치여야 하는가? 아니면 벵골, 케랄라 등의 인도 여타 지역에서 발전을 도모해 온 마르크스주의의 사회적 이상(물론 인도식이 여러 버전으로 변했지만)이어야 하는가? 아니면 최근의 경험이 시사하듯이, 지도적 비전은 이 이념들과 가치들의 결합을 포함하는가? 그렇다면 무엇이 그런 종합이나 통합의 토대가 되어야 하는가?

"인도는 어떤 종류의 나라가 되어야 하는가?"라는 근본 문제는 1857년 세포이 반란 이후에 여러 각도에서 항상 핵심 질문이 되어 왔다. 반란 이듬해인 1858년 영국 의회는 99년간의 영국 통치를 도입했다. 1857년의 실패한 반란에서의 패배와 영국 통치의 공식적 부과에 맞서서 인도 지도자들은 자유롭고 근대적인 인도를 전망하기 시작했다. 인도인들은 1885년 인도국민회의를 창설했는데, 국민회의는 새롭고 근대적이며 민주적인 인도를 창조하는 일을 책임지는 제1차적 기구가 되었다. 인도는 1947년 국민 국가로서 독립했다. 인도는 신헌법에서 "인도가 어떤 나라가 되어야 하는가?"의 질문에 대해서 결정적 대답을 주었다. 인도는 종교, 지역, 카스트, 성별과 인종에 관계없이 모든 사람들의 복지에 봉사할 것을 약속하는 세속적 민주주의가 될 것이다.

그러나 이 대답은 주로 서양식 교육을 받은 상층 지도부에서 나온 것인데, 인도의 초대 수상 네루가 그 전형이었다. 80년대와 90년대에 인도의 민주주의가 성숙해지고 심화되면서, 점점 더 많은 농민들과 가난한 자들, 박탈당한 자들이 지방과 지역 정치에 참여하게 되었다. 그들이 목소리를 내기 시작하자, 그들의 관심사와 비전은 독립 이후 첫 30년 동안 인도를 이끌어온 네루의 이상과는 종종 다르다는 점이 분명해졌다. 그들 중 많은 사람들에게 힌두 전통과 이상은 매력적이었으므로 그들의 지도자들은 힌두교 국가로서의 인도의 이념을 활용해서 근대적·세속적 국가로서의 인도의 현실에 도전했다.

현재 진행되는 논쟁을 이해하기 위해서 우리는 지난 100년 동안 형성되어 온 인도에 대한 세 개의 다른 주요 이념을 검토할 필요가 있다. 첫째 이념은 근대적·세속적·다원주의적·산업 사회에 대한 이념인데, 이것은 자본주의의 이기적 탐욕도 피하고 사회주의 국가 내부의 자유의 위축도 피하는 이념이다. 이 이념은 1920년대와 30년대 대다수의 인도 지도자들이 발전시키고 지지한 비전인데, 네루가 실천했고 인도 민주주의의 첫 40년의 대부분을 지배해 왔다.

두 번째 이념은 간디의 다원주의적 인도 비전으로서, 전통적인 도덕적·영적 가치들에 근거하는 국가로서의 인도이다. 이 가치에는 종교·지역 등에서 오는 차이점을 조화시키는 비폭력의 가치도 포함한다. 간디는 자유·정의·법치 그리고 민주주의 과정, 이 네 가지 이념들을 귀중하게 여겼다. 그는 비록 인생에서 종교가 중요하다는 점을 인정하면서도 특정 종교가 특권을 누려서는 안 된다는 점을 강조했다. 간디의 비전은 농촌 생활, 지역적 이념과 가치들이 가지는 중요성을 강조했다. 소규모 산업과 농촌 생산, 그리고 강력하고 지배적인 정치적 중심이 아니라 지방 및 지역의 정치적 중심이 그의 이상이었다.

세 번째 이념은 힌두 국가라는 배타적 이념으로서, 비르 비나약 다모다르 사바르카르(Vir Vinayak Damodar Savarkar, 1883~1966)가 구체화하고, 그의 동료였던 헤그드와르(K. D. Hegdwar)가 1925년 이 이념을 받아들여서 RSS(Rashtriya Swayamsevak Sangh)를 세웠다. 그 이념은 형성기와 독립 이후 30년 동안에는 특별하게 영향력이 없었지만, 이제 인도의 주도 정당이 된 인도인민당(Bharatiya Janat Party: BJP)의 이념적 토대의 일부로서 상당한 중요성을 얻게 되었다. RSS는 1925년 설립된 것으로 강령에 따르면 그 목적은, "힌두교도들 사이에 차이를 제거하고, 힌두교도들로 하여금 자신들의 과거의 위대함을 자각하게 하고, 힌두교도 사회 전체를 위한 자기 희생정신과 무사한 헌신의 정신을 그들에게 심어주고, 조직되고 잘 훈련된 협동 생활을 수립하고, 힌두교도 사회를 재생시키는 것이다."[*] 문화적 조직일 뿐 종교적·정치적 조직은 아니라고 주장하지만, RSS는 역사적으로 문화적 기능만이 아니라 정치적·종교적 기능을 발휘해 왔다. RSS의 정치적 기구 인도인민당은 지난 20년 동안 거대한 정치적 성공을 거두었고, 여러 가지 정치 연대를 통해서 이 기간의 대부분에 걸쳐서 인도의 여당이 될 수 있었다. RSS가 힌두교도들에게 가진 호소력의 일부는 현행 헌법 속에 구현된 이념을 부정하는 것인데, 그 이념에 따르면 세속 국가로서의 인도에서는 모든 종교들이 법 앞에 평등하고, 어느 종교도 특권을 누리지 못하게 되었다. 점점 더 많은 힌두교도들이 인도를 힌두교도 국가로 변화시키길 원하는 것 같다. 물론 이런 노력은 무슬림과 힌두교도 사이, 기독교도와 힌두교도 사이의 긴장을 고조시키고 있다.

네루의 인도 이념

20세기 전반 50년 동안 인도가 하나의 독립국으로 형성되어 가는 시기에, 간디가 대표가 된 전통적 견해와 네루가 대표가 된 근대적 견해 사이에 초기의 논쟁이 벌어졌다. 그래서 우리는 이 두 개의 경쟁

---

[*] Ainslie T. Embree, "The Function of the Rashtriya Swayamsevak Sangh : To Define the Hindu Nation", *Accounting for Fundamentalisms*, Martin E. Marty and R. Scott Appleby(ed.), Chicago : The University Chicago Press, 1994, p.619.

적 인도 이념을 비교하면서 시작하려고 한다. 여기에 관련된 이슈를 보다 분명히 하기 위해서, 네루식의 발전 모델에 내재해 있는 중심 이념을 간디 모델에 내재해 있는 중심 이념과 비교하는 것이 도움이 될 것이다.

'근대(modernity)'에 대해서 모든 사람이 보편적으로 받아들이는 개념은 없다. 하지만 다음과 같은 이념들이 근대에 대한 네루의 개념을 형성했다. ①분명하게 합리적 방식에 의해서 운영되는 특징을 가진 사회, ②사회적 질서를 위한 기초로서의 합리적 법적 제도, ③정부에 대한 시민의 권리와 자유를 강조하고, 선출에 의한 대표직을 제공하는 헌법 제도에 의한 정부, ④정밀하고 대규모적인 기술의 채용과 발전, 그리고 이 기술을 보증하고 낳는 과학, ⑤생산 기술을 응용하여 물질적 재화가 부단히 증가하는 생산과 소비에 대한 강조, ⑥진보적이고 직선적인 시간 개념을 채용하여 혁신과 변화 그 자체를 바람직스럽게 함, ⑦개인주의 강조, ⑧평등을 근본적 사회 규범으로 채용함, ⑨개인 간의 경쟁과 천연자원의 최대한의 이용을 통한 성장, ⑩괄목할 만한 획득과 소비를 성공의 지표로 삼는 것이다.

이러한 이념들의 기초에는 실재와 사회에 대한 원자론적 견해가 자리잡고 있다. 자연은 근본적으로 다른, 개별 입자들에 의해서 조직된 집합체로 간주된다. 여기에서 유추해서 사회란 개인으로 조직된 집합체이며, 남녀 개인은 그 자체로 완전하고 독립적인 것으로 간주된다. 사회는 본래 자신의 이익을 추구하는 개별적이고 독립적인 개인들의 집합체로 보기 때문에, 사회의 일차적 기능은 자연의 파괴적 힘과 타인들의 추악한 이기심으로부터 사람을 보호하는 것이다.

인도에 대한 간디의 이념

이와 반대로 간디 세계관의 중심 이념은 다음과 같다. ①이성을 동반한 권위가 결정과 진리를 위한 기초적 표준이다. ②사회 질서는 주로 합리적인 법제도에 의해서가 아니라 법률과 처벌로써 강화된 도덕에 의해서 보장된다. ③엘리트에 의한 정부가 역사적으로 유지되어 온 기초적 유형이었지만, 그 정부는 시민들의 권리와 자유에 근거하여 작동하지 않고 통치자들에게 바쳐진 의무와 충성심에 근거하여 작동해 왔다. ④비록 기술적 발명과 혁신이 역사적으로 인도의 일부였고 인도의 과학 천재들이 상당히 유명하지만, 과학적·기술적 성취가 개인적으로 사회적으로 중요한 가치로 수용되지는 않았다. ⑤소비는 전통적으로 최고의 영적 성취에 방해가 되는 것으로, 획득은 일종의 집착으로 간주되었으며 이는 보시라는 덕과는 반대로 악이었다. 우리가 살펴본 대로 아슈라마 제도에 따르면, 사람은 재화와 쾌락의 추구를 그만두고 물질적 세계를 포기하며 궁극의 영적 충만을 추구하도록 기대되었다. ⑥시간은 불연속이 아니라 연속적인 것으로 여겨진다. 혁신과 변화는 연속된 시간이 확립해 온 질서에 대한 위협으로 간주되어서 억제된다. ⑦전통과 장로의 권위는 진리와 가치의 정전正典을 제공한다. 변화 자체를 위한 변화는 억제된다. ⑧서구에서는 기초적 사회 단위로서의 개인이 강조되지만, 이와는 대조적으로 인도 전통은 가족·카스트·촌락을 기초적 사회 단위로 간주하려고 한다. 개인의 완전한 존재는 이 기초적 사회 단위들을 통해서만 실현되고 표현될 수 있으므로, 개인적 권리와 자유보다는 기초적 사회 단위에 대한 개인의 의무와 책임이 강조된다. ⑨서구는 평등을 강조해 왔지만, 이와 달리 인도 전통은 실재와 사회를 자연적·계층적 질서로 이루어진 것으로 보고 있으며, 그 안에 높은 것이 저급한 것을 인도한다. ⑩조화와 협력은 개인과 사회의 복지를 유지하는 기초로 여겨졌다.

이러한 이념과 가치의 바탕에는 실재와 사회에 관한 전체론적 견해가 존재한다. 실재는 그 가장 심오한 단계에서 분할되어 있지 않다. 경험된 차별성은 바탕이 되는 통일성의 표현과 현현이다. 가족·촌락·카스트도 하나의 유기체적 전체로 간주되고, 그 안에서 각 개인은 적절한 위치와 기능을 갖게 된다. 이 전체는 각 개인의 기초적인 인격적 필요를 충족시키면서도 전체의 선에 기여할 수 있도록 해준다. 사회는 전체의 자연스러운 조화를 보존하기 위해서 존재한다. 다르마는 개인과 계급, 그리고 사람 사이에서 조화를 유지해준다.

네루와 간디 이념의 비교

우리는 간디의 이념을 네루가 수용한 근대 이념과 비교하면서, 전통적 사유와 서구의 모든 이념들ㅡ곧 합리성, 합리적인 법적 체계 또는 선출된 대표권을 제공하고 사람에게 권리와 자유를 보장하는 헌정의 민주정부 등의 이념들ㅡ 사이에 근본적 불일치가 없음을 보았다. 근대에 개인의 중요성과 존엄을 강조한 것도 전통 가치들과 서로 양립한다.

그러나 실재와 사회에 대한 근대의 원자론적(atomistic) 견해와 전통적인 전일적(holistic) 견해 사이에는 근본적인 대립이 있다. 원자론적 관점은 사회를, 원래 개별적 개인들을 타인과 자연으로부터 보호하도록 고안된 다소 자의적이며 공리주의적인 것으로 간주했다. 그 핵심 기능은 개인 사이에 그리고 집단 사이에 존재하는 갈등과 경쟁을 조정하는 일이다. 홉스의 견해에 따르면, 사람은 야비하고 이기적

이어서 사회의 다양한 제도는 이와 같이 본래적으로 파괴적 경향들을 억제하고 다루기 위해서 존재한다. 이런 홉스의 견해가 대체로 정부와 경제적 생산성에 대한 근대적 관념들을 지배해 왔다.

반면 전일적 견해는 모든 존재를 하나의 가족으로 간주하고, 개별적 사람이든 종種이든 모두 전체에 기대어서 생명을 유지하고 전체에 기여한다고 보고 있다. 개인들을 갈등과 경쟁 대신에 협력과 조화의 면에서 본다. 진리파지에 대한 간디의 원리는 각 존재를 위한 진리가 존재하고, 이런 내면적 진리에 따라서 살아가면 모든 존재의 진리가 실현될 수 있다는 점을 인정했다. 사랑에 기초를 둔 그의 비폭력 원리는 개인의 상호 의존적이며 협동적인 본성을 인정했다. 다르마를 전면적으로 강조해 온 것은 전통의 입장에서 보면 전체의 복지를 위해서 필수적 의무와 책무를 완수하려는 것이었다.

전통적 인도인의 길에 부합하는 이념과 가치에 기초를 둔 근대 발전 모델을 추구한 사람은, 처음에는 간디를 포함한 인도국민의회의 지도자들이었고, 좀 더 뒤인 1920년대에는 네루도 여기에 합류한다. 그러나 1940년대 네루는 국민의회를 지도하고 인도가 독립하게 되자, 서구식 근대화를 강조하게 되었다. 간디의 이념들은 낡고 퇴행적인 것으로 보였다. 간디는 다음과 같이 제안한 바가 있다. 발전은 개인에 초점을 두어야 하고, 촌락의 단계에서부터 위로 올라가야 할 것, 자조自助와 자립이 인간과 사회 발전의 관건이어야 할 것, 생산과 권력은 분산되어야 할 것, 물레와 같은 소규모의 공업과 적합한 기술이 빈곤 퇴치에 효과적 방법이어야 할 것 등이었다. 인도의 엘리트 지도자들은 이런 제안들을 무시하거나 조롱하고 말았다.

네루의 합리적·사회주의적·세속적 이념들과 전략들이 취했던 국민회의의 또 다른 선택지는 1950년대와 60년대에 간디의 비전과 전략의 대부분을 거부했다. 1970년대와 80년대에 국민회의가 실패했다. 농촌에 살고 억압받고 제 목소리를 내지 못하던 계층의 사람들(여전히 전통적인 종교적 이념과 삶의 양식에 단단하게 연결되어 있던 사람들)이 점점 더 많이 정치에 참여하게 되자, 간디의 접근법 중의 많은 부분들이 다시 실현가능한 것으로 부각되었다. 1970년대 후반, 인디라 간디가 선거에서 패배한 뒤, 나라얀(J. P. Narayan)·데사이(Moraji Desai)·우파드야야(Deendayal Upadhyaya)가 주도하여 네루의 이상을 격렬하게 비판하기 시작했다. 그들의 비판은 주로 힌두 전통의 이념과 가치에 근거하고 있었으므로, 이 비판은 후일 잔 상(Jan Sangh)의 후신 인도인민당이 최종적으로 성공하는 길에 도움을 주었다.

네루 모델에 대한 비판

우파드야야는 포퓰리스트 정당 '자나 상 당(Jana Sangh Party)'이 공식 철학으로 수용했던 일련의 선언에서, 자본주의 제도와 사회주의 제도를 신랄하게 비판했다. 그의 비판은 이 제도의 기초가 되는 이념이 아니라 실행되는 현재의 모습을 겨냥했다. 예컨대 그는 마르크스 사상이나 개인주의의 철학이나 사유 기업은 분석하지 않았다. 우파드야야의 관점에서 보면, 자본주의 사회와 사회주의 사회는 모두 개인의 가치를 절하한다. 개인적 인격에 대한 자본주의적 평가절하에 관해 그는 말한다. "자본주의 경제는 오직 '경제적 인간(economic man)'만을 인정하는데, 그는 물질적 부로 표시되는 득실의 계산에 따라서 전적으로 결정을 내린다. 이런 경제적 인간에게는 5루피는 언제나 4루피보다는 크다. 그는 오로지 더 큰 부를 얻기 위해서 일하고, 최대의 이익을 얻기 위해서 애를 쓰고 있다. 그에게 인간의 노동이란 다른 상품과 꼭 마찬가지로 시장에서 사고팔 수 있는 상품이다. 이것이 자유 기업인 것이다. 자유 기업은 자유 경쟁이라는 브레이크를 제외하고는 그 이외의 다른 모든 제한과 규제를 부당하다고 주장한다. 경주하다가 멈춰서, 뒤쳐진 약자에게 도움의 손길을 내밀 준비가 되어 있는 사람은 아무도 없다. 아니, 오히려 약자의 제거는 정당하고 자연스럽기조차 하다. 그는 비경제적이고, 주변으로 처져 있는 존재이며, 존재하기에 부적합하다. 이것이 바로 자유 기업이 주창하는 바다. 그와 같은 주변적 존재들을 제거함으로써, 경제력은 소수의 손안에 축적될 것이다."[*]

사회주의에 대한 비판도 마찬가지로 엄중했다. "사회주의는 자본주의에 대한 반동으로 일어났다. 그러나 사회주의조차도 인간의 중요성을 확립하는 일에는 실패했다. 사회주의자들은 자본의 소유권을 국가의 손아귀에 이전함으로써 만족한다. 그러나 국가는 더욱더 비인간적 기관이다. …… 자본주의 제도는 경제적 인간에 대해서만 생각했으나, 개성을 발휘할 수 있는 다른 영역에서는 그 인간을 자유롭게 남겨두었다. 사회주의 제도는 더 멀리 나아가, 추상적 인간(이념으로서의 인간)에 대해서만 생각했다. 그런 다음, 다양한 취미와 능력에 기초를 둔 개인적 인격의 발전을 위해서 아무런 여지도 남겨두지 않았다. 사회주의 제도에서 개인이 가진 욕구와 선호는, 감옥 생활의 지침서에서 개인의 욕구와 선호가 차지하는 정도의 중요성밖에 갖지

---

[*] Deendayal Upadhyaya·Shri Guruji, *The Integral Approach*, New Delhi : Deendayal Research Institute, 1979, p.70.

못한다. 사회주의자의 제도에서 개인적 자유라는 것은 존재하지도 않는다."*

사람을 착취하는 사회주의나 자본주의 제도들이 지닌 가장 심각한 약점은 인간의 탐욕·경쟁·갈등이 사회의 추동력을 이룬다는 가정에 있다. 그 제도가 가진 강제력은 경쟁을 자극하고, 갈등을 조절하고, 과도한 탐욕을 억제하기 위해서 부단히 관여해야 한다. 이 사실은 일반적으로 압제적 환경, 즉 개인을 착취하고, 개인의 자유를 파괴하는 환경을 당연히 초래할 수밖에 없다. 우파드야야에 따르면, 이 두 제도는 다음과 같은 문제점을 안고 있다. "공산주의자(사회주의자)와 같이 자본주의자들은 완전한 인간(Integral Man)을, 그의 참되고 완전한 인격과 그의 소망을 고려하지 못했다. 하나(자본주의자)는 인간을 돈에 굶주린 이기적인 존재로, 격렬한 경쟁이라는 오직 하나의 법칙, 본질상 정글의 법칙을 가진 존재로 간주하고 있고, 다른 하나(사회주의자)는 인간을 엄격한 규칙에 의해서 통제되는 사물들의 전체 틀 안에 있는 연약한 무생명의 톱니, 지도받지 않으면 어떤 선행도 할 수 없는 톱니로 보았다. 권력 집중은 양자 모두 안에 들어 있다. 따라서 둘 다 인간의 비인간화를 낳는다."**

비판자들은 일단 네루식의 계획이 갖고 있는 비인간화의 모습에 비판을 집중한다. 하지만 그들은 적합성의 문제도 다루면서, 네루식의 계획 아래 있는 기본 가정들이, 특히 독립 이후 초기 30년 동안 인도 여건에는 부적절했다고 주장했다. 인도가 계획된 발전을 시작할

---

* 위의 책, p.73.
** 위의 책, p.73.

때 관련된 여건은 어떠했던가? 1947년의 인도는 인구는 많고 자본은 거의 없는 대부분 농촌 사회였다. 2000년 현재, 농촌과 작은 도시에서 인구의 60%(6억) 정도가 살고 있다면, 당시에는 인구의 80%(대략 3억 정도)가 살았다. 산업 자원도, 산업의 경험도 거의 없었다. 소규모의 농촌 산업과 농업이 경제 생산의 주요 수단들이었다. 비판자들에 따른다면, 인도 정부의 일차적 전략은 대규모의 도시산업을 발전시키는 일이었으며, 이 전략은 인도와 같은 사회적 여건하의 나라에서는 아무 의미도 없다는 것이었다. 실업자이거나 일이 부족한 사람들이 모두 수천만 명을 헤아리는 나라에서, 왜 노동절약형 기술을 강조하는가? 투자할 수 있는 자본이 상대적으로 거의 없는 곳에서, 자본 집약적 기술도 아무 의미가 없다. 80%가 농촌인 나라에서 왜 도시에 발전이 집중되어야 하는가? 인도는 경험과 힘이 주로 소규모 생산에 집중되어 있었는데, 왜 그런 나라를 위해서 중공업이 강조되어야 했던가?

빈곤 퇴치를 위한 합리적 계획이라면, 그 계획은 농촌의 발전을 위한 계획을 강조했어야 옳았다. 그 계획에는 소규모 산업과 농업의 근거가 되는 기존의 경제적 토대를 발전시키는 것과, 노동집약적이며 많은 인구 자원을 활용하는 방향으로 나가는 것을 포함해야 했다. 이 발전은 필요하면 일자리를 창조했을 것이고, 빈곤한 자를 즉각 도울 수 있는 생산 증대를 가져왔을 것이다. 네루 정부의 계획은 삶의 질을 높이기 위한 수단으로서 농촌 기술을 현대화하거나 농촌의 사회 여건을 향상시키는 대신, 결과적으로 농촌 경제와 삶이 가진 가치를 부정하고 말았다.

인도의 초기 발전 계획의 최우선적 목표는 근대 산업 사회를 만드는 것이지, 인간의 잠재력을 실현하여 완전하고 만족스러운 삶을 살려는 사람에게 기회를 늘리는 것이 아니었다. 네루 자신은 분명 두가지 일을 다 한다고 믿었을 것이다. 그러나 비판자들에 따르면, 네루는 근대의 성취를, 산업 사회와 도시 사회가 되는 것, 즉 과학·기술·현저한 소비를 통해서 이른바 선진국의 인정과 존경을 받게 되는 사회가 되는 것과 혼동해버렸다. 비판자의 눈에는 간디가 말했던 대로 인도의 자연적 사원은 바로 그 촌락이었다. 그러나 네루식의 발전 계획은 촌락을 네루가 말하는 '근대산업의 사원寺院'으로 대체하려는 것이었다.

바로 이 때문에 대부분의 발전 계획 입안자는 인도의 가장 위대한 자원인 민중과 촌락을 인도의 가장 불리한 적으로 일관되게 간주해왔다. 인도 민중의 거의 대다수는 촌락과 읍에 살고 있고, 그 대부분은 가난하다. 그들이 가치 있는 자원이 아니라, 음으로 양으로 부담스러운 존재로 여겨지고 있는 것은 다음과 같은 두 가지 이유에서이다. 가난하기 때문에 그들은 산업 발전에 필요한 자본을 댈 수 없고, 농촌 지역에 거주하기 때문에 네루 때부터 인도 발전과 동일시되었던 도시 산업 발전의 일부가 될 수 없었다. 발전의 입안자들이 '산업의 사원'을 과도하게 강조하면서, 촌락의 가치를 훼손하고 고귀한 삶에 대한 마을 사람들의 권리를 박탈하고 말았다.

다르마 원리

대안은 무엇인가? 수많은 비판자는 다르마의 전통적 이해에 근거하는 간디의 원리로 돌아갈 것을 주장했다. 16장에서 논의했듯이 간디는 진리가 최고의 자리를 차지하는 세계를 꿈꾸었고, 그곳에서 사회

프로세스와 인간 행위는 진실성에 근거하고 사랑으로부터 동력을 얻는다. 실재의 핵심에는 본질적으로 조화가 존재한다. 가장 깊은 곳에 자리잡은 진리의 모든 과정이나 현현은 그것들 자체가 내적 법칙에 따라서 서로 연결되어 있으면서 서로를 돕는다. 간디에 따르면, 사람들은 자신들의 내면적 법칙과 다르마에 충실하고 사랑에서 행동하면 모든 개인이 완전한 성장을 이루는 데 필수적인 사회적·인간적 조건을 갖출 수 있다.

이 비전은 각 개인이나 사회가 가지고 있는 근본적 다르마, 곧 진리에 부응하는 발전모델을 요구한다. 인도인의 길에 대한 우리의 연구는 인간이 우주 자체를 창조하고 우주에 구조를 부여하는 바로 그 힘을 공유한다는 전통적 확신을 거듭거듭 강조해 왔다. 실재는 전일全一적으로 파악되었고, 존재의 모든 다른 현현과 표현 역시 궁극 실재를 이루는 동일한 분할되지 않는 완전성 안에 근거하는 것으로 보였다. 개인적인 것이든 종種적인 것이든, 각 현현은 존재와 행동에 있어서 자기 자신의 규범을 가지고 있다. 그러나 존재의 기초를 이루는 통일성 때문에, 서로 다른 규범들이라고 해도 그것들은 상호 유지와 협력의 통일된 모습을 이루고 있고 개인과 전체 모두에 복리를 제공한다.

이와 같은 통일된 비전 안에서, 개인의 완성과 가족과 사회의 유지를 위해서 네 개의 근본적 인생 목적(Puruṣārtha) – 곧 덕성(dharma)·삶의 수단(artha)·행복(kāma)·해탈(mokṣa) – 이 주어진 것이다. 전통은 첫째 목적으로 그리고 다른 목적들의 완성 조건으로서 다르마를 강조하고, 다른 사람들도 자신들의 인생의 네 가지 목적을 완수할 수 있는 기회를 보장받을 수 있도록 각자가 다양한 책무를 완수할 것을 요청한다. 다른 말로 한다면 한 개인은 다양한 필요와 차원의 완전한 통일인데, 이러한 필요와 차원은 충족되어서 나의 완성과 타인의 완성이 서로를 북돋울 수 있어야 할 것이다. 인생의 근본 규범으로서의 다르마는 조화를 보존한다. 다르마는 차이점을 화해시키고 극복하며, 경쟁과 갈등을 제거하거나 최소화한다.

다르마 모델은 수단과 목적 사이의 불가분리성을 강조한다. 우리는 목적을 성취하기 위한 수단을 통해서 주로 인생이나 사회적 관계를 만들어가므로, 반드시 그 수단을 우선적으로 고려해야 한다. 아무리 고상한 목적이라도, 그것을 달성하기 위해서 사용된 수단도 인간 본래의 존엄에 적합해야 하고 다르마의 요구와 충돌하지 않아야 한다.

다르마 모델의 원리들은 특정한 사회적·정치적 제도나 발전 전략을 명할 수는 없지만, 일정한 방향은 제시해줄 수 있다. 예를 들면 그 원리들은 발전 모델이 지역 단위를 강조해야 할 것임을 시사한다. 지역 단위에서는 개인과 가족들이 자신들의 복리를 확보하는 과정에서 서로 직접 관계를 맺는다. 대규모의, 그리고 고도로 집중화된 운영에서는 타인을 돕는다는 개인적인 의무와 타인의 기회를 늘리는 데 기여할 사회적 의무가 최소화된다. 거기서는 제도가 먼저 오고, 개인으로부터 존엄·자유·완전한 성취를 위한 기회를 빼앗아간다.

비집중화는 대규모의 기술 운영과는 별로 어울리지 않으므로, 다르마 모델은 소규모의 산업을 추천한다. 간디는 모든 수준에서 자조自助와 자기 의존의 중요성을 강조하기 위해서 물레라는 상징을 사용했다. 만일 개인과 공동체가 자신들을 위해서 필요한 것을 생산한다면, 그들의 기초적 수요는 인간적 협력과 상호 나눔을 통해서 가장

제17장

효과적으로 충족될 수 있다. 다른 대안은 외래시장을 위해서 특화된 상품을 생산하여 소득을 올리고, 그 소득으로 다른 외래시장으로부터 다양한 생필품을 사는 것이다. 이 과정에서 만일 대규모 시스템의 비인간적 요구가 판도를 장악하게 되면 인간적인 관계는 최소화될 것이다.

자조와 비집중화에로의 움직임의 바탕을 이루는 기본 원리들은 다음 사실을, 곧 기술이 인간 존재의 실제적 필요에 적합한 것이어야 하고 보다 양질의 삶을 위해서 각자의 기회를 진실로 향상시킨다는 사실을 함축한다. 가장 적절한 방법으로 더 낮은 경제적 요구에 부응하는 동시에 더 높은 인간의 요구를 충족시키기 위해 필요한 조건을 제공하는 사회를 창조하는 기술만이 받아들여질 수 있다.

근대성의 토대로서의 전통

간디는 평등·자유·정의·경제적 사회적 진보라는 근대적 가치들을 칭송했는데, 이런 근대적 가치들은 전통 가치들과 갈등을 빚는 것처럼 보인다. 그런데도 전통적인 다르마적 견해가 적극적인 근대적 가치의 기초가 될 수 있을까? 전통의 핵심적 가르침이 새로운 다르마적 발전 모델을 위한 기초가 될 수 있는지를 알기 위해서, 그 전통의 핵심 가르침을 알아보는 것이 유용할 것이다.

우파니샤드의 가장 기본적 가르침인 탓 트밤 아시('내면적 자아는 궁극 실재와 동일하다')와 이 가르침의 의미, 즉 우리 실존(existence)의 영적 중심은 존재(being)의 완벽한 양상으로 실현되어야 한다는 의미를 한번 고찰해 보자. 이런 심오한 영적 견해 안에 하나의 근대적 시야를 위한 기초가 발견될 수 있을까? 자아라는 실재는 분리나 소외가 아니라 만물의 실재 안에서 발견되어야 한다는 것이 웃다라카의 가르침이었다. 이런 가르침에 포함된 세계관은 다多 중의 하나라는 전일적(holistic) 비전이다. 여기에서 자아를, 사회나 세계 위에 또는 그것들에 대항하는 것으로 세울 수 없다. 사회는 자아들 사이의 유기체적 관계 안에 존재론적으로 뿌리를 두고 있고, 각 자아는 궁극 실재의 가장 내밀한 차원에 뿌리를 두고 있다. 바로 여기에 삶의 길을 위한 기초가 있으며, 간디가 보았던 대로 자기완성이란 그 길 안에서 사회나 세계를 부정하는 대신에 사회와 세계를 통해서 실현된다는 것이다. 사람은 사회와 세계에 봉사함으로써 보시의 행위 안에 참여하게 되며, 거기서 자아가 실현될 수 있다. 사회의 복지를 위해 일하는 것, 그래서 사람들을 입히고, 먹이고, 교육시키는 것은 근대적 일이기도 하지만 또한 전통적 일이기도 하다. 그것은 전통적인 다르마에도 현대의 노동 윤리에도 속하지 않는다.

여기에서 한 걸음 더 나가서 우리는 전통적 견해에 따라서 사람이란 일체를 연결하는 관계 안에 단단히 연결되었다는 점을 지적할 수 있다. 개인은 단순히 큰 과정의 일부가 아니라 자기 자신의 생명에서 유일무이한 존재이다. 생명의 산물보다 더 위대한 산물이 없는 것은 이 때문이다(이에 대해 인도의 거의 모든 문헌이 증명하고 있다). 그렇지만 개인의 독자성은 나머지 실재에서 분리되었다는 것을 의미하는 것은 아니다. 개인은 본래 단독자가 아니라 존재의 가족 전체에 단단히 연결되어 있다. 이를 기초로 하면, 인류를 한 가족으로 보고 지구를 살아 있는 생태계로 보는 것이 어렵지는 않을 것이고, 가족과 생태계는 자신이 맡은 다르마의 완수로써 유지된다. 이 전통적 견해는 공인된 기회 균등을 위한 기초를 제공한다. 왜냐하면 사람은 존재의 한 가족의 일원이므로, 가족의 다른 구성원과 마찬가지로 자신의 능력에 따라서 성장과 자기완성을 위한 기회를 동등하게 부여받을 자격이 있기 때문이다.

전통적 견해는 개개 생명이 가지고 있다고 인식되는 독자성 안에서, 개인의 자유를 인정할 수 있는 기초도 제공한다(이 자유는 믿기 어려울 정도의 풍요롭고 다양한 문화적 복수주의 안에서 그 자체를 전통으로 이미 등록한 바 있다). 각 개인은 고유하므로 고유의 다르마를 갖는다. 다르마가 개인·집단·사회·전우주를 지탱하고 있으므로, 각자는 자신의 독자적인 다르마를 달성하도록 허용되고 장려되어야 한다. 다르마는 근대의 두 표지인 정의와 자유를 위한 기초일 뿐 아니라, 과학과 기술의 채용을 위한 기초로서도 활용될 수 있다. 과학과 기술이 다른 존재들에 대한 자신의 의무 완수를 위해서 보다 유효한 수단이라면, 그것들의 채용은 다르마가 명하는 바이다.

비교의 또 다른 시점은 변화를 긍정적인 것으로 보는 견해, 즉 존재가 진보하고 완성되어 간다고 보는 근대적 견해와, 이와는 대조되는 전통적 견해, 즉 변화를 부정적인 것으로, 쇠퇴와 소멸의 움직임으로 보는 견해 사이의 비교이다. 일견하면 이런 비교에 관련된 가치들이 서로 불일치하는 것처럼 보인다. 그러나 다음 두 조건만 충족되면 우리는 전통이 변화에 대해서 긍정적 태도를 가지는 것으로 볼 수 있다. 첫째, 변화에 대한 전통적인 부정적 견해는 오직 마야(māyā), 즉 현상의 영역에 관련해서만 타당하다는 점과 둘째, 이 부정성의 핵심이 영적 진보를 고무하기 위한 것이라는 점이다. 간디는 영적 진보가 바람직한 사회 변화와 연결되어야 한다고 역설했다. 만일 그렇게 된다면 전통적 가치는 진보적 사회 변화의 근대적 가치를 수용하는 기초를 제공할 수도 있다. 기타와 간디 그리고 다른 개혁가들이 강조하는 행위의 길은, 우리가 사회 진보라는 이념을 채용할 수 있는 길을 가르쳐준다. 더욱이 사람이 행하는 것과 사람은 무엇인가 하는 것 사이에 대한 전통적 구별이 존재하기 때문에, 인도인이 진보를 긍정적 가치로 채용한다고 해서 과업을 수행하다 겪는 성패를 인격의 성패와 동일시하지는 않을 것이다.

설사 근대의 기초가 인도의 전통에 있다고 해도, 힌두교도가 다르마를 강조하는 것은 '성장' 사회가 아니라 '지속-상태'의 사회에 적합한 행동 양식을 창조하고 강화한다는 사실을 인정해야 한다. 다르마는 의무와 책임을 의미하며, 다르마 사회는 카스트·일·가족 등이 결정한 자신의 의무 완수를 강조했다. 다르마의 관점에서는 획득이 아니라 보시가 적절한 행위이다. 다르마 사회에서 사람은 욕망의 만족과 재화의 축적을 추구해서가 아니라 자신을 보시함으로써 의무를 완수한다. 다르마의 전체적 기초는 보시다. 집착하고 축적하는 삶의 방식은 비다르마적(비법적)이며 악으로 거부되었다.

보시를 강조하는 삶과 획득을 강조하는 삶 사이의 대조는 근본적인 것이다. 그것은 궁극적으로 사회와 실재에 대한 원자론적 비전과 전일적 비전 사이의 차이에 근거한다. 한 개인이 다른 개인과 본래 분리되어, 한정된 자원들을 노리며 경쟁하는 존재로 보이면, 자신을 위한 획득을 강조하는 것은 당연하다. 이 경우에 행동하는 주된 동기는 사리사욕이라는 인식된 필요에서 비롯된다.

반면 모든 개인이 존재라는 같은 가족의 일원이고 공동의 자원을 나누고 있다고 여기면, 타인의 복지를 고려하는 것은 자연스럽다. 나의 자아는 다른 자아나 전체로부터 동떨어진 존재가 아니다. 한 개인은 모든 존재의 상호성을 보고 이기주의에서가 아니라 다른 사람에 대한 자비에서 행동하도록 동기가 부여될 것이다. 인도인의 길에 대한 우리의 연구는, 자기 이익이 아니라 자비가 행위를 위한 일차적 토대임을 보여줬다. 획득이 아니라 보시가 근본적인 인간적 덕목이다. 사람들은 그들이 획득한 것이 아니라 준 것에 따라서 칭송받고 존경받는다. 의무와 책무가 타인에 대한 보시를 강조하기 때문에, 다르마는 권리와 자유의 도덕이 아니라 의무와 책무의 도덕이다. 다르마는 자기 이익에 도움이 되는 것을 얻는 것을 강조하는 생활 방식에 적합한 도덕은 아니다.

보시

보시란 근본적·전통적 가치이므로, 여기에서 잠시 멈춰서 그것을 좀 더 고찰해보자. 인도 사유에서 기초적인 문화적 원형은 보시이다. 신들과 영靈들은 준다. 브라만은 준다. 가족도 준다. 그리고 개인도 준다. 생명 자체는 신의 선물이고, 값을 치러야 하는 놀라운 선물이다. 보시의 이런 상호 교환은 인간적·사회적 과정뿐 아니라 우주적 과정까지도 지탱한다. 베다의 문헌에서 희생축의(yajña)의 제의적 보시는 우주 자체를 유지하는 것으로 그려졌고, 신들조차도 이런 제의적 교환의 힘에 의해서 통제되고 있다는 것은 중요하다.

베다 사유에서 우주의 과정을 지탱하는 근본적 규범(리타)은 야즈냐가 유지한다. 리타의 도덕적·사회적 차원들이 후기 베다 사유에서 강조되자, 야즈냐와 리타를 포괄하는 다르마라는 개념이 중심이 되었다. 우주를 지탱하고 유지하는 보시의 전체적·우주적 교환은 다르마 안에서 구체화된다. 따라서 다르마는 중심적이고, 우주의 규범이며, 인간적·사회적 삶의 근본적 규범이다. 인간적이고 사회적인 관점에서 보면, 다르마는 개인이 선물로 받았던 생명·공동체의 일원과 카스트에 대한 보답으로, 가족·공동체·카스트·제신 등의 다른 존재들에게 보시하는 것으로 이해될 수 있다.

인도인의 심성은 보시라는 가치를 그 논리적 극단까지 밀고 나가서 궁극적 가치나 완벽한 공덕이 원만하고 완전한 보시에 의해서 실현된다는 것을 인정했다. 보시의 최고 형식은 만유의 영적 근원에게 자신을 돌려주는 것이므로, 이런 궁극적 돌려줌이나 보시는 최고의 가치이다. 물론 이것은 다르마·아르타·카마의 다른 세 가지 근본적 목적에 견주어 목샤(영적 회귀에 의한 해방)라는 가치에 할당된 상대적 우월성에 분명히 나타나 있다.

전통적인 기초적 가치로서의 보시가 갖는 현현과 의미는 다양하다. 최초의 선물인 존재 자체가 신성한 근원에서 나오기 때문에, 모든 다른 부차적 선물은 신성한 근원을 갖게 된다. 생명은 선물이고 생명을 해치는 것은 그 선물을 거절하는 것이어서, 아힘사(생명의 불상해)는 기초적 규범이 된다. 소는 '신성한' 존재이다. 소가 야즈냐를 위해서 너무나 많은 값진 선물들, 송아지·우유·응유·버터·오줌·똥 등의 선물을 주기 때문이다. 이것들은 너무나 중요하고 값진 선물이다. 보시에 대한 강조는 제의적 청정성에 대한 몰입에서도 나타나고 있다. 왜냐하면 선물의 수혜자가 선물을 받을 만한 자격이 있도록 조심해야 하기 때문이다. 선물이 우주의 신성한 근원에서 나온다면, 적합함의 조건으로 자신의 청정을 지켜야 한다. 남녀 제신은 둘 이상의 수족을 가지고 있다. 이는 보시할 수 있는 배가된 능력을 보여준다. 카르마가 근본적으로 중요한 이유는 교환의 기록이기 때문이다. 성적인 이미지는 성적 수수性的授受가 생명의 생물학적 기반에 뿌리를 둔 기초적인 종류의 교환이기 때문에 예배에 내재되어 있다.

만일 보시가 기초적인 가치라면, 다른 가치들에 대해서는 어떤 의미를 지니는가? 이것은 우선 보시를 위한 상당한 동기를 유발하기 위해서, 우리가 늘어난 보시의 기회에 의존할 수 있을 것임을 의미한다. 이 사회에서의 명성은 줄 수 있는 능력과 직·간접으로 연결되었다. 우월성은 보시할 수 있는 능력이 증대됨으로써 확립된다. 예를 들면 많은 공동체의 특색에 해당되는 후원자–고객의 관계에서, 후원자의 우월성은 본래 보시할 수 있는 능력이 결정한다. 가치 있는 어떤 것을 보시할 수 있는 능력 없이는 후원은 불가능하다.

그렇지만 우월성을 창조하는 것은 실제적 보시 행위가 아니라 보시의 능력이라는 점이 지적되어야 하겠다. 그렇기 때문에 사람은 처음부터 자신이 통제하는 자원들을 모두 주지 않음으로써 보시의 능력을 보존하려는 동기가 마음에 새겨져 있다. 그것들을 일단 주어버리면 사람은 우월성의 일차적 기초를 상실하기 때문이다. 동시에 획득에 대한 동기가 있는데, 보시하기 위해서 사람은 반드시 가져야 하기 때문이다. 가장 값진 자원들을 줄 수 있는 최대 능력의 소유자들은 최대의 우월성을 가지고 있다. 만일 영적 자원이 가장 값진 것으로 간주된다면, 이것을 통제하는 사람이 사회에서 최고의 지위를 가질 것이다. 역사적으로 사제·현자·요가수행자와 같은 사람들은 사회에서 우월한 자로 여겨졌다. 경제적인 부가 가치가 있는 정도만큼, 물론 부자도 우월한 사람으로 간주될 것이다.

전통적 가치들과 이러한 가치들에 근거하여, 근대화와 발전 계획을 수립할 수 있는 가능성에 대해서 간략하게 스케치해 보면 다음 사항을 알 수 있다. ①변화를 위한 동기와 큰 노력은 의무와 충성에 대한 강조를 통해서, 그리고 봉사와 다른 종류의 보시를 통해서 추구될 수 있다. ②계획과 접근법의 정당성은 사람들의 전통에서, 그리고 가족·촌락·카스트 지도자들이 갖고 있는 권위에서 찾아야 할 것이다. 이것들은 다르마의 내용을 위한 권위의 전통적 근원들이기 때문이다. ③가족·촌락·사회의 일반적이며 계층적인 구조는(이 구조는 내재적으로 낮은 계급의 사람들의 찬조와 지지를 얻기 위해서 상위 계급의 사람들이 제공하는데), 적어도 근대화라는 변화기에는 사회 안전을 위한 기초로 활용될 수 있다. ④개발계획은 경제적 발전뿐만 아니라 도덕적 정신적 발전을 제공하기 위해 제시되어야 한다. 만약 사회적 진보가 그 자체로 가치 있다고 여겨지지 않는다고 해도, 자신과 가족·공동체·사회를 유지하기 위해서 성장과 발전이 필수적인 것은 물론이다. ⑤발전을 위한 노력을 조직하고 관리하는 일은 사회적 행위들을 조직하고 관리하는 전통적 방식들을 고려해야 한다.

어느 인도인가

이렇게 말한 다음, 인도가 오늘날 직면한 가장 중요한 질문은 종교의 역할에 관한 것이다. 인도는 국가와 종교를 명확히 분리하여 세속적인 나라로 남아 있어야 할까? 아니면 인도는 다수의 힌두교도들에게 특권을 부여하는 힌두교의 국가가 되어야 하는가? 힌두교 국가의 옹호자들은 타 종교에 대한 힌두교의 특권에 암시된 타 종교에 대한 위협을, 그리고 종교적 파벌주의에 의해 이미 야기된 끔찍한 폭력을 명심해야 한다.

1920년대 이래 무슬림과 힌두교도 간에 높아진 긴장은 수세기간 진행되어 온 상호 간의 포용을 분쇄해버렸다. 하지만 이 포용은 그들 사이에 그리고 기독교들과도 거의 대부분의 경우 평화롭게 살도록 했다. 1920년대 시작된 무슬림과 힌두교도 사이의 종교 폭동은 20세기 내내 지속되었고, 독립할 때 하나의 인도를 인도와 파키스탄으로 분리한 데서 오는 유혈의 폭력을 낳고 말았다. 그 이후 양국 간에 두 개의 전쟁, 캐슈미르를 두고 벌인 지속적 전투, 무슬림과 힌두교도, 힌두교도와 기독교도 간의 새로운 폭동은 21세기 들어와서도 종교 폭력에 의한 살육과 파괴를 이어가고 있다.

더 이상의 폭력을 피하기 위해서, 힌두교 전통에서 교훈을 끌어내면서 화해의 토대를 제공하기 위해서, 인도의 다소 중도적인 몇몇 지도자들―인도국민당 내에 있는 일부 사람들도 포함하여―은 제3의 대안으로 다음과 같은 국가 모델을 제시한다. 즉 문화적으로는 힌두적이지만, 모든 종교를 존경하고 보호하고 아무 종교에게도 특권을 인정하지 않는 국가를 제시한다. 이 모델은 종교·문화·정치를 충분히 구분하여, 힌두교도·기독교도·무슬림들 모두에게 그들의 정체성에 합당한 만큼의 제도와 관행을 유지할 수 있게 한다. 이 모델은 차이에도 불구하고 다른 사람들에 대한 관용과 존경을 상정한다. 이러한 새로운 인도 이념이 작동할지는 시간만이 알 수 있다. 그러나 여러 지역의 정치적 세력과 협력해야 한다는 정치적 현실은 정치적 편익의 문제로서 모든 주요 정당이 상당한 정도로 통일하고 중개하는 힘으로서 활동해야 한다. 이런 사실은 희망적이다.

더 읽을거리

Akbar, M. J, *Nehru : The Making of India*, New York : Viking, 1988. 인도에 대한 네루의 이념이 전개되고 헌법 속에 반영되는 과정에 대한 매력적 설명.

Babb, Lawrence E., *Redemptive Encounters : Three Modern Styles in the Hindu Tradition*, Delhi : Oxford University Press, 1986. 현대 힌두교에 대한 근접 견해.

Beteille, Andre(ed.), *Caste Today*, Oxford : Oxford University Press, 1997. 현대 인도 카스트에 대한 최근 논문 모음집. 아주 큰 도움이 될 것이다.

Brown, Judith, *Gandhi: Prisoner of Hope*. New Haven, Conn.: Yale University Press, 1989. 간디의 이념과 방법에 대한 통찰력 있는 분석.

_____, *Modern India : The Origins of Asian Democracy*, Oxford : Oxford University Press, 1994. 인도 민주주의 형성에 대한 좋은 설명 중 하나.

Dasgupta, Childananda and Ananda Lal(ed.), *Rasa : The Indian Performing Arts in the Last Twenty-Five Years, Vol. 2, Theatre and Cinema*, Calcutta : Anamika Kala Sangam, 1995. 영화와 연극에서 일어난 최근의 발전에 대한 최선의 개관.

Das, Gurcharan, *The Elephant Paradigm : India Wrestles with Change*, New Delhi : Penguin Books, 2002. 기업가의 입장에서 현대 인도에서 일어난 최근의 사회적·경제적 변화를 다루고 있다.

Embree, Ainslie T., "The Function of the Rashtriya Swayamsevak Sangh : To Define the Hindu Nation", In *Accounting for Fundamentalisms*, Martin E. Marty and R. Scott Appleby(ed.), Chicago : The University Chicago Press, 1994. 인도인민당(BJP)의 이념적 토대에 대한 통찰을 제공한다.

Gandhi, M. K., *Selected Writings of Mahatma Gandhi, Raghavan Iyer*(ed. and comp.), Delhi : Oxford University Press, 1988. 간디 저작에 대한 좋은 선집. 『마하트마 간디의 도덕·정치사상』 1, 2, 3 마하트마 K. 간디(지은이), 라가반 이예르 (엮은이), 허우성 (옮긴이), 나남출판, 2018년. (한글역 서지 사항은 역자 추가)

Ganguly, Sumit, *The Crisis in Kashmir : Portents of War, Hopes of Peace*, Cambridge University Press, 1997. 캐슈미르 위기에 대한 훌륭한 분석 중 하나.

Ganguly, Sumit and Neil DeVotta(eds.), *Understanding Contemporary India*, Boulder and London : Lynne Rienner Pusblishers, 2003. 현대 인도를 다양한 관점에서 다룬 최고의 논문집.

Hasan, Mushirul., *India's Partition : Process, Strategy, and Mobilization*, Delhi : Oxford University Press, 1994. 인도 아대륙의 분리에 대한 자세한 설명.

Jafferlot, Christophe, *The Hindu Nationalist Movement in India*, New York : Columbia University Press, 1993. 힌두 민족주의의 발전에 대한 최선의 설명으로 보인다.

Khilnani, Sunil, *The Idea of India*, New York : Farrar, Straus and Giroux, 1997. 인도를 인도로 만든 이념에 대한 매력적 분석.

Mittal, Mukta(ed.), *Women in India : Today and Tomorrow*, New Delhi : Anmol Publications, 1995. 인도 여성이 직면한 다양한 문제를 다루고 있는 최근 에세이의 탁월한 모음집.

Mukherjee, Bimal and Sunil Kothari(eds.), "Rasa" In *Rasa : The Indian Performing Arts in the Last Twenty-Five Years, Vol. 1, Music and Dance*, Calcutta : Anamika Kala Sangam, 1995. 인도 음악과 춤 부문에서 일어난 최근의 발전에 대한 최선의 자료.

Sharma, Shalendra D., *Development and Democracy in India*, Boudler, Colo. :

Lynne Rienner Publishers, 1999. 발전의 정치학과 관련된 핵심 이슈를 함께 묶은 책.

Srinivas, M. N., *Village, Caste, Gender and Method : Essays in Indian Social Anthropology*, Delhi : Oxford University Press, 1996. 인도인의 삶, 특히 농촌의 삶의 주요 이슈에 관한 통찰력 있는 논문집.

Thursby, G. R., *Hindu-Muslim Relations in British India : A Study of Controversy, Conflict, and Communal Movements in Northern India, 1923~1928*, Leiden : E. J. Brill, 1975. 1920년대 힌두 무슬림의 역동적 갈등에 대한 고전적 연구.

Upadhyaya, Deendayal and Shri Guruji, *The Integral Approach*, New Delhi : Deendayal Research Institute, 1979. 우파드야야의 핵심 관념, 네루의 이상에 대한 그의 비판을 포함한다.

용어 해설

Abhidharma 불교의 기초적 가르침을 해설하는 경전들. 정전 중 '세 번째 장藏'
이다.

Ādi Granth 시크교의 성전, 구루 그란트 사힙(*Guru Granth Sahib*)으로도 일컬어
진다.

Advaita Vedānta 실재에 관한 불이론不二論 철학으로, 베다가 일원론과 다원론을
넘어서는 원만성을 가르치고 있다고 해석한다.

Ahaṁkāra 말 그대로 '자아-만들기'이며, 에고의 토대이다.

Ahiṁsā '불상해'. 존재의 원만성에 대한 비전에 근거한 자비행의 원리.

Ājīvikas 사명외도邪命外道. 속박도 해탈도 미리 예정되었다고 하는 고대 가르침
(기원전 1000~600년)의 추종자.

Akṣara 불멸의 궁극 실재.

Allah 신을 지칭하는 회교도 용어.

Ānanda 환희. 최고의 영적 지복.

Anātman 원만성에 대한 불교의 가르침으로, 존재를 구성하는 상호 관련된 과정
들에서 분리되고 독립된 자아의 존재를 부정한다.

Aṅgas 자이나교도의 12성전적 경전.

Anitya 무상, 연생緣生되고 찰나적인 본성에 대한 불교 가르침.

Aparigraha 비취착, 무집착에 대한 자이나의 서약.

Āraṇyaka 제의와 상징의 의미를 다루는 베다의 일부.

Arhat 상좌불교와 자이나 전통에서 깨달은 사람.

Arjuna 판두족의 전사로서, 바가바드기타에서 크리슈나는 아르주나에게 자신을
현현한다.

Artha 삶의 네 가지 기초적 목적의 하나. 삶의 필수적 수단을 획득하기를 겨냥
한다.

Āryan 아리아인. 기원전 1500년 이래 인도를 지배하게 된 범어를 말하는 집단.

Ārya Samāj 베다의 비전을 재생하기 위해서 다야난다가 결성한 협회.

Āsana 제어를 촉진하기 위해서 창안된 요가 좌법.

Asat 말 그대로 '비존재'. 리그베다에서 asat는 아직 구조를 지니기 이전의 잠재력을 지칭한다.

Asatkāryavāda 인중무과론因中無果論. 결과는 전혀 새로운 존재임을 주장하는 인과론.

Āśrama 인생의 여러 단계.

Ātman 궁극적 자아.

Avidyā 자아와 실재의 진정한 본성에 관한 무명.

Auṁ 모든 실재의 본질적 소리를 포함하는 성스러운 음절.

Aurobindo Ghose 힌두교 르네상스 지도자의 한 사람으로, 요가에 대한 실천과 저작으로 유명하다.

Bhagavad Gītā '주님의 노래'. 아르주나에게 베풀어진 크리슈나의 가르침을 포함한다.

Bhakti 신에 대한 신애의 순종.

Bhavacakra 존재의 상호 연관성을 예시하는 생성의 바퀴.

Brahmā 창조를 책임지는 힌두교의 신.

Brahrmacarya 범행梵行. 인생 네 단계 중의 첫째. 청정과 브라만의 공부에 초점을 둔다.

Brahman 브라만. 궁극 실재, 만유의 바탕.

Brāhmaṇa 바라문. 사제 계급의 일원. 제의 집행 시 사제들을 위한 지침을 포함하는 베다의 둘째 부분.

Brahma Sūtras 브라마 경. 우파니샤드의 기초적 가르침을 표현하는 경구들의 모음집으로, 베단타의 기초를 제공해 왔다.

Brahmo Samāj 힌두교의 근대화를 위해서 람 모한 로이가 결성했던 협회.

Buddha '각자覺者'. 불교의 개창자인 고타마 싯다르타에게 붙여진 경칭.

Buddhi '각覺(지성)'. 또는 비춰주는 기능이다.

Cārvāka 유물론 철학 체계.

Chāndogya Upaniṣad 초기 우파니샤드의 하나. 웃다라카의 가르침인, '탓트 밤 아시(당신은 브라만이다)'를 특별히 다루고 있다.

Citta 마음. 주의 집중하는 의식의 기능.

Dānavas 어둠과 규제를 구현한 세력들. 인드라와 브리트라 신화에서, 빛과 자유의 세력들에 대한 대적들.

Deva 신에 대한 베다 용어. '상서로움'을 뜻하며, 존재의 상서로운 힘들을 지칭한다.

Devī Deva의 여성형. 리그베다에서 말씀−의식의 여신을 지칭하기 위해서 사용된다. 힌두교에서는 두르가 또는 칼리 여신의 동의어이다.

Dharma 존재의 규범적 면모. '해야 할 일'을 뜻하며, 인생의 네 가지 기초적 목적들 중의 첫째. 불교에서는 존재의 진리를 의미한다.

Dharmakāya 말 그대로는 '법−신'이며, 불교에서는 참 실재이다.

Dharāṇā 집중하는 의식을 위한 기술. 한 점에 집중하는 의식. 집지執持 또는 총지總持.

Dhyāna 의식이 자기 자신에 집중하는 선정.

Digambara '공의파', 나체의 자이나교도들.

Dravidic 남인도의 아리아인 이전 문화.

Duḥkha 고苦. 고를 야기하는 '탈구脫臼' 현상.

Gaṇapati 코끼리 머리를 지닌 신으로 행운이나 번영의 신으로 숭배된다.

Gandhi 마하트마로 알려진 모한다스 간디. 인도 독립 운동의 지도자로, 가난한 자나 짓밟힌 자들의 상태를 향상시키기 위해서 자신을 그들과 일치시켰다.

Guṇas 모든 물질적·정신적 존재를 이루고 있는 세 가지 구성요소(양태)들, 또는 '가닥들'−사트바, 라자스, 타마스.

Guru 영적 안내자 또는 스승.

Gurū Nānak 시크교의 개창자.

Haumai 인간을 신으로부터 분리시키는 자아중심성을 뜻하는 시크교의 개념.

Hinduism 인도에서 수행되는 일련의 종교들을 지칭할 때 외국인이 사용하는 용어. 이 종교들은 베다와 기원전 1000년경 이후의 초기 종교들에서 유래한다.

Hiraṇyagarbha 존재가 태어나는 '황금태胎'.

Hukam 존재의 질서와 인류에 대한 도덕적 요구 안에 현시된 신적 의지를 뜻하는 시크교 개념.

Indo-Āryans 기원전 1800년에서 1500년 사이에 인도에 정착한 인도 아리아인.

Indra 인도 아리아인의 주요 신 중 하나로, 비존재의 용龍인 브리트라로부터 존재를 해방시켰다.

Indus 북서 인도의 주요 강으로, 흔히 인더스 유역의 문명을 지칭하기 위해서 사용되었다.

Islam 알라신에 대한 순종을 통해서 얻어지는 평화의 종교. 기원후 1000년 이전에 수립되있나.

Īśvara 주님. 브라마 신이 인격화된 것이다.

Jaina 매우 오래된 고행 종교의 추종자. 아마 기원전 1000년 이전에 존재했던 종교로, 모든 생명의 신성함과 불상해를 행위의 기초 원리로 강조한다.

Jāti '태생'. 태생으로 결정되는 사회적 카스트나 집단.

Jīva 자이나교에서는 생명의 원리 또는 영혼을, 힌두교에서는 육신을 입은 아트만을 의미한다.

Jñāna Marga 지식에 의한 (해탈에 이르는) 길.

Kaivalya 영적 자유.

Kālī 신의 여성 형상으로, 죽음과 파괴의 여신으로 화현한다.

Kāma 인생의 세 번째 기초적 목적으로, 온갖 형태의 쾌락을 의미한다. 또한 욕망, 특히 사랑의 욕망을 지칭한다.

Karma 행위. 모든 행위와 그 결과 사이의 상호 연관성에 대한 원리. 자이나교에서 지바를 고에 붙들어 매어 오염시키는 물질을 말한다.

Karma Marga 행위의 (해탈에 이르는) 길로, 행위의 결과에 대한 욕망 없는 행위를 강조한다.

Karuṇā 자비.

Krishna 환희·자유·아름다움·사랑을 구현하는 비슈누 신의 화현. 기타에서는 아르주나에게 지고의 주와 신성으로 나타난다.

Kṣatriya 수호자(전사) 계급.

Mādhyamika 존재의 원만성과 충만성을 강조하는 중도를 가르치는 불교 철학, 또는 이런 철학을 신봉하는 사람.

Mahābhārata 인도의 위대한 서사시.

Mahāvīra 자이나교의 여울을 만드는 사람 또는 기원전 6세기에 살았던 현년기年紀의 영적 영웅.

Mahāyāna 중국·한국·일본 등지에 전파된 '대승불교'를 가리킨다. 보편적 불성에 대한 신앙과 일체 유정자를 고로부터 해방하려는 자비로운 노력을 강조한다.

Manas 감각들의 조직자로서의 마음.

Mantra 실재의 가장 심현深玄한 지혜를 담고 있는 성음聖音.

Manu 사회적 삶을 위한 다르마의 요구 조건을 자세히 밝혀주는 고대 성현.

Mauryan 기원전 321년에서 기원전 187년 사이 인도 대부분을 단일 통치하에 통일시켰던 위대한 왕조. 찬드라굽타·빈두사라·아쇼카 왕이 이 위대한 왕조의 가장 위대했던 통치자들이다.

Mīmāṁsā 성전적 지식과 제의를 해탈 수단으로 강조하는 철학 체계.

Muhammad 성전의 완성으로서 거룩한 코란을 계시 받은 신의 사도.

Nāgārjuna 2세기의 유명한 불교 중관 철학자.

Neti, Neti 브라만에게 할당된 성격들에 대한 부정. 말 그대로는 "이것도 아니고, 저것도 아니다."

Nirguṇa Brahman 무성질의 브라만. 궁극성 안에 있는 궁극 실재.

Nirvāṇa 속박과 고로부터의 해방.

Niyama 청정·자족·고행·공부·헌신의 요가 준수 사항들.*

Prakṛti 상키야 요가에서, 비영적 궁극 실재.

Prāṇāyāma 호흡과 생명력을 조절하기 위한 요가의 기술.

Pratītya Samutpāda 연생의 원리. 이 원리에 따르면, 존재가 갖는 일체의 생멸은
　　상호 의존적이다.

Pratyāhāra 내면적 의식에 초점을 맞추기 위해서 감각을 회수하는 요가 기술.

Pudgala 자이나교에서는 '물질'을 의미하고, 불교에서 어떤 불교도들이 오온의
　　기초로 상정한 미세한 자아를 가리킨다.

Puruṣa 원인 또는 우주적 자아. 상키야–요가에서, 자아와 동일화된 존재의 궁극
　　적인 영적 원리를 말한다.

Puruṣārtha 인생의 기초적 목적들. 만인에게 적용되는 네 가지 기초적 목적들, 즉
　　다르마·아르타·카마·목샤가 인정된다.

Qu'rān 무함마드에게 계시된 신의 말씀으로 이뤄진 이슬람교의 거룩한 성전.

Rādhā 크리슈나의 신적 연인.

Rājas 존재를 충전시키는 물질의 한 구성요소(guna).

Rāma 라마야나의 영웅, 비슈누 신의 육화.

Rāmānuja 11세기의 유명한 철학자로, 실재의 궁극적 통일에도 불구하고 신과 자
　　아의 차이점을 강조했다.

Ṛg Veda 1만여 개 정도의 '지혜의 송구'의 집성집으로, 인도–유럽 문헌 중 가장
　　오래된 것이며, 수많은 후대 인도 사유의 기초이다.

Ṛṣi 현자, 성선聖仙. 실재의 진수를 꿰뚫어보는 자.

Ṛta 존재의 근본적 규범. 도덕과 우주적 질서의 바탕.

---

* 〔역주〕 원문에는 제의(ritual)로 되어 있으나, 제8장의 niyama 부분을 참조하
　　여 고행(ascetism)으로 바로잡는다.

Śabda 소리 또는 단어. 소리로 화현된 궁극 실재.

Saguṇa Brahman 유성질의 브라만. 존재·의식·지복으로 생각되는 궁극 실재.

Śaivism 시바 신에 귀의하는 자들의 종교.

Śakti 에너지를 의미하고 주로 여신으로 인격화되며, 특히 시바 신과 결부되어 그의 존재의 신적 에너지로 간주된다.

Śakyamuni '석가족의 성자'(석가모니). 역사적 붓다를 지칭하는 용어. 그는 석가족 출신이다.

Samādhi 최고 자아에로의 침잠. 궁극 실재와의 합일(三昧 또는 定).

Sāma Veda '지혜의 노래들'. 대부분 리그베다에서 온 것이며, 제의지낼 때 부르도록 되었다.

Saṁhīta 결집 또는 본집本集, 특히 베다 송구를 가리킨다.

Sāṁkhya 물질과 영혼의 절대적 차이를 강조하는 이원론의 철학 체계.

Saṁsāra 해탈을 얻지 못하는 만인을 괴롭히는 죽음과 탄생의 반복된 주기.

Saṁskāras 힌두교에서 인생의 주요 시점에 집행되는 성사적 의례들. 불교에서 이전의 잔여 업으로부터 흘러나오는 행위에로의 충동(行).

Samyak Darśana 자이나교에서 진정한 영적 통찰.

Saṅgha 불교 공동체.

Śaṅkara 실재의 불이적 성격을 강조하는 8세기의 유명한 베단타 철학자.

Saṁnyāsin 인생의 네 번째 단계, 즉 포기의 단계로 여기에서 산야신은 영적 삶을 앞세워 이 세상의 걱정거리와 염려를 내버린다.

Sant 시크교에서 사두, 즉 거룩한 사람을 지칭. 성인.

Sat 유 또는 존재. 근본적인 것.

Satī 말 그대로 '덕성'. 과부가 죽은 남편을 따라서 순사하는 유덕한 행위를 가리킨다.

Satkāryavāda 결과는 새로운 것이 아니라 다른 형태로 이미 존재했다고 주장하는 인과론.

Sattva 가벼움과 정신적 활동을 책임지고 있는 물질의 구성요소 또는 가닥.

Satya 진리, '자신의 내적 본성에 충직하다'는 의미에서의 진실.

Satyāgraha 간디 사상의 '진리파지'. 실제적 일에서 진리를 고수하는 원리.

Sautrāntika 경량부経量部. 실재론과 관념론의 중도를 이루는 불교 철학파.

Shī'ah 마호메트의 사도 직분이 이맘을 통해서 직접 매개된다고 주장하는 이슬람교의 한 파.

Shiva 힌두교의 주요 신. 위대한 고행자와 우주의 파괴자로 보인다. 링가로 상징되는 시바는 미화현이거나 완전한 초월적 실재이면서 모든 존재가 거기에 토대를 두고 있다.

Siddhārtha 고타마 싯다르타, 기원전 560년경에 태어났던 역사적 붓다.

Sītā 라마야나의 여주인공. 라마의 아내, 부덕婦德의 귀감.

Smṛti 기억된 전통.

Śruti 들은 것(天啓). 즉 위대한 현자들이 심정으로 듣고, 그들의 가르침에 표현한 실재에 대한 거룩한 진리.

Śūdra 노동자로 이루어진 사회 계급.

Sūfī 이슬람교에서 수행하는 신비주의자.

Sunni 이슬람교의 주요 분파.

Śūnyatā 말 그대로는 '공空'. 존재의 원만성은 독립적이고 개별적인 존재자들을 갖지 않는다는 불교 가르침을 지칭한다.

Sūtra 가르침의 요점을 표현하는 경구. 그런 경구들의 집성집.

Tamas 타성·둔감·무거움에 책임 있는 구나.

Tantra 사람이 소우주라는 원리, 육신과 영은 동일한 실재의 다른 현현들이라는 원리에 근거하는 영적 훈련.

Tapas 열-에너지, 특히 고행과 정신적 노력에 의해서 생성된다.

Tat Tvam Asi 말 그대로는 '당신이 그것이다'를 의미하고, 개개인이 자아의 가장 심현한 차원에서는 궁극 실재라는 사실을 뜻한다.

Theravāda 말 그대로는 '상좌의 길'. 자기 자신의 노력을 통해서 정각의 획득을 강조하는 종교적 색채를 띤 초기 정통 형태의 불교.

Tṛṣṇā 갈애, 특히 고를 초래하는 영원에 대한 갈애를 뜻한다.

Upaniṣad 비밀의 가르침. 베다의 결론부를 이루고 있는 자아와 궁극 실재의 본성

에 대한 비밀스러운 가르침의 집성집.

Vāc 말 또한 말 배후의 의식. 베다에서는 여신으로 인격화된다.

Vaibhāsika 비바사사毘婆沙師. 불교 철학의 실재론 학파.

Vaiśesika 다원주의적이고 실재론적인 체계.

Vaisṇava 비슈누 신 귀의자의 종교 체계.

Vaiśya 범속한 사람들로 이루어진 사회 계급.

Varṇa 사회 계급들. 바라문·크샤트리야·바이샤·수드라로 이루어진다.

Vāsanās 의식의 깊은 차원 안에 깃든 과거 행위의 자취. 숙업宿業.

Vedānta 우파니샤드에 근거하는 철학 체계.

Vedas 인도 아리아인들의 신성한 저작이며, 힌두교 성전의 기초이다.

Vijñāna 의식의 분별하는 기능.

Vishṇu 힌두교의 주요 신. 크리슈나나 라마를 포함하여 열 개의 형상, 즉 아바타르로 화현한다.

Vṛtra 인드라에 의해서 살해당한 비존재를 구현하는 용. 속박의 상징.

Vṛttis 기초적 자아를 애매하게 하는 의식의 활동(轉變).

Yajña 희생축의로, 베다에 따르면 존재를 되살리고 유지한다.

Yajur Veda 야즈냐의 제의를 위한 제문을 포함하는 성스러운 지혜집.

Yoga 속박과 고를 극복하기 위한 훈련의 기술들.

Yogācāra 유가행파瑜伽行派. 의식의 궁극성(유식)을 강조하는 불교 철학 체계.

옮긴이 후기

The Indian Way(한국어 1, 2판 제목은 『인도인의 길』)는 한국학술진흥재단이 시행했던 양서개발 지원 프로그램의 도움을 받아서 역자가 번역하고 1995년 세계사가 출판했다. 그것이 절판되자 소명출판이 2003년 두 번째로 출판했다. 세월이 흘러 어느 것도 구할 수 없게 되었다. 그 사이 저자 콜러는 2006년에 2판을 내었고, 그 2판을 역자가 번역하고 2013년에 소명에서 출판했다. 2판은 1판의 내용을 대체로 유지하면서도 장에 따라서 크고 작은 개작이 있었다. 특히 1장 '서론'과 17장 '미래에 대한 전망'은 크게 달라졌다.

우리에게 국내외 저자들이 쓴 인도 철학 및 인도 사상에 관련된 책은 여러 종류가 있다. 이 책의 저자인 콜러는 역자가 공부했던 하와이 대학의 선배로서, 다스굽타나 라다크리슈난에 비하면 그리 유명한 사람은 아니다. 하지만 콜러는 복잡다기한 인도 사상을 쉬운 언어로 재미있게 전달하는 독특한 재주가 있는 것으로 보인다. 인도 사상 입문서들이 대부분 깊이가 있으면 재미가 없고 재미가 있으면 깊이가 없는 것인데, 이 책은 깊이와 재미를 고루 갖춘 것으로 보인다.

평범한 일상에서, 아니면 그 일상을 좀 벗어나 해탈을 목표로 삼는 독자가 있다면, 그리고 해탈과 구원에 하나 이상의 길이 있다고 믿는 독자라면, 이 책에서 힌트를 찾고 그 힌트를 계시로 삼아 자신의 공부 길로 나아갈 수 있을 것이다. 세속을 완전히 떠나지 않으면서도 해탈의 소식을 얻은 독자가 있다면, 그분은 우리의 스승이 될 것이다.

2013년 2판을 번역 출판한 뒤 꼭 십 년이 흘렀다. 이제는 운주사와 인연이 닿아서 제목을 바꾸고 색인을 추가한 2판의 개정판을 세상에 내놓을 수 있어서 기쁘다. 이번 개정의 방향은 가능한 한 쉬운 단어를 선택하고 더 정확하게 번역하는 것이었다. 드라마 〈도깨비〉는 남녀의 사랑 하나를 위해서 4생이 필요했다. 세 번째 번역이지만 이것으로 완전해진 것일까?

끝으로 곳곳에서 보다 쉬운 표현을 추천해준 허주형에게, 그리고 이 책의 재출판을 선뜻 수용하신 운주사의 김시열 사장님과 교정을 성실하게 보아주신 임헌상 님에게 감사의 마음을 전한다.

2023년 3월

허우성

찾아보기

지은이 존 M. 콜러 John M. Koller

렌슬리어 폴리테크닉 인스티튜트(Rensselaer Polytechnic Institute)
의 동양철학/비교철학 교수로 재직 중이다. 그의 연구 영역은 불교
와 정신분석학, 종교철학, 심리와 자아동일성, 인지와 자아를 포괄
하고 있다. 다섯 권의 저서를 갖고 있으며, 전문 학술지에 발표한
논문과 다수의 책에 기고한 글은 50편 이상에 이르고, 전 세계에
걸쳐 초청강연을 많이 한다. 저서로는 *The Indian Way* 이외에 *Asian
Philosophies*, *A Source Book in Asian Philosophy* 등이 있다.

옮긴이 허우성

경희대학교 철학과 명예교수 및 비폭력연구소 소장이다. 서울대학
교 철학과 및 동 대학원 철학과를 졸업하고, 미국 하와이대학교 대
학원에서 철학 전공 박사 학위를 취득하였으며, 미국 뉴욕주립대
학교 객원 교수(한국연구재단 강의 파견 교수, 1998), 일본 교토대학
교 종교학 세미나 연구원, 도쿄대학교 외국인연구원, 미국 UC 버
클리대학교 방문교수, 한국일본사상사학회 회장, 「불교평론」 편집
위원장, 일본국제문화교류센터 해외 연구원을 역임했다. 현재 「불
교문화」, 「철학과 현실」 편집위원으로 있다. 지은 책으로는 『근대
일본의 두 얼굴: 니시다 철학』, 『간디의 진리 실험 이야기』, 『西田
哲学研究: 近代日本の二つの顔』(일본 岩波, 2022) 등이 있고, 옮
긴 책으로는 『마하트마 간디의 도덕·정치사상』(3권), 『초기불교의
역동적 심리학』, 『표정의 심리학』(공역) 등이 있다.

인도사상사 – 인도의 종교와 철학의 역사

초판 1쇄 인쇄 2023년 5월 17일 | 초판 1쇄 발행 2023년 5월 25일
지은이 존 M. 콜러 | 옮긴이 허우성 | 펴낸이 김시열
펴낸곳 도서출판 운주사

（02832) 서울시 성북구 동소문로 67-1 성심빌딩 3층

전화 (02) 926-8361 | 팩스 0505-115-8361

ISBN 978-89-5746-733-6 93150 값 55,000원

http://cafe.daum.net/unjubooks 〈다음카페: 도서출판 운주사〉